2004
中国户外广告年鉴
China Outdoor Advertising Yearbook

中国广告杂志社编

中国出版集团
東方出版中心

编辑部

电话：021-61113586
63285980
传真：021-63111633
E-mail: cnadhuang@163.com
yyh646@163.com

前言

进入21世纪以来，相对电视、报刊等传统媒体广告价格不断攀升而广告效果逐渐下滑的趋势，户外广告以其较低的千人成本和较好的传播效果赢得了越来越多广告主的青睐，年营业额从2000年的62亿元迅速增长到2004年的约200亿元，令人称奇。“户外媒体才是真正的大众媒体”，古老的户外广告正以日新月异的方式点亮城市，传播惊喜。

当然，随着户外广告的快速发展，各种问题和矛盾也集中暴露了出来，迫切需要政府转变观念，不再以行政之手代替市场之手，不再用突击整治代替法治；急切期待业内同仁提升运作水平，不再低价竞争急功近利，不再小看监测无视维护，共同营造一个和谐向上的生态环境。

我国正在全面建设小康社会，国家正在经济现代化过程中积极推进城市化。随着城市化水平的提高和城市经营理念的调整，理应对户外广告做出恰当的价值判断，制订前瞻的设置规划，以长效规范代替突击整治，让公平竞争推动行业繁荣。

为了展现我国户外广告业的发展成就，交流行业经验，砥砺创新热情，促进未来发展，在各方面的关心与支持下，首部《中国户外广告年鉴》，经过半年的上下求索，多方求证，终于和您见面了。

户外广告主要集中在城市，户外广告与城市的发展相互辉映。因此，我们选择了国内比较发达的40个城市，希望通过这40个城市的经济概况、城市发展规划、户外广告管理法规与监管机关、城市户外媒体布局、主要经营单位等方面情况的概述，对从事户外广告的您有直接的帮助。

“位置”和“创意”是户外广告的核心价值。我们选取的户外广告创意作品，大都是获过奖的。数万家户外广告公司中好的作品应该不少，未获奖的也不一定不好，但我们必须有一个取舍的标准。真正好的创意是有感染力的，可供借鉴的。我们选取了一部分国际上的获奖作品，希望在您做创意时有所参考。您如果发现有更加优秀的创意作品，请一定推荐给我们。

和谐与安全是户外广告的设置准则。我国户外广告设置方面的规范性文件还很少，我们所能找到的，大都编辑进入了，有的是很早就颁布的，建议您采用更高的标准要求自己，毕竟户外安全悠关大众生命。希望以后有更多更新的技术规范可以呈现给您。

要在户外广告领域求得更大发展，已不再是只要拥有几块好牌子或几个好地段就行了。在2004年，人才、技术、资本、媒体资源等都可以通过市场去获得，唯有管理难以复制。一个不断完善经营管理并以此为核心竞争力的户外广告公司，将不可战胜。我们收录了一些经营方面的案例，数量还不多，您也不一定都满意，但愿对您有所启发，也希望您给我们提供更好的案例，这样2005年的《中国户外广告年鉴》就更有看头了。

花了钱就应当告知结果，没有理由不给广告主客观的监测数据，越来越多的广告公司不得不试图通过监测给广告主一个值得信赖的结果。监测体系的建立与完善是一个行业成熟的重要标志。监测的缺失和不到位，显然已成为户外广告业进一步发展的瓶颈。我们下了很大的功夫征求各方面的监测成果，期待着您在选择运用这些监测结果的同时，也能为监测的进一步完善与发展尽一份力。

户外广告是一个产业，其产业链已经形成，正在走向国际。在专业化基础上的规模化经营，是户外广告产业发展的方向。在未来几年规模化的市场竞争中，资本将处于主导的地位。我们努力将国内行业组织、各地主要户外广告公司的资料呈现给您，并加入台湾和港澳的内容，介绍近几年在研究方面的成果，相信您通过交流与协作，在知己知彼之后，能为自己谋划一个更好的未来。

户外广告是一个知识与技术密集的创意产业，有着无限的创想空间和运用可能。2004年全国各地“四新”展已成燎原之势，鱼龙混杂，“四新”乏新。我们四处求索，众说纷纭，只好收入一些趋势性分析文章，希望以后能够得到资深的您的帮助。我们呼吁政府与行业协会尽早制订、更新先进技术标准，保护知识产权，引导“四新”领域告别简单模仿与单一开发，走向协作与综合开发，实现重大突破。但愿以后有好的“四新”成果展现给您。

随着生活质量的提高与生活方式的改变，人们会有更多的休闲，在户外的时间将越来越多。我国城市人口密度很高，户外广告营业总额尚不到国内生产总值的千分之一，发展潜力巨大。只要上下一心，四方协同，伟大的户外广告必将告别关系营销与作坊操作，从此成为一个相对独立的产业稳健发展。

今天我们也许还是一个孩子，但明天肯定是一个大人。

我们期待着，我们努力着。

户外有您更精彩，真诚地祝福户外。

《中国户外广告年鉴》编辑部

021-61113586，63285980

E-mail:cnadoutdoor@sina.com

cnadhuang@163.com

yyh646@163.com

编委题序

内地户外广告业近几年持续以两位数高速增长，但行业的生态环境和国外相比还不是很理想。作为一位来自香港的同行，我为内地的快速发展感到欢欣鼓舞，在关注其未来走向的同时也希望能为中国户外广告的专业化尽自己的一份绵力。

编辑出版《中国户外广告年鉴》，是对全行业一次很好的总结与梳理，在展现成就总结经验的同时，可以探索共性问题，找到实质差距，引荐好的方法，发现某些规律，从而促进行业朝着健康、有序、专业的方向发展。

《中国户外广告年鉴》也是国外同行与内地同仁相互交流的一个平台。在经济联系越来越紧密的情况下，客户已不分南北，市场也不论东西，只有携手合作，才能为客户提供完整的营销解决方案，实现买卖各方的共赢。

作为《中国户外广告年鉴》的编委，深感自己的责任重大，愿借此机会多学习，多接触，尽量为年鉴提供更多更好的东西。也非常乐意和大家一道，齐心合力，使年鉴越编越好。

天空海阔广告有限公司CEO/香港资深户外广告专家 

中国户外广告行业已经走过了25年的历史，25年我们欣喜的迎来了国内第一部反映全行业发展的年鉴，让专攻行业一隅或关注本行业的人士有机会得以审视行业的全貌。近年来,中国户外广告发展迅猛，但无庸讳言整个行业的规模还不大，并且在规范化、专业化的经营与管理、在整个户外广告价值链的建立等方面也还问题多多。鉴往知来，《2004中国户外广告年鉴》不仅是对既往行业发展的记录和行业信息的汇总，它还蕴涵着孕育未来、引发未来的规律，由此可以产生指导未来的蓝图，启迪我们探索解决问题的方法。从这个角度来说，年鉴的首次出版对于推动中国户外广告的发展无疑有着非常重要的意义。在此我们也向鼎力支持年鉴出版的鼎一传播和组织年鉴编写的中国广告杂志社表示感谢。作为专业的广告监测和市场研究公司，我们也将不断扩大户外广告的监测和研究范围，为推动中国户外广告的发展做出自己的努力。

央视市场研究副总裁 

对中国户外广告来说，2004年是收获喜悦的一年，更是播种希望的一年。

过去的一年有许多大事件值得铭记和回味。“户外广委会”的成立，《上海宣言》的签署，户外广告的媒体价值和贡献得到社会的进一步肯定。这一切都预示着它将成为户外广告发展新的转折点。

户外广告在2004年优异的表现强有力地说明了：它是一种高传播力的媒体形式；它是客户喜爱的媒体；它是真正的大众媒体；我曾经提出“伟大的户外”的口号，现在我更确信户外媒体是伟大的，从事户外传媒工作也是一项伟大的事业。

2004年给了我们一个大启示：并购和创新，是户外传媒实现跨越式发展的重要保证。并购不仅是户外媒体的发展趋势，也体现了客户需要的趋势，是一种双赢的策略。

盘点2004，展望2005，我们更加充满信心。

2005年，TOM户外传媒将进行强有力的有效整合和创新，根据需求制造产品，开发高价值的媒体资源，继续推行物超所值的专业化服务，为客户带来更多的利益。

2005年不仅给TOM户外传媒的发展提供了大机遇，也给其他户外媒体带来了新希望。

TOM户外传媒集团总裁 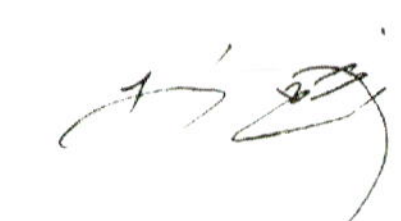

最为原始古老的户外媒体在今天的中国市场正在成长为一颗耀眼的明星，2004年中国户外广告营业额持续保持了高速增长的势头，广告投放从一个侧面对户外媒体价值给予了肯定，未来户外媒体更加受到关注，媒体运用和创意将更加得到发挥，户外广告将获得广告主更多的青睐。

相信很多客户在投放户外广告的时候会有这样的想法：户外投放广告怎么计算回报？应该用多少资源，以及用户外媒体是什么效果？怎么运用等等。实力传播作为投资回报型的传播公司，曾经运用中国媒介历史上堪称创举的效果调研形式进行解读，致力于给客户增加投资回报。

《中国户外广告年鉴》的出版是这个行业回顾、总结、成长的需要，实力传播始终关注户外广告在中国的进步与发展，并为户外媒体投放提供更多的数据支持和解决方案。

实力传播大中华区首席执行官 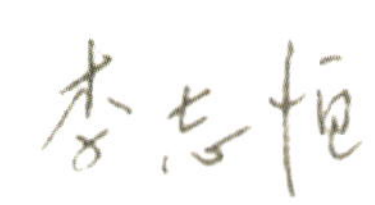

由于中国人口密度较高，户外媒体在中国是一个相当重要的媒体。但户外媒体在中国的使用绝大多数欠缺策略性的思考，希望《中国户外广告年鉴》的出版能够唤起业内对户外媒体策略使用的重视。

户外广告在中国应该是一个发展前景很好的产业，其产业链已经形成，需要行业内外各方面的共同努力，一起推动这个产业的发展壮大。WPP集团在中国独资成立的宝林广告有限公司，作为传立媒体在中国的姊妹公司，专注于户外广告的策略与购买业务，期待与全国同仁一道，在各自的专业与领域密切合作，共同提升户外媒体的传播价值，为客户品牌的拓展带来大力加分的效果。

《中国户外广告年鉴》也是一个高端的传播平台，希望能够一年一年地做下去，越做越专业，越做越丰富，为促进中国户外广告行业的发展贡献应有的力量。

传立媒体中国 CEO

尽管户外广告是最古老的广告形式，但在中国当代广告的发展过程中，这一古老的形式却是后进者。有幸，我们正在见证这一历史性的转变，在新的传播环境和市场环境中，户外广告发展越来越成熟，作为一种有效的广告形式，后来居上。

2000年以来，中国户外广告的发展突飞猛进，户外广告的营业额在三年期间成倍增长，已名列广告媒体的第三位。2004年，中国的户外广告行业浮出海面，户外广告和电视、报纸、网络并驾齐驱，成为对消费者最有影响力的广告媒介之一，作为一种有独特品质的类型，受到广告业和社会的高度关注。

以历史见证者的身份，把历史的变迁记载下来，是这一代人责无旁贷的使命。《2004中国户外广告年鉴》的编辑出版是一个开端。在这里，中国户外广告发展的每一个脚步都被悉心地记录下来。总结过去，透析现实，才能在更高的层面上持续前进。相信未来中国户外广告的发展，空间无限。

北京大学广告学系系主任/中国十大广告学人 

户外媒体是伴随着中国经济增长和城市化进程快速发展的媒体，媒体伯乐集团有限公司是大中华地区处于领先地位的户外多种媒体管理商，拥有多元化的广告牌、街道设施及交通工具广告服务。早在10年前，媒体伯乐集团就参与了中国大陆户外广告行业的发展进程，并为此做出了建设性的卓越努力。媒体伯乐集团不仅在中国户外广告市场上广泛地开展业务，也非常乐意将户外媒体领域的专业经验与同行分享，共同推动行业的快速发展。

诞生第一部《中国户外广告年鉴》是这个行业进一步发展、成熟、规范的标志。我们欣喜于这个行业有了属于自己的年鉴，更希望它的编撰出版对整个户外广告行业的建设有益。

MPI集团 CEO

几年前，当主持首届“龙玺”环球华文户外广告奖评审会的时候，亲眼目睹了很多创意一般的作品，被充满冲击力和原创性的作品杀得片甲不留，真的触目惊心。也看到中国内地户外广告的创作在一步一步追进其他所谓较先进的地区。但面对国内迅急发展的城市和道路交通网络，户外创意和媒体运用的创新确实需要来更多点猛料，才能追得上时代、抓得住人们的眼球。

户外广告只容许你在非常有限的时间里把观众抓住，把信息精彩的交代，当中需要的功夫，绝非一般。在《中国户外广告年鉴》里，我们不仅可以体会到国内广告同行在户外广告方面的进步与努力，也可以欣赏到国际上的精彩创意，我们由衷希望《中国户外广告年鉴》能够成为中国户外广告行业创意展现的平台，带给大家大开眼界的收获。

智威汤逊-中乔东北亚区执行创意总监

您感觉到了吗？户外广告的崛起并不仅仅意味着一个行业的繁荣，而且表明一个新的传播时代正在开始。

以报纸、杂志、广播与电视等四大媒体为代表的传统媒体，除了我们熟知的一些特性之外，有一个常常被忽略的却十分重要的共性，那就是，这些媒体必须依存内容而存在，它们属于内容产业，而广告只是依托内容的衍生物。而传统媒体的内容，往往与生俱来地与国家意志、团体观点、民族伦理、道德规范等要素的弘扬与宣传联系在一起。这种内容性及其内容特性，都决定了传统媒体自上而下的纵向传播方式。同时，也使权威性成为传统媒体除到达率之外的重要价值点。

户外广告的整体成长及其规模经营的形成，其背后的意义，是一种全新的传播方式正在被受众与社会接受。户外广告的一个同样常常被忽略而又十分重要的特性，是媒体与内容的剥离。事实上，户外广告实现了单纯的商品信息传达，成为纯粹的广告媒体，因此也被称为“真正的大众媒体”（伍德默德语）。这就决定了户外广告的传播方式已经不同于传统媒体自上而下的纵向传播方式，而是实现了平行的横向传播方式。这种方式使广告不必依赖于内容而存在，以一种更加平等的方式实现了商品信息的影响力。因此，它也就瓦解了传统媒体不可乏缺的权威性价值。

整合营销传播理论，表面上看，强调的是媒体的整合营销传播，实际上，舒尔茨企图解决的，是在消费者的生活形态与接受方式都发生巨变的前提下，如何继续发挥媒体传播的作用。他已经发现，传统的纵向传播方式已经难以适应消费者全新的生活与接受方式。受众的细分、生活方式的多元、消费群体的变化、品牌存在方式的演变，都在使传统媒体的影响力大幅下降。随着电视媒体的神话逐渐破灭，“后电视时代”正在成为现实。1979年-1980年，75%的美国电视机晚间锁定ABC、CBS、NBC三大电视网，2001年，这个数字下降到50%以下。如何保持媒体的影响力？无疑，媒体必须面临重新定义。而以户外为代表的一系列新媒体，在实现横向的平行传播的同时，已经进行了影响方式的转型，传统媒体依靠其强势内容，试图改变消费者的思考与生活方式，而户外为代表的新媒体则主动按照消费者的生活形态进行设计，象水一样坚韧而持久地伴随着消费者的生活过程。媒体在今天的新传播环境中，正在失去天然的王者位置，媒体的预先设定性正在转型成与消费者生活形态相适应的生成性。即一切与消费者的生活形态紧密相关的信息接触点，都可以成为有影响力的媒体。

例如，在他们外出上班的路上，出现高速公路大炮型广告，在他们购买的超市，出现各种精心策划的展台，甚至在他们工作闲暇时等电梯的时间，也被电梯口视频媒体所吸引。正如舒尔茨所描绘的：“未来的营销在于产品与消费者每一个接触点的有效接触。”

中国广告杂志社社长、主编 张惠辛

户外广告是近年来高速发展的广告门类，户外广告所面临的发展机遇及其趋势显示了它巨大的发展潜力，它的高速发展已引起了社会各界的深切关注。

户外广告的媒体效果正在逐渐显示，并为越来越多的企业所认识，已广泛被企业界所接纳。企业对户外广告要充分了解，企业与媒体之间的互动合作，将有力推动户外广告的发展。

户外广告如何才能与城市环境相协调，这也需业界与政府相关部门一起协商协调，政府各部门也要了解户外广告市场的现状与将来。

《2004中国户外广告年鉴》的出版无疑是向社会各界提供一个展示平台。它必将推动户外广告高速健康的发展，希望《年鉴》能得到社会的认同欢迎。

祝《2004中国户外广告年鉴》成功出版。

中国广告协会霓虹灯委员会主任/上海新亚霓虹广告公司董事长

户外广告，历经20年市场化的风雨洗礼，近年来在中国已初放异彩。资本运营，创新概念，资源整合的浪潮已促成了由媒体主、客户、代理商和制作服务为主体的四个层面的分工。户外媒体的产业基链业已形成。

欧洲的英、法等国的户外行业年增长也已高达9%。虽然没有像中国约20%的增长率，但全球广告主对户外媒体的青睐，确实有点出人意外！

户外广告的角色已经改变了，进化了！在营造接触、创新传达的品牌沟通之路上，户外广告已经跑出了“四大媒体”的阴影，且有望进入“领跑者”之列了。

诚然，面对国内业界现状，欣慰之余，却也令人忧虑丛生。为什么这么一个顽强成长的行业，却经常未被正面的理解，且常遭非难？为什么不少媒体公司，仍未学会好好合作，携手共存？反之，常用一手“价格战拼个鱼死网破”的玩法。为什么不少从业者，仍然把户外广告当作“快发”的“行头”？为什么许多一路扶持户外的客户，越来越觉得户外难以把握？他们感叹，户外广告不够讲究策略，缺少创新追求，没有服务系统，缺乏执行监控……

借《中国户外广告年鉴》诞生之际，我期待一个和谐共存的大市场环境的开始，让户外广告成长得更加茁壮。我也真诚希望，同行们多点交流，多点合作，多点服务，多点品牌意识，多点行业共识。

中国户外广告的经营者，宜取“放长线，钓大鱼”的方略，才有望在全球化媒体介入中国市场的竞争中脱颖而出。

多点耐心，多点创新传达，多点策略实效的户外广告！

华伦媒体董事总经理

随着国内经济的持续增长，市场需求的不断扩大，户外广告以其独特的优势，近年来保持着较高的上升趋势。未来户外广告领域将呈现六大趋势：

第一，2005年后广告市场全面开放，国内户外广告市场需求将出现变化。“割据”式的户外媒体市场格局将发生变化，分散的户外媒体资源开始向经营能力强、资金雄厚、服务网络建全的户外媒体公司集中，资本在其中将扮演越来越重要的角色。

第二，随着户外广告市场的不断扩大，户外广告行业组织中广协户外委将日益壮大完善。包括行业自律、相关法规、技术标准在内的体现公平竞争原则的“游戏规则”将被完善和推行。

第三，“国退民进”不断推进，原有许多户外媒体公司的经济成份、经营模式都将发生变化，传统的行业区隔将被改变，跨行业松散、紧密的合作是大趋势。

第四，经营者(户外广告企业)与管理者(政府)信息不对称的矛盾将继续。在发展经济大目标上，经营者与管理者是一致的，但在社会综合环境的建设与治理方面，经营者与管理者的分歧将持续。户外广告设置将被重新定位。美国等发达国家对户外广告的规划与限制可能是我国未来的发展方向。

第五，科学技术日新月异，新的户外广告制作技术将不断出现，并促进和提高户外广告传播价值，以满足广告主不断提高的个性化，差异化的“胃口”。新的制作手段将使户外广告符合不断进步的社会平均审美要求，获得大众与政府的认同和好感。未来我国户外广告最突出和最值得研究开发的是多种技术综合运用的户外广告样式，它将打破目前户外广告样式过于单一和平均化的格局。个性化、差异化将是能在竞争中胜出的重要法宝。远距离测控，网络化管理也是未来户外媒体公司为大广告主服务必须具备的能力。跨地区一站式服务是户外广告企业的发展方向。

第六，权威的中国户外广告信息数据库建设势在必行，由国家投入建设不太可能，只有通过行业协会组织，甚至是由企业直接投入建设。谁掌握这个数据库谁就可能站在行业的最高峰，有价值的数据可以直接转变为货币。

综观户外广告在中国走过的历程，和当今在中国发展的态势，以及它自身无可取代的优势，我们对这样一个媒体充满了信心。全体同业的共同努力，将推动户外传媒产业化发展的进程。这一世界上最古老的广告媒体将在新的时代、新的形势下展现出新的魅力。

中国广告协会户外广告委员会主任/大贺集团总裁

首部《中国户外广告年鉴》的面世，虽然晚了些，但作为五大媒体之一，户外广告正在受到更多的关注，也面临新的挑战。

户外广告的创意、表现、设置直接对城市景观产生影响。在传递过程中应符合受众的审美取向，让人过目不忘，达到广告效果，还应与城市建筑、周边环境相协调，符合城市规划，成为城市景观的一部分。

户外广告的经营者与管理者应兼顾沟通经济与城市形象的统一，处理好“整治”与长效管理的关系，逐步完善市场规范，管理法规，理顺管理中存在的一些法律界限。根据城市自身特点编制广告设置规划，制定管理办法和实施细则，体现公平、公正、公开原则，由市场来决定广告的优胜劣汰。

户外广告的社会责任不仅反映在以上各方面，我国现阶段处在社会主义市场经济的初级阶段，我们的传媒应更多地让本土企业展现宣传产品和塑造品牌的机会，培育更多自主的知名品牌。

愿户外广告媒体能成为健康成长的常青树，在关注和挑战中发展壮大。

上海市广告协会户外广告委员会主任/上海东湖广告装饰有限公司副总经理

第一部《中国户外广告年鉴》终于出版了，这在中国广告业的发展史上应该重重的记上一笔。自改革开放以来，传统媒体一直是中国广告业的主角，户外广告长期以来处在边缘和补充的位置。然而，我们看到近几年户外广告犹如爆发似的成长起来，已经成为我国的第三大广告媒体。2003年户外广告的经营额达到了129.27亿元人民币，占广告市场总额12%，已经相当电视广告的一半，比电视、报纸之外的其它媒体的总和还多。而在美国户外广告只不过是4%，可以说中国的户外广告终于长大了。

我国的广告研究一直偏向于传统媒体，对户外广告的研究与它的地位极不相称。《中国户外广告年鉴》的出版将有力地推动户外广告的研究，促进户外广告乃至整个广告业的发展。相信中国户外广告的明天将更加灿烂。

北京慧聪国际资讯副总裁兼科研总监

我很荣幸能够获得邀请，出任《2004中国户外广告年鉴》的编委。

对我个人而言，这是一项非常有意义而且责任重大的社会职务，能够和众多中国户外广告行业的专家、学者们一起摸索和探讨中国户外广告事业的发展和未来，既是我的荣幸，也是我的职责。

中国的户外广告事业曾经有过辉煌年代。今天，各地政府对城市规划和建设已有更高要求，有关户外广告的规划和设置亦有新的规定和思路，这样，必定对户外广告带来限制和影响。

中国的户外广告与各地的城市建设、与广大市民的生活以及与户外广告产业人员的生存息息相关。作为编委，我的一个重要职责，是与其他编委和专家学者们共同努力，在中国户外广告调整期的关键时刻，向户外广告管理部门提供专业意见和建议，争取和维护中国户外广告行业的生存空间和合法权益。

我本人在中国广告界工作多年，除了对中国户外广告的过去和现状有一定的认识和了解以外，还有对着户外广告工作的真挚情感及对户外广告未来的无限憧憬。我衷心期望，中国户外广告的同行们能够团结起来，自强不息，以我们的不懈努力和奉献精神，共同带动中国户外广告行业持续稳定地向前发展。

广州户外广告委员会会长/广州珍宝广告有限公司董事总经理 

本人从事户外广告设计喷画、丝网印刷行业至今已近30年，正好见证了台湾地区户外广告业历年来的萌芽、茁壮成长的完整过程，也可以说是开山之始的业界人士。并且在数年前经常受邀到国内各地交流拜会，深感中国大陆的户外广告发展有无限的空间，乃在1998年底正式将本人投资经营的彩敦网版印刷公司的业务触角延伸到上海地区，投入生产与技术推广作业。近年来更投入高新科技研发制作的突破，预计2006年将导入(Electric Luminex)技术生产大面积超薄冷光片，如获得成功，届时满街的公交车、物流货车、出租车的广告将会像萤火虫般满街飞舞，点亮了产品广告，妆扮了夜景，活化了城市，相信将为中国的户外广告技术推向另一水平。

30年来，秉持对户外广告设计与制作的热爱，我对户外广告相关信息技术都非常关注。户外广告整体而言有别于一般传统性的广告企划设计制作，所谓好的户外广告不仅是画面设计的好坏，还应包括视觉传达效果、工程施工作业、广告地点、制作费用、维修管理等有关技术都是非常重要，必需有系统的建立才能做得好。

记得曾参加一次广告节开幕活动中，有位政府领导在致词中提到“落后地区的街道口号标语多，先进发达地区的街道户外广告多”，这句话正道出在城市街道上户外广告设立的多寡，亦代表着该城市的市场经济景气的象征。祝愿《中国户外广告年鉴》的编辑出版，为中国户外广告业再奠定良好的发展基石。

高雄彩敦网版印刷股份有限公司总经理 徐文輝

户外广告原来就是最早的一种广告手段。不管是招牌、外墙、看板、招贴等等，在好几个世纪前就已经存在。随着科技与媒介的快速发展，广告的发展是一日千里，天天在改变，媒介的发展更是越显得多元化。

因此，户外广告面临着强敌林立的状态，曾经沉默过一段很长的时间，原因就是一直的处理方法以至环境没有突破性的改善与发展，让人觉得老套，没新意。

但随着印刷科技的发达，传统的户外广告再现当年风光。沾了电脑的光，户外广告的画面可以无限可能的怪异和鲜艳；跳出平面广告狭小版面的限制，户外广告有更大的发展空间；加上那些经得起风吹雨打印材的鼎力支持，让户外广告也开始历久弥新起来。配合全国新发展的高速公路、环市高架桥、高楼大厦的楼顶、公车车体与车站、电话亭、报亭、地下铁路车厢、车站、飞机场候机厅、机场公路、办公大楼的电梯、大堂、前台……户外广告渗透了人们生活的每一个地方。多样化与立体化的工艺，例如霓虹光管、液晶体、多画面海报、固定或活动的户外载体……凡是可以想得到的一切的一切，都给户外广告媒体多种发展的选择。

但是以上所说的新发展只是从一个大舞台发展到大大小小各种不同类型的舞台而已，是我们可利用的资源。要突破传统户外广告的框架还需要有好的创意，创意不单只是一个得大奖的电视广告，如何利用时机、材质、现场特有的气氛与环境来恰当配合广告信息，同样是创意。创意是无限制的，有了它，再传统的户外广告也可以“青春永驻”。

麦肯光明广告有限公司北京公司总经理 

全国户外广告业翘首以待的《2004中国户外广告年鉴》终于问世了，这是25年的时间，中国户外广告业从荒芜到繁荣，从无知到科学发展历程的明证，是一个行业在20多年的时间里，所有广告从业人员的心智凝练。

随着中国户外广告业突飞猛进的发展，中国广告杂志社适时出版《2004中国户外广告年鉴》，内容涉及中国户外广告业的每一领域，归纳中国户外广告产业核心资源的精华，无论从规模还是体系上都是前所未有的。作为从事户外广告的经营者，相信同行心血和智慧的结晶，会成为我们创新和突破的新基石。

感谢编撰此书的中国广告杂志社，也为中国户外广告业和通成户外媒体感到由衷的高兴，更期待《中国广告》团队能为我们带来更多的惊喜！

通成推广(媒体世纪集团) COO  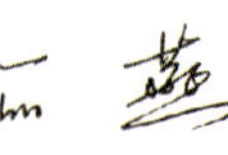

目录

目录

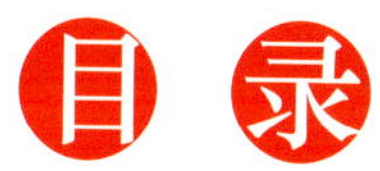

通成户外媒体涵盖通成公交，北京地铁通成，上海地铁通成等子公司，是中国大陆最大的户外媒体网络之一

品质——倍受各方奖项青睐，客户拥趸

2004-2005年度，被中国广告协会评定为中国一级广告企业资质

2004年 通成总经理莫丽燕荣获10大广告经理人

2003年，成为中国广告协会推出的中国100强广告公司，营业收入排名第13位

2002年，作为唯一的户外媒体公司，在香港获得了国际著名“卓越品牌”奖

一站式服务——让“客户满意保证”服务的精华

我们提供从媒体策划-广告创意设计-制作服务-售后服务的一站式服务，让客户在每一个过程里体验我们的让“客户满意保证”服务。

BUS

引领行业标准的公交车媒体

18000部公交车、15个城市的户外媒体网络、10个城市的分公司及办事处

METRO

北京、上海、广州的强势地铁媒体

30400个地铁广告位

KIOSK

上海最大的书报亭灯箱媒体

独家经营1000个点位

DYNAMIC SHOWCASE

独占大学校园的动感视窗分众媒体5000个点位

北京、天津、上海、广州、杭州、南京、武汉、成都、西安、沈阳、济南、大连

OPT-IN STORE TV

全国最大的OPT终端卖场营销网络

覆盖全国300家顶级卖场门店，23个经济发达城市，2100个点位

有价值的媒体供应商
A valuable media supplier

适合你的才是有价值的。

重庆汤姆传媒有限公司，为TOM户外传媒集团与重庆金朝广告公司合资成立的，以大力发展传媒优势为主要目标的公司。重庆汤姆传媒以专业化的一站式服务，为客户创造品牌价值最大化！无论是在优势媒体的供应，还是品牌全程代理，我们都忠实于专业与严谨，以各个团队之间的紧密配合，为你的品牌提供最恰到好处的优质服务！不仅如此，我们还致力于通过一个多元化的媒体平台，为客户提供更有价值的媒体资源。

重庆汤姆传媒有限公司 地址：中国重庆高新区科园三路68号金果园商务楼D1幢9楼 电话：023-89089068 89089527 传真：023-68631991

拥有天空海阔
更加海阔天空

他们是谁?

北京天空海阔广告有限公司

全方位户外广告服务

媒体代理

为加强服务及获得最佳条款及价格，本司亦代理下列媒体；

* 北京国际机场、广州白云机场及其它主要机场广告
* 上海超市、便利店广告
* 各主要城市电梯媒体、公车亭
* 独家代理河南省部分城市公车亭包括开封、洛阳、南阳、漯河、平顶山、新乡、濮阳、安阳、焦作、商丘、驻马店、许昌、三门峡、周口、济原、信阳
* 哈尔滨阅报栏及大牌广告

Johnny Lo 卢振忠
M：(86) 139-1050-8988
E：johnnylo@126.com 或 johnnylo@johnnylo.com
A：F508-1-5B, Atlantic Place, Wangjing, Beijing
M：Hong Kong - (852)-9632-3388

强健的领导
卢振忠

* 拥有超过20年的广告经验，资历深厚，在业界建立了崇高的地位
* 创立中国Portland户外(WPP传立媒体户外公司-前北京太和东方广告公司，现宝林广告公司)
* 曾任成科互动(i-Result/outdoormachine)，星传媒体/4A李奥贝纳广告公司(Starcom/Leo Burnett) 等广告公司总经理
* 前香港地下铁路公司商务主管
* 一九八二年毕业於香港中文大学数学系
* 一九九六年於香港大学取得商业管理硕士学衔 (MBA)

管理伙伴
Malcolm Thorp

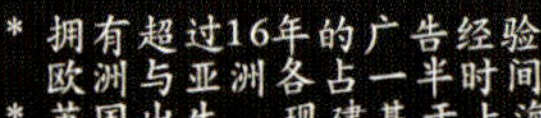

* 拥有超过16年的广告经验
欧洲与亚洲各占一半时间
* 英国出生，现建基于上海
过去8年全力集中在中国工作
* 致力于探求最佳媒体功效，主要客户包括宝洁，联合利华，麦当劳，福特汽车，摩托罗拉等公司(P&G, Unilever, McDonald`s, Ford & Motorola etc)
* 曾在传立、星传媒体 (Mindshare, Starcom & Initiative)等多家4A广告公司主要岗位工作
* 同时也提供咨询顾问服务于国际性大客户，包括Adidas, Ford, Microsoft, J&J 等等

管理伙伴
Leo Feng 方书展

* 1990年毕业于昆山科技大学
* 超过10 年市场营销、商务及媒体经验。涉及行业包括科技、食品、消费品及户外媒体等
* 前美司科技公司营运总裁及"Homewell Corporation"董事总经理
* 于 2002开始专注中国户外市场
* 特长机场及铁路媒体
* 现长居上海，主力服务台湾专业客户

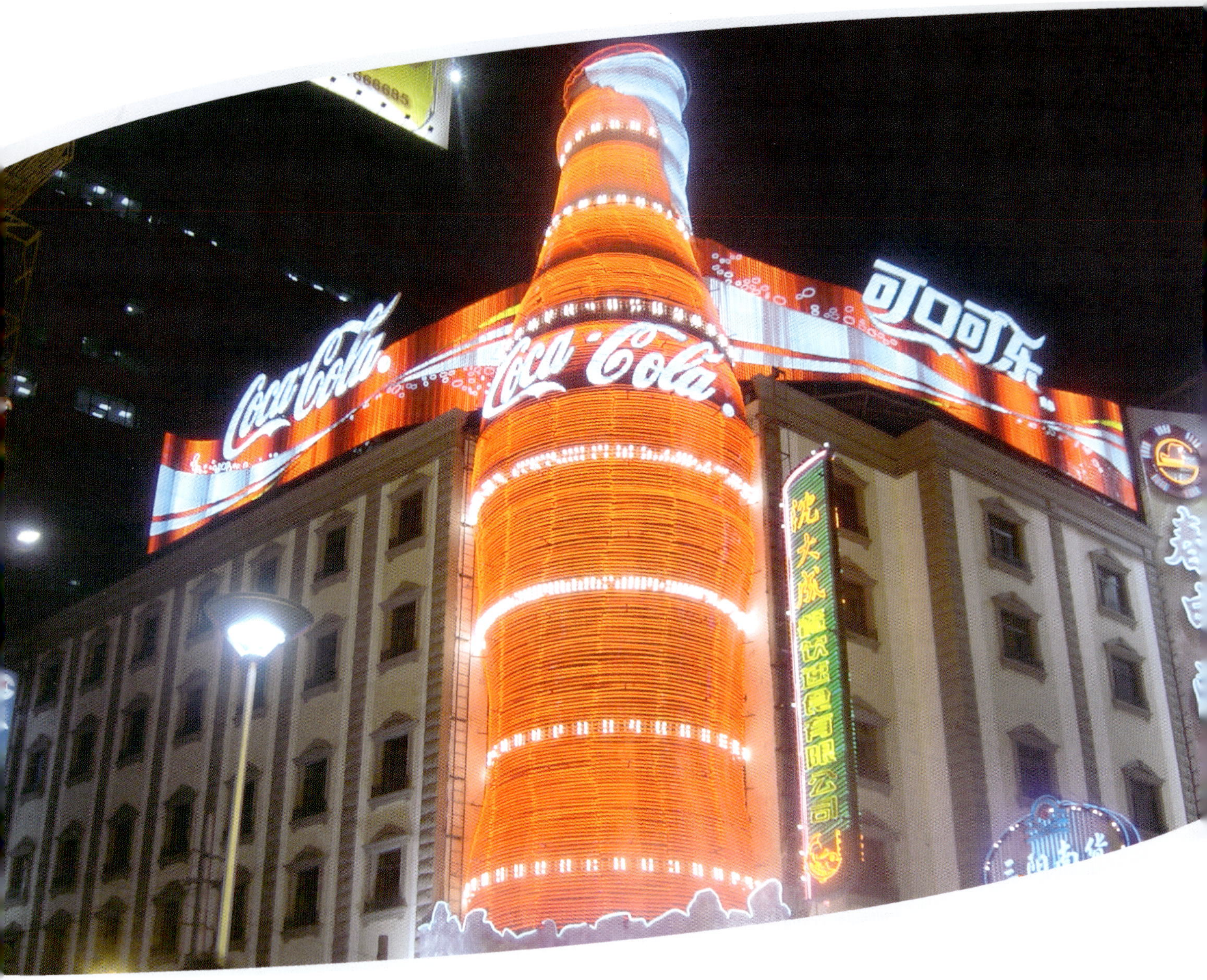

第一部分 行业概览
The First Chapter
Trade General View

中国户外广告25年发展历程综述

许多年来，人们把目光投向传统的四大媒体，在相关的广告年鉴及媒体监测数据中，提及户外媒体时至多在结尾处补充一句“随着新材料、新技术的发展，户外广告也有较大发展”。户外广告的研究长期以来被忽视了。基于此，我们对改革开放以来中国户外广告的发展做了一个初步的调查分析，以期从中发现一些有价值的东西与大家分享。

1979—1987：全面恢复期

从1979年广告业恢复到1987年《广告管理条例》的颁布执行，这是中国广告业恢复、争论、探索的一个阶段。户外广告在这个大背景下，也处在全面恢复期。1979年春，北京西单出现了广告墙，正式体现出当时中国改革的路径方向。这一时期在广告媒体选择上，户外广告也是与报纸广告并列的主要广告形式。当时的著名品牌，如瑞士雷达表、西铁城手表、精工表、松下电器、雀巢咖啡、白猫洗衣粉、鹅牌衬衫、金星电视等都投放了户外媒体。这一时期的户外广告以路牌广告为主，虽然整体水平不高，但在推动树立广告意识、为广告正名的运动中却起到了举足轻重的作用。这一时期比较突出的现象是外商的户外广告较多。据统计，从1978年到1988年，外商共有35种品牌的商品在广州推出过户外广告，其中以日本商品居多。

1987—1992：默默无闻的陪衬者

1987年在中国广告发展史上具有重要意义。从广告管理、广告创作、广告公司的经营等多方面都预示着现代广告意识在中国的抬头。1987年10月26日，国务院颁发《广告管理条例》，并从1987年12月1日起施行。这是我国广告史上第一部重要的法规，为广告发展创造了有利的外部环境。在广告创作中，策划和创意的观念开始被理论界和实业界关注。在1986年中国广告协会的学术讨论会上，北京广告公司的代表提出“以创意为中心，为客户提供全面服务”的口号。中国广告联合总公司把这一口号进一步补充为“以策划为主导，以创意为中心，为客户提供全面服务”。这一口号由中国广告协会推广到全国。从此，策划和创意成为中国广告界关注的两大核心术语。但在当时，中国广告界对策划和创意的理解还处于散乱的阶段，没有真正结合现代市场整体营销理论和实践来探讨广告策划、创意的深层问题，并往往与中国传统谋术混为一谈。但对广告策划和创意的重视，无疑已深入到广告的核心问题，证明中国广告业的发展进入一个新的发展阶段。

1987年，中国广告业复兴近10年，但广告体制依然陈旧而且混乱，成为广告业进一步发展的障碍。如何改革广告体制，成为上世纪80年代后期广告理论界的核心问题之一。1987年初，陈志宏在《试论代理制的优越性》一文中，率先提出实行广告代理制的观念。同年8月，中国广告协会年度学术讨论会便集中讨论了广告代理制的问题。

在这样的大背景下，1987—1992年的户外广告并没有突飞猛进的发展。广告营业额的增长以及广告理论和实践的各种探索主要体现在报纸广告和电视广告中，户外广告并没有值得称道的成绩，在广告研究中还是最容易受忽视的。1991年的《中国广告年鉴》在提及户外广告时，仅指出“户外广告与其他媒体相比，显得较分散，营业额也不高，但在广告业的整体发展中，仍是不可或缺的，是任何其他媒体不能代替的”。

造成这种状况的原因是多方面的。首先，处于起步阶段的中国广告所关注的媒体必然集中于传统的大众媒体—报纸和杂志。特别需要指出的是，当时的人们对刚刚

走进家门的电视兴趣正酣，电视广告随着电视的普及且正高速发展；而户外广告在如火如荼的电视广告面前自然失色许多。这一时期比较精彩的广告也都是电视广告，如南方黑芝麻糊、威力洗衣机、三九胃泰等。户外广告只是以配属媒体的面目出现，为这些品牌的树立起着潜移默化的作用。

1992—1999：渐成气候

对于中国广告业来说，这是一个膨胀式的发展阶段；但膨胀起来的却多是五彩缤纷的泡泡。

1992年，国家允许个体和私营广告经营户参与广告经营。此前，个体经营广告的范围被严格限制在设计和制作这两个领域。政策放开后，广告经营单位的数量陡然上升。1993年至1994年，广告经营单位每年增加 1 万多户。直至1999年，每年依然保持近5000家的增长势头。

全民办广告引发的激烈竞争，首先就表现为媒体的竞争。户外媒体在激烈的媒体竞争中，也经历了一个从膨胀到回落，再到平稳发展的阶段。从户外广告媒体的拥有量上就可以看出。

这一时期的户外广告随着全国广告业的沸腾而兴奋着，出现了一些既具争议，也堪称亮点的事件。1993年，长江大桥推出众多大型立体广告；“重庆人民解放碑”的七个角也挂起了广告，全国舆论为之哗然。1994年，天安门广场首次出现商业广告，也引起了沸沸扬扬的争议。1995年，三九药业的广告牌走出国门，亮相于纽约曼哈顿广场，与可口可乐、百事可乐等世界知名品牌比肩而立，这是中国广告首次在这里亮相。1997，柯达公司的霓虹灯广告亮相于北京长安街邮政枢纽大楼，成为当时国内最大的户外广告牌。

户外广告虽然增长迅速，但其他媒体的广告也同样经历着高速发展的阶段。所以从广告营业额上看，户外广告的营业额占全国广告营业总额的比重反而下降了。1992年以前，户外广告的营业额基本上能占全国广告营业总额的20%左右；但从1992年至1998年，下降到10%左右。

这一时期户外广告发展迅速，形式多样，列车、卫星载体等新兴的户外媒体被开发和利用。但从总体来看，发展势头仍不如传统的大众媒体，仍处于自发的发展阶段。户外广告的管理、创作、研究和重视程度都还远远不够，还存在许多需要迫切解决的问题。

1999—2003：渐入佳境

1999年以后，中国广告业进入了一个相对稳定且发展迅速的时期。由于电视、报纸的广告资源在现有条件下已被充分开发，其他广告媒体受到越来越多的关注，其中，户外广告在其发展的质量和数量上都逐渐被重视。

1999年，国家加大了对广告监管的力度。广告管理的重点之一就是治理违法率居高不下和监控难度较大的广告媒介和商品广告。其中，最大的举动就是6月30日，北京以欢庆中华人民共和国成立50周年为契机，清理整顿长安街的户外广告。拆除包括长安街邮政枢纽大楼层顶设置的总面积1590多平方米的被称为“亚洲巨无霸”的柯达霓虹灯广告在内的共311块商业广告牌、公益广告牌和阅报栏。管理部门在质量上的把关，为户外广告的发展肃清了环境，使其在数量上也有突飞猛进的增长。

2001年后，媒体伯乐、TOM、白马等公司上市并大规模收购户外媒体资源，预示着我国户外广告业将进入规模发展的全新阶段。

TOM的户外媒体业务以其收购的上海美亚文化传播有限公司和昆明风驰明星信息产业有限公司为旗舰。2001年，TOM用近3亿元的代价与北京炎黄时代广告公司、河南天明广告有限公司、山东齐鲁国际广告公司和青岛春雨广告公司分别签订谅解备忘录，收购它们的大部分权益；与广州的腾龙（中国）集团有限公司签订认购协议，收购其户外业务的65%股权。2002年3月1日，TOM有限公司收购辽宁鑫星盛世广告有限公司户外广告业务60%权益，鑫星是辽宁省大连市最大的户外媒体公司 ；3月27日，TOM有限公司在中国香港宣布与内地4家广告公司（沈阳沙诺金厢广告有限公司、四川西南国际广告公司、厦门博美广告有限公司和福建新奥户外广告有限公司）签订谅解备忘录，收购这些公司的控股性权益，此次收购行动涉资约1.6亿元人民币。这些收购完成后，TOM公司的户外媒体网络从上海、云南扩展到北京、广东、山东、四川和河南，TOM在内地的户外广告网络已包括12家区域性的户外广告公司，拥有广告总面积超过19万平方米，业务覆盖25个城市。

Medianation媒体世纪旗下的中国香港通成推广有限公司成立于1992年，专注巴士车身及地铁广告。经过在国内的10年耕耘，该公司在内地和香港地区分别拥有22000辆和3000辆公共汽车广告位，在上海和北京拥有23500块户外广告牌，建立了一个覆盖全国户外车身及地铁媒体的广告媒体网络。

MPI媒体伯乐是中国香港梅迪派勒广告有限公司发展而来的。1995年，该公司在上海成立总部，开展内地业务。目前在国内成立了5家联营公司，4个办事处，拥有1.2万辆巴士的车身经营权。此外，还有广州地铁、上海地铁1号线的经营权，成为媒体世纪有力的竞争对手。

专注内地车亭广告的白马户外广告公司，背靠全球最大的广播及户外媒体公司清晰频道ClearChannel。借助强大的外援，白马户外广告打造一个覆盖全国多个城市的户外广告媒体网络。据统计，全国29个城市内建成的2万个候车亭中，白马广告拥有1.2万个的经营权，市场占有率达60%。

中国广告协会统计表明：2002年全国户外广告经营额已达998664万元，占整体媒介投放的15%左右；2003年，户外媒体的营业额占到广告营业总额的20%。从2000年到2003年，中国广告支出的年复合增长率达10.8%，其中户外媒体增长率达11.6%，超过整个中国广告支出的增长率。

综观户外广告在中国走过的历程和当今在中国发展的态势，我们对这样一个媒体充满了信心。相信世界上最古老的广告媒体将在新的时代、新的形势下展现出新的魅力。

(原载《广告导报》　左晶、楚宏伟)

中国户外广告25年行业大事记

1979年

1月14日，《文汇报》发表了《为广告正名》一文，指出“有必要把广告当作促进内、外贸易，改善经营管理的一门学问对待”，“我们应该运用广告给人们以知识和方便，沟通和密切群众与产销部门之间的关系”。此文的发表引导人们重新认识广告。

2月，上海的一些道路出现了4 0余块户外商业广告牌，标志着户外商业广告在上海的全面恢复。

1979年春，北京西单出现了广告墙。

6月，北京市委宣传部批准首都恢复广告业务。

10月27日，由北京、上海、南京的三家广告公司发起，在上海召开了全国13家广告单位的第一次广告经验交流工作会议，会议委托上海市广告装潢公司筹办《中国广告》杂志，委托北京市广告公司草拟成立中国广告联合总公司章程。

1980年

3月29日，大连市广告协会成立。这是我国建立最早的市级广告协会。

8月，根据国务院领导批示，由国家经委牵头，国家工商行政管理局参加，开始起草《广告管理暂行条例》。

9月15日，根据国务院财贸小组报告，国务院明确广告由国家工商行政管理局管理。

11月28日，在广州召开22个大中城市广告经营单位第二次广告工作会议，会议决定筹建中华全国广告协会，筹办第一届全国广告装潢展览。

12月30日，北京市将语录牌改建为广告牌，加上新建的广告牌共300块，面积约6000平方米，为全国之最，引起国外的瞩目，《瑞典时报》、日本《每日新闻》

等先后对此作了报道。

1981年

2月25日，全国25家广告公司在京成立中国第一家广告经营联合体中国广告联合总公司。

4月15日，我国第一家广告专业杂志《中国广告》杂志出版发行。

8月21日，中国对外贸易广告协会经国务院、对外贸易部批准成立。

11月9日，国家工商行政管理局在桂林召开广告工作座谈会，讨论《广告管理暂行条例》及征求制定《广告管理暂行条例实施细则》的意见。

12月10日，辽宁省广告协会成立，这是我国建立最早的省级广告协会。

1982年

2月6日，国务院颁布《广告管理暂行条例》。这是全国第一个广告管理行政法规。

2月18日，沈阳市广告协会成立。

2月21日，第一届全国广告装潢设计展在北京举办，并在沈阳、武汉、广州、上海、重庆、西安等六城市巡回展出，历时近一年。参观者约42.5万人。

2月21日，在京召开中华全国广告协会第一次代表大会。同时将“中华全国广告协会”更名为“中国广告学会”。这是我国改革开放后成立的第一个广告学术组织。

4月15日－23日，国家工商行政管理局在京首次召开了全国广告工作会议。

5月1日，国务院颁布的《广告管理暂行条例》实施。

6月5日，国家工商行政管理局颁发《关于整顿广告工作意见》，对全国广告经营单位进行第一次普查，统一注册登记。

6月5日，国家工商行政管理局颁发《广告管理暂行条例实施细则（内部试行）》。

8月7日，中国广告学会在山西省太原市举办了第一届全国广告学术讨论会。

10月4日，国家工商行政管理局下发了《关于外商广告经营单位审批权限和佣金问题的通知》，以加强对申请代理与承办外商广告的管理。

12月25日，国家经济委员会批准成立中国广告协会。

1983年

5月30日，经教育部批准，厦门大学新闻系开办广告专业，并正式向全国招生。这是我国大专院校开办的第一个广告专业。

8月5日，第二届全国广告学术讨论会在辽宁北镇县举行。

9月21日，经国家统计局同意，由国家工商行政管理局印发《广告经营统计表》，进行系统全面统计。

12月2日，经国务院批准，中国广告协会在京召开了第一次代表大会。来自全国28个省、自治区、直辖市以及香港地区的代表参加了会议。会议通过了协会章程，选举了领导成员。中国广告协会正式宣告成立。

1984年

3月2日，国家工商行政管理局发出《关于烟酒广告和代理国内广告业务收取手续费问题的通知》。

6月24日－7月12日，中国广告协会在河南郑州举办第一期广告专业培训班，中央和北方15个省、市、自治区50家新闻单位与专业广告公司60名学院参加了学习。

10月2－5日，中国广告代表团应邀参加在日本召开的第29届世界广告大会。这是中国广告界首次参加国际广告界活动，受到52个国家与地区代表的欢迎与重视。

1984年国庆，我国第一个大型微机控制翻转广告显示系统在南京鼓楼启用，该系统显示面积16平方米，能存储９０多幅图像，是我国第一块电子广告牌。

11月1日，中国广告协会广告公司委员会成立。

1985年

4月15日，国家工商行政管理局、文化部、商业部、中国人民银行、国家体委联合发出《关于加强对各种奖券广告管理的通知》，明确规定：禁止刊播工商企业有奖销售和单位、个人有奖募捐的广告。

4月28日－5月28日，中国广告协会在成都举办了第二期广告训练班。来自南方的11个省、市、自治区42名学员参加了学习。

6月11日，中国广告代表团应邀赴曼谷，出席亚洲广告协会联盟召开的第15次亚洲广告大会。这是中国代表第一次出席亚洲广告联盟的活动。

8月，《国际广告》杂志在上海创刊。

8月20日，国家工商行政管理局、卫生部发布关于《药品广告管理办法》的通知。

9月19日，国家工商行政管理局、财政部发布《关于对赞助广告加强管理的几项规定》。

10月27日－31日，美国广告管理代表团访华。代表团由有经验的专家组成，其访华目的首先是为了帮助培养那些对发展和利用广告有兴趣的人，第二是有利于建立对两国经济、社会有益的长期关系。

10月31日，卫生部药政管理局、国家工商行政管理局广告司发出《禁止利用医生和患者的名义刊播广告的通知》。

11月28日，中国对外贸易广告协会与《南方》杂志社签订1987年在北京召开第三届世界广告大会协议。

1986年

1986年，上海、福州出现用白炽灯显示的广告牌。

1986年，广州火车站流花宾馆楼安装当时全国最大的海鸥手表霓虹灯广告。

6月9日－11日，以中国广告协会副会长赵桂鸿为团长的中国广告代表团出席了在巴黎举行的世界第五届户外广告会议。

6月，电扬广告公司在北京成立，成为首家跨国广告公司在我国创办的广告公司。

8月6日－13日，中国广告协会在咸阳召开了全国广告学术讨论会。会议围绕着建立具有中国特色的社会主义广告理论体系这个中心议题，对广告业发展趋向、广告界面临的任务和改革等展开了热烈讨论。会议期间，成立了由16名委员组成的学术委员会筹委会。

1987年

2月7日，国家工商行政管理局广告司、中国广告协会、中国环球广告公司、新华出版社联合召开《中国广告年鉴》编委会和编辑部成立会，决定联合出版我国广告界大型工具书《中国广告年鉴》。

5月4日，英美烟草公司在上海利用宾馆、饭店进行卷烟广告宣传被上海市工商行政管理局取缔，并正式通知英美烟草公司驻沪代表，今后不得再发生类似事件。国家工商行政管理局发出通知，重申必须严格执行“禁止利用各种宣传媒体做卷烟广告”的规定，禁止直接或变相搞卷烟广告宣传。

5月12日，国际广告协会中国分会在北京成立，有31名中国广告界人士成为会员。

6月15日，亚洲广告协会联盟中国国家委员会在北京成立。

6月16日，第一届第三世界广告大会在北京人民大会堂举行。这是中国广告协会与中国对外经济贸易广告协会在中国举办的首届大型国际广告会议。国务院总理为大会题词，国务院代总理万里出席了开幕式。参加会议的中外代表共1445人。会上共有131位代表发言（含书面发言），其中有28位中国代表。

10月26日，国务院颁布《广告管理条例》。

10月31日，卫生部药政管理局、国家工商行政管理局广告司发出《关于禁止利用医生和患者的名义刊播广告的通知》。

1988年

1月9日，国家工商行政管理局发出《关于发布<广告管理条例施行细则>的通知》。通知规定《细则》自公布之日起施行，1982年《广告管理暂行条例实施细则（内部试行）》于1987年12月1日废止。

2月1日，国家工商行政管理局转发国家体委1988年主要体育比赛计划，并发出了通知，要求体育比赛的赞助广告活动，须报国家工商行政管理局和省、自治区、直辖市工商局审批。

2月初-5月28日，甘肃广告美术公司受兰州24家企业委托，组织模特队前往23个省会及主要城市进行宣传，直接观众300余万人，这是中国第一支人体广告队。

8月，《中国广告年鉴》正式出版发行。该书汇编了建国以来党和国家领导人对广告工作的批示和讲话，国家有关广告的法规、条例、方针和政策，中国广告的发展概况、大事记、国际广告交流活动，广告学术论文、第三世界广告大会发言选编、广告协会的组织机构及广告经营单位介绍等内容。

11月9日，经国家教委批准，北京广播学院成立新闻系广告专业班，并于1989年夏正式向全国招生。

1989年

10月31日－11月9日，中国广告协会在杭州举办了第二届全国广告作品展览。参展作品1576件，不仅荟萃了报纸、杂志、广播、电视、招贴、户外广告等各类广告的优秀作品，同时还展出了全国大专院校师生的广告习作以及日本电通株式会社、香港远东广告集团、电扬广告公司送来的广告作品。参观者近2万人次。

10月，一支由70人组成的洛阳玻璃厂青年男女新婚

旅游广告团，身披印有“洛阳茶色浮法玻璃”字样的绶带，从洛阳出发，分南北两路到全国8省11市进行新婚旅游，并沿途散发广告册，宣传自己厂家的产品，扩大企业的知名度。

12月25日，中国广告函授学院与北京广播学院合办的首批专业证书班学员毕业。

1990年

4月28日－5月12日，台湾广告事业考察团一行14人在大陆进行了为期两周的观光考察。途径广州、杭州、上海、南京，最后到达北京。访问获得圆满成功。

9月11日，第十一届亚洲运动会在北京开幕，主会场设广告牌250块，33个场馆共设广告牌1900块。最大路牌广告为机场路120平方米的韩国航空公司路牌广告。广告价格最高的是设在主会场的韩国三星集团3米高38米宽的广告牌，刊登三星视听产品几个字，广告费270万美元。户外80块路牌广告中，外商广告占70%。

10月12日，国家工商行政管理局、财政部、国家税务局、审计署联合发出《关于在全国范围内实行广告业专用发票制度的通知》。

1991年

2月23日-24日，广东省广告协会同香港路牌协会在广州举办户外广告展示会。

5月8日－13日，由中国广告协会、国际广告协会中国分会、中国国际贸易促进委员会机电分会、中国机电广告公司联合主办的“首届中国国际广告研讨会暨展览会”在北京隆重召开。来自美国、英国、日本、澳大利亚、西班牙、法国、韩国、苏联以及香港、台湾地区广告界的代表近百人和全国各地主要广告公司、媒介单位、工商企业以及工商行政管理部门和广告协会各级组织的代表485人出席会议。这是首次由中国广告组织独立举办的大型国际广告会议，得到国际广告协会的积极支持，也引起国际、国内广告界人士的密切关注，在会上共有21名国外代表和14名国内代表作大会发言。

6月22日，上海《新闻报》“看广告”栏目第一次对公交车身广告开展大讨论。1991年7月1日，上海市闹市区几条公交线路上，首次出现车身广告。直到1992年10月10日，公安部交通管理局、建设部城市建设司才联合发文，对“中广协”广告公司委员会《关于要求批准开展车身广告的请示》作出答复：“同意在公交车身制作广告”。

9月17日，上海市广告协会和智威汤逊公司中国部联合举办“1991法国戛纳国际广告大奖、广告作品精选讲座”、由专程来华的智威汤逊公司亚太区总裁范礼霆先生主讲。

11月1日，中国长城旅游广告第一次在伦敦地铁亮相。

11月12日－14日，1991年全国广告学术讨论会暨中国广告协会学术委员会第二届会员大会在福州市举行。大会以“中国广告发展十年”为题进行了深入的学术研讨，会上共收到论文39篇，精选15篇在会上宣读；大会还选举产生了第二届学术委员会领导机构。

1992年

1992年，山东青岛开出第一列“琴岛－海尔”广告列车，但很快夭折。

1992年，媒体伯乐在上海虹桥路竖立起国内第一根单立柱广告牌。

3月9日，国家工商行政管理局发出《关于坚决制止非法使用党和国家领导人的名义、形象、言论进行广告宣传的通知》。强调指出，凡是违反有关规定者，坚决依法严肃处理。

3月，国家工商行政管理局广告司发出了《关于各地加强户外广告立法工作的通报》。对户外广告工作提出了指导性意见。

5月5日，雄踞武汉长江边上的、被称为“亚洲第一桅杆”的湖北龟山电视塔上出现“KENT”及“555”洋烟广告。广告面积达1800多平方米。夜晚在灯光的照射下，整座电视塔犹如一支竖立着的硕大无比的香烟。1994年6月21日，该广告在有关部门的干预下，提前11个月终止合同，被撤下了龟山电视塔。

6月18日，由10辆美国豪华“凯迪拉克”和5辆“奔驰”组成广告车队，从北京经天津、唐山浩浩荡荡驶入沈阳，车头上迎风飘扬着“富豪矿泉壶”小黄旗。

6月22日-28日，中国广告代表团一行7人，应邀赴奥地利参加欧洲户外广告联盟举办的第六届户外广告会议，来自40多个国家和地区的代表出席会议。会议的主题是：2000年的户外广告。代表们认为，到21世纪，户外媒体将成为重要的大众传播媒介，与广告牌相结合的招贴广告将占主导地位。

9月，为贯彻落实党中央、国务院关于加快第三产业发展的决定，国家工商行政管理局广告司草拟了《关于加快广告业发展的规划纲要》。

11月，在国务院召开的全国第三产业会议上，有关领导听取并同意了国家工商行政管理局的意见，将广告业作为一个产业从信息业中单独列出。

12月16日，澳星发射首次招徕广告。“五粮液”、“万家乐”、“琴岛海尔”、“小霸王”等14家企业的广告步入发射场。

1993年

1月1日，中央电视台广告价格上调，引起传媒广告费连锁反应。

1993年，长江大桥推出众多的大型立体广告；上海南浦大桥挂起200多平方米巨型灯箱广告，被称为全国之最。

3月10日，载着“益世雄口服液”和“冰川羽绒服”广告标语往返武昌、北京的37/38次列车，为武汉优质产品扬名。

4月11日－13日，中国广告协会、《中国广告》杂志社、美国3M公司、金马广告（集团）联合主办的1993年户外广告“三新”国际研讨会在沪举行。中、美、澳及港、台地区广告界专家对世界户外广告现状和未来展望作了专题报告。

5月27日，广东省广告协会和广州市广告协会联合同香港路牌协会在广州举办了两天的交流活动。

1994年

1月1日，广告行业开始全面贯彻落实《关于加快广告业发展的规划纲要》。《纲要》是在本世纪末之前指导广告业改革与发展的宏观性、全局性文件，对我国广告业发展的指导思想、目标、重点以及采取的政策、措施等作了明确的规定，是开展广告业改革、企业转换机制、广告业结构优化、广告市场管理等工作的主要依据。

1月3日，国家工商行政管理局广告司同意在广东省的广州、深圳、珠海、汕头、佛山、湛江六城市进行广告代理制试点。这是继1993年国家工商行政管理局颁布《关于进行广告代理试点工作若干规定》开始在北京、天津、上海等城市进行试点之后的又一批试点城市。

1994年1月5日，国务院办公厅关于印发国家工商行政管理局职能配置、内设机构和人员编制方案的通知，明确了广告司改名为广告监督管理司。

4月6日，中国广告协会铁路委员会在北京成立。

4月11日，中国广告协会公交委员会在天津成立，成员单位遍及全国29个省、市、自治区。

5月9日，在广州上空飞行的一艘“万宝”广告飞艇突然失控坠落，坠落时210立方米氮气飘至白云机场上空致使机场航班起落中断10分钟。

6月7日－11日，由上海现代国际展览公司、上海商城（海岸有限公司）主办，香港贸易发展局、香港广告商会等单位赞助的第二届中国国际广告技术展在上海商城展览厅举行。来自海内外的80多家厂商参加了本届展览会。会上展示了国内外最新广告制作技术、印刷技术、影视音响技术和设备以及广告专用材料等。全国17个省、市、自治区的近两万名广告专业人士参观了展览。

6月4日，广州市广告协会户外广告工作委员会成立。

6月20日，我国最大的桥梁南京长江大桥，把中国扬子集团用26块巨大广告牌组成的10条广告，全部安装在北桥头堡上。连长江大桥也“下海”，走上了“以桥养桥”之路。

6月21日，武汉龟山电视塔上的“KENT”洋烟广告在有关部门与领导要求下，提前11个月撤下龟山。油脂化学厂“一支花”品牌广告于7月8日上了龟山电视塔。

6月，国家教委批准厦门大学新闻传播系1994年招收首批广告硕士研究生。

8月12日，李鹏总理主持国务院第23次常务会议，通过《中华人民共和国广告法（草案）》，提请全国人大常委会审议。

10月27日，《中华人民共和国广告法》经第八届全国人大第十次会议审议通过。同日，江泽民主席签发第34号主席令，公布《中华人民共和国广告法》自1995年2月1日施行。

11月3日，国家工商行政管理局、国家对外贸易经济合作部联合印发了《关于设立外商投资广告企业的若干规定》的通知。规定将于1995年1月1日起施行。《规定》明确了办理外商投资广告企业立项审批手续的必要程序，明确了境外投资者进入我国广告市场应具备的基本条件。

11月4日－8日，由中国对外经贸广告协会和中国电

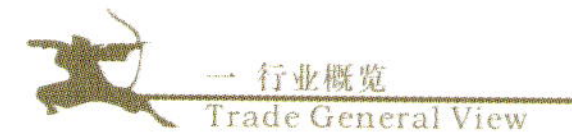

子国际展览广告公司联合主办的“94国际广告新媒体、新技术、新设备、新材料展示交易会暨94广告现代化研讨会”在北京民族文化宫举行。中、美、英、日、瑞士、加拿大、以色列以及香港、台湾等十几个国和地区的近百家厂商参展。

12月31日，由国家工商行政管理局广告监督管理司主持编辑的《1983－1993年中国广告统计资料》一书由中国科学技术出版社出版发行。该资料对全国1983－1993年中国广告经营额、广告费占国民经济比重、广告费投入、广告经营单位、广告从业人员等做出比较详细的统计和分析。

1994年，四川成都恩威集团公司将广告制作在长征二号捆绑火箭“澳星B3”上，这是我国第一个以运载火箭为媒体的广告，也是我国第一个太空载体广告。

1995年

3月，中国第一家专门经营广告专业图书的“北京广告人书店”开业。

4月28日，三九药业的大型中文广告牌出现在美国纽约曼哈顿时代广场上。这是中国广告首次在这里亮相。

8月，国家工商行政管理局广告监督管理司组织北京、上海、天津、广州、重庆、哈尔滨、大连、杭州、深圳、西安、厦门等十二个城市工商行政管理部门进行户外广告执法大检查。共检查户外广告5465条，其中虚假违法广告199条，占总数的3.6%。

10月24日，中国对外经济贸易广告协会和中电国际展览广告公司主办的’95第二届国际广告“四新”展示交易会在北京举行。

11月4日，国家工商行政管理局、中国企业评价协会联合公布1994年中国50家广告公司实力与营业额排序。

11月20日，中国广告协会和广东省广告协会联合主办的中国国际广告新技术暨第四届全国广告优秀作品展在广州举行。

12月8日，被誉为全国首创的南京火车站广告位拍卖在该市中心大酒店举行，却遭遇冷场，55个广告位仅拍出13个，且多为绿地及护栏小广告，主广告位一个也没拍出，中标总额53万元。

12月30日，四川省展览馆大楼顶部竖立霓虹灯广告，该广告位被四川高尔夫俱乐部获得，采用当时国内最先进霓虹灯管，以7厘米间隔密布在644平方米的钢架上，每字面积达32平方米，被誉为当时“中国第一霓虹灯广告牌”。

1996年

2月29日，国家工商行政管理局发布《广告显示屏管理办法》。

3月8日，新加坡金味集团冠名“金味”品牌的广州至北京29/30次列车将在京广线上奔驰3年。这是外商在我国第一次取得列车冠名权。

4月8日，美国户外广告协会主席、巍柯户外广告公司总裁WILLIAN · R · NASSUA先生一行访问中国，决定从上海开始，与中国广告界合作，发展户外广告业务。

8月29日，曾经被舆论炒得火热的长江三峡广告，整整两年没能招徕到一笔业务，承办单位只好放弃设置商业广告，“长江三峡广告”宣传胎死腹中。

9月9日，国家教委与日本电通就“中日广告教育交流”项目达成协议，电通将向中国6所院校提供广告设备，派遣专家讲学，并接受6校师生到该公司进修学习。

9月26日-10月30日，佛山市广告协会举办大型户外公益广告展示会。

11月8日，广东省首届橱窗广告评比在广州举行。共评出获奖作品11件，其中金奖1件，银奖2件，铜奖3件，鼓励奖5件。

1996年，列车冠名广告成为新热点，1996年底已有40对列车被企业冠名。

1997年

3月21日，国家工商行政管理局作出《关于户外广告监督管理有关问题的答复》。

4月8日，民航总局决定在全国45个大中型机场设置大型公益广告牌。通过精神文明宣传，在中外旅客中塑造中国民航的良好形象。

5月31日，’97沈阳（国际）广告“四新”展示会在沈阳市隆重开幕。此次展示会共展出了美国、法国、德国、日本、瑞典、瑞士、韩国以及台湾、香港地区当今世界最先进的广告制作技术、广告材料、新媒体等400多个品种，参观人员近万人。

8月25日，中国广告协会广告主委员会成立。广告主委员会的主要任务是：提供信息服务；培训广告主市场、信息和广告部门的工作人员；协调与广告公司、媒介单位的关系；维护广告主的正当权益。

12月8日，由中国邮政广告公司制作的我国第一大户外霓虹灯广告牌柯达霓虹灯广告闪亮于京城长安街。该广告全长209米，高7.8米，总面积达1590.7平方米，用4万多支霓虹灯管；采用英特尔和摩托罗拉公司先进的CPU中央控制系统；在规模上、技术上都处于国内领先地位。

12月31日，国家工商行政管理局发布《店堂广告管理办法》。

1998年

3月3日，首届亚太广告节在泰国召开，桂林华顿广告公司的公益广告作品《保护森林》、上海电扬广告公司的公益广告作品《教师节》获铜奖。

7月，美国科技投资公司与北京高德广告有限公司共设的由计算机程序控制的150平方米超大屏幕广告在北京亮相。

9月初，为培养高级广告专业人才，中国广告协会、北京广播学院和厦门大学联合举办的“广告专业研究生进修班”对通过入学考试的学员发了录取通知书。这标志着中国广告协会对行业人员高层此培训工作的启动。

9月23日-26日，广州市广告协会主办、广东科创展览有限公司承办的“98广州国际广告技术及设备展览会”在广州中国出口商品交易会举行并举办新世纪广告专题报告会。

12月，广东白马广告有限公司与英国MORE GROUP合资经营的中国城市候车亭灯箱广告网络正式启动。

12月28日，中国广告协会发出《关于颁发<霓虹灯（灯箱）广告工程技术规程>及<霓虹灯变压器的安全及性能要求>的通知》。

1999年

2月1日-28日，可口可乐贺岁广告当时中国最大的外墙广告在上海人民广场亮相。这幅广告面积近9000平方米，重达2900公斤，由4幅画面组成，已被列入中国广告吉尼斯记录。

2月9日，中国广告协会主办，中国广告协会公交委员会和铁路委员会承办的’99首都广告界春节联谊会在北京举行，广告界的代表150余人出席了会议。

5月5日，中国广告协会广告公司委员会霓虹技术协作会第二届第四次委员会在珠海召开。

6月30日，以欢庆中华人民共和国成立50周年为契机，北京市决定清理整顿长安街户外广告。拆除包括邮政枢纽大楼屋顶设置的被称为“亚洲巨无霸”的柯达霓虹灯广告在内的共311块广告牌、工艺广告和阅报栏。

7月8日，广州市广告协会霓虹灯广告委员会成立。

7月11日，日本东京最繁忙的电气化“山手线”铁路列车被冠名为“北京号”的活动启动，沿途30余个车站和11节车厢都贴挂上宣传北京的广告节目的天安门、长城夜色等。据调查统计，仅在7月就有200万人欣赏到这些广告宣传。这是中国第一次大规模地在东京宣传北京。这是中国广告走出国门的一项活动。

7月13日，东京最繁华的新宿高岛屋百货公司楼前搭起了一个题为“充满活力的紫禁城”的服饰表演台。众模特在演示时装的同时，还向人们散发了广告宣传材料，介绍北京。

7月30日，中国广告协会公交委员会成立5周年暨公交广告研讨会在乌鲁木齐召开。

8月2日，中国对外经济贸易广告协会与中国电子国际展览广告公司联合举办的第六届国际广告“四新”展示交易会在北京举行。

8月，中国大维集团获得在荷兰进行的第45届世界乒乓球锦标赛冠名权。在埃因霍温市体育中心，整个赛场最醒目的是方块汉字的中国广告，外文则退居其次，“大维”、“红双喜”、“双鱼”、“王朝”、“天津汽车”、“天马呢绒”、“邓亚萍体育用品”广告牌挂满体育场馆。

8月23日-25日，广东省工商行政管理局、广东省广告协会、深圳市工商行政管理局联合主办，深圳市广告协会承办的“99广东省户外广告研讨会”在深圳举行。

2000年

1月1日，中国联通江苏分公司和联通上海、浙江分公司联手买断我国第一列南京－上海－杭州间高速列车广告权，列车被命名为“中国联通列车”。

3月21日，国家工商行政管理局作出《关于在自有建筑物上设置大型招牌是否属于户外广告问题的答复》。

4月间，中国广告协会与北方国联信息技术有限公司达成协议，在“中国广告商业网”与“广告商情网”合并

基础上共建“中华广告网”。

5月16日－17日，由中国广告协会铁路委员会主办的“2000首届铁路广告成果展暨新世纪发展战略研讨会”在成都举行。来自全国各铁路局、分局主管广告业务的160余位代表出席了会议。

5月，京沈高速公路尚未全线贯通，公路黄金段位河北段199.3千米及北戴河段17.6千米就被秦皇岛鑫都科工贸有限公司买断6年的广告权。

5月26日，中国广告联合总公司制作的立邦漆路牌《屁股篇》与广东三人行广告公司制作的房地产广告荣超花园《偷工减料篇》获得美国《广告时代》最佳创意奖。这是中国大陆第一次获此奖项。

6月6日，湖北国际广告技术与设备展览会在武汉举行。

7月18日，广州广告协会与科创展览有限公司主办的第四届广州国际广告展在广州举行。

8月9日－12日，中国对外贸易经济合作广告企业协会、中国对外经济贸易广告协会、中国电子国际广告公司联合主办的第七届国际广告新媒体、新技术、新设备、新材料展示交易会在京举行。

8月28日，一块长21米、宽3.5米的“发展才是硬道理”的公益广告在北京永定路北口的天泺商品批发市场大门正中竖起。这是近年来第一件个人出资兴办的公益广告。

11月间，由北京广播学院发起的“首届北京大学生广告节”在京举办。

12月7日，由《现代广告》杂志社主办的“上海空港杯全国户外、杂志创意无限大奖赛”评选结果在京揭晓，共产生全场大奖1名、金奖6名、银奖17名、铜奖23名、入围奖80名、公众评议奖10名。

12月间，由《现代广告》杂志社和中国统计出版社合作出版的大型资料性工具书《中国广告业20年统计资料汇编》出版发行。

2001年

3月，中国第一家专业户外广告媒体买卖双方提供全方位一站式服务的平台户外传动网正式在上海亮相。

5月7日－10日，第五届广州国际广告展举办。香港、澳门、台湾、大陆四地区广告界人士首次聚首羊城进行交流。

5月22日，由中国广告协会引进美国市场营销协会创办的艾菲实效广告奖在中国亮相。先后在北京、上海、深圳巡展以推动中国广告业的发展，使中国广告业紧跟国际广告发展步伐，迎接加入WTO后的挑战。

7月，将于2004年建成通车的河南新乡－郑州高速公路上的黄河特大桥的冠名权被拍卖，有50多家著名跨国公司表达了冠名意向。这是中国首次对特大桥的冠名权进行拍卖。

8月，首都国际机场股份有限公司广告公司、上海国际机场股份有限公司广告分公司和广州白云国际机场广告公司宣布结成战略联盟。对于国内机场广告资源开发者来说，有了做大做强的意识，是迈出万里长征的第一步。

8月31日，电通株式会社与中国教育部、中国广告协会、中国6所大学关于电通公司创立100周年纪念事业“中日营销研究交流项目”的签字协议在京举行。协议包括：“电通联合广告讲座”、“电通新留学研修制度”、“中日企业交流研讨会”、“协助吉田秀雄纪念事业财团的委托研究项目”等内容。

10月16日－20日，第八届中国广告节在厦门市举行。此次广告节容纳了：新世纪中国媒介大汇展，中国广告技术设备展，中国驰名、著名品牌展等。为广告人、广告主、媒介提供了交流、互动共享平台。参展作品达2548件。参观与会人员万余人，不论规模与内容均为历届之最。

11月22日－23日，由《中国广告》杂志社、东方国际广告展览有限公司、中国企业联合会广告主工作委员会主办的“2001年中国广告论坛”在上海金贸大厦举行。会议首创广告人与广告主互动研讨分析市场广告规律，赢得广泛好评。

2002年

1月5日，一幅北京最大的以“友善”为主题的巨幅公益广告在北京西单购物中心亮相。

1月16日，由《现代广告》杂志主办、上海国际机场股份有限公司广告公司和广州白云国际机场股份有限公司广告公司共同协办的第二届空港杯创意无限大奖赛评选活动在京举行。

3月29日，TOM宣布：收购中国内地4家主要户外媒体公司的控制性权益，至此，TOM在中国内地22个城市的户外媒体网络将包括12家户外媒体公司，户外广告面积超过17万平方米。

4月1日，上海开始实施《上海市机动车车体广告设置和发布管理规定》，对处于混乱状态的机动车车身“流动广告”进行规范管理。

4月12日，中国广告协会公交委员会主办的公交广告研讨会在长沙举行，会议主要就公交广告创意设计、制作技术及媒体管理与维护等问题进行了探讨。

4月19日，在第四届晋江（国际）鞋业博览会上，蓝道广告公司的“埃威王敢作敢当人体彩绘秀”引起全场轰动。

5月16日，中国广告协会铁路委员会常委在桂林召开扩大会议，就铁路广告改革发展战略进行专题研讨。

5月16日，耗资上千万建成的号称“世界之最”、位于重庆长江大桥南桥并拥有大世界吉尼斯纪录认证书的“中国龙”广告牌，因3年无人问津而被拆除。

5月30日，上海首次进行户外广告位使用权拍卖，138块的户外广告位约有55%“名花有主”，拍卖总价近600万元。

7月8日，由中国广告协会学术委员会、《现代广告》杂志社、北京广播学院广告学系联合主办的“中国广告业生态环境现状调查”在全国正式启动。这是中国广告业的第一次“生态调查”，引起行业的极大关注。

9月19日，国内首部《户外广告牌钢结构技术规程》在同济大学通过专家评审，并于年底在全国范围内正式实施，以彻底消灭高悬在城市空中的隐形“杀手”。

9月23日，美国克里奥奖中国巡展在上海开幕，代表中国广告作品亮相的广州盛世长城广告公司《瑞士军刀》平面广告和上海大美高广告公司《光明乳业》影视广告再次获奖，这是中国广告作品首次获得克里奥广告奖。

10月12日，首届中国艾菲实效广告奖评选揭晓，17个作品入围，共评出3个金奖，3个银奖，7个铜奖。此活动的开展象征着中国广告与国际接轨，亦标志中国广告在创意发展的基础上逐步重视传播效果与营销本质，进入实效广告阶段。

10月23日，第九届中国广告节在大连举行。本届广告节以“交流、竞合、超越”为主题，突出专业性、前瞻性和互动性。在这次大会上首次推出艾菲实效广告奖、网络广告展。广告节期间，27家户外广告公司召开座谈会，探讨了户外广告的发展状况，成立了中国广告协会户外广告专业委员会筹备小组。

2003年

2月17日，上海媒体伯乐召开新闻发布会，宣布又获得北京2000辆公交车广告经营权。连同日前的280辆共计2280辆，占北京公交车总数的40%。

4月1日，经国家工商行政管理总局批准，由全国广告协会秘书长会议讨论通过的《中国广告业企业资质认定暂行办法》开始实行。

4月2日，由广东省广告协会主办，香港广告牌制作协会、《专业广告》杂志、广东广告网、中国广告网协办，信亚展览服务有限公司承办的广东国际广告展在广州新体育馆举行。本届展览会共有来自全国各省市、港澳及美、日、德等国的151家广告企业参加。

4月7日，中国广告协会户外专业委员会筹备组第二次会议在北京召开，会议围绕“中国广告协会户外委员会章程”、“户外委员会工作计划”、“组织户外委员筹备大会”、“全国户外广告企业摸底调查”等多项议程展开讨论。

6月6日－8日，中国广告协会户外委员会在四川成都成立并举行“户外广告高峰论坛”。

7月21日，北京高速公路户外广告首次公开招标。

7月31日，国内首条机身广告亮相深圳宝安机场。飞机“康佳”号展现影星张曼玉巨幅照，广告面积达30平方米。

8月5日，由中国广告协会监督指导、《现代广告》杂志主办的2003年《中国广告业年度人物评选》启动。此次活动将评选中国广告业2003年度十大经理人、十大创意总监、十大客户总监、十大媒介总监、十大媒介广告经理人、优秀广告学人，并从中选出2003年中国广告业年度人物10名，以及中国广告业年度封面人物1名。

8月20日，中国民航协会广告委员会2003年度工作会议及中国广告协会民航委员会成立大会在成都举行。来自民航局系统的56家单位共80多名代表参加了会议。

8月20日，中国家电龙头企业海尔集团的“Haier海尔”灯箱广告在日本东京银座亮灯。广告位于四个目七宝楼楼顶，广告箱高13.3米，为三面。正面为12.3米，侧面分别为9.1米与9.4米，极具特色。

9月，《国际广告》杂志副刊《中国户外广告》自9月份起，随同《国际广告》杂志一并出版发行。

9月23日，由亚太网印及制像协会、中国印刷技术协会、中国网印及制像协会主办的“2003亚太网印及制像展/2003中国国际网印及广告牌业展”在上海国际展览中心举行。

10月24日，中国广告协会户外委员会主办了主题为“中国户外广告业的现状与发展方向”的首届中国户外广告研讨会，探讨中国户外广告业的发展。

11月6日，实力传播主办的首场户外广告调研说明会在上海举行。

11月13日，南京大贺公司在香港创业版块挂牌上市，以配售和公开发售形式发售2.5亿股原始股，集资约1.7亿港币。

12月18日，北京市市政管委网站上公布新的《北京市户外广告设置管理办法（草案）》中明文规定，带有车身广告的公共电、汽车将被禁止在天安门广场地区通行；禁止在长安街路段直行；禁止穿行长安街王府井路口以西至西单路口路段。

12月27日，相关官员及北京、香港、深圳等地的专家和学者对《2003－2010年深圳广告业发展规划》进行评审。这是我国第一份城市广告业发展规划。

12月31日，台湾当局不允许大陆物品、劳务、服务等产品在台湾从事广告活动的禁令正式解除。

2004年

1月1日，上海市工商局取消了临时广告的代理、发布资格审批，并下放广告经营资格审批权限，而从去年12月1日起，上海市店堂牌匾广告登记和店堂广告备案就已被取消。

1月4日，成都市容环境管理局、城市管理行政执法局、规划管理局、工商行政管理局、交通局，以“通告”方式对成都机场高速公路两旁的户外广告下达“逐客令”，将此路段内的所有广告均界定为违法广告，限令各广告公司在1月15日以前将其自行拆除。而这一举措在成都的广告业界引发了“强烈的地震”。

3月，在上海南京路步行街、徐家汇商业中心、浦东时代广场商圈亮出了约400平方米的大型户外广告牌：画面底色是如初升太阳般的鲜红，一辆乳白色的火车飞驰而来，旁边写着“上海北京，一站直达；京沪千里，一夕跨越”。这是上海铁路分局为京沪列车4月18日第五次大提速做的广告，开创了上海铁路的先河。

4月，由于对户外广告店招、店牌管理作出了独特的尝试和贡献，盐城市被江苏省建设厅授予全省唯一一个"户外广告店招、店牌管理特别奖"。

5月28日，首届“中国户外广告”论坛在北京召开，中国广告杂志社与PORTLAND outdoor联合TOM、白马、大贺、MPI、通成等业内骨干，开办首届“中国户外广告论坛”，为户外广告业界人士提供一个站在户外广告产业发展前沿的机会，会上引进国际全新资讯和高新成果，并积极探讨中国户外广告产业的尖端问题。

6月，由广州市户外商业广告招牌清理整治和位置经营权拍卖工作协调小组组织的首次广州市户外商业广告经营权社会公开拍卖会在广州大厦举行。本次拍卖活动标志着广州市继商业用地出让方式改革之后又一次重大改革，今后广州市所有户外商业广告牌位经营权均需通过社会公开拍卖获得。

8月，鉴于北京2008年将举办奥运会，在香港上市的中国户外媒体公司白马媒体股份有限公司投资1.47亿元人民币收购北京公共汽车候车亭3000个广告灯箱位。集团首席执行官韩子劲称，新收购将拉低整体广告位的出租率，不过整体广告费平均已约有5%至6%增幅。收购完成后，白马户外媒体在北京的市场占有率将由36%大幅增至86%。

8月，《广州市户外广告整治和户外商业广告位置使用权拍卖工作方案》出台。8月31日举行的广州市第二次户外商业广告位置使用权拍卖，首开“官民分成”先河。

8月19日，北京市广告协会在华凤宾馆举行了直属户外广告工作委员会的成立大会，北京市户外广告工作委员会第一批委员单位共有33家，首届主任委员由歌华阳光广告公司的总经理郑宜军担任。

9月8日，国家工商行政管理总局局长王众孚在第39届世界广告大会开幕式上向中外广告界人士重申，中国将兑现加入世界贸易组织的承诺，到2005年底全部放开广告市场，中国的广告传播业国际化程度将会更高。按照《服务贸易减让表》的规定，我国加入世界贸易组织2年后，即2003年底允许设立外资控股的广告公司；加入世贸组织4年后，即2005年底允许设立外资独资广告子公司。到目前为止，全球前10名的广告公司已全部在中国设立了合资公司。《规定》明确，自 2005 年 12 月10日起，经审查批准，外资可以在我国境内投资设立广告企业。同时，在中外合营广告企业中，外资可以拥有多数股权，但股权比例最高不超过70%。

9月21日，以长效规范代替突击整治，让公平竞争促进行业繁荣。在中国户外广告行业发展的非常时期，135位各地代表9月21日聚会上海，共同签署了《中国户外广告产业上海宣言》。

10月1日，新的《北京市户外广告管理条例》正式实行。

10月20日，京珠高速公路湖北段首次公开拍卖沿线的广告位，包括22个互通的112个单立柱广告牌、30座主通地段的跨线桥、5个服务区及鄂南、北两个省界收费站墙体广告的5年经营权。参考起拍总金额是2912万元。来自国内20多家广告公司参与竞拍，最后成交3450万元，而武汉本地广告公司只拿到220万元的服务区经营权。湖北省消费者协会会长郭跃进呼吁，应尽快出台户外广告设置规划，提升、繁荣武汉户外广告形象，尽快抢占广告资源。

10月28日－31日，第11届中国广告节在成都国际会展中心举行,涉及户外广告的有广告节媒介展（传统媒介展、第二届中国户外媒体展、首届中国网络媒体展）、广告器材展等。

2004年11月，首都国际机场广告媒体招标尘埃落定，有10家投标广告公司参与竞标。2号航站楼灯箱类媒体面积达67%，为103块广告灯箱。获得总体3年的经营权，总价2.98亿元。继今年6月份招出的1号航站楼25块灯箱广告之后，至此，机场共设有128块广告灯箱，场地租费每年达1.2亿元。此次采取的公开招标方式，在全国是首例。

11月16日，分众传媒(中国)控股有限公司与美国高盛公司及英国3i公司在北京签署协议，宣布高盛及3i公司共同投资3000万美元入股分众传媒。分众传媒创立于2003年，利用短短20个月时间内建成覆盖包括北京、上海等在内的37个城市，上万栋楼宇，日覆盖1500万中高收入人群的中国商业楼宇联播网，月广告收入近4000万元。

12月2日，广州市人民政府穗府（2004）60号发布《关于整治户外广告设置的通告》。与此同时，经12月27日市政府第12届58次常务会议讨论通过，《广州市户外商业广告位置使用权拍卖管理办法》纳入广州市2005年度政府规章制定计划正式项目，将由市建委牵头起草制定。

12月15日，上海市人民政府43号令正式颁布《上海市户外广告设施管理办法》，该管理办法将从2005年4月1日起施行。

第一部分编辑说明：

1、《中国户外广告25年行业大事记》主要参考资料：《发展中的中国广告业中国广告业25年发展报告（1979-2003）》，新华出版社2004年8月第1版；《中国广告25年》，范鲁斌著，中国大百科全书出版社2004年9月第1版；《纵横广东广告二十年》以及《中国广告》、《现代广告》、《国际广告》等期刊以及其他方面资料。

2、行业数据主要来源：中国广告协会、《中国广告年鉴》、《发展中的中国广告业—中国广告业25年发展报告(1979-2003)》、台湾《动脑》杂志等。

2004年影响中国户外广告未来的十类事件

一、纷纷整治拍卖过后，政府监管开始回归理性

在google和百度上输入“户外广告整治”，搜索到的信息均超过4万条，全国大中城市概莫能外。城市越大，整治的规模也越大，次数也越多。许多城市年年整治，有的一年中轮番数次。在google和百度上输入“户外广告拍卖”，搜索到的信息均超过43万条，拍卖声以及由此引发的争议从来就没有停止过。

在信息不对称、政企不对等、渠道不畅通的情况下，老是整治在前，拍卖在后，理由再冠冕堂皇也不禁令人生疑。如果整治的目的是通过拍卖获取更大的收益，僵持和反弹就在所难免。此类事件的报道，媒体上前后有过很多次。

经过公开征求意见和反复修改，新的《北京市户外广告设置管理办法》从2004年10月1日开始施行，其中用设置规划的办法替换行政审批无疑是一大进步，34条的内容比原来的26条也更具体易于操作。2004年8月开始，《上海市户外广告设置规划和管理办法》（修订草案）也在公开征求意见并于12月15日正式颁布，正式取消市容整治费，明确拍卖并非公共阵地使用权取得的唯一方式，规定电子显示牌（屏）设置期限最长6年，其它为3年。其它地方户外广告管理条例也先后在听证，在修订。

条例虽然还有不完善的地方与依然模糊的地带，在一些城市也还有反复甚至倒退，但政府监管毕竟已经（也必须）朝理性、透明的方向发展，这是建设和谐社会的必然要求，也是依法行政的应有之义。伟大的户外广告必将告别关系营销与作坊操作，从此成为一个相对独立的产业稳健发展。

二、行业混沌生态堪忧，《上海宣言》唱响产业新阶段

由于门槛低，缺乏应有的行业规范和长效的政策引导，中国户外广告业一开始就处于一个无统一规则的自发状态，虽然近几年发展迅猛，但其混沌的生态并无多大改变，依旧是“八仙过海，各显神通”。

2004年5月28－29日，220多位各地户外广告同仁齐聚北京，首届“中国户外广告”论坛成功召开，“是户外广告有史以来规模最大、盛况最惊人的一次”（杨培青会长现场感言）。9月21－22日，130多位各地户外广告界代表聚集上海，与来自城市规划、景观、法律方面的专家和政府监管官员一起，就“生存的依据、发展的规则”展开专题研讨，并一同签署《中国户外广告产业上海宣言》，呼吁政府以长效规范代替突击整治，让公平竞争促进行业繁荣。2004年，中国户外广告业的声音开始集中并强烈起来，越来越多的同仁在压力与机遇的驱使下开始反思过去，求索未来。

12月16－19日，在深圳召开的2004年全国广告学术研讨会上，黄升民教授在《2004年中国广告业成长轨迹分析》报告中指出，《中国户外广告产业上海宣言》的发表，标志着中国户外广告业进入一个新的发展阶段。

三、楼宇视屏媒体快速扩张，分众媒体震荡户外格局

2004年“分众传媒”的电梯视屏媒体快速扩张，覆盖全国40个城市近20000栋楼宇，用户外电视的概念开创了网络化的分众传播领域，赢得众多知名品牌的高度认同，获得美国高盛公司和日本软银等境外投资共5000万美金，并成为继2003年度的盛大网络之后2004年度中国

最佳投资案例，也被财富杂志（中文版）选为2004年酷公司。

广告主虽然明知有超过50%的广告花费打了水漂，但广告还要继续。广告主和广告人均希望找到这样一种媒体，能够以最低的成本最精准地到达目标消费者。楼宇视屏媒体因为其准确性和贴近性，迎合了市场细分化的商品营销策略，其超常规的发展也就可想而知。

中国户外广告经过25年的发展，开发一个稳定的全国网络化媒体已非易事，这也是楼宇视屏媒体能够吸引大量投资的一个重要原因。大量资本的进入，势必影响既有的户外广告格局，对一些泛众化的户外媒体产生较大的冲击。

四、行业组织先后成立，协调与合作方兴未艾

2004年5月22日，中国广告协会户外广告委员会成立大会在北京召开。

8月19日，北京市广告协会户外委成立，首批33家单位加盟。

10月29日，中国广告协会户外广告委员会首届常委（扩大）会议在成都召开，探讨户外委如何发挥真正作用和影响。

11月25日，沈阳30家户外广告公司结成同盟。

户外广告相对发达的上海与广州，已分别于1999年5月和2001年3月成立了上海与广州的户外广告委员会。

行业组织的成立，只是一个值得期待的开始。面对太多的问题，需要有创建性的作为和凝聚更多的积极力量。

五、国际资本大显身手，媒体资源争夺愈演愈烈

2003年11月在香港创业版上市的大贺集团，2004年控股四川新天杰传媒，在成都、重庆新增3万平方米户外媒体资源。

TOM户外集团继续扩张，在2004年先后并购“重庆金朝”和“武汉丽兰”，在国内子公司达14家，户外媒体总面积37.7万平方米。

白马2004年投资1.47亿元收购北京3000个广告灯箱位，使白马户外媒体在北京的市场占有率由36%增至86%。

媒体位置的好坏决定户外广告的成效，户外媒体俨然已是一种稀缺资源。在未来几年户外广告业规模化的市场竞争中，资本将处于绝对主导的地位。

六、品牌拓展梯次推进，二线城市广告商机凸现

来自尼尔森媒体研究的结果，2004年中国年度广告额增长了32%，达189亿美元，为全球第五大广告市场。促进中国广告业增长的一个新动力是跨国公司为进军中国中小城市而加大广告支出，另一个原因是专业服务业广告支出跃升63%。

随着国际品牌向中国内地市场的推进，2004年国际4A公司通过合资或合作方式开始进入中国二线城市：继奥美集团与福建奥华广告公司共同投资成立福建奥华奥美广告公司之后，BBDO也与四川西南国际广告公司签约成立BBDO中国西部分部，精信传播集团与南京卓越、浙江奇正等结成品牌策略联盟……

本土广告公司可以利用自身媒体资源与地缘关系优势，把握这一稍纵即逝的历史机遇，找准自己的定位，谋划未来的发展。

七、“风神榜”一路飞扬，短效强制媒体份额攀升

根据中天星河对国内26个城市的监测，2004年前五位主流媒体分别被射灯广告牌、单立柱、公交车身、候车亭、地铁抢占，且势头强劲，投放额高过去年同期，其中地铁投放额首次突破10亿元。人行道广告、悬挂广告、阅报栏广告、护栏广告、跨街广告等网络媒体投放额高于去年同期，有望成为主流户外媒体的潜在竞争对手。灯箱广告受到主流媒体的冲击，由去年6%的市场份额降到今年的2%。

央视市场研究对24个城市的监测也表明，普通看板是最常使用的户外媒体类型，投放于此类型的广告量最大，占有48%的份额；其次是候车亭/站台广告，以其网络和规模覆盖能力，占到13%的比例；灯箱广告也是非常重要的户外广告类型，也占到13%的比例。

据业绩公报，白马2004年净利润9512万港元，较上年增长16.3%，仍然是几家上市的户外广告公司中盈利状况最好的。

广告见缝插针，注意力越来越稀缺。站亭广告、车身广告、社区网络广告、电梯广告等短效媒体，因为必然路过，贴近受众，视线聚焦，自然效果明显。毫无疑问，

致力于促销的户外广告类型将会有更大的发展。

八、效果监测不容忽视，各种尝试相继推出

2003年实力媒体携手六大户外媒体供应商和二大调研公司，首次开展户外广告效果衡量，2004年在此基础上研发户外媒体衡量评估OSCAR系统。

2004年中天星河监测范围新增青岛、太原、厦门三个城市，原有26个城市的监测线路也有所调整，中天户外资讯网也于11月30日开通。

央视市场研究2004年继续对24个城市户外广告的监测。

北京大学现代广告研究所从2004年3月开始，通过对全国7个重点城市1200个样本的分析，完成了各种户外广告形式对受众吸引力的报告。

花了钱就应当告知结果，没有理由不给广告主客观的监测数据，越来越多的广告公司不得不试图通过监测给广告主一个值得信赖的结果。

监测体系的建立与完善是一个行业成熟的重要标志。监测的缺失和不到位，显然已成为户外广告业进一步发展的瓶颈。

九、强调规范与实效，管理与服务日显重要

2004年底，实力传播专业户外媒体代理公司iMPACT尝试建立策略联盟，WPP集团在中国独资成立专门的户外媒体策划与购买机构宝林广告（上海）有限公司；

媒体世纪集团经过大量的企业管理体制改革和文化塑造，在经营上选择垂直领导方式，2004年实现营业额5.6亿港元，全面扭亏为赢；

李践先生作为一位优秀经营人才，2003年12月初升任TOM户外传媒集团总裁，2004年即实现净利润5700万港元，较2003年的2700万港元增长了111%；

2001年4月才成立的华伦媒体，集国际4A理念与本土经验于一体，专注于投放策略与创新的户外广告解决之道，2004年营业额已达1.3亿元；……

2004年，媒介顾问作为一个重要职位，出现于更多的户外广告公司。

2004年，规模越大的户外广告公司，越因经营与管理方面的问题而苦恼。

要在户外广告领域求得更大发展，已不再是只要拥有几块好牌子或几个好地段就行了。在2004年，人才、技术、资本、媒体资源等都可以通过市场去获得，唯有管理难以复制或替换。一个不断完善经营管理并以此为核心竞争力的户外广告公司，将无往而不胜。

十、“四新”展呈现颓势，期待按需开发综合突破

2004年全国各地“四新”展异常火爆。除了北京、上海、广州这三大城市春秋各主办一次外，内地“四新”展已成燎原之势。在一些城市，前面的“四新”展刚刚谢幕，后面的“四新”展就粉墨登场。

“四新”展基本上为地方政府或广告协会主办，展览公司承办。频繁的展览使得“四新”乏新，有限的客户资源被过度使用，实际展览效果不尽人意，“四新”展已有渐渐偏离其本义而被异化的危险。“四新”领域鱼龙混杂，无序竞争，也造成市场资源的极大浪费。

户外广告是一个知识与技术密集的创意产业，有着无限的创想空间和运用可能。“四新”运用于户外广告业，要以广告主的需求和广告市场的变化为依照，按需开发；政府与行业协会宜尽早制订先进技术标准，保护知识产权，引导“四新”领域告别简单模仿与单一开发，走向协作与综合开发，实现重大突破。

年鉴编辑部

2002年中国户外广告年终盘点

2002年是中国户外媒体市场收购、整合的一年。此前，户外广告业非常分散，大部分的份额分居于众多的中小型公司。自2001年12月白马户外媒体、媒体世纪和媒体伯乐在香港成功上市，Tom.com通过收购转向户外媒体。整个2002年户外媒体的发展更加体现出网络化、集团化的趋势。

2002年无疑是中国户外广告业高速增长的一年，广告主也将越来越多的广告预算投向户外媒体。虽然从整体趋势上看去年户外媒体都在上升，但也有部分媒体在回落。

下面从整体市场和一、二、三级市场变化、投放量的季节性变化、媒体类型、投放的客户等方面来对中国户外广告本年状况作具体分析。

一、 户外广告投放量增量明显，发展迅速。

从监测数据中可以清楚的看到，2002年1月至12月，国内户外广告总市值达到1447449万元，国内户外媒体总的投放量达到1145749万元，较去年增长20%，但同时空牌数量也在增长，总值达到30多亿，增幅为16%。

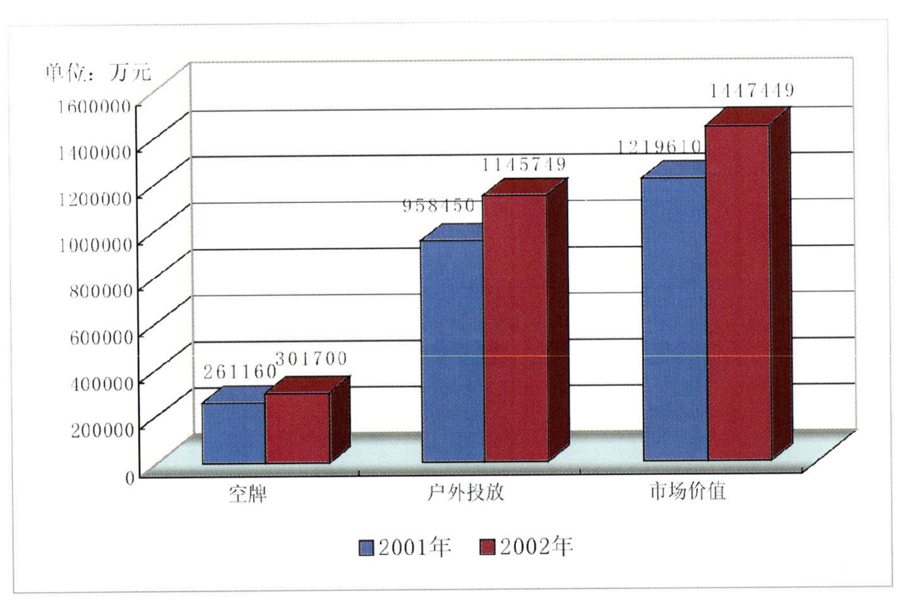

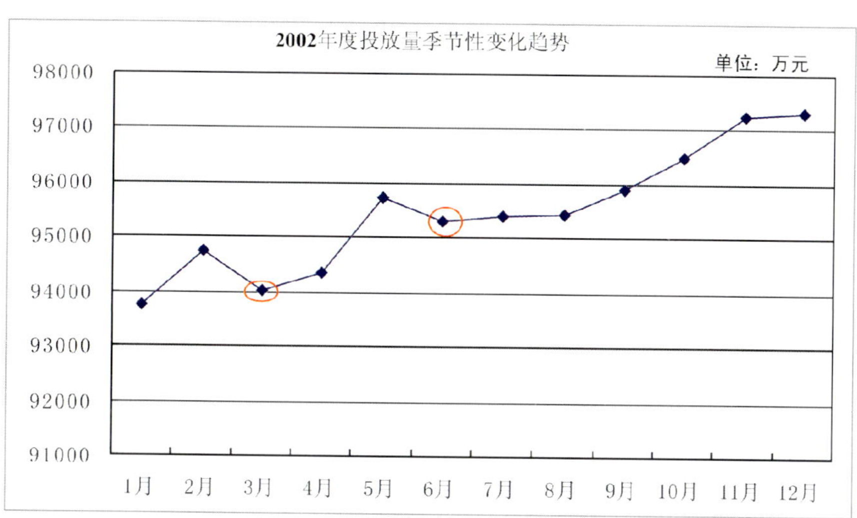

从投放量季节性变化图中，本年只有3月和6月（红圈标示）投放量出现下跌，在下跌的两个月份中投放量的变化在1千万元以内，按整个市场的容量，调整幅度在1-2%之间。在整年的变化中，年前、年中和年末的一两个月都为调整期，6-7月，11-12月为投放淡季。

二、 全国23个主要大中型城市的投放比较。

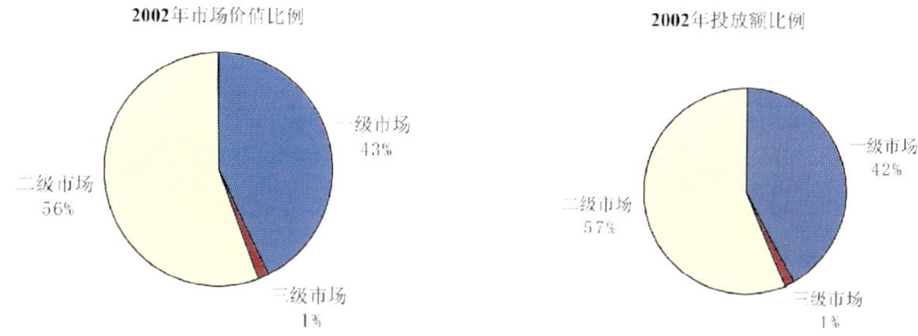

从一、二、三级市场的市场价值比例和投放量比例两者比较，一级市场的投放额比市场价值低，二级市场则高，三级市场保持平衡，而一、二级市场的差额在1个百分点，说明整体市场基本供求平衡。

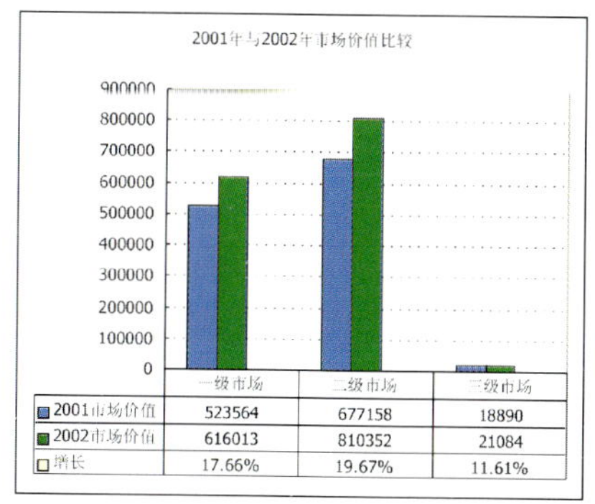

	一级市场	二级市场	三级市场
2001市场价值	523564	677158	18890
2002市场价值	616013	810352	21084
增长	17.66%	19.67%	11.61%

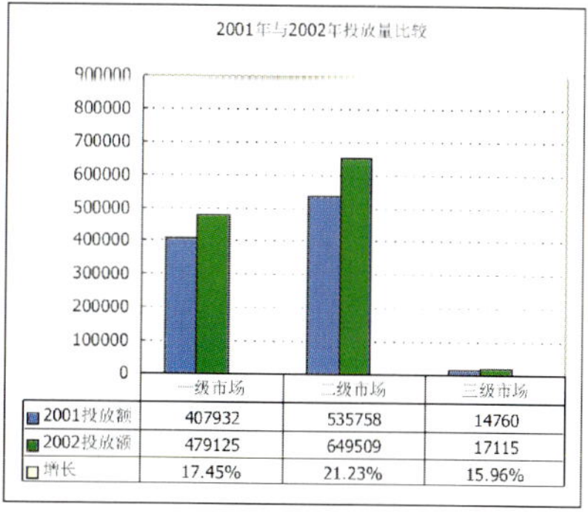

	一级市场	二级市场	三级市场
2001投放额	407932	535758	14760
2002投放额	479125	649509	17115
增长	17.45%	21.23%	15.96%

二、三级市场方面，由于目前客户越来越重视二、三级市场,因此去年一级市场投放优势相对减小，2002年投放量为47.9亿元，比2001年增长17.45%，而同期市场价值为61.6亿元，比2001年增长17.66%，从增速看两者的增长率基本保持平衡；二、三级市场去年投放量在66.7亿元左右，比2001增长了21%，同期市场价值为81亿元，比2001年增长19.67%，很明显投放量大于市场价值增速。

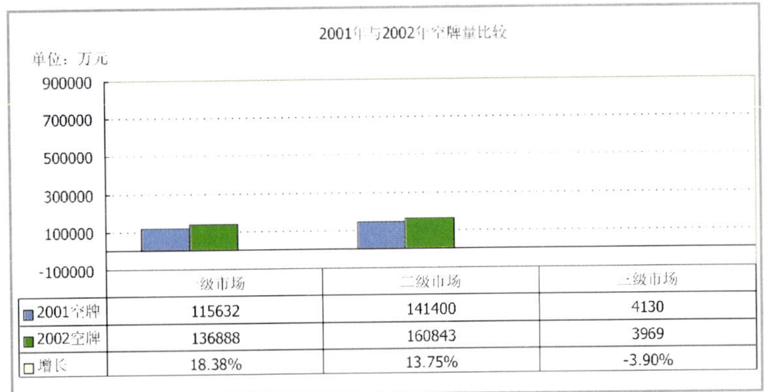

	一级市场	二级市场	三级市场
2001空牌	115632	141400	4130
2002空牌	136888	160843	3969
增长	18.38%	13.75%	-3.90%

2002年与2001年空牌量的变化来看，一级市场空牌量为13.69亿元，比2001年增长18.38%，幅度大于同期一级市场投放量和市场价值的增速；二级市场方面，空牌虽然有16.1亿元，但增幅仅为13.75%，远低于同期投放量和市场价值的增速；三级市场更是出现了3.9%的负增长，空牌量有2001年的0.41亿减少到0.39亿元。

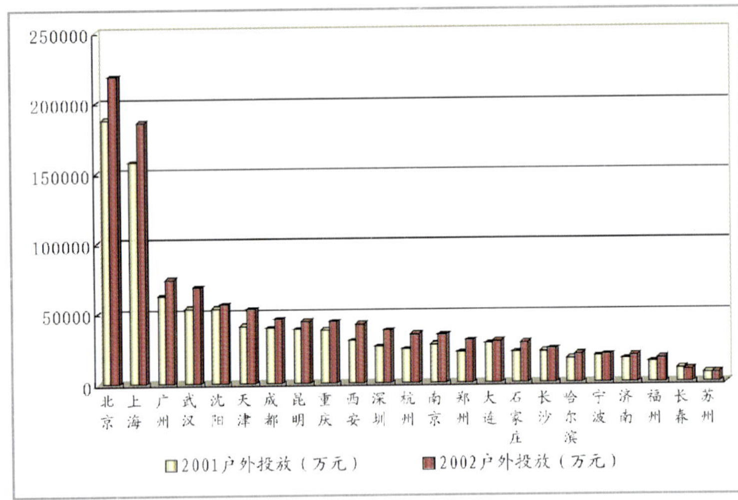

23个主要城市的投放量除了长春出现了8.2%的负增长外，其它无一例外都呈现正增长，北京、上海、广州三地本年度市场份额，由去年的38%增长为41.8%，继续保持前三甲地位，北京更是以21.9亿的投放量位居首位，并占到总投放量的19%。

部分二级市场投放的增长速度超过40%；其中，西安市场增长为41.6%，深圳市场42.8%，而杭州更是以48.8%的增长速度名列前茅。

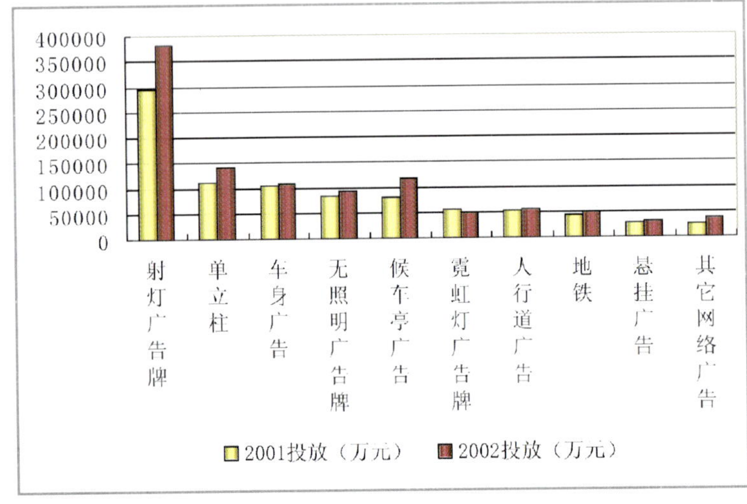

三、全国各主要媒体的投放变化。

2002年市场中的主流媒体，如射灯广告牌、单立柱、候车亭广告等投放量都有比较明显的增长。从投放量看，作为单一媒体的射灯广告牌一枝独秀，达到38.1亿，与2001年相比增长为28.7%，而候车亭在2002年投放量达到11.7亿，比去年大幅增长44%。候车亭广告在2002年的突出表现也刺激和带动了其他新兴网络媒体的销量，去年其它网络广告，如自行车亭、电梯媒体等以54%的增幅位居排行榜首位，而且一大批新式媒体出现也活跃了户外广告市场，使得更多创意广告的产生，例如镭射、大型包楼。

不过，有的媒体出现了负增长和增速减缓的迹象，比如人行道广告、无照明广告牌等都出现了增势减缓迹象，而且霓虹告更是出现了10%的负增长。

在各主流媒体的季节性变化表中，可以看到各媒体在2002年的1-12月份中变化没有特别明显的起伏，都比较平稳。

一个繁荣的市场，必定有一个活跃的客户群，而那些活跃的客户群的媒体取向往往决定了一些媒体的兴与衰。

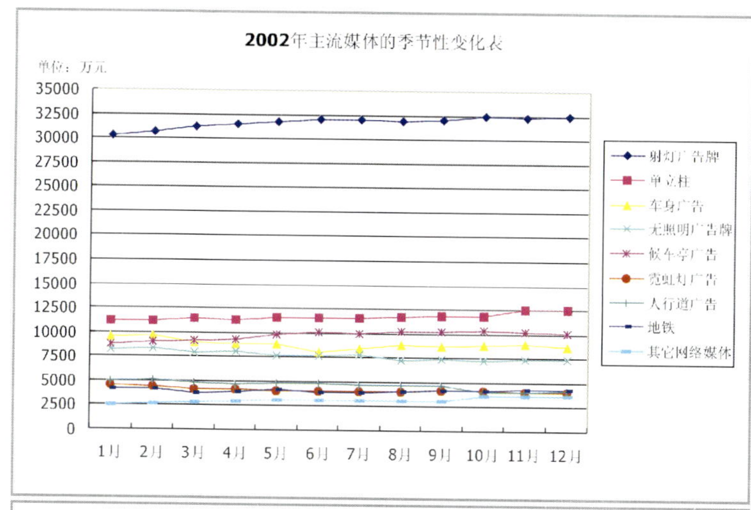

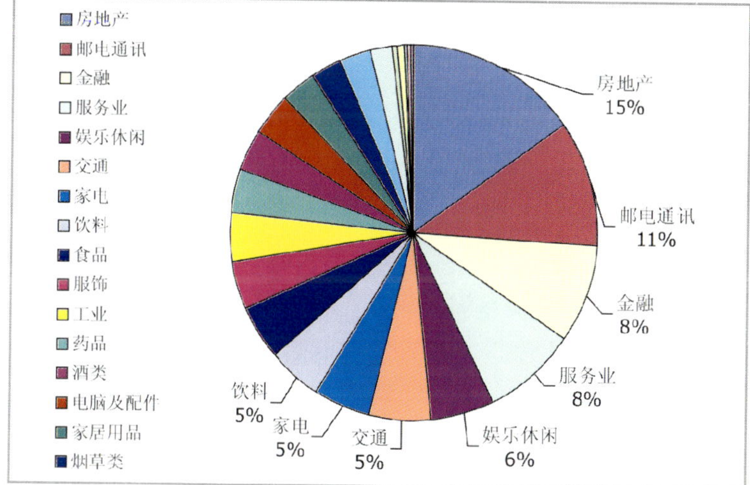

房地产及邮电通讯依然雄据投放榜首，市场份额占到26%，金融及服务业紧随其后，市场份额分别为8%。

在投放量前20位的品牌中，邮电通讯、金融和保险三行业的品牌均为国内享有盛誉的大公司，位居2002年广告投放量前二十位的国际品牌包括台湾地区的有摩托罗拉、诺基亚、雀巢、三星、康师傅、统一，2002年户外投放前十位的国内品牌是中国电信、中国移动通信、中国联通、中国工商银行、中国农业银行、中国光大银行、中国建设银行、联想、TCL、招商银行。

在户外广告中最活跃，投放量最大的客户都为国内客户，只有6个国际品牌包括台湾地区的品牌在投放量的前20位中。

2002年国内户外广告市场可喜的是高速增长的投放量，但另一方面繁荣的市场也导致了过多的个人、企业等参与到投资户外媒体中，由于开发媒体的质量好坏及各媒体商资金实力、管理经营经验等的参差不齐，致使本年有20%左右的媒体资源空置，而如何有效合理开发户外媒体相信应该成为各公司研究的一个重要课题！（文中数据由北京中天捷讯公司提供）

说明：1、一、二、三级市场：一级市场指北京、上海、广州三市，二级市场包括天津、重庆、大连、武汉、成都、沈阳、南京、长沙、长春、哈尔滨、杭州、深圳、郑州、宁波、昆明、西安、济南、石家庄、苏州，三级市场指福州。

2、监测范围包括城市的主要城市区域街道、交通站、城市间主要高等级公路段的所有大型广告牌和网络广告牌，以及各城市主要线路的公交车身广告。

3、按照实际市场状况，将公益广告和空广告牌都作为空置广告研究。

4、媒体类型中悬挂广告主要指挂旗、电杆灯箱一类，其它网络广告主要指自行车亭、街边灯箱一类。

（实力传播　陈岩）

序号	品牌	投放（万元）	序号	品牌	投放（万元）
1	中国电信	23349	11	诺基亚	6213
2	中国移动通信	21765	12	雀巢	6042
3	中国联通	12047	13	三星	5955
4	中国工商银行	11244	14	统一	5948
5	中国农业银行	9446	15	中国2010年上海世博会	5778
6	中国光大银行	7436	16	TCL	5532
7	中国建设银行	6826	17	中国网通	5516
8	联想	6630	18	招商银行	5289
9	康师傅	6557	19	中国人寿保险	5152
10	摩托罗拉	6363	20	海尔	5121

2002年投放量前20位的品牌

2003年中国户外广告回顾与展望

在2001年、2002年两年的高速发展后，2003年的中国户外广告市场似乎仍未停下其奔跑的步伐。虽然本年的户外广告投放增长速度低于2002年20%的水平，但市场仍然获得了14%的增长，这个速度依然高于国内广告业13%的平均增幅。

本年广告投放较上年有较大起伏，因为媒体价格的整体攀升，投放额明显高于2002年，4、5、6月由于受到非典疫情影响，广告投放陷入低潮，但疫情结束后，广告投放便明显回升到以往的水平。

二、三级市场投放大跃进

2003年国内户外广告投放分布基本延续了往年的格局。一级市场的优势极为明显，北京、上海、广州三地2003全年投放总额高达56.8亿元，为去年同期的136%，而且三地所占市场份额由42%回升到50%，突破2000年以来的最高点。

300,000
250,000
200,000
150,000
100,000
50,000
0

北京 上海 广州 武汉 深圳 成都 天津 重庆 南京 西安 杭州 沈阳 郑州 昆明 石家庄 济南 长沙 大连 福州 哈尔滨 宁波 长春 苏州

2002年 2003年

本年，北京、上海、广州三地投放额绝对增长超过15亿元，其中北京市场无论是增长额度还是增长速度均超过上海和广州。虽然一级市场市场的投放额增加明显，市场份额也上升到50%，但造成此种现象很大程度上与三城市户外媒体价格的大幅攀升不无关系。虽然有预测，国内户外广告未来的投放趋势会慢慢向二、三级市场等中小发达城市渗透，这种趋势预测并没有因为一级市场的上升而改变，极重要的原因就是二、三级市场的媒体价格相对于一级市场便宜很多，因此从市场的占有份额来看我们很难验证它的这一变化。但是如果你知道2003年投放额增幅第一名的市场为深圳，而且增长率高达60.7%时，二线、三线发达城市的投放增势是显而易见的。

新型网络媒体大受欢迎

2003年主流媒体市场竞争异常激烈，同时由于全国各地政府整顿、改造户外广告市场的力度加大，很多新形式媒体，诸如电梯看板、出租车广告、办公楼LED网络等等,销售都非常火爆，抢占不少主流媒体的市场份额，而射灯广告牌市场份额较2002年下降了3个百分点。

与2002年同期相比，传统主流媒体优势正在逐渐被削弱，网络媒体发展势头强劲，射灯广告投放这两年都基本呈饱和状态，投放额增长不到1%，地铁媒体在这两年发展迅猛，跻身前五名。

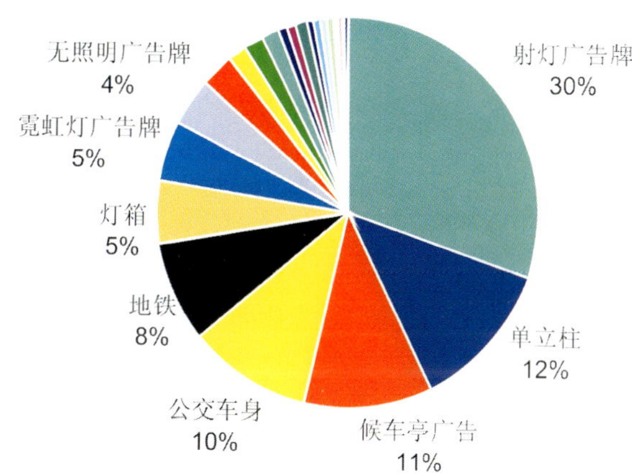

移动通讯占据投放首位

房地产消费热潮逐渐退却，邮电通讯业在去年占据了投放第一位。这个跟中国作为固话、手机用户拥有量全球第一的位置是相吻合的。而且从营业收入来看，中国移动、中国电信都是国内的寡头。

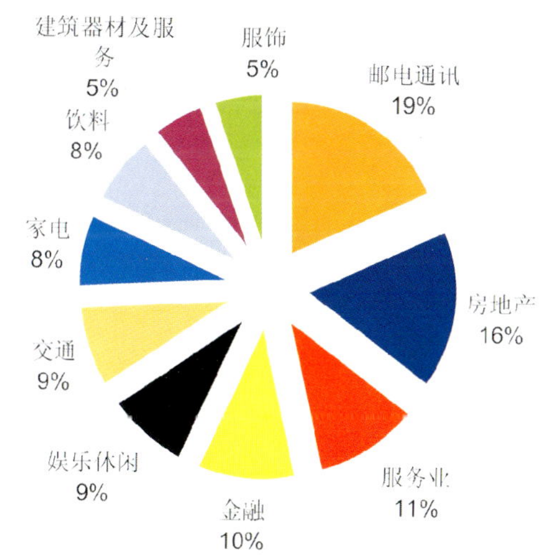

2003年全年广告投放前十位的国际品牌以美、日、韩品牌居多，特别是数码类产品、移动电话品牌占据主导地位。从监测的数据来看，仅Canon就在去年大约投入了7000多万元在户外广告上，从这些投放量居前的品牌来看，也能明显反映出我国现阶段的消费热点。

国内品牌投放前四位依次为中国移动通信、中国电信、中国联通、中国网通，统一、康师傅依然是零售业的龙头品牌。

市场投资略有过热

2003年尽管二、三季度各市场广告空置率普遍升高，但第四季度广告花费全面回升，空置率整体下调，较去年同期基本持平。哈尔滨空置率由上年的19%升至27.2%，列众城市之首，全国范围内，空置率控制在14%以下的城市有天津、郑州、宁波。

户外广告市场巨大的商业潜力，吸引了很多投资者介入其中。目前由于政府的整顿和改造，商业圈、机场路等黄金地段的传统户外大牌资源已经越来越少，市区内大牌因为没有多少位置可以利用，同时政府严控审批关，因此在大牌的投资上多转移到市郊或是高速路，但这些位置很难获得客户的认可，往往空置率很高。

二、三线城市因为政府、相关户外法律法规还不够规范，同时户外广告市场较高的利润，导致在这些地区乱上马，但相应的需求却没有这么大，因此空置率总是居高不下。

所以很多的投资已经转向地面，甚至是“户内”，比如写字楼宇电视广告联播网络就是专门针对特定人群的“室内户外”，分众的出色表现无疑是2003年的一大亮点。

全国户外广告市场整改如火如荼

在2003年，一级市场投放额的大幅增加，原因除了大量国内、国际客户在京、沪、穗三地加大投入外，还有大多数城市从本年开始，政府加大了对户外媒体市场整顿力度，并且大规模拆除违规广告位，尤其是在各城市的重要商业区和机场路。新客户的重视，投入的增长，优质资源紧俏等因素导致了2003年的媒体价格上涨严重，据数据显示，一级市场价格上涨是最厉害的，在媒体类型中尤其以户外大牌涨幅最为明显。

北京主要区域的户外大牌平均上涨幅度超过15%，以东三环和机场高速路的价格上涨幅度最大。北京高速公路户外广告将首次进行公开招标，五环路户外广告使用权在2003年7月31日开始招标，而在此之前北京户外广告使用权都以广告公司通过行政审批的方式取得，在公开招标后，广告价格势必会有较大的增长。

12月19日公布的北京市户外广告管理办法作出较大

修改，条文中规定带有车身广告的公共电、汽车将被禁止在天安门广场地区通行；禁止在长安街路段直行并禁止穿行长安街王府井路口以西至西单路口路段。在《北京市户外广告设置管理办法(草案)》中规定，今后凡本市行政区域内的户外广告，无论是灯箱、霓虹灯还是电子显示装置、展示牌、车身广告等形式，在数量、大小、形式、位置甚至朝向、高度、材质方面，都将有统一的明文规定和要求，该草案还特别着重强调了户外广告与周围环境的协调性。

上海在2003年对户外广告进行了大规模的整顿，户外大牌平均价格上涨幅度超过20%。延安高架沿线要求所有沿线户外广告改造成霓虹灯，原来108块大牌，截止目前还剩下42块.。南北高架、内环线将会从2004年开始整顿；淮海路路边小灯箱(西藏路至陕西路)全部拆除，准备重新改造并拍卖；徐家汇从下半年开始要求新上广告全部改造成霓虹灯；北外滩也将重新改造，原来的霓虹灯都将逐步拆除，现有Samsung、Canon已经拆除，剩下的也将逐步拆除，因此导致外滩霓虹灯平均刊例价格已经超过了每平方每月90美金。上海市政府已经下文停止审批20层(60米)以上建筑物的广告牌和居民住宅上设置的户外广告，已有的将逐步拆除。

广州户外广告平均上涨25—30%，天河城周边广告开始拍卖，原来的十个位置全部拍卖，据保守估计10块广告牌拍卖价格超过1200万。同时天河地区所有新批位置都要求制作霓虹灯，广州市区内70多条主干道都不予报批新广告位，而且政府规定所有天桥广告到期后都不给做广告，广州新机场价格与老机场相比，价格上涨超过60%，广州新机场预计在今年7月可投入使用，由于新机场的定位是全亚洲最大的中枢机场，并希望能取代香港机场的中枢性，因此起点非常高，周边广告位的定价非常高，现在机场单立柱平均价格超过40万美金。机场内灯箱和条幅的单价也平均超过RMB7,000/sqm/mth。

作为二线城市的成都，现在政府下决心全面整顿，因此导致价格全面上涨30%以上。首先政府决定在3月前拆光所有机场高速路上的单立柱（共计70余根），新审批位置数量将严格控制在50根之内；其次很多客户在失去机场路广告位的情况下，大举购买市区的位置；成都最繁华的春熙路和盐市口的好位置已经全部售空，最后在今年下半年中，政府将全面整顿和拆除市区大牌，从7月1日起，成都所有位置都将采用拍卖方式招标，不再采用以前的行政审批方式，所以价格肯定会有大幅上涨。

南京户外市场价格大幅上涨，新街口地区涨幅平均超过40%，其他地区也有很大幅度的上涨。部分VENDOR大批收购南京市区的广告牌，并坚持高价出售，导致价格全面上涨。

媒体资源网络化，整合化的大趋势

从通成、MPI组建全国的公车媒体发布网络，白马收购和整合全国候车亭媒体网络开始，这几年网络型媒体带给客户、代理公司的好处是显而易见的，比如人力的减少、购买方便、发布范围广、监控容易等。

虽然现在的媒体开发者都认识到资源只有做到网络化，才能够将自己做大，才能拥有竞争者所不能比拟的核心竞争力。但是国内企业普遍缺少资本的支持，而且中国幅员辽阔，各地城市政府、经济水平、法律法规不尽相同，所以要想获得这一“网”绝不是一件容易的事情。

对于新建立一个网络的难度很大，那整合全国各地相似的媒体资源，就相对容易一点。比如上海坤鼎广告公司正在整合的全国电梯网络，北京欣佳力广告公司在整合的全国机场内、机上媒体网络，现在这两家公司的整合工作已经初见成效，并且在执行中显示了强大的优势。

户外广告与城市环境的协调

户外广告已经越来越成为城市建设的一部分，政府对于其美化城市环境提出了更高的要求，新的形式、制作工艺等要求越来越高，特别是霓虹灯，已经得到政府的任可和重视，很多城市的户外大牌已经明确规定必须要有霓虹灯部分。

2003年的中国户外广告市场在经历非典的考验后，重新走上快速增长的道路，它的潜力相应在未来会有更大的发展。随着相关法律法规的完善，政府已将户外广告作为美化城市的一部分，户外广告势必走上良性发展的道路。

(实力传播　　陈岩)

2004年中国户外广告市场回顾与展望

回顾2004年，没有了像2003年那场可怕的SARS疫情样的不可预测的影响，户外广告市场在其预设的发展轨道上稳步前进。从2004年前11个月的数据统计，可以明显的看到，户外广告市场的发展速度在减缓，从以前两位数的增长，降到了现在的不到5%，市场的总量增长也只有2.2%，但是空置率的下降，说明整个市场已经开始趋向稳定。

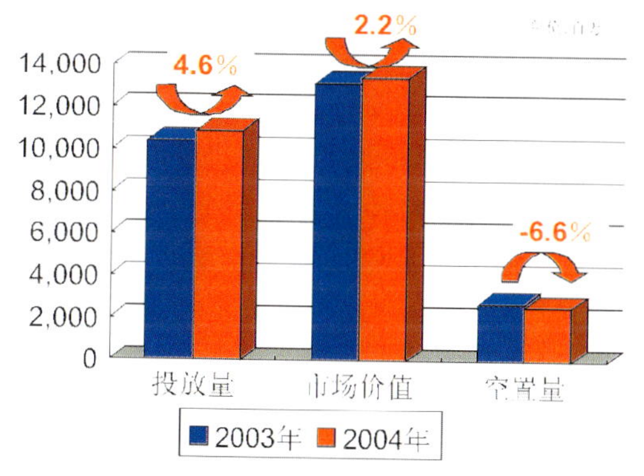

数据来源：中天星河（CODC）

户外广告市场经过前几年快速增长后，整体已经开始进入了成熟稳定的发展时期，媒体商们将短兵相接，竞争会越来越激烈。

过去的一年，中国的户外广告业诞生了多个首次：

首次一：由实力传播主导的中国户外广告效果调研，引发中国户外广告理性潮流。

首次二：中国广告协会户外广告委员会正式成立，中国户外广告历史翻开崭新一页。

首次三：国内首家民营广告企业“大贺传媒”在香港上市。

首次四：电子户外(Digital Outdoor)成为国内风险资本宠儿。

政府规范和健全户外法规，拍卖竞标体制成为未来的主流操作模式

2004年，中国户外广告最受关注意的问题是资源和价格。在北京、上海、广州一线城市，同时包括像成都、深圳等二线城市，市中心的黄金广告位出现供不应求，供求关系的失衡，导致客户为了一块理想位置，将要付出高昂的代价。但另一方面，在城市的非繁华区域或是郊区，因为地理位置的关系，难以得到大客户的垂青，因此价格低廉，与市中心位置的广告位价格差距明显，所以在一个城市中，单一媒体（如大牌），地理位置很大程度上决定了这块广告位置的命运，并且同一城市中价格的两极分化严重。

价格的上涨除了价值取向外，户外行业的整顿之风，也是另外一个让价格大幅攀升的原因。政府对于户外广告市场的宏观调控最重要的一点就是立法，以法规来规范这个行业。如：

上海市政府常务会议通过了《上海市户外广告设施管理办法》，《办法》将使本市的户外广告管理更规范、更安全！2004年8月底，《广州市户外广告整治和户外商业广告位置使用权拍卖工作方案》出台，广州户外广告拍卖首试民官分成。据悉，经过对不同产权性质的户外商业广告牌位使用权的试点，广州市最终将把所有户外商业广告位置使用权全部纳入政府统一组织公开拍卖。2004年10月1日正式实施《北京市户外广告设置管理办法》，天安门广场地区将禁止有车身广告的车辆通行。2004年7月，西安市首部关于户外广告设置的规划标准计划《西安市户外广告规划》出台，依照此规划,对全市户外广告进行大规模整治。一系列的法规让户外广告有法可依，同时也因为整顿，黄金资源开始减少，总量萎缩，存量资源的价格必然大幅攀升。

除立法外，户外广告的设立长期以来依靠行政审批，这其中存在很多不规范的地方，而为了体现公平竞争的原则，一些地方政府开始实行拍卖和竞标体制，比如北京机场拍卖，上海、广州、西安、成都等也都开始试点和介入。拍卖竞标体制一方面能够尽量保证竞争的公平性，另一方面因为这种体制是出价最高者得，所以这也势必提高媒体经营者的成本，反应到市场上就是价格的上涨。

行业协会首次成立，倡导公平竞争的行业环境

一方面政府加大行政宏观调控的力度，另一方面行业自律和自我调节也在悄然行动。2004年5月22日，中国广告协会户外广告委员会在北京成立，中国户外广告论坛也在次日举行，业内知名人士作了关于中国户外广告发展趋势的精彩演讲。10月29日，中国广告委员会户外广告委员会首届常委（扩大）会议在成都锦江宾馆顺利召开，共同探讨了户外广告的现状和发展，以期让正处于起步阶段的户外委发挥其真正的作用和影响力，最终共同推动中国户外广告业健康快速地发展。

9月23日，来自全国各地的130多个户外头面人物聚集上海，与来自城市规划、景观、经济、法律方面的专家和政府官员一起，就“设立各种户外媒体的行业标准”、“整治户外广告的依据和程序”等问题，共谋良策，并签署《中国户外广告产业上海宣言》，呼吁政府以长效规范代替突击整治，让公平竞争促进行业繁荣。

行业自律及市场的自我调节是整个行业健康良性发展的保证，没有这些，行业的未来无从说起，所以中广协户外广告委员会也是在这股发展潮流上顺势而生，将会促进户外广告业的更大发展。

媒体整合并购风起云涌，资本运作愈演愈烈

中国的户外广告市场一直以来都是经营者割地而居，区域经营的模式缔造了无数的“地头蛇”，同时也禁锢了他们的经营想法，因此大多数的媒体商在经营思维上只想管好自家的一亩三分地，外面的市场，对他们来说可想但不可做。

但是随着户外广告市场近三年的高速发展，一些地区已经形成了当地的强势媒体商，甚至寡头，他们在当地控制着超过50%左右的户外媒体资源，或是垄断一两种优质媒体，这些媒体供应商已经不满足在本地区的发展，开始向周边地区拓展，通过策略联盟或是合资、兼并等手段，扩大自己的经营范围，而更大的追求就是能够通过扩张，实现在资本市场上的巨大回报。

2003年底在港成功上市的大贺户外传媒，是国内首家上市的民营广告企业，他们在成功上市后，就展开了大规模的收购行动，近期透露将出资3400万元与川渝两地广告公司共同组建新公司，在成都设立四川新天杰传媒科技有限责任公司，经营期限20年，大贺户外在新公司占60%股权。通过这次重组，大贺户外将在成都和重庆共新增3万平方米的户外媒体资源，现已成为集设计、制作、发布为一体的国内著名“一站式”户外媒体提供者。

海南白马、通成集团、MPI集团、TOM等也正积极通过合资、以资本平台上获得的资金来进行大量的媒体收购等方式，扩大市场占有率，增加产品种类，优化组合，以提高竞争实力，在销售和股市获得更好的回报。

鉴于北京2008年将举办奥运会，2004年8月，在香港上市的中国户外媒体公司白马媒体股份有限公司决定投资1.47亿元人民币收购北京3000个广告灯箱位。收购完成后，白马户外媒体在北京的市场占有率将由36%大幅增至86 %，这样白马户外媒体在北京、上海、广州三地的候车亭媒体上基本实现垄断，而且白马在其它城市的候车亭媒体上也加快垄断步伐。

TOM户外继续加大兼并步伐，2004年并购重庆金朝广告公司和武汉丽兰广告艺术公司。至此，TOM户外在国内的子公司已增至14家，TOM在全国的户外广告总面积约37.7万平方米。

2004年的户外广告市场一个非常大的亮点，就是分众和聚众所开创的楼宇LCD-TV网络，这不仅创造一种全新的媒体形式，同时它也是在户外媒体领域获得了风险资本最多的关注和垂青。

分众传媒（中国）控股有限公司覆盖全国38个城市15000幢楼宇，获得美国高盛公司和日本软银等多家融资公司共 5000万美金，成为2004 年度中国最佳投资案

例，获《新周刊》“中国年度创意传媒”称号。

聚众目标传媒（中国）控股有限公司在2004年1月获得上海信托投资股份有限公司2亿元投资，9月再获得全球最大的私募基金投资集团之一美国凯雷集团注资1500万美金。聚众传媒被《财富》杂志评为2004年度酷公司。

风险资本的参与，一方面使得分众和聚众在资本推动下获得了前所未有的发展速度，同时这也让整个户外媒体行业得益，使它受到资本市场的高度关注。资本运营商虽然拥有规模发展需要的钱和管理人才，但对他们而言户外领域还是一个较为陌生的行业，包括美林、摩根斯坦利、高盛等资本运营商，都在寻求业内专业人士的意见和帮助。

客户厌倦一成不变的传统媒体，渴求媒体创新潮流

2004年，媒体商的内在变动，除了因自身发展的需求外，重要的一点就是客户需求的变化也带动了媒体商的变化。随着客户销售策略的深入，广告投放的重点逐渐向二、三线城市转移，在一线及重点城市的户外广告投放上，客户已经开始厌倦一成不变的投放策略，他们迫切需要新、奇、特的媒体或是大型户外媒体，能够引爆足够的视觉冲击。

户外新媒体和近似媒体的大量涌现已经开始体现这种变化。另外老媒体的新开发，也是2004年的一大变化，这些变化有媒体外观改造，新材料、新技术应用，或是购买方式等变化，非常巧妙的老瓶装新酒，比如大牌通过加入灯光、霓虹、异形或是三面翻的形式，光影互动，动静结合，来增强视觉效果；街边灯箱、候车亭或是地铁内的灯箱也推出采用新材料制作的新型灯箱，如冷光源、三D塑模、三维动态、LCD、三面翻等技术大量应用，让传统的老灯箱焕发青春；大型户外，比如包楼，因为存在合适的楼体资源、政府审批、制作安装等一系列的问题，基本上属于可遇不可求；购买方式的改变，主要是针对成熟的媒体，比如地铁、公车，通过整车、整站的购买，将整辆车或是整个地铁站点包装成客户品牌的主题空间，这不仅创造了完整的品牌形象，形成最强的冲击力，同时也达到了最低的广告干扰度。

客户除了不断追求创新媒体的同时，对于户外媒体的效果评估与调研的需求也日益增强。在2003年末2004年初，实力传播携手中国六大户外供应商、两大调研公司及盛世长城国际广告公司，斥资六百万，运用堪称创举的效果调研形式，在中国媒介历史上首次共同探究户外广告、户外媒体的本质与效果衡量。此次调研是实力传播为最大限度提高客户投资回报，在传播策略研究方面的重大举措，更是推动整个行业向更加理性、科学的方向发展的一次勇敢尝试。在2004年，户外广告行业开始更积极地运用理性的思考方式去研究和检验户外媒体的效果，实力传播基于“效果调研”进一步科学研发户外媒体衡量评估OSCAR系统。

纵观过去的2004年，户外市场期盼科学理性的价值评估体系，整个行业也在寻求统一、规范、自律的竞争环境，同时资本运作的强势介入户外，已经开始改变户外广告业的格局，另外新生媒体的大量催生，引发整行业竞争的加剧。

展望2005年，户外广告市场随着成熟度的逐渐提高，发展速度会趋向稳定，媒体间的竞争会越来越激烈，而政府肯定会继续加大宏观调控的力度，拍卖竞标体制有可能会成为未来的主流操作模式，市场的表现就是城市中心位置的户外媒体资源更加紧张，价格上涨趋势不可避免；媒体商在2004年的动作表明，2005年媒体间的整合兼并趋势会成为潮流化，风险资本的介入，将会推动和加快媒体发展的速度，同时媒体商也可以在资本舞台上获得更大的发展；客户在二、三线城市的需求增加和对创新媒体的渴求，需要媒体经营者、广告代理公司共同寻求解决问题的方法。

（实力传播　陈岩）

行业统计数据

中国广告业发展情况总汇

1981-2003年中国广告业发展情况总汇

日期（年）	全年广告经营额（万元）	广告费占国内生产总值比重(%)	人均广告费（元）	全国广告经营单位（户）	全国广告从业人员（人）	广告从业人员 人均经营额(元)
1981	11800.0	0.024	0.118	1160	16160	7302
1982	15000.0	0.028	0.148	1623	18000	8333
1983	23407.4	0.039	0.227	2340	34853	6716
1984	36527.8	0.051	0.350	4077	47259	7729
1985	60522.5	0.068	0.572	6052	63819	9483
1986	84477.7	0.083	0.786	6944	81130	10412
1987	111200.3	0.093	1.017	8225	92279	12050
1988	149293.9	0.100	1.345	10677	112139	13313
1989	199899.8	0.118	1.774	11142	128203	15592
1990	250172.6	0.135	2.188	11123	131970	18957
1991	350892.6	0.162	3.030	11769	134506	26088
1992	678675.4	0.255	5.792	16683	185428	36600
1993	1340873.6	0.387	1.314	31770	311967	42981
1994	2002623.0	0.428	16.709	43046	410094	48833
1995	2732690.0	0.467	22.562	48082	477371	57245
1996	3666372.0	0.540	29.957	52871	512087	71596
1997	4619638.0	0.620	37.368	57024	545788	84642
1998	5378327.0	0.686	43.092	61730	578876	92910
1999	6220506.0	0.758	49.405	64882	587474	105886
2000	7126632.0	0.797	56.300	70747	641116	111160
2001	7948876.0	0.829	62.282	78339	709076	112101
2002	9031464	0.882	70.309	89552	756414	119398
2003	10786846	0.92	83.470	101786	871366	123792

1997-2003年中国各地区广告营业额发展情况

单位：万元

地区	1997	1998	1999	2000	2001	2002	2003
全国	4619638	5378327	6220506	7126632	7948876	9031464	10786846
北京	1062709	1206977	1452630	1475668	1599876	1675428	2289881.68
天津	90004	111050	135821	183824	235135	294720	374120.96
河北	64611	66417	59586	76995	88831	93274	89454.79
山西	30225	33601	38358	45256	49856	60901	66980.42
内蒙古	14131	14786	17808	15950	18186	23394	36353
辽宁	102080	125495	174785	199024	226100	261985	284845
吉林	28893	31293	33973	50299	63869	95042	107543
黑龙江	56749	69700	93182	108336	127467	144313	153071.49
上海	849343	949875	1066712	1118324	1300634	1455600	1606269
江苏	332397	382989	443199	539788	513561	593086	715109.6
浙江	283403	371212	416473	468991	530650	589334	680086
安徽	72393	85487	102861	144125	159123	172411	192387
福建	119452	136055	154878	193285	208158	242804	272105.16
江西	54457	60617	71317	79875	85350	96388	113248
山东	333348	341257	380788	427010	481192	482557	499013
河南	71965	101860	105433	118497	130914	123728	150883.84
湖北	86204	113770	124956	89839	93762	133063	189998.95
湖南	69344	78306	88025	98995	109445	123174	132929.5
广东	487244	575106	694908	1017768	1130997	1431816	1658946.68
广西	44187	47957	58706	59096	73328	80817	101614.12
海南	12343	11868	12956	13965	13759	18052	20063
四川	111757	163237	155537	178561	189414	251154	284840.2
重庆	76661	90148	93423	123412	158115	175481	218083.96
贵州	11616	28489	28239	32818	47729	50094	47723.54
云南	46182	53588	65063	73603	85211	93136	114370
西藏	293	293	1012	1247	211	2104	2209.72
陕西	56561	69741	82370	106469	133739	148739	199044
甘肃	15341	16740	20931	25262	27819	31577	40546
青海	4133	4800	5210	6050	7100	9200	10200
宁夏	3460	4867	8648	11273	9095	8042	20037.78
新疆	23610	30774	32718	43029	50251	70049	113986.39

1981年-2003年中国广告经营单位发展情况

单位:家　金额:万元

年份	全国广告经兼营单位	广告公司	报社	杂志社	电视台	广播电台	其他	全国广告经营额	广告公司	报社	杂志社	电视台	广播电台	其他
1981	1160	—	—	—	—	—	—	11800.0	3681.0	—	—	—	—	—
1982	1623	115	231	436	46	115	680	15000.0	—	—	—	—	—	—
1983	2340	181	305	633	57	115	1049	23407.4	4870.9	7330.3	1081.1	1624.4	1806.9	6693.8
1984	4007	424	509	951	98	153	1942	36527.8	10995.9	11864.7	1297.2	3397.0	2323.0	6649.7
1985	6052	680	805	1441	229	208	2689	60522.5	15103.3	22011.4	2809.3	8669.6	2670.7	11053.4
1986	6945	634	966	1788	363	303	2891	84477.7	21557.0	25602.8	3565.2	11514.4	3564.0	18674.4
1987	8225	796	1126	1943	410	351	3600	111200.3	28181.5	35549.2	4542.9	16927.3	4721.2	21268.3
1988	10677	1136	1379	2562	522	442	4635	149293.9	36378	54312	7165	27179	7029	29050
1989	11142	1130	1407	2555	640	478	4932	199899.8	39698.1	62940.1	8506.4	36190.2	7459.9	45105.1
1990	11123	1076	1298	2197	747	563	5242	250172.6	47907.9	67710.5	8683.0	56136.8	8641.6	61092.1
1991	11769	1156	1387	2327	838	623	5438	350892.6	69264.1	96187.6	9989.3	100052.1	14049.2	61350.3
1992	16683	3037	1539	2701	981	660	7765	678675.4	186403.7	161832.4	17266.6	205470.8	19920.4	87781.5
1993	31770	11044	2054	3324	1606	834	12908	1340873.6	461745.5	377109.9	18447.0	294390.1	34944.3	154235.6
1994	43046	18375	2509	3374	1985	929	15874	2002623.0	706013.0	505442.0	39506.0	447600.0	49569.0	254493.0
1995	48082	22691	2334	3540	2312	922	16283	2732690.0	1071245.0	646768.0	38229.0	649800.0	73769.0	252879.0
1996	52871	25726	2231	3824	2625	990	17474	3666372.0	1567858.0	776891.0	56096.0	907894.0	87267.0	270365.0
1997	57024	29010	2329	3812	2962	955	17956	4619638.0	1941413.0	968265.0	52709.0	1144105	105776.0	407370.0
1998	61730	33290	2316	3908	2945	906	18365	5378327.0	2301138.0	1043546.0	71328.0	1356380	133036.0	472898.0
1999	64882	36162	2252	3943	2982	763	18780	6220506	2778129	1123256	89232	1561496	125243	543150
2000	70747	40497	2226	3835	3067	720	20402	7126632	3177333	1464667	113400	1689126	151947	530158
2001	78339	46935	2182	3576	3076	711	21859	7948876	3709758	1576993	118593	1793743	182761	567028
2002	89552	57434	2235	3874	2901	710	22398	9031464	3956527	1884758	152146	2310298	219011	508724
2003	101786	66353	2225	4009	2924	658	25617	10786846	4448377	2430112	243806	2550394	255689	858468

2003年度广告公司营业收入前100名排序

2003年排序	单位名称	2003年营业收入（万元）	2002年排序	2002年营业收入（万元）	营业收入增长率（%）
1	北京电通广告有限公司	39377	3	23317	68.88%
2	盛世长城广告公司	35890	1	29599	21.25%
3	北京未来广告公司	30522	12	10012	204.85%
4	江苏省邮政广告公司	29986	2	24384	22.97%
5	麦肯.光明广告公司	26105	6	18457	41.44%
6	江苏大贺国际广告集团有限公司	24500	8	15800	55.06%
7	智威.汤逊中乔广告有限公司	22618	5	18528	22.07%
8	昆明风驰传媒有限公司	16966	7	16566	2.41%
9	上海美术设计公司	16565	10	14000	18.32%
10	北京公交广告有限责任公司	15742	9	15566	1.13%
11	中视金桥国际广告有限公司	15142	—	—	—
12	大禹伟业广告（集团）	12600	—	—	—
13	北京通成推广公交广告公司	12482	—	—	—
14	四川省巴蜀新形象广告传媒股份有限公司	9100	13	8530	6.68%
15	上海东派广告有限公司	9041	42	3081	193.44%
16	上海广告有限公司	9010	17	6682	34.84%
17	四川西南国际广告公司	8300	15	8000	3.75%
18	南京梅迪派勒公司交广告公司	7200	18	6500	10.77%
19	上海旭通广告有限公司	6846	37	3500	95.60%
20	上海地铁广告有限公司	6198	—	—	—
21	上海蓝梦广告有限公司	6065	—	—	—
22	上海天禾互动广告有限公司	5756	93	1507	281.95%
23	上海光线电视传播有限公司	5600	—	—	—
24	上海大西洋贝尔黄页广告有限公司	5520	—	—	—
25	庐山东方艺术广告有限公司	5500	—	—	—
26	南京艾立珂广告公司	5220	30	3800	37.37%
27	上海中润广告有限公司	5200	—	—	—
28	广州地铁永通广告有限公司	5110	—	—	—
29	北京歌华阳光广告有限公司	5100	28	4489	13.61%
30	安徽金鹏国际广告	5000	37	3500	42.86%
31	上海灵狮广告有限公司	4981	—	—	—
32	上海巍珂-庆余广告有限公司	4929	29	3946	24.91%
33	成都博瑞广告有限公司	4800	—	—	—
34	唐山国际广告公司	4697	—	—	—
35	上海联业广告有限公司	4629	27	4577	1.14%
36	北京北奥广告有限公司	4530	26	4760	-4.83%
37	上海21世纪广告有限公司	4438	—	—	—
38	南京卓艺广告传播有限公司	4202	31	3767	11.54%
39	广州交易会广告公司	4170	32	3645	14.40%
40	上海雅仕维广告有限公司	3975	53	2562	55.15%
41	上海博报堂广告有限公司	3951	41	3200	23.47%
42	上海市公共交通广告公司	3763	—	—	—
43	深圳市机场广告有限公司	3680	36	3560	3.37%
44	上海大众广告有限公司	3667	—	—	—
45	西安美灵广告有限公司	3644	25	4848	-24.83%
46	广州市地下铁道总公司	3607	—	—	—
47	天联广告有限公司上海分公司	3526	59	2377	48.34%
48	上海邮政广告有限公司	3505	22	5389	-37.76%
49	宁波市友谊广告发展有限公司	3500	—	—	—
50	上海东湖广告装饰有限公司	3500	33	3598	-2.72%

2003年度广告公司营业收入前100名排序

2003年排序	单位名称	2003年营业收入（万元）	2002年排序	2002年营业收入（万元）	营业收入增长率（%）
51	上海飞帆广告有限公司	3489	—	—	—
52	上海智高广告有限公司	3297	55	2508	31.46%
53	上海合力广告有限公司	3203	47	2940	8.95%
54	西安沙龙广告装饰有限公司	3200	45	2981	7.34%
55	上海敦硕广告有限公司	3181	—	—	—
56	上海伊斯顿广告有限公司	3150	24	4970	-36.62%
57	上海新大陆传播有限公司	3148	—	—	—
58	重庆天地广告有限公司	3124	80	1819	71.74%
59	上海蓝梦广告有限责任公司	3110	—	—	10.87%
60	北京东方日海广告有限公司	3105	39	3423	-9.30%
61	宁波市顺通广告装潢公司	3100	—	—	—
62	上海元太广告有限公司	3010	—	—	—
63	上海创想企业发展有限公司	3000	—	—	—
63	上海前景广告传播有限公司	3000	—	—	—11.11%
65	上海李岱艾广告有限公司	2947	46	2971	—
66	上海新云广告装潢有限公司	2922	—	—	—
67	江苏永达广告有限公司	2910	85	1600	81.88%
68	重庆金朝广告有限公司	2818	56	2500	12.72%
69	上海桦楠广告有限公司	2780	—	—	—
70	无锡市红五星广告制作公司	2760	73	2025	36.30%
71	上海西南广告有限公司	2696	65	2253	19.66%
72	灵智大洋（广州）广告有限公司	2617	—	—	—
73	浙江高速广告有限责任公司	2613	—	—	—
74	重庆正点广告有限公司	2610	—	—	—
75	上海沪通广告有限公司	2605	43	3062	-14.92%
76	哈尔滨海润国际广告传播集团公司	2600	49	2700	-3.70%
77	广州达彼思（达华）广告有限公司上海分公司	2598	—	—	—
78	上海梅高创意咨询有限公司	2580	—	—	—
79	太原好运达国际广告有限公司	2564	—	—	—
80	上海联合汽车广告有限公司	2439	—	—	—
81	上海师联文化发展有限公司	2394	90	1568	52.68%
82	江苏美嘉广告有限公司	2393	74	1979	20.94%
83	上海郁金香广告有限公司	2387	—	—	—
84	安徽黑白广告有限责任公司	2377	71	2055	15.67%
85	上海隆美广告有限公司	2338	—	—	—
86	上海众力广告有限公司	2321	—	—	—
87	上海川沙彩印广告公司	2300	—	—	—
87	北京广告公司	2300	—	—	—
89	北京恒美新世纪广告有限公司上海分公司	2228	—	—	—
90	南京市广告公司	2223	68	2160	2.92%
91	上海大广贸促广告有限公司	2216	—	—	—
92	上海骊之源广告有限公司	2150	—	—	—
93	合肥新方舟广告有限公司	2094	—	—	—
94	江苏宁沪高速公路股份有限公司	2070	94	1500	38.00%
95	宁波市广告美术有限公司	2000	—	—	—
96	四川神韵传播有限负责公司	1997	—	—	—
97	广东广旭广告有限公司	1994	48	2869	-30.50%
98	上海美迪雅文化传播有限公司	1988	—	—	—
99	上海解放广告有限公司	1955	—	—	—
100	西安市振兴公交广告有限公司	1893	—	—	—

2003年度广告公司广告营业额前100名排序

2003年排序	单位名称	2003年营业额（万元）	2002年排序	2002年营业额（万元）	营业额增长率（%）
1	盛世长城广告公司	274774	1	638388	17.95%
2	麦肯.光明广告公司	266199	3	198022	20.25%
3	上海李奥贝纳广告有限公司	246426	2	211048	0.74%
4	北京电通广告有限公司	233707	—	—	—
5	智威汤逊中乔广告有限公司	170532	4	150625	11.25%
6	北京未来广告公司	118045	5	139000	2.73%
7	广东省广告公司	108000	—	—	—
8	上海广告有限公司	90052	7	75600	16.40%
9	上海灵狮广告有限公司	67239	—	—	—
10	上海博报堂广告 有限公司	42141	12	52192	33.59%
11	上海中润广告有限公司	41200	17	42000	57.14%
12	大禹伟业广告（集团）有限公司	38500	8	73715	-10.65%
13	上海广播电视广告传播有限公司	34923	11	56000	12.50%
14	江苏大贺国际广告集团有限公司	33860	13	48000	25.00%
15	北京广告公司	33000	21	37319	58.23%
16	中视金桥国际广告有限公司	31725	72	12050	369.44%
17	安徽金鹏国际广告有限责任公司	31600	—	—	—
18	上海元太广告有限公司	30100	10	56694	-1.22%
19	江苏省邮政广告公司	29986	14	44300	24.15%
20	北京国安广告总公司	29000	15	44188	24.47%
21	上海美术设计公司	27127	16	43000	20.93%
22	昆明风驰传媒有限公司	27015	26	34500	38.26%
23	上海东派广告有限公司	25849	19	39000	14.17%
24	哈尔滨海润国际广告传播集团公司	24000	25	34800	23.56%
25	北京恒美新世纪广告有限公司上海分公司	22278	30	30600	31.92%
26	上海旭通广告有限公司	22100	24	35000	14.29%
27	北京东方日海广告有限公司	21238	—	—	—
28	上海解放广告有限公司	21113	31	30300	25.41%
29	北京歌华阳光广告有限公司	21000	36	24079	55.74%
30	北京通成推广公交广告公司	20791	28	33000	12.73%
31	广东广旭广告有限公司	20381	27	33300	8.11%
32	四川神韵传播有限责任公司	20067	29	32911	6.35%
33	大连天歌传媒股份有限公司	19500	33	28911	18.64%
34	北京太阳圣火广告有限公司	18600	32	30116	13.31%
35	四川省巴蜀新形象广告传媒股份有限公司	18570	—	—	—
36	上海市电话号簿公司	16003	38	23000	39.13%
37	成都阿佩克思广告公司	15900	—	—	—
38	北京公交广告有限责任公司	15742	34	26000	19.77%
39	上海强势传媒广告有限公司	14474	39	22300	37.22%
40	上海昂立广告有限公司	14186	41	20100	49.25%
41	上海文汇新民广告公司	14145	44	18848	57.14%
42	深圳市金色银松广告公司	14050	35	25088	14.05%
43	博达大桥广告有限公司上海分公司	13660	23	36400	-23.08%
44	上海前景广告传播有限公司	13300	—	—	—
45	太原好运达国际广告有限公司	12400	—	—	—
46	上海奥梅地亚文化传播有限公司	12000	—	—	—
47	南京银都广告商务有限责任公司	12000	—	—	—
48	成都博瑞广告有限公司	12000	18	41000	-37.76%
49	四川西南国际广告公司	11800	43	19500	23.08%
50	浙江思美广告公司	11776	46	18394	24.23%

2003年度广告公司广告营业额前100名排序

2003年排序	单位名称	2003年营业额（万元）	2002年排序	2002年营业额（万元）	营业额增长率（%）
51	上海智高广告有限公司	11383	40	21500	6.05%
52	南京市广告公司	11063	—	—	—
53	廊房美格广告公司	10486	48	18000	22.22%
54	上海天禾互动广告有限公司	10447	—	—	—
55	上海唐神文化传播事务所	9814	—	—	—
56	上海润得广告有限公司	9565	55	15410	22.62%
57	上海东方名流传播有限公司	9140	53	15521	19.32%
58	天津市天野广告企划有限公司	9100	—	—	—
59	青岛五洲广告有限公司	9096	54	15514	10.87%
60	上海梅迪派勒广告有限公司	8900	57	15000	13.33%
61	精信广告有限公司上海分公司	8863	—	—	—
62	上海大广贸促广告有限公司	8803	—	—	—
63	北京万方广告影视公司	8638	51	8469	2.00%
63	上海嘉美信息广告有限公司	8551	—	—	—
65	广东天艺广告有限公司	8500	40	11000	-22.73%
66	广州恒美广告有限公司	8493	—	—	—
67	唐山国际广告公司	8450	—	—	—
68	上海邮政广告有限公司	8420	89	5389	56.24%
69	上海文汇新民企划发展有限公司	8298	—	—	—
70	上海华智地铁广告有限公司	8242	81	5818	41.66%
71	广州达彼思（达华）广告有限公司上海分公司	8046	—	—	—
72	上海蓝梦广告有限责任公司	8042	65	6904	16.48%
73	上海国际机场股份有限公司广告分公司	7858	53	8152	-3.61%
74	上海前锦文化传播有限公司	7797	—	—	—
75	山西闻江广告有限公司	7762	—	—	—
76	上海浩天广告有限公司	7740	—	—	—
77	天津市新天广告有限公司	7393	—	—	—
78	广州市联广互策划有限公司	7365	—	—	—
79	南京梅迪派勒公交广告公司	7200	72	6500	10.77%
80	重庆金朝广告有限公司	7048	92	5300	32.98%
81	陕西巨象广告有限责任公司	6954	60	7299	-4.73%
82	灵智大洋（广州）广告有限公司	6945	26	22882	-69.65%
83	上海永怡传播公司	6828	56	7779	-12.23%
84	西安元中广告有限公司	6804	73	6350	7.15%
85	上海联业广告有限公司	6613	71	6538	1.15%
86	上海观唐广告有限公司	6612	69	6719	-1.59%
87	上海焦点广告传播有限公司	6559	—	—	—
87	上海第一企画互通广告有限公司	6559	67	6835	-4.04%
89	陕西麦道广告有限公司	6500	55	7800	-16.67%
90	西安美灵广告有限公司	6444	76	5942	8.45%
91	南京灵狮广告有限公司	6409	—	—	—
92	上海广播电视报业经营有限公司	6060	93	5246	15.52%
93	上海东湖广告装饰有限公司	5969	78	5847	2.09%
94	上海恒昌广告有限公司	5941	—	—	—
95	深圳夺标广告有限责任公司	5708	—	—	—
96	上海朴人广告有限公司	5589	—	—	—
97	上海李岱艾广告有限公司	5565	46	8812	-36.85%
98	上海大西洋贝尔黄页广告有限公司	5311	—	—	—
99	山东省国际广告公司	5300	85	5800	-8.62%
100	南京艾立珂广告公司	5230	84	5800	-9.83%

1999-2003年中国户外广告发展情况比较

项　目	单位	1999			2000			2001			2002			2003		
		数 额	增长率(%)	比重(%)	数 额	增长率(%)	比重(%)	数 额	增长率(%)	比重(%)	数 额	增长率(%)	比重(%)	数 额	增长率(%)	比重(%)
全国广告经营单位	家	64882	—	—	70747	9.04	100	78339	10.73	100	89552	14.31	100	101786	13.66	100
拥有户外广告经营单位	家	37581	—	—	—	—	—	50928	—	65.01	62257	22.25	69.52	65347	4.96	64.2
全国广告营业额	万元	6220506	—	—	7126632	14.57	100	7948876	11.54	100	9031464	13.62	100	10786846	19.44	100
户外广告营业额	万元	577511	—	—	742921	28.64	4.25	803567	8.16	10.11	998644	24.28	11.06	1292731	29.45	11.98
全国户外广告载体总数	个	1189039	—	100	1914955	61.05	100	1442758	24.66	100	1756025	21.17	100	2064954	17.59	100
其中：路牌	个	220394	—	18.54	292005	32.49	15.25	259239	-11.22	17.97	284925	9.91	16.22	357619	25.51	17.32
霓虹灯	个	54327	—	5.57	57011	49.4	2.98	80647	41.46	5.59	75652	-6.19	4.31	99280	31.23	4.81
电子显示屏（牌）	个	4485	—	0.37	5639	25.73	0.29	12286	117.88	0.85	7151	-41.8	0.41	10775	50.68	0.52
公交载体	个	127035	—	10.68	281502	121.59	14.7	193730	-31.18	13.43	299172	54.43	17.04	310002	3.62	15.01
灯箱	个	303162	—	25.5	518170	70.92	27.06	390367	-24.66	27.06	410363	5.12	23.37	440683	7.39	21.34
其他	个	479726	—	40.35	760628	58.55	39.72	506489	-33.41	35.1	678762	30.01	38.65	846595	24.73	41

2002年台湾地区总广告量统计

2002年台湾总广告量统计 The Advertising Expenditure of Taiwan 2002

媒体类别			2002年广告量（亿元）	2001年广告量（亿元）	成长率（%）	2002年市场占有率（%）
电视	无线	Terrestrial TV	98.16	115.60	-15.09	11.84
	有线	Cable TV	197.19	161.44	22.14	23.78
	制作费	Production Fee	20.16	25.20	-20.00	2.43
报纸		Newspaper	161.14	206.16	-21.84	19.43
杂志		Magazine	66.54	65.10	2.21	8.02
广播		Radio	35.67	41.97	-15.00	4.30
四大媒体小计			578.86	615.47	-5.95	69.80
户外广告		Outdoor	20.09	22.32	-10.00	2.42
交通广告		Transit	12.67	14.40	-12.00	1.53
夹报广告		Flier	4.20	8.40	-50.00	0.51
0.51		POP	11.00	10.00	10.00	1.33
电话簿广告		Yellow Page	7.65	8.50	-10.00	0.92
展场广告		Display	80.00	100.00	-20.00	9.65
网络广告		Internet	10.00	8.70	14.94	1.21
直销广告		DM	38.08	40.08	-5.00	4.59
外销广告		Export	30.98	29.50	5.00	3.74
行动广告		Mobile	3.00	0.30	900.00	0.36
杂项		Others	32.76	31.20	5.00	3.95
其它媒体小计			250.43	273.40	-8.40	30.20
总计（Total）			829.29	888.87	-6.70	100.00

单位：新台币亿元（NT$100 million） 2003年1月动脑编辑部制表

制表说明：

1.以上广告量为广告客户实际支出，包含制作费。

2.无线电视、有线电视、制作费、报纸、杂志、广播、网络广告、外销广告的统计数字以润利的（有效广告）统计为根据，其它为动脑编辑部向相关媒体调查后统计，并以小数点后二位四舍五入方式制表。

3.润利提供之电视广告量统计，含无线电视4家、有线电视51家；电视制作费以新广告片为基准估算。

4.润利提供之报纸广告量统计，含营业、分类广告及其它，共调查24家报纸、共67份区报。

5.润利提供之杂志广告量统计，含月刊与周刊132份。

6.润利提供之广播广告量，含中广、飞碟等16家频道。

7.户外广告包含户外广告广告牌及霓虹广告、户外布旗。

8.交通广告包含捷运、机场和车体、公交车内、公车站牌广告。

9.夹报广告包括夹在报纸中的广告、投入信箱中的广告传单、夹在车辆挡风玻璃中的传单等印刷品，及人员递送费用。

10.店头广告包含店内部分及店面广告。

11.电话簿广告包含中华电信、台湾文笔及其它专业电话簿广告费用。

12.展场费用包含会场设计、装潢布置、美工图表、场地租金、会场表演活动等。

13.直效营销广告包含全台湾各行业广告信函的设计、印刷、邮寄、名条、包装和电话营销与网络一对一营销部分。

14.行动营销广告包含简讯、语音广告。

15.杂项包含型录、赠品、月历等。

第二部分 城市与法规

The Second Chapter
City and Regulation

户外广告在城市中的功能定位

户外广告的公共艺术属性，源于其公共意义的文化表述和城市的景观要求，并非完全商业利益的衍生物。当今时代，广告的设置不是在城市环境中随意的堆积罗列，而是合理的加以运用，以更加宽泛和贴近公众的表达方式，在城市公共空间中发挥着景观元素传递作用。但是由于观念认知的差异和商业利益驱动，导致广告行业功利主义盛行，加之市场环境不协调发展和景观管理意识的缺失，造成广告盲目设置，制造一大批现代城市垃圾，其行为完全背离了城市总体风貌、历史人文的客观要求。因此，户外广告建设的定位标准要量体裁衣，做到合理利用城市公共空间，并体现对城市人文、风貌最起码理解和尊重，用公共艺术纬度视角去实现广告建设行为，显现共享合作态度和意识，建立和谐兼容的城市建设发展观是未来必由之路。

一、青岛市户外广告管理模式和发展现状

现代户外广告在中国的发展历史不长，经历了几度衰败和辉煌至今仍未找到其自身定位，似乎还停留在拿来主义思维惯性下的全面抄袭。由于技术的落后，我们只能拣拾人家的过剩产品，而思维观念的功利主义，导致了没有设计思想的拜金主义盛行，企业利益超越了城市文明，形成一种扭曲的行为追求。而行政管理还在努力解决权利欲望合理配置问题，无暇顾及广告产业对城市文化、景观因素的深入研究，从公共视觉空间美学的角度寻求和谐的发展已成为一种奢望。

青岛市户外广告长期处于相对混乱设置和理念设计的停滞状态，与发达的城市经济未能形成协调一致的发展，其产业经济和城市景观的潜在作用未得到发挥。因此，从一开始就缺失其宏观的战略发展思路，单纯的经济利益迫使广告行为偏离城市建设正常轨迹，而重“审批”轻“规划”的广告审批机制，使广告定位呈现模糊状态，其表象总是游离在城市宏观规划建设的边缘地带。导致景观环境局部户外广告数量激增,尺度、密度存在不合理，违法广告呈蔓延趋势。大量广告设施集中在沿海风景区、市区主干道、城乡结合部和机场快速路等地，影响了城市公共空间环境,干扰了行人的视线。如：机场路和流亭立交桥周围，是青岛的交通门户和对外窗口，大型高架广告竟达百余处，成为名副其实的广告森林。设置的无序破坏了城市景观，打乱了正常的市场秩序，造成恶性商业竞争，导致广告商无视城市环境，急功近利的胡乱设置。

另外，管理体制不合理不仅给城市带来麻烦，也给广告产业的发展带来许多负面影响。户外广告的设置须经几个部门联合审批，法律依据各不相同，审批原则、尺度把握各异，重复、越权审批情况时有发生，助长了违法行为呈规模化趋势发展，几近失控，这种认同度低、起点低、文化层次低的产物还在持续和蔓延。

因此，户外广告的规范和谐发展，必须明确其在城市中的建设定位和行政许可之间的隶属关系，制定合理的规范、制度和条例，重视规划编制前瞻性研究，将环境景观工程项目建设纳入公共艺术范畴予以整合，从而给城市的面貌带来冷静、智慧的艺术思考。

二、户外广告的景观文化定位决定未来发展成败

过去，城市建设与艺术是不相干的，它在温饱型社会环境下是一种必然，但这种必然延续至今很不应该。现实的建设行为大都很少顾及建筑环境尺度与造型以及色彩同自然之间的关系，随着时代发展、科技进步，我们需要与世界同步。在这个背景下，吸收和借鉴就显得尤为重

要，在一些人看来，公共艺术似乎代表前卫，与我们的社会环境没有必然联系，对艺术的认知远未达到其行为的一种自觉。而在西方发达国家，则把公共艺术开发利用视为城市发展战略必要手段加以运用，体现在任何城市设施建设皆追求合理的设计因素和艺术表现方式，艺术的生活化和生活的艺术化打破传统二元对立，更加注重有效的表达与交流，艺术与公众成为一种互动。所以，需要保持什么、放弃什么的思维观念的建立尤为重要。当我们面临着城市广告所造成的视觉紊乱，必须以互动、交流、兼容的方式对户外广告盲目建设行为加以调整和改变。

整合管理机制

广告的审批管理是一件并不复杂的行政审批事项，重要的不是审批而是合理的规划编制，以怎样的观念和原则批复广告。最好的办法是，由当地政府委托一个（专业技术）管理部门统一规划编制，按规划原则标准实施户外广告设置，逐步减少单纯行政审批直至最终取消审批。

加强法律、法规编制力度，使广告设置步入法制化轨道，解决行政的随意性，树立广告企业的信心。要尊重大法，调整不切实际的规章条例，通过各地人大批准组织编制地方性立法，加大违法广告查处力度，减少违法存量，改善城市空间环境质量。

组织专家论证，制定符合城市文化特点的公共艺术发展纲要。就如何通过建设行为的形式美学，有效传递人文精神，提出切实可行的实施方案。从雅典奥运会我们感受到，这是一个公共艺术所创造的希腊辉煌。充满想象力的实用主义观念，并没有降低格调反而是一种提升。

编制规范合理的户外广告专业规划

本着高、精、新、少的原则，充分吸收和借鉴公共艺术的表现方式，运用高端技术和精品观念、合理的创新意识和少量设置原则。优化整合城市资源，在城市公共艺术总体发展纲要允许范围内，分层次、分步骤地制定和修编户外广告详细规划。以公共艺术的纬度思考户外广告在城市中景观文化定位，不能随意的过多过分强调，而是和谐发展。

广告资源的经营到运营

从经营和运营城市角度出发，将部分重要广告设置区域纳入资源储备，按市场规律办事，可采取两种方式运作。首先，由政府委托拍卖公司，根据规划要求确定的标准和尺度，实行招标、拍卖、挂牌。其次以公共艺术的高标准要求来审视广告效应。通过市场运作由政府招标设计广告式样，建设完成后，再由企业买断或租赁，以此改变当前广告低水平设计、简陋设施建设而获得高收益的不正常现象，还广告景观效应的本来面目，高投入、高产出、高收益的运营城市之路才是户外广告发展根本。

总之，2008年奥运会来临，是打造城市文化品牌、展示城市形象、发挥社会主义先进文化重要时机。公共艺术观念设想不仅是用来弥补各类建设项目之间存在的不足，而是以更合理的思维应对城市社会综合协调发展的客观需求，构建城市规划与文化的和谐发展。通过公共艺术项目建设，进一步促进政府与市民之间、政府与企业、企业与市民之间沟通与交流，始终以社会主义先进文化指导建设工作前进方向，它无疑是世界文化发展的必然趋势。只要坚持以求实的精神和开放的态度吸收借鉴世界各个国家和民族的先进文化，社会主义文化将会永远保持蓬勃的生机和活力。

(青岛市雕塑办公室　蔡普增)

城市品位的T型台

——城市经营与户外广告

“城市品牌”时代来临

20年前，即便是国内最具前瞻性和创想精神的经济学家，也无法将城市视为可以被经营的资产。今天，从医院、学校、公共汽车公司，到自来水、煤气、电力供应企业都成为可被经营的对象。市长们谈论着有关“城市经营”的话题，市场经济时代，城市这一政府可资经营的最大尺码的国有资产，正考验着政府的经营能力，“城市经营”直接影响着一个城市的发展和未来。

城市本身具有的空间、地理位置、土地资源、文化环境价值等具有不可替代的垄断性，这些资产的独特性，使每个城市都需要一套符合自己城市个性、发展规律的经营模式。目前，我国城市经营主要有以下几种形式：

首先是通过土地出让获取收益。这可以说是大多数城市的城市经营主要内容，因为这对政府而言是一条最为便捷和大宗的收益渠道；

其次是通过建立基础设施项目投资回报补偿机制，吸引外资和民间资本进入城市基础设施建设与运营领域；

第三是向外部投资主体出让政府所拥有的资产的所有权。包括出售政府拥有的中小企业、办公楼等；

第四是利用政府掌握的特许经营授权的职能，对城市公共设施的特许经营权，以及依附于公共设施之上的冠名权、广告设置权等进行拍卖转让。拍卖转让的对象包括旅游线路、城市交通线路、公厕、书报亭等的经营权，以及道路、桥梁、广场等设施的冠名权、广告设置权等；

另外，将一些原来由政府直接从事的市政事业委托给民间企业去做，如清扫保洁、垃圾收集、街道两旁绿化、市政设施维护等也是城市经营的形式。

城市发展的战略思路正从传统的建设导向转为经营导向，以期通过将城市的各类资源优势转化为竞争优势，从而提高综合竞争力。就象任何竞争领域一样，城市竞争也将呈现品牌化竞争的趋势，城市品牌形象的建立将离不开城市空间布局的规划，和以及的视觉界面，城市经营的重要资产，以及城市形象的展示舞台，在其本身的商业价值之外，我们应重新审视其更丰富的内涵。

城市审美品味的看板

AsiaPoster公司的CEO史默伍德说：“户外广告才是真正的大众媒体。不是所有的人都看电视、读报纸或者上网，但是任何人只要离开家，就会看到户外广告”。看一个城市的户外广告，就能感觉这个城市的公共审美趋向。去欧美、日韩旅游过的人们对当地丰富多彩的户外广告或多或少留下了印象，一方面，造型独特，材质新奇的户外广告反映了这些城市繁荣的经济和旺盛的城市活力；另一方面，这些广告的创意理念、设计水平也体现出当地的文化背景和文明程度。

法国的户外广告，在规划上非常注重和谐，广告设置地点、大小比例、间隔密度都考虑到与环境的和谐，以及是否给行人造成不便，让行人获得视觉享受的同时，感觉到一种人性化的体贴。日本人制作的户外广告以细致精美见长，在繁华的商业区看得到大幅面广告，当你走进街道的深处，就会有很多尺寸小巧、制作精良的广告映入眼帘。纽约的时代广场和拉斯维加斯，是美国户外广告最为集中的地方。那里的户外广告将各种材料和科技手段组合在一起，通过电脑控制，表现出多姿多彩的图文效果，除了视觉冲击，有些广告还配上音响和光电效果，表现力更加丰富。

很多人注意到，发达国家户外广告很少有“扎眼”的感觉，相较于国内很多纯粹追求视觉刺激的作品，先进国家的户外广告在色彩、视觉元素等方面的选择上，感觉得到一种因地制宜的低调与克制，这是当地健全的法制管理所决定的。成熟的广告主、广告公司都自觉地将维护城市环境的视觉和谐，作为创作与设立户外广告的重要标准。

城市形象影响到城市经营，而城市经营关系到每个居民的利益，成熟的市民意识使政府在城市经营的过程中不再孤单。相对于国外先进城市来说，国内大多数城市居民参与城市管理的意识还比较薄弱，表现在城市形象管理上，例如户外广告的管理监督，基本上还是完全依靠政府管理部门和行业自律。

城市经营的视觉资产

“街道家具”是个新奇而形象的称呼，街道上的各种配套设施，比如电话亭、长椅、公交候车亭、路灯、雕塑小品等都可以看成装饰街道的“家具”。经过整体设计的“街道家具”在色彩、外型上保持一定的统一，对营造环境品质，反映一个城市的文化和社会观念起到重要作用。广义上来说，户外广告也是“街道家具”的一部分，是城市的视觉资产，是城市魅力的构成元素。

中国的户外广告业正处于快速成长期，近年来，在电视、广播、报纸、杂志等传统媒体成长速度放缓的情况下，户外媒体却获得了跨越式的进步。国内户外广告年营业额连续以两位数增长，仅最近三年就增长了一倍多，超过了130亿元。

与这一成长速度不相称的是：行业规范长期缺失和户外广告法制仍不健全；户外广告企业大量繁殖，我国户外广告经营单位达6.5万家，但经营相对粗放，鱼龙混杂；户外广告水平良莠不齐，创意理念、设计水平、工艺品质等存在巨大落差。我们不缺乏能在世界广告大赛中拿奖的作品，同时，我们的视线也不时撞见幼稚、粗糙、甚至可以用“影响市容”来定义的低俗之作。

10年前颁布的《中华人民共和国广告法》，已不能适应户外广告发展的现实需求。中国户外广告长期受到建设、规划、市容、工商等诸多部门的多头管理，审批时间长，运作成本高，这种模糊管理影响了行业发展速度。户外广告区别于其他传统媒体的显著特征是其不可再生性，对户外媒体资源的争夺，引发了关系营销、暗箱操作现象的出现，也导致了行业竞争的不公平性。随着城市经营的不断深化，国内很多城市正在对户外广告资源的运作进行着有益的尝试。

2004年9月，130余位中国户外广告业代表聚会上海，与城市规划、景观、经济、法律方面的专家及地方政府、协会、媒体代表一起，经过深入研讨和广泛协商，共同签署《中国户外广告产业上海宣言》。2004年12月15日上海市人民政府令第43号发布《上海市户外广告设施管理办法》将以上两件事情串联在一起看，户外广告行业与政府在户外广告产业的规范化与法制化进程中已渐渐达成默契。户外广告作为城市形象的视觉界面，正被系统化的纳入城市经营，如何有效利用户外媒体资源？如何让户外广告的设置与城市建设相融合？如何让户外广告的形式和内容，与周边环境及城市审美品味达成和谐？这一系列原本以模糊意识状态存在的问题，渐渐在不断完善的法律法规文本中得到比较清晰的答案。

随着中国“城市经营”理念的成熟，相关经营活动的不断深化，户外广告在本身快速发展的同时，也被归并到“城市”这个更大范畴的经营主体之中。2005年底，中国广告业将对外完全开放，携资金、品牌、经验等诸多优势而来的国外广告企业将给中国户外广告行业带来更多变数。与此同时，中国“城市经营”的竞争区域也将辐射到全球。游戏规则变了，竞争对手变了，中国户外广告站在通向世界的门槛上，这一最古老的媒介形式，从未象今天这样充满期待、承载希望。

（上海飞帆广告有限公司 总经理 应曙光）

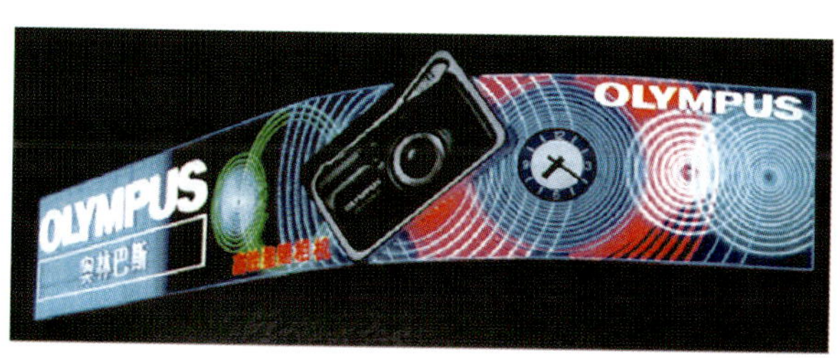

长春市街道市容景观详细规划

Changchun detailed plan of city streets landscape

2004

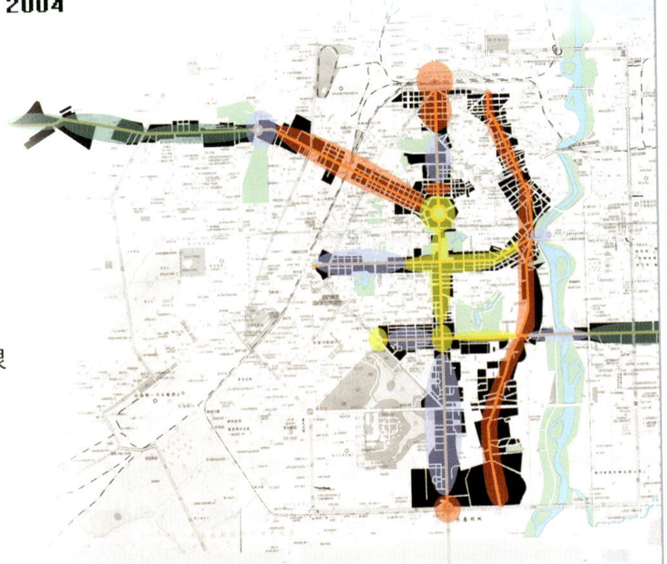

设计委托：长春市城乡建设委员会
总体策划：韩志斌、任建军
设计单位：清华大学美术学院
主设计人：何洁、宋立民、邹京康、马泉
设计制作：柴冠杰、谢明洋、张学忠

清华工美环境艺术设计所 1

Changchun
Detailed plan of city streets landscape
长春市街路市容景观详细规划

第一部分 导言

1.1 背景

长春市是我国吉林省省会，也是吉林全省的政治、经济、文化中心城市。长春市市区面积约209平方公里，人口约300万人。

长春市的城市建设在近几年得到了快速发展，但在此期间也暴露了城市街路及广场地区在景观规划上缺乏统一、协调的设计，户外广告、楼面牌匾的设立与城市总体规划不相配，缺乏从城市景观美学上的统一设计。

为此长春市建委委托清华工美环境艺术设计所对长春市市内五条重要街路和二个广场进行市容景观的详细规划，以期通过此次规划，对长春市的城市景观、户外广告、楼面牌匾及建筑色彩、夜景观等进行统一建设、协调规划，设计目标是打造长春市市容新景观，为这颗松辽平原上的明珠城市增光添彩。

1.2 依据

本项景观详细规划的主要依据是《长春市城市总体规划设计》，《长春市户外广告牌匾设置总体规划》、《长春市地方性法规》。

1.3 范围

本项景观详细规划所涉及的地域区域为长春市五条街路：1、人民大街（南出口至站前广场）2、西安大路（人民广场至西环城路）3、解放大路（西解放立交桥至亚泰大街）4、自由大路（新民广场至东环路）5、亚泰大街（卫星路至东广场）。二个广场是：火车站站前广场和北站房广场。

1.4 目的

（1）对五条街路和二个广场的景观现状、户外广告和楼顶、楼面牌匾现状进行评价，并提出整改意见。

（2）在满足城市各项功能的基本要求和符合景观美学要求的前提下，采用先进设计理念，新的形式和新技术、新材料对户外广告、牌匾及夜景观进行统一布局、规划。

1

清华工美环境艺术设计所

导言
Changchun
Detailed plan of city streets landscape

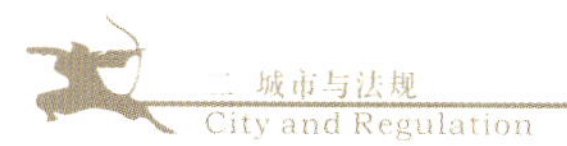

Changchun
Detailed plan of city streets landscape
长春市街路市容景观
详细规划

第二部分 调研与分析

2.1 环境市容景观现状分析:

2.1.1 成就与较好的案例

经过近几年的规划和建设，长春市主要街区的市容景观已初具规模，已有了省会城市应有的气氛和场所规模，既保留了城市政治、文化、经济的多重职能，又逐渐形成了城市中心区的商业气氛，较成功的案例如建设街的市容景观设计已有了较好的效果，得到各界的好评。

2.2 存在的主要问题

2.2.1 市容景观规划欠缺宏观的总体考虑，缺乏对建筑物、广告、牌匾、夜景照明、休闲小品的统一布局设计，特别是广告牌匾设计，缺乏详细规划，以致市内商业区域、金融街区等应集中展示的区域没有能形成丰富、热烈的气氛，而某些政府机关、学校和居民居住区域又没有得到有效的控制。

2.2.2 户外广告与牌匾的内容与形式较单一，缺乏对新媒体的利用。楼顶广告、大型立杆式广告、喷绘牌匾等广告形式占具了主要的广告品种，新的广告形式，诸如多媒体电子显示屏，电脑程控霓虹广告、投影图片广告等新媒体的利用不足。

现状照片

现状照片

现状照片

调研与分析
Changchun
Detailed plan of city streets landscape

清华工美环境艺术设计所

Changchun
Detailed plan of city streets landscape
长春市街路市容景观
详细规划

2。3优秀实例分析

通过实地考查和文本资料的收集整理，国内外一些现代化的大城市，如芝加哥、东京、上海的城市街道景观和户外广告的设计排布有着很多可供参考借鉴的实例。

在商业繁华、高层建筑集中的城市开放公共区域，户外广告和霓虹灯的形式十分丰富多样，但是其内在的设计秩序仍然十分严谨。

在造型方面，这些户外广告充分地考虑其载体的自身形态，点、线、块、面的组织疏密得当，大小比例协调匀称。

在色彩方面，广告图片、文字及照明的颜色把对比互补的色调统一在和谐的整体效果中，并注重色彩明度、纯度、色相的统一搭配。

总体看来，这些户外广告的设置位置和自身形态与建筑物及所处街道的景观界面结合紧密，是作为整体空间形态的一个组成部分来考虑的，并充分考查了人的行为规律和视线观察范围，使整个街道景观更加有机，更加人性化。新媒体的运用及富有活力的多种广告形式也是值得一提的，新媒体在户外广告中的灵活应用从很大程度上丰富了城市景观的视觉效果，增加了使人耳目一新、趣味盎然的兴趣点，同时也使整个城市的气氛更加轻松活跃，富有感染力。

参考图片

参考图片

导言
Changchun
Detailed plan of city streets landscape

清华工美环境艺术设计所

Changchun
Detailed plan of city streets landscape
长春市街路市容景观
详细规划

第三部分 规划设计框架

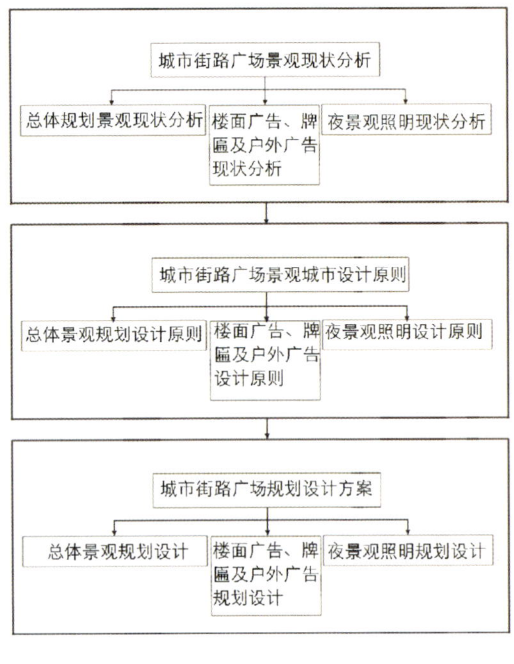

4

清华工美环境艺术设计所

规划设计框架
Changchun
Detailed plan of city streets landscape

Changchun
Detailed plan of city streets landscape
长春市街路市容景观
详细规划

第四部分 设计原则

4.1 从城市设计的角度整体规划市容景观，遵照长春市城市总体规划的原则，调动一切艺术设计的手段，从城市宏观总体上把握规划，从广告牌匾、照明、城市小品等细节上入手，以人为本进行市容景观的总体规划。

4.2 对户外广告牌匾的设置地段进行分区、分类、分级的控制。

首先，要把握设置场所的氛围，即城市、地区的特性，据此进行规划设计，在充分发挥其功能的基础上，又能体现出创造城市氛围的表现力。人民大街以北，西安大路东段作为城市的商业文化中心，是整个城市商业活力的来源和基础，户外广告的设置应充分尊重街道原本形态和文脉肌理，适当放宽控制，使广告牌匾的形式多样化，渲染出热烈、欢快的气氛。人民广场以南为高等院校集中的区域，户外广告牌匾的设置、样式、大小、材质、内容等等都应给予严格地要求和限制，局部富有特色的景观节点可以赋予适当的形式变化，体现轻松的人文气氛。亚泰大街，从风格控制上应与人民大街一致，节奏控制上可以更加舒缓。解放大路和自由大路上的广告牌匾设置应选取车流、人流较集中的地段，做集中展示，其它地段一般处理即可。

4.3 协调户外广告牌匾与街道景观及周边环境特别是建筑物的关系，协调各种形态的广告牌匾之间的关系。

广告与建筑相结合，多变的广告样式烘托出商业区的热闹气氛。

商业区广告图例

富有文化气息，应用于学院区。

路边信息指示牌图例

4.4 从不同受众的角度来对户外广告牌匾的形态及比例进行界定，人行主导的线型景观界面，要求强化一次街廓（较紧凑），车行主导的线型景观界面，要求强化二次街廓（较开敞）。应当加强视觉导视系统的设计，做到以人为本，同时兼顾视觉艺术的设计，突出地方文化特色。

5

清华工美环境艺术设计所

设计原则
Changchun
Detailed plan of city streets landscape

Changchun
Detailed plan of city streets landscape
长春市街路市容景观详细规划

户外广告牌匾设置具体原则

1 设置地点适当

户外广告牌匾的设置以商业区为主，居住区、城市休闲区、景观公园区为辅。政府机关等严控区不做考虑。

2 设置位置适当

广告及牌匾的设置，大部分要依托建筑物本身，因此设置的位置要与建筑物的造形相协调，成为建筑物有机的装饰部分。其次，广告牌匾的设置要符合人体工程学的要求，在合理的视觉、视角范围内。

3 设置形式、材质多样化

在广告集中的区域应体现多层次、高品位的视觉效果。广告的形式及材质应在统一有序的前提下，呈现丰富多样的设计，如：电子互动形式、实体广告形式、霓虹灯阵等。

4 色彩丰富、色调统一

在色彩的运用上应避免大面积的使用补色（如：红配绿、橙配蓝、黄配紫）。色调的定位要与建筑环境色协调。在突出一种色调的同时可以使用少量的反差颜色提高视觉冲击力。

6

清华工美环境艺术设计所

Changchun
Detailed plan of city streets landscape

Changchun
Detailed plan of city streets landscape
长春市街路市容景观详细规划

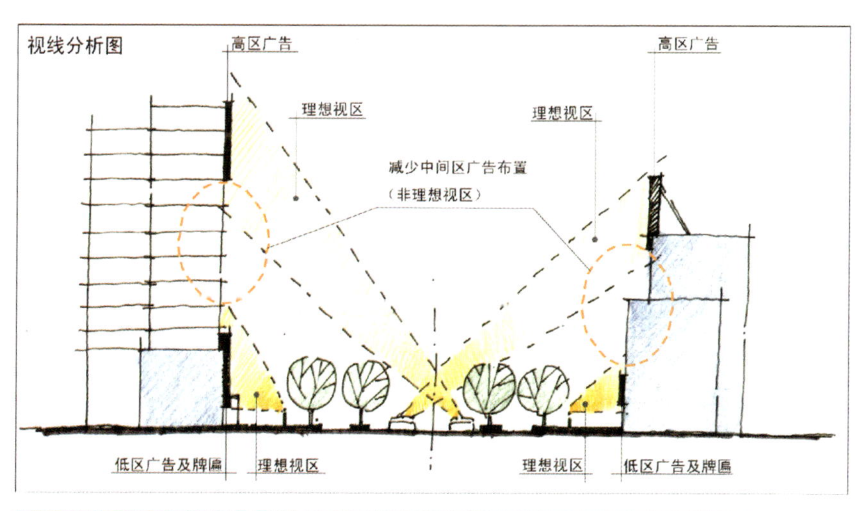

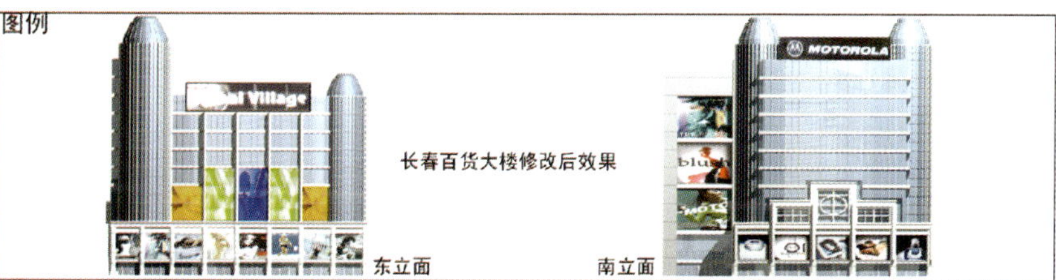

广告作为信息传达的工具，其视觉效果是最重要的，所以选择恰当的视区尤其重要的，考虑到道路中车行与人行的视线范围及可能的绿化遮挡，建议广告的理想视区分布在临街建筑的顶部与底部，即图中所示的高区广告与低区广告。而中部视为非理想视区，建议减少中间区广告布置。

7

清华工美环境艺术设计所

街道广告视线分析图

Changchun
Detailed plan of city streets landscape

Changchun
Detailed plan of city streets landscape
长春市街路市容景观详细规划

第五部分 照明景观规划

5.1 规划背景：

灯光景观已成为城市夜生活的一个基本要素，日益引起各方面的重视，长春市目前已建成的建设街等地的照明景观已取得初步成功，本次长春市街路市容景观规划的五条街路和二个广场的照明景观规划所涉及的地段是长春市最重要的街路，所以，做好这几条街路的照明景观对长春今后的城市景观规划具有相当的重要性，长春市规划灯光景观是一个全新的课题，规划过程中所进行的相关理论探讨、工作方法和程序的研究以及最终成果具有一定的前瞻性。

5.2 特点

5.2.1 城市灯光环境的构成：包括人工照明与自然照明。各类照明相互叠加，引入新的灯光照明理念和方式，以形成城市不同的夜间空间视觉效果。

5.2.2 城市灯光环境的特征：在长春市此次规划的五条街路中，不同地区各类光源和照明手法及照明形式对于环境的作用存在较大的差异，城市夜间灯光的分布与夜生活的活跃程度互相对应。

5.2.3 城市灯光景观的规划设计要以城市格局为依据，城市所在自然与人工景观构成的视觉框架为背景，考虑历史、人文、自然因素进行照明规划再设计。

5.3 内容和思路

照明景观规划借鉴现代城市设计的工作方法，以现代城市设计理论为依据，根据长春市具体情况，从逐个方面展开工作。

5.3.1 照明原理和照明方式研究。研究照明设计的一般原理，包括有关设计规范和国内外经验，对新的照明方式进行引进和规划。

5.3.2 照明对象研究。分析城市格局，形成灯光照明景观系统规划框架，重点灯光景观。

5.4 总体规划架构

5.4.1 目标，使长春市夜间有一个清晰的都市意向和空间架构，打造站前广场、北站房广场、人民大街与重庆路城市特点等城市新亮点和人民大街、西安大路一线的都市照明线性空间，通过本规划的实施，使长春具备中国大城市，国际型城市的新形象。

5.4.2 总体架构，以本次总体景观规划为依据，以长春市的历史、现状和建设动态为基础，形成点、线、面的结合动态伸展的架构，突出由本次规划的五条路两个广场所形成的长春市区域特色。

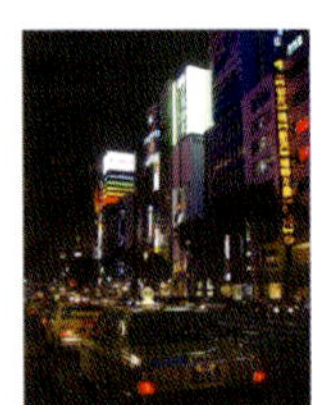

照明图例

清华工美环境艺术设计所

照明景观规划
Changchun
Detailed plan of city streets landscape

Changchun
Detailed plan of city streets landscape
长春市街路市容景观详细规划

第六部分 户外广告牌匾规划设计中的媒体应用

6.1 新媒体的应用

随着我国经济的高速发展，网络信息等高端技术已渗入到人们日常的社会生活中。在城市街道景观的规划设计中，合理、灵活地应用新媒体技术不仅可以给使用者提供方便快捷的信息服务，更可以丰富城市景观的内容，添加动态的，富于活力变化的视觉景观效果，给人以新鲜的、丰富趣味的视觉感受和精神体验。目前新媒体可以应用于城市街道景观设计的种类主要有：

6.1.1 大型电子显示屏幕

大型电子显示屏幕可以放置在火车站，商业步行街等人流集中的地段，可以起到醒目、清晰、动态的展示效果，具有非常大的广告租售潜力。

6.1.3 电脑程控霓虹灯

把新开发的程序应用于霓虹灯的展示编排中，使其富有变化和趣味性，可以使城市的夜景照明更加丰富，而吸引人。如东京银座的可口可乐广告霓虹灯，半个小时内有数千种不同的组合变化的图样，给经过的行人和在街口附近等候的人群增添了不少乐趣。

6.1.4 信息亭

信息亭内的立式手触屏可以很方便地提供给行人诸如天气预报、火车时刻表等日常生活的信息，它界面友好，使用性强，同时也是新型的有潜力的广告载体。

电子显示屏示范图例

电脑程控霓虹灯示范图例

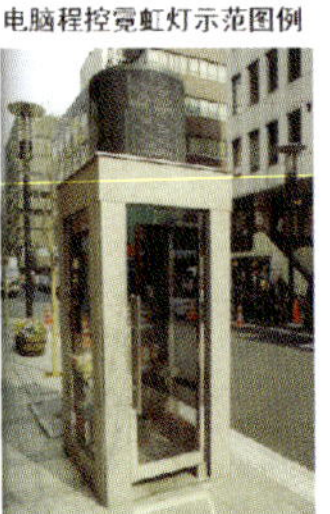
信息亭示范图例

9

清华工美环境艺术设计所

户外广告牌匾规划设计中的媒体应用（一）
Changchun
Detailed plan of city streets landscape

Changchun
Detailed plan of city streets landscape
长春市街路市容景观详细规划

第六部分 户外广告牌匾规划设计中的媒体应用

6.1.2 动态广告投射设备

这是一种新型的动态投影装备，其特点是展示内容可以不受限制，展示地点可以随意变化，具有其他媒体形式所无法比拟的灵活机动性和趣味性，并且成本较低，缺点是白天或光线较亮的地方展示效果欠佳。

示范图例

示范图例

示范图例

示范图例

户外广告牌匾规划设计中的媒体应用（二）
Changchun
Detailed plan of city streets landscape

清华工美环境艺术设计所

Changchun
Detailed plan of city streets landscape
长春市街路市容景观详细规划

6.2 传统媒体的纵深开发

在新媒体开发应用的同时，传统媒体的形式仍然具有广泛的使用基础和纵深开发的潜力，一些现有的广告、牌匾、灯箱等，经过重新包装和设计，完全可以给人耳目一新的优美视觉感受，并且更加人性化，更加具有亲和性和感染力。

从现有的传统媒体形式来看，可以进行纵深开发的形式主要有：

6.2.1 立柱式大型广告（擎天柱）

传统的立柱式大型广告由于其体量庞大，高度较高，往往忽视了对其的细部设计，外形显得比较粗陋而平淡。通过对这些大型的立柱式广告添加一些设计细节，可以大大改观其视觉效果，使其柔和而富有人情味。

示范图例

示范图例

6.2.2 跨街广告

传统的跨街广告大多是单一的广告宣传栏板，而新型的跨街广告可以一方面用做人行天桥，使其有实际功能，一方面融合霓虹灯、灯箱等多种广告形式，成为醒目的街路标志型构筑物。

示范图例

6.2.3 建筑立面的广告（有机结合）

传统的大量的现有建筑外立面的广告牌匾仅仅是依附于建筑外表的平板式广告、灯箱，未能与建筑形态进行有机的结合。对这些广告进行重新包装设计的主要内容包括：造型上立体化，即作为建筑本身的延伸；色彩上统一化，形成丰富完整的视觉效果。

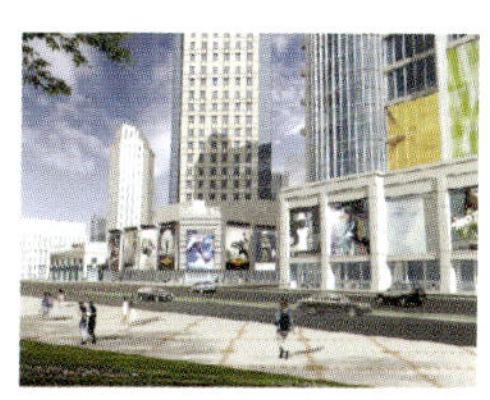
示范图例

户外广告牌匾规划设计中的媒体应用（三）
Changchun
Detailed plan of city streets landscape

清华工美环境艺术设计所

Changchun
Detailed plan of city streets landscape
长春市街路市容景观详细规划

	户外广告形式名称	图例	设置地段	设置理由	照明方式	设置要求及其他说明
A	跨街广告		醒目，开敞的城市空间重要路段的节点处。	作为街路尽端的标志，给来往行人一个醒目的街标印象。	泛光照明，或霓虹灯管照明。	底座外缘距道路边界应为 1.2M 左右，牌面底部距地面高度应为 7-12M，图片广告的面积不应大于整个跨街广告的二分之一。
B	立杆式广告		空间开敞的文化商业街区中的绿化带及人行便道上。	同街道照明相结合，形成线型景观界面。	灯箱照明	一般长不超过 2M，宽不超过 1.5M，灯箱厚度不超过 0.4M，广告间距为 35M 左右，同一路段的广告内容色调应保持一至。
C	垂直于建筑墙面的广告		商业繁华的重点街区及狭窄街道的建筑立面。	渲染商业气氛，丰富视觉环境，合理利用广告空间。	霓虹灯、灯箱、点光、泛光照明相结合。	底部离地面的净高度不得低于 4.5M，外缘挑出距离不得大于 2M，同一建筑上设置 2 块以上时，其间距不宜小于自身长度的四分之一，且造型统一。

12

清华工美环境艺术设计所

户外广告形式（一）

Changchun
Detailed plan of city streets landscape

Changchun
Detailed plan of city streets landscape
长春市街路市容景观详细规划

	户外广告形式名称	图例	设置地段	设置理由	照明方式	设置要求及其他说明
D	平行于建筑墙面的广告		繁华的商业建筑立面。	渲染商业气氛。	霓虹灯、灯箱、点光、泛光照明相结合。	原则上设置在一次街廓内，即建筑的底层以内，慎重考虑在建筑物中段设置广告招牌。
E	楼顶广告		视线良好的建筑物顶层。	形成醒目的广告效果，并对街道立面轮廓做出修整处理。	外打灯照明为主，重点区域可做一些有变化的霓虹灯。	严控在坡屋顶及有特色的建筑物顶层设置广告，楼顶广告高度应限制在 2 次街廓以内，根据建筑的外形轮廓添加有造型特点的广告。
F	立柱式大广告		二环路以外城市空间开阔处。	有机的利用城市空间利于车行受众观看。	以外打灯照明为主，可结合霓虹灯创造丰富的面板效果。	宜少而精，在道路两侧设为双面板式，在道路之间的多边形地块上设置或离道路较远的区域设置为三面板式。

13

清华工美环境艺术设计所

户外广告形式（二）

Changchun
Detailed plan of city streets landscape

Changchun
Detailed plan of city streets landscape

长春市街路市容景观详细规划

	户外广告形式名称	图例	设置地段	设置理由	照明方式	设置要求及其他说明
G	路名牌广告		各街道的街口。	起指示导引作用。	灯箱照明，亮度要保证夜间观看的效果。	在满足使用功能的前提下，广告的大小不应超过牌面的4平米，形式统一的版面样式。
H	阅报栏广告		省政府省体育馆等，人口密度较大的办公商业街区。	针对人群活动特点，为办公人员及居民提供便利。	内藏灯槽照明，亮度要保证夜间观看的效果。	严格控制广告的面积，位置和形式不可干扰阅报区，可设置在顶端和底端呈条状分布，颜色形式统一。
I	书报亭广告		主要街口禁设，可重点设置在居住区街道中段的开敞区域。	为市民提供接收文化信息的便利。	可结合顶部广告灯箱设置简洁的照明效果。	原则上不予以强行控制，形式可丰富多样，但广告应依附于书报亭的构筑表面。

14

清华工美环境艺术设计所

户外广告形式（三）

Changchun
Detailed plan of city streets landscape

Changchun
Detailed plan of city streets landscape

长春市街路市容景观详细规划

	户外广告形式名称	图例	设置地段	设置理由	照明方式	设置要求及其他说明
J	时钟广告		步行街、街口人流集中的广场绿地或建筑物立面。	步行街等人流集中地段需要灵活的时间提示。	夜光型时钟，亮度应保证夜间的实用性。	可结合一些公共艺术品，或公共设置的实际功能，使其成为街头富有活力的点缀。
K	雕塑、小品类广告		学校、报社等文化单位集中的街道区域，商业步行街的局部地段也可设置。	此类较为含蓄的广告形式可以渲染学校、机关等单位的人文气息。	泛光照明为主，禁止使用非截光的灯具。	可建议一些商业企业进行认捐。
L	设施类广告		各个街道两侧的便道或绿岛上。	结合使用功能，达到良好的广告效果。	灯箱照明为主。	可与候车亭、垃圾箱等设施相结合并根据其载体的具体样式进行排布。

15

清华工美环境艺术设计所

户外广告形式（四）

Changchun
Detailed plan of city streets landscape

Changchun
Detailed plan of city streets landscape

长春市街路市容景观详细规划

	户外广告形式名称	图　例	设置地段	设置理由	照明方式	设置要求及其他说明
M	实物造型广告		商业建筑前、广场等视线开敞，人流集中地段。	造型新颖，内容丰富，有较强的视觉冲击力。	灵活多样，根据实物具体形态设置。	不影响交通、采光等城市功能，自身结构有较强的安全性。
N	临时围栏广告		施工地段及拆改旧楼外围	快速有效的调整市容景观	外打灯照明为主	一般为横向连续设置，可有一些造型上的起伏变化。
O	电子显示屏投影广告		人流集中的繁华商业街区。	以新颖的形式丰富视觉效果增加广告的冲击力，活跃街区气氛。	以自身发光为主，结合霓虹灯造型。	不影响交通，视觉角度合理。

16

清华工美环境艺术设计所

户外广告形式（五）

Changchun
Detailed plan of city streets landscape

第七部分 总体分析图

区域性开敞空间系统
中心商业区
核心区域
城市保护区
绿色生态通廊
学院区

N

Changchun
Detailed plan of city streets landscape

长春市街路市容景观详细规划

区域现状分析

长春市是美丽的北国春城，也是一座年轻的新兴工业城市。从城市总体规划和区域的功能布局来看，整个城市以人民广场为核心向四周扩散，人民广场周边区域，内环路以内为长春市的政治、经济、文化中心，即中央活动区域，承载着复杂多重的城市职能，二环以外为功能单一的工业园区和经济技术开发区。其中，人民大街是贯穿城市南北的中轴线，集中了省、市、区各级政府职能机构，主要的商业机构和市民文化活动单位，应作为重点形象一条街来塑造。西安大路连接着市中心与西环城路直至机场，以快速交通为主，应在满足功能的前提下做统一有节奏感的景观控制，解放大路贯穿长春市中心的南北交通，集中了艺术学院、文化活动中心、博物馆、展览馆等文化单位，应力求在协调整体景观的前提下着力突出这条街的文化景观氛围，重点保护一些有特色，有历史的建筑，自由大路地处城市南部，应结合长春动植物园及其周边环境，以及长春电影厂的摄影基地，突出自然环境和人文氛围，可考虑结合旅游资源的开发，带动区域经济。

17

清华工美环境艺术设计所

长春市街道市容景观区域现状分析图

Changchun
Detailed plan of city streets landscape

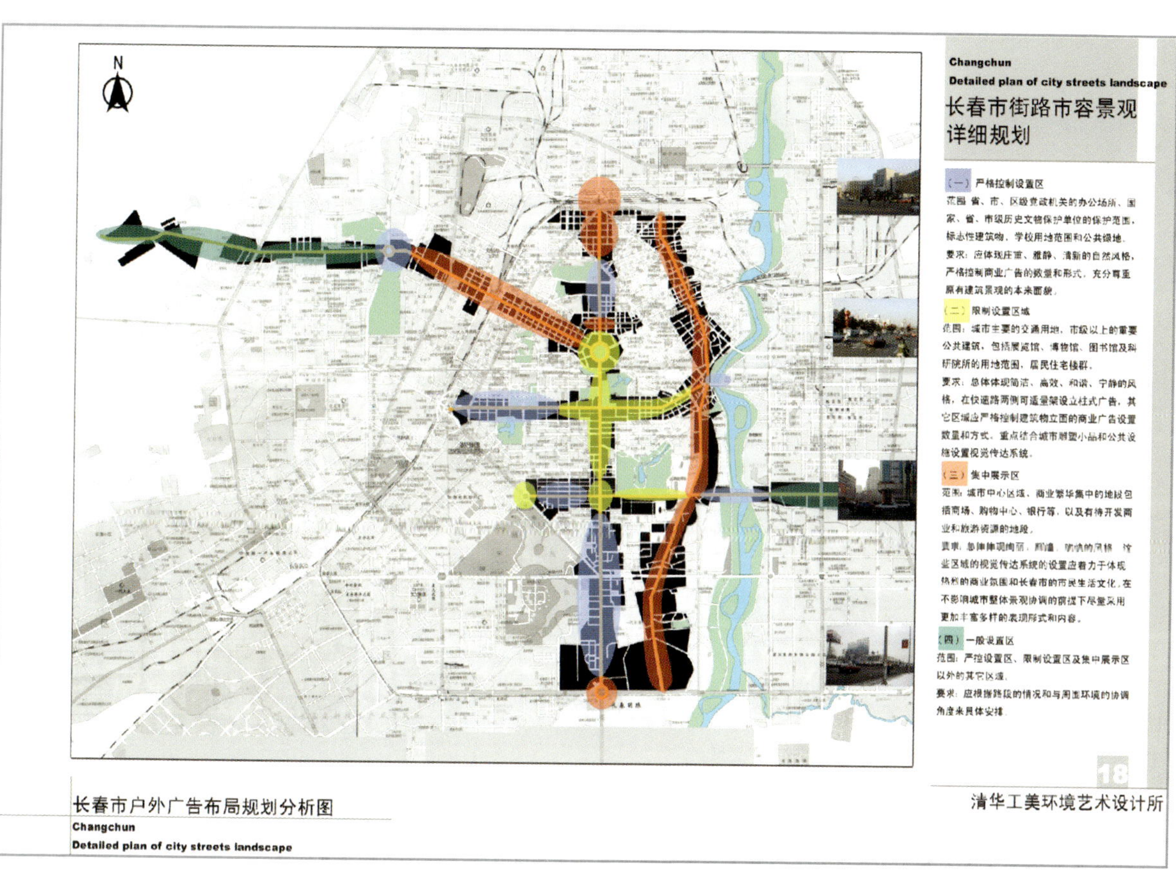

长春市户外广告布局规划分析图

Changchun

Detailed plan of city streets landscape

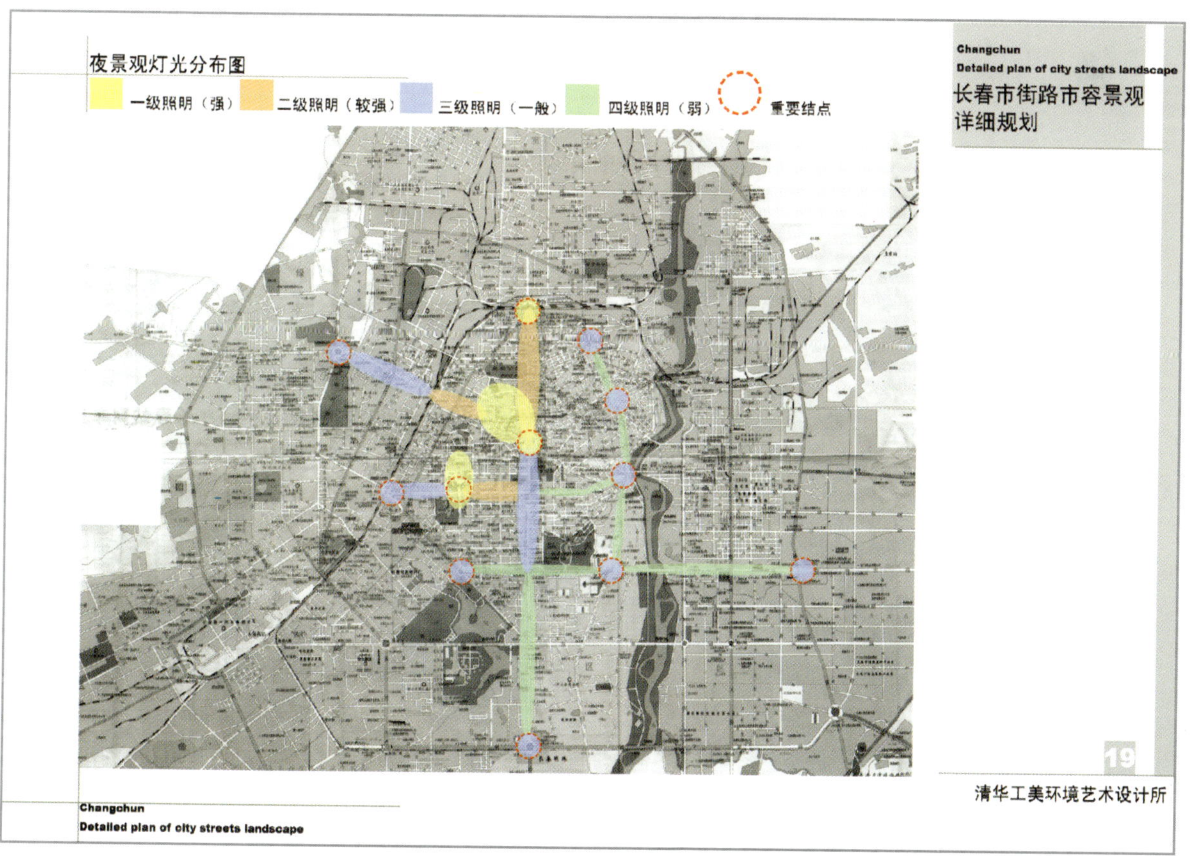

Changchun
Detailed plan of city streets landscape

长春市街路市容景观详细规划

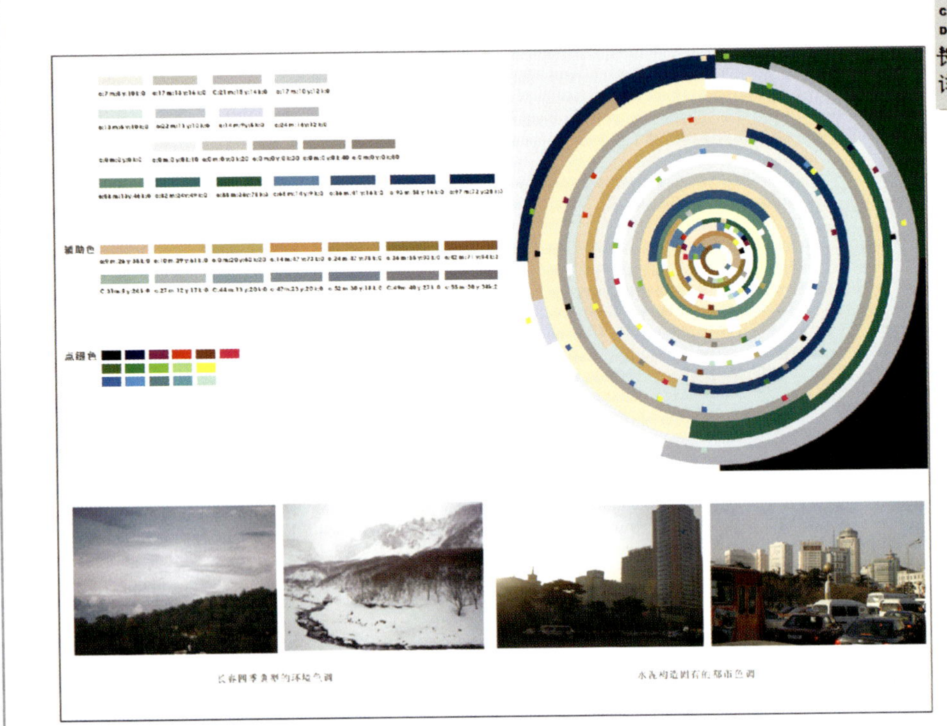

根据长春市自然景观环境特色，考虑日照、气候等客观环境因素，我们对城市的色彩定位倾向于暖、白、灰为主的暖色系环境。在大的浅暖灰背景中点缀部分重色、纯色，形成部分统一、灵活、丰富整体的色彩环境。

20

清华工美环境艺术设计所

长春市容景观色彩规划设计

Changchun
Detailed plan of city streets land-

道路色彩规划设计

Changchun
Detailed plan of city streets landscape

长春市街路市容景观

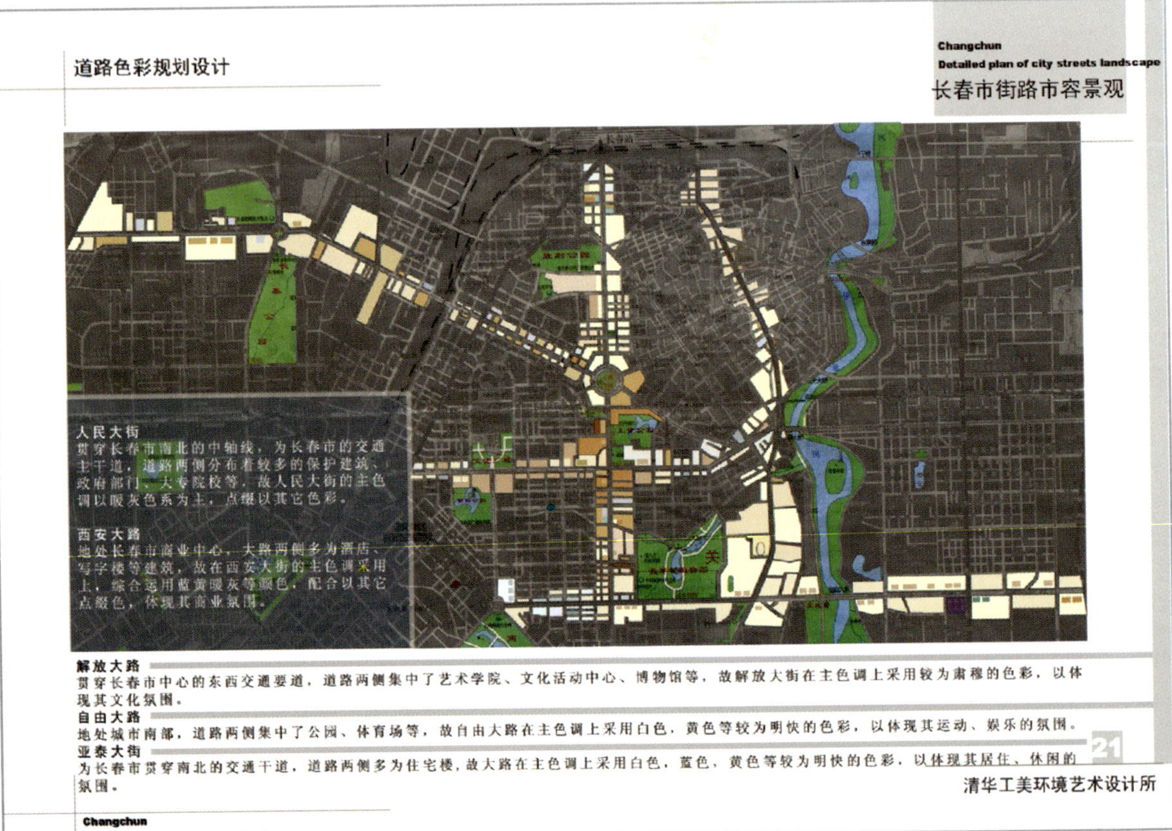

21

清华工美环境艺术设计所

Changchun

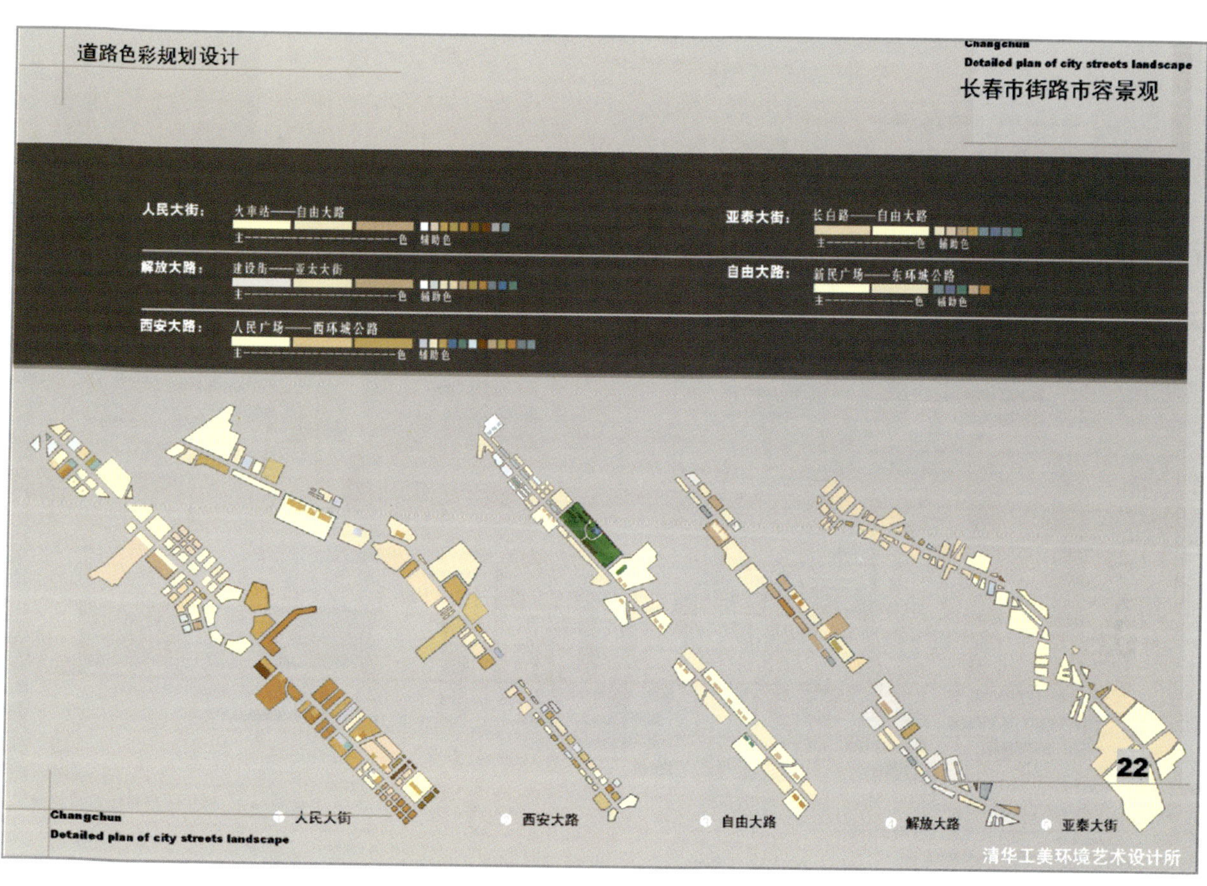

道路色彩规划设计
Changchun
Detailed plan of city streets landscape
长春市街路市容景观
人民大街： 火车站——自由大路
主——色 辅助色
解放大路： 建设街——亚太大街
主——色 辅助色
西安大路： 人民广场——西环城公路
主——色 辅助色
亚泰大街： 长白路——自由大路
主——色 辅助色
自由大路： 新民广场——东环城公路
主——色 辅助色
22
Changchun
Detailed plan of city streets landscape
人民大街
西安大路
自由大路
解放大路
亚泰大街
清华工美环境艺术设计所

长春市道路色彩规划设计
Changchun
Detailed plan of city streets landscape
长春市街路市容景观
色彩规划实施图例
暖色系
冷色系
色彩设计说明：
由于长春市地处中国东北，冬季漫长，气候寒冷，加上"白山黑水"自然地域特点，绿色、红色、黄色等暖色作为一种对比和平衡的需要将会极大丰富自然环境与人造自然之间的和谐关系，而且也将会成为创建长春市独特人文景观的一条有效途径。
所以，在色彩规划设计中，一方面，色相以暖色调为主，明度和纯度以亮灰调为主，突出明朗、清新的色调。另一方面，充分利用城区传统建筑和保护建筑的色彩风格，对此不做改动，突出历史人文特色。与此同时，暖色是相对于冷色而存在的，代表科技和现代文明的新材料、新技术的应用，多呈现冷色调，与暖色调的建筑相互对比、映衬，形成新的对比和平衡系统。
23
清华工美环境艺术设计所
Changchun
Detailed plan of city streets landscape

和户外广告专项规划自身的特点，本规划把城中片区定位为“商业综合服务区”。

(1) 结合商业综合服务区特点，可在重要路段、节点、重要场馆集中展示户外广告。重要路段包括：黄海路、建军路、大庆路、开放大道、人民路、解放路、盐马路；节点包括：铜马广场、新世纪文化城、新客站。广告内容和形式应与繁荣商业，营造气氛相得益彰，并要重点突出盐城市“黄海明珠”的古城风韵。

(2) 严格控制墙体广告，严格控制在20米以上高楼设置户外广告。

(3) 严禁在文化遗迹、学校、居民区、行政事业办公区以及所有异型建筑楼顶（屋顶）、立面设置户外广告；严禁设置跨街广告（包括固定或临时性的）；交通道口或交汇点停车线后10米范围内禁止设置户外广告。

(4) 户外广告必须与建筑物的风格保持一致。城中片区所有户外广告之间必须具有整体的协调性。设置时应充分考虑造型、内容、色彩对周围环境的影响，考虑户外广告与建筑，户外广告之间的衔接。禁止广告经营者随意设置户外广告。

(5) 强调户外广告设计的艺术性。尽量简化画面和文字内容，以生动的标志造型传达广告信息。

(6) 注意户外媒体白天与夜晚视觉效果的协调。在重要的商业路段，鼓励使用霓虹灯广告。鼓励使用新工艺和新材料制作户外广告；鼓励使用圆型、椭圆型、方型圆角和其它异型灯箱。

(7) 店牌店招设置原则。统一规划，统一管理。由城管局会同规划局、工商局对该区域内的店招店牌进行统一规划，并由城管局将日常管理责任落实到楼主。整体提高店招店牌的设计水准，鼓励使用新工艺新材料。

一店一招。一家商店，不论大小，原则上只允许设置一块店招。

一楼一层。一楼多户时原则上只允许在一、二楼之间设置店招，二楼以上单位一般以落地式指示牌方式解决。

规范尺度。严格限定店招的尺寸，使其与楼体和相邻店招和谐一致。

第13条 城南片区户外广告设置规划

城市规划建设控制要求 青年路以南、通榆运河以西、新河以北、西环路以东的区域为城南片区。以居住和行政、文化、教育功能为主，保留悦达工业园和市开发区工业用地。规划期内重点建设区域，完善社会服务设施配套，吸引更多人口入住；适当提高土地开发强度；加强城市设计研究，形成亲切宜人的空间尺度。

户外广告规划控制要求 根据城市规划建设控制要求和户外广告专项规划自身的特点，本规划把城南片区定位为“行政综合服务区”。

(1) 结合行政综合服务区特点，整体协调，突出风格，作为城市总体规划期内重点建设区域，城南片区户外广告的设置要与“现代、新颖”的区域特征相一致，集中突出“水绿盐白”的户外广告风格。

(2) 可在客运站、货运站、展览、展示性场馆区段、商业密集区段、餐饮娱乐密集区段集中设置户外广告媒体。

(3) 严格控制墙体广告，严格控制在20米以上高楼设置户外广告。在金融区、居民区严格控制户外广告的设置。

(4) 严禁在学校、居民区、行政事业办公区以及所有异型建筑楼顶（屋顶）、立面设置户外广告；严禁设置跨街广告（包括固定或临时性的）；交通道口或交汇点停车线后10米范围内禁止设置户外广告。

(5) 艺术性和实用性的统一。城南片区户外广告的设置提倡和鼓励使用新工艺、新材料，使户外广告起到提升区域品质的作用。

(6) 店牌店招设置原则。统一规划，统一管理。由城管局会同规划局、工商局对该区域内的店招店牌进行统一规划，并由城管局将日常管理责任落实到楼主。整体提高店招店牌的设计水准。鼓励使用新工艺新材料。

一店一招。一家商店，不论大小，原则上只允许设置一块店招。

一楼一层。一楼多户时原则上只允许在一、二楼之间设置店招，二楼以上单位一般以落地式指示牌方式解决。

规范尺度。严格限定店招的尺寸，使其与楼体和相邻店招和谐一致。

第14条 城西片区户外广告设置规划

城市规划建设控制要求 西环路以西、宁靖盐高速公路以东、世纪大道以北、新洋港以南的区域为城西片区。以居住和生态保护功能为主，提升城市环境质量。重点加强公共设施、市政公用设施、公园绿地等公共空间建设，

适度开发居住用地，疏解老城人口。加强对蟒蛇河取水口的保护。

户外广告规划控制要求 根据城市规划建设控制要求和户外广告专项规划自身的特点，本规划把城西片区定位为“居住和生态保护区”，户外广告设置要体现“自然、人文”特色。

(1) 根据居住和生态保护区特点，可在世纪大道等交通主干道、重要市场、高速公路出入口相对集中设置户外广告，其余区域严格控制户外广告的设置。

(2) 严禁在市政公用设施、公园、绿地、水源保护区、自然保护区、居民区设置户外广告；严禁在城市快速干道和主干道沿线民居设置墙体广告；严禁设置跨街广告（包括固定或临时性的）；交通道口或交汇点停车线后10米范围内禁止设置户外广告。

(3) 店牌店招设置原则

统一规划，统一管理。由城管局会同规划局、工商局对该区域内的店招店牌进行统一规划，并由城管局将日常管理责任落实到楼主。

一店一招。一家商店，不论大小，原则上只允许设置一块店招。

一楼一层。一楼多户时原则上只允许在一、二楼之间设置店招，二楼以上单位一般以落地式指示牌方式解决。

规范尺度。严格限定店招的尺寸，使其与楼体和相邻店招和谐一致。

鼓励使用新工艺新材料。

整体提高店招店牌的设计水准。

第15条 西南片区户外广告设置规划

城市规划建设控制要求 西环路以西、宁靖盐高速公路以东、世纪大道以南、徐淮盐高速公路以北区域为西南片区。以工业为主，沿世纪大道布置物流、仓储、市场等服务功能。制定合理的准入标准；实施集中的能源供应和污染治理；协调用地开发和自然水网的关系，创造优良环境。

户外广告规划控制要求 根据城市规划建设控制要求和户外广告专项规划自身的特点，本规划把西南片区定位为“工业区”，户外广告的设置体现“简约、大方”的特点。

(1) 根据工业区的特点，对户外广告发布的形式、类型、内容、数量进行严格控制，户外广告的内容应与该区域的物流、仓储、市场等服务功能相协调。

(2) 在该区域建设阶段，鼓励发布公益广告；随着区域的发展，可适当发布商业广告和企业形象广告。对路段建设、建筑工地可适量设置临时性户外广告。

(3) 店牌店招设置原则

统一规划，统一管理。由城管局会同规划局、工商局对该区域内的店招店牌进行统一规划，并由城管局将日常管理责任落实到楼主。

一店一招。一家商店，不论大小，原则上只允许设置一块店招。

一楼一层。一楼多户时原则上只允许在一、二楼之间设置店招，二楼以上单位一般以落地式指示牌方式解决。

规范尺度。严格限定店招的尺寸，使其与楼体和相邻店招和谐一致。

城市规划建设控制要求 西环路以西、宁靖盐高速公路以东、世纪大道以南、徐淮盐高速公路以北区域为西南片区。以工业为主，沿世纪大道布置物流、仓储、市场等服务功能。制定合理的准入标准；实施集中的能源供应和污染治理；协调用地开发和自然水网的关系，创造优良环境。

户外广告规划控制要求 根据城市规划建设控制要求和户外广告专项规划自身的特点，本规划把西南片区定位为“工业区”，户外广告的设置体现“简约、大方”的特点。

(1) 根据工业区的特点，对户外广告发布的形式、类型、内容、数量进行严格控制，户外广告的内容应与该区域的物流、仓储、市场等服务功能相协调。

(2) 在该区域建设阶段，鼓励发布公益广告；随着区域的发展，可适当发布商业广告和企业形象广告。对路段建设、建筑工地可适量设置临时性户外广告。

(3) 店牌店招设置原则

统一规划，统一管理。由城管局会同规划局、工商局对该区域内的店招店牌进行统一规划，并由城管局将日常管理责任落实到楼主。

一店一招。一家商店，不论大小，原则上只允许设置一块店招。

一楼一层。一楼多户时原则上只允许在一、二楼之间设置店招，二楼以上单位一般以落地式指示牌方式解决。

规范尺度。严格限定店招的尺寸，使其与楼体和相邻店招和谐一致。

鼓励使用新工艺新材料。

整体提高店招店牌的设计水准。

第16条 城北片区户外广告设置规划

城市规划建设控制要求 新洋港以北、通榆运河以西、宁靖盐高速公路以南、串场河以东的区域为城北片区。基本维持现状功能，沿204国道适度发展工业用地，在铁路货站附近布置集中的物流、仓储用地。调整搬迁重污染工业企业，加强污染治理，改善环境质量；近期控制居住用地发展。

户外广告规划控制要求 根据城市规划建设控制要求和户外广告专项规划自身的特点，本规划把城北片区定位为生产绿地和物流中心，户外广告的设置少而集中。

(1) 在城市快速干道、主干道、港口等地点可集中展示户外广告。

(2) 对路段建设、建筑工地可适量设置临时性户外广告。

(3) 结合该区"改善城市环境质量"的城市规划要求，对该地区违章、违法的户外广告进行拆除。

(4) 严禁在公园、绿地设置户外广告。

第17条 河东片区户外广告设置规划

城市规划建设控制要求 通榆运河以东区域为河东片区。居住、工业相对平衡的城市新区。开发大道和世纪大道之间用地作为大型市级公共设施用地加以控制，近期可作为生产性绿地；加强基础设施的共建共享，避免重复建设。

户外广告规划控制要求 根据城市规划建设控制要求和户外广告专项规划自身的特点，本规划把河东片区定位"综合工业区"。

(1) 宏观控制，局部集中展示

河东片区为全新开发的区域，产业结构以工业为主，辅之于服务业。因此，该区域范围内在户外广告的设置方面要进行宏观控制。在机场区域、城市快速干道、主干道沿线集中设置户外广告。

(2) 该区域户外广告媒体形式以大型户外广告为主。

(3) 外严禁设置影响飞行视线、交通安全的户广告，如气模、气球、飞艇广告等；严禁设置跨街广告；交通道口或交汇点停车线后10米范围内禁止设置户外广告。

(4) 店牌店招设置原则

统一规划，统一管理。由城管局会同规划局、工商局对该区域内的店招店牌进行统一规划，并由城管局将日常管理责任落实到楼主。

一店一招。一家商店，不论大小，原则上只允许设置一块店招。

一楼一层。一楼多户时原则上只允许在一、二楼之间设置店招，二楼以上单位一般以落地式指示牌方式解决。

规范尺度。严格限定店招的尺寸，使其与楼体和相邻店招和谐一致。

鼓励使用新工艺新材料。

整体提高店招店牌的设计水准。

（四）重要路段户外广告设置规划

第18条 建军路户外广告设置规划

城市规划功能定位 盐城主城区规划主干道

户外广告定位 根据城市规划功能定位和户外广告专项规划自身的特点，本规划将建军路定位为"多姿多彩的商业大道"。

户外广告规划控制要求

该路段分为重点商业路段、普通商业路段、兼有商业和行政事业路段。

(1) 重点商业路段

本路段鼓励设置户外广告，鼓励使用霓虹灯广告形式和新材料新技术的户外媒体。该路段沿线，特别是铜马广场周围可在控制密度的前提下开放户外广告设置。

(2) 普通商业路段

本路段属适量设置户外广告路段。以店招店牌和道路沿线的广告媒体为主，除了出于空间衔接的需要，一般不鼓励使用楼顶广告形式。

(3) 兼有商业和行政事业路段

本路段严格控制设置户外广告，视具体位置环境，可少量设置户外广告，一般不在建（构）筑物楼（屋）顶设置户外广告。

(4) 禁设范围

新四军纪念馆周围50米范围内严禁设置户外广告；

道路沿线围墙（包括工地围墙）上不得设置凸出墙体的广告；

沿线住宅小区内禁止设置户外广告。

（5）户外广告设置的通用标准

户外广告的形状、规模、色彩、图案应与周边环境相协调；

户外广告的设置应当制作精良，支架不得裸露；

在残旧的建筑立面设置户外广告，应进行建筑立面整修、整体设计制作；

户外广告设置不得影响建筑物的立面形象；

户外广告设置不得影响交通安全，扰乱正常的视线。

（6）店招店牌设置的通用标准

统一规划，统一管理。由城管局会同规划局、工商局对该区域内的店招店牌进行统一规划，并由城管局将日常管理责任落实到楼主。

一店一招。一家商店，不论大小，原则上只允许设置一块店招。

一楼一层。一楼多户时原则上只允许在一、二楼之间设置店招，二楼以上单位一般以落地式指示牌方式解决。

规范尺度。严格限定店招的尺寸，使其与楼体和相邻店招和谐一致。

鼓励使用新工艺新材料。

整体提高店招店牌的设计水准。

第19条 世纪大道户外广告设置规划

城市规划功能定位 盐城主城区规划快速干道

户外广告定位 根据城市规划功能定位和户外广告专项规划自身的特点，本规划将世纪大道定位为“现代大道”，集中体现“整洁亮丽，现代时尚”。

户外广告规划控制要求

该路段分为以下类型，分别进行规划控制。

（1）商贸集市路段

该类型可适度设置户外广告。设置位置可在规划范围内的建筑物墙面、楼顶或不影响道路交通、绿化的独立用地。广告形式可使用喷绘、灯箱、霓虹灯、立体造型及其它新型材料。

商贸集市集中路段，鼓励使用霓虹灯广告形式和新材料新技术的户外媒体；一般商贸路段视具体位置环境，可适量设置户外广告。商贸集市集中路段户外广告以店招店牌和道路沿线的媒体为主，除了出于空间衔接的需要，一般不鼓励使用楼顶广告。

（2）交通道口

由于交通道口人流车流量大，广告潜在价值比较高，可适量设置户外广告。在世纪大道“宁盐”高速出入口处，可设置大型落地式商业广告。

（3）严禁在居民住宅区和高档别墅区、政府行政办公路段、工厂厂区和建筑物立面或顶部设置商业广告。

（4）装饰城集中路段

店招店牌按“一楼一排”，“一店一招”原则设置。二楼（层）以上商家的店招店牌可采用挑出式店招指示牌或落地式店招指示牌的方式进行处理。

装饰城及配套集市周边，可根据实际路段和环境设置路牌广告、人行道灯箱广告、临时性旗帜广告、楼顶广告和挑出式广告。鼓励设置小型异式灯箱广告和霓虹灯广告。

（5）户外广告设置的通用标准

户外广告的形状、规模、色彩、图案应与周边环境相协调；

户外广告的设置应当制作精良，支架不得裸露；

在残旧的建筑立面设置户外广告，应进行建筑立面整修、整体设计制作；

户外广告设置不得影响建筑物的立面形象；

户外广告设置不得影响交通安全，扰乱正常的视线。

（6）根据世纪大道户外广告“整洁亮丽，现代时尚”的定位要求，应从色彩及户外广告媒体上进行视觉统一和视觉提升。

第一，将沿线现有大型T型广告改为绿化带灯箱广告，色彩以绿白系列为主，以干净整洁、统一的视觉体现“盐白水绿”的特点。

第二，增设候车亭，预留广告空间。候车亭造型以水波曲线为主体风格，与道路整体风格相一致。

第三，配合盐城市不定期开展的一些大型活动，如招商活动，庆典活动等，沿线可增设临时性灯杆旗帜广告，以营造气氛，突现现代气息。造型以简洁明快的竖式窄幅为主，色彩可配合活动主题灵活变化。

第四，沿线交通道口可适量增设三面大立柱广告，以规模和气势夺人耳目，烘托该道路的现代性。

第20条 黄海路户外广告设置规划

城市规划功能定位

盐城主城区规划主干道户外广告规划控制要求根据

城市规划功能定位和户外广告专项规划自身的特点，本规划将黄海路定位为“综合性交通干道”。

(1) 兼有商业和行政事务路段

从文港路到开放大道为兼有商业和行政事务路段。该路段严格控制户外广告的设置，建筑物楼顶原则上不得设置广告。

(2) 重点商业路段

开放大道到洋河桥为重点商业路段，鼓励使用多种户外媒体形式、媒体新技术。特别是新客站附近，鼓励使用霓虹灯广告。

(3) 洋河桥到人民路为文化路段，该路段严禁设置户外广告

(4) 人民路到黄海桥为普通商业路段，控制户外广告的设置

(5) 户外广告设置的通用标准

户外广告的形状、规模、色彩、图案应与周边环境相协调；

户外广告的设置应当制作精良，支架不得裸露；

在残旧的建筑立面设置户外广告，应进行建筑立面整修、整体设计制作；

户外广告设置不得影响建筑物的立面形象；

户外广告设置不得影响交通安全。

(6) 新客站节点周边地区为重点商业区，鼓励设置霓虹灯广告和电子屏、三面翻等户外媒体新技术。遇节假日或重要的活动，可适当采用气模等实物广告形式，但是必须加强此类广告的审批和监管。

新客站附近可适度发展楼（屋）顶广告。

机关周地区和学校附近严格控制户外广告的设置，可适当设立宣传栏等媒体形式。

加强店牌、店招的规划与整治。统一沿路店招、店牌的规格与形式；整治新客站附近户外广告牌叠加现象，对叠加的广告牌进行拆除。

第21条 大庆路户外广告设置规划

城市规划功能定位 盐城主城区规划主干道

户外广告规划控制要求 根据城市规划功能定位和户外广告专项规划自身的特点，本规划将大庆路定位为“金融区特征明显的交通干道”。

(1) 金融商业路段

金融商业路段主要是指大庆中路，这一路段路况较好，绿化带较宽，沿线金融机构较多。鼓励采用多种户外媒体形式，加强建筑物夜间的亮化，从不同的空间层次和不同的媒体组合来突出金融商业区的特点。

(2) 一般商业路段

一般商业路段主要是指大庆西路，严格控制户外广告媒体的设置。

(3) 户外广告设置的通用标准

户外广告的形状、规模、色彩、图案应与周边环境相协调；

户外广告的设置应当制作精良，支架不得裸露；

在残旧的建筑立面设置户外广告，应进行建筑立面整修、整体设计制作；

户外广告设置不得影响建筑物的立面形象；

户外广告设置不得影响交通安全；

大庆中路高层建筑物楼顶不得设置广告。

(4) 金融商业路段全线可设置绿化带灯箱广告。解放南路与迎宾南路之间的金融单位密集区，以及规划中的体育馆周边地区可设置灯箱广告。中国银行、中国农业银行等高层建筑物加强夜间的亮化。

第22条 青年路户外广告设置规划

城市规划功能定位 盐城主城区规划主干道

户外广告规划控制要求 根据城市规划功能定位和户外广告专项规划自身的特点，本规划将青年路定位为“充满现代气息的交通干道”。

(1) 青年路沿线控制设置户外广告。可结合青年路的道路特点，设置与交通干道的特征相符合的户外广告媒体。随着城市建设的发展和青年路沿线的开发，可在今后适当发展各种广告媒体。

(2) 户外广告设置的通用标准

户外广告的形状、规模、色彩、图案应与周边环境相协调；

户外广告的设置应当制作精良，支架不得裸露；

在残旧的建筑立面设置户外广告，应进行建筑立面整修、整体设计制作；

户外广告设置不得影响建筑物的立面形象；

户外广告设置不得影响交通安全。

第23条 文港路户外广告设置规划

户外广告规划控制要求 根据城市规划功能定位和户外广告专项规划自身的特点，本规划将文港路定位为“综合性交通干道”。

(1) 行政、教育文化路段

黄海路到大庆路为行政、教育文化路段。该路段严格控制户外广告的设置，新四军纪念馆周边地区严禁设置户外广告。政府单位、学校等建筑物楼顶严禁设置广告。

(2) 一般商业路段

大庆路以南为一般商业路段，该路段控制户外广告的设置。

(3) 户外广告设置的通用标准

户外广告的形状、规模、色彩、图案应与周边环境相协调；

户外广告的设置应当制作精良，支架不得裸露；

在残旧的建筑立面设置户外广告，应进行建筑立面整修、整体设计制作；

户外广告设置不得影响建筑物的立面形象户外广告设置不得影响交通安全。

(4) 文港路在建军路以北可设置宣传栏广告

加强“农民街”周边地区的店招店牌的整治，拆除叠加的广告招牌，统一店招店牌的形式。

第24条 开放大道户外广告设置规划

城市规划功能定位 盐城主城区规划主干道

户外广告规划控制要求 通榆路主要的功能是贯穿南北的交通要道，沿路的店招店牌应该变化中体现统一。根据盐城市总体城市规划和沿线道路、建筑等方面的特点，本规划把通榆路定位为“现代化、体现盐城风格、展现盐城形象的主要交通干道”。

(1) 普通商业路段

盐城大桥一直到小洋河为普通商业路段，控制户外广告的设置。

(2) 重点商业路段

小洋河到榆河路为重点商业路段，适当鼓励设置某些形式的户外广告。

(3) 兼有商业和行政文化路段

榆河路到大庆路为兼有商业和行政文化路段，控制户外广告的设置。

(4) 一般商业路段

大庆路以南为一般商业路段，控制户外广告的设置。

(5) 户外广告设置的通用标准

户外广告的形状、规模、色彩、图案应与周边环境相协调；

户外广告的设置应当制作精良，支架不得裸露；

在残旧的建筑立面设置户外广告，应进行建筑立面整修、整体设计制作；

户外广告设置不得影响建筑物的立面形象；

户外广告设置不得影响交通安全。

(6) 开放大道是连接世纪大道和贯穿南北的重要交通要道，应完善公交系统，设立公交站台，设置公交站台广告。

第25条 人民路户外广告设置规划

户外广告规划控制要求 根据盐城市的城市规划和人民路道路、沿线建筑的特征，本规划把人民路定位为“综合性交通干道”。

(1) 行政事务路段

黄海路到毓龙路为行政事务路段，严控设置户外广告媒体。

(2) 一般商业路段

毓龙路以南一直到东闸桥为一般商业路段，鼓励发展异型灯箱广告、霓虹灯广告等广告媒体。

(3) 户外广告设置的通用标准

户外广告的形状、规模、色彩、图案应与周边环境相协调；

户外广告的设置应当制作精良，支架不得裸露；

在残旧的建筑立面设置户外广告，应进行建筑立面整修、整体设计制作；

户外广告设置不得影响建筑物的立面形象；

户外广告设置不得影响交通安全。

(4) 由于道路绿化的特点（主要是法国梧桐），除了在毓龙路广场附近可设置灯箱广告外，其他路段不宜设置灯箱广告。

第26条 迎宾路户外广告设置规划

城市规划功能定位 盐城主城区规划快速干道

户外广告规划控制要求 根据盐城市新的城市规划、迎宾路道路特征和沿线建筑物的特点，本规划把迎宾路定位为“综合性商业道路”。

(1) 居民住宅路段

黄海路至毓龙路为居民住宅路段，严格控制户外广告的设置。特别是居民区内、居民楼楼体与墙面严禁设置户外广告。

(2) 综合商业路段

毓龙路到迎宾桥附近为综合商业路段，可适当设置户外广告。盐阜宾馆附近鼓励设置人行道灯箱广告和霓虹灯广告。

(3) 户外广告设置的通用标准

户外广告的形状、规模、色彩、图案应与周边环境相协调；

户外广告的设置应当制作精良，支架不得裸露；

在残旧的建筑立面设置户外广告，应进行建筑立面整修、整体设计制作；

户外广告设置不得影响建筑物的立面形象；

户外广告设置不得影响交通安全。

(4) 居民区内、居民楼楼体与墙面严禁设置户外广告，可在居民区内设置路牌、宣传栏等媒体。

小店铺集中区，人行道狭窄，不设人行道广告，鼓励设置挑出式门头小灯箱。

加强店牌、店招的亮化。

第27条 解放路户外广告设置规划

城市规划功能定位 盐城主城区规划主干道

户外广告规划控制要求 根据盐城市新的城市规划、解放路的道路特征和沿线建筑物的特点，本规划把解放路定位为“商业特征明显的交通干道”。

(1) 一般商业路段

文苑路到大庆路为一般商业路段。这一路段道路宽，路况好。重新规划设计现有的户外媒体类型，严格控制户外广告的设置。可适当设置与路段特征相统一的户外媒体形式。该路段沿线建筑物墙体上不得设置广告。加强对位于该路段的鸿基家具装饰城的户外广告媒体的规划整治。

(2) 综合商业路段

大庆路到建军路为综合商业路段。此路段位于此次户外广告专项规划的城中片区，控制户外广告的设置。鼓励使用新工艺、新材料制作户外广告；鼓励使用圆型、椭圆型、方型圆角和其他异型灯箱。鼓励设置霓虹灯广告。严禁设置墙体广告，尤其是覆盖沿街橱窗的广告。严格控制设置建筑物楼顶广告。

(3) 重点商业路段

解放北路为重点商业路段，控制户外广告的设置。鼓励使用霓虹灯广告和其他新的户外媒体形式，店面可设置挑出式门头灯箱广告。

(4) 繁华的商业路段

因人行道较狭窄，繁华的商业路段不鼓励使用人行道灯箱广告。加大现有的灯箱的间距，强调灯箱夜间的亮化。鼓励发展霓虹灯媒体，可设计异型的霓虹灯，加强霓虹灯夜间的亮化。

第28条 毓龙路户外广告设置规划

户外广告规划控制要求 根据盐城市新的城市规划、毓龙路的道路特征和沿线的建筑物特点，本规划把毓龙路定位为“综合性商业路段”。

(1) 兼有商业和行政事务路段

毓龙东路为兼有商业和行政事务路段，严格控制户外广告的设置。

(2) 一般商业路段

毓龙西路为一般商业路段，位于户外广告规划的新世纪文化城节点附近，可适度设置户外广告。对设置地点合理、制作工艺较先进、发布内容健康、灯光效果理想的户外广告，规划保留设置。鼓励发展霓虹灯广告。

(3) 户外广告设置的通用标准

户外广告的形状、规模、色彩、图案应与周边环境相协调；

户外广告的设置应当制作精良，支架不得裸露；

在残旧的建筑立面设置户外广告，应进行建筑立面整修、整体设计制作；

户外广告设置不得影响建筑物的立面形象；

户外广告设置不得影响交通安全。

第29条 盐马路户外广告设置规划

城市规划功能定位 盐城主城区规划主干道户外广告规划控制要求 根据盐城市的城市规划、盐马路的道路特征和盐马路沿线的筑特点，本规划把盐马路定位为“一般商业路段”。

(1) 盐马路的主要功能是城市主干道，可适当在做一些绿化带广告和灯箱广告。特别是沿河路到大庆路之间有较宽的绿化带，可设置大型绿化带灯箱广告。

(2) 户外广告设置的通用标准

户外广告的形状、规模、色彩、图案应与周边环境相协调；

户外广告的设置应当制作精良，支架不得裸露；

在残旧的建筑立面设置户外广告，应进行建筑立面整修、整体设计制作；

户外广告设置不得影响建筑物的立面形象；

户外广告设置不得影响交通安全。

（五）重要节点户外广告设置规划

第30条 铜马广场节点户外广告设置规划

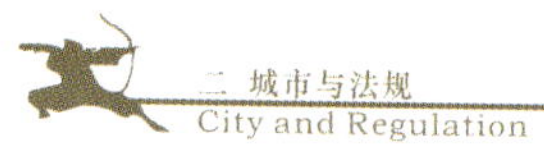

(1) 根据铜马广场周边环境特点，本规划将铜马广场节点定位为“商业综合服务节点”。

(2) 保留设置地点合理、制作工艺先进、发布内容健康、灯光效果理想的户外广告媒体。

可适当利用户外广告弥补楼群立面设计的不足，使其能相互呼应、映衬和延展，使节点周围的楼群成为一个有机的整体。提高节点周边的亮化程度。

(3) 注重户外广告设置空间的有序性。

高层建筑楼顶的户外广告、墙体广告、店铺的店招店牌、灯箱广告以及橱窗广告、落地式户外广告等多层次的户外广告媒体，设置时要注意密度和交错性，做到和谐、互补、有序。

(4) 鼓励使用新材料、新工艺制作广告。鼓励节点周边店铺使用霓虹灯广告，尤其是异型霓虹灯广告和挑出式灯箱广告；可出台优惠措施鼓励引进城区目前尚未开发的广告类型，如幕墙广告、电子屏广告等形式。提高节点周边广告的照明亮度，鼓励使用多彩光源。

第31条 新客站节点户外广告设置规划

(1) 根据新客站周边环境的特点，本规划把新客站节点定位为“重要的交通枢纽节点”。

(2) 控制设置区

新客站及汽车客运总站站前广场为户外广告控制设置区。严格控制设置广场灯箱广告；经审批可设置临时性的媒体类型，如气模广告、横幅广告和旗帜广告。

(3) 适度设置区

站前广场以外的其它空间、路段为适度设置区。保留适量的楼顶广告；灯箱广告和候车亭广告；可新增大型电子翻板广告、柱式广告等户外媒体新技术。

第32条 新世纪文化城节点

(1) 根据新世纪文化城周边环境的特点，本规划把新世纪文化城节点定位为“综合性文化娱乐服务节点”。

(2) 新世纪文化城节点为户外广告适度设置区。

(3) 对空间尺度或密度不合理的户外广告进行调整，或降低高度，或进行延伸，减少密度，使之合理化。

鼓励设置霓虹灯广告，尤其是造型优美的异型霓虹灯广告。灯箱广告和宣传栏广告应尽可能突破传统模式，应能与文化娱乐节点的定位相协调。

(4) 经过审批，允许设置临时性户外广告。

（六）户外广告管理规划

第33条 完善《盐城市市区户外广告管理办法》，对户外广告的管理体系、户外广告管理的各职能部门及各自的分工与协调、户外广告日常管理、维修与维护等内容作出更为明确和细致地规定。

第34条 制定《盐城市市区户外广告设置规范和技术标准》，对各类广告媒体设置的技术标准、户外广告媒体照明器材选取标准、户外广告媒体照度标准等内容作出明确地规定。

第35条 制定《盐城市市区店招、店牌设置规范与技术标准》，对店招店牌设置规范、店招店牌设置技术标准等内容作出明确规定。

（七）规划实施措施

第36条 确立专项规划指导下的近期建设重点

在专项规划的指导下，确立近期建设重点，逐步实现户外广告专项规划提出的长远目标。

第37条 提高专项规划的民主化和科学化水平成立专家组，加大户外广告专项规划宣传和公示力度。设立专门的户外广告专项规划展示场所，提高公众对户外广告专项规划决策的参与水平，形成公众监督户外广告专项规划实施的机制。定期开办城市户外广告与城市发展的主题讲座，邀请专家和消费者面对面的交谈，解释户外广告的拆除、整改计划，点评户外广告的现状和问题，强化消费者在户外广告设置规划实施过程中参与和监督的力度。

第38条 把握好户外广告规划设置环节、户外广告审查审批和协调环节、户外广告设置权拍卖招标环节、户外广告收益环节等诸多环节之间的关系。

第39条 在城市战略的高度，考量城市与广告以及广告与消费者等诸多关系，以法律、法规，行业自律健全城市户外广告的经营机制。

（八）附　则

第40条 本规划由规划文本、规划图纸和规划说明组成。

第41条 本规划是指导盐城市户外广告设置与管理的法律性文件。在本规划范围内进行户外广告活动的任何单位和个人，均应执行本规划。规划的局部调整和重大变更应按法定程序进行。

第42条 本规划由盐城市人民政府组织实施，盐城市城市管理局、盐城市规划局等主管部门负责解释。

第43条 本规划自盐城市人民政府批准之日起施行。

中华人民共和国广告法

第一章 总 则

第一条 为了规范广告活动，促进广告业的健康发展，保护消费者的合法权益，维护社会经济秩序，发挥广告在社会主义市场经济中的积极作用，制定本法。

第二条 广告主、广告经营者、广告发布者在中华人民共和国境内从事广告活动，应当遵守本法。

本法所称广告，是指商品经营者或者服务提供者承担费用，通过一定媒介和形式直接或者间接地介绍自己所推销的商品或者所提供的服务的商业广告。

本法所称广告主，是指为推销商品或者提供服务，自行或者委托他人设计、制作、发布广告的法人、其他经济组织或者个人。

本法所称广告经营者，是指受委托提供广告设计、制作、代理服务的法人、其他经济组织或者个人。

本法所称广告发布者，是指为广告主或者广告主委托的广告经营者发布广告的法人或者其他经济组织。

第三条 广告应当真实、合法，符合社会主义精神文明建设的要求。

第四条 广告不得含有虚假的内容，不得欺骗和误导消费者。

第五条 广告主、广告经营者、广告发布者从事广告活动，应当遵守法律、行政法规，遵循公平、诚实信用的原则。

第六条 县级以上人民政府工商行政管理部门是广告监督管理机关。

第二章 广告准则

第七条 广告内容应当有利於人民的身心健康，促进商品和服务质量的提高，保护消费者的合法权益，遵守社会公德和职业道德，维护国家的尊严和利益。

广告不得有下列情形：

（一）使用中华人民共和国国旗、国徽、国歌；

（二）使用国家机关和国家机关工作人员的名义；

（三）使用国家级、最高级、最佳等用语；

（四）妨碍社会安定和危害人身、财产安全，损害社会公共利益；

（五）妨碍社会公共秩序和违背社会良好风尚；

（六）含有淫秽、迷信、恐怖、暴力、丑恶的内容；

（七）含有民族、种族、宗教、性别歧视的内容；

（八）妨碍环境和自然资源保护；

（九）法律、行政法规规定禁止的其他情形。

第八条 广告不得损害未成年人和残疾人的身心健康。

第九条 广告中对商品的性能、产地、用途、质量、价格、生产者、有效期限、允诺或者对服务的内容、形式、质量、价格、允诺有表示的，应当清楚、明白。

广告中表明推销商品、提供服务附带赠送礼品的，应当标明赠送的品种和数量。

第十条 广告使用数据、统计资料、调查结果、文摘、引用语，应当真实、准确，并表明出处。

第十一条 广告中涉及专利产品或者专利方法的，应当标明专利号和专利种类。

未取得专利权的，不得在广告中谎称取得专利权。

禁止使用未授予专利权的专利申请和已经终止、撤销、无效的专利做广告。

第十二条 广告不得贬低其他生产经营者的商品或者服务。

第十三条 广告应当具有可识别性，能够使消费者辨明其为广告。

大众传播媒介不得以新闻报道形式发布广告。通过大众传播媒介发布的广告应当有广告标记，与其他非广告信息相区别，不得使消费者产生误解。

第十四条 药品、医疗器械广告不得有下列内容：

（一）含有不科学的表示功效的断言或者保证的；

（二）说明治愈率或者有效率的；

（三）与其他药品、医疗器械的功效和安全性比较的；

（四）利用医药科研单位、学校机构、医疗机构或者专家、医生、患者的名义和形象作证明的；

（五）法律、行政法规规定禁止的其他内容。

第十五条 药品广告的内容必须以国务院卫生行政部门或者省、自治区、直辖市卫生行政部门批准的说明书为准。

国家规定的应当在医生指导下使用的治疗性药品广告中，必须注明“按医生处方购买和使用”。

第十六条 麻醉药品、精神药品、毒性药品、放射性药品等特殊药品，不得做广告。

第十七条 农药广告不得有下列内容：

（一）使用无毒、无害等表明安全性的绝对化断言的；

（二）含有不科学的表示功效的断言或者保证的；

（三）含有违反农药安全使用规程的文字、语言或者画面的；

（四）法律、行政法规规定禁止的其他内容。

第十八条 禁止利用广播、电影、电视、报纸、期刊发布烟草广告。

禁止在各类等候室、影剧院、会议厅堂、体育比赛场馆等公共场所设置烟草广告。

烟草广告中必须标明“吸烟有害健康”。

第十九条 食品、酒类、化妆品广告的内容必须符合卫生许可的事项，并不得使用医疗用语或者易与药品混淆的用语。

第三章 广告活动

第二十条 广告主、广告经营者、广告发布者之间在广告活动中应当依法订立书面合同，明确各方的权利和义务。

第二十一条 广告主、广告经营者、广告发布者不得在广告活动中进行任何形式的不正当竞争。

第二十二条 广告主自行或者委托他人设计、制作、发布广告，所推销的商品或者所提供的服务应当符合广告主的经营范围。

第二十三条 广告主委托设计、制作、发布广告，应当委托具有合法经营资格的广告经营者、广告发布者。

第二十四条 广告主自行或者委托他人设计、制作、发布广告，应当具有或者提供真实、合法、有效的下列证明文件：

（一）营业执照以及其他生产、经营资格的证明文件；

（二）质量检验机构对广告中有关商品质量内容出具的证明文件；

（三）确认广告内容真实性的其他证明文件。

依照本法第三十四条的规定，发布广告需要经有关行政主管部门审查的，还应当提供有关批准文件。

第二十五条 广告主或者广告经营者在广告中使用他人名义、形象的，应当事先取得他人的书面同意；使用无民事行为能力人、限制民事行为能力人的名义、形象的，应当事先取得其监护人的书面同意。

第二十六条 从事广告经营的，应当具有必要的专业技能人员、制作设备，并依法办理公司或者广告经营登记，方可从事广告活动。

广播电台、电视台、报刊出版单位的广告业务，应当由其专门从事广告业务的机构办理，并依法办理兼营广告的登记。

第二十七条 广告经营者、广告发布者依据法律、行政法规查验有关证明文件，核实广告内容。对内容不实或者证明文件不全的广告，广告经营者不得提供设计、制作、代理服务，广告发布者不得发布。

第二十八条 广告经营者、广告发布者按照国家有关规定，建立、健全广告业务的承接登记、审核、档案管理制度。

第二十九条 广告收费应当合理、公开，收费标准和收费办法应当向物价和工商行政管理部门备案。

广告经营者、广告发布者应当公布其收费标准和收费办法。

第三十条 广告发布者向广告主、广告经营者提供的媒介覆盖率、收视率、发行量等资料应当真实。

第三十一条　法律、行政法规规定禁止生产、销售的商品或者提供的服务，以及禁止发布广告的商品或者服务，不得设计、制作、发布广告。

第三十二条　有下列情形之一的，不得设置户外广告：

（一）利用交通安全设施、交通标志的；

（二）影响市政公共设施、交通安全设施、交通标志使用的；

（三）妨碍生产或者人民生活，损害市容市貌的；

（四）国家机关、文物保护单位和名胜风景点的建筑控制地带；

（五）当地县级以上地方人民政府禁止设置户外广告的区域。

第三十三条　户外广告的设置规划和管理办法，由当地县级以上地方人民政府组织广告监督管理、城市建设、环境保护、公安等有关部门制定。

第四章　广告的审查

第三十四条　利用广播、电影、电视、报纸、期刊以及其他媒介发布药品、医疗器械、农药、兽药等商品的广告和法律、行政法规规定应当进行审查的其他广告，必须在发布前依照有关法律、行政法规由有关行政主管部门（以下简称广告审查机关）对广告内容进行审查；未经审查，不得发布。

第三十五条　广告主申请广告审查，应当依照法律、行政法规向广告审查机关提交有关证明文件。广告审查机关应当依照法律、行政法规作出审查决定。

第三十六条　任何单位和个人不得伪造、变造或者转让广告审查决定文件。

第五章　法律责任

第三十七条　违反本法规定，利用广告对商品或者服务作虚假宣传的，由广告监督管理机关责令广告主停止发布、并以等额广告费用在相应范围内公开更正消除影响，并处广告费用一倍以上五倍以下的罚款；对负有责任的广告经营者、广告发布者没收广告费用，并处广告费用一倍以上五倍以下的罚款；情节严重的，依法停止其广告业务。构成犯罪的，依法追究刑事责任。

第三十八条　违反本法规定，发布虚假广告，欺骗和误导消费者，使购买商品或者接受服务的消费者的合法权益受到损害的，由广告主依法承担民事责任；广告经营者、广告发布者明知或者应知广告虚假仍设计、制作、发布的，应当依法承担连带责任。

广告经营者、广告发布者不能提供广告主的真实名称、地址的，应当承担全部民事责任。

社会团体或者其他组织，在虚假广告中向消费者推荐商品或者服务，使消费者的合法权益受到损害的，应当依法承担连带责任。

第三十九条　发布广告违反本法第七条第二款规定的，由广告监督管理机关责令负有责任的广告主、广告经营者、广告发布者停止发布、公开更正，没收广告费用，并处广告费用一倍以上五倍以下的罚款；情节严重的，依法停止其广告业务。构成犯罪的，依法追究刑事责任。

第四十条　发布广告违反本法第九条至第十二条规定的，由广告监督管理机关责令负有责任的广告主、广告经营者、广告发布者停止发布、公开更正，没收广告费用，可以并处广告费用一倍以上五倍以下的罚款。

发布广告违反本法第十三条规定的，由广告监督管理机关责令广告发布者改正，处以一千元以上一万元以下的罚款。

第四十一条　违反本法第十四条至第十七条、第十九条规定，发布药品、医疗器械、农药、食品、酒类、化妆品广告的，或者违反本法第三十一条规定发布广告的，由广告监督管理机关责令负有责任的广告主、广告经营者、广告发布者改正或者停止发布，没收广告费用，可以并处广告费用一倍以上五倍以下的罚款；情节严重的，依法停止其广告业务。

第四十二条　违反本法第十八条的规定，利用广播、电影、电视、报纸、期刊发布烟草广告，或者在公共场所设置烟草广告的，由广告监督管理机关责令负有责任的广告主、广告经营者、广告发布者停止发布，没收广告费用，可以并处广告费用一倍以上五倍以下的罚款。

第四十三条　违反本法第三十四条的规定，未经广告审查机关审查批准，发布广告的，由广告监督管理机关责令负有责任的广告主、广告经营者、广告发布者停止发布，没收广告费用，并处广告费用一倍以上五倍以下的罚款。

第四十四条　广告主提供虚假证明文件的，由广告监督管理机关处以一万元以上十万元以下的罚款。

伪造、变造或者转让广告审查决定文件的，由广告

监督管理机关没收违法所得，并处一万元以上十万元以下的罚款。构成犯罪的，依法追究刑事责任。

第四十五条 广告审查机关对违法的广告内容作出审查批准决定的，对直接负责的主管人员和其他直接责任人员，由其所在单位、上级机关、行政监察部门依法给予行政处分。

第四十六条 广告监督管理机关和广告审查机关的工作人员玩忽职守、滥用职权、徇私舞弊的，给予行政处分。构成犯罪的，依法追究刑事责任。

第四十七条 广告主、广告经营者、广告发布者违反本法规定，有下列侵权行为之一的，依法承担民事责任：

（一）在广告中损害未成年人或者残疾人的身心健康的；

（二）假冒他人专利的；

（三）贬低其他生产经营者的商品或者服务的；

（四）广告中未经同意使用他人名义、形象的；

（五）其他侵犯他人合法民事权益的。

第四十八条 当事人对行政处罚决定不服的，可以在接到处罚通知之日起十五日内向作出处罚决定的机关的上一级机关申请复议；当事人也可以在接到处罚通知之日起十五日内直接向人民法院起诉。

复议机关应当在接到复议申请之日起六十日内作出复议决定。当事人对复议决定不服的，可以在接到复议决定之日起十五日内向人民法院起诉。复议机关逾期作出复议决定的，当事人可以在复议期满之日起十五日内向人民法院起诉。

当事人逾期不申请复议也不向人民法院起诉，又不履行处罚决定的，作出处罚决定的机关可以申请人民法院强制执行。

第六章 附 则

第四十九条 本法自1995年2月1日起施行。本法施行前制定的其他有关广告的法律、法规的内容与本法不符的，以本法为准。

国务院广告管理条例

第一条 为了加强广告管理，推动广告事业的发展，有效地利用广告媒介为社会主义建设服务，制定本条例。

第二条 凡通过报刊、广播、电视、电影、路牌、橱窗、印刷品、霓虹灯等媒介或者形式，在中华人民共和国境内刊播、设置、张贴广告，均属本条例管理范围。

第三条 广告内容必须真实、健康、清晰、明白，不得以任何形式欺骗用户和消费者。

第四条 在广告经营活动中，禁止垄断和不正当竞争行为。

第五条 广告的管理机关是国家工商行政管理机关和地方各级工商行政管理机关。

第六条 经营广告业务的单位和个体工商户（以下简称广告经营者），应当按照本条例和有关法规的规定，向工商行政管理机关申请，分别情况办理审批登记手续：

（一）专营广告业务的企业，发给《企业法人营业执照》；

（二）兼营广告业务的事业单位，发给《广告经营许可证》；

（三）具备经营广告业务能力的个体工商户，发给《营业执照》；

（四）兼营广告业务的企业，应当办理经营范围变更登记。

第七条 广告客户申请刊播、设置、张贴的广告，其内容应当在广告客户的经营范围或者国家许可的范围内。

第八条 广告有下列内容之一的，不得刊播、设置、张贴：

（一）违反我国法律、法规的；

（二）损害我国民族尊严的；

（三）有中国国旗、国徽、国歌标志、国歌音响的；

（四）有反动、淫秽、迷信、荒诞内容的；

（五）弄虚作假的；

（六）贬低同类产品的。

第九条 新闻单位刊播广告，应当有明确的标志。新闻单位不得以新闻报道形式刊播广告，收取费用；新闻记者不得借采访名义招揽广告。

第十条 禁止利用广播、电视、报刊为卷烟做广告。

获得国家级、部级、省级各类奖的优质名酒，经工商行政管理机关批准，可以做广告。

第十一条 申请刊播、设置、张贴下列广告，应当提交有关证明：

（一）标明质量标准的商品广告，应当提交省辖市以上标准化管理部门或者经计量认证合格的质量检验机构的证明；

（二）标明获奖的商品广告，应当提交本届、本年度或者数届、数年度连续获奖的证书，并在广告中注明获奖级别和颁奖部门；

（三）标明优质产品称号的商品广告，应当提交政府颁发的优质产品证书，并在广告中标明授予优质产品称号的时间和部门；

（四）标明专利权的商品广告，应当提交专利证书；

（五）标明注册商标的商品广告，应当提交商标注册证；

（六）实施生产许可证的产品广告，应当提交生产许可证；

（七）文化、教育、卫生广告，应当提交上级行政主管部门的证明；

（八）其他各类广告，需要提交证明的，应当提交政府有关部门或者其授权单位的证明。

第十二条 广告经营者承办或者代理广告业务，应当查验证明，审查广告内容。对违反本条例规定的广告，不得刊播、设置、张贴。

第十三条 户外广告的设置、张贴，由当地人民政府组织工商行政管理、城建、环保、公安等有关部门制订规划，工商行政管理机关负责监督实施。

在政府机关和文物保护单位周围的建筑控制地带以及当地人民政府禁止设置、张贴广告的区域，不得设置、张贴广告。

第十四条 广告收费标准，由广告经营者制订，报当地工商行政管理机关和物价管理机关备案。

第十五条 广告业务代理费标准，由国家工商行政管理机关会同国家物价管理机关制定。

户外广告场地费、建筑物占用费的收费标准，由当地工商行政管理机关会同物价、城建部门协商制订，报当地人民政府批准。

第十六条 广告经营者必须按照国家规定设置广告会计帐簿，依法纳税，并接受财政、审计、工商行政管理部门的监督检查。

第十七条 广告经营者承办或者代理广告业务，应当与客户或者被代理人签订书面合同，明确各方的责任。

第十八条 广告客户或者广告经营者违反本条例规定，由工商行政管理机关根据其情节轻重，分别给予下列处罚：

（一）停止发布广告；

（二）责令公开更正；

（三）通报批评；

（四）没收非法所得；

（五）罚款；

（六）停业整顿；

（七）吊销营业执照或者广告经营许可证。

违反本条例规定，情节严重，构成犯罪的，由司法机关依法追究刑事责任。

第十九条 广告客户和广告经营者对工商行政管理机关处罚决定不服的，可以在收到处罚通知之日起十五日内，向上一级工商行政管理机关申请复议。对复议决定仍不服的，可以在收到复议决定之日起三十日内，向人民法院起诉。

第二十条 广告客户和广告经营者违反本条例规定，使用户和消费者蒙受损失，或者有其他侵权行为的，应当承担赔偿责任。

损害赔偿，受害人可以请求县以上工商行政管理机关处理。当事人对工商行政管理机关处理不服的，可以向人民法院起诉。受害人也可以直接向人民法院起诉。

第二十一条 本条例由国家工商行政管理局负责解释；施行细则由国家工商行政管理局制定。

第二十二条 本条例自1987年12月1日起施行。1982年2月6日国务院发布的《广告管理暂行条例》同时废止。

国家工商行政管理总局广告管理条例施行细则

广告管理条例施行细则

第一条　根据《广告管理条例》（以下简称《条例》）第二十一条的规定，制定本细则。

第二条　《条例》第二条规定的管理范围包括：

（一）利用报纸、期刊、图书、名录等刊登广告。

（二）利用广播、电视、电影、录像、幻灯等播映广告。

（三）利用街道、广场、机场、车站、码头等的建筑物或空间设置路牌、霓虹灯、电子显示牌、橱窗、灯箱、墙壁等广告。

（四）利用影剧院、体育场（馆）、文化馆、展览馆、宾馆、饭店、游乐场、商场等场所内外设置、张贴广告。

（五）利用车、船、飞机等交通工具设置、绘制、张贴广告。

（六）通过邮局邮寄各类广告宣传品。

（七）利用馈赠实物进行广告宣传。

（八）利用其他媒介和形式刊播、设置、张贴广告。

第三条　申请经营广告业务的企业，除符合企业登记等条件外，还应具备下列条件：

（一）有负责市场调查的机构和专业人员。

（二）有熟悉广告管理法规的管理人员及广告设计、制作、编审人员。

（三）有专职的财会人员。

（四）申请承接或代理外商来华广告，应当具备经营外商来华广告的能力。

第四条　广播电台、电视台、报刊出版单位，事业单位以及法律、行政法规规定的其他单位办理广告经营许可登记，应当具备下列条件：

（一）具有直接发布广告的媒介或手段。

（二）设有专门的广告经营机构。

（三）有广告经营设备和经营场所。

（四）有广告专业人员和熟悉广告法规的广告审查员。

第五条　中外合资经营企业、中外合作经营企业以及外资企业申请经营广告业务，按照《外商投资广告企业管理规定》，参照《条例》、本细则和其他有关规定办理。

第六条　申请经营广告业务的个体工商户，除应具备《城乡个体工商户管理暂行条例》规定的条件外，本人还应具有广告专业技能，熟悉广告管理法规。

第七条　根据《条例》第六条的规定，按照下列程序办理广告经营者登记手续：

（一）设立经营广告业务的企业，向具有管辖权的工商行政管理局申请办理企业登记，发给营业执照。

（二）广播电台、电视台、报刊出版单位，事业单位以及其他法律、行政法规规定申请兼营广告业务应当办理广告经营许可登记的单位，向省、自治区、直辖市、计划单列市或其授权的县级以上工商行政管理局申请登记，发给《广告经营许可证》。

（三）经营广告业务的个体工商户，向所在地工商行政管理局申请，经所在地工商行政管理局依法登记，发给营业执照。

第八条　广告客户申请利用广播、电视、报刊以外的媒介为卷烟做广告，须经省、自治区、直辖市工商行政管理局或其授权的省辖市工商行政管理局批准。

第九条　根据《条例》第七条的规定，广告客户申请发布广告，应当出具相应的证明：

（一）企业和个体工商户应当交验营业执照。

（二）机关、团体、事业单位提交本单位的证明。

（三）个人提交乡、镇人民政府、街道办事处或所在单位的证明。

（四）外国企业常驻代表机构，应当交验国家工商行政管理总局颁发的《外国企业在中国常驻代表机构登记证》。

第十条　根据《条例》第十一条第（一）项的规定，申请发布商品广告，应当交验符合国家标准、部标准（专业标准）、企业标准的质量证明。

第十一条　根据《条例》第十一条第（七）项的规定，申请发布下列广告应当提交有关证明：

（一）报刊出版发行广告，应当交验省、自治区、直辖市新闻出版机关核发的登记证。

（二）图书出版发行广告，应当提交新闻出版机关批准成立出版社的证明。

（三）各类文艺演出广告，应当按照有关规定提交证明文件。

第十二条　根据《条例》第十一条第（八）项的规定，申请刊播下列内容的广告，应当提交有关证明：

（一）各类展销会、订货会、交易会等广告，应当提交主办单位主管部门批准的证明。

（二）个人启事、声明等广告，应当提交所在单位、乡（镇）人民政府或街道办事处出具的证明。

第十三条　广告客户申请刊播、设置、张贴广告，应当提交各类证明的原件或有效复制件。

第十四条　广告代理收费标准为广告费的15%。

第十五条　国内企业在境外发布广告，外国企业（组织）、外籍人员在境内承揽和发布广告，应当委托在中国注册的具有广告经营资格的企业代理。违反规定者，处以违法所得额三倍以下的罚款，但最高不超过三万元，没有违法所得的，处以一万元以下的罚款。

第十六条　根据《条例》第十二条的规定，代理和发布广告，代理者和发布者均应负责审查广告内容，查验有关证明，并有权要求广告客户提交其他必要的证明文件。对于无合法证明、证明不全或内容不实的广告，不得代理、发布。

广告经营者必须建立广告的承接登记、复审和业务档案制度。广告业务档案保存的时间不得少于一年。

第十七条　广告客户违反《条例》第三条、第八条第（五）项规定，利用广告弄虚作假欺骗用户和消费者的，责令其在相应的范围内发布更正广告，并视其情节予以通报批评、处以违法所得额三倍以下的罚款，但最高不超过三万元，没有违法所得的，处以一万元以下的罚款；给用户和消费者造成损害的，承担赔偿责任。

广告经营者帮助广告客户弄虚作假的，视其情节予以通报批评、没收非法所得、处以违法所得额三倍以下的罚款，但最高不超过三万元，没有违法所得的，处以一万元以下的罚款；情节严重的，可责令停业整顿，吊销营业执照或者《广告经营许可证》；给用户和消费者造成损害的，负连带赔偿责任。

发布更正广告的费用分别由广告客户和广告经营者承担。

第十八条　违反《条例》第四条、第八条第（六）项规定的，视其情节予以通报批评、没收非法所得、处五千元以下罚款或责令停业整顿。

第十九条　广告经营者违反《条例》第六条规定，无证照经营广告业务的，按照《无照经营查处取缔办法》有关规定予以处罚；超越经营范围经营广告业务的，按照企业登记管理法规有关规定予以处罚。

第二十条　广告客户违反《条例》第七条规定的，视其情节予以通报批评、处五千元以下罚款。

第二十一条　违反《条例》第八条第（一）（二）（三）（四）项规定的，对广告经营者予以通报批评、没收非法所得、处一万元以下罚款；对广告客户视其情节予以通报批评、处一万元以下罚款。

第二十二条　新闻单位违反《条例》第九条规定的，视其情节予以通报批评、没收非法所得、处一万元以下罚款。

第二十三条　广告经营者违反《条例》第十条规定的，视其情节予以通报批评、没收非法所得、处一万元以下罚款。

第二十四条　广告客户违反《条例》第十一条规定，伪造、涂改、盗用或者非法复制广告证明的，予以通报批评、处五千元以下罚款。

广告经营者违反《条例》第十一条第（三）项规定

的，处一千元以下罚款。

为广告客户出具非法或虚假证明的，予以通报批评、处五千元以下罚款，并负连带责任。

第二十五条　广告经营者违反《条例》第十二条规定的，视其情节予以通报批评、没收非法所得、处三千元以下罚款；由此造成虚假广告的，必须负责发布更正广告，给用户和消费者造成损害的，负连带赔偿责任。

第二十六条　违反《条例》第十三条规定，非法设置、张贴广告的，没收非法所得、处五千元以下罚款，并限期拆除。逾期不拆除的，强制拆除，其费用由设置、张贴者承担。

第二十七条　违反《条例》第十四条、第十五条规定的，视其情节予以通报批评、责令限期改正、没收非法所得、处五千元以下罚款。

第二十八条　本细则自2005年1月1日起施行。

中华人民共和国城市规划法

第一章 总 则

第一条 为了确定城市的规模和发展方向，实现城市的经济和社会发展目标，合理地制定城市规划和进行城市建设，适应社会主义现代化建设的需要，制定本法。

第二条 制定和实施城市规划，在城市规划区内进行建设，必须遵守本法。

第三条 本法所称城市，是指国家按行政建制设立的直辖市、市、镇。本法所称城市规划区，是指城市市区、近郊区以及城市行政区域内因城市建设和发展需要实行规划控制的区域。城市规划区的具体范围，由城市人民政府在编制的城市总体规划中划定。

第四条 国家实行严格控制大城市规模，合理发展中等城市和小城市的方针，促进生产力和人口的合理布局。大城市是指市区和近郊区非农业人口五十万以上的城市。中等城市是指市区和近郊区非农业人口二十万以上、不满五十万的城市。小城市是指市区和近郊区非农业人口不满二十万的城市。

第五条 城市规划必须符合我国国情，正确处理近期建设和远景发展的关系。在城市规划区内进行建设，必须坚持适用、经济的原则，贯彻勤俭建国的方针。

第六条 城市规划的编制应当依据国民经济和社会发展规划以及当地的自然环境、资源条件、历史情况、现状特点，统筹兼顾，综合部署。城市规划确定的城市基础设施建设项目，应当按照国家基本建设程序的规定纳入国民经济和社会发展计划，按计划分步实施。

第七条 城市总体规划应当和国土规划、区域规划、江河流域规划、土地利用总体规划相协调。

第八条 国家鼓励城市规划科学技术研究，推广先进技术，提高城市规划科学技术水平。

第九条 国务院城市规划行政主管部门主管全国的城市规划工作。县级以上地方人民政府城市规划行政主管部门主管本行政区域内的城市规划工作。

第十条 任何单位和个人都有遵守城市规划的义务，并有有权对违反城市规划的行为进行检举和控告。

第二章 城市规划的制定

第十一条 国务院城市规划行政主管部门和省、自治区、直辖市人民政府应当分别组织编制全国和省、自治区、直辖市的城镇体系规划，用以指导城市规划的编制。

第十二条 城市人民政府负责组织编制城市规划，县级人民政府所在地镇的城市规划，由县级人民政府负责组织编制。

第十三条 编制城市规划必须从实际出发，科学预测城市远景发展的需要，应当使城市的发展规模、各项建设标准、定额指标、开发程序同国家和地方的经济技术发展水平相适应。

第十四条 编制城市规划应当注意保护和改善城市生态环境，防止污染和其他公害，加强城市绿化建设和市容环境卫生建设，保护历史文化遗产、城市传统风貌、地方特色和自然景观。编制民族自治地方的城市规划，应当注意保持民族传统和地方特色。

第十五条 编制城市规划应当贯彻有利生产、方便生活、促进流通、繁荣经济、促进科学技术文化教育事业的原则。编制城市规划应当符合城市防火、防爆、抗震、防洪、防泥石流和治安、交通管理、人民防空建设等要求；在可能发生强烈地震和严重洪水灾害的地区，必须在规划中采取相应的抗震、防洪措施。

第十六条 编制城市规划应当贯彻合理用地、节约用地的原则。

第十七条 编制城市规划应当具备勘察、测量及其他必要的基础资料。

第十八条 编制城市规划一般分总体规划和详细规划两个阶段进行。大城市、中等城市为了进一步控制和确定不同地段的土地用途、范围和容量，协调各项基础设施和公共设施的建设，在总体规划基础上，可以编制分区规划。

第十九条 城市总体规划应当包括：城市的性质、发展目标和发展规模，城市主要建设标准和定额指标，城市建设用地布局、功能分区和各项建设的总体部署，城市综合交通体系和河湖、绿地系统，各项专业规划，近期建设规划。设市城市和县级人民政府所在地镇的总体规划，应当包括市或者县的行政区域的城镇体系规划。

第二十条 城市详细规划应当在城市总体规划或者分区规划的基础上，对城市近期建设区域内各项建设作出具体规划。城市详细规划应当包括：规划地段各项建设的具体用地范围、建筑密度和高度等控制指标，总平面布置、工程管线综合规划和竖向规划。

第二十一条 城市规划实行分级审批。直辖市的城市总体规划，由直辖市人民政府报国务院审批。省和自治区人民政府所在地城市、城市人口在一百万以上的城市及国务院指定的其他城市的总体规划，由省、自治区人民政府审查同意后，报国务院审批。

本条第二款和第三款规定以外的设市城市和县级人民政府所在地镇的总体规划，报省、自治区、直辖市人民政府审批，其中市管辖的县级人民政府所在地镇的总体规划，报市人民政府审批。

前款规定以外的其他建制镇的总体规划，报县级人民政府审批。城市人民政府和县级人民政府在向上级人民政府报请审批城市总体规划前，须经同级人民代表大会或者其常务委员会审查同意。

城市分区规划由城市人民政府审批。

城市详细规划由城市人民政府审批；编制分区规划的城市的详细规划，除重要的详细规划由城市人民政府审批外，由城市人民政府城市规划行政主管部门审批。

第二十二条 城市人民政府可以根据城市经济和社会发展需要，对城市总体规划进行局部调整，报同级人民代表大会常务委员会和原批准机关备案；但涉及城市性质、规模、发展方向和总体布局重大变更的，须经同级人民代表大会或者其常务委员会审查同意后报原批准机关审批。

第三章 城市新区开发和旧区改建

第二十三条 城市新区开发和旧区改建必须坚持统一规划、合理布局、因地制宜、综合开发、配套建设的原则。各项建设工程的选址、定点，不得妨碍城市的发展，危害城市的安全，污染和破坏城市环境，影响城市各项功能的协调。

第二十四条 新建铁路编组站、铁路货运干线、过境公路、机场和重要军事设施等应当避开市区。港口建设应当兼顾城市岸线的合理分配和利用，保障城市生活岸线用地。

第二十五条 城市新区开发应当具备水资源、能源、交通、防灾等建设条件，并应当避开地下矿藏、地下文物古迹。

第二十六条 城市新区开发应当合理利用城市现有设施。

第二十七条 城市旧区改建应当遵循加强维护、合理利用、调整布局、逐步改善的原则，统一规划，分期实施，并逐步改善居住和交通运输条件，加强基础设施和公共设施建设，提高城市的综合功能。

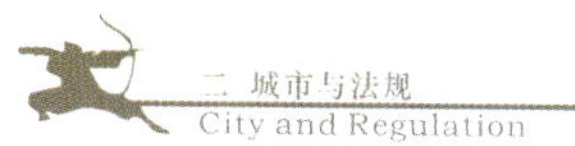

第四章 城市规划的实施

第二十八条 城市规划经批准后，城市人民政府应当公布。

第二十九条 城市规划区内的土地利用和各项建设必须符合城市规划，服从规划管理。

第三十条 城市规划区内的建设工程的选址和布局必须符合城市规划。设计任务书报请批准时，必须附有城市规划行政主管部门的选址意见书。

第三十一条 在城市规划区内进行建设需要申请用地的，必须持国家批准建设项目的有关文件，向城市规划行政主管部门申请定点，由城市规划行政主管部门核定其用地位置和界限，提供规划设计条件，核发建设用地规划许可证。建设单位或者个人在取得建设用地规划许可证后，方可向县级以上地方人民政府土地管理部门申请用地，经县级以上人民政府审查批准后，由土地管理部门划拨土地。

第三十二条 在城市规划区内新建、扩建和改建建筑物、构筑物、道路、管线和其他工程设施，必须持有关批准文件向城市规划行政主管部门提出申请，由城市规划行政主管部门根据城市规划提出的规划设计要求，核发建设工程规划许可证件。建设单位或者个人在取得建设工程规划许可证件和其他有关批准文件后，方可申请办理开工手续。

第三十三条 在城市规划区内进行临时建设，必须在批准的使用期限内拆除。临时建设和临时用地的具体规划管理办法由省、自治区、直辖市人民政府制定。禁止在批准临时用的土地上建设永久性建筑物、构筑物和其他设施。

第三十四条 任何单位和个人必须服从城市人民政府根据城市规划作出的调整用地决定。

第三十五条 任何单位和个人不得占用道路、广场、绿地。高压供电走廊和压占地下管线进行建设。

第三十六条 在城市规划区内进行挖取砂石、土方等活动，须经有关主管部门批准，不得破坏城市环境，影响城市规划的实施。

第三十七条 城市规划行政主管部门有权对城市规划区内的建设工程是否符合规划要求进行检查。被检查者应当如实提供情况和必要的资料，检查者有责任为被检查者保守技术秘密和业务秘密。

第三十八条 城市规划行政主管部门可以参加城市规划区内重要建设工程的竣工验收。城市规划区内的建设工程，建设单位应当在竣工验收后六个月内向城市规划行政主管部门报送有关竣工资料。

第五章 法律责任

第三十九条 在城市规划区内，未取得建设用地规划许可证而取得建设用地批准文件、占用土地的，批准文件无效，占用的土地由县级以上人民政府责令退回。

第四十条 在城市规划区内，未取得建设工程规划许可证件或者违反建设工程规划许可证件的规定进行建设，严重影响城市规划的，由县级以上地方人民政府城市规划行政主管部门责令停止建设，限期拆除或者没收违法建筑物、构筑物或者其他设施；影响城市规划，尚可采取改正措施的，由县级以上地方人民政府城市规划行政主管部门责令限期改正，并处罚款。

第四十一条 对未取得建设工程规划许可证件或者违反建设工程规划许可证件的规定进行建设的单位的有关责任人员，可以由其所在单位或者上级主管机关给予行政处分。

第四十二条 当事人对行政处罚决定不服的，可以在接到处罚通知之日起十五日内，向作出处罚决定的机关的上一级机关申请复议；对复议决定不服的，可以在接到复议决定之日起十五日内，向人民法院起诉。当事人也可以在接到处罚通知之日起十五日内，直接向人民法院起诉，当事人逾期不申请复议、也不向人民法院起诉、又不履行处罚决定的，由作出处罚决定的机关申请人民法院强制执行。

第四十三条 城市规划行政主管部门工作人员玩忽职守，滥用职权、徇私舞弊的，由其所在单位或者上级主管机关给予行政处分；构成犯罪的，依法追究刑事责任。

第六章 附则

第四十四条 未设镇建制的工矿区的居民点，参照本法执行。

第四十五条 国务院城市规划行政主管部门根据本法制定实施条例，报国务院批准后施行。省、自治区、直辖市人民代表大会常务委员会可以根据本法制定实施办法。

第四十六条 本法自1990年4月1日起施行。国务院发布的《城市规划条例》同时废止。

国家工商行政管理总局广告经营许可证管理办法

第一条　为加强广告经营活动的监督管理,规范广告经营审批登记，根据《中华人民共和国广告法》、《中华人民共和国行政许可法》、《广告管理条例》，制定本办法。

第二条　从事广告业务的下列单位，应依照本办法的规定向广告监督管理机关申请，领取《广告经营许可证》后，方可从事相应的广告经营活动:

（一）广播电台、电视台、报刊出版单位;

（二）事业单位;

（三）法律、行政法规规定应进行广告经营审批登记的单位。

第三条　本办法所称广告监督管理机关，为县级以上工商行政管理机关。

本办法所称广告经营单位，为依照本办法申请从事广告业务、并取得《广告经营许可证》的第二条所列明的各类单位。

第四条　《广告经营许可证》是广告经营单位从事广告经营活动的合法凭证。

《广告经营许可证》分为正本、副本，正本、副本具有同样法律效力。

《广告经营许可证》载明证号、广告经营单位（机构）名称、经营场所、法定代表人（负责人）、广告经营范围、发证机关、发证日期等项目。

第五条　在《广告经营许可证》中，广告经营范围按下列用语核定:

（一）广播电台：设计、制作广播广告，利用自有广播电台发布国内外广告。

（二）电视台：设计、制作电视广告，利用自有电视台发布国内外广告。

（三）报社：设计、制作印刷品广告，利用自有《××报》发布国内外广告。

（四）期刊杂志社：设计和制作印刷品广告，利用自有《×××》杂志发布广告。

（五）兼营广告经营的其他单位：利用自有媒介（场地）发布××广告，设计、制作××广告。

第六条　国家工商行政管理总局主管《广告经营许可证》的监督管理工作。

各级广告监督管理机关，分级负责所辖区域内《广告经营许可证》发证、变更、注销及日常监督管理工作。

第七条　申请《广告经营许可证》应当具备以下条件:

（一）具有直接发布广告的媒介或手段;

（二）设有专门的广告经营机构;

（三）有广告经营设备和经营场所;

（四）有广告专业人员和熟悉广告法规的广告审查员。

第八条　申请《广告经营许可证》,应按下列程序办理:

由申请者向所在地有管辖权的县级以上广告监督管理机关呈报第九条规定的申请材料。

广告监督管理机关自受理之日起二十日内,作出是否予以批准的决定。批准的，颁发《广告经营许可证》；不予批准的，书面说明理由。

第九条　申请《广告经营许可证》,应当向广告监督管理机关报送下列申请材料:

（一）《广告经营登记申请表》

（二）广告媒介证明。广播电台、电视台、报纸、期刊等法律、法规规定经批准方可经营的媒介，应当提交

有关批准文件。

（三）广告经营设备清单、经营场所证明。

（四）广告经营机构负责人及广告审查员证明文件。

（五）单位法人登记证明。

第十条　广告经营单位应当在广告监督管理机关核准的广告经营范围内开展经营活动，未申请变更并经广告监督管理机关批准，不得改变广告经营范围。

单位名称、法定代表人（负责人）、经营场所发生变化，广告经营单位应当自该事项发生变化之日起一个月内申请变更《广告经营许可证》。

第十一条　广告经营单位申请变更《广告经营许可证》应提交下列申请材料:

(一)《广告经营变更登记申请表》;

(二) 原《广告经营许可证》正本、副本;

(三) 与变更广告经营范围、单位名称、法定代表人（负责人）、经营场所事项相关的证明文件。

第十二条　广告监督管理机关自受理变更《广告经营许可证》申请之日起，十日内作出是否准予变更的决定。经审查批准的，颁发新的《广告经营许可证》；不予批准的，书面说明理由。

第十三条　广告经营单位由于情况发生变化不具备本办法第七条规定的条件或者停止从事广告经营的，应及时向广告监督管理机关办理《广告经营许可证》注销手续。

第十四条　广告经营单位注销《广告经营许可证》的，应提交下列申请材料:

(一)《广告经营注销登记申请表》;

(二)《广告经营许可证》正本、副本;

(三）与注销《广告经营许可证》相关的证明文件。

第十五条　广告经营单位在取得《广告经营许可证》后，情况发生变化不具备本办法第七条规定条件，又未按本办法规定办理《广告经营许可证》注销手续的，由发证机关撤回《广告经营许可证》。

第十六条　广告经营单位违反《广告法》规定，被广告监督管理机关依照《广告法》第三十七条、第三十九条、第四十一条规定停止广告业务的，由发证机关缴销《广告经营许可证》。

第十七条　广告经营单位应当将《广告经营许可证》正本置放在经营场所醒目位置。

任何单位和个人不得伪造、涂改、出租、出借、倒卖或者以其他方式转让《广告经营许可证》。

第十八条　广告经营单位《广告经营许可证》发生损毁、丢失的，应当在报刊上声明作废，并及时向广告监督管理机关申请补领。

第十九条　广告监督管理机关应当加强日常监督检查，并定期对辖区内取得《广告经营许可证》的广告经营单位进行广告经营资格检查。广告经营资格检查的具体时间和内容，由省级以上广告监督管理机关确定。

广告经营单位应接受广告监督管理机关对其广告经营情况进行的日常监督，并按规定参加广告经营资格检查。

第二十条　违反本办法规定的，由广告监督管理机关按照如下规定处罚:

（一）未取得《广告经营许可证》从事广告经营活动的，依据国务院《无照经营查处取缔办法》的有关规定予以处罚。

（二）提交虚假文件或采取其他欺骗手段取得《广告经营许可证》的，予以警告，处以五千元以上一万元以下罚款，情节严重的，撤销《广告经营许可证》。被广告监督管理机关依照本项规定撤销《广告经营许可证》的，一年内不得重新申领。

（三）《广告经营许可证》登记事项发生变化未按本办法规定办理变更手续的，责令改正，处以一万元以下罚款。

（四）广告经营单位未将《广告经营许可证》正本置放在经营场所醒目位置的，责令限期改正；逾期不改的，处以三千元以下罚款。

（五）伪造、涂改、出租、出借、倒卖或者以其他方式转让《广告经营许可证》的，处以三千元以上一万元以下罚款。

（六）广告经营单位不按规定参加广告经营资格检查、报送广告经营资格检查材料的，无正当理由不接受广告监督管理机关日常监督管理的，或者在检查中隐瞒真实情况或提交虚假材料的，责令改正，处以一万元以下罚款。

第二十一条　广告监督管理机关工作人员在广告经营许可证管理过程中玩忽职守，滥用职权，徇私舞弊的，给予行政处分。构成犯罪的，依法追究刑事责任。

第二十二条 《广告经营许可证》正本、副本式样，以及《广告经营登记申请表》、《广告经营变更登记申请表》、《广告经营注销登记申请表》式样，由国家工商行政管理总局统一制定。

第二十三条 各级广告监督管理机关依据第五条规定核定的申请者广告经营范围、广告经营项目或业务类别，应与其具备的条件相适应。

国家有特别规定对广告经营单位的广告经营范围、经营项目、业务类别予以限制的，依照其规定。

第二十四条 有关广告经营许可的实施程序，除适用本办法具体规定外，还应当遵守《行政许可法》有关行政许可实施程序的一般规定。

第二十五条 本办法自2005年1月1日起施行。

国家工商行政管理总局广告显示屏管理办法

广告显示屏管理办法

(发布日期：2004年6月30日 实施日期：2004年6月30日)

第一条 为加强对广告显示屏的管理，发挥其迅速传递广告信息的积极作用，根据《中华人民共和国广告法》、《广告管理条例》、《广告管理条例施行细则》及有关法律、法规制定本办法。

第二条 凡在户外或者公共气场所建筑物内设置的，用以发布广告并可以即时变换内容的各类显示屏，均属本办法管理范围。

第三条 未经工商行政管理机关批准，任何单位不得设置广告显示屏。

第四条 省、自治区、直辖市工商行政管理局（以下简称省级工商行政管理局）或者其授权的市工商行政管理局负责本辖区内广告显示屏设置的批准工作。

广告显示屏联网，需经省级工商行政管理局审批同意后，报国家工商行政管理局批准。

第五条 申请设置广告显示屏，应当具备下列基本条件：

（一）具有合法的广告经营资格；

（二）设置地点在户外的，应当符合《中华人民共和国广告法》的规定及当地人民政府户外广告设置规划的要求；

（三）具有熟悉广告法律法规及国家有关政策的专职审查人员。

第六条 申请办理广告显示屏审批，应当交验下列证明文件：

（一）营业执照；

（二）广告经营许可证；

（三）可行性研究报告；

（四）上级主管部门批准文件；

（五）场地使用协议；

（六）设置地点依法律、法规需经政府有关部门批准的，应当提交有关部门的批准文件；

（七）广告显示屏主办单位制定的内部管理制度；

（八）经营单位负责人情况证明；

（九）专职审查人员的资格证明。

第七条 广告显示屏的设置申请，就应当在设置30日前提出。工商行政管理机关在证明文件齐备后，予以受理，自受理之日起15日内，做出批准或者不予批准的决定。

经审查符合规定条件予以批准设置的，核发《广告显示屏登记证》。凡在户外设置的，应当同时按《户外广告登记管理规定》的要求，办理户外广告登记。

第八条 广告显示屏播放的广告及其他信息必须真实合法，符合社会主义精神文明建设的要求，不得以任何形式欺骗和误导消费者。

第九条 广告显示屏一般不得播放非广告信息。有特殊需要播发新闻信息的，需经所在地省级新闻主管部门批准，并只限于播发国家通讯社、中央电视台、中央人民广播电台发布的和省级以上党委机关报登载的新闻，不得播发其他来源的新闻信息。

有特殊需要播发其他非广告信息的，须分别经有关主管部门批准。其中播放文艺类节目，只限于符合国家有关规定的音乐电视和旅游风光片，不得播放电影、电视剧等有情节的文艺节目。

广告显示屏经营单位持上述有关部门批准文件，到负责批准设置的工商行政管理机关办理《广告显示屏特殊信息准播证》后，方可播出上述非广告信息。

第十条 广告显示屏经营单位，应当根据工商行政管理机关的要求，建立必要的管理制度，对播放的内容存档一年以上。广告显示屏播放的广告，应当按照有关规定向工商行政管理机关备案。播放新闻、文艺类节目的，应当同时将信息目录、信息提要、播放时间、信息来源等内容，经专职审查人员签字后，报负责日常监督管理的工商行政管理机关备案。

第十一条 对广告显示屏的监督管理，由批准设置的工商行政管理机关或者其授权的设置地工商行政管理机关负责。工商行政管理机关对广告显示屏经营单位的资格、显示屏的播出内容及其他遵守法律、法规的情况，进行监督管理。

第十二条 监督管理机关依据本办法对经营单位进行年度专项检查，确认或者取消其继续经营广告显示屏的资格。该项检查应当与广告经营专项检查一并进行，在检查中发现违反本办法和有其他广告经营违法行为的，一并予以处理。

第十三条 违反本办法第三条，未经批准擅自设置广告显示屏的，由违法行为发生地工商行政管理机关没收非法所得，处五千元以下罚款，并限期撤除；逾期不撤除的，强制撤除，其费用由设置者承担。

第十四条 违反本办法第九条，未经批准发布非广告信息或者信息来源不符合本办法规定的，由工商行政管理机关责令停止发布，予以通报批评，撤销《广告显示屏特殊信息准播证》，停止广告显示屏的播放业务，处以五千元以下罚款。

第十五条 违反本办法其他规定的，依据《中华人民共和国广告法》及其他法律、法规予以处罚。

第十六条 本办法由国家工商行政管理局负责解释。

第十七条 本办法自发布之日起施行。

国家工商行政管理总局户外广告登记管理规定

1995年12月8日国家工商行政管理局令第42号公布

1998年12月3日国家工商行政管理局令第86号修订

第一条为规范户外广告，促进户外广告健康发展，根据《中华人民共和国广告法》、《广告管理条例》及《广告管理条例施行细则》制定本规定。

第二条本规定所称户外广告包括：

(一)利用公共或者自有场地的建筑物、空间设置的路牌、霓虹灯、电子显示牌(屏)、灯箱、橱窗等广告。

(二)利用交通工具(包括各种水上漂浮物和空中飞行物)设置、绘制、张贴的广告。

(三)以其他形式在户外设置、悬挂、张贴的广告。

第三条县以上人民政府工商行政管理局是户外广告的登记管理机关。

国家工商行政管理局负责指导和协调全国户外广告的登记管理。

省、自治区、直辖市工商行政管理局负责指导和协调辖区内户外广告的登记管理。

地级以上市(含直辖市)工商行政管理局负责辖区内[县(市)除外]户外广告的登记管理。

县(市)工商行政管理局对辖区内户外广告进行登记管理。

地级以上市(含直辖市)工商行政管理局对辖区内重要

区域的户外广告，认为有必要直接进行登记管理的，可以直接进行登记管理。

第四条未经工商行政管理机关登记，任何单位不得发布户外广告。

第五条申请户外广告登记，应当具备下列基本条例：

(一)依法取得与申请事项相符的经营资格。

(二)拥有相应户外广告媒体的所有权。

(三)广告发布地点、形式在国家许可的范围内，符合当地人民政府户外广告设置规划的要求。

(四)户外广告媒体一般不得发布各类非广告信息，有特殊需要的，应当符合国家有关规定。

第六条凡办理户外广告登记，应当向工商行政管理机关提出申请，填写《户外广告登记申请表》，并提交下列证明文件：

(一)营业执照。

(二)广告经营许可证。

(三)广告合同。

(四)场地使用协议。

(五)广告设置地点，依法律、法规需经政府有关部门批准的，应当提交有关部门出具的批准文件。

(六)政府有关部门对发布非广告信息的批准文件。

第七条户外广告登记申请，应当在广告发布30日前提出。工商行政管理机关在证明、文件齐备后予以受理，在7日内做出批准或者不予批准的决定，并书面通知申请人。

经审查符合规定的，核发《户外广告登记证》并由登记机关建立户外广告登记档案。

第八条户外广告必须按登记的地点、形式、规格、时间等内容发布，不得擅自更改。

第九条已经批准，但需要延长时间或者变更其他登记事项的，应当向原登记机关申请办理变更登记。文件和证明齐备后，登记机关应当在7日内做出准予变更登记或者不予变更登记的决定，并书面通知申请人。

第十条户外广告登记后，3个月内未予发布的，应当向原登记机关申请办理注销登记。

第十一条户外广告的内容必须真实、合法、符合社会主义精神文明建设的要求，不得以任何形式欺骗和误导消费者。

第十二条各种户外广告设施的设计、制作和安装、设置，应当符合相应的技术、质量标准，不得粗制滥造。

户外广告应当定期维修、保养，做到整齐、安全、美观。

第十三条户外广告使用文字、汉语拼音、计量单位等，应当符合国家规定，书写规范准确。

第十四条户外广告内容应当报原登记机关备案。

第十五条在户外广告经营中，禁止任何形式的垄断和不正当竞争行为。

任何部门不得滥用行政权力使其所属经营机构垄断，或者变相垄断某一领域的户外广告经营，排斥其他经营者。

第十六条个体工商户、城乡居民个人张贴各类招贴广告，应当在县(区)工商行政管理机关专门设置的公共广告栏内张贴，并到设置地工商行政管理所办理简易登记手续。

公共广告栏的管理办法，由当地工商行政管理局依照有关法律、行政法规制定

第十七条违反本规定第四条，未经登记擅自发布户外广告的，由登记管理机关没收违法所得，视其情节予以通报批评，处以违法所得额三倍以下的罚款，但最高不超过三万元，没有违法所得的，处以一万元以下的罚款，并限期拆除；愈期不拆除的，强制拆除，其费用由发布者承担。

第十八条违反本规定第八条，擅自违反登记事项发布户外广告的，由登记管理机关责令停止发布广告；情节严重的，由登记管理机关收回其登记证。

第十九条违反本规定第十条的，由登记管理机关收回其登记证。

第二十条违反本规定第十二条的，由登记管理机关责令限期改正；逾期不改正的，责令其停止发布广告。

第二十一条违反本规定其他条款的，依照《中华人民共和国广告法》、《广告管理条例》、《广告管理条例施行细则》等有关规定处罚。

第二十二条本规定由国家工商行政管理局负责解释。

第二十三条本规定自公布之日起施行。

国家工商行政管理总局临时性广告经营管理办法

（1995年6月1日中华人民共和国国家工商行政管理局令第32号发布 根据1998年12月3日发布的《国家工商行政管理局修改〈经济合同示范文本管理办法〉等33件规章中超越〈行政处罚法〉规定处罚权限的内容》进行修改）

第一条 为了维护广告市场秩序，加强对临时性广告经营的监督管理，依据《中华人民共和国广告法》第二十六条和《广告管理条例》第六条的规定，制定本办法。

第二条 临时性广告经营，是指某项活动的主办单位，面向社会筹集资金，并在活动中为出资者提供广告服务的经营行为。

第三条 下列活动涉及临时性广告经营的，主办单位应当向工商行政管理机关申请，经批准后，方可进行：

(一)体育比赛、体育表演活动；

(二)文艺演出、文艺表演活动；

(三)影视片制作活动；

(四)展览会、博览会、交易会等活动；

(五)评比、评选、推荐活动；

(六)纪念庆典活动；

(七)广告管理法规规定应当经过批准的其他活动。

第四条 临时性广告经营，应当由活动主办单位委托广告经营者承办；经省、自治区、直辖市以上人民政府同意举办的大型活动，经过省级及省级以上广告监督管理机关批准，也可以成立临时性广告经营机构自行承办。

第五条 申请临时性广告经营，应当具备下列条：

(一)在我国法律、法规许可的范围内；

(二)能够提供必要回报的广告媒介、服务形式；

(三)广告经营单位具有与申请事项相符的经营资格，临时性广告经营机构应当配有广告专业人员和广告审查人员，并按照规定建立有关制度。

第六条 申请临时性广告经营，应当提交下列文件、证件：

(一)广告经营申请单位负责人签署的，包括广告经营时间、地点、广告经营范围、广告征集地域、广告收费标准等内容的申请报告；

(二)活动主办单位委托广告经营单位承办广告业务的委托书和双方各自权利、义务的协议书；

(三)主办单位就该项活动合法性、公益性所提出的可行性报告；

(四)政府有关主管部门对可行性报告的批准文件；

(五)广告经营单位的营业执照或广告经营许可证；

(六)省级以上人民政府批准设立临时性广告经营机构及其职能的文件；

(七)临时性广告经营机构的广告专业人员和广告审查人员名单、广告管理制度；

(八)经主办单位和承办单位认可的经费预算书；

(九)广告管理法规及有关法律、法规规定应当提交的其他文件、证件。

第七条 各级工商行政管理机关按下列分工办理临时性广告经营审批：

(一)经国务院或中央和国家机关各部门、各人民团体同意举办的活动，活动举办地或广告征集涉及不同省(自治区、直辖市)的，由国家工商行政管理局审批；

(二)经中央和国家机关各部门、各人民团体同意举办的活动，广告征集在一省(自治区、直辖市、计划单列市)内的，由所在省(自治区、直辖市或计划单列市)工商行政管理局审批；

(三)经地方政府或其所属部门同意举办的活动，由活动举办地的省辖市及省辖市以上工商行政管理局或其授权的县及县以上工商行政管理局审批。

第八条 临时性广告经营申请，应当在活动举办三十日前提出。工商行政管理机关在提交文件、证件齐备后予以受理，在受理后七日内作出批准或不批准的决定。经审查，符合临时性广告经营条件的，由工商行政管理机关发给《临时性广告经营许可证》。

批准的主要事项有：活动申请者名称、活动名称、活动举办地、广告征集地、广告经营者名称、经营范围、经营期限。

第九条 活动主办单位在领取《临时性广告经营许可证》时，应当按照有关规定交纳登记费。

第十条 已经批准，但需要延长经营期限或增加广告经营范围、增加广告征集地、改变活动举办地的，广告经营者应当向批准机关办理变更手续。

第十一条 经批准从事临时性广告经营的广告经营者和临时性广告经营机构，应当遵守广告管理法规，并接受工商行政管理机关监督管理。

第十二 条临时性广告经营时间超过一年的，应当按有关规定，接受工商行政管理机关进行的广告经营专项检查，对检查不合格的，不得继续经营临时性广告业务。

第十三条 违反本办法第三条、第十条规定的，由工商行政管理机关依据《广告管理条例施行细则》第二十一条的规定，对违法当事人予以处罚。

其它广告违法行为，依据广告法律、法规的有关规定处罚。

第十四条 本办法由国家工商行政管理局解释。

第十五条 本办法自公布之日起施行。

国家建设部关于加强户外广告、霓虹灯设置管理的规定

第一条 为加强市容管理，美化城市环境，促进经济繁荣，根据国务院发布的《城市市容和环境卫生管理条例》制定本规定。

第二条 在城市中设置的户外广告、霓虹灯、标语、电子显示牌、灯箱、画廊、橱窗等设施(以下统称广告、霓虹灯)，位置设置应适当，布置形式应与街景协调、保持完好、整洁、美观。

第三条 广告、霓虹灯应内容健康，文字书写规范、字迹清晰。图案、光亮显示完整，醒目。

第四条 广告、霓虹灯的设置必须征得城市人民政府市容环境卫生行政主管部门同意后，按照有关规定办理审批手续。

第五条 经批准设置的广告、霓虹灯，应按照谁设置谁负责维修管理的原则，做好维护管理工作。

设置在建筑物、构筑物或其他载体上的广告、霓虹灯的维护管理，由建筑物、构筑物或载体的使用单位负责；独立设置的，由设置单位负责；有设置协议的，由协议规定的维护管理单位负责。

第六条 广告、霓虹灯的维护管理责任单位应当加强维护，经常检查，发现图案、文字、灯光显示不全、污浊、腐蚀、损毁，应立即修饰。过期或失去使用价值的广告、霓虹灯，应及时更换或拆除。

第七条 城建监察人员，要加强监督管理，发现图案、文字、灯光显示不全、污浊、损毁、不整洁、影响市容观瞻的，根据实际情况，有权责令维护管理责任单位限期修饰直至拆除。

第八条 本规定由建设部负责解释。

第九条 本规定自发布之日起施行。

(1996年9月28日建设部建城542号颁发)

中国广告协会
广告行业公平竞争自律守则

一、总则

第一条 为促进广告市场健康发展，鼓励和保护公平竞争，防止不正当竞争行为，制定本守则。

第二条 本守则适用于所有从事广告活动的广告主、广告经营者、广告发布者以及其他参与广告活动的经营者。

第三条 在广告活动中，应当遵循自愿、平等、公平、诚实信用的原则，遵守公认的商业道德。

第四条 各地广告协会应当采取有效措施，教育会员单位自觉遵守和维护本守则，为广告市场公平竞争创造良好的环境和条件。

第五条 广告主、广告经营者、广告发布者应互相尊重、互相监督、发现违反本守则的单位和个人，应及时向所在地方广告协会或中国广告协会举报。

二、广告主竞争守则

第六条 认真履行广告业务合同，按合同规定的时间和数额支付广告费，不得拖欠。

第七条 尊重广告公司及其他广告服务机构的劳动，按合同规定付给广告公司服务费用。

第八条 采用比稿的形式选择广告公司时，应对广告公司提供的策划、创意方案等支付费用。采用比稿者的任何文件，事先须征得文件所有者的同意，不得无偿占有广告经营者的劳动成果。

第九条 不得以任何方式向广告经营者、广告发布者及广告服务机构索取个人回扣。

三、广告经营者竞争守则

第十条 坚持公平竞争，以服务质量取胜。必须坚持政府规定的广告代理费标准，不得以给个人回扣等不正当手段争夺客户。

第十一条 与媒体建立正常合作关系。不得采用财物或其他手段进行贿赂，以从媒体争取有利或紧俏的时间和版面

第十二条 不准垄断媒体购买，不得以高出媒体的公开报价转卖广告刊播时间和版面。

第十三条 应公开媒体刊播实际收费和次数，不得有减少发布次数欺骗客户行为。

第十四条 不得以盗窃、利诱、胁迫等不正当手段获取其他广告经营者的商业秘密；不得以不正当手段从其他广告公司延揽高级管理人才；正常调换公司的人员，一年之内不准与原公司的客户建立合作关系。

四、广告发布者竞争守则

第十五条 必须真实地公布发行量、覆盖面、收视、收听和阅读率等资料。

第十六条 广告价格及优惠办法必须遵循“统一、公开、公平”的原则。

第十七条 广告价格应根据收视率、收听率、阅读率、影响面、服务质量等因素制定，并按照市场供求关系进行调整。

第十八条 严格履行合同，不漏播、漏发广告，如发生漏满、漏发现象应向广告主、广告经营者赔偿。

第十九条 不得强制广告主、广告经营者通过媒体指定的代理公司进行代理，不得强制搭售时间、版面或附加其他不合理的交易条件。

五、附则

第二十条 违反本守则，情节轻微的，由所在地方广告协会或中国广告协会提出批评；情节严重或坚持不改的，由中国广告协会在公开出版物上暴光，是中国广告协会会员单位的，取消其会员资格，是中国广告协会命名“全国广告行业文明单位”和“全国广告宣传文明单位”的，取消其称誉。必要时向政府广告监督管理部门建议，重新审查其经营资格，或予以必要的处罚。

第二十一条 本守则由中国广告协会负责解释，自发布之日起施行。

东部沿海地区

东部沿海地区区域概览

东部沿海地区即长江三角洲地区，由上海、浙江、江苏3个省市的沿江地区及杭州湾地区城市构成，是中国经济发展速度最快、经济总量规模最大、最具发展潜力的经济板块。就经济中心的等级而言，上海是我国最大的经济中心，上海与南京又是长江沿江的四大中心城市之一，杭州、宁波也属于有相当吸引与辐射能力的区域经济中心。

长江三角洲的经济在全国占有举足轻重的地位，工农业生产水平居全国领先地位。其面积仅占全国的1.01%，人口占全国的6.09%，但国内生产总值（GDP）占全国的15.4%，向中央上交的财政收入占全国的21.78%，人均GDP是全国的2.5倍，这一地区是我国建设资金积累的重要源地。

在全中国经济实力最强的35个城市中，长三角地区占了10个；在2003年选出的全国综合竞争力10强城市中，长三角则占了4个，接近半数。长三角地区只占全中国1%的土地和6%的人口，却创造了18%的国内生产总值。在全国财政收入中，长三角地区的贡献份额超过了25%。

长江三角洲城市群以上海为中心，沪宁杭形成网格体系，长江三角洲现有各级城市54座和1396个建制镇，城市人口2216万人，占总人口30.1%。

上海

上海市城市概览

人口(万人)：总人口1341.8，男675.5，女666.3

国内生产总值（亿元）:6250.81，增长11.8%

三次产业占GDP的比重（%）：第一1.27，第二50.19，第三48.54

投资（亿元）：2452.11，增长12.1%

消费（亿元）：2220.64，增长9.1%

年末实有铺装道路面积（万平方米）：16510

年末实有公共营运汽电车（辆）：18625

年末实用出租汽车（辆）：48672

支柱产业：信息、金融、商贸、汽车、成套设备、房地产等

上海市户外广告设施管理办法

（2004年12月15日上海市人民政府令第43号发布）

第一条（目的和依据）

为了规范本市户外广告设施的管理，根据《中华人民共和国广告法》、《上海市市容环境卫生管理条例》和《上海市城市规划条例》的有关规定，制定本办法。

第二条（适用范围）

本办法适用于本市行政区域内户外广告设施的设置及其相关管理活动。

第三条（词语解释）

本办法所称的户外广告设施，是指利用公共、自有或者他人所有的建筑物、构筑物、场地、空间等（以下统称阵地）设置的路牌、灯箱、霓虹灯、电子显示牌（屏）、招牌、标牌、实物造型等户外商业广告。

第四条（管理部门）

上海市市容环境卫生管理局（以下简称市市容环卫局）负责对本市户外广告设施设置的监督管理和综合协调；区、县市容环境卫生管理部门（以下简称区、县市容环卫部门）负责对本辖区范围内户外广告设施设置的监督管理。

市和区、县城市规划管理部门（以下简称市和区、县规划部门）负责对户外广告设施设置的规划建设审核及其监督管理。

市和区、县工商行政管理部门（以下简称市和区、县工商部门）负责对户外广告发布的经营资质审核、内容登记及其监督管理。

本市市政、绿化、交通、公安、房地资源、质量技监、财政、物价、文广等部门按照各自职责，协同实施本办法。

第五条（设置原则）

设置户外广告设施，应当符合城市规划要求，与城市区域规划功能相适应，合理布局，规范设置。

户外广告设施应当牢固、安全，并与周围环境协调，符合市容观瞻的要求。

第六条（禁止设置的情形）

有下列情形之一，不得设置户外广告设施：

（一）利用交通安全设施、交通标志的；

（二）影响市政公共设施、交通安全设施、交通标志使用的；

（三）妨碍居民正常生活，损害市容市貌或者建筑物形象的；

（四）利用行道树或者损毁绿地的；

（五）在国家机关、风景名胜区[illegible]

（六）在文物保护单位、优秀历史建筑的建筑控制地带内的；

（七）在市政府禁止设置户外广告设施的区域内或者载体上的。

第七条（阵地规划和技术规范）

市规划部门应当会同有关部门根据控制性编制单元规划、控制性详细规划以及本办法第六条的规定，编制户外广告设施设置阵地规划，并予以公布。

市市容环卫局应当根据户外广告设施设置阵地规划和本市城市容貌标准，编制户外广告设施设置技术规范，并予以公布。

市规划部门和市市容环卫局在编制户外广告设施设置阵地规划和户外广告设施设置技术规范时，应当采取听证会、论证会或者座谈会等形式，听取本市户外广告设置相关行业协会和有关专家的意见。

设置户外广告设施，应当符合户外广告设施设置阵地规划和户外广告设施设置技术规范。

第八条（阵地使用权的取得）

利用公共阵地设置户外广告设施的，阵地使用权应当通过拍卖、招标的方式取得。

利用非公共阵地设置户外广告设施的，阵地使用权可以通过协议、招标、拍卖等方式取得。

公共阵地的范围由市市容环卫局会同市规划部门提出方案，报市政府批准后执行。公共阵地使用权拍卖、招标的具体办法，由市市容环卫局会同市市政、交通等有关部门另行制定。

第九条(管理权限)

在下列区域设置户外广告设施的,由市市容环卫局受理申请或者组织公共阵地使用权拍卖、招标：

（一）内环高架道路、延安高架道路、南北高架道路及其两侧１００米范围内；

（二）黄浦江两岸核心区中心段范围内；

（三）人民广场地区范围内；

（四）跨区、县范围设置同类户外广告设施的；

（五）市政府确定的其他重要区域。

在前款规定以外的区域设置户外广告设施的，由区、县市容环卫部门受理申请或者组织公共阵地使用权拍卖、招标。

第十条（公共阵地设置户外广告设施的手续办理）

市或者区、县市容环卫部门组织公共阵地使用权拍卖、招标时，应当将拍卖、招标方案征求规划部门和其他相关部门的意见。

通过拍卖、招标方式取得公共阵地使用权的，由市或者区、县市容环卫部门与户外广告设施设置人签订公共阵地使用合同。

户外广告设施设置人应当在设置户外广告设施前，按照下列规定办理有关手续：

（一）向区、县规划部门申请办理《建设工程规划许可证（零星）》；

（二）将户外广告设施的设计图、设置效果图向市或者区、县市容环卫部门备案，并按规定缴纳公共阵地使用费；

（三）按照户外广告登记的有关规定，向市或者区、县工商部门申请《户外广告登记证》。

第十一条（非公共阵地设置户外广告设施的申请）

利用非公共阵地设置户外广告设施的，申请人应当向市或者区、县市容环卫部门提出申请，并提供下列材料：

（一）营业执照；

（二）广告合同；

（三）广告样稿；

（四）证明广告内容真实、合法的文件；

（五）户外广告设施设置阵地使用权的证明；

（六）户外广告设施阵地位置关系图；

（七）户外广告设施设计图、设置效果图；

（八）户外广告设施设置施工图。

第十二条（非公共阵地设置户外广告设施的审批）

市或者区、县市容环卫部门应当自收到户外广告设施设置申请之日起2个工作日内，将户外广告设施设置规划建设的有关材料书面征求同级规划部门的意见；将户外广告拟发布内容的有关材料书面征求同级工商部门的意见。规划、工商部门需要申请人补正材料的，应当在收到征求意见之日起2个工作日内一次性告知市或者区、县市容环卫部门；市或者区、县市容环卫部门应当及时告知申请人补正材料。

受理申请后，规划、工商部门应当在收到征求意见之日起10个工作日内提出审查意见，并书面告知市或者区、县市容环卫部门；审查不同意的，应当说明理由。市或者区、县市容环卫部门应当按照下列规定办理：

（一）经规划、工商部门审查同意的，市或者区、县市容环卫部门应当根据户外广告设施设置技术规范进行审核，并在5个工作日内作出审批决定，书面告知申请人；不予批准的，应当说明理由。

（二）经规划或者工商部门审查不同意的，市或者区、县市容环卫部门应当立即将规划、工商部门的审查意见及其理由送达申请人。

经市或者区、县市容环卫部门审批同意设置户外广告设施的，申请人可以直接向区、县规划部门申领《建设工程规划许可证（零星）》，向市或者区、县工商部门申领《户外广告登记证》。对材料齐全、符合法定形式要求的，规划、工商部门应当在3个工作日内予以发放。

规划、工商、市容环卫部门逾期不提出审查意见或者不作出审批决定的，视为同意。

第十三条（设施设置的期限）

户外广告设施应当自收到批准决定之日起6个月内设置；逾期未设置的，其审批即行失效。

户外广告设施设置期限一般不超过3年，但电子显示牌（屏）一般不超过6年。设置期满后，属于使用公共阵地的，按照本办法第十条的规定重新组织拍卖、招标；属于使用非公共阵地需要延期的，应当在设置期满30日前，向原审批机关办理延期的审批手续。

第十四条（设施设置变更）

设置户外广告设施应当按照经批准或者备案的设计图、设置效果图实施，不得擅自变更。需要变更户外广告设施的规格、结构、色彩的，应当按照本办法第十一条的规定办理审批手续。

户外广告内容需要变更的，应当按照有关规定向市或者区、县工商部门办理变更登记手续。

户外广告设施设置人发生变更的，应当自变更之日起10日内，向市或者区、县市容环卫、工商部门备案。

第十五条（设施设置的要求）

设置户外广告设施，应当选用节约能源、符合环境保护要求的材料。

户外广告设施上的照明设备应当符合本市环境装饰照明技术规范的要求，并不得影响周围居民的正常生活。

第十六条（户外广告内容的要求）

户外广告内容中公益宣传所占的面积或者时间比例，不得低于10%。

户外广告设施设置后暂不发布广告超过15日的，应当设置公益广告。

户外广告内容必须真实、健康，符合法律、法规、规章规定，不得以任何形式欺骗用户和消费者。户外广告使用的汉字、字母和符号，应当符合国家规定。

第十七条（市容管理）

户外广告设施设置人应当保持户外广告设施的整洁、完好，并及时进行维护、更新。

第十八条（安全管理）

户外广告设施设置人应当定期对户外广告设施进行安全检查；遇台风、汛期，应当采取相应的安全防范措施。其中，设置期满2年的，设置人应当在每年6月1日前，按照户外广告设施安全技术标准的规定进行安全检测，并向市或者区、县市容环卫部门提交安全检测报告；对安全检测不合格的户外广告设施，设置人应当立即整修或者拆除。

户外广告设施超过设计使用年限的，设置人应当予以更新。

市和区、县市容环卫部门应当加强对户外广告设施安全的监督检查，并按照一定的比例对户外广告设施进行安全抽检。发现户外广告设施存在安全隐患的，市或者区、县市容环卫部门应当责令设置人限期整修或者拆除。设置人逾期未整修或者未拆除的，市或者区、县市容环卫部门可以强制拆除。

户外广告设施安全技术标准，由市市容环卫局会同市质量技监局另行制定。

第十九条（设施拆除）

户外广告设施设置期满后，设置人应当在5日内予以拆除。设置人未予拆除的，阵地所有人应当予以拆除。因举办大型文化、体育、公益活动或者举办各类商品交易会、展销会等活动设置的临时性户外广告设施，设置人应当在设置期满之日起24小时内予以拆除。

因城市规划调整或者社会公共利益需要拆除户外广告设施的，市或者区、县市容环卫部门可以按照各自职责，书面通知设置人拆除。有关受益人应当对设置人提前拆除户外广告设施造成的财产损失依法给予补偿。市或者区、县市容环卫部门书面通知拆除户外广告设施后，设置人拒不拆除的，市或者区、县市容环卫部门可以代为拆除，所需费用由设置人承担。

第二十条（阵地使用费的管理）

市和区、县市容环卫部门收取的公共阵地使用费，应当全部上缴财政。

户外广告设施设置的监督管理所需的费用，由财政予以保障。

第二十一条（经营中的禁止行为）

户外广告经营活动中，禁止任何形式的垄断和不正当竞争行为。

负有户外广告设施设置审核、监督、管理职能的行政机关，不得以任何形式从事户外广告经营或者接受户外广告经营单位的挂靠。

第二十二条（违反市容管理规定的处罚）

违反本办法规定，有下列情形之一的，由市或者区、县市容环卫部门按照下列规定予以处罚：

（一）未经批准擅自设置户外广告设施的，责令限期拆除；逾期不拆除的，可处以5000元以上3万元以下的罚款。

（二）户外广告设施设置期满后不按时拆除的，责令限期拆除；逾期不拆除的，可处以3000元以上2万元以下的罚款。

（三）户外广告设施不符合设置技术规范，或者擅自变更户外广告设施的规格、结构、色彩的，责令限期改正；逾期不改正的，可处以3000元以上 2 万元以下的罚款。

（四）不按规定进行户外广告设施安全检测或者不采取安全防范措施的，责令限期改正；逾期不改正的，可处以3000元以上2万元以下的罚款。

（五）户外广告设施设置人发生变更后，未按规定进行备案的，可处以200元以上1000元以下的罚款。

有前款第一项、第二项、第三项、第四项所列情形，设置人拒不拆除或者拒不改正的，市或者区、县市容环卫部门可以强制拆除。

第二十三条（违反规划和工商有关规定的处理）

在户外广告设施设置活动中，违反规划、工商管理有关规定的，由规划、工商部门依法予以处理。

第二十四条（民事赔偿责任）

户外广告设施设置人未及时维护、更新户外广告设施，致使设施倒塌、坠落等，造成他人人身或者财产损失的，应当依法承担民事赔偿责任。

第二十五条（执法者违法行为的追究）

有关管理人员违反本办法规定，玩忽职守、滥用职权、徇私舞弊、枉法执行的，由其所在单位或者上级主管部门给予行政处分；构成犯罪的，依法追究刑事责任。

第二十六条（其他规定）

利用公共、自有或者他人所有的阵地设置彩旗、条幅、气球、招贴等户外商业广告的，参照本办法执行。

利用车辆、船舶、飞行器等特殊载体发布户外广告的管理办法，由市政府另行制定。

第二十七条（施行日期和废止事项）

本办法自2005年4月1日起施行。1999年1月27日上海市人民政府令第65号发布的《上海市户外广告设置规划和管理办法》同时废止。

上海市空中飞行器广告管理若干规定

第一条 目的

为了加强和规范本市空中飞行器广告的管理，制定本规定。

第二条 定义

本规定所称空中飞行器广告，是指利用飞艇、直升飞机、热气球等飞行器发布的商业广告。

第三条 适用范围

在本市行政区域内从事空中飞行器广告发布业务的，应当遵守本规定。

第四条 管理部门

上海市工商行政管理局(以下简称市工商局)是本市空中飞行器广告的监督管理部门。

第五条 经营资格

申请从事空中飞行器广告发布业务的单位，须经工商行政管理部门核准登记，并取得营业执照和广告经营许可证。

第六条 发布广告的申请与核准

空中飞行器广告发布单位(以下简称发布单位)发布空中飞行器广告，应当向市工商局提出申请。未经核准，不得发布空中飞行器广告。

第七条 申请条件

申请从事空中飞行器广告发布业务，应当具备下列条件：

(一)符合规定的广告发布资质；

(二)取得空中飞行器广告媒体的所有权或者使用权；

(三)已经空中交通管制单位核准。

第八条 有关证明文件

申请从事空中飞行器广告发布业务，应当提交下列文件：

(一)营业执照或者广告经营许可证；

(二)空中交通管制单位批准件；

(三)空中飞行器广告媒体的所有权或者使用权证明；

(四)广告发布合同；

(五)广告样稿。

第九条 受理

市工商局应当自收到发布空中飞行器广告申请之日起7个工作日内，作出核准或者不予核准的决定，并书面通知发布单位。

第十条 发布要求

发布单位应当严格按照核准的区域、时间、内容，发布空中飞行器广告。

第十一条 特别规定

发布单位利用空中飞行器发布非商业性信息，应当遵守本市有关规定。

第十二条 告知

市人民政府认为需要在规定的时间和空域内暂停发布空中飞行器广告的，通过市人民政府办公厅行文告知空中交通管制单位协助执行。

发布单位违反国家法律、法规的规定，依法应当停止发布空中飞行器广告的，可由市工商局作出决定后，告知空中交通管制单位协助执行。

第十三条 实施日期

本规定自1999年6月1日起施行。

南京

南京市城市概览

人口（万人）：总人口572.2，男295.1，女277.1

国内生产总值（亿元）:1576.2亿元，增长15.1%

三次产业占GDP的比重（%）：第一3.39，第二51.08，第三45.54

投资（亿元）：954.04亿元，增长58.2%

消费（亿元）：600.24亿元，增长14.4%

年末实有铺装道路面积（万平方米）：5941

年末实有公共营运汽电车（辆）：4439

年末实用出租汽车（辆）：9216

支柱产业：化学工业、电子工业、车辆工业等

江苏省户外广告管理办法

(1997年7月23日省人民政府第98次常务会议通过1997年8月28日江苏省人民政府令第94号公布)

第一章总则

第一条 为了加强对户外广告的管理，促进户外广告业的健康发展，根据《中华人民共和国广告法》、国务院《广告管理条例》等法律、行政法规的规定，结合本省实际，制定本办法。

第二条 本办法所称户外广告，是指利用户外媒体直接或者间接介绍商品或者服务的下列商业广告：

(一)定着于建(构)筑物外部或者道路、交通设施上，以广告牌、霓虹灯、电子显示屏、电子翻板装置、灯箱、实物模型、布幅、招牌以及张贴等形式发布的广告；

(二)利用车、船等交通工具外部设置、绘制、张贴的广告；

(三)利用飞艇、气球等升空器具悬挂、绘制的广告；

(四)利用其他户外媒体设置的广告。

第三条 户外广告主、户外广告经营者、户外广告发布者和户外广告监督管理者，在本省行政区域内从事户外广告经营、管理活动，必须遵守有关广告管理的法律、法规、规章和本办法。

第四条 户外广告的内容应当真实、健康、合法，有利于社会主义精神文明建设，不得以任何形式欺骗、误导消费者，不得贬低其他生产经营者的商品或者服务。

第五条 设置户外广告，应当遵循安全、美观的原则，不得影响建(构)筑物本身的功能及相邻建(构)筑物的通风、采光和安全，不得妨碍交通或者影响消防通道，不得损害市容市貌。

第六条 依法批准设置的户外广告，任何单位和个人不得非法侵害。

第七条 县级以上地方人民政府工商行政管理部门是户外广告监督管理机关。

县级以上地方人民政府城建(规划)、公安、交通、环保等行政管理部门依照各自的法定职责，做好职责范围内的户外广告的管理工作。

第二章设置管理

第八条 县级以上人民政府应当组织工商、城建(规划)、环保、交通、公安等部门编制户外广告设置规划。户外广告的设置规划必须以城市规划为依据，并报当地人民政府批准后由工商、城建部门依法监督实施。

在户外广告总体设置规划制定以前，为适应户外广

告的管理需要，县级以上人民政府可以组织有关部门对城市的窗口地区和主干道的户外广告设置先行规划。

公益广告应当与户外广告同步规划，同步实施。

户外广告设置规划应当向社会公布。

第九条 城市人民政府应当根据需要在适当的场所设置一定数量的户外广告张贴栏，用于张贴户外广告。

户外广告张贴栏启用前应当确定日常清理、维护单位。

第十条 建造用于发布户外广告的专用设施，必须符合户外广告设置规划，并经城建(规划)或交通(路政)部门审查批准。

第十一条 利用经批准建造的户外广告专用设施发布户外广告的，或者利用本办法第十二条、第十三条规定以外的媒体发布户外广告的，经营者或者发布者直接向工商部门申请领取《户外广告登记证》。工商部门根据有关法律、法规和规章的规定以及户外广告设置规划的要求进行审批。

第十二条 利用户外广告非专用设施发布户外广告涉及城市规划的，经营者或者发布者应当先向城建(规划)部门申请规划定点，办理有关规划审批手续，再向工商部门申请领取《户外广告登记证》。

第十三条 利用户外广告非专用设施发布户外广告影响市容市貌的，或者影响交通安全、公共安全的，经营者或者发布者应当先向市容部门、公安部门或者交通部门办理有关审批手续，再向工商部门申请领取《户外广告登记证》。

第十四条 工商部门应当加强对户外广告经营者、发布者的资格和户外广告内容的审查和监督，确保户外广告的内容真实、健康、合法。

城建(规划)部门应当加强对户外广告设置的规划管理和监督，确保户外广告与城市功能、布局和城市环境相协调。

第十五条 工商、城建、市容、公安等部门审批户外广告，必须简化手续，提高效率。各审批部门在接到经营者或者发布者符合要求的申请文件和资料后，应当在10日内作出书面决定，逾期视为同意。

第十六条 任何部门和单位，不得滥用行政权力或者滥用法定的独占地位，使其所属或者指定的广告经营者垄断或者变相垄断某一领域的户外广告经营，限制或者排斥其他经营者。

第十七条 市政等社会公共场地、设施用作户外广告媒体的，应当通过公开竞争的方式选择确定户外广告经营者。使用权转让的收入必须全部用于市政等公共场地、设施的维护和管理。

第十八条 任何部门和单位不得向户外广告经营者收取法律、法规和省政府规章规定以外的费用。

户外广告场地费、建筑物占用费的收取标准，当事人在国家和本省规定的控制幅度内可以自行商定。

第三章 设置准则

第十九条 设置户外广告必须符合设置规划的规定，按照批准的内容、形式、规格、地点和时限位置，不得擅自改变。

户外广告必须标明批准文号、设置者、使用期。

第二十条 核定在统一设置的张贴栏上发布的户外广告，保留期限不得超过15日。在核定的保留期内，任何单位和个人不得撕毁或者覆盖。

严禁在户外广告张贴栏以外的市政公共设施、邮电通讯设施、道路交通设施、城市社区围墙以及居民住宅楼等设施和场所涂写、张贴户外广告。

第二十一条 户外广告使用的文字、汉语拼音、计量单位等必须符合国家规定，书写应当规范准确。

设置户外广告应当安装牢固，保持完整、美观，并负责保洁和维护。

第二十二条 广告主、广告经营者、广告发布者应当不断提高设计、制作水平。

政府各有关部门应当采取措施，鼓励广告主、广告经营者和广告发布者使用新材料、新工艺、新技术制作户外广告。

第二十三条 户外广告媒体空置时，其所有人或使用人必须代之以公益广告。户外广告框架，支撑物和其他附属设施临时空置有碍观瞻的，应当予以装饰或遮掩，不得损害市容市貌。

第二十四条 户外广告使用期满，设置者应当自行拆除，需要延长的，应当在批准使用期满之前15日内向工商行政管理部门办理延期手续。

第二十五条 经批准设置的户外广告，任何单位和个人不得擅自覆盖和拆除。因城市建设或其他特殊需要必须拆除的，建设单位应当提前2个月通知广告经营者或者发布者。经营者或者发布者应当在规定限期内拆除，建设单位应当依法给予适当补偿。

第二十六条 下列场所和设施，禁止设置户外广告：

(一)交通安全设施、交通标志；

(二)车站站牌、街道路标；

(三)国家机关以及文物保护单位和名胜风景点的建筑控制地带；

(四)法律、法规和当地县级以上人民政府禁止设置户外广告的区域和范围。

第四章 法律责任

第二十七条 未经批准擅自建造户外广告专用设施的，或者建造的户外广告专用设施不符合批准内容的，由建设(规划)行政管理部门依照有关法律、法规、规章的规定予以处罚。

第二十八条 依法应当经过规划前置审批而未经审批，擅自设置户外广告的，或者不按批准的规划要求设置户外广告的，由建设(规划)行政管理部门依照有关法律、法规、规章的规定处罚。

第二十九条 无《户外广告登记证》擅自发布户外广告的，由工商行政管理部门责令其限期拆除，并可处以5000元以下的罚款。逾期仍不拆除的，由工商行政管理部门申请人民法院强制拆除，拆除费用由设置者承担。

第三十条 户外广告的内容违反《广告法》等法律、法规规定的，由工商行政管理部门根据《广告法》等法律、法规的规定予以处罚。

第三十一条 乱涂写、乱张贴户外广告的，由市容管理部门责令其限期清除，并可处以50元以上200元以下的罚款。拒不清除的，由涂写、张贴者承担清除费用。经处罚后再次乱涂写、乱张贴户外广告，严重损害市容市貌或者妨害社会主义精神文明建设的，市容管理部门和工商行政管理等部门可以依法采取必要的行政强制措施。

设置的户外广告严重损害市容市貌的，由市容管理部门依照有关法律、法规、规章的规定予以处罚。

第三十二条 政府部门和有关单位滥用行政权力或者法定的独占地位，妨害户外广告经营者公平竞争的，由工商行政管理部门依照《中华人民共和国反不正当竞争法》和《江苏省实施〈反不正当竞争法〉办法》等法律、法规的规定处罚。

第三十三条 由于设置者的过错，导致户外广告或者户外广告专用设施坠落、倒塌等，造成他人损害的，设置者应当依法承担民事责任。

第三十四条 因户外广告审查、审批部门的违法审查、审批，致使户外广告被拆除，并造成经济损失的，有关审查、审批部门应当依法赔偿。

户外广告审查、审批部门的工作人员利用职权、徇私舞弊、贪污受贿和失职、渎职的，由所属部门依法给予行政处分；构成犯罪的，由司法机关依法追究刑事责任。

第三十五条 户外广告主、户外广告经营者、户外广告发布者对户外广告政府管理部门作出的具体行政行为不服的，可以依法申请行政复议或者提起行政诉讼。

第五章 附则

第三十六条 县级以上人民政府可以根据本办法制定行政措施。

第三十七条 本办法自发布之日起施行。

杭州

杭州市城市概览

人口(万人): 总人口642.7，男329，女313.7

国内生产总值（亿元）:2092亿元，增长15%

三次产业占GDP的比重（%）：第一4.11，第二50.51，第三45.38

投资（亿元）:1006.7亿元，增长30.8%

消费（亿元）:587.52 亿元，增长12.4%

年末实有铺装道路面积（万平方米）：2556

年末实有公共营运汽电车（辆）：3512

年末实用出租汽车（辆）：7404

支柱产业: 机械电子、生物医药、高科技化工、纺织化纤和轻工食品等

杭州市户外广告管理办法

(市政府令第128号，1998年8月26日杭州市人民政府发布)

第一章 总则

第一条 为加强户外广告管理,规范户外广告行为,改善市容市貌,根据《中华人民共和国广告法》、《城市市容和环境卫生管理条例》等有关法律法规的规定,结合本市实际情况,制定本办法。

第二条 本办法所称户外广告,是指商品经营者或服务提供者承担费用,通过一定媒介和形式直接或间接地介绍自己所推销的商品或所提供的服务在室外设置的商业广告。

第三条 凡在本市市区范围内设置、绘制、悬挂、张贴(以下统称设置)各类户外广告,均应遵守本办法。

第四条 凡利用城市空间设置户外广告的,其广告设置权应按本办法的规定实行有偿使用。

第五条 杭州市工商行政管理部门是市区户外广告的主管机关,负责依据本办法对户外广告进行审批和监督管理。杭州市市容环境卫生行政主管部门(以下简称市容部门)负责对已设置的户外广告对城市容貌的影响进行监督管理。

第二章 户外广告设置

第六条 有下列情形之一的,不得设置户外广告:

(一)区级以上人民政府、文物保护单位周围一定范围内;

(二)妨碍生产或者人民生活、损害城市街景、影响绿化和市容市貌的;

(三)影响市政公用设施、交通安全设施和其他公共设施的使用的;

(四)利用交通安全设施的;

(五)人行道宽度不足3米需占用道路的;

(六)不符合户外广告设置要求的;

(七)其他不宜设置户外广告的。西湖风景名胜区范围内应严格控制设置户外广告。禁止在道路上设置过街横幅广告。

第七条 户外广告设置必须符合城市设计和街景规划。市规划行政部门应当会同有关部门,根据城市街景规划的要求制定本市户外广告设置规划。

第八条 户外广告设置权实行公开拍卖。市工商行政管理部门应会同市容、规划、公安、市政、园林绿化、物价等部门,根据户外广告设置规划,拟定户外广告设置权拍卖方案,并由市工商行政管理部门组织公开拍卖。

第九条 拍卖户外广告设置权,应遵守国家有关法律、法规,遵循公开、公平、公正和诚实信用的原则

第十条 拍卖户外广告设置权,应当委托具有相应拍卖资格的拍卖机构进行拍卖。

第十一条 市级各有关部门对通过拍卖取得户外广告设置权的用户属于原职责范围内的公务审批手续,在工商行政管理局发证时通过集体办公的形式一并办理,用户不再一一到有关部门去单独办理。

第十二条 需要设置户外广告的广告主和广告经营者,应参加公开拍卖,有偿取得户外广告设置权。参加拍卖的广告主和广告经营者,应持身份证明或法律资格证明、法人授权委托书等证明文件向拍卖机构提出申请,经审查同意,缴纳保证金后取得竞买资格。

第十三条 拍卖机构应于拍卖日7日前发布拍卖公告,并在拍卖公告确定的时间、地点,以约定的方式进行。拍卖时应当根据国家有关拍卖法律法规的规定进行拍卖,参加拍卖的单位必须遵守拍卖的有关规定。

第十四条 拍卖成交后,取得户外广告设置权的单位应与拍卖机构当场签订拍卖成交合同,并在拍卖成交合同确定的期限内支付价款和有关费用后,由市工商行政管理部门发给《户外广告设置许可证》,需要取得其他许可证件的,由市工商行政管理部门受其他部门的委托一并发给有关许可证件。取得户外广告设置权的单位不得擅自将户外广告设置权再。

第十五条 利用自有场地、设施、建筑物为本单位作广告宣传的,其户外广告设置权可以不实行公开拍卖。在前款规定的范围内设置户外广告的,广告主应持有关资料向市工商行政管理部门提出申请。市工商行政管理部门应当在接到申请之日起7日内进行初审,经初审同意后,按涉及的业务范围向有关部门发出《户外广告审核联系单》,各有关部门应当在7日内提出审核意见,返回市工商行政管理部门;逾期不返回的,视为同意。市工商行政管理部门收到有关部门返回的审核同意意见后,应及时发给申请者《户外广告设置许可证》,并将批准情况抄送市容等有关部门。

第十六条 户外广告的发布内容,涉及烟草、药品、医疗器械、农药、兽药、食品、酒类、化妆品等特殊商品的,必须依照有关法律、法规由有关行政主管部门对广告内容进行审查批准后,方可设置发布。

第十七条 经批准设置的户外广告,应自批准之日起3个月内完成设置,逾期作自行放弃设置权处理。

第十八条 在户外广告设置权使用期限内,户外广告内容或图案变更而设置地点不变的,必须到市工商行政管理部门办理变更手续。户外广告设置权使用期限已满需要继续发布广告的,其户外广告置权应重新拍卖。

第十九条 各类展销会、订货会、交易会、开业庆典等活动需要设置临时性户外广告的,应向市工商行政管理部门提出申请,经市工商行政管理部门会同市市容部门批准后方可设置,有效期满后应立即清除。

第二十条 户外广告设置权拍卖所得扣除成本(包括组织拍卖活动的正常支出以及返回给场地、设施、建筑物所有者的占用费),全额上缴市财政,实行统一管理,用于城市基础设施建设和市容环境整治以及公益事业,管理部门不得从中提取管理费。

第二十一条 本办法发布前已设置的户外广告,批准期满后,其户外广告设置权应一律按照本办法规定实行公开拍卖。

第三章 户外广告管理

第二十二条 户外广告经营者必须经工商行政管理部门核准,发给《企业法人营业执照》和《广告经营许可证》后,方可从事户外广告经营业务。

第二十三条 户外广告必须按批准的时间、地点、形式、规格、内容设置,不得擅自更改。

第二十四条 户外广告中使用的文字、汉语拼音、计量单位等,应当符合国家有关规定。

第二十五条 户外广告的内容必须健康、真实、合法,符合社会主义精神文明建设的要求。户外广告不得含有虚假内容,不得以任何形式欺骗或误导消费者。

第二十六条 户外广告外观应当图案清晰、式样美观、形体完好,与周围环境相协调。

第二十七条 户外广告应设置牢固、安全,定期维护。广告主或广告经营者应及时修复、更新陈旧、破损的广告。遇台风、暴雨等自然灾害,广告主或广告经营者应及时采取防范措施,防止发生意外事故。

第二十八条 经批准设置的户外广告,必须在其右下角标明批准编号、广告主、广告经营者和有效时间。

第二十九条 张贴式户外广告,广告主或广告经营者可直接向市工商行政管理部门提出申请,经批准后,张贴于指定的公共广告栏内。禁止在指定的公共广告栏以外的建(构)筑物、树木、电杆、灯以及公共场所、街道、信箱等张贴或散发印刷品广告公共广告栏由工商行政管理部门定点设置、管理。

第三十条 工商行政管理部门应对核准设置的户外广告证明材料、广告样本、批准编号等造册建立档案,档案保存时间不得少于3年。

第三十一条 除国家建设以及公益活动需要外,任何单位和个人不得擅自占用、拆除、遮盖或损坏经批准设置的有效期内的户外广告及其附属设施和公共广告栏。

第三十二条 任何部门或单位不得垄断或变相垄断户外广告经营业务。

第四章 法律责任

第三十三条 违反本办法规定,有下列行为之一的,由工商行政管理部门视情节轻重,给予以下处罚:

(一)利用设置的户外广告弄虚作假、欺骗用户和消费者的,责令广告主限期改正,并处以广告费用1倍以上5倍以下的罚款;对广告经营者、广告发布者没收广告费用,并处以广告费用1倍以上5倍以下的罚款;给用户和消费者造成损失的,依法承担赔偿责任。

(二)未取得《广告经营许可证》从事户外广告经营业务的,没收其违法所得,并处以1000元以上10000元以下的罚款。

(三)擅自更改批准的内容发布户外广告的,责令其停止发布,限期改正;情节严重的,责令其清除已设置的广告,并处以500元以上5000元以下的罚款。

(四)户外广告不按规定标明批准编号、广告主、广告经营者和有效时间的,责令其限期改正,并处以200元以上2000元以下的罚款。

(五)擅自设置户外广告的,责令其限期清除,没收违法所得,并处以2000元以上20000元以下的罚款。

第三十四条 违反本办法规定,有下列行为之一的,由市容部门视情节轻重,给予以下处罚:

(一)擅自设置户外广告的,责令其限期清除,并处以2000元以上20000元以下的罚款。

(二)擅自更改批准的时间、地点、形式、规格发布户外广告的,责令其停止发布、限期改正,并处以200元以上2000元以下的罚款。

(三)在指定的公共广告栏以外张贴或散发印刷品广告的,责令其限期清除,并处以200元以上2000元以下的罚款。

(四)经批准设置的户外广告陈旧、破损,影响市容市貌的,责令其限期修复或更新;逾期不修复或更新的,处以500元以上5000元以下的罚款。

(五)户外广告到期后未及时清除的,责令其限期清除,并处以200元以上2000元以下的罚款。

(六)擅自占用、拆除、遮盖、损坏经批准设置的有效期内的户外广告及其附属设施和公共广告栏的,予以警告、责令其恢复原状或赔偿损失,并处以200元以上2000元以下的罚款。

第三十五条 对责令限期清除或修复、更新的户外广告,责任人在规定的期限内未予清除或修复、更新的,市容部门可以强行清除。

第三十六条 对乱张贴、乱散发印刷品广告行为中公布其通讯工具号码的违法行为人,由工商行政管理部门通过其通讯工具通知其于指定的时间、地点接受处理。对逾期不接受处理的,由工商行政管理部门以书面形式委托有关电信业务经营企业中止该通讯工具的使用。

第三十七条 设置户外广告违反城市规划、道路、交通、绿化等有关法律法规规定的,分别由有关部门依据国家有关法律法规进行处罚。

第三十八条 因户外广告坍塌、坠落等造成财产损失或人身伤亡的,由广告主或广告经营者依法承担赔偿责任。

第三十九条 当事人对处罚决定不服的,可依法申请复议或直接向人民法院起诉。当事人逾期不申请复议、也不向人民法院起诉、又不履行处罚决定的,由作出处罚决定的机关申请人民法院强制执行。

第四十条 工商行政管理部门、市容部门和其他行政管理部门的工作人员违反本办法规定,玩忽职守、滥用职权、徇私舞弊、索贿受贿的,依法给予行政处分;构成犯罪的,依法追究刑事责任。

第五章 附则

第四十一条 各县(市)城镇户外广告管理,可参照本办法执行。

第四十二条 本办法由杭州市人民政府法制局负责解释。

第四十三条 本办法自发布之日起施行。一九九三年七月二十九日杭州市人民政府发布的《杭州市户外广告管理办法》同时废止。

宁波

宁波市城市概览

人口（万人）:总人口549.1，男277.6，女271.5

国内生产总值（亿元）:1769.9亿元，增长15.3%

三次产业占GDP的比重（%）：第一2.72，第二54.75，第三42.53

投资（亿元）:837.6，增长39.3%

消费（亿元）:521.5，增长12.7%

年末实有铺装道路面积（万平方米）：1409

年末实有公共营运汽电车（辆）：2044

年末实用出租汽车（辆）：2900

支柱产业:电气机械、石油加工、服装、烟草加工业等

宁波市户外广告管理办法

第一条 为加强户外管理，保护户外广告主、广告经营者和消费者的合法权益，发挥户外广告在社会主义市场经济中的积极作用，根据《中华人民共和国广告法》和其他有关法律、法规规定，结合本市实际，制定本办法。

第二条 凡在本市行政区域内的公路、城市道路、广场、绿地、机场、车站、码头等的建筑物或空间以及市政设施、交通工具上设置、绘制、张贴各种形式户外广告的，都必须遵守本办法。

第三条 本办法所称户外广告，是指商品经营者或者服务提供者承担费用，通过一定媒体和形式直接或者间接地介绍自己所推销的商品或者所提供的服务的户外商业广告。

本办法所称户外广告主，是指为推销商品或者提供服务，自行或者委托他人设计、制作、设置发布户外广告的法人、其也经济组织或者个人。

本办法所称户外广告经营者，是指受户外广告主委托提供户外广告设计、制作、发布的法人、其他经济组织或者个人。

第四条 市、县(市)工商行政管理局是本行政区域户外广告的主管机关。各区工商行政管理机关受市工商行政管理局委托，负责对本行政管理局委托，负责对本行政区域内设置户外广告实施监督管理。

各级规划、公安、市政公用等部门应根据各自职责，协同工商行政管理机关做好户外管理工作。

第五条 户外广告内容必须真实、健康、清晰、明白，不得以任何形式欺骗和误导消费者。

第六条 户外广告中使用的语言、文字、计量单位等，必须符合国家法定规范和标准。

第七条 经营户外广告的单位或个人必须向工商行政管理机关申请登记，取得户外广告经营权后，方可经营。

第八条 设置户外广告，应向设置地工商行政管理机关提出申请。

在市区内设置户外广告的，应向市工商行政管理局提出申请。

第九条 申请设置户外广告，应提交户外广告设置场地图、广告形式稿及场地使用协议，如实填写《宁波市户外广告设置申请表》。

第十条 工商行政管理机关应在接到申请之日起15个工作日内作出审查决定。符合条件的，发给《宁波市户外广告设置许可证》(以下简称《许可证》)；不符合条件的，说明理由，退回申请。

户外广告主、广告经营者取得《许可证》后，方可设置户外广告。

第十一条 在江东、江北、海曙三区内需统一规划的户外广告场地，由市工商行政管理局会同规划、公安、市政公用等部门制定户外广告具体设置方案,报市人民政府批准后,由市工商行政管理局负责监督实施；统一规划以外的户外广告的设置，如涉及城市规划、交通道路、交通工具、市政设施的，由市工商行政管理局会同有关部门联

合审批。

其他县(市、区)户外广告的设置规划，由县(市、区)人民政府组织有关部门制定。

设置户外广告需办理构筑物建设工程规划许可证件的，应按照《中华人民共和国城市规划法》的规定办理。

第十二条 利用自身场地设置用于自我宣传的霓虹灯、路牌、墙壁等形式户外广告的，户外广告主应当设置地工商行政管理机关提出登记申请。经工商行政管理机关登记，发给《宁波市户外广告登记证》(以下简称《登记证》)后方可设置。

《登记证》规定的留存期满后，广告主必须拆除或清除户外广告。

第十三条 户外广告主、广告经营者应在领取《许可证》之日起三个月内设置户外广告。

第十四条 路牌、霓虹灯、灯箱等形式户外广告的场地费、建筑物占用费最高不得超过广告费用的15%，户外广告主、广告经营者与场地主应如实签订租用场地协议，并报设置地工商行政管理机关备案。

第十五条 经批准设置的路牌广告，必须在其右下角标明《许可证》编号、设置单位及发布时间。

第十六条 设置路牌、霓虹灯、灯箱等户外广告，应牢固安全、整洁美观。破损、脱色的，影响市容市貌的，应及时整修或拆除。

设置者对路牌、霓虹灯、灯箱等户外广告，每隔半年应整修一次。工商行政管理机关应加强对户外广告设置的监督检查，发现破损、脱色或影响市容市貌的，应通知设置者在15日内进行整修或立即拆除。

第十七条 需要张贴各类广告的单位和个人，应该持有关证件向张贴地工商行政管理机关申请登记。工商行政管理机关应在接到申请之日起2个工作日内作出审查决定。同意张贴的，加盖准予张贴印章，注明留存期限后，贴入工商行政管理机关设置的公共广告栏或指定位置内；不同意张贴的，退回申请。

第十八条 张贴商业广告的应向工商行政管理机关缴纳公共广告栏设施费；委托张贴的，应缴纳委托张贴费。

设施费和委托张贴费由市物价主管部门核定。

第十九条 各类展销会、订货会、交易会、开业、庆典活动，文体公益活动等需设置临时性户外广告的，应向设置地工商行政管理机关提出申请，经批准后方可设置。在规定的留存期满后，必须立即清除或拆除。

第二十条 任何单位和个人不得侵犯户外广告主、广告经营者的合法权益，不得随意损坏、拆除或遮挡户外广告。

因市政建或其他特殊情况需要拆除户外广告的，由工商行政管理机关书面通知设置者按期拆除。

第二十一条 违反本办法的，由工商行政管理机关视其情节轻重，按下列规定分别予以处罚：

(一)违反本办法第五条规定的，责令限期改正，没收非法所得，并处广告费用一倍以上五倍以下的罚款；使消费者合法权益受到损害的，依法承担民事责任；构成犯罪的，依法追究刑事责任；

(二)违反本办法第七条、第十条第二款规定的，责令限期改正或拆除；逾期不改正或不拆除的，没收其非法所得，并处500元以上5000元以下罚款；

(三)违反本办法第十二条规定，未经工商行政管理机关登记而设置户外广告的，责令其限期改正，补办登记手续；逾期不改正的，责令其立即清除，并处200元以上5000元以下罚款；《登记证》规定的留存期满后，未拆除或清除户外广告的，责令其立即拆除或清除，并可处100元以上2000元以下罚款；

(四)违反本办法第十三条规定的，责令其限期改正，逾期不改正的，取消其户外广告设置权，收缴其《许可证》，并可处500元以上5000元以下罚款；

(五)违反本办法第十四条规定的，视其情节予以通报批评，责令限期改正，没收非法所得，并可处5000元以下罚款；

(六)违反本办法第十五条、第十六条规定的，责令其限期改正或拆除；逾期不改正或不拆除的，处以100元以上2000元以下罚款；

(七)违反本办法第十七条规定，责令补办登记手续，并可处500元以下罚款。

第二十二条 对责令限期拆除或清除的户外广告，被处罚者在规定的期限内未予拆除或清除的，工商行政管理机关可以强制拆除或清除，费用由被处罚者承担。

第二十三条 当事人对工商行政管理机关的处罚决定不服的，可依法申请复议或依法直接向人民法院起诉。

第二十四条 本办法由市工商行政管理局负责解释。

第二十五条 本办法自1995年4月1日起施行。市人民政府1988年12月5日批转的《宁波市户外广告管理办法》(市政[1984]84号)同时废止。

苏州

苏州市城市概览

人口（万人）:总人口591，男292.8，女298.2

国内生产总值（亿元）:2802，增长18%。

三次产业占GDP的比重（%）：第一1.96，第二63.79，第三34.25

投资（亿元）:1408.93，增长73.3%。

消费（亿元）:526.1，增长16.5%。

年末实有铺装道路面积（万平方米）：2816

年末实有公共营运汽电车（辆）：1198

年末实用出租汽车（辆）：2403

支柱产业: 电子信息、精密机械、精细化工、旅游业等

苏州市市区户外广告管理办法

(苏州市人民政府令第21号)

第一条 为了加强对本市市区户外广告的管理，促进户外广告健康有序地发展，根据《中华人民共和国广告法》、《中华人民共和国城市规划法》和国务院《城市市容和环境卫生管理条例》等法律法规，按照统一规划、规范管理、总量控制、有偿使用的原则，结合本市实际，制定本办法。

第二条 凡在苏州市市区范围内从事户外广告活动的广告主、广告经营者和广告发布者，必须遵守本办法。

第三条 本办法所称户外广告，是指利用户外媒体直接或者间接介绍商品或者服务的下列广告：

(一)定着于建(构)筑物外部或者道路、交通设施上，以广告牌、霓虹灯、电子显示屏、电子翻板装置、灯箱、实物模型、布幅、招牌以及张贴等形式发布的广告；

（二）利用车、船等交通工具外部设置、绘制、张贴的广告；

（三）利用飞艇、气球等升空器具悬挂、绘制的广告；

（四）利用其它户外媒体设置的广告。

第四条 市规划局是市区户外广告的规划管理部门，依据《中华人民共和国城市规划法》等法律法规制定有关户外广告设置技术规定，并实施规划管理。

市、区工商行政管理局是户外广告的登记、监督管理机关，负责户外广告发布资格、发布内容审查、登记发证和对违法发布户外广告行为的行政处罚和监督管理。

市、区城市管理局是市区户外广告设置的综合管理部门，依据国务院《城市市容和环境卫生管理条例》等有关法规、规章和划定的管辖区域分别进行户外广告设置的综合管理工作，参与市区户外广告设置规划的编制。

市、区城市管理行政执法局依据《苏州市城市管理相对集中行政处罚权试行办法》等法规、规章和管辖范围，对违反户外广告管理规定的行为进行行政处罚。市政公用、公安、园林和绿化、交通、环境保护等管理部门依法负责户外广告设置有关事项的审查和监督管理。

第五条申请户外广告登记、设置，应当具备下列条件：

（一）依法取得与申请事项相符的经营资格；

（二）拥有相应的户外广告媒体的所有权或使用权；

（三）户外广告发布、设置的时间、地点、形式符合市政府户外广告设置的规划要求和工商行政管理登记事项。

第六条 设置户外广告应当符合以下要求：

（一）内容必须真实、合法，符合社会主义精神文明建设的要求，不得欺骗和误导消费者。

（二）位置设计、制作和安装应当符合《苏州市户外广告设置技术规定》和有关的技术、质量、安全标准，不得粗制滥造。

（三）定期维修、保养，做到整齐、安全、美观。

（四）使用文字、汉语拼音、计量单位、标志符号等应当符合国家规定，书写规范准确。使用外国文字的，应当同时标注中文，并按工商行政管理部门核准的内容发布。

（五）户外广告右下角或外侧面必须附置由城管、工商、规划部门统一制作的户外广告登记设置证，统一编号。

第七条 有下列情形之一的，不得设置户外广告：

（一）利用交通安全设施、交通标志的；

（二）影响市政公共设施、交通安全设施、交通标志使用和城市公共绿地绿化的；

（三）妨碍生产或人民生活，损害市容市貌的

（四）国家机关、文物保护单位和名胜风景点的建筑控制地带；

（五）市政府或户外广告设置规划禁止设置户外广告的区域。

第八条 户外广告设置规划由市规划局负责组织编制，经联席会议讨论通过，报市政府批准后向社会公示。

第九条 市区范围内户外广告设施（阵地）的使用权以有偿方式取得，由政府通过指定的单位采取拍卖、招标等合法方式公开竞争取得。单位或个人利用自有建（构）筑物设置户外商业广告设施的，依本办法出让。本办法所称户外广告设施，是指经规划等部门批准，由政府以招标方式确定的单位建造，用于出让的户外广告固定专用设施。本办法所称户外广告阵地，是指可用于建造户外广告固定专用设施的土地（或建筑物）及其附着于土地（或建筑物）的空间位置。

第十条 纳入户外广告设施（阵地）使用权出让的广告包括：利用道路、广场、车站、码头等周边建筑物或空间设置的广告牌、店牌（含广告内容的）、路牌、灯箱、霓虹灯、电子显示牌（屏）、立体模型、横（条）幅、气球、飞艇等广告。

第十一条 以拍卖方式出让户外广告设施（阵地）的，由拍卖公司策划，并于拍卖日前7日通过大众媒体发布拍卖公告。

以招标方式出让的，在招标前7日发布招标公告。

以其他方式出让的，应在出让日前7日公告。

户外广告设施的出让年限一般为2年，户外广告阵地的出让年限一般为3年。具体出让年限在拍卖公告和招标公告中予以标明。

第十二条 用于出让使用权的户外广告设置（阵地）资料应向受让者公布，根据户外广告规划设置的进展情况，有步骤地采取组合式或分组式进行使用权出让。

凡具备户外广告经营资格的广告经营单位均可参加竞买，由苏州工商行政管理局对参与竞买者进行经营资格预审。

第十三条 参与竞买者应当持营业执照、广告经营许可证、广告意向、广告设计样稿等，在规定的时效内，统一参加有关部门定期组织的户外广告设施（阵地）使用权出让拍卖会。在取得户外广告设施使用权后，受让人凭成交协议书、中标通知书等有效法律文件，到有关部门办理户外广告设置、发布登记手续。

凡涉及市政公用设施、交通安全、园林绿化等管理的，还须经市政公用、公安、交通、园林和绿化管理、环境保护等管理部门批准。

户外广告设置的审批，实行联席会议会审制度。由市城市管理局定期组织有关管理部门，对户外广告设置进行集中会办审批，并报市分管领导批准后组织实施。

第十四条 受让人在取得户外广告设施（阵地）设置批准文件后3个月内未予以发布的，由市城市管理局、市规划局和苏州工商行政管理局督促其发布，或先发布城市公益广告；超过一年仍未发布的，按照有关规定收回其户外广告设施（阵地）使用权。

第十五条 户外广告必须按登记和批准设置的地点、内容、形式、规格、时间等发布，不得擅自更改。设置时间需要延长或者变更其他登记、设置事项的，应当在期满前30日向原登记、批准机关申请办理延期、变更、续拍等手续。

经批准设置的户外广告，任何单位和个人不得擅自覆盖和拆除。因城市建设或其他特殊需要必须拆除的，建设单位和有关部门应当提前2个月通知广告经营者或者发布者。经营者或者发布者应当在规定期限内拆除，建设单

位和有关部门应当依法给予适当补偿。

第十六条 定着于公共建筑物和道路、交通设施上的户外广告设施或阵地（专营范围除外）使用权出让金（费）进入苏州市财政专户，用于支付有关规费、设施维护费、公益广告建设费等相关费用。

利用单位或个人所有权的建（构）筑物设置户外商业广告设施的，其出让金（费）由业主和市财政部门按协议分成，具体分成比例由出让活动的组织者和业主协商议定。

第十七条 户外广告设施（阵地）出让活动的组织，户外广告设施的日常维护和综合管理等工作由市城市管理局牵头负责。

第十八条 个体工商户、城乡居民个人张贴各类招贴广告，应当在工商行政管理局设置的公共广告栏内张贴，并到设置地工商行政管理部门办理简易登记手续。禁止乱贴乱涂广告。

第十九条 违反本办法规定的，由市城市管理行政执法局、工商局、规划局等部门依照有关法律、法规和规章的规定进行处罚。

第二十条 市政府定期组织各管理部门召开联席会议，对户外广告设置规划、广告设施（阵地）使用权出让事项、重大违法案件处理等工作进行协调和监督检查。联席会议的日常准备工作由城市管理局负责。

第二十一条 户外广告有关审批管理部门应当按照公平、公正、简便、效能的原则，制订审批程序，公布审批限期。

第二十二条 吴中区、相城区、苏州工业园区和苏州新区依照市政府确定的权限，负责本行政区域的户外广告管理、审批和行政执法工作。

第二十三条 本办法自2002年3月1日起施行。1997年1月9日市人民政府印发的《苏州市市区户外广告管理暂行办法》同时废止。

无锡

无锡市城市概览

人口（万人）:总人口442.5，男222.7，女219.8
国内生产总值（亿元）: 1901.22，增长15%
三次产业占GDP的比重（%）：第一1.51，第二57.84，第三40.65
投资（亿元）: 893.32，增长66.1%
消费（亿元）: 487.1，增长15.4%
年末实有铺装道路面积（万平方米）：4355
年末实有公共营运汽电车（辆）：1944
年末实用出租汽车（辆）：4153
支柱产业: 电子信息、机电一体化、生物医药和新材料、现代物流等

说明：无锡市人民政府已经废止《无锡市户外广告管理规定》（1992年市政府令第4号）。

温州

温州市城市概览

人口（万人）:总人口742.3，男387.8，女354.5

国内生产总值（亿元）:1220.3，增长14.8%

三次产业占GDP的比重（%）：第一1.1，第二56.62，第三42.28

投资（亿元）:448.6，增长15.7%

消费（亿元）:522.54，增长11.1%

年末实有铺装道路面积（万平方米）：945

年末实有公共营运汽电车（辆）：1509

年末实用出租汽车（辆）：3443

支柱产业:服装、鞋革、汽摩配、泵阀、眼镜、包装印刷业等

说明：温州市没有制定当地户外广告管理办法，执行国家和浙江省有关规定。

常州

常州市城市概览

人口（万人）：总人口346.2，男175.5，女170.7

国内生产总值（亿元）：900.2，增长14.5%

三次产业占GDP的比重（%）：第一3.52，第二59.7，第三36.78

投资（亿元）：446.6，增长76.8%

消费（亿元）：280.6，增长12.8%

年末实有铺装道路面积（万平方米）：3563

年末实有公共营运汽电车（辆）：1804

年末实用出租汽车（辆）：1442

支柱产业：轻纺、机电等产业

常州市市区户外广告泊位使用权出让暂行规定

第一条 为充分利用城市空间资源，规范本市户外广告泊位使用权出让行为，建立“公开、公正、公平、合理”的市场竞争机制，促进户外广告事业健康有序发展，根据国家、省有关规定，结合本市实际情况，制定本规定。

第二条 本规定适用于常州市市区范围。

第三条 市城管局会同市工商、公安、规划、建设、物价、财政等部门负责本规定的组织实施。

第四条 本规定所指的户外广告泊位是指利用户外媒体直接和间接介绍商品或者服务的下列商业广告所占用的城市空间位置:

（一）定着于建（构）筑物外部或者道路、交通辅助设施上，以广告牌、霓虹灯、电子显示屏、电子翻板装置、灯箱、实物模型、布幅、招牌以及张贴等形式发布的广告；

（二）利用车、船等交通工具外部设置、绘制、张贴的广告；

（三）利用飞艇、气球等升空器具悬挂、绘制的广告；

（四）利用其他户外媒体设置的广告。

第五条 凡出让的户外广告泊位必须符合常州市户外广告设置规划，并依法办理相关手续。

第六条 按照统一规划、规范管理、总量控制、有偿使用的原则，户外广告泊位使用权实行有偿出让。

凡利用市政等社会公共场地、设施设置户外广告的，其泊位使用权必须通过竞买方式有偿取得；凡利用单位和个人的建（构）筑物（或媒体）设置户外广告的，必须实行市场化运作方式并按市物价、财政部门核定的标准缴纳泊位使用权出让金。

第七条 实行拍卖方式出让的户外广告泊位使用权由市城管等部门委托拍卖公司按《拍卖法》规定的程序进行拍卖。

第八条 现有户外广告泊位使用权处理办法:

（一）对未经批准擅自设置的户外广告，予以拆除，收回泊位使用权；

（二）对虽经批准，但不符合户外广告设置规划的户外广告，设置期满后予以拆除，收回泊位使用权；

（三）对经批准，符合户外广告设置规划和城市容貌标准的户外广告，已满三年的，收回泊位使用权；不满三年的按规定收取泊位使用权出让金；期满后按本规定第六条执行。

第九条 户外广告泊位使用权出让金实行收支两条线管理，使用财政统一票据，收入缴入市财政专户，其收入必须用于公共场地、设施维护及城市灯光建设、户外广告和标志等管理工作。

第十条 违反本规定的，依照法律、法规、规章的规定进行处罚。

第十一条 武进区的户外广告泊位使用权出让按本规定组织实施。

第十二条 各辖市可以参照本规定执行。

第十三条 本规定自2003年2月1日起施行。

关于颁发《常州市城市容貌标准(试行)》的通知

(常政办发［1999］92号)

一、总则

第一条 为加强城市容貌管理，建设整洁、优美、文明的现代化城市，依据国务院《城市市容和环境卫生管理条例》、建设部《城市容貌标准》和《江苏省〈城市市容和环境卫生管理条例〉实施办法》，制定本标准。

第二条 本标准适用于常州市市区，建制镇可参照本标准执行。

第三条 城市中的建筑物、构筑物、道路、公用设施、城市绿地、水域、集贸市场、施工现场和户外广告、牌匾、橱窗、画廊、灯光设施以及交通运输工具等的外观构成城市容貌。

二、建筑景观

第四条 新建、扩建、改建的一切建筑物、构筑物，应讲究建筑艺术，其外貌、造型、装饰、色彩应充分体现现代化城市风貌。

已建成使用的建筑物、构筑物墙面应清洗、粉刷，保持外形完好、整齐、清洁、美观。

第五条 在城市道路两侧建筑物和构筑物上进行户外装修，其材质、造型、图案，应明快、大方，体现艺术氛围。

第六条 临街建筑物应当做到阳台、平台、外走廊无

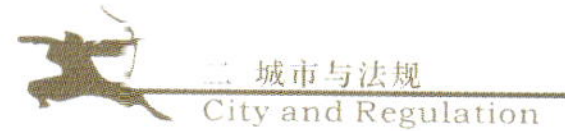

堆放物，窗外无吊挂有碍市容的物品。

封闭阳台、安装防盗(门)窗、空调应当规范，保持整齐、美观。临街建筑物安装空调室外机，其托架底端离地面高度不低于24米，空调落水不得排放在人行道上。

经批准设置的遮阳，应整齐统一、整洁美观，高度不低于2.4米，从墙体向外延伸不得超过1.5米。遮阳设置不得使用落地支架，不得使用玻璃钢瓦、石棉瓦及其他有碍市容观瞻的材料。遮阳蓬布应六个月清洗一次，破旧的应及时更新，支架应每年油漆一次，保持常新。

第七条 市区主要道路两侧大型临街商用房底层应逐步采用大幅透景玻璃。

第八条 道路两侧建筑物前的分界应当采用下列形式：绿篱、花坛、栅栏、透景围墙、半透景围墙。围墙的高度不超过1.6米。

三、公共设施

第九条 市区道路(含人行道、桥梁、下同)应保持平坦、完好，路面不得出现坑塘、龟裂、隆起、积水、塌陷。

第十条 经主管部门批准占用和挖掘道路应在限期内恢复原状。开挖道路施工现场应采用金属板材围栏，并设置警示标志。

第十一条 未经批准，不得利用道路开办各类市场和设立机动车停车场、摊点、亭棚或其他与道路功能不符的经营性项目。原批准临时占用的要有计划地逐步退出。

规划停车场地不得擅自改作它用。

第十二条 市区道路给水、排水管道必须保持畅通，自来水或污水无外溢。地面各类井盖均保持完好、无缺损。市区道路雨后不得积水。

道路两侧建筑物、构筑物经批准进行户外装修占道作业，应采用编织布、苫布等软质材料围护现场。

第十三条 市区道路两侧各类架空管线应统一规划，逐步转入地下埋设。

城市交通设施、公用电信设施和公共消防设施应标志明显、美观整洁。城市各类公用设施外型设计应新颖美观，并与周围环境相协调。

四、广告标志

第十四条 市区主要建筑物、构筑物、桥梁、广场、大型花坛、绿地和沿街经营单位等，均须设置装饰照明灯，并应按规定时间开闭，以美化城市夜景。

第十五条 户外广告、宣传牌、画廊、报廊、橱窗、牌匾、牌楼、霓虹灯、灯箱、电子显示屏以及商店名称字号、楼房幢号、路名牌、门牌等用字应当规范、工整、醒目，并保持整洁美观，功能完好。

第十六条 在市区道路两侧设置旗帜、条幅、气球、实物模型等各种宣传标志应当按照批准的期限、方式、地点张挂和设置。

市区主要道路两侧商业橱窗外型设计、内部摆设、灯光设施应富有时代气息。

建筑物、构筑物、各种设施以及树干上应无乱涂写、刻画，无乱张贴、张挂物。

各类户外广告的布置形式和高度，应不妨碍观瞻，并与周围景观相协调。

五、环境卫生

第十七条 道路应按等级标准进行清扫保洁，根据气候定期用水冲洗路面。

城市主要道路、公共场所、市场应设有布局合理的果壳箱。果壳箱应保持外形完好、清洁。

第十八条 城市公厕、袋装垃圾收集房应布局合理，有明显标志。内外环境应保持清洁，无蚊蝇、无臭味，墙面无涂写、刻画，无张贴物，无乱堆乱放。附属设施外观、功能应完好。

第十九条 沿街商店必须在门内售货，商店门前应当保持整洁，无存放货物、箱筐和其他物品。

自行车、摩托车等各类修理店，必须在门内经营，不准在人行道上作业。

沿街单位、居民必须落实门前三包，门内设置统一的垃圾容器，袋装垃圾不得沿街丢放。

第二十条 严禁向河坡、河道内倾倒各种垃圾，排放污水及有毒有害液体。水面应无垃圾杂物漂浮。河道淤积应定期疏浚。

第二十一条 建设工程施工现场按规定设置围墙、护网。施工围墙应当完整牢固、美观，主要道路两侧的施工围墙高度不低于2.5米。施工场地外围50米内没有建筑垃圾，施工场地出入口外100米内无施工污染物。建设工程施工现场应当有排水设施，施工污水经沉淀后方能排入下水管网。运输道路平整坚实、畅通，保持整洁卫生。运输车辆不带泥沙驶出现场。工程竣工后，应及时拆除工棚，撤走作业工具。施工的剩余材料、工程弃土和其他杂物，应当及时清理干净。

第二十二条运输液体和散装货物应当密封或包扎、覆盖，防止撒、泼、滴、漏。

车体严重变形、破损，车容明显不洁，车身、车轮带有泥沙的车辆不得在市区内行驶。

第二十三条市区内居民不得饲养各类家禽、家畜。城郊结合部农业户饲养的家禽、家畜必须圈养，不得影响环境卫生。

第二十四条近郊自然村应无乱搭乱披、乱堆乱圈、乱画乱贴及露天粪坑，逐步做到绿化、净化、硬化。建筑物立面应完好、整洁。

路面应保持整洁，河塘水面无漂浮物。各类环卫设施配套齐全、功能完好。

六、公共场所

第二十五条 市区行道树、绿地、草坪、绿篱、花坛等要保持整洁、美观，无死树枯枝，无荒芜绿地，无乱吊乱挂，无“白色垃圾”。街头绿地应逐步采用造景植物，讲究色彩、造型。市区河流、其他水域应有带状绿化围绕。城市土地应硬化或绿化，减少城市空气中的含尘量。

第二十六条 城市雕塑应立意鲜明，有地方特色，有时代感，并保持整洁、完好。

第二十七条 市区主要道路、广场、机场、车站、港口、码头、影剧院、歌舞厅、饭店、宾馆、商店、体育馆、公园等公共场所应经常保持环境整洁，室外绿化、美化，室内外地面不得有痰迹、纸屑、烟头、瓜果皮核及各种垃圾杂物。地面平整，不得有污水坑凹及乱堆乱放。橱窗、内外墙壁不得乱挂杂物，不得乱刻、乱写、乱贴。

第二十八条 机动车、非机动车停车场，公共汽车起、终点站应保持地面平整、外观洁净，车辆存放整齐有序。各种设施完好、美观，场内外无乱堆乱放。

第二十九条 各类集贸市场、小商品市场应有明显标志，有完善的配套设施，环境整洁、秩序良好、市场内规范管理。

第三十条 居民住宅小区(以下简称小区)各类公建配套施应完好齐全、运作正常。小区进口处应有明显标志及小区详细布局图。

小区主次干道应保持平坦、完好、畅通。

小区应实行垃圾袋装化。各类环卫设施布局合理，外形完好、整洁。

小区公共部位应保持完好整洁。

小区应逐步推行物业管理或封闭安全管理。

第三十一条 城郊结合部主要入城口道路应平坦，道路两侧无垃圾积存。花坛、绿地、行道树应保持完好、整洁。

七、附则

第三十二条 本标准自颁布之日起施行。

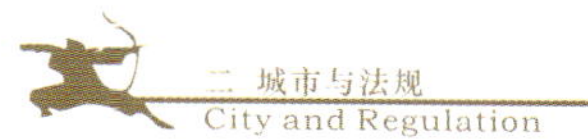

南部沿海地区

南部沿海地区区域概览

南部沿海地区即以珠江三角洲城市群为主，包括福建福州、厦门以及海南省的海口市。

珠江三角洲包括港澳在内的珠江三角洲地区城市化水平已达74%左右，可列入世界城市化水平较高地区。全区有城市25座，建制镇420个，城镇密度为108个/万平方公里，城市密度6座/万平方公里，均大大超过全国平均水平。

珠江三角洲地区已经初步形成一个以广州为中心枢纽，包括公路、铁路、水运、航空、管道等多种运输方式的现代交通运输网，基本能适应经济社会的发展需要。

珠江三角洲经济区已经形成内、中、外圈层的城市群，是中国区域经济中最具生机活力的重要增长机之一，也是中国最有望发展成国际性超大城市群的地区之一。

广州，位于珠江下游，东、北、西三江在附近汇合，历来是我国南方的政治、经济、文化、交通中心。特区城市深圳和珠海为我国重要的对外开放窗口，出入口岸，分别是与港澳的联结点，在我国的对外经济格局中，占有特殊的地位。珠江三角洲城市群中，北部以广州为中心的大都会区，将是第二、第三产业的密集区，东南部以香港、深圳为中心的大都会区具有外贸、金融、国际运输的优势。西南部以澳门、珠海为中心的大都会区，港口工业、商贸业、旅游业将有较快的发展。珠江三角洲城市之间，工业化进程整体推进，基础设施建设正在加速网络化、一体化，等级优化、功能互补、布局合理、各具特色的可持续发展的现代化城市群正在迅速崛起。

广州

广州市城市概览

人口（万人）:总人口725.2，男372.2，女353

国内生产总值（亿元）: 3466.63，增长15%

三次产业占GDP的比重（%）：第一2.46，第二41.14，第三56.41

投资:1157.77，增长14.7%

消费: 1494.27，增长9%

年末实有铺装道路面积（万平方米）：6563

年末实有公共营运汽电车（辆）：7508

年末实用出租汽车（辆）：16923

支柱产业: 汽车制造业、电子通信设备制造业、石油化工业以及电子信息、生物医药、新材料为主体的高新技术产业

广州市户外广告管理办法

第一章 总则

第一条 为加强本市户外广告管理，规范户外广告活动，维护市容整洁、美观，促进户外广告健康发展。根据《中华人民共和国广告法》等有关法律、法规，结合本市实际，制定本办法。

第二条 本办法所称的户外广告包括:

（一）利用公共或者自有场地的建筑地、构筑物、空间设置的路牌、霓虹灯、电子显示牌（屏）、灯箱、橱窗、招牌等广告;

（二）利用交通工具（包括各种水上漂浮物和空中飞行物）设置、绘制、张贴的广告;

（三）以其它形式在户外设置、绘制、悬挂、张贴的广告。

第三条 凡在本市行政区域内设置、绘制、悬挂、张贴等从事户外广告的单位和个人，均适用本办法。

第四条 广告主、广告经营者、广告发布者应在核定的经营范围内，依法从事户外广告活动。

户外广告的设置必须符合城市规划的要求，不得影响城市景观、绿化、风景名胜和交通、消防安全。

第五条 本市各级工商行政管理部门是本市户外广告的监督管理机关，负责对从事户外广告活动的单位和个人实施监督管理。

城市规划部门负责户外广告设置的规划管理，确定设置户外广告的地区、路段和设置要求，审核重要地区、重要路段和5 0平方米以上（不含本数，下同）的户外广告。

市容环境卫生部门负责对5 0平方米以上户外广告的设置进行审核和对张挂、张贴户外广告审核管理。并对破损、残缺等影响市容的户外广告依法进行查处。

城建、市政园林、公用事业、公安等行政管理部门应根据各自职责，协同做好户外广告的监督管理工作。

第六条 未经工商行政管理部门核准登记，不得发布户外广告。

第二章 发布规划

第七条 户外广告的内容必须真实、合法，符合社会主义精神文明建设的要求。广告不得含有虚假的内容，不得以任何形式欺骗和误导消费者。

第八条 户外广告使用文字、汉语拼音、商标、计量单位等，应当符合国家规定，书写规范准确。

第九条 有下列情形之一的，不得设置户外广告:

（一）利用交通安全设施、交通标志的;

（二）影响市政公共设施、交通安全设施、交通标志使用的;

（三）妨碍生产或人民生活、影响道路畅通、损害市容市貌的；

（四）国家机关、文物保护单位、纪念性建筑、有代表性近代建筑和名胜风景点的建筑控制地带；

（五）利用电力杆、电讯杆、电车杆、路灯杆的；

（六）利用违章建筑、危房及其它可能危及安全的建筑和设施的；

（七）利用人行道、城市广场（商业街、步行街除外）、绿化带等公共场地设置招牌广告的（包括企业名称指示牌）；

（八）在各类等候室、影剧院、会议厅堂、体育比赛场馆设置烟草广告的；

（九）非商业区内的建筑外墙、裙楼、楼顶、栏杆及围墙设置经营性户外广告的；

（十）县级以上人民政府禁止设置户外广告的区域。

第十条 严格控制在市区道路上设置路牌广告。在商业街道、步行街占道设置路牌广告的，应当符合城市规划的要求。

在本市中山路、环市路、北京路、上九路、下九路、长堤路、农林下路、署前路、环市路、江南大道、天河路、洪德路等重点商业街区设置户外广告的，鼓励用霓虹灯形式。

第十一条 严格控制在下列地段和场所占道设置户外广告的数量:

（一）广州火车站、广州火车东站、机场；

（二）海珠广场、天河体育中心、珠江新城；

（三）东风路、解放路、流花路；

（四）收费站、桥梁、高架桥、桥墩、人行天桥（广告集资的除外）。

在上述地方设置长期固定性户外广告的，应当采用霓虹灯、电子显示屏、电脑画等形式。

第十二条 人行天桥的户外广告设置必须以通透、霓虹灯形式，占用面积不得超过桥体本身。

第十三条 装饰性灯饰用于经营性户外广告的，纳入户外广告管理。

第十四条 户外广告设施的设计、制作和安装设置应当符合相应的技术、质量标准并符合下列要求:

（一）广告牌距离１０千伏高压导线净距不得小于1.5米；

（二）广告牌距离低压导线或电话线净距不得小于0.5米；

（三）广告牌外沿距离建（构）筑物的立面不得超出1.8米；

（四）广告牌距离地面不得低于4.5米，设在有上盖的人行道上方的，距离地面不得低于2.8米；

（五）市区内街消防通道上空4.5米以下，宽3.5米以内不得设置户外广告；

（六）户外广告的用电设施，必须符合《广州地区电气设置装置规程》的规定和供电部门的有关规定；

（七）横额、标语的张挂不能横跨马路；张挂期限不得超过１５天。

第十五条 设置户外广告的单位和个人对户外广告设施负有安全责任。单板面积在５０平方米以上的户外广告应当办理安全保险。

第十六条 企业招牌广告，应与企业注册登记名称相一致。企业招牌广告的设置，在同一条道路应做到协调、整齐。

经营专卖商品的企业可在招牌部门版面发布专营的商品广告，但其面积不得超过招牌版面的1/2，不得发布非专卖商品的广告。

第十七条 经批准设置的户外广告，必须在其右下角标明《户外广告设置许可证》号和经营者名称（霓虹灯广告除外）。

第三章 规划设置与审批登记管理

第十八条 户外广告的设置，应当符合城市规划要求。

重要地区的户外广告牌位的设置规划，由城市规划行政主管部门会同工商、市容环卫、公安、市政园林等有关部门制订。具体规划报市人民政府批准后，由工商行政管理部门监督实施。

城市重要地区和５０平方米以上户外广告牌的设置，应先征得城市规划部门的同意。其中，５０平方米以上的户外广告的设置，还应征得市容环卫管理部门的同意。

横额标语设置由市容环卫管理部门负责审批管理。

其它地区户外广告牌的设置，单板或拼装总面积50平方米以下（含50平方米）的，由市工商行政管理部门审批，但应当符合国家规定的城市容貌标准。

第十九条 凡经营户外广告的单位和个人，必须向工商行政管理部门申领营业证照，取得户外广告经营权后，方可经营。

第二十条 广州地区以外的广告经营者和外商广告企业如需在本市经营户外广告，必须委托本市具有相应户外广告经营权的广告经营者承办，不得自行在本市从事户外广告经营活动。

第二十一条 申请设置户外广告，应按下列程序办理：

（一）申请者联系到广告牌设置场地后，向市工商行政管理部门提出申请，并同时提交广告样稿、广告合同及有关证明材料；

（二）户外广告的设置，其场地涉及交通、道路、市政设施的，或在机场净空控制区内建筑物顶部设置广告牌位的，应事先征求有关部门同意；

（三）市工商行政管理部门接到申请后，由其直接审批的，应于7个工作日内作出决定，送市容环卫管理部门备案。需送规划、市容环卫或有关部门征求意见的，有关部门应在15个工作日内作出是否同意的答复；

（四）经审查合格的，由市工商行政管理部门核发《户外广告登记证》。

第二十二条 举办有企业赞助的文化、体育、公益等活动，如需设置不超过两个月临时户外广告的，必须委托户外广告经营者承办，向工商行政管理部门提出申请，经批准后方可设置。

第二十三条 户外广告必须按登记的地点、形式、规格、时间等内容发布，不得擅自更改。

第二十四条 已经批准，但需要变更登记事项的，应当向原审批登记管理部门申请办理变更登记手续后，方可发布。

第二十五条 依法批准设置的户外广告设施，是城市临时构筑物，除广告登记管理机关依法定程序变动外，其它任何单位和个人，不得占用、拆除、遮盖或损坏。

凡经批准的户外广告是城市临时构筑物，因城市建设或其它特殊情况需要拆除户外广告的，应先行书面通知工商行政管理部门，由工商行政管理部门书面通知户外广告设置者自行拆除。

户外广告牌位不得空置。如合同期满未能及时发布广告的应以公益广告补充版面。

第二十六条 户外广告场地占用费按物价部门核定标准收取。

第二十七条 企业和个体工商业户在自有场所（包括有房屋产权或使用权的），对外设置内容与营业执照登记项目相一致的招牌广告，须将广告样稿及有关证明材料向所在地的区、县级市工商行政管理部门申请登记，由受理的工商行政管理部门核发《招牌广告登记证》后，方可设置。

第二十八条 公共广告栏的设置，由区、县级市工商行政管理部门会同同级城市规划部门统一规划，由区、县级市工商行政管理部门负责设置和管理，并报市工商行政管理部门备案。

第二十九条 需要在公共广告栏张贴各类经济、文化、社会广告的单位和个人，均须向张贴地的区、县级市工商行政管理部门登记，由区、县级市工商行政管理部门委托认定的广告公司统一张贴。

禁止在公共广告栏以外的建筑物、构筑物、树木、线杆等公共设施上张贴广告。

第三十条 《户外广告登记证》有效期为1年，期满后需继续设置的，应在有效期届满15日之前向原审批登记管理部门办理续期手续。逾期不办理的，由登记管理部门责令其停止发布广告；情节严重的，由登记管理部门注销其登记证。

第三十一条 户外广告设置在建（构）筑物或其它载体上的，由发布者负责维修、维护、更换、拆除。独立设置的，由设置者负责；有协议约定的，按协议执行。

第三十二条 户外广告的维护管理责任单位或个人应经常检查户外广告的设置情况，发现图案、文字、灯光显示不全、陈旧、污浊、腐蚀、损毁、变型、脱色、肮脏等情况，应立即予以恢复或拆除。过期或失去使用价值的户外广告应及时拆除。

第三十三条 户外广告经营者和出租场地的单位或个人，应按物价部门核定的标准向户外广告登记管理部门缴纳广告管理费。

第四章 法律责任

第三十四条 有下列违法行为之一的，由工商行政管理部门予以处罚：

（一）违反本办法第六条、第十九条、第二十条、

第二十二条规定，未经登记擅自发布户外广告的，由登记管理机关没收违法所得，处以五千元以下罚款；

（二）违反本办法第二十三条、第二十四条、第二十五条规定的，处以一千元以上三千元以下罚款；

（三）违反本办法第三十三条规定，广告经营者及出租场地单位或个人拖欠广告管理费的，每拖欠一天按应缴纳金额的3％缴交滞纳金；

（四）违反本办法其它规定的，按有关广告管理法规处罚。

第三十五条　凡违反本办法设置的户外广告，依法由城市规划或市容环卫管理部门责令其限期改正或拆除；逾期不改正或拆除的，依法强制拆除，所需费用由广告发布者承担。

第三十六条　违反本办法第三十二条规定，经责令恢复或拆除而逾期不履行的，由市容环卫管理部门强制拆除。所需费用由本办法第三十一条规定的责任者承担，并依法处罚。

第三十七条　违反本办法第二十九条规定，乱张贴广告的，由市容环境卫生管理部门依据有关法规处罚。

第三十八条　被处罚的当事人对有关行政管理机关处罚决定不服的，可以在收到处罚通知之日起15日内，向上一级行政管理机关或同级人民政府申请复议。对复议决定仍不服的，可以在收到复议决定书之日起15日内直接向人民法院起诉。当事人也可以在接到处罚决定之日起15日内直接向人民法院起诉。

第五章　附　则

第三十九条　本办法自1998年8月1日起施行。本办法施行前，本市制定的其它有关广告规章内容与本办法不符的，以本办法为准。

广州市招牌广告设置管理规定

第一条　为加强招牌广告管理，规范招牌广告设置，维护市容整洁、美观，依据《中华人民共和国广告法》、国家工商局《户外广告登记管理规定》、《广州市户外广告管理办法》、《广州市城市规划条例》等有关法律、法规规定，结合本市实际情况，制定本规定。

第二条　本规定所称招牌广告，是指企、事业单位和个体工商户在其经营或办公场所或建筑物控制范围内，设置与其企业注册登记名称相符的标牌、匾额、指示牌。

第三条　凡在广州市行政区域内设置招牌广告的企、事业单位和个体工商户，均适用本规定。

第四条　广州市工商行政管理局是本市招牌广告的主管机关。

区、县级市工商分局具体负责本辖区内招牌广告的登记管理。

第五条　未经工商行政管理机关登记，任何企事业单位和个体工商户不得随意设置招牌广告。

第六条　招牌广告的设置应当安全、整齐、美观、规范，与环境相协调，要有利于美化市容景观、城市文明建设和方便人民生活。

设置招牌广告不得有下列情形：

（一）损害市容市貌；

（二）妨碍他人生产经营或者影响居民生活；

（三）利用公共设施，占用公共场所、人行道、公共绿地；

（四）妨碍交通，影响交通安全；

（五）造成环境污染；

（六）粗制滥造、形象丑陋；

（七）有不良文化内容。

第七条　招牌广告内容应与工商注册登记的内容相符。经批准名称可以简化，并可以标示标志、经营项目等。

楼宇招牌广告的名称应与地名委员会办公室核准名称相符。

第八条　经营专营商品的商店可利用招牌广告部分版面发布专营商品广告，其面积不得超过整个版面的1/2，但不得发布非专营商品的广告。

第九条　招牌广告使用文字、商标、汉语拼音等，应当符合国家有关规定，书写规范准确。

招牌广告名称不得单独使用外国语言文字。

第十条　重要地区和重要路段招牌广告的设置应统一规划，由城市规划部门会同工商、市容环卫等部门编制出规划后，由工商行政管理部门监督实施。

第十一条　每个单位原则上只准在其经营场所的自身范围内设置一个招牌广告。

多个单位共用一个场所或一个建筑物内有多个单位的，设置招牌广告应先整体规划，按统一规格设计制作，不准个别单位在整幢建筑物墙面、楼顶独立设置。

除机场、车站、码头、宾馆、酒店及商业经营单位外，政府机关、学校、住宅、办公楼原则上不得在楼顶上设置招牌广告。

第十二条 商业城或商业步行街为营造商业气氛，应在其门面上方或墙面用灯箱或霓虹灯形式设置招牌广告。

第十三条 垂直建筑物立面设置招牌广告的，应当符合以下规定：

（一）招牌广告外沿距离建筑物的立面不得超出1.3米，下沿距离地面不得低于4.5米，设在有上盖的人行道上方的，距离地面不得低于2.8米：

（二）招牌广告外沿或下沿距离10千伏高压导线净距离不得小于1.5米；

（三）招牌广告外沿或外沿距离低压导线或电话线净距离不得小于0.5米；

（四）市区内街消防通道上空4.5米以下，宽3.5米以内不得设置招牌广告；

（五）招牌广告的厚度不大于0.3米。

第十四条 平行于建筑物外墙设置招牌广告的，其牌面的高度不得超过屋顶高度，宽度应与墙面相协调，但不得在多层或高层建筑物层与层之间的窗间墙上设置招牌广告。

第十五条 建筑物顶上设置招牌广告的，应当符合以下规定：

（一）在高度24米（含24米）以下建筑物顶上设置招牌广告，其牌面高度不得大于3米，宽度不得超出建筑物两侧墙面．并必须平行于建筑外墙；

（二）在高度24米以上和50米以下建筑物顶上设置招牌广告，其牌面高度不得大于4米，宽度不得超出建筑物两侧墙面，并必须平行于建筑外墙；

（三）招牌广告的版面不得超出建筑外墙面。

第十六条 招牌广告的设置应当制作精良，支架不得裸露。

第十七条 招牌广告的用电设施，必须符合《广州地区电气设备装置规程》的规定和供电部门的有关规定。

第十八条 设置招牌广告的单位和个人对招牌广告设施负有安全责任。单板面积在50平方米以上（不含50平方米，下同）的招牌广告应当办安全保险。

第十九条 招牌广告破损、脱色影响市容市貌、危及安全的，应及时维修、加固或翻新。

第二十条 设置招牌广告应当向所在地的区、县级市工商分局提出申请，填写《广州市招牌广告登记申请表》，并提交下列证明文件；

（一）营业执照或者其它有关法定主体资格的证明文件；

（二）招牌广告发布地点、形式的申请报告；

（三）招牌广告样搞；

（四）法律、法规规定应当提交的其它证明文件。

工商行政管理机关应当在申请人提交的证明文件齐备后予以受理，并在7个工作日内做出批准或不予批准的决定。

第二十一条 招牌广告单板面积为50平方米以下的，由所在区、县级市工商分局审批，并核发《广州市招牌广告登记证》；重点地区、重要路段及单板面积为50平方米以上的，应送同级城市规划和市容环卫管理部门会审，同意设置的，由所在区、县级市工商分局核发《广州市招牌广告登记证》，并抄送所在区城监大队。

第二十二条 《广州市招牌广告登记证》有效期一年，期满后需要继续设置的，应在有效期届满十五日之前向原审批登记管理机关办理续期手续，逾期不办理的，视作违章招牌广告处理。

第二十三条 单位迁移或歇业时，应在办理变更住所或注销登记的同时安排自行拆除原设置的招牌广告，并向登记机关缴回《广州市招牌广告登记证》。

第二十四条 任何招牌广告均属临时性构筑物，因城市建设或其它特殊情况需要拆除招牌广告的，其设置招牌广告的单位应无条件服从并自行拆除。

第二十五条 违反本规定设置招牌广告的，依照《广告法》、《户外广告登记管理规定》、《广州市户外广告管理办法》等法规的相关条款处理。

第二十六条 本规定由广州市工商行政管理局负责解释。

第二十七条 本办法从2000年1月1日起试行。

深圳

深圳市城市概览

人口（万人）:总人口151.2，男79.8，女71.4

国内生产总值（亿元）: 2860.51，增长17.3%

三次产业占GDP的比重（%）：第一0.57，第二59.53，第三39.9

投资（亿元）:946.49，增长20.1%

消费（亿元）:801.77，增长16.3%

年末实有铺装道路面积（万平方米）：7138

年末实有公共营运汽电车（辆）：17344

年末实用出租汽车（辆）：12459

支柱产业: 现代物流、高新技术（电子信息、生物工程、新材料、光机电一体化）等

深圳经济特区户外广告管理规定

（1994年10月18日深圳市人民政府令第35号发布98年5月28日修订）

第一条为加强深圳经济特区（以下简称特区）户外广告的管理，规范户外广告经营行为，维护市容整洁美观和交通安全，根据国家有关规定，结合特区实际，制定本规定。

第二条凡在特区内设置户外广告的，均应遵守本规定。

本规定所称户外广告是指在特区范围内的建筑物外设置的路牌、灯箱、霓虹灯、墙壁、电子显示屏、招牌、招贴、条幅、气球、橱窗等广告，或者利用交通工具设置、绘制、张贴、悬挂的广告。

第三条深圳市工商行政管理部门（以下简称市工商行政管理部门）是户外广告主管部门。

各级城市管理部门、公安交通管理部门、规划国土管理部门按各自职责做好户外广告管理工作。

第四条设置户外广告，应当结合城市功能特点，符合城市规划和经批准的建筑设计要求。

第五条户外广告设置实行由市工商行政管理部门、市城市管理部门、市规划国土管理部门以及市公安交通管理部门联合审批制度，参加联合审批的各职能部门在其职责范围内提出审查意见，实行一票否决。

联合审批会议由市工商行政管理部门召集，每月定期召开。

联合审批会议的管理办法，由市政府另行制定。

第六条凡申请经营户外广告的单位和个人，必须向工商行政管理部门申请，经批准发给《企业法人营业执照》或者《营业执照》、《广告经营许可证》（经营临时性户外广告业务的，发给《临时性广告经营许可证》）后，方可经营。未经批准，不得经营户外广告业务。

第七条企业、事业单位和个人需要发布户外广告的，应当委托有户外广告经营范围的单位（以下简称户外广告发布者）发布，但利用自有场地设置招牌和自我宣传广告的单位和个人，可按本条第二款规定报有关部门批准后，自行发布。

户外广告发布者应当填写《深圳市户外广告设置申请表》并提交设计图样和场地使用证明及法律、法规、规章规定的其他证明文件，向工商行政管理部门申请批准，领椎户外广告登记证》。

户外广告发布者应当按批准的内容、规格、地点、时限发布，并在广告的右下角标明户外广告发布者名称和户外广告登记证号。

第八条各类招贴广告应当交招贴广告经营单位审

查，并张贴在市工商行政管理部门、市城市管理部门、市公安交通管理部门批准设置的社会招贴广告专栏内，严禁在其他地方张贴社会招贴广告。

第九条户外广告的内容必须真实、合法，体现深圳城市精神风貌和文化特色，不得违反有关法律、法规、规章的规定，不得损害社会公共利益。

户外广告的设置安装应当牢固、安全，并使用规范化文字，不得妨碍交通、消防，不得影响市容观瞻和破坏园林绿化。

第十条户外广告发布者发布户外广告必须保持完整、美观，对残缺不亮的霓虹灯广告和脱色、破损、陈旧、过期、闲置的户外广告，应当及时维修、翻新或者拆除。

第十一条在同一地段相连的户外广告，必须统一规格，整齐美观。

第十二条市政府确定的全市性重要活动，经市城市管理部门统一布置或者批准，可以在批准的期限内于市区公共场所悬挂条幅、标语。

企业事业单位在自有场地悬挂非商业性条幅、标语，应当报城市管理部门批准，悬挂商业性条幅、标语，应当报市工商行政管理部门和城市管理部门批准，并在批准的期限内发布。

第十三条在市规划国土管理部门划定的政府机关、文物保护单位和学校及周围的建筑控制地带，以及法律、法规、规章和政府规定禁止设置、张贴广告的区域，不得设置、张贴商业广告。

禁止在城市立交桥、人行天桥、交通安全设施、交通标志、城市树木、非商业区的电线杆和路灯杆上设置户外广告。

禁止在玻璃幕墙和建筑物外墙、窗户张贴或者喷涂广告。

第十四条依本规定设置户外广告，除因城市规划建设需要征地以外，任何单位和个人不得非法占用、拆除、遮盖或者损坏。

第十五条户外广告的收费，由户外广告经营者和广告客户协商确定。

设置户外广告的公共场所是财政投资的，由市城市管理部门组织，市工商行政管理部门、市规划国土管理部门、市公安交通管理部门参与，进行公开招标，有偿转让，其转让费全额上缴财政。有关招标、投标办法，由市城市行政管理部门、市工商行政管理部门、市规划国土管理部门、市公安交通管理部门制定，报市政府批准后实施。

第十六条禁止垄断和利用不正当竞争手段经营户外广告业务。

第十七条户外广告设施倒塌、脱落造成他人人身伤残、死亡或者是财产损失的，广告发布者应当承担民事责任；因受害人的过错造成损害的，广告发布者不承担责任。由于第三人的过错造成损害的，第三人应当承担责任。

第十八条有下列行为之一的，由工商行政管理部门视其情节轻重，分别予以处罚：

（一）违反本规定第六条，未经批准，擅自经营户外广告业务的，责令限期改正，依法没收非法所得，并处以20000元罚款；

（二）违反本规定第七条第二款，未领取《户外广告登记证》发布户外广告的，责令限期改正，依法没收非法所得，并处以5000元罚款；逾期不改正的，责令限期拆除；逾期不拆除的，强制拆除，其费用由户外广告发布者承担；

（三）违反本规定第七条第三款，未按批准的内容、规格、地点和时限发布广告或者不标明户外广告发布者名称和户外广告登记证号的，责令限期拆除，并处以1000元罚款；逾期不拆除的，强制拆除，其费用由户外广告发布者承担；

（四）违反本规定第九条第一款，广告内容虚假不实，违反法律、法规、规章规定，损害公共利益的，依照《中华人民共和国广告法》的有关规定处理。

（五）违反本规定第十六条，采用垄断或者利用不正当竞争手段经营户外广告业务的，依照《中华人民共和国反不正当竞争法》有关规定处理。

第十九条有下列行为之一的，由城市管理部门视其情节轻重，分别予以处罚：

（一）违反本规定第八条，在社会招贴广告栏外张贴社会招贴广告的，责令限期清除，没收非法所得，并处以500元罚款；

（二）违反本规定第九条第二款和第十条，户外广告影响市容观瞻，破坏园林绿化，或者脱色、破损、陈旧

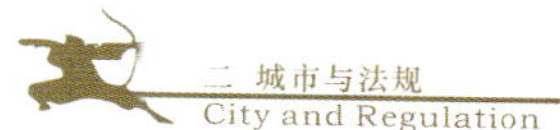

的，责令限期维修、翻新或者拆除；逾期不维修、翻新或者不拆除的，强制拆除，其费用由户外广告发布者承担，并处以500元以上1000元以下罚款。

（三）违反本规定第十一条规定，发布不符合规格的户外广告或者相连的户外广告不整齐的，责令限期改正，并处以500元以上1000元以下罚款；逾期不改正的，责令限期拆除；逾期不拆除的，强制拆除，其费用由户外广告发布者承担；

（四）违反本规定第十二条，未经批准，擅自悬挂条幅或者标语的，责令限期拆除，并处以1000元罚款；逾期不拆除的，强制拆除，其费用由户外广告发布者承担；

（五）违反本规定第十三条，在市规划国土管理部门划定的政府机关、文物保护单位和学校及周围的建筑控制地带，法律、法规、规章和政府规定禁止设置、张贴广告的区域、设置、张贴商业广告的，没收非法所得，责令限期拆除，并处以1000元以上5000元以下罚款；逾期不拆除的，强制拆除，其费用由户外广告发布者承担；

（六）违反本规定第十四条，非法占用、拆除、遮盖或者损坏户外广告及其设施的，责令限期修复，赔偿受害者的损失，并处以1000元以上5000元以下罚款。

第二十条当事人对行政处罚决定不服的，可依照行政复议的有关规定，分别向市工商行政管理部门或者市城市管理部门，或者向深圳市人民政府行政复议机关申请复议；当事人对行政复议决定仍不服的，可自接到行政复议决定书之日起十五日内，向人民法院起诉。

当事人逾期不申请复议，又不履行行政处罚决定的，工商行政管理部门或者城市管理部门可申请人民法院强制执行。

第二十一条本规定自发布之日起施行，《深圳市人民政府办公厅关于加强我市广告管理的通知》同时废止。

本规定生效前未经批准设置的户外广告，应自本规定生效之日起六个月内到市工商行政管理部门申请，按本规定办理有关手续；逾期不申请的，由市城市管理部门责令限期拆除，逾期不拆除的，强制拆除。

深圳经济特区户外广告设置指引

一、总则

1、为满足深圳市建设现代化国际性城市的需要；为了进一步净化、美化城市环境；为了实现城市户外广告管理的规范化，特制定本指引。

2、本指引是从城市规划与建设管理方面，从塑造良好城市景观的角度，对户外广告的设置提出的规范性要求。

3、本指引适用于深圳经济特区。凡在特区内设置的户外广告均应遵守本指引。

4、本指引未包括内容，尚应符合国家、广东省和深圳市现行有关法规和规范要求。

5、本指引的解释权属于深圳市户外广告主管部门。

二、定义及分类

1、定义

本指引所称户外广告是指在户外设置、张贴的广告。包括利用各种建筑物或城市空间设置的招牌（包括店招和建筑标牌）、灯箱、橱窗、霓虹灯、电子显示屏、电视墙、布幅、气球、招贴栏、布告栏等广告，或者利用交通工具设置、绘制、张贴和悬挂的广告等。

户外广告的媒体是地面、建筑物、构筑物和交通工具等。

2、分类

根据广告物不同方面的特性，户外广告有多种分类方式。具体分类关系如下：

2.1 按设置位置分：

（1）建筑物广告　指附于建筑物外表面的户外广告。又可再分为：

·墙面广告　指附于建筑外墙面、立栏面等的广告。

·屋顶广告　指设于屋顶或女儿墙以上的广告。

（2）室外空间广告　指设置于建筑物以外的城市空间中的广告。又可再分为：

·地面广告　指直接放置、固定于地面或在地上游动的广告。

·空中广告　又称悬浮广告，指游弋于空中的广告。如热气球等。

2.2 按设置方式分：

(1) 固定广告　指广告物或载体在环境中处于相对静止或固定的状态的广告。

又分为：

· 独立支撑式　指以支架或支座固定或放置于媒体上的广告。如带支架的广告牌、灯箱、独立的广告招贴栏（柱）、电子显示屏和电视屏、实体广告物等。

· 拴系式　指以拴拉方式系着于媒体上的广告。如气球等。

· 吊挂式　指以连接装置吊装或悬挂于媒体上的广告。如墙面牌匾广告、建筑标牌、电子显示屏、悬挑广告、檐下悬挂广告，以及各种吊挂的布幅等。

· 粘贴式　指以粘贴方式附着在媒体上的广告。如各种告示、招贴、标语等。

· 镶绘式　指镶嵌、绘制、粉刷在媒体上的广告。如壁画广告、嵌入式电子显示屏或电视屏、浮雕式建筑标志等。

(2) 游动广告　指广告物或媒体在周围环境中处于游动状态的广告。包括车辆广告、航空器广告、船舶广告和自带动力的广告物等。

2.3 按有无照明分：

(1) 有照明广告　广告装置中采用内部或外部的直接或间接人工光源进行照明的广告。如灯箱、霓虹灯等。

(2) 无照明广告

2.4 按宣传的目的分：

(1) 商业广告　以盈利为目的的广告。包括企业宣传和商品宣传类等。

(2) 非商业广告　非盈利目的的广告。如环保广告等。

2.5 按设置的时限分：

· 长期广告　设置时限为6个月以上(包括6个月)的广告。

· 短期广告　即临时广告。设置时限为6个月以下(不包括6个月)的广告。　(注：以上概念及分类方式仅适用于本指引。

附户外广告分类关系图。

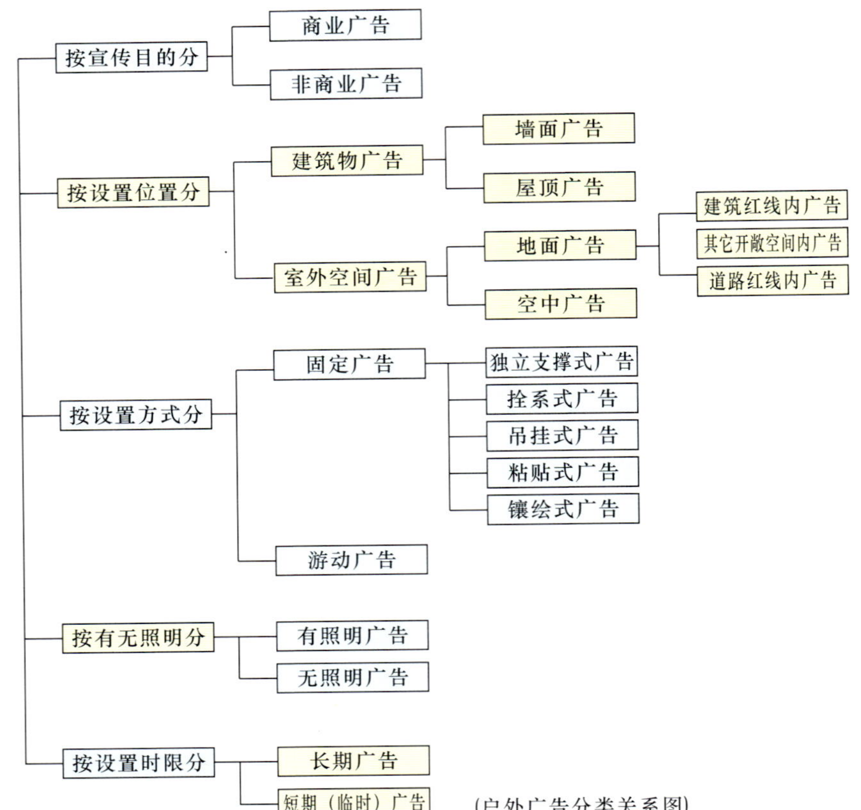

(户外广告分类关系图)

三、通用规定

* 申请与审批

1. 凡在深圳经济特区设置的户外广告均应遵守本指引；

1)任何面积大于$1m^2$，突出建筑物超过0.3m、或面积不大于$1m^2$，突出建筑不大于0.3m，但在同一建筑上或室外空间中半径50m范围内出现三幅以上的广告物应向户外广告主管部门申请批准后，方可设置。

2)前款要求以外的户外广告，其设置不需申请批准，但必须符合有关规定和本指引要求。

2. 在建成环境中申请设置户外广告者，应向广告主管部门交付场地使用证明、位置平面图、广告式样设计图和广告设置前后对照的建筑或空间环境整体效果照片。

3.在新建建筑、改扩建建筑或重新装修建筑（投资超过100万元）上设置长期性户外广告者，应将广告结合建筑立面进行设计，并在申报初步设计方案时，交付表明欲设置广告的位置、形状、大小的立面或透视效果图。经建设主管部门审定后，方可按建成环境手续，向广告主管部门申请，并在申请时交付建设主管部门的审定意见。

4.第2条所要求提交的场地使用证明，应包括场地涉及的所有业主的意见。所谓“涉及”包括以下情形：

1)户外广告需占用业主物业的外墙或附着物的；

2)户外广告需占用业主物业的室外空间的；

3)户外广告可能遮挡业主物业的视线的。

5.主管部门接到申请后，有权作出批准、有条件的批准或不予批准申请的决定，并尽快答复申请者。

主管部门的决策应着重考虑以下几个方面的因素：

(1) 整体城市景观的协调性；

(2) 广告的设计质量。

6.户外广告应按照规定的时限设置，设置期满应立即拆除；需延期者应提前30天向有关部门提出申请。

*位置规定

7.有下列情形之一的，不得设置户外广告：

1)利用交通安全设施、交通标志的；

2)影响市政公共设施、交通安全设施、交通标志使用的；

3)妨碍生产或者人民生活、损害市容市貌的；

4)规划国土管理部门划定的政府机关、文物保护单位和学校及周围建筑控制地带，以及法律、法规和政府规定禁止设置、张贴户外广告的区域。

8.可能设置户外广告的位置：

本指引以设置位置分类为主线，其它分类方式为辅助，对户外广告的设置进行规范。各可能设置广告的位置见下图：

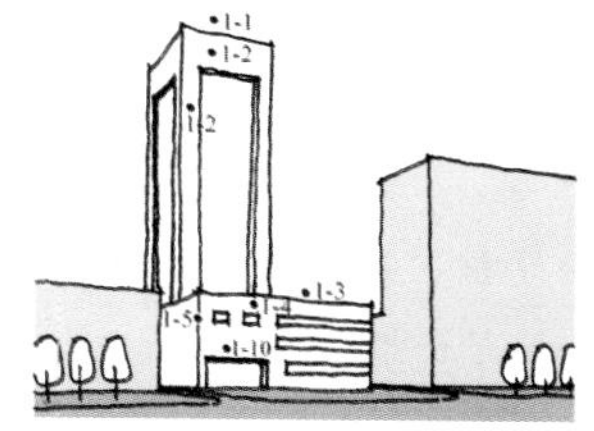

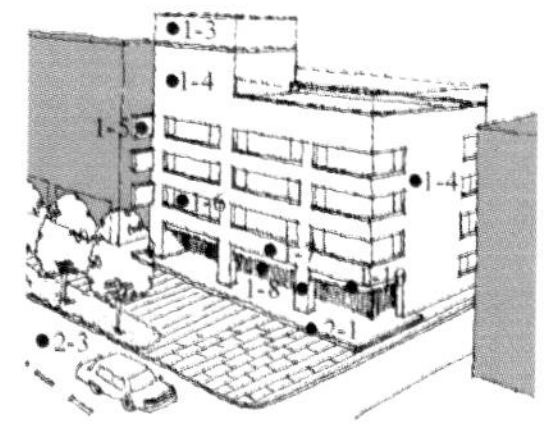

(1-1) 高层主体女儿墙及屋面以上

(1-2) 高层主体墙面

(1-3) 多层(或多高层裙房)女儿墙及屋面以上

(1-4) 多层(或多高层裙房)主体墙面

(1-5) 多层(或多高层裙房)之实墙转角处

(1-6) 二层窗户

(1-7) 一层门楣

(1-8) 一层檐下

(1-9) 一层立面柱

(1-10) 主入口

(2) 室外空间广告

(2-1) 建筑红线内(建筑外空间)

(2-2) 其它开敞空间

(2-3) 道路红线内

9.建筑物广告

9.1 建筑物广告的设置位置不得影响建筑物的功能和安全。禁止户外广告遮挡非商业建筑的窗户、堵塞疏散出口以及影响消防供应设施的使用。

9.2 禁止在高层建筑主体部分（包括主体墙面和女儿墙及屋面以上）设置除建筑标志或小区标志以外的广告。

9.3 在高层建筑主体部分设置上述标志时应注意：

1) 女儿墙及屋面以上的标志牌，应有助于强调和保持建筑形体轮廓线；有损建筑形体轮廓线的标牌，广告主管部门应责成其改进或不予批准。

2) 主体墙面只能在集中同材质墙面处设置，且标志牌尺寸需根据建筑立面效果确定。

9.4 同一立面上，在高层建筑主体部分(包括女儿墙及屋面以上及主体墙面)

设置的标志数目不得多于2个。

9.5 禁止在住宅建筑或综合建筑住宅部分的二层以上（包括二层）设置除建筑标志或小区标志以外的广告。

9.6 多层(裙房)女儿墙及屋面以上的广告，只能在一类控制区内设置。

9.7 各可能设置位置的广告设置规定详见分区设置指引。

10.室外空间广告

10.1设室外空间广告的设置位置不得影响室外公共空间和公共设施的使用和安全；禁止户外广告堵塞人车流疏散通道、遮挡交通信号标识和妨碍消防供应设施的使用。

10.2 禁止在道路空间即道路红线内及其上空间（红线内面积大于100m²、宽度大于10m的绿地除外）（包括电线杆和路灯杆等道路内设施之上）设置任何固定装置的户外广告；

在道路空间内设置横跨型临时广告时，其跨越道路部分净空高度不得小于5m。

10.3 室外空间中同一地段相连的户外广告应成组设置，规格统一；其布局应 有助于室外空间的围合。

10.4 禁止在城市树木上设置户外广告。

10.5 禁止在特区内设置热气球类空中（悬浮）广告。

10.6 具体地面广告设置规定详见分区设置指引。

* 方式规定

11. 固定广告的设置应安全牢固，不得对行人及物产的安全构成威胁。

12. 营运车辆（船舶）的车（船）体外面，非经许可不得设置广告物。

申请以车辆为游动广告者，应交付车身原样前后左右照片以及设置广告后 效果照片。

车辆设置游动广告，不得于车体前后设置，并不应附加框架。

* 照明规定

任何广告物不得以闪烁光源影响居住建筑或城市道路的使用。

交通管制信号装置周围10米以内及其背景空间内的广告照明，不得采用闪光方式及红、黄、绿三色。

在城市商业街区内的户外广告宜配合适当照明，但不得违背15、16条的规定。

* 时限规定

长期广告的设置时限为2至5年，最短不低于6个月；短期广告的设置时 限为6个月以下。

独立支撑式广告的广告旗帜、拴拉式广告（气球）、吊挂式广告的布幅及镶绘式广告的粉刷广告时限为不大于3个月；

粘贴式广告时限为2周；

游动广告展示期限不超过6个月；

超过时限且未提前申请延期者应立即拆除。

* 外观及制作规定

任何户外广告需经过精心的设计。建筑物广告应以建筑单体为基本单位、

室外空间广告应以空间相关地段为单位进行设计，广告的形式、形状、尺

寸和材质等应与建筑立面和城市空间的整体景观保持协调关系。

广告物（包括其附属的支架等）应选用不锈蚀的美观大方的材料精心制作。

特区内鼓励采用新技术新材料的户外广告形式。

广告物如采用有背板的形式，其背板色彩应与建筑物色彩保持协调。

* 维护与拆除规定

广告设置者应负责在展示期内的经常性维护，以保持户外广告在七成新以上；经市城管部门裁定为破损残旧的广告，应及时维修翻新。

过期闲置的广告应立即拆除。

按规定设置的户外广告，因城市规划需要征用时，应按有关规定拆除。

* 其他

建筑工地或未形成良好景观地段，可沿用地边界设置带广告的围墙或大型置带广告的围墙或大型独立广告牌进行遮挡。围墙高度不大于3m，广告牌高度不大于6m；广告展示期限为2年以下，逾期应申请延期或更换；一旦建筑工程完成或景观

面貌改观，应立即无条件拆除。

四分区设置指引

1、 分区说明：

本指引根据城市土地利用和景观的相似性将特区范围内划分为以下6类控制区分别管理：(图2-1)

一类控制区 主要是市区级商业性公共设施的范围。包括商业、服务类（商业、服务业、小区级以上市场等）和商业办公类(金融、旅馆、商业性办公等)。

二类控制区 主要是城市居住用地的范围。又分为居住及其它配套类和商业配套类。

三类控制区 主要是政府/团体/社区用地的范围。包括行政办公及其它类(行政办公、文化机构、医卫、教育科研、宗教、社会福利及口岸等)和体育娱乐类（影剧院、活动中心、体育中心等）。

四类控制区 包括各类工业区、仓储区、对外交通用地、市政公用设施用地以及其他用途用地（如保税

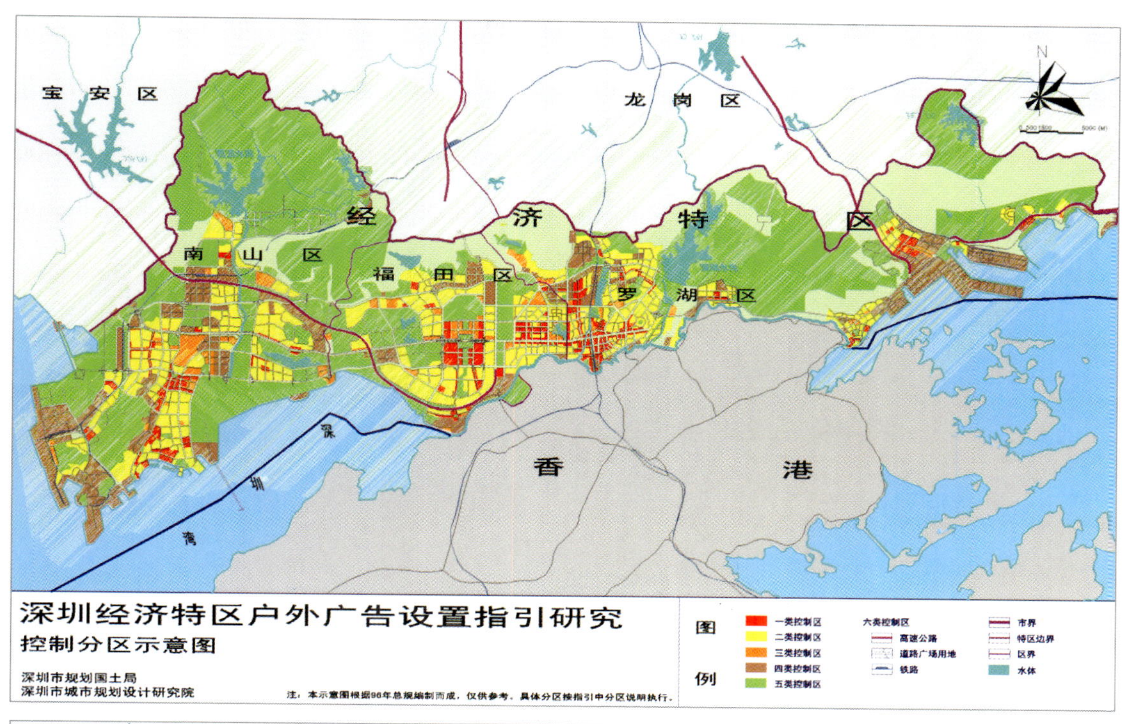

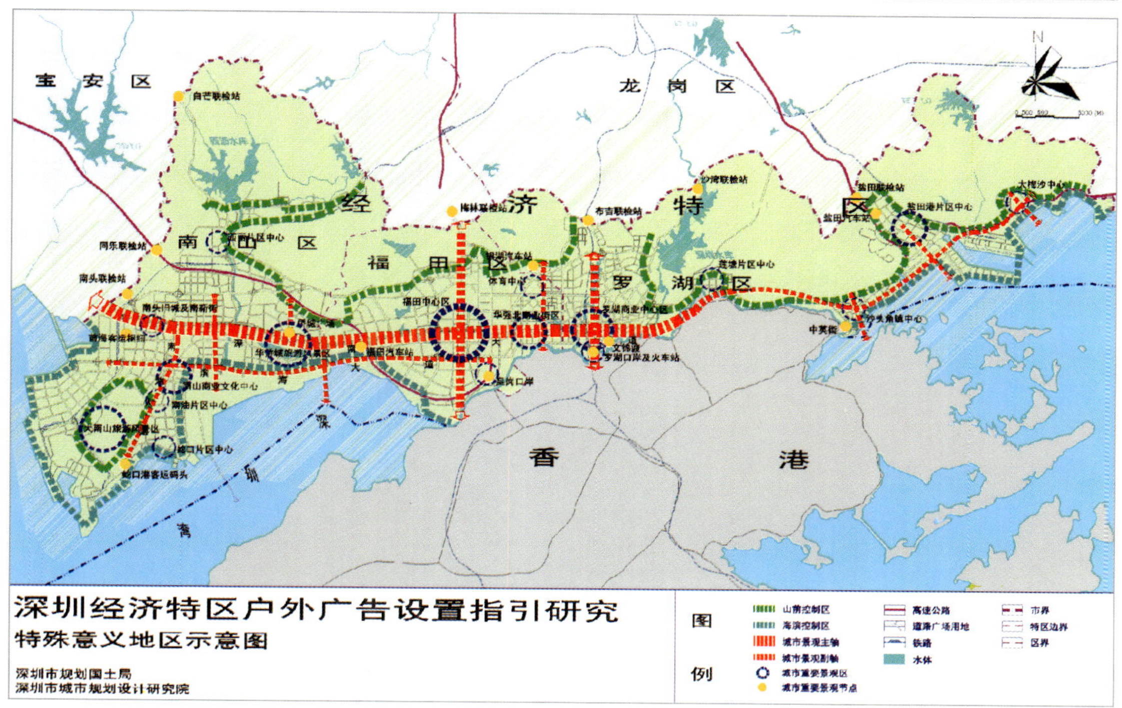

区、军事保安区等）所属范围。

五类控制区　包括公共绿地、生产防护绿地、自然保护区、农田保护区、风景区、旅游区、水域及其保护区、各种园地、耕地及发展备用地以及城市广场等区域。

六类控制区　包括高速公路、公路、铁路、城市道路等区域。局部地段土地利用与控制区划分有出入的，应遵循以下原则：

1)位于一、三、四类控制区内的小块居住用地，按照二类控制区的要求管理；

2)其他性质的小块用地与所在控制区有出入的，按照所在控制区的要求管理。

2、 一类控制区

2.1 目标：丰富多样、繁华、欢乐的。

2.2 指引：

分类 广告位	商业服务类	商业办公类
1-1、1-2 高层部分	见通用规定8条。	
1-3 多层（裙房） 女儿墙及屋面以上	*设置内容： 商业、非商业广告 *设置方式： 独立支撑式、拴系式 *设置要求：独立支撑式广告外沿须与墙面外沿平齐；高度不大于3米，且不大于建筑高度的2/3，局部突出部位不高于平均高度的1/3，不长于总长度的1/2。 拴系式广告应固定于屋面。	
1-4多层 （裙房） 主体墙面	*设置内容： 商业、非商业广告 *设置方式： 吊挂式、镶绘式。 *设置要求： 可于同一立面集中同材质墙面设一处建筑标牌；面积不大于该墙面面积的1/3。如同一立面有大面积同材质墙面，可设不多于一块大型广告或一组集约式广告；广告可视立面情况取占满整幅墙面或不大于该墙面面积1/3两种方式。如该立面同材质墙面呈韵律状布局，且每幅墙面最窄方向不小于3M，可按每幅墙1面设置成组广告，单面广告不大于所设墙面面积的1/3；广告悬挂方式应与建筑立面分隔相协调：立面竖向分隔者宜采用竖向构图，横向分隔者宜采用横向构图。如采用悬挑形式，挑出宽度不大于1.5M。	裙房或底层为商业者，同商业服务类。 其他只能设置建筑标牌，要求同商业服务类。
1-5多层 （裙房） 实墙转角处	*设置内容： 商业、非商业广告设置方式： 吊挂式，可悬挑。设置要求： 同一转角广告数不多于1组；挑出宽度不大于2米；最低处不低于一层门（窗）顶，且不低于3m，最高处不高于悬挂墙面最高层窗顶。	裙房或底层为商业者，同商业服务类。 其他只能设置建筑标牌，要求同商业服务类。
1-6 二层窗户	*设置内容： 商业、非商业广告设置方式： 室内粘贴式或独立支撑式橱窗广告设置要求： 粘贴广告必须经画面设计；应配合照明。	裙房为零售商业者，同商业服务类。 其他不得设置。
1-7 一层门楣	*设置内容： 商业、非商业广告设置方式： 吊挂式，镶绘式。 *设置要求： 各开间采用统一形式（如统一为透底字画或统一背板）；广告下沿不低于建筑结构下沿，主要部位上沿高度不高于结构上沿，局部突出部位不高于主要部位高度的1/3，不长于单位广告长度的1/2。开间间隔处可设小型悬挑招牌；挑出宽度不大于15米，最低处不低于3米，最高处不高于建筑结构上沿。宜采用灯箱式。	裙房为商业者同商业服务类。 他只能设置建筑标牌，要求同商业服务类。
1-8 一层檐下	*设置内容： 商业、非商业广告设置方式： 吊挂式 *设置要求： 可有规律悬挂小型广告牌、布幅（可出挑）；宜与墙面成45o~90o；下端距地面不小于2.5米；出挑宽度不大于1米；同一建筑广告式样和悬挂方式宜统一。	
1-9 一层立柱面	*设置内容： 商业、非商业广告设置方式： 吊挂式、镶绘式 *设置要求： 可设小型招牌广告（物）；尺寸不大于柱立面面积的1/4，突出柱面不大于03M；同一建筑各立面柱广告上端应保持平齐。	
1-10 主入口	*设置内容： 非商业广告（建筑标牌） *设置方式：独立支撑式、吊挂式、镶绘式 *设置要求： 具体形式结合立面设计。庆典、促销期间可悬挂布幅；要求同广告位1-8。	
2-1 建筑红线内	*设置内容： 商业、非商业广告 *设置方式： 独立支撑式、吊挂式、拴系式、镶绘式 *设置要求： 独立支撑式广告、高度不大于4米，应与建筑布局和绿化配置相协调。成组独立支撑广告牌单面不宽于2米，间距不小于15米。 拴系式广告（气球）应牢固系着于地面构筑物，其拉系物不得妨碍建筑物正常使用和行人安全。 在节日和促销期间可设置临时室外吊挂式广告，宜采用布幅等形式。镶绘式适用于构筑物。	

3、 二类控制区

3.1 目标：小型化、和谐、宁静的

3.2 指引：

广告位 \ 分类	居住及其他配套类	商业配套类
1-1、1-2 高层部分	见通用规定8条。	
1-4 多层(裙房) 主体墙面	*设置内容： 非商业广告（建筑标牌） *设置方式： 吊挂式、镶绘式 设置要求：可于同一立面集中同材质墙面设不多于2处建筑标牌；面积不大于该墙面面积的1/4。	*设置内容： 商业、非商业广告(建筑标牌) *设置方式： 吊挂式、镶绘式 *设置要求：如该立面同材质墙面呈韵律状布局，且每幅墙面最窄方向不小于3M，可按每幅墙1面设置成组广告，单面广告不大于所设墙面面积的1/3；广告悬挂方式应与建筑立面分隔相协调：立面竖向分隔者宜采用竖向构图，横向分隔者宜采用横向构图。不宜用悬挑式。 建筑标牌要求同左。
1-5 多层(裙房) 之实墙转角处		*设置内容： 商业、非商业广告 *设置方式： 吊挂式，可悬挑。 *设置要求： 同一转角广告数不多于1组；挑出宽度不大于1.5米；最低处不低于一层门（窗）顶，且不低于3m，最高处不高于悬挂墙面最高层窗顶。
1-7 一层门楣		*设置内容： 商业、非商业广告 *设置方式： 吊挂式，镶绘式。 *设置要求： 各开间采用统一形式（如统一为透底字画或统一背板）；广告下沿不低于建筑结构下沿，主要部位上沿高度不高于结构上沿，局部突出部位不高于主要部位高度的1/3，不长于单位广告长度的1/2。开间间隔处可设小型悬挑招牌；挑出宽度不大于15米，最低处不低于3米，最高处不高于建筑结构上沿。
1-8 一层檐下		*设置内容： 商业、非商业广告 设置方式： 吊挂式设置要求： 可有规律悬挂小型广告牌、布幅（可出挑）；宜与墙面成45°~9C°；下端距地面不小于2.5米；出挑宽度不大于1米；同一建筑广告式样和悬挂方式宜统一。
1-9 一层立面柱		*设置内容： 商业、非商业广告 *设置方式： 吊挂式、镶绘式 *设置要求： 可设小型招牌广告（物）；尺寸不大于柱立面面积的1/4，突出柱面不大于03M；同一建筑各立面柱广告上端应保持平齐。
1-10 主入口	*设置内容： 非商业广告(建筑标牌) *设置方式： 独立支撑式、吊挂式、镶绘式设置要求： 可设建筑名称、标志牌；具体形式结合立面设计。庆典、促销期间可悬挂布幅；要求同广告位1-8。	
2-1 建筑红线范围内	*设置内容： 非商业广告(建筑标牌、布告栏) *设置方式： 独立支撑式、镶绘式 *设置要求： 高度不大于3米；应与建筑布局和绿化配置相协调。	

4、 三类控制区

4.1 目标：稳重、简洁、明快的

4.2 指引：

分类 / 广告位	行政办公及其它类	体育娱乐类
1-1、1-2 高层部分	见通用规定8条。	
1-4 多层(裙房) 主体墙面	*设置内容：非商业广告(建筑标牌) *设置方式：吊挂式、镶绘式 *设置要求：可于同一立面集中同材质墙面设不多于2处建筑标牌（栋号、建筑或小区）；面积不大于该墙面面积的1/4。	*设置内容：商业广告（短期）、非商业广告(建筑标牌) *设置方式：吊挂式、镶绘式 *设置要求：如该立面同材质墙面呈韵律状布局，且每幅墙面最窄方向不小于3M，可按每幅墙1面设置成组广告，单面广告不大于所设墙面面积的1/3；广告悬挂方式应与建筑立面分隔相协调：立面竖向分隔者宜采用竖向构图，横向分隔者宜采用横向构图。非商业广告(建筑标牌)要求同左。
1-7 一层门楣		（一）底层带商业者：设置内容： 商业广告、非商业广告(建筑标牌)设置方式： 吊挂式，镶绘式。 *设置要求：各开间采用统一形式（如统一为透底字画或统一背板）；广告下沿不低于建筑结构下沿，主要部位上沿高度不高于结构上沿，局部突出部位不高于主要部位高度的1/3，不长于单位广告长度的1/2。开间间隔处可设小型悬挑广告；挑出宽度不大于15米，最低处不低于3米，最高处不高于建筑结构上沿。 （二）其他：可设非商业广告(建筑标牌)； 设置要求同（一）。
1-8 一层檐下		（一）底层带商业者： *设置内容：商业广告、非商业广告(建筑标牌) *设置方式：吊挂式 *设置要求：可有规律悬挂小型广告牌、布幅（可出挑）；宜与墙面成45°~90°；下端距地面不小于2.5米；出挑宽度不大于1米；同一建筑广告式样和悬挂方式宜统一。（二）其他：可设非商业广告(建筑标牌)；设置要同（一）。
1-9 一层立面柱		（一）底层带商业者：设置内容： 商业广告、非商业广告(建筑标牌)设置方式： 吊挂式、镶绘式 设置要求： 可设小型招牌广告（物）；尺寸不大于柱立面面积的1/4，突出柱面不大于03M；同一建筑各立面柱广告上端应保持平齐。（二）其他：可设非商业广告(建筑标牌)，设置要求同（一）。
1-10 主入口	*设置内容：非商业广告(建筑标牌) *设置方式：独立支撑式、吊挂式、镶绘式 *设置要求：可设建筑名称、标志牌；具体形式结合立面设计。 庆典、促销期间可悬挂布幅；要求同广告位1-8。	
2-1 建筑红线范围内	*设置内容： 非商业广告(建筑标牌、布告栏) *设置方式： 独立支撑式、镶绘式 *设置要求： 高度不大于3米；应与建筑布局和绿化配置相协调。	

5、四类控制区

5.1 目标：高效、简洁的

5.2 指引：

广告位＼分类	工业景观区
1-1、1-2 高层部分	见通用规定8条。
1-4 多层(裙房) 主体墙面	*设置内容：非商业广告(建筑标牌)设置方式：吊挂式、镶绘式 *设置要求：可于同一立面集中同材质墙面设不多于2处建筑标牌（栋号、建筑或工业区）； 面积不大于该墙面面积的1/4。
1-10 主入口	*设置内容：非商业广告(建筑标牌) *设置方式：独立支撑式、吊挂式、镶绘式 *设置要求：具体形式结合立面设计。
2-1 建筑红线内	*设置内容：非商业广告(建筑标牌、布告栏) *设置方式：独立支撑式、镶绘式 *设置要求：独立支撑式广告高度不大于4米，应与建筑布局和绿化配置相协调。成组独立支撑式广告牌单面不宽于2米，间距不小于15米。镶绘式适用于构筑物上。

6、五类控制区

6.1 目标：自然的、开阔的

6.2 指引：

(1) 沿宽度大于25m的道路（铁路）绿化带可设置大型灯柱式广告牌，牌面依周围建筑高度（高层或多低层）可分别选择618m或39m，柱高9m或7m，依空间形状和尺度可分别选择双面或多面，广告牌间距不小于800m。

(2) 可于普通广场内部和道路开口处的规定位置设小型独立支撑式招牌广告和布告栏。高度不大于25m，宽度不大于2m；如成组设置，则单体间距不小于1m；

普通广场周边建筑物广告的设置应遵循建筑物所属控制区类型的规定。

(3) 城市重要广场内部及周边建筑物广告的设置应遵循特殊意义地区的规定。

(4) 其余绿化开敞区内，不得设置任何广告物。

7、六类控制区

7.1 目标：高效的、简洁的

7.2 指引：

除以下情况外，道路红线范围内（机动车道、人行道及中间绿化带，不包括人行道外的绿化带）包括其上空不得设置任何固定装置广告物。

步行化的商业街可于道路红线内设独立支撑式和吊挂式广告等。独立广告不高于4m；悬挑广告下沿不低于2.5m。

可沿人行道外侧（靠近建筑），设置布告栏等非商业广告。高度不大于25m，宽度不大于2m；如成组设置，则单体间距不小于1m。

节假日或盛大庆典期间可于路灯柱悬挂小型布幅、人行道护栏设广告旗帜等临时性广告物；布幅出挑不大于

1m，高度不大于2m，下端距地不小于25m；旗帜高度不大于2.5m；临时性广告物不得遮挡交通。

五、特殊意义地区

1、 范围限定：

指构成城市整体景观环境中的敏感地区。包括：

1.1海滨地带

沿海岸线500~1000M进深的范围。

1.2山前地带

沿山脚500~1000M的范围。

1.3城市重要景观轴

道路景观轴深南大道、滨海大道、南油大道等；

绿化景观轴福田中心区主轴线等；

河流景观轴深圳河、布吉河、大沙河等河流及沿岸地带。

1.4城市重要景观区

1)各级城市中心地区

包括福田中心区、罗湖商业中心区、华强北商业街区、南山商业文化中心区、南头旧城及南新街地区及南油、蛇口、西丽、莲塘、盐田、沙头角、大梅沙等片区中心。

2)重要公共建筑区

包括市体育中心、罗湖口岸及火车站地区、皇岗口岸区等。

3)特色旅游区

包括华侨城旅游风景区、大南山旅游风景区等。

4)重要步行商业街区，包括东门老街等。

1.5城市重要景观节点

包括重要城市广场市民广场、侨城广场等；

客运交通枢纽深圳火车站、银湖汽车站、福田汽车站、前海客运枢纽、盐田汽车站、蛇口港客运码头等；

口岸、联检站罗湖口岸、皇岗口岸、以及同乐、南头梅林、布吉各联检站等。具有特殊或历史意义的地点中英街等。

1.6重要城市界面

沿各组团隔离带的城市界面。

2、设置要求：

2.1 在海滨控制带和山前控制带内申请设置面积不小于2m2的广告时，除应交付通则2.1条所要求的文件外，尚应附加体现广告物和背景山体关系或广告与背景建筑群轮廓线关系的照片。

2.2 其它特殊地区的户外广告设置必须进行专门研究，或按局部城市设计要求执行。

附件：特殊意义地区概念性设计

一、火车站广场

1、 现状存在问题

1) 大尺度的屋顶广告及墙面广告破坏了重要建筑物的立面；如车站屋顶广告等。

2) 车站广场四角的大型灯柱式广告破坏了广场空间和视线效果。

3) 部分广告设计制作质量较差。

2、 设计改造原则

调整和减少户外广告设置的数量和位置，进一步改善广告质量，维护城市重要公共建筑的立面完整性和城市重要广场的空间视觉环境。

3、 设计改造措施

1)拆除火车站站房及罗湖商业城的屋顶广告；

2)拆除站房南立面香烟广告，将站名标牌移至该墙面；

3)拆除联捡楼上及其与交通楼间的大型屋顶广告；

4) 拆除广场四角灯柱式广告；

5)拆除道路上方人行天桥侧面广告，改善建筑物前二层人行通道侧面广告的设计和制作质量。

二、华富福明路界面

1、 现状存在问题

1) 许多高层建筑屋顶和主体墙面设置了除建筑标牌以外的广告，且多数广告存在尺度过大、位置不当或设计水准低的问题，破坏了建筑物的轮廓线和立面整体效果；

2) 多层建筑屋顶广告尺度过大，且相当部分质量不高；部分多层建筑墙面广告位置不当。

2、 设计改造原则

整顿屋顶广告，改善广告质量，维护城市重要界面的天际线的完整性。

3、 设计改造措施

1)拆除高层建筑屋顶以上除建筑标牌以外的广告；

2)整理部分尺度过大的高层建筑屋顶建筑标牌；

3)整理高层建筑主体墙面，拆除除建筑标牌以外的广告；

4)在多层建筑和裙房处集中设置各类广告，改善尺度和位置关系，提高质量。

福州

福州市城市概览

人口（万人）：总人口604.8，男313.9，女290.9

国内生产总值（亿元）：1347.28，增长13.5%

三次产业占GDP的比重（%）：第一1.96，第二48.73，第三49.31

投资（亿元）：425.72，增长40.6%

消费（亿元）：490.98，增长15.9%

年末实有铺装道路面积（万平方米）：1313

年末实有公共营运汽电车（辆）：1604

年末实用出租汽车（辆）：4541

支柱产业：汽车、电子信息产业、房地产业等

福州市户外广告位置使用权挂牌交易暂行规定

第一条为了进一步推行和完善福州市户外广告位置有偿使用制度，规范福州市户外广告位置使用权挂牌交易活动，根据国家有关法律、法规、规章的规定，制定本规定。

第二条本规定所称的挂牌交易，是指挂牌人将户外广告位置交易条件、期限等事项在交易场所进行公告，接受交易申请，由竞买人参加挂牌竞价，按规定取得有偿使用权的行为。

福州市户外灯光广告建设管理委员会（即挂牌人）具体负责挂牌交易活动的实施。

第三条利用下列城市有效视觉空间设置发布户外广告的位置，因城市规划、辖区地段、市场因素等不适宜拍卖形式交易的，适用挂牌交易：

（一）城市道路两侧（即人行道、空地）；

（二）城市广场、公园、绿地；

（三）公共建筑物及桥梁（含过街天桥、引桥、地下通道）；

（四）公共汽车站台、公用电话亭；

（五）汽车站、火车站、机场、码头；

（六）高速公路两侧非征用地带（含在行政区域内的沿线、连接线）；

（七）企业或个人捐建的公用设施、建筑物（捐建合同另有约定的除外）；

（八）全市性公示栏、牌和其他公用设施、公共场地；

（九）非政府产权的设施、场地（含住宅小区）；

（十）公共交易等移动工具。

挂牌交易的户外广告位置使用期限一般不超过3年。使用权的起始至终止期限以《福州市户外广告位置使用权合同》的约定为准。

第四条凡参加挂牌交易的竞买人应当是具有《企业法人营业执照》和《广告经营许可证》的企业，并具有《广告经营许可证》核定的代理或者发布的资格。同时还应当出具银行资信证明。

第五条户外广告位置公开挂牌交易。挂牌人应当公告广告位置的具体位置、面积、规格、朝向、形式、年限、最低交易价及其他交易条件，同时对竞买人资格、竞买时间、履约保证金等事项一并予以公告。

挂牌人应当于挂牌交易前7日发布挂牌交易公告。挂牌交易期限不少于10个工作日（含本日）。每月的16日为公告日（如遇节假日顺延）。

第六条竞买人对挂牌交易的广告位置可自行实地勘察，对广告位置有异议的，应当在申请前提出。竞买人参加挂牌竞价的，视为无异议。

第七条竞买人应当在公告期限内按规定将履约保证金汇入挂牌人指定的账户后，向挂牌人提交挂牌交易竞买报价书、有效的资格证明、保证金汇款凭证等材料办理竞买申请。公告期满，停止受理挂牌申请。

第八条挂牌人应当根据竞买人提交的材料如实填写竞买人登记表。竞买人应对其提交内容的真实性和合法性负责。

竞买人登记表内容主要包括：竞买广告位置、竞买人身份情况、委托关系、联系方式、竞买标的履约保证金数额、登记时间等。

第九条竞买人应当如实填写竞买报价书，并由竞买人签字盖章。

第十条挂牌人受理竞买人申请后，应当确定并告知竞买人的受理号，在竞买人提交的竞买报价书上加盖专用章。在挂牌人的公示栏内公布竞买人的竞买序号、出价及出价时间等内容。

第十一条竞买人可在规定期限内对挂牌交易的广告位置一次或多次报价竞买，但竞买人的竞价应当等于或者高于挂牌最低价。低于挂牌最低价的为无效报价。

挂牌人按以下规定确定竞得人：

1、在规定期限内只有一个竞买人，且报价等于或者高于最低价，则此项交易成交。

2、在规定期限内有两个以上竞买人，允许多次竞价，由最终出价高的获得。报价相同的由先报价者获得。

3、多次竞价的，其竞价加价幅度应当等于或者高于挂牌交易约定的加价幅度。

4、在规定期限届满当日，由挂牌人依据竞买人登记表、竞买报价书以及上述规定确定竞得人。

第十二条挂牌人应当在次日向竞得人发出成交通知，并同时签订《福州市户外广告位置使用权合同》。

第十三条竞得人给付成交位置使用权价款的方式，按《福州市户外广告位置使用权合同》约定执行。对价款给付的时间按以下规定执行：

1、成交价款在50万元以下（含本数），自签订合同之日起7日内付清。

2、成交价款在50万元以上300万元以下（含本数），自签订合同之日起7日内先付清50万元，余款可在30日内付清，但在15日内须先缴纳总价款的50%。

3、成交价款在300万元以上，自签订合同之日起7日内先付清50万元，余款可在40日内付清，但在20日内须先缴纳总价的50%。

4、成交价款全部缴清后，挂牌人向竞得人开具《福州市户外广告位置使用权证明书》。

第十四条户外广告位置使用权挂牌交易所得收入在扣除按规定产权人所应提取的收益外，全部上缴市财政。

竞得人已缴纳的履约保证金可以抵扣成交价款。对未成交的竞买人缴纳的履约保证金在当次挂牌交易结束后2日内如数（不计利息）予以退还。

第十五条竞得人反悔或者逾期未给付价款的，履约保证金上缴市财政。

第十六条竞得人采取欺骗、恶意串通等不正当手段取得的户外广告位置使用权无效，挂牌人有权收回其使用权，其履约保证金上缴财政。并由挂牌主管部门对当事人处以10000元罚款。

有下列行为之一的，由有关部门依法责令拆除或改正，拒拆除或改正的，依法强制拆除：

（一）对已确定挂牌范围内的户外广告位置，未经审批擅自设置的；

（二）竞得人取得户外广告位置使用权后，未经市户外灯光广告建设管理委员会审批同意，擅自变更转让的。

第十七条委托福州市户外灯光广告建设委员会进行广告位置使用权挂牌交易的广告位置产权人，违反委托事项的，按委托协议承担违约责任。

第十八条挂牌人依照本规定办事，参与挂牌交易的工作人员，应当严守纪律，秉公办事。对滥用职权、徇私舞弊的行为，由主管部门追究其行政责任；情节严重构成犯罪的，依法追究其刑事责任。

有下列行为之一的，由挂牌主管部门依法追究有关人员的行政责任：

（一）对已确定挂牌范围内的户外广告位置，擅自审批或使用的；

（二）已挂牌成交，阻止竞得人使用的；

（三）擅自收取其他费用的。

第十九条本规定由市人民政府办公厅负责解释。

第二十条本规定自公布之日起施行。

福州市户外广告位置使用权挂牌交易规则

第一条 本规则根据《福州市户外广告位置使用权挂牌交易暂行规定》制定。参加挂牌交易的有关人员必须遵守本规则，并对执行规则的行为负责。

第二条 竞买人应于当月9日起至15日(如遇节假日顺延)下午五点前向市灯管办办理竞买报名登记手续。办理竞买登记手续时，必须填写好“福州市户外广告位置使用权竞买登记表”、携带有广告经营范围的企业营业执照、复印件、交纳保证金、领取号牌，否则不视为正式竞买人。当月9日至15日下午5时为挂牌报名、登记时间（报名登记时间内，可变更或撤销竞买标的），16日至25日下午5：30正为挂牌时间(如遇节假日顺延)，其中25日下午3时至5：30为统一集中挂牌时间。

第三条 挂牌标的由竞买人自行察看，竞买人应详细查看挂牌交易标的物的有关资料。参加挂牌交易表示对欲竞买之标的已作详尽了解，故应对自己的竞买行为负责。

第四条 挂牌采用“有底价增价挂牌交易”的方式。竞价必须超过挂牌交易标的底价，每次挂牌竞价加价辐度最低1000元，挂牌交易底价和成交价为净值不含相关税款，由竞买人按规定自行承担。

第五条 25日下午3时正，挂牌标的若只有一个竞买人时，按该标的挂牌竞买人报名的竞买价成交；若有多个竞买人时，采取统一时间集中公开挂牌加价方式，以挂牌加价最高价者为买受人（所谓统一时间集中挂牌加价，即在灯管办规定的挂牌场所内，由挂牌人在统一时间内集中对标的进行公开举牌加价，其他竞买人可根据场内最高的加价额，举牌竞价，直至无竞买人再加价竞买，最高价者为买受人以现场拍照为截止时间）。

第六条 1、竞买人取得广告位置使用权成交之日起三天内，与市灯管办及相关业主签订《户外广告位置使用合同》，并按规定及时交纳挂牌交易成交款。挂牌交易成交款缴款时间如下：

单个标的成交款在10万元以下（不含10万元）的，不论年限多少，成交款必须在挂牌成交之日起17日内一次性缴清；

单个标的使用年限在一年以内（含一年）的，成交款在挂牌交易之日起17天内一次性缴清；单个标的成交价在10万元以上（含10万元）的：

（1）年限在一年以上（不含一年）两年以下（不含两年）的，成交款按减一年的办法支付，但首付必须在挂牌成交之日起17日内缴清成交款的50%，余款在剩余期限缴清；

（2）年限为2年以上（含2年）的，在成交之日起17日内应缴纳成交额的50%，在成交之日起1年内全部缴清余款；

（3）年限为3年以上（含3年）的，在成交之日起17日内应缴成交额的40%；在成交之日起1年内应缴纳余款的二分之一；在成交之日起2年内全部缴清余款；

（4）年限为4年以上（含4年），在成交之日起17日内应缴纳成交额的30%；在成交之日起1年内，应缴纳余额的三分之一；在成交之日起2年内，应缴纳余款的二分之一；在成交之日起3年内全部缴清余款；

（5）年限为5年的，在成交之日起17日内，应缴纳成交额的30%；在成交之日起1年内，应缴纳余款的四分之一；在成交之日起2年内，应缴纳余款的三分之一；在成交之日之日起3年内，应缴纳余款的二分之一；在成交之日起4年内缴清余款。

同时对未按期按时缴纳成交款的，每逾期一天，按成交款的千分之一缴纳滞纳金，逾期最长不得超过十天，超过十天的，按违约处理，所缴的一切款额全部上交财政。市灯管办有权无条件收回拍卖的位置使用权重新拍卖，并追缴中标人应交纳广告位占用时间的款额和滞纳金。

2、竞买人取得广告位置使用权后，因故需要转让时，必须报市灯管办审批同意，并签订相关的变更合同。

第七条 违约责任：

1、竞买成交者（买受人）保证金可冲抵成交款，未成交者保证金如数返还。在挂牌竞价时间内中标后不能反悔退标，反悔者，视为违约，保证金不予退还，并由市灯管办取消其今后参加同类标的的竞买资格。

2、委托人（业主直接委托或业主间接委托广告公司）委托挂牌交易标的成交后，委托人又违约的，除收缴所缴纳的保证金外，违约的广告位在违约处理期间任何人都不得设置和发布广告，违者按有关规定严肃处理。违约后的广告位置使用权重新挂牌交易或不再设置广告。

3、买受人在制作广告时，必须严格地按照挂牌的尺寸、规格和样式进行制作，否则，违规建设发布广告的，必须拆除，恢复原状，若在不影响安全、城市建设、市容建设和公共利益以及他人利益时，超出部份的面积，按该广告位挂牌成交价的每平方米平均价折算补交成交款。

第八条 竞买人应举止文明，按时入场，自觉维护场内秩序，服从工作人员指导，会场不得吸烟，禁止恶意串通交易，损害他人利益。竞买过程中工作人员不解答任何问题。对产生危害交易秩序的，工作人员有权责令离场。

第八条 竞买人应举止文明，按时入场，自觉维护场内秩序，服从工作人员指导，会场不得吸烟，禁止恶意串通交易，损害他人利益。竞买过程中工作人员不解答任何问题。对产生危害交易秩序的，工作人员有权责令离场。

厦门

厦门市城市概览

人口（万人）：总人口141.7，男71.8，女69.9

国内生产总值（亿元）：760，增长17.2%

三次产业占GDP的比重（%）：第一2.42，第二58.51，第三39.06

投资（亿元）：244.61，增长15.5%

消费（亿元）：230.34，增长15.9%

年末实有铺装道路面积（万平方米）：1155

年末实有公共营运汽电车（辆）：1772

年末实用出租汽车（辆）：3437

支柱产业：房地产、汽车、电子信息、机械、化工等

厦门经济特区户外广告管理办法

(厦门市人民代表大会常务委员会公告第13号于2004年6月9日公布,2004年7月1日施行)

第一条为规范户外广告行为，加强户外广告管理，保障人身财产安全和市容整洁美观，促进户外广告业健康有序发展，遵循《中华人民共和国广告法》等有关法律、行政法规的基本原则，结合厦门经济特区实际情况，制定本办法。

第二条本办法所称的户外广告，是指以下列形式设置的商业广告：

（一）利用建筑物、构筑物、公共场地以广告牌、霓虹灯、电子显示牌（屏）、灯箱、橱窗、彩旗、条幅等形式设置的广告；

（二）利用交通工具或者水上漂浮物、升空器具设置的广告；

（三）以其他形式在户外设置的广告。

第三条工商行政管理部门是户外广告的监督管理机关。规划、市政园林、建设、环保、公安、质量技术监督等行政管理部门按照各自法定职责协同实施本办法。

第四条公共场所户外广告设置规划，由市工商行政管理部门会同市政园林、建设、环保、公安、质量技术监督等有关部门编制，经市规划部门综合平衡和市规划委员会审议后，报市人民政府审批。公共场所户外广告设置规划编制过程中，应当征求社会公众意见，批准后应当向社会公布。

户外广告设置技术规范，由市工商行政管理部门会同市规划、市政园林、建设、环保、公安、质量技术监督等有关部门编制，由市人民政府审批并公布。

第五条户外广告的设置，应当符合下列条件：

（一）符合城市规划要求以及公共场所户外广告设置规划和户外广告设置技术规范；

（二）户外广告设施应当牢固、安全，并与周围环境协调，符合美化市容的要求；

（三）户外广告使用语言文字、计量单位、标志符号，应当符合国家规定。

户外广告的内容应当符合法律、法规的规定。利用他人的建筑物、构筑物设置户外广告的，应取得权属人的同意。

第六条有下列情形之一的，不得设置户外广告：

（一）利用交通安全设施、交通标志的；

（二）影响市政公共设施、交通安全设施、交通标志使用的；

（三）妨碍生产经营或者人民生活，危及人身安

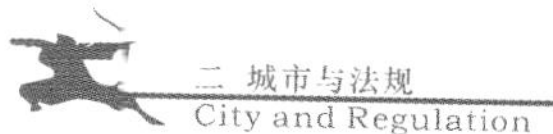

全，损害市容市貌的；

（四）国家机关、文物保护单位和名胜风景点的建筑控制地带；

（五）利用违法建筑、危险房屋及其他可能危及安全的建筑物、构筑物和设施的；

（六）法律、法规及市、区人民政府禁止设置户外广告的区域。

第七条利用公共建筑物、公共构筑物及公共场地设置户外广告的，应当通过招标、拍卖或者其他公平竞争方式取得户外广告设置权。其具体实施方案，由市工商行政管理部门会同有关部门编制，报市人民政府批准后执行。

第八条广告主、广告经营者、广告发布者应当在法定的经营范围内，依法从事户外广告活动。未取得广告经营资格的单位或个人，不得经营户外广告业务。

第九条设置户外广告，广告发布者必须申请办理《户外广告登记证》。但是以交通工具、橱窗、彩旗、条幅等形式设置的户外广告，不办理《户外广告登记证》，由广告发布者在户外广告设置之日起三日内向工商行政管理部门备案。

第十条办理《户外广告登记证》，应当向市工商行政管理部门提出申请，填写户外广告设置申请表，并提交下列材料：

（一）广告发布者营业执照；

（二）设置户外广告有关符合安全、环保的技术资料；

（三）广告样稿或者效果图；

（四）广告设置场地照片和场地示意图；

（五）场地权属证明或使用协议；

（六）法律、法规规定的其他材料。

第十一条市工商行政管理部门对申请人提交申请材料齐全、符合法定形式的，应当受理，并在七日内作出批准或者不予批准的决定，书面通知申请人；批准的，同时颁发《户外广告登记证》。

依照法律、法规规定须经有关行政管理部门对广告地点、内容审查的，由市工商行政管理部门会同相关部门在二十日内作出批准或者不予批准的决定，并书面通知申请人；批准的，同时颁发《户外广告登记证》。按照招标、拍卖或者其他公平竞争方式取得户外广告设置权的，市工商行政管理部门应当在五日内作出批准的决定，并颁发《户外广告登记证》。

第十二条设置户外广告设施需要进行建筑施工的，申请人持《户外广告登记证》依法向有关行政管理部门办理相关施工手续。户外广告发布者应在户外广告设置申请批准后六十日内完成户外广告设施的设置。无正当理由，逾期未完成设置的，其《户外广告登记证》失效。

户外广告设施应当由具有相应的施工资质的单位进行施工。

第十三条户外广告设施闲置时间不得超过十五日。户外广告设施闲置超过十五日的，闲置期内户外广告发布者应当发布公益广告。

第十四条户外广告应当按照批准或者备案的内容、地点、规格、时限、形式进行设置，不得擅自改变。确需变更批准事项的，应当向原批准机关办理变更登记手续后，方可发布；变更备案事项的，应当重新备案。

第十五条户外广告的设计、制作和安装，应当符合户外广告设置技术规范和相应的技术、质量标准。

户外广告发布者应当定期对户外广告设施进行安全检查，遇台风、暴雨应当采取安全防范措施。户外广告陈旧、破损的，户外广告发布者应当及时修缮或者拆除。

第十六条经批准设置的户外广告，必须标明广告发布者名称、《户外广告登记证》号码及有效期。

第十七条《户外广告登记证》有效期不超过三年，电子显示牌（屏）的《户外广告登记证》有效期不超过五年。期满需要继续设置的，户外广告发布者应当在期满前三十日内向原批准机关重新申请。

经批准设置的临时性户外广告，其户外广告登记证的有效期不超过三十日。

户外广告发布者应当在《户外广告登记证》期满时自行拆除户外广告。

第十八条依法设置的户外广告，任何单位和个人不得非法占用、拆除、遮盖或损坏。

户外广告在《户外广告登记证》有效期内因社会公共利益需要必须拆除的，相关单位应当依法给予合理补偿。

第十九条公共广告栏的设置，由市工商行政管理部门会同市规划部门统一规划，工商行政管理部门负责监督管理。张贴各类广告，应当在公共广告栏内或者其他允许的地点内张贴。

第二十条广告经营者、广告发布者、广告主应当接受工商行政管理部门监督检查，如实提供涉及户外广告的情况和资料，不得弄虚作假，逃避或拒绝检查。

工商行政管理部门应当保守有关商业秘密。

第二十一条有下列行为之一者，由工商行政管理部门或由市工商行政管理部门依法委托的市户外广告管理机构，按下列规定分别予以处罚：

（一）违反本办法第六条、第八条、第九条规定的，责令限期改正，没收违法所得，并处以三千元以下罚款；情节严重的，并处以三千元以上二万元以下罚款；逾期未改正的，依法予以拆除，所产生费用由责任者承担；

（二）违反本办法第十三条、第十四条、第十五条、第十六条、第二十条第一款规定的，责令限期改正，处以三千元以下罚款；

（三）违反本办法第十七条第三款规定的，责令限期拆除；逾期未自行拆除的，依法予以拆除，所产生费用由广告发布者承担。

第二十二条户外广告发布者未及时维护、更新户外广告设施，造成他人人身或者财产损害的，应当依法承担民事责任。

第二十三条工商行政管理部门和其他有关管理部门及其工作人员违反本办法，有下列情形之一的，由其上级行政机关或者监察机关责令改正，对直接负责的主管人员和其他直接责任人员依法给予行政处分；构成犯罪的，依法追究刑事责任：

（一）对不符合法定条件的申请人发放户外广告登记证的或者对符合法定条件的申请人不予核发或者未在法定期限内核发户外广告登记证的；

（二）不依法履行监督检查职责或者监督不力，造成严重后果的；

（三）其他滥用职权、徇私舞弊、玩忽职守的。

第二十四条本办法自2004年7月1日起施行。

珠海

珠海市城市概览

人口（万人）：总人口82，男42.1，女39.9

国内生产总值（亿元）：476.73，增长率18.1%

三次产业占GDP的比重（%）：第一3.81，第二56.37，第三39.82

投资（亿元）：140.83，增长率16.8%

消费（亿元）：159.18，增长率11%

年末实有铺装道路面积（万平方米）：1927

年末实有公共营运汽电车（辆）：1081

年末实用出租汽车（辆）：1852

支柱产业：房地产业、石油化工产业、旅游业等

珠海市户外广告设置管理规定

（市政府令第39号公布）

第一章 总 则

第一条 为了规范本市户外广告的设置，加强户外广告设置管理，美化城市环境，根据《中华人民共和国广告法》和有关法律、法规，结合本市实际情况，制定本规定。

第二条 本规定适用于本市行政区域内设置户外广告及其相关的管理活动。

第三条 户外广告设置分为户外商业广告设置和户外招牌广告设置。

本规定所称的户外商业广告设置，是指直接或间接地介绍商品或服务的广告设施。

本规定所称招牌广告设置，是指企、事业单位和个体工商户在其经营或办公场所或建筑物控制范围内，设置与其企业注册登记名称相符的标牌、匾额、指示牌等广告设施。用于表明建筑物名称的属于招牌，其他设于楼顶的非建筑物名称的标志物属于广告范畴，纳入户外商业广告设置管理。

第四条 市建设行政管理部门负责组织户外广告设置规划的编制，经市规划行政管理部门批准后组织实施；并负责户外商业广告设置权的出让工作。

市工商行政管理部门负责户外广告内容的审查、登记及监督管理。

市政、市容、园林、公安、环保、行政执法等部门按照各自的职能协同做好户外广告设置的监督管理工作。

第五条 户外广告设置应按户外广告设置的技术标准进行设置。

第六条 设置户外广告设施应当符合城市规划要求，与城市规划功能分区相适应，合理布局，规范设置。

户外广告设施应当安全、美观，并与周围环境协调，符合美化市容的要求。

第七条 户外商业广告设置使用权实行有偿使用原则。

第八条 依法批准设置的户外广告，任何单位和个人不得非法侵害。

第二章 户外商业广告设置准则

第九条 设置、发布户外商业广告应当符合以下要求：

（一）内容必须真实、合法，符合社会主义精神文明建设的要求，不得欺骗和误导消费者。

（二）设施设计、制作和安装应当符合有关的技术、质量、安全标准，不得粗制滥造。

第十条 有下列情形之一的，不得设置户外商业广告：

（一）利用交通安全设施、交通标志的。

（二）影响市政公共设施、交通安全设施、交通标志使用的。

（三）妨碍生产或人民生活，损害市容市貌或建筑物形象的。

（四）利用行道树或损毁绿地的。

（五）利用违章建筑、禁止使用的危险房屋及其他可能危及安全的建筑物和设施的。

（六）在国家机关、文物保护单位、优秀近代建筑和名胜风景点的建筑控制地带设置的。

（七）在市、区人民政府禁止设置户外商业广告的区域内或载体上设置的。

第十一条 经规划批准的户外商业广告设置使用权实行公开招标、拍卖、挂牌交易。

交易方式应以招标、拍卖为主，因城市规划、辖区地段、市场因素等不适宜招标、拍卖形式交易的，采用挂牌交易方式。

第十二条 招标、拍卖、挂牌交易户外商业广告设置使用权，应遵守国家有关法律、法规，遵循公开、公平、公正和诚实信用的原则。

第十三条 拍卖户外商业广告设置使用权，应当委托具有相应拍卖资格的拍卖机构进行拍卖。

第十四条 户外商业广告设置使用权招标、拍卖、挂牌交易所得收入实行“收支两条线”的管理，全额上缴市财政专户，专款专用，并按管辖权隶属关系进行分配，按照财政体制确定比例执行。

对于广告位置为非公有场所的，由市建设行政管理部门与场所权属人或场所广告位置使用权人协商并签署协议，按不超过户外商业广告设置使用权交易所得的50%的比例给场所权属人或场所广告位置使用权人作为设置占用费，其余部分上缴市财政专户。

第十五条 市建设行政管理部门负责规划确定广告设置使用权招标、拍卖、挂牌交易事务，包括组织编制招标、拍卖、挂牌交易文件、拟定交易底价和履约保证金数额、与买受人签订户外商业广告设置使用权合同、收取使用权交易价款、办理《户外商业广告设置使用权证明书》等。

第十六条 凡依法成立的市场主体，都可以参加户外商业广告设置使用权的竞买（投），广告设置使用权可以进行转让，但必须到市建设行政管理部门办理变更登记手续。

第十七条 广告设置使用权交易在市产权交易中心进行。招标、拍卖、挂牌交易机构应于交易日七日前发布公告，并在公告确定的时间、地点，以约定的方式进行。交易时应当根据国家有关法律法规的规定进行，参加竞买（投）的单位必须遵守竞买（投）的有关规定。

第十八条 交易成交后，取得户外商业广告设置使用权的单位应与市建设行政管理部门签订拍卖成交合同，并在交易成交合同确定的期限内支付价款和有关费用后，方可取得户外商业广告设置使用权。

第十九条 产权人利用自有场地、设施、建筑物为本单位作广告宣传的，其户外商业广告设置使用权可以不实行公开拍卖、挂牌交易。但广告主应持有关资料向市建设行政管理部门提出申请。市建设行政管理部门应当在接到申请之日起七日内进行规划审核，对于符合统一规划的，按同一区域广告设置使用权平均拍卖价格的30%收取空间资源使用费后，广告主取得户外商业广告设置使用权。

第二十条 取得户外商业广告设置使用权的，应当按照有关技术规范要求编制施工图，报市建设行政管理部门审查同意后，方可施工。市建设行政管理部门审查时间不得超过十个工作日。

第二十一条 经批准设置的户外商业广告，应自批准之日起六个月内完成设置，逾期未设置的，由市建设行政管理部门无偿收回设置使用权。

第二十二条 户外商业广告设施竣工后，由户外商业广告经营者组织有关部门对工程质量进行验收，并在验收合格后五个工作日内，向市建设行政管理部门备案，备案后方可到工商行政管理部门办理广告发布申请，工商行政管理部门对广告内容审查、登记后，给予办理广告发布手续。

第二十三条 在户外商业广告设置使用权使用期限内，户外商业广告内容或图案变更而设置地点不变的，必须到工商行政管理部门办理变更手续。

户外商业广告设置使用权使用期限已满需要继续发布广告的，其户外商业广告设置使用权应重新拍卖。

第二十四条 各类展销会、订货会、交易会、开业庆典等活动需要在活动场所范围内设置临时性户外广告设施的，应向市建设行政管理部门提出申请，市建设行政管理部门应在三个工作日内作出答复，临时性宣传设施设置期限一般不超过十五天，有效期满后应立即自行清除。

临时性设置的户外商业广告须经工商行政管理部门登记后方可发布。

第二十五条 经批准设置、发布的户外商业广告，必须在其右下角标明户外商业广告设置权许可证明、工商行政管理部门核发的《户外广告登记证》号和发布者名称（霓虹灯广告除外）。

第二十六条 本规定发布前已设置的户外商业广告，批准期满后，其户外商业广告设施设置符合规划的，使用权一律按照本办法规定实行公开拍卖挂牌交易。设施设置不符合规划的，一律予以拆除。

第三章 户外商业广告设置管理

第二十七条 户外商业广告设置使用权期限不超过三年。期满后重新进行招标、拍卖、挂牌交易。

第二十八条 户外商业广告设置不得空置，使用权拥有人在取得设置使用权后应按规划位置、设置形式及时组织发布广告，未能及时发布广告的应以公益广告覆盖。

第二十九条 已设置的户外商业广告，在有效期内因城市规划调整或社会公共利益的需要，需拆除户外商业广告设施的，由市建设行政管理部门书面通知设置使用权人，按时间比例退还费用，设置使用权人在期限内无条件自行拆除清理。

第三十条 广告内容必须真实、健康，符合法律、法规、规章规定，不得以任何形式欺骗用户和消费者。户外商业广告使用的汉字、字母和符号应当符合国家规定。

户外公益广告内容中公益宣传内容不得少于广告面积的4/5。

第三十一条 户外商业广告设施设置申请人应当保持户外商业广告设施的整洁、完好，及时维护、更新，并定期对户外商业广告设施进行安全检查，遇台风、汛期应当采取安全防范措施。

第四章 户外招牌广告管理

第三十二条 招牌的设置应当安全、规范、整齐、美观，符合地区功能要求、与周围环境相协调。

相邻店面的招牌原则上要协调一致，使相邻招牌的高度、媒体形式、造型、规格、色彩等达到比例适当、和谐统一、相互协调。

第三十三条 招牌内容只限于宣传本单位的名称、电话、标识。

第三十四条 重要地区和重要路段招牌的设置应统一设计。

重要地区和重要路段范围由市建设行政主管部门确定并对招牌进行统一设计，招牌设置者应按规划设计方案进行设置。

第三十五条 每个单位只能设置一处招牌。

多个单位共用一个场所或一个建筑物内有多个单位的，设置招牌应先整体规划，按统一规划设计制作。

第三十六条 招牌应成为建筑立面的有机组成部分，不得破坏建筑立面在形式、色彩、材料、质感等方面的完整性。

设置招牌不得影响他人对建筑物的正常使用。

第三十七条 在建筑物外墙设置招牌的，其牌面的高度不得超过屋顶高度。不得在建筑物裙楼以外层与层之间的窗间墙上设置招牌广告。

第三十八条 申请设置招牌，应向市建设行政主管部门提出申请，并提供下列材料：

（一）书面申请，包括：单位名称、地址、媒体形式、规格、设置地点、朝向、设置时间等。

（二）《营业执照》及其他主体资格合法有效证明文件。

（三）户外招牌与载体的正立面图及彩色效果图。

（四）设置户外招牌的场地所有权、使月权证明文件，或者与有关所有权、使用权单位签订的使用协议等。

经市建设行政主管部门核准后，申请人凭核准证明到工商部门办理登记手续。

金湾、斗门区的招牌设置，市建设行政主管部门可以授权辖区建设行政管理部门负责招牌设置核准。

第三十九条 招牌设置者应当按照批准的时间、设置位置、朝向、媒体形式、规格、内容、设置期限等进行设置，不得擅自变更。确需变更的，应当按照原申报审批程序办理变更手续。

第四十条 招牌设置者应当加强对招牌的日常维护管理，保证其牢固安全、整洁美观，字体规范完整，夜间照明和显亮设施功能完好。招牌破损、脱色、字体残缺、灯光显示不完整等影响市容市貌、危及安全的，应及时维

修、加固或翻新。

第四十一条 设置招牌广告的单位和个人对招牌广告设施负有安全责任。

第四十二条 单位迁移或歇业时，应在办理变更住所或注销登记的同时安排自行拆除原设置的招牌广告，并向登记机关缴回《户外广告登记证》。

第四十三条 招牌广告属临时性构筑物，因城市建设或其它特殊情况需要拆除招牌广告的，设置招牌广告的单位应无条件服从并自行拆除。

第五章 法律责任

第四十四条 违反本规定，有下列行为之一的，由城市管理行政执法部门进行处罚：

（一）未取得户外广告设置使用权擅自设置户外广告设施的，责令限期拆除清理，并按每平方米100至200元处以罚款。

（二）依法设置户外广告设施，到期后未继续取得户外广告设置使用权又不按时拆除的，责令限期拆除清理，并处以3000元以上10000元以下的罚款。

（三）违反技术标准或不按照规划的地点、设置图、效果图设置户外广告设施的，责令限期改正，并处以3000元以上10000元以下的罚款。

违反上述规定且拒不拆除的，城市管理行政执法部门可以依法处理，费用由户外广告设置者承担。

第四十五条 有下列行为之一的，由工商行政管理部门进行处罚：

（一）未经登记擅自发布户外广告或户外广告内容变更不办理变更登记的，处以2000元以下的罚款。

（二）公益广告标注企业名称和商标标识的面积超过户外广告面积1/5的，责令限期改正，并处以500元以上2000元以下的罚款。

其他违反广告法规定的违法行为，由市工商行政管理部门依法处理。

第四十六条 在户外广告设施设置或内容发布活动中违反其他有关规定的，由有关部门依法予以处罚。

第四十七条 户外广告设施设置人未及时维护、更新户外广告设施，致使发生户外广告设施倒塌、坠落等事故，造成他人人身或财产损失的，应当承担民事赔偿责任。

第四十八条 拒绝、阻碍有关行政管理人员执行公务，违反《中华人民共和国治安管理处罚条例》的，由公安部门依法处罚；情节严重，构成犯罪的，依法追究刑事责任。

第四十九条 户外广告设置有关行政管理人员应当遵纪守法，秉公执法。对玩忽职守、滥用职权、徇私舞弊，尚未构成犯罪的，给予行政处分；构成犯罪的，依法追究刑事责任。

第五十条 当事人对有关行政管理部门作出的具体行政行为不服的，可以按照《中华人民共和国行政复议法》和《中华人民共和国行政诉讼法》的规定，申请行政复议或提起行政诉讼。

当事人在法定期限内不申请复议，不提起行政诉讼，又不履行具体行政行为的，作出具体行政行为的部门，可以依法申请人民法院强制执行。

第六章 附则

第五十一条 户外广告设置的技术标准，由市规划行政管理部门和市建设行政管理部门联合制定。

第五十二条 本规定由市人民政府负责解释。

第五十三条 本规定自2003年9月1日起施行。

（编者说明：新的珠海市户外广告管理办法已经通过审核，预计将于2005年4月-5月颁布）

佛山

佛山市城市概览

人口（万人）：总人口344.2，男173.2万人，女171

国内生产总值（亿元）：1381.39，增长16.1%

三次产业占GDP的比重（%）：第一5.63，第二55.35，第三39.03

投资（亿元）：422.51，增长45.5%

消费（亿元）：473.19，增长12.7%

年末实有铺装道路面积（万平方米）：1637

年末实有公共营运汽电车（辆）：766

年末实用出租汽车（辆）：2032

支柱产业：陶瓷业、纺织、服装、玩具、制鞋、化工、铝型材、不锈钢、高新技术产业（电子电器、光电照明、精密机械、新材料）等

编者说明：佛山市政府没有制定当地户外广告管理办法，执行国家和广东省有关规定。

东莞

东莞市城市概览

人口（万人）：总人口158.9，男80.6，女78.3

国内生产总值（亿元）：947.53，增长19.5%

三次产业占GDP的比重（%）：第一2.96，第二54.04，第三43

投资（亿元）：319.39，增长66.7%

消费（亿元）：338，增长14.7%

年末实有铺装道路面积（万平方米）：3573

年末实有公共营运汽电车（辆）：678

年末实用出租汽车（辆）：3751

支柱产业：电子信息制造业、电气机械制造业、纺织服装制造业、家具制造业、玩具制造业、造纸及纸制品业、食品饮料制造业、化工制品制造业

东莞市户外广告管理规定

东府令第48号

第一条为加强我市户外广告管理，促进户外广告健康发展，维护市容整洁美观，使广告更好地为社会主义物质文明和精神文明建设服务，分局《中华人民共和国广告法》、《广东省户外广告管理规定》等有关法律法规，结合我市实际情况，制定本规范。

第二条凡在我市行政区域范围内设置户外广告的，适用本规定。

本规定所称户外广告是指利用我市城镇道路、公路、建筑物、构筑物、市政公用设施及其他户外场所设置的具有广告内容的路牌、霓虹灯、灯箱、电子显示屏、实物造型、招牌、条幅、气球、橱窗等。

第三条 市工商行政管理局是户外广告的主管部门，负责全市户外广告的内容审查、登记和监督管理。

市市政公用事业管理局（以下简称市政局）负责市区规划区范围内户外广告设置的规划、审批和监督管理。各镇区市政管理部门负责本镇区范围内（交通公路主管部门管辖的公里路和公路两侧建筑控制区范围除外）户外广告设置的规划、审批和监督管理。

市交通公路主管部门负责国家和省、市授权管辖的高速公路、国道、省道、县道、乡道等公路和公路两侧建筑控制区范围内户外广告设置的规划、审批和监督管理。

市城建规划、建设、公安交警等部门应按各自指责做好户外广告的管理工作。

第四条 户外广告的内容必须真实、合法、符合社会主义精神文明建设的要求，不得以任何形式欺骗和误导消费者。

第五条户外广告使用的文字、汉语拼音、商标、计量单位等，应符合国家规定，书写规范准确。

第六条户外广告的设置安装应当牢固、安全、保持完整、美观；对残缺不亮的霓虹灯广告和破损、陈旧、过期的其他户外广告，应当及时维修、翻新或者拆除。

第七条 户外广告的设置应当符合我市户外广告的设置规划和设置技术标准，户外广告的设置规划和设置技术标准由市市政局会同有关部门制定并报市政府批准后实施。

第八条利用我市公共场所、市政公用设施设置户外广告的，应当通过招标或者拍卖方式取得户外广告设置权。户外广告设置管理部门会同有关部门负责组织招标、拍卖活动，对设置人核发广告设置权证明书。

转让户外广告设置权的，应到户外广告设置管理部门办理变更手续。

第九条有下列情形之一的，不得设置户外广告：

（一）在公路、公路用地范围内；

（二）利用交通安全设施、交通标志的；

（三）影响市政公用设施、交通安全设施、交通标志使用的；

（四）妨碍生产或者人民生活，损害市容市貌或者建筑物形象的；

（五）侵占绿地，损毁城市绿化设施的；

（六）在国家机关、文物保护单位、优秀近代建筑和名胜风景点的建筑控制地带没的；

（七）利用危房或者可能危及建筑物设施安全的；

（八）在市人民政府规定禁止设置户外广告的区域内的。

第十条 申请经营户外广告的单位和个人，必须向市工商行政管理局申请，经核准发给《营业执照》（经营临时性户外广告业务，发给《临时性广告经营许可证》）方可经营；未经核准，不得经营户外广告业务。

第十一条单位和个人需要发布户外广告的，应当委托有户外广告经营资格的单位（以下简称户外广告发布者）发布。户外广告发布者接受委托后，应按下列规定提出申请：

（一）在市区规划区范围内设置的，向市市政局提出申请；

（二）在高速公路、国道、省道、县道、乡道等公路和公路两侧建筑控制区范围内设置的，向市交通公路主管部门提出申请；

（三）在本市其他区域设置的，向所在地的镇区市政管理部门提出申请。

第十二条 户外广告发布者向户外广告设置管理部门提出申请时，应当填写《东莞市户外广告设置申请表》，并提交下列材料：

（一）书面申请，含有广告主名称、地址、营业执照、载体形式、规格、设置地点、朝向和设置时间等内容；

（二）营业执照、广告经营许可证；

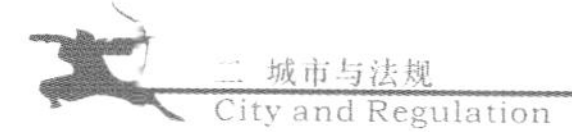

（三）户外广告设置权证明，或者与有关单位签订的场地使用协议；

（四）户外广告设计图、效果图。

第十三条 户外广告设置管理部门接受申请后，应按本规定的要求进行审查。对符合设置条件的，应予以批准设置；对不符合条件的，应自收到申请之日起8个工作日内予以答复，并说明理由。

对利用道路设置户外广告的，户外广告设置管理部门在批准设置前，应先征求公安交警部门的意见。交警部门应在5个工作日内提出审查意见。

第十四条 户外广告发布者凭户外广告设置管理部门的批准文件，向市工商行政管理局或所在镇区工商行政管理部门提出申请，填写《东莞市户外广告登记申请表》，并提交下列证明文件；

（一）营业执照；

（二）广告经营许可证；

（三）广告合同；

（四）广告内容和设计图样。

发布药品、医疗器械、农药、兽药等商品的广告和法律、行政法规规定应当进行审查的其他的广告的，还应提交广告审查机关的审查决定文件。

第十五条 凡符合法律和本规定的，由市工商行政管理部门核发国家工商行政管理总局统一样式的《户外广告登记证》后方可设置并发布户外广告；对不符合规定的，工商行政管理部门应自收到申请之日起5个工作日内予以答复，并说明理由。

第十六条 未经市工商行政管理局登记，任何单位和个人不得发布户外广告。

第十七条 单位和个人在自有经营场所、每点设置自我宣传的户外广告，须持广告样稿及户外广告设置管理部门审批材料向工商行政管理部门申领《户外广告登记证》后，方可设置发布。

第十八条 单位和个人张贴各类招贴广告，应到所在地工商行政管理部门办理简易登记手续，在各镇区的工商行政管理部门和市政管理部门联合批准设置的社会招贴广告专栏内张贴。

第十九条 户外广告必须按登记的地点、形式、规格、时间等内容发布，不得擅自更改。发布户外广告应在其右下角标明户外广告登记证号、设置证号、经营单位。

第二十条 经批准设置和登记的户外广告，需变更批准、登记事项的，应当向原审批机关、登记机关申请办理注销手续。

第二十一条户外广告经批准设置登记后三个月内未予发布的，应当向原审批机关、登记机关办理注销手续。

第二十二条 户外广告的设置时间不得超过3年，设置时间届满的应及时拆除。设置时间届满而需要延长的，应在届满之日前3个月内向原审批机关、登记机关申请。

第二十三条 户外广告设施倒塌、脱落造成他人人身伤残、死亡或者财产损失的，户外广告发布者应当承担民事责任；应受害人过错造成损害的，户外广告发布者不承担责任。由于第三人的过错造成损害的，第三人应当承担责任。

第二十四条 有下列行为之一的，由工商行政管理部门视其情节轻重，分别予以处罚：

（一）未经批准，擅自经营户外广告业务的，依法予以取缔、没收违法所得，处以5000元以下罚款；

（二）未领取《户外广告登记证》而发布户外广告的，依法没收违法所得，予以通报批评，处以5000以下罚款，并限期拆除；逾期不拆除的，强制拆除，其费用由户外广告发布者承担；

（三）在社会招贴广告栏以外的区域张贴各类招贴广告的，依法没收其违法所得，处以5000以下罚款，并限期清除；逾期不清除的，强制拆除，其费用由户外广告发布者承担；

（四）对破损、陈旧或因不牢固而妨碍安全的户外广告，责令限期维修、翻新或拆除，逾期不办的，强制拆除，并知会户外广告设置管理部门，其拆除费用由户外广告发布者承担。

第二十五条 未经户外广告设置管理部门批准，擅自设置户外广告的，或户外广告因破损、陈旧而影响市容的，由户外广告设置管理部门责令限期拆除或维护，并可处5000以下罚款；逾期不拆除或不维护的，由户外广告设置管理部门拆除，并知会工商行政管理部门，其拆除费用由户外广告发布者承担。

第二十六条 本规定由市工商行政管理局负责解释，涉及其他部门的，由其他部门负责解释。

第二十七条 本规定自2002年4月1日起施行。

权的经营者承办，并办理户外广告登记手续。

第二十二条 单位和个人张贴各类广告，应当到工商行政管理机关办理登记手续，然后在工商行政管理机关专门设置的公共广告栏内张贴

公共广告栏，由工商行政管理部门会同市规划部门统一规划，由工商行政管理部门统一设置和管理。

第四章 法律责任

第二十三条 违反本办法第六条、第八条、第九条、第十条规定的，由广告监督管理机关责令限期改正，并处一千元以上五千元以下罚款。

第二十四条 违反本办法第十二条，未经登记擅自发布户外广告的，由广告监督管理机关没收非法所得的、处一千元以上五千元以下罚款，并限期拆除，逾期不拆除的，强制拆除，其费用由发布者承担。

第二十五条 违反本办法第十五条，户外广告的设置地点未办理批准手续的，由市城市管理部门或有关管理部门依据相关法规规定予以处罚。

第二十六条 违反本办法第十八条，擅自违反登记事项发布户外广告的，由广告监督管理机关责令停止发布广告；情节严重的，注销登记证、并处以一千元以上五千元以下罚款。

第二十七条 违反本办法第二十条的，由广告监督管理机关注销登记证。

第二十八条 违反本办法第二十一条的，由广告监督管理机关没收非法所得，并处以一千元以上五千元以下罚款。

第二十九条 违反本办法第二十二条的，由广告监督管理机关处以五千元以下罚款。

第三十条违反本办法其他规定的，按《中华人民共和国广告法》、《广告管理条例》、《广告管理条例施行细则》、《户外广告登记管理规定》处理。

第三十一条 广告监督管理机关的工作人员玩忽职守，滥用职权，徇私舞弊的，给予行政处分。构成犯罪的，依法追究刑事责任。

第三十二条 当事人对行政处罚决定不服的，可以依法申请行政复议或者向人民法院提起诉讼。

第五章 附则

第三十三条 本办法由海口工商行政管理局负责解释。

第三十四条 本办法自发布之日起施行。

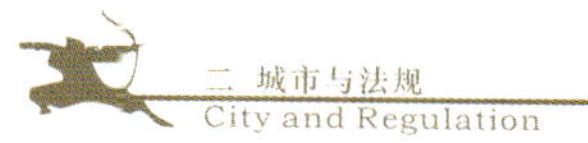

北部沿海地区

北部沿海地区区域概览

北部沿海地区即主要以京、津环渤海城市群为主的区域，这一区域位于东北、华北、华东和华中地区的结合部，全区域以北京、天津、石家庄、济南等特大和大城市为中心，不仅成为我国北方地区通向海外并与国际经济相接轨，参与东北亚和亚太地区经济技术合作的重要基地和窗口，而且也是中西部内陆广大地区实行对外开放和外引内联的重要通道与出海口。

环渤海城市群是我国主要的综合性工业基地之一，工业基础雄厚，拥有许多大型骨干企业，形成了总量规模较大、门类较齐全的工业生产体系。京津环渤海地区对全国GDP的贡献率约占8%，本区域工业部门结构上，重工业所占比重较高。重工业中以能源、钢铁、化工、建材等基础工业为主体。与重工业相比，本区域轻工业发展相对滞后，且以传统的纺织、食品等行业占优。京津环渤海城市群的优势，主要表现为现有产业基础、区域核心地位、科技人员和技术工人数量、较完善的密集城市群、较健全的铁路公路网、历史文化资源丰富。

环渤海城市群以首都为中心，而京津特别经济带的产业联动，是中国北方环渤海地区经济发展的龙头。其“组团式发展”主要表现为“京津联动、双重整合、海陆并进、三维发展”，从而形成“一带、两极、五中心”即京津特别经济带、北京和天津双子星增长极、形成全球的现代制造中心、现代商贸中心、现代航运中心、国际政治中心、现代文化中心。京津地区的城市化水平高出全国平均水平约15个百分点，经济密度和均质化均具有相当的水平，努力建造京津经济体的组团式城市群，是带动北方地区整体快速发展的重要举措。

北京

北京市城市概览

人口(万人): 总人口1154.1，男584，女570.1

国内生产总值（亿元）: 3611.9，增长10.5%

三次产业占GDP的比重（%）：第一2.25，第二35.56，第三62.19

投资（亿元）: 2157.1，增长18.9%

消费（亿元）: 1916.7，增长14.5%

年末实有铺装道路面积（万平方米）：9240

年末实有公共营运汽电车（辆）：18667

年末实用出租汽车（辆）：65984

支柱产业: 高技术制造业、电子信息产业、集成电路、液晶显示器、移动通信、计算机、软件产业、旅游业、生物工程与医药等

北京市户外广告设置管理办法

第一条 为了加强本市户外广告的设置规划和管理，创造整洁、优美的市容环境，根据《北京市市容环境卫生条例》和有关法律、法规的规定，结合本市实际情况，制定本办法。

第二条 本办法适用于本市规划市区、郊区的城镇地区和开发区、科技园区、风景名胜区及其他实行城市化管理地区内户外广告的设置和管理活动。

本办法所称户外广告，是指在城市道路、公路、铁路两侧、城市轨道交通线路的地面部分、河湖管理范围和广场、建筑物、构筑物上，以灯箱、霓虹灯、电子显示装置、展示牌等为载体形式和在交通工具上设置的商业广告。

第三条 市市政管理行政主管部门负责本市户外广告的设置规划和监督管理工作。

区、县市政管理行政主管部门负责本行政区域内户外广告的设置规划和监督管理工作。

第四条 本市户外广告的登记、内容审查和监督管理，依照《中华人民共和国广告法》和有关法规、规章的规定执行。

规划、交通、园林、公安交通、建设、环保、质量技术监督、安全生产等有关行政主管部门按照各自的职责，依法对户外广告进行监督管理。

第五条 设置户外广告设施，应当根据城市的风貌、格局和区域功能、道路特点等统一规划，整体设计，分区控制，合理布局，保证城市容貌的整体美观。

户外广告设施的设计风格、造型、色调、数量、体量、形式、位置、朝向、高度、材质应当与周围环境相协调。

第六条 市市政管理行政主管部门应当会同市规划行政主管部门组织编制本市户外广告设置专业规划；区、县市政管理行政主管部门应当会同同级规划行政主管部门根据本市户外广告设置专业规划组织编制本行政区域的户外广告设置规划。

市市政管理行政主管部门可以根据市人民政府的决定，组织编制本市主要大街和重点区域的户外广告设置规划。

第七条 编制本市户外广告设置专业规划和区、县户外广告设置规划应当符合《北京城市总体规划》和本办法第五条规定的要求。

第八条 编制本市户外广告设置专业规划和区、县户外广告设置规划应当征求有关部门和专家的意见。本市户外广告设置专业规划报市人民政府批准后公布实施；区、

县户外广告设置规划报市市政管理行政主管部门按总体规划综合协调同意后，再报同级人民政府批准公布实施。

经市和区、县人民政府批准公布实施的户外广告设置规划，不得随意更改；确需调整的，必须按照规定的程序重新批准。对区、县户外广告设置规划违反本市户外广告设置专业规划的，市人民政府有权予以纠正或者撤销。

第九条 禁止在下列道路和区域设置户外广告设施：

（一）长安街（即东起建国门西至复兴门路段，下同）道路两侧100米范围内；

（二）天安门广场地区及广场东侧、西侧各100米范围内；

（三）中南海办公区周边北起文津街府右街路口，南至府右街长安街路段的沿街地区，西起文津街府右街路口，东至文津街北长街的沿街地区，北起文津街北长街路口，南至南长街长安街路段的沿街地区；

（四）钓鱼台国宾馆北起三里河路阜成路路口，南至钓鱼台国宾馆南侧院墙的沿街地区，东起三里河路阜成路路口，西至阜成路南一街路段南侧的沿街地区；

（五）国家机关、学校、风景名胜区和文物保护单位的建筑控制地带。

对其他不适合设置户外广告的道路和区域，由户外广告设置规划控制设置户外广告。

第十条 长安街从王府井路口以西（不含王府井路口）至西单路口以东（不含西单路口）的路段和天安门广场地区禁止有车身广告的车辆通行。但是，因举行大型活动临时调用的车辆除外。

第十一条 在道路两侧和道路路口设置户外广告设施，不得妨碍安全视距、影响通行，并不得有下列情形：

（一）遮挡路灯、交通标志、交通信号；

（二）延伸扩展至道路上方或者跨越道路；

（三）设置在立交桥、人行过街桥、铁路桥等桥梁上；

（四）妨碍无障碍设施使用；

（五）法律、法规禁止的其他情形。

在城市道路两侧以及三环路以内的其他地区，设置单柱式和落地式户外广告设施，不得超过规定的限制高度。

第十二条 在建筑物、构筑物上设置户外广告设施，不得破坏城市风貌、景观和影响市容环境，并不得有下列情形：

（一）影响原建筑物、构筑物容貌；

（二）超过城市规划中限定的建筑物、构筑物高度；

（三）超过户外广告设施设置规定的限制高度；

（四）法律、法规禁止的其他情形。

在居住建筑上设置户外广告设施，必须符合户外广告设置规划，并征得该建筑内居民的同意。

禁止在危险建筑物、构筑物上设置户外广告设施。

第十三条 禁止在城市绿地上设置户外广告设施。禁止在河湖、水库水面上设置户外广告设施。禁止在空中设置悬浮的户外广告设施。禁止在飞行的飞行器上悬挂户外广告。

第十四条 设置户外广告设施应当符合户外广告设施的安全技术标准、管理标准和规范，保证户外广告设施设置的安全和牢固。建设和维护户外广告设施，应当遵守国家和本市有关安全生产的规定。

配置户外广告夜间照明设施的，应当保持照明设施功能完好；设置霓虹灯、电子显示装置、灯箱等设施的，应当保持画面显示完整。出现断亮、残损的，应当及时维护、更换，并在修复前停止使用。

第十五条 户外广告设施的经营者是户外广告设施维护、管理的责任人（以下简称管理责任人），应当定期巡视、维护，保持户外广告设施的安全、整洁、美观。户外广告设施存在安全隐患或者出现破损、污迹和严重褪色的，应当及时维修、更新。户外广告设施的版面不得出现空置。

对户外广告设施存在安全隐患可能危及人身、财产安全的，市政管理行政主管部门应当责令管理责任人立即排除安全隐患，不能立即排除隐患的，应当责令限期排除，并督促、落实安全隐患的排除工作。在限期排除期间，管理责任人应当在安全隐患现场的明显位置设置警示标志，必要时还应当派人值守，防止发生事故。

第十六条 在居住区及其周边设置户外广告设施，应当避免噪声污染、光污染和遮挡日照等对居民生活造成的不利影响。

第十七条 设置户外广告不得有下列情形：

（一）利用交通安全设施、交通标志的；

（二）影响市政公共设施、交通安全设施、交通标志使用的；

（三）利用道路照明、电力、通信、邮政等设施的；

（四）其他损害城市容貌和环境的。

利用公共交通的候车亭、停靠站牌、车站出入站口等公共交通设施设置广告的，应当符合户外广告设置规划要求，并不得影响识别和妨碍通行。

第十八条 在公共交通固定运营线路上设置的公共电、汽车车身广告，不得在车辆正面、前后风挡玻璃及两侧车窗上设置。设置车身广告不得对原车身颜色全部遮盖。设置的车身广告不得影响识别和乘坐。

其他车辆（包括小公共汽车）禁止在车身设置广告。

市市政管理行政主管部门应当会同市有关行政主管部门制定公共电、汽车车身广告的设置标准和规范。允许设置车身广告的公共电、汽车运营线路和车辆，由市市政管理行政主管部门按照户外广告设置规划公布。

第十九条 本市鼓励建设单位或者施工单位粉饰建设施工工地围挡，美化市容环境，但是禁止利用施工工地围挡设置户外广告。

在本市举办大型商业性活动，不得在举办活动地的场所外或者举办活动的区域范围外设置户外广告设施。

第二十条 按照户外广告设施设置规划，可以在建筑物、构筑物及其使用范围内的土地上设置户外广告设施的，设置人应当与该建筑物、构筑物的所有权人签订协议，并在签订协议前到市政管理行政主管部门查阅在该建筑物、构筑物及其使用范围内的土地上设置户外广告的规划条件和设计要求。设置人设置的户外广告设施，必须符合规划条件和设计要求，并依法接受市政管理行政主管部门的监督检查。

第二十一条本市对设置在城市道路两侧、公路两侧、广场等公共场所（以下简称公共场所）户外广告设施的使用权出让，实行特许经营制度。选择和确定户外广告设施特许经营者，可以依照本市有关特许经营的规定采取招标方式，也可以采取拍卖方式。

对公共场所户外广告设施的使用权采取招标方式出让的，应当按照《中华人民共和国招标投标法》的有关规定执行；采取拍卖方式出让的，应当按照《中华人民共和国拍卖法》的有关规定执行。

对高（快）速公路、长安街延长线（东起复兴门西至首钢总公司东门路段，西起建国门东至通州镇东关大桥路段）、二环路、三环路、四环路、五环路、六环路两侧和首都机场、市区内火车站周边地区、经济技术开发区的公共场所户外广告设施特许经营招标、拍卖工作，由市市政管理行政主管部门负责组织实施；其他公共场所的户外广告设施特许经营的招标、拍卖工作由其所在地区、县市政管理行政主管部门负责组织实施。

第二十二条 户外广告设施使用权出让期限一般不超过2年；新建电子显示装置等户外广告设施造价较高的，可以适当延长，但是最长不超过4年。

第二十三条 公共场所户外广告设施使用权采取招标方式出让的，确定的中标人为特许经营者。特许经营者在规定的时间内签订特许协议、交纳特许权使用费用的，即获得户外广告设施经营的特许权。

公共场所户外广告设施使用权采取拍卖方式出让的，通过拍卖确定的买受人为特许经营者，在规定的时间内签订特许协议，即获得户外广告设施经营的特许权。

公共场所户外广告设施的特许权使用费纳入财政预算，专项用于城市管理工作。

第二十四条 获得公共场所户外广告设施使用权的特许经营者不得转让特许经营权。

因企业合并、分立，与他人合资、合作经营，或者因企业资产出售以及有其他变更企业资产产权的情形而需要变更特许经营主体的，经原授予特许经营权的市政管理行政主管部门批准，特许权可以转让。

第二十五 条户外广告设施特许经营期限届满，需要再次招标、拍卖的，原特许经营者在履行该户外广告设施特许协议期间，没有发现违法、违约行为的，在同等竞标条件下可以享有优先获得权。

第二十六条 违反本办法，属于市人民政府已经授权城市管理综合执法组织实施行政处罚的，城市管理综合执法组织应当依法实施行政处罚。

违反本办法，属于违反规划、交通、园林、公安交通、建设、环保、质量技术监督、工商行政管理、安全生产等法律、法规规定的，由规划、交通、园林、公安交通、建设、环保、质量技术监督、工商行政管理、安全生产等有关行政主管部门依法处罚。

第二十七条 设置户外广告设施违反规划的，由城市

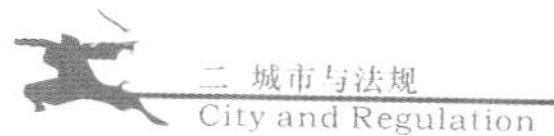

管理综合执法组织责令限期改正；逾期未改正的，依法拆除，并可以处1000元以上1万元以下罚款。

对依法应当拆除的户外广告设施，责任人应当在城市管理综合执法组织规定的期限内自行拆除；逾期不拆除的，城市管理综合执法组织可以依法申请人民法院执行，或者依法委托专业企业代为拆除，拆除费用由责任人承担。

第二十八条 设置户外广告影响交通安全设施和交通标志使用以及妨碍安全视距、影响通行的，由公安交通行政主管部门依照《中华人民共和国道路交通安全法》的规定予以处罚。

设置户外广告不符合国家和本市安全技术标准的，出现空置、破损、污迹和严重褪色的，霓虹灯、电子显示装置、灯箱等出现断亮、残损的，由城市管理综合执法组织责令限期改正，并可处500元以上5000元以下罚款；霓虹灯、电子显示装置、灯箱等出现断亮、残损的，责令在修复前停止使用。

第二十九条 本办法施行前，已建成的户外广告设施不符合规划设置要求的，应当在批准的设置期限届满拆除。

第三十条 户外广告设施的经营者违反本办法规定，未履行维护管理责任，造成安全责任事故的，应当依法承担法律责任。

第三十一条 设置户外广告设施违反本办法规定，由市市政管理行政主管部门予以纠正或者撤销，使户外广告设施经营者受到损失，且损失是由有关行政机关过错造成的，该行政机关应当承担赔偿责任。

第三十二条 本市行政机关及其工作人员违反本办法规定，不履行法定职责或者玩忽职守、滥用职权、徇私舞弊的，由上级行政机关或者有关部门责令改正，对直接负责的主管人员和其他责任人员依法予以行政处分；构成犯罪的，依法追究刑事责任。

第三十三条 本市农村地区的户外广告的设置和管理活动参照本办法执行。

第三十四条 本办法自2004年10月1日起施行。1998年11月15日市人民政府发布的《北京市户外广告管理规定》同时废止。

户外广告审批机关批准，一般时限1－3天。

（三）宣传招贴画应张贴在公共宣传栏内，不准随意乱贴，到期后应立即自行清除。沿街单位门窗不得张贴经营性宣传品。

（四）经有关部门批准设置的临时摊点，可利用遮阳伞具、冰箱箱体等作为载体发布临时户外广告。

第八条牌匾设置规范

本条款所称牌匾是指横牌匾、竖牌匾和独立形象标识等经营性牌匾。

（一）所有经营性牌匾、标识，按照天津市人民政府颁布的《天津市夜景灯光设置管理办法》，应配置灯光设施，不得设置无光源牌匾、标识。

（二）凡在中心城区设置的牌匾，应采用霓虹灯、亚克力、软体喷绘内光源灯箱，不得设置外光源简易牌匾。仿古建筑可采用木质书法牌匾并配置灯光设施。

（三）牌匾设置位置应在经营场所门楣上方。同体或联体建筑设置牌匾应统一高度、规格、形式，不能里出外进、高低不平、参差不齐。小型商业网点一般设置一块横牌匾，大型营业场所可加设一块竖式霓虹灯密排管刀牌；二层以上独立营业场所，可在屋顶设置企业标识，形式应采用霓虹灯或高新技术材质，建筑物异型顶部不得设置牌匾字号。

（四）牌匾规格应视建筑物大小合理设置，横牌匾主体高度为0.6米－0.8米、1.2米－1.4米、1.6米－1.8米三种；竖牌匾主体规格为1.5米×6米或8米、2米×12米二种；超大型商业网点牌匾主体高度及规格，按以上比例调整尺寸。

（五）15片繁华区、商业街安装经营性牌匾，应采用霓虹灯、亚克力以及新型技术含量较高材质，一般不宜安装普通软体灯箱。

（六）牌匾的安装一般应附着在墙面上，不得外挑。特殊情况确需外挑的，视环境情况，外挑尺寸不得超过0.6米。

（七）风貌保护区及风貌建筑、保护性建筑设置牌匾时，应采用霓虹灯、亚克力等材质制作，在墙体镶嵌，不得在屋顶设置。需设置吊牌时，材质应选用霓虹灯、亚克力板及铁艺加配灯光等，规格尺寸不得大于1平方米，设置高度下沿距地面应在2米以上。

（八）牌匾内容应与工商部门核发的营业执照名称一致，使用文字应符合国家规范要求，比例适中。

（九）对全球性、全国性连锁经营单位的统一标识、牌匾，可按照连锁经营单位的有关规定，采取统一颜色、统一材质、统一形式进行设置，规格应与相邻牌匾统一，无灯光设施的应加装灯光设施。

（十）全市性连锁经营单位设置牌匾、标识时，应按照市市容管理部门的有关规定执行。

（十一）牌匾下沿距地面高度不得低于2米，相邻经营单位牌匾主体应高度、厚度一致，材质统一，色调和谐。牌匾支撑拉线应整齐、美观、隐蔽、安全，符合规范，不得出现飞线。

（十二）不得安装兼做牌匾字号的遮阳（雨）罩。

（十三）各商业经营单位应有专人负责牌匾、标识的日常管理，随时保持清洁完整，出现破损及时修复，牌匾灯光按市容管理部门规定的时间每天开启。

（十四）对违法开设的经营门脸及利用窗口经营的，不准设置牌匾。

第九条在本规范公布之前设置的户外广告，应按照本规范的要求进行整改。

第十条本规范自公布之日起施行。

石家庄

石家庄市城市概览

人口（万人）：总人口910.5，男460.3，女450.2

国内生产总值（亿元）：1376.6，增长12.5%

三次产业占GDP的比重（%）：第一1.28，第二47.09，第三51.63

投资（亿元）：560.2，增长36.9%

消费（亿元）：456.6，增长11%

年末实有铺装道路面积（万平方米）：1747

年末实有公共营运汽电车（辆）：1526

年末实用出租汽车（辆）：6553

支柱产业：纺织业、高新技术产业、商贸流通业、特色农业、医药产业等

编者说明：石家庄市执行国家有关规定的同时没有出台新的地方性法规。

济南

济南市城市概览

人口(万人)：总人口582.6，男294，女288.6

国内生产总值（亿元）：1367.8，增长14.5%

三次产业占GDP的比重（%）：第一3.26，第二42.74，第三54

投资（亿元）：504.9，增长24.8%

消费（亿元）：533.2，增长15.6%

年末实有铺装道路面积（万平方米）：3555

年末实有公共营运汽电车（辆）：2600

年末实用出租汽车（辆）：8300

支柱产业：信息产业、旅游业、房地产业、食品工业等

济南市户外广告设置、张贴管理暂行办法

（《济南市户外广告设置、张贴管理暂行办法》一九九四年十一月十五日以济南市人民政府令第84号发布施行。）

第一条 为加强户外广告的管理，促进广告事业的健康发展，根据《中华人民共和国广告法》和《山东省户外广告管理办法》，结合我市实际情况，制定本办法。

第二条 在本市行政区域内设置、张贴户外广告的单位和个人均应遵守本办法。

第三条 本办法所称的户外广告包括：

(一)利用街道、广场、机场、车站、公园、商场等公共场所及其它建筑物或者空间设置路牌、霓虹灯、电子显示牌、橱窗、灯箱、实物模型、条幅、气球等广告；

(二)利用车、船、飞机等交通工具设置的广告；

(三)利用其他形式在户外设置的广告。

第四条 济南市工商行政管理局是本市户外广告的主管部门。县(市)工商行政管理局负责本行政区域内户外广告的具体管理工作。

城建、公安、环卫等部门按照职责分工，协助同级工商行政管理部门做好户外广告的管理工作。

第五条 户外广告的内容必须真实健康，用字规范、画面整洁、不得以任何形式欺骗用户和消费者。

第六条 户外广告应当注重视觉效果和整体环境效果，不得影响市容和环境卫生，不得防碍交通，损坏公共设施。

第七条 在市区设置户外广告由市工商和政管理部门会同市城建、公安、环卫等部门制定规划；具体设置地点由市城建部门核定。

需占用道路、场地、建筑物时，广告设置者应按有关规定办理占用道路审批手续或者签定租用合同。

第八条 从事户外广告经营的单位和个人，必须是经工商行政管理部门核准登记并领取《广告经营许可证》的广告经营者。

第九条 设置户外广告，必须经过工商行政管理部门事前审查。申请审查时应提交下列文件、材料：

(一)户外广告申请表；

(二)广告合同书；

(三)证明广告内容真实性、合法性的文件；

(四)户外广告设置的位置示意图及效果图；

(五)有关部门的审批意见。

第十条 工商行政管理部门接到审查申请后应在七日内提出审查意见。经审查合得者发给户外广告批准文号，批准文号有效期为一年。设置时应当将设置单位、批准文号一并公布。

第十一条 户外广告必须按照批准的内容、规格、地点和时间设置，不得擅自改变。

第十二条 户外广告设置者应在广告设置竣工后10日内，向原审批机关报送广告实际效果照片。

第十三条 经批准设置户外广告的框架闲置时间不得超过30日，逾期必须拆除。

对脱色、破损、陈旧的户外广告，设置者应当及时翻新、修复、更换。

遇有防碍城市建设的户外广告，广告设置者必须在限期内拆除。

第十四条 在城区繁华地段、车站、广场、游乐场、商场、居民区等公共场所，工商行政管理部门会同城建部门统一规划，设置一定数量的公共广告栏，并指定专人管理、维修。

第十五条 需张贴广告的单位和个人，经工商行政管理部门审查同意并加盖张贴广告专用章后，到指定的公共广告栏内张贴。

张贴广告的保留期为10天，在核准的保留期内，任何人不得覆盖。

第十六条 禁止利用公共广告栏以外的墙壁、建筑物、树木、线杆、护栏及其它公共设施张贴(涂写)广告。各有关单位和个人应把户外广告列入门前卫生"三包"内容，对乱贴、乱画者，有权制止、清除并及时向有关部门举报。

第十七条 违反本办法有下列行为之一的，由工商、城建、环卫、公安等部门按照各自的职责给予处罚：

(一)利用户外广告弄虚作假欺骗用户和消费者的，责令在相应范围内消除影响，并处五千元罚款；

(二)非法经营户外广告的，没收非法所得，并处五千元以下罚款；

(三)未经审批，非法设置、张贴户外广告的，责令限期清除，并处二百元至五千元罚款；

(四)对不按规定公布设置单位、批准文号的，责令限期改正；

(五)对防碍交通或者影响市容、环境卫生以及安全无保障的户外广告，责令限期拆除，并按有关规定予以处罚；

(六)对擅自改变户外广告内容、规格、地点、时间的，责令限期改正，并处一千元罚款；

(七)对脱色、破损、陈旧的户外广告，限期维修、翻新或者拆除。逾期不进行维修、翻新或拆除的，处一千元以上五千元以下的罚款。

第十八条 行政管理部部门对当事人进行行政处罚时，应当制作处罚决定书；执行罚没时，必须使用财政部门统一印制的罚没收据。罚没收入一律交同级财政。

第十九条 当事人对行政管理部门不依法履行职责或者对处罚决定不服的，可以按照《中华人民共和国行政诉讼法》和《行政复议条例》，申请复议或者提起诉讼。

第二十条 户外广告管理部门及其工作人员应当认真履行职责，严格管理。对失职渎职，徇私舞弊的，由其所在单位给予行政处分，构成犯罪的，依法追究刑事责任。

第二十一条 本办法由济南市工商行政管理局负责解释。

第二十二条 本办法自发布之日起施行。济南市人民政府于1980年9月13日颁布的《济南市广告管理暂行办法》同时废止。

青岛

青岛市城市概览

人口（万人）：总人口720.7，男364.4，女356.3

国内生产总值（亿元）：1780.3，增长15.9%

三次产业占GDP的比重（%）：第一2.43，第二59.16，第三38.41

投资（亿元）：739.4，增长54.6%

消费（亿元）：512.2，增长15.8%

年末实有铺装道路面积（万平方米）：2816

年末实有公共营运汽电车（辆）：3648

年末实用出租汽车（辆）：8109

支柱产业：电子通讯、信息家电、化工橡胶、饮料食品、汽车船舶、服装服饰等

青岛市户外广告的设置管理办法

（1995年6月22日青岛市人民政府令第36号文件发布，根据1998年8月24日发布的青政发〔1998〕137号《青岛市人民政府关于修改部分政府规章行政处罚等条款的决定》修订）

第一条 为了加强对户外广告的设置管理，美化城市环境，根据有关法律、法规规定，结合本市实际，制定本办法。

第二条 本办法所称户外广告的设置是指，在道路、广场、绿地、机场、车站、码头、水域等公共场所和建筑物、构筑物以及交通工具上，利用各种形式，设置、张贴、悬挂发布广告的行为。

第三条 本办法适用于本市市南区、市北区、四方区、李沧区和风景旅游干线。

第四条 户外广告的设置，实行联合审批、集中发证、统一管理的制度。

第五条 青岛市户外广告联合审批办公室（以下简称市联审办）设在青岛市规划局,具体负责户外广告审批的组织协调和管理工作,并负责对崂山区、城阳区、黄岛区的户外广告设置进行监督。

工商行政管理部门负责对户外广告经营单位的资格和广告内容的综合审查及监督。

规划管理部门负责户外广告设施选址定点的审查和建设工程规划许可证的审核发放,并负责对户外广告影响市容、市貌等方面的综合审核。

市公安交通管理机关负责对户外广告影响道路交通安全的审查。

市政设施管理部门负责对在市政设施上设置户外广告的审查。房管、园林、电业等部门,应按照各自的职责和本办法的规定,做好户外广告设置的有关管理工作。

第六条 设置的户外广告内容应当真实、合法、健康、清楚。

第七条 设置户外广告应当遵守法律、法规、规章的规定，服从城市规划，符合美化城市的要求，不得影响城市景观和城市消防、交通安全。

第八条 城市规划部门应会同有关部门依据城市总体规划，组织编制本市户外广告设置的近期和长期规划。

第九条 凡需从事户外广告经营业务的单位和个人（以下简称广告经营单位），必须经工商行政管理部门依法审查符合规定的经营资格条件，否则不得从事户外广告经营业务。

第十条 单位、个体工商户在其用地范围内，设置发布自己的产品、服务经营项目等内容的户外广告，经工商

行政管理部门和市联审办审查批准，可自行设置发布；除此以外的户外广告均须委托广告经营单位设置。

第十一条 大型文化、体育、公益活动或各类商品交易会、展销会活动的组织机构不得从事垄断性的广告经营活动,不得委托未取得经营资格的广告经营者承办或者代理户外广告业务。

第十二条 设置各类非商业经营性的宣传标语、标牌及其他公益性广告,须向市联审办提出申请,经批准后,方可设置。

第十三条 单位、个人委托广告经营单位发布户外广告的，双方应当依法订立书面合同，明确双方的权利和义务。

广告经营单位发布的户外广告收费标准，应当向市联审办和物价、工商行政管理部门备案。

第十四条 设置发布户外广告的，须持有关证件资料，向市联审办提出申请，填写《青岛市户外文广告设置申请表》，经批准，发给户外广告设置发布证书后，方可设置。

第十五条 申请领取户外广告设置发布证书，须提交下列证件资料:

（一）申请报告;

（二）广告经营许可证件或其他有关批准文书;

（三）广告设置位置照片和广告平面配置图、立面图、剖面图;

（四）制作说明;

（五）其他证件资料。

利用属其他单位、个人所有或使用的场地和建筑物、构筑物设置户外广告的，须提交与产权人、使用人达成的书面协议。

第十六条 市联审办应当自收到申请之日起30日内，召集有关部门共同进行审查，并作出批准或不批准的决定，有关部门的审查期限不得超过7日，对批准设置发布的，发给户外广告设置发布证书。其中属建筑物、构筑物的，应事先申领建设工程规划许可证。

第十七条 经批准设置发布户外广告的，设置发布单位必须按批准的项目、内容、形式等，在限定的期限内设置完成。设置的户外广告（霓虹灯除外）中，须明显标出设置单位的名称。

第十八条 设置发布的户外广告，设置单位必须定期维护修理和按规定的期限更新、更换，确保户外广告的完好及正常使用。

第十九条 户外广告设置单位，须在规定的期限内竣工。在规定的期限内未设置或期满未竣工，应说明理由，向市联审办提出续期申请，由市联审办会同有关部门共同审查研究后，作出批准或不批准的决定。

第二十条 经批准设置的户外广告，设置单位应在工程竣工之日起7日内，向市联审办提出验收申请，由市联审办组织有关部门进行验收。经验收符合标准和要求的，方可使用。

第二十一条 户外广告设施应当牢固、安全。因户外广告设施设置不当或安全措施不利而给他人造成损失的，户外广告设施的设置者应承担赔偿责任。

第二十二条 户外广告设置单位应按规定定期更换户外广告的内容、版面；在原设施上更换户外广告内容、版面的，须在更换前7日，将更换的内容、版面设计等有关资料，提交市联审办。有关管理部门应当在规定的期限内提出审查意见。未经审查批准的户外广告内容、版面一律不准更换。

第二十三条 经批准设置的户外广告设施，除广告主管机关依照法定程序变动外，其他任何单位和个人不得占用、拆除、遮盖或损坏。

第二十四条 市联审办应会同有关部门，在本市重要繁华地区、主要路段及建筑物、构筑物上选定户外广告设置位置，经市人民政府批准后，以招标形式，确定广告经营单位设置。

经批准选定的户外广告设置位置，任何单位、个人不得拒绝或阻碍广告经营单位设置户外广告。

第二十五条 单位、个人需张贴户外广告的，须向市联审办提出申请，经市联审办会同有关部门审查批准后，张贴在指定的公共广告栏内。禁止在街道、墙面、线杆、道路护栏及其他建筑物、构筑物上乱写、乱贴、乱悬挂。

第二十六条 单位、个人利用空间悬挂横幅、飘放气球等发布户外广告的，须向市联审办提出申请，按规定经审查批准后，在指定的位置及范围飘放、悬挂。

第二十七条 已设置的户外广告,在有效期限内,因城市建设等特殊需要须拆除的,由有关部门提请市联审办通知设置单位拆除清理。

第二十八条 广告经营单位应依法建立、健全户外广告经营业务的承接登记、审核、档案管理等方面的制度，接受市联审办和其他有关行政管理部门的监督检查。

第二十九条 违反本办法,由市城市管理监察机构按下列规定处罚:

（一）擅自设置户外广告的,责令限期拆除清理,并按每平方米五十元至一百元处以罚款,但最高不得超过三万元;

（二）超出批准范围设置户外广告的,责令限期改正，并可处以二千元至五千元罚款,但最高不得超过三万元;

（三）设置单位不定期保洁、维护修缮户外广告的，责令限期改正,按迟延日每日处以二百元罚款;

（四）乱贴、乱设、乱挂户外广告的,责令限期清理，并按迟延日每日处以二百元罚款;

（五）设置的户外广告,未按规定定期更换版面、内容或更换未经审查批准的版面内容,或未标明设置单位名称的,责令限期改正,并处以五百元至一千元的罚款。

对违反工商行政、城市规划、市政工程设施和道路交通安全等管理规定行为,由工商、规划、市政、公安等管理部门按有关法律、法规、规章的规定,分别进行处罚。

第三十条 当事人对行政管理部门的行政处罚决定不服的，可以依照《行政复议条例》和《中华人民共和国行政诉讼法》的规定，申请复议或提起行政诉讼。逾期不申请复议或不起诉，又不履行处罚决定的，由作出行政处罚的部门申请人民法院强制执行。

第三十一条 户外广告管理部门工作人员，滥用职权、徇私舞弊、弄虚作假、收受贿赂的，由有关部门给予行政处分；构成犯罪的，由司法机关依法追究刑事责任。

第三十二条 各县级市和崂山区、黄岛区、城阳区可依照本办法，结合本地区实际情况，制定具体实施办法。

第三十三条 本办法自发布之日起施行。

东北地区

东北地区区域概览

东北地区包括沈阳、哈尔滨、长春和大连，是中国重要的工业生产基地。其中沈阳是东北地区最大的中心城市。

沈阳地处东北亚经济圈和环渤海经济圈的中心，具有重要的战略地位。以沈阳为中心，半径150公里的范围内，集中了以基础工业和加工工业为主的8大城市，构成了资源丰富、结构互补性强、技术关联度高的辽宁中部城市群。沈阳拥有东北地区最大的民用航空港，全国最大的铁路编组站和全国最高等级的“一环五射”高速公路网。大连港、营口新港和锦州港距沈阳均不超过400公里，具有得天独厚的地理区位优势，作为东北中心城市的沈阳，对周边乃至全国都具有较强的吸纳力、辐射力和带动力。

哈尔滨地处东北亚中心位置，被誉为欧亚大陆桥的明珠，是第一条欧亚大陆桥和空中走廊的重要枢纽。根据国务院批准的哈尔滨市部分行政区划调整方案，2004年2月4日，哈尔滨市调整为现在辖8个区、11个县(市)，总面积53068平方公里，其中市区面积4272平方公里，是全国省辖市中面积最大的城市。改革开放以来，哈尔滨加大经济结构调整力度，医药、汽车、食品、电子信息等高新技术产业快速发展，形成新的产业格局。

长春是一座年轻的城市，只有200多年的历史，地处中国松辽平原腹地，现辖六区、四县（市），总面积20571平方公里，其中市区面积3583平方公里，建成区面积150平方公里。长春的工业有着较好的发展基础。作为国家的老工业基地之一，经过多年的发展建设，基本上形成了以交通运输设备制造业为主体的、门类比较齐全的工业体系。长春地理位置比较优越。作为中国北方区域性中心城市之一，处于中国东北地区辽、吉、黑、蒙四省区通衢的十字要冲，这种特殊的地理位置，使长春成为中国东北地区巨大经济链条中最关键的一环，成为东北地区重要的交通、通讯枢纽和物流中心。

大连市地处欧亚大陆东岸,中国东北辽东半岛最南端,是东北、华北、华东以及世界各地的海上门户,是重要的港口、贸易、工业、旅游城市。现辖3个县级市和6个区。另外,还有4个国家级对外开放先导区。全市总面积12574平方公里,其中老市区面积2415平方公里。

沈阳

沈阳市城市概览

人口（万人）：总人口689.1，男346.9，女342.2

国内生产总值（亿元）：1602，增长14.2%

三次产业占GDP的比重（%）：第一2.19，第二49.04，第三48.76

投资（亿元）：582.6，增长44.8%

消费（亿元）：721.5，增长11.7%

年末实有铺装道路面积（万平方米）：3271

年末实有公共营运汽电车（辆）：4552

年末实用出租汽车（辆）：17015

支柱产业：汽车及零部件、装备制造和电子信息三个主导产业

编者说明：沈阳市人民政府1996年制定的《沈阳市户外广告管理办法》已经停止使用。

大连

大连市城市概览

人口（万人）：总人口560.2，男282.9，女277.3

国内生产总值（亿元）：1632.6，增长15.2%

三次产业占GDP的比重（%）：第一4.83，第二45.78，第三49.39

投资（亿元）：506.9，增长37.8%

消费（亿元）：568.45，增长12.4%

年末实有铺装道路面积（万平方米）：1715

年末实有公共营运汽电车（辆）：3788

年末实用出租汽车（辆）：13524

支柱产业：石化、机械、电子等

大连市城市户外广告、牌匾设施管理办法

（大连市人民政府令第20号于2002年9月6日公布，自2002年10月6日起施行）

第一条　为了加强对城市户外广告、牌匾设施的管理，建设市容整洁、环境优美、文明和谐的现代化城市，根据《中华人民共和国广告法》、《大连市城市市容管理条例》，制定本办法。

第二条　凡在大连市城市区域内设置户外广告、牌匾设施的单位或个人，均应遵守本办法。

第三条　本办法所称城市户外广告、牌匾设施，是指在城市区域内利用建筑物、构筑物、市政公共设施、交通工具、空飘物等载体，设置的电子显示屏、霓虹灯、灯箱、阅报栏、画廊、橱窗、门面牌匾、标志牌、标语、条幅等广告、宣传及标志性设施。

第四条　大连市城市建设管理局是全市城市户外广告、牌匾设施的行政主管部门，并具体负责大连市中山区、西岗区、沙河口区、甘井子区设置城市户外广告、牌匾设施的日常管理工作。各县（市）、旅顺口区、金州区人民政府和大连经济技术开发区、大连高新技术产业园区、大连金石滩国家旅游度假区、大连保税区（以下简称先导区）管理委员会指定的部门，负责本辖区内设置城市户外广告、牌匾设施的管理工作。建设、工商行政、规划和国土资源、公安、房产、财政、物价、交通口岸等部门，应依据各自职责，协助城市户外广告、牌匾设施行政管理部门，共同做好设置城市户外广告、牌匾设施的管理工作。

第五条　城市户外广告、牌匾设施应采用新技术、新材料、新工艺，其造型、装饰应美观、新颖，与周围环境相协调，体现现代化城市的特点。

第六条　设置城市户外广告、牌匾设施应遵守下列规定：

（一）商业街的门面牌匾、橱窗及楼体广告，应采用霓虹灯勾画广告轮廓；

（二）临街广告和各类商家、店铺的门面牌匾应采用霓虹灯照明；

（三）城市公交站点、候车棚应采用灯箱式广告；

（四）中山路、人民路两侧以及火车站广场、中山广场、友好广场、人民广场内不准设置单立柱式广告；

（五）除机场、码头、火车站外的城市建筑物顶部不准设置字体广告。

第七条　下列载体上禁止设置城市户外广告设施：

（一）国家机关办公场所；

（二）文物保护单位和市政府公布的重点保护建筑；

（三）交通安全设施、标志；

（四）风景名胜区及其控制地带；

（五）城市居民小区、公共绿地和风景林地；

（六）市政府规定不得设置城市户外广告设施的其他载体。

第八条　设置大型城市户外广告设施，应先规划后设置。城市户外广告、牌匾设施行政主管部门应会同同级建设、规划和国土资源、交通口岸、公安、工商行政等部门审定其选址、布局、规模、形式等，提出规划要求，并报同级政府、先导区管理委员会批准后实施。

第九条　利用市政公共设施以及在繁华地区、重点商业区公共场所设置大型城市户外广告设施，应通过招标或拍卖方式确定设置单位或个人。具体招标或拍卖办法，由城市户外广告、牌匾行政主管部门制定并组织实施。

第十条　单位或个人设置城市户外广告、牌匾设施，应持平面位置图和彩色效果图等相关资料，向城市户外广告、牌匾设施行政主管部门提出申请，经批准领取城市户外广告、牌匾设施设置许可证。其中占用或依附各类设施、建筑物和构筑物设置城市户外广告、牌匾设施的，应先征得其产权人或管理人的同意。法律、法规规定需要其他部门审批的，须按规定办理有关手续。

第十一条　取得城市户外广告、牌匾设施设置权的单位或个人，应自批准之日起2个月内，按照批准的地点和位置，设置城市户外广告、牌匾设施。逾期不设置的，视为自行放弃设置权。城市户外广告、牌匾设施使用期限届满，需要延期使用的，应在期满前30日内到原审批机关办理延期手续。城市户外广告、牌匾设施在设置使用期限内发生转让、变更的，设置单位或个人应到原审批机关办理转让、变更手续。

第十二条　单位或个人举办大型文化、体育、商品交易、产品展销、宣传教育等活动，需要临时设置城市户外广告、牌匾设施的，应按批准的地点、时限和要求进行设置，期满当天必须自行拆除。节假日、重大庆典活动所悬挂的标语、条幅，设置单位或个人应在活动结束后的次

日自行拆除。

第十三条 单位或个人设置的城市户外广告、牌匾设施，在批准的设置期内，因城市建设、市容管理和举办大型活动等原因需要拆除的，设置单位或个人应当服从。对有偿设置的，由拆除人给予适当补偿。

第十四条 设置城市户外广告、牌匾设施，不得改变原有建筑物、构筑物外饰面装修和建筑风格，不得影响城市市容，不得影响市政公共设施、交通安全设施、交通标志及其他公共设施的正常使用。设置城市户外广告、牌匾设施，确需改、扩建建筑物、构筑物和改变建筑外饰面装修的，设置单位和个人应按规定到规划主管部门办理有关手续。

第十五条 设置城市户外广告、牌匾设施，须由安全鉴定机构或设计单位进行安全鉴定。设置施工单位应具有相应的资质等级，施工应严格按照标准进行，并达到安全要求。设置单位或个人应定期对城市户外广告、牌匾设施的安全状况进行检查，确保安全。因城市户外广告、牌匾设施发生倒塌、坠落等事故，造成人身伤害或财产损失的，设置单位或个人应承担相应的责任。

第十六条 城市户外广告、牌匾设施的设置单位或个人，应加强对设施的日常维护管理，保持其完好、整洁。污损、褪色的，应及时清洗、油饰、粉刷；残缺、破损、倒斜的，应及时维修或更换；板面漏字少画、灯光显示不全的，应在发现后的24小时内修复。

第十七条 用于城市户外广告、牌匾设施的射灯、泛光灯、霓虹灯等，应按城市户外广告、牌匾设施行政主管部门规定的时间开启。

第十八条 依法设置的城市户外广告、牌匾设施，其设置单位或个人的合法权益受法律保护，任何单位不得侵占、损坏。

第十九条 设置城市户外广告、牌匾设施，应按国家和省、市的有关规定缴纳费用。有关部门收取的费用应纳入财政专户储存，实行收支两条线管理，专项用于城市光环境建设和市容改造。

第二十条 违反本办法的下列行为，法律、法规有规定的，按其规定处罚。法律、法规没作规定的，责令改正，对非经营行为，可并处1000元以下罚款；对经营行为，无违法所得的可并处1万元以下罚款，有违法所得的可并处3万元以下罚款：

（一）违反第六条、第七条、第十四条第一款、第十五条第一款规定，未按规定的条件和标准设置城市户外广告、牌匾设施的；

（二）违反第十条、第十一条第三款规定，未经批准擅自设置城市户外广告、牌匾设施的；

（三）违反第十六条、第十七条规定，设置单位或个人未按规定维护城市户外广告、牌匾设施和按时开启照明灯光的；

（四）违反第十八条规定，侵占、损坏城市户外广告、牌匾设施的。

第二十一条 违反本办法第十一条第一款规定的，由城市户外广告、牌匾设施主管部门收回设置权。违反第十二条、第十三条规定，逾期不拆除城市户外广告、牌匾设施的，责令限期改正；逾期不改正的，除按本办法第二十条的规定处以罚款外，并可强制拆除，以料抵工。

第二十二条 实施行政处罚，在市政府决定实行城市管理综合执法的地区，由综合执法部门实施；其他地区，由城市户外广告、牌匾设施行政主管部门实施。违反本办法，涉及其他有关部门管理权限的，由有关部门依法处理。

第二十三条 违反本办法，当事人未按规定及时缴纳城市户外广告、牌匾设施相关费用的，城市户外广告、牌匾行政管理部门可责令限期缴纳。逾期不缴纳的，可按日加收3‰的滞纳金。

第二十四条 当事人对行政处罚不服的，可依法申请行政复议和行政诉讼。逾期不申请复议、不起诉、又不履行处罚决定的，作出处罚决定的机关可申请人民法院强制执行。

第二十五条 阻挠、妨碍城市户外广告、牌匾设施行政管理部门管理人员依法执行公务，由公安机关依据《中华人民共和国治安管理处罚条例》的规定予以处罚；构成犯罪的，由司法机关依法追究刑事责任。

第二十六条 城市户外广告、牌匾设施行政管理部门管理人员在城市户外广告、牌匾设施设置管理中滥用职权、玩忽职守、徇私舞弊的，由其所在单位或上级主管部门给予行政处分；构成犯罪的，由司法机关依法追究刑事责任。

第二十七条 城市地名标志的管理，按有关法律、法规的规定执行。

哈尔滨

哈尔滨市城市概览

人口（万人）：总人口954.3，男483.7，女470.6

国内生产总值（亿元）：1414.8，增长13.5%

三次产业占GDP的比重（%）：第一5.19，第二39.09，第三55.72

投资（亿元）：436，增长20.7%

消费（亿元）：624.2，增长11.6%

年末实有铺装道路面积（万平方米）：1997

年末实有公共营运汽电车（辆）：4019

年末实用出租汽车（辆）：11397

支柱产业：电子信息、汽车、食品、医药等

哈尔滨市户外广告管理条例

第一条 为规范户外广告，促进户外广告健康发展，发挥户外广告在社会主义市场经济中的积极作用，根据《中华人民共和国广告法》及有关法律、法规，结合我市实际，制定本条例。

第二条 本条例适用于本市市区内户外广告的管理。

第三条 本条例所称户外广告，是指商品经营者或者服务提供者承担费用，通过户外媒介和形式直接或者间接地介绍自己所推销的商品或者所提供的服务的商业广告，包括：

（一）利用公共或者自有场地的建筑物、空间设置的霓虹灯、电子显示板（屏）、灯箱、路牌、橱窗等广告；

（二）利用交通工具（包括各种水上漂浮物和空中飞行物）设置、绘制、张贴的广告；

（三）以其他形式在户外设置、悬挂、张贴的广告。

第四条 市工商行政管理部门是户外广告监督管理机关，负责本条例的组织实施。

第五条 户外广告的设置规划和管理办法，由市人民政府组织工商行政管理、市政公用、规划、环境保护、公安等有关部门制定，工商行政管理部门负责监督实施。

第六条 未经工商行政管理部门登记，任何单位和个人不得发布户外广告。

第七条 有下列情形之一的，不得设置户外广告：

（一）利用交通安全设施、交通标志的；

（二）影响市政公共设施、交通安全设施、交通标志使用的；

（三）妨碍生产或者人民生活，损害市容市貌的；

（四）国家机关、文物保护单位和名胜风景点的建筑控制地带；

（五）在广告栏、公共揭示板以外张贴、涂写的；

（六）市人民政府规定禁止设置户外广告的其他区域。

第八条 申请户外广告登记，应当具备下列条件：

（一）依法取得与申请事项相符的经营资格；

（二）拥有相应户外广告媒体的所有权或使用权；

（三）符合市人民政府户外广告设置规划的要求。

第九条 广告经营者办理户外广告登记，应当向市工商行政管理部门提出书面申请，填写《户外广告登记申请表》，并提交广告样稿和下列证明文件：

（一）营业执照；

（二）《广告经营许可证》；

（三）广告合同；

（四）场地使用协议；

（五）设置户外广告，应当征得市容环境卫生行政主管部门同意后，按照有关规定办理以下审批手续：

1、在城市规划道路红线内设置的，提交市政公用、公安部门的批准文件；

2、在城市规划道路红线外设置的，提交规划部门的批准文件；

3、在园林绿地控制地带设置的，提交园林绿化主管部门的批准文件；

4、在江河道和堤防控制地带设置的，提交水利或市政公用部门的批准文件；

5、设置有噪声、震动、电磁波辐射的电子、声响等户外广告，还应当提交环保部门的批准文件；

6、利用其他设施设置的，提交有关设施主管部门的批准文件。

经审查符合规定的，由市工商行政管理部门核发《户外广告登记证》。

第十条 广告主自行设置户外广告，应当向工商行政管理部门提出登记申请。

利用自有场地、设施的，提交营业执照和广告样稿，以及有关部门的批准文件。

利用其他场地、设施的，提交营业执照、广告样稿、场地使用协议及有关部门的批准文件。

第十一条 户外广告应当按登记的地点、形式、规格、时限等发布，不得擅自更改。

第十二条 户外广告登记后，三个月内未予发布的，应当向原登记机关申请办理注销登记。

第十三条 户外广告需要延期发布的，其设置者应当在期满前一个月内提出延期申请，重新办理登记手续。

第十四条 户外广告的内容，应当符合下列规定：

（一）广告画面健康、美观，符合社会主义精神文明建设的要求；

（二）广告中使用的语言、文字、计量单位等，符合国家规定的规范和标准；

（三）在药品、医疗器械、烟草广告的显著位置上，依照广告管理法规规定，标明忠告语；

（四）广告不得含有虚假的内容，不得欺骗和误导消费者；

（五）在广告右下方标明《户外广告登记证》号、设置单位和期限。

第十五条 户外广告内容需要更换的，应当在更换前将设计样稿报工商行政管理部门审查备案。

第十六条 各种户外广告的设计、制作和安装、设置，应当符合相应的技术、质量标准，不得粗制滥造。设置者应当保养、维修户外广告，做到整齐、美观、安全。

第十七条 在户外广告经营中，禁止任何形式的垄断和不正当竞争行为。

任何部门不得滥用行政权力使其所属经营机构垄断或变相垄断某一领域的户外广告经营，排斥其他经营者。

第十八条 经批准登记的户外广告受法律保护。除经规划部门批准的工程建设需要拆除或者登记管理机关依法定程序变动外，其他任何单位和个人不得在批准时限内擅自占用、拆除、遮盖、涂改或损坏。

第十九条 户外广告登记管理人员，应当认真履行职责，秉公办事，不得利用职权徇私舞弊。

第二十条 违反本条例第六条、第十三条、第十五条规定的，由工商行政管理部门没收违法所得，处以2000元以上5000元以下的罚款，并责令限期拆除；逾期不拆除的，强制拆除，其费用由设置者承担。

第二十一条 违反本条例第十一条规定，由工商行政管理部门责令停止发布户外广告,并处以1000元以上2000元以下的罚款;情节严重的,注销收缴《户外广告登记证》。

第二十二条 违反本条例第十二条规定的，由工商行政管理部门注销收缴《户外广告登记证》。

第二十三条 违反本条例第十四条（一）、（二）项规定的，由有关行政主管部门按照有关法律、法规的规定处罚。

违反本条例第十四条（三）、（四）项规定的，按照《中华人民共和国广告法》的规定处罚。

违反本条例第十四条（五）项规定的，由工商行政管理部门责令限期改正，并处以500元以上1000元以下的罚款。

第二十四条 违反本条例第十六条规定的，由工商行政管理部门责令限期改正；逾期不改正的，注销收缴《户外广告登记证》。

第二十五条 违反本条例第十七条规定的，按照《中华人民共和国反不正当竞争法》的规定处罚。

第二十六条 违反本条例第十九条规定的，由所在单位或者上级机关给予行政处分；构成犯罪的，依法追究刑事责任。

第二十七条 当事人对行政处罚决定不服的，可依法申请复议或提起行政诉讼。

第二十八条 罚没票据和罚没款的处理，按照国家和省的有关规定执行。

第二十九条 县（市）的户外广告管理，可参照本条例执行。

第三十条 本条例执行中的具体问题，由市人民政府负责解释。

第三十一条 本条例自1996年10月1日起施行。

长春

长春市城市概览

人口（万人）：总人口718.2，男365，女353.2

国内生产总值（亿元）：1338，增长14.2%

三次产业占GDP的比重（%）：第一2.4，第二54.09，第三43.51

投资（亿元）：389.6，增长21.6%

消费（亿元）：438.3，增长8.4%

年末实有铺装道路面积（万平方米）：2180

年末实有公共营运汽电车（辆）：3681

年末实用出租汽车（辆）：12528

支柱产业：汽车及零部件、食品、光电子信息、生物与医药四大三导行业

长春市城市户外广告设置管理办法

（2002年9月17日市人民政府第71次常务会议通过，2002年10月9日发布）

第一条 为了加强我市城市市容管理，规范户外广告的设置，保证城市市容整洁、美观、文明，根据《中华人民共和国广告法》、《长春市城市市容和环境卫生管理条例》等法律、法规的有关规定，结合本市实际，制定本办法。

第二条 凡在本市建成区内设置户外广告的单位和个人，均须遵守本办法。

第三条 本办法所称的户外广告包括：

（一）利用公共、自有或者他人所有的建筑物（构筑物）外部、道路两侧及空间、广场、公园、绿地、水面、堤防、临街庭院等设置的路牌、灯箱、霓虹灯、电子显示牌（屏）、实物造型、彩旗、条幅等形式的广告；

（二）利用市政、绿化、环卫、交通、水利、邮政、电信、电业、铁路等调离设置的广告；

（三）利用车辆、飞机、飞艇、气球等悬挂、散发的广告；

（四）利用其他形式在户外悬挂、张贴、涂写、刻画、喷绘的广告。

第四条 户外广告设置规划应当符合城市规划要求，与城市区域规划功能相适应，合理布局、规范设置。户外广告设施应当牢固、安全，符合市容景观要求。

第五条 市、区城市市容行政主管部门负责户外广告的规划和户外广告设置的市容审核以及监督管理。城市市容行政主管部门可以委托市城市管理监察总队负责户外广告设置的日常管理工作。规划、工商、房地、园林、教育、公安、电信等有关部门应当按照职责分工，协助城市市容行政主管部门做好户外广告设置的管理工作。

第六条 申请设置户外广告的，设置人应当向城市市容行政主管部门提交下列材料：（一）申请书；（二）营业执照；（三）平面位置图；（四）景观效果图；（五）规定等级资质设计单位出具的施工图；利用建筑物（构筑物）外部设置户外广告的；还应提交使用建筑物（构筑物）协议书和房屋安全鉴定书。

第七条 城市市容行政主管部门应当在收到申请之日起30日内，依据户外广告设置规划和本办法第六条的规定进行审核。对符合条件的，发放《户外广告设置许可证》。对不符合条件的，应当书面说明理由，并告知申请人。

第八条 申请设置户外广告，按照下列程序办理：

（一）申请人向城市市容行政主管部门提出申请，并提供本办法第六条规定的申请材料；

（二）经城市市容行政主管部门同意后，到相关部门办理会签手续；

（三）会签后按规定缴纳占道等费用，由城市市容行政主管部门发放《户外广告设置许可证》。通过招标、拍卖等方式取得户外广告设置权的，按有关规定办理。

第九条 户外广告设施应当自审核批准之日起2个月内设置；逾期未设置的，其《户外广告设置许可证》自行失效。

第十条 有下列情形这定的，不得设置户外广告设施：

（一）利用交通安全设施、交通标志的；

（二）影响市政公共设施、交通安全设施、交通标志使用的；

（三）妨碍生产或者人民生活、损害市容市貌的；

（四）国家机关、文物保护单位和名胜风景点的建筑控制地带；

（五）市、区人民政府禁止设置户外广告的其他区域。

第十一条 户外广告设施的设置版面总面积超过40平方米（含40平方米）的，必须通过招标、拍卖方式取得设置权。

第十二条 户外广告的设置期限原则上不超过2年，其中电子显示牌（屏）不超过3年；期满需延长设置的，应当于期满之日前30日内向原批准机关申请办理延期手续。以招标、拍卖等方式取得户外广告设置权的，设置期限为5年。举办大型文化、体育、公益活动或者举办各类商品交易会、展销会等活动，需设置临时性户外广告的，应当于活动结束后2日内予以撤除。

第十三条 户外广告应当按照批准的地点、时间、规格、施工图、效果图设置，不得擅自变更；确需变更的，应当按照申请设置的程序办理。户外广告设施未经原批准机关同意不得擅自买卖、出租。

第十四条 户外广告设置人应当保持户外广告的整洁、完好，并定期对户外广告设施进行维护、更新和安全检查，遇强风天气时应当及时采取安全防范措施。户外广告设施不得空置，无商业性广告时应发布公益性广告。

第十五条 户外广告设置期满后，未办理延期手续的，应当按规定予以拆除。在户外广告设置期限内，因城市规划或者社会公共利益需要，确需拆除户外广告设施的，建设单位应当对户外广告设置人给予适当补偿，设置人应按城市市容行政主管部门书面通知要求，在限期内拆除。设置人拒不拆除的，城市市容行政主管部门有权代为拆除。

第十六条 鼓励发布弘扬社会主义精神文明的公益性广告。户外广告设施的设置版面应当按一定的比例发布公益性广告，按照规定发布的公益性广告，可以按照公益宣传内容占户外广告内容的面积比例，减缴占道等费用。

第十七条 市容行政主管部门应当设置一定数量的公共广告发布栏，用于张贴传单、广告。未经有关行政主管部门审核的印刷品广告，不得张贴。

第十八条 对违反本办法规定，擅自悬挂、张贴、涂写、刻画、喷绘户外广告的，由城市市容行政主管部门责令其限期清除，逾期不清除的，城市市容行政主管部门查实后，可书面通知有关电信企业暂停其户外广告中标明的电信号码的使用，有关电信企业应当在接到通知之日起3日内配合执行。暂停电信号码使用期间，户外广告设置人接受处理的，有关电信企业应当根据城市市容行政主管部门的通知，恢复其电信号码的使用。暂停及重新开通电信号码所需费用由其设置人承担。

第十九条 户外广告设置占道等费用按物价部门规定的标准收取，所收取的费用应当在财政专户存储。招标、拍卖户外广告设置权所得费用也应在财政专户存储，专项用于城市市容建设。

第二十条 对违反本办法规定，未经批准擅自设置户外广告的，由城市市容行政主管部门根据情节轻重，按下列规定予以处罚：

（一）未经批准擅自以彩旗、条幅等形式设置广告的，予以警告或处以500元以上1000元以下的罚款，并责令其限期撤除；逾期不撤除的，由城市市容行政主管部门强制撤除，所需费用由设置人承担。

（二）在建筑物（构筑物）的外墙及市政公用设施、管线和树木上涂写、刻画、张贴各类广告及散发广告宣传品的，予以警告或处以800元以上4000元以下的罚款，并责令其限期清除；逾期限不清除的，由城市市容行政主管部门强制清除，所需费用由设置人承担。

（三）未经批准擅自设置户外广告设施的，广告设置版面总面积在10平方米以内的，予以警告或处以2000元以上5000元以下的罚款；广告设置版面总面积超过10平方米（含10平方米）、不足50平方米的，处以5000元以上10000元以下的罚款；广告设置版面总面积超过50平方米（含50平方米）的，处以10000元以上30000元以下的罚款，并责令其限期拆除；逾期不拆除的、由城市市容行政主管部门强制拆除，所需费用由设置人承担。

第二十一条 对违反本办法规定，违反技术标准或者不按照批准的地点、设计图、效果图设置户外广告设施的，由城市市容行政主管部门责令其限期改正，并根据情节轻重，予以警告或处以5000元以上20000元以下的罚款。

第二十二条 对违反本办法规定，户外广告设置期满后不及时拆除又不办理延期手续的，由城市市容行政主管部门根据情节轻重，予以警告或处以2000元以上20000元以下的罚款，并责令其限期拆除；逾期不拆除的，由城市市容行政主管部门强制拆除，所需费用由设置人承担。

第二十三条 户外广告设施发生倒塌、附落等事故，造成他人人身伤害或者财产损失的，户外广告设施设置人应当承担民事赔偿责任。

第二十四条 对妨碍城市市容行政主管部门执行公务的，由公安机关依照《中华人民共和国治安管理处罚条例》有关规定予以处罚；情节严重构成犯罪的，依法追究刑事责任。

第二十五条 当事人对行政处罚决定不服的，可以按照《中华人民共和国行政复议法》和《中华人民共和国行政诉讼法》的规定，申请行政复议或者提起行政诉讼。当事人在法定期限内不申请复议，不提起行政诉讼，又不履行行政处罚决定的，由做出行政处罚决定的机关申请人民法院强制执行。在行政复议或者行政诉讼期间 不影响行政处罚的执行。

第二十六条 城市市容行政主管部门工作人员应当遵纪守法，秉公执法。对玩忽职守、滥用职权、徇私舞弊的，由所在单位或上级主管部门给予行政处分；构成犯罪的，依法追究刑事责任。

第二十七条 本办法施行前，本市人民政府公布的有关户外广告设置的规定与本办法规定不一致的，以本办法的规定为准。

第二十八条 法律、法规对设置户外广告另有规定的，按有关规定执行。

第二十九条 本办法自2002年11月25日起施行。

长江中游地区

长江中游地区区域概览

长江中游地区包括武汉、长沙、南昌、合肥。长江中游地区正在经历从“中部塌陷”到“中部崛起”的新的发展历程。

武汉市有得天独厚的自然资源，这在国内外大城市中不多见。截止2003年底，武汉市辖江岸、江汉、汉阳、武昌等13个区。武汉作为华东的中心城市，其发展潜力为国内外各界人士广泛关注和看好。以武汉为中心的长江中游经济区将发展成为继长江三角洲、珠江三角洲和环渤海地区之后中国二十一世纪经济社会发展的第四期。目前，武汉正抓住长江流域的机遇，抓住光电子信息、现代制造、钢材制造、医药、环保五大基地，抓住物流、科教、信息、旅游等五大功能中心的建设，使武汉的综合城市竞争力得以增强。

长沙辖五区三县及浏阳市，全市土地总面积1.18万平方公里，市区面积556平方公里，建成区面积170平方公里；目前长沙已拥有长沙高新技术产业开发区和长沙经济技术开发区两个国家级开发区，并正在规划建设国家级岳麓山大学城，初步形成了电子信息、机械制造、烟草食品、新材料、生物医药等支柱产业。

南昌地处长江中下游，鄱阳湖西南岸，是唯一一个与长江三角洲、珠江三角洲和闽中南三角洲相毗邻的省会城市，承东启西，纵贯南北，也是京九线上唯一的省会城市，南昌将成为国际和东部沿海发达地区产业梯度转移的理想地区。

合肥位于长江淮河之间、全国五大淡水湖之一的巢湖之滨，现辖4个区、3个县，全市总面积7498平方公里，其中市区面积596平方公里。合肥是全国重要的科教基地，全国三个技术创新试点城市之一，世界科技城市联盟会员。合肥是全国重要的铁路、公路、航空、信息和通讯枢纽，位于华东腹地，承东启西，是东部沿海到内地产业转移的必经之地，也是长三角经济圈重要的辐射地区，合肥市的比较优势主要在制造加工业。

武汉

武汉市城市概览

人口（万人）：总人口781.2，男403，女378.2
国内生产总值（亿元）：1662.4，增长12.1%
三次产业占GDP的比重（%）：第一5.72，第二44.63，第三49.64
投资（亿元）：645.06，增长13.1%
消费（亿元）：853.99，增长12%
年末实有铺装道路面积（万平方米）：3247
年末实有公共营运汽电车（辆）：5367
年末实用出租汽车（辆）：12137
支柱产业：轿车制造、生物工程及新医药、环保、光电子信息、钢材等

武汉市户外广告设置管理暂行规定

（武政[1997] 80号1997年9月1号发布）

第一条　为美化城市环境，促进经济发展，根据《武汉市城市市容和环境卫生管理条例》等有关规定，制定本规定。

第二条　在本市城区和市郊各区县建制镇内用文字、绘画、图像和其他表达方式，以建筑物、广告牌、橱窗、灯箱、霓虹灯、电子显示屏、交通工具等为载体，设置、张贴、绘制户外广告，均应遵守本规定。

第三条　市和区县市容环境卫生行政主管部门(以下简称市容环卫部门)，应按各自权限，负责户外广告设置管理。工商、规划、公安、市政、园林、供电等部门，应按各自职责，协助市容环卫部门做好户外广告设置管理工作。

第四条　设置户外广告，应做到内容健康，文字书写规范，字迹清晰，图案光亮显示完整醒目，设置位置适当，与周围环境协调，并经常保持完好、整洁、美观。

第五条　设置户外广告，应持户外广告载体租赁协议书、广告设计式样和相应比例的公益广告设计式样等资料，按下列规定申请审批：

(一)在交通工具、跨区主干道、大型交通窗口地段(名单附后)以及长江、汉江桥梁和引桥等部位设置户外广告的，向市市容环卫部门申请审批；

(二)在其他部位设置户外广告的，向所在地区县市容环卫部门提出申请，由区县市容环卫部门按市户外广告设置规划进行审批并报市市容环卫部门备案。对不符合全市统一规划的户外广告，市市容环卫部门有否决权。

设置户外广告，应先至市容环卫部门签具意见，再到工商、市政、规划、公安、园林、供电等部门办理有关手续。

第六条　在重点路段、部位设置大型户外广告，应由市容环卫部门组织规划、公安、市政、园林、供电等部门，实行公开招标。

第七条　设置户外广告，应按物价部门核定的标准，向市容环卫部门交纳管理费。

第八条　户外广告载体租赁费用，不得超过经营该户外广告收入的15%。

第九条　户外广告载体所有者应对在市人民政府规定地段设置户外广告积极配合支持，并服从统一安排。设置公益性户外广告，可按本市有关规定享受优惠待遇。

第十条　经批准设置的户外广告，应按谁设置、谁负责维修管理的原则，由设置者负责做好经常性的维护管理工作；户外广告图案文字灯光显示不全、污损腐蚀的，应及时修复；过期或失去使用价值的，应及时更换或

拆除。

第十一条 禁止在户外涂写、张贴未经批准的广告。除重大节日和举行重大庆典活动，并经市人民政府批准外，禁止在户外悬挂条幅广告。

第十二条 市容环卫部门应切实加强对户外广告设置的监督检查，发现经批准设置的户外广告图案文字灯光显示不全、污损腐蚀，应即责令设置者限期修饰或拆除。

第十三条 未经批准，擅自设置户外广告，由市容环卫部门责令限期改正，并可按照《武汉市城市市容和环境卫生管理条例》的规定，处以2000元至20000元罚款。

第十四条 本规定实施中的有关问题，由市市容环境卫生管理局负责解释。

第十五条 本规定自发布之日起施行。

(编者说明：武汉市2005年正在修订户外广告管理法规，预计2005年7月通过审批并发布。)

长沙

长沙市城市概览

人口（万人）：总人口601.8，男309.4，女292.4

国内生产总值（亿元）：928.22，增长14%

三次产业占GDP的比重（%）：第一1.58，第二38.25，第三60.18

投资（亿元）：494.97，增长36.5%

消费（亿元）：452，增长12.7%

年末实有铺装道路面积（万平方米）：1980

年末实有公共营运汽电车（辆）：1785

年末实用出租汽车（辆）：6257

支柱产业：电子信息、机械制造、烟草食品、新材料、生物医药等

长沙市城市户外广告管理条例

(1998年10月29日通过，1998年11月28日批准)

第一章 总则

第一条 为加强户外广告管理，规范户外广告活动，促进经济发展，美化城市市容，根据《中华人民共和国广告法》、《广告管理条例》和其他有关法律、法规的规定，结合本市实际，制定本条例。

第二条 在本行政区域内的城市从事户外广告活动的单位和个人，均须遵守本条例。

第三条 本条例所称户外广告是指商品经营者或者服务提供者承担费用，通过下例媒体和形式直接或者间接地介绍自已所推销的商品或者提供的服务的商业广告：

(一)利用公共或者自有的场地、空间、建筑物设置、悬挂的路牌、霓虹灯、电子显示牌(屏)、灯箱、橱窗、立体造形物、条幅等广告；

(二)利用交通工具设置、绘制、张贴的广告；

(三)以其他形式在户外设置、绘制、悬挂、张贴的广告。

第四条 发布户外广告应当遵守《中华人民共和国广告法》规定的准则，内容真实、合法、文明，不得损害国家、民族尊严，不得欺骗和误导消费者。

第五条 市人民政府工商行政管理部门是本市户外广告的监督管理机关，县(市)人民政府工商行政管理部门负责本辖区内户外广告的监督管理。

第二章 规划设置

第六条 户外广告的设置规划应当服从城市规划，由市县(市)人民政府组织广告监督管理、城市建设、环境保护、公安等部门制定，工商行政管理部门负责监督实施。

第七条 利用市政公用设施、公共场地设置户外广告，实行有偿使用、公开拍卖制度。具体办法由市人民政府依照国家有关规定制定。

第八条 户外广告设置应当符合下列要求：

(一)户外广告的形式与街景协调,画面美观整洁,有配光装置的保持灯光明亮；

(二)户外广告的文字、语言规范，计量单位符合国家标准；

(三)户外广告设施的设计、制作和安装,符合安全要求和相应的技术、质量标准；

(四)设置在市区车行道上方的户外广告，其设施底部距离地面高度不得低于4.5米；设置在人行道上方的户外广告其底部距离地面高度不得低于2.8米；设置在建筑物墙面的户外广告，其外端距离墙壁不得超出1.5米。

第九条 有下列情形之一的，不得设置户外广告：

(一)利用交通安全设施、交通标志的；

(二)影响市政公共设施、交通安全设施、交通标志使用的；

(三)妨碍生产或者市民生活，损害市容市貌或者园林绿化的；

(四)国家机关、文物保护单位和风景名胜点的建筑控制地带；

(五)县级以上人民政府禁止设置户外广告的区域。

第十条 户外广告应当由发布者检查、维修、保养，保持整洁、美观、安全。

第十一条 公共广告张贴栏由工商行政管理部门根据户外广告设置规划设置。

第三章 申请登记

第十二条 设置、发布户外广告的，必须向工商行政管理部门申请登记。未经登记。不得设置、发布。

第十三条 申请办理户外广告登记,应当提交真实、合法,有效的下列证明文件：

(一)营业执照或者广告经营许可证；

(二)确认广告内容真实性及商品质量检验的证明文件；

(三)广告合同、广告设计样稿、户外广告设施设计、施工图纸；

(四)经拍卖取得的使用权证明或者自有产权证明、场地和设施使用协议。

户外广告设置地点，依照法律、法规需要经有关管理部门审查的，应当提交有关管理部门出具的审查文件。

发布药品、医疗器械、农药、兽药、烟草等商品的户外广告和法律、法规规定应当由有关主管部门进行审查的其他户外广告，必须在登记时提供对广告内容的审查文件。

没有提交规定的证明文件的，工商行政管理部门不得办理登记。

第十四条 工商行政管理部门应当在受理户外广告登记申请之日起七日内作出决定，经审查符合规定的，核发《户外广告登记证》；对不符合规定的，书面答复申请人并退回有关文件，资料。

工商行政管理部门在户外广告登记管理中应当保守商业秘密。

第十五条 经登记发布的户外广告，应标明批准登记证号和发布者名称。

第十六条 各类展销会、订货会、交易会、运动会等活动需设置临时性户外广告的，应当向工商行政管理部门提出申请，经批准后方可设置。

第四章 监督管理

第十七条 户外广告必须按批准登记的内容、地点、形式、规格、时间发布。

第十八条 户外广告登记后，必须在九十日内发布。逾期未发布的，由原登记机关予以注销。

第十九条 经登记发布的户外广告在期满后的十日内,临时性户外广告在期满后的三日内,广告发布者应当自行拆除。

经批准设置的户外广告设施闲置时间不得超过三十日。

第二十条 已经登记发布的户外广告，需要延长时间或者变更其他登记事项的，应当向原登记机关申请办理变更登记。

第二十一条 对有效期内的户外广告，任何单位和个人不得擅自占用、遮盖、损坏、迁移、拆除；因城市建设需要拆除的，征用者应当事先征得工商行政管理部门的同意，并通知广告发布者办理注销手续，征用者应当给予广告发布者适当补偿。

第二十二条 张贴户外广告，必须到工商行政管理部门办理登记手续，张贴在指定的公共广告和贴栏内，不得在公共广告张贴栏以外的地方张贴、书写。

第二十三条 在户外广告经营活动中禁止不正当竞争。任何部门不得滥用行政权力使广告经营者垄断或才变相垄断户外广告经营，限制和排挤其他经营者的公平竞争。

第二十四条 户外广告的广告主、广告经营者、广告发布者应当接受工商行政管理部门及政府有关管理部门的监督检查，如实提供有关情况和资料，不得弄虚作假，逃避或者拒绝检查。

第五章 法律责任

第二十五条 违反本条例规定，利用户外广告对商品或者服务作虚假宣传的，由工商行政管理部门责令广告主停止发布，并以等额广告费用在相应范围内公开更正消除影响，并处广告费用一倍以上五倍以下罚款；对负有责任的广告经营者、广告发布者没收广告费用，并处广告费用一倍以上五倍以下罚款；情节严重的，依法停止其广告业务；构成犯罪的依法追究刑事责任。

第二十六条 违反本条例第八条第(一)、(三)、(四)、项和第十、十二、十五、十六、十七、十九、二十二条规定的，由工商行政管理部门责令限期改正，逾期不改正的，强制拆除，清除或者整修，费用由发布者承担。

违反第十二、十六条规定的，没收广告费用，可以并处五千元以下罚款；违反第十七条规定擅自改变发布地点和违反第二十二条规定的，可以处三千元以下罚款。

第二十七条 违反本条例第十三条规定，提供虚假证明文件的，处一万元以上十万元以下罚款。

第二十八条 违反本条例第二十一条规定的，由工商行政管理部门责令责任人停止侵害，恢复原状，并依法赔偿损失。

第二十九条 在户外广告活动中违反其他有关法律、法规的，由有关主管部门按照有关法律、法规处理。

第三十条 由于户外广告的广告主、广告经营者、广告发布者或者其他单位和个人的过错，导致户外广告专用设施倒塌、坠落、起火造成人身伤害、财产损失的，责任人依法承担民事责任；构成犯罪的，由司法机关依法追究刑事责任。

第三十一条 工商行政管理部门及户外广告审查机关的工作人员玩忽职守、滥用职权、徇权私舞弊的，给予行政处分；构成犯罪的，依法追究刑事责任。

因违法审查、登记致使户外广告被拆除，造成经济损失的，工商行政管理部门及有关审查机关应当依法赔偿。

第六章 附则

第三十二条 本条例所称广告主，是指为推销商品或者提供服务，自行或者委托他人设计、制作、发布广告的法人、其他经济组或者个人。

本条例所称广告经营者，是指受委托提供广告设计、制作、代理服务的法人、其他经济组织或者个人。

本条例所称广告发布者，是指为广告主或者广告主委托的广告经营者发布广告的法人或者其他经济组织。

第三十三条 户外公益广告按照国家有关规定管理，不适用本条例。

第三十四条 本条例经湖南省人民代表大会常务委员会批准后，由长沙市人民代表大会常务委员会公布实施。

合肥

合肥市城市概览

人口（万人）：总人口456.6，男240.2，女216.4

国内生产总值（亿元）：477.78，增长13.3%

三次产业占GDP的比重（%）：第一1.12，第二55.1，第三43.78

投资（亿元）：255.11，增长51.2%

消费（亿元）：207.43，增长12.3%

年末实有铺装道路面积（万平方米）：2451

年末实有公共营运汽电车（辆）：2199

年末实用出租汽车（辆）：6500

支柱产业：汽车及工程机械、家用电器、化工及新型建材三大支柱产业

合肥市户外广告设置管理办法

（经2002年9月27日通过，2002年10月8日发布）

第一章 总则

第一条 为了加强户外广告设置的监督管理，保护城市景观风貌，维护广告经营者的合法权益，保障公民人身和财产安全，根据《中华人民共和国广告法》、国务院《城市市容和环境卫生管理条例》和其他有关法律、法规，结合本市实际，制定本办法。

第二条 在本市市区、开发区范围内从事户外广告设置活动 实施对户外广告设置活动的监督管理，应当遵守本办法。

本办法所称户外广告设置是指利用建(构)筑物外侧、市政公用设施及其他户外场所的城市空间设置广告牌或者具有广告内容的霓虹灯、灯箱、电子显示屏、电子翻转牌、标牌、招牌、条（横）幅、橱窗、升空器具、实物造型设施。

第三条 户外广告设置活动应当遵循符合城市总体规划、美化亮化、布局合理、总量控制、设施安全、文字规范的原则。

第四条 市人民政府城市市容环境卫生行政主管部门(以下简称广告设置主管机关)是本市户外广告设置的综合管理机关，依照法律、法规和本办法的规定，负责户外广告设置申请的受理、统一审批和监督管理。

市城市建设、城市规划、工商行政、公安等部门依照有关法律、法规和本办法规定的职责，协助做好户外广告设置的监督管理。

第二章 设置一般规定

第五条 广告设置主管机关应当会同市城市规划、城市建设、公安、工商行政等部门根据统一规划、总量控制的原则编制本市重要区域、主要道路的户外广告设置规划，报市人民政府批准后向社会公布。

编制本市重要区域、主要道路的户外广告设置规划，应当符合城市总体规划的要求，明确允许或者禁止设置户外广告的区域、街道和建筑物，与城市区域规划功能相适应，与城市景观、周围环境和建筑物的体量、造型、色彩相协调，保持城市街道通视效果。

第六条 户外广告设施的设计、制作和施工应当符合安全要求，并应符合市人民政府规定的容貌技术标准见附件。

第七条 有下列情形或场所之一的，不得设置户外广告设施：

（一）利用交通安全设施、交通标志的；

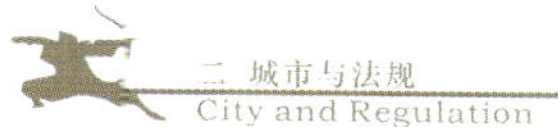

（二）影响政公共设施、消防设施、交通安全设施使用的；

（三）影响市容市貌、妨碍生产或者人民生活安全的；

（四）县级以上国家机关、文物保护单位、优秀近现代建筑、纪念性建筑物与古建筑、名胜风景点的建筑控制地带；

（五）利用违章建筑、危险房屋以及其他可能危及安全的建筑物和设施；

（六）市人民政府或者户外广告设置规划禁止设置户外广告的区域。

第八条　设置招聘、培训、启事、声明等内容的户外广告，应当在公共广告张贴栏内设置。公共广告张贴栏由广告设置主管机关会同市工商行政管理机关，根据户外广告设置规划，监督城市街道办事处、镇人民政府在居民区、背街小巷选择适当位置设置。

第九条　广告设置者应当按规定发布公益性户外广告。公益性户外广告的比例不低于其发布广告数的１０％。

第三章　申请与批准

第十条　实行户外广告设置权有偿使用制度。广告经营者利用本市重要区域、主要道路的政府投资建设的公共场地、市政公用设施设置户外广告的，应当取得户外广告设置权。

户外广告设置权由市城市建设行政主管部门经广告设置主管机关和市城市规划行政主管部门批准后，按照户外广告设置规划的要求，统一建造户外广告设施，并通过公开招标、拍卖或者其他公开竞争方式出让。投标人不足３人的，可采用协议方式出让。

第十一条　单位和个人需要设置户外广告设施的，应当委托具有户外广告合法经营资质的单位　以下简称广告经营者　向广告设置主管机关申请设置。申请设置户外广告，应当提交申请书和下列证明文件：

（一）广告经营许可证、营业执照；

（二）场（阵）地使用权证明或者户外广告设置权取得证明；

（三）户外广告设施设计方案、符合安全技术规范要求的平面效果图、施工图；

（四）设置大型落地户外广告设施和在建筑物顶部设置的，应当提交具有相应资质的建筑物设计单位或者房屋安全鉴定机构出具的技术和安全保证证明；

（五）设置公益性户外广告的，应当提交宣传主管部门的批准文件；

（六）其他依法应当提交的证明文件。

第十二条　广告设置主管机关应当自受理申请之日起１５个工作日内对申请人应当提交的证明文件进行审核，审批户外广告设施设计方案和施工图，作出批准或者不予批准的决定。对设置大型户外广告以及其他应当征得有关部门批准的户外广告设施的，广告设置主管机关作出批准决定前，应当征求市城市规划行政主管部门以及有关部门的意见。予以批准的，发给《户外广告设置许可证》；不予批准的，应当书面通知申请人并说明理由。

申请人提交的证明文件齐备以及户外广告设施设计方案和施工图符合户外广告设置规划和本办法规定的容貌技术标准的，除市人民政府基于维护社会公共利益需要决定暂停受理设置申请或者不得批准的情形外，广告设置主管机关应当作出批准的决定。

第十三条　户外广告设置许可证应当载明设置位置、形式、时间、期限、批准日期等事项。除通过拍卖、招标等公开竞争的方式受让户外广告设置权外，户外广告设置期限不超过3年，电子显示屏不超过6年。

户外广告设置期限届满后，需要延期的，广告经营者应当在期限届满前90日内到广告设置主管机关办理延期手续。在同等条件下，原取得广告设置权的广告经营者享有优先受让设置权。

转让户外广告设置权的，转让方应当到原出让机关和广告设置主管机关办理变更登记手续。

第十四条　户外广告设置权的出让收入实行收支两条线管理，应当全额上交财政，专项用于城市建设与维护管理。

广告经营者向广告设置主管机关申请设置户外广告和办理其他手续，应当按规定缴纳费用，但经批准发布公益性户外广告的除外。

第四章　设置与维护

第十五条　广告经营者应当在取得户外广告设置许可证后９０日内，自行或者按规定委托具有相应施工技术资质的单位或个人完成户外广告设施的设置。逾期未设置的，由广告设置主管机关注销广告设置许可证。

第十六条　广告经营者设置户外广告设施，应当按照广告设置主管机关批准的户外广告设施设计方案、施工图实施，不得擅自变更。确需变更的，应当征得广告设置主管机关的批准。

户外广告设施竣工后，广告设置者应当组织有关部门对设施质量进行验收，并在验收合格后向广告设置主管机关报告，方可向工商行政管理部门办理广告发布登记手续。

第十七条　户外广告设施空置超过30日的，广告设置者应当设置公益性户外广告。公益性户外广告的内容，由广告设置主管机关征求宣传主管部门的意见后确定。

第十八条　经批准设置的户外广告设施，在广告设置主管机关核准的存留期限或者出让期限内归广告设置者所有，除因城市建设和社会公共利益需要等特殊原因外，任何单位和个人不得占用、拆除、迁移、遮盖或者损毁。

经批准设置的户外广告设施在有效期限内因城市建设和社会公共利益等原因需要拆除的，广告设置者应当在规定的期限内予以拆除。因拆除给广告设置者造成损失的，拆迁人应当按规定给予补偿。禁止偷盗、毁损经批准设置的户外广告设施。

第十九条　广告设置者应当对其设置的户外广告设施进行定期维护，保持设施的整洁、安全与完好。对单板面积在50平方米以上的户外广告设施，应当投保安全保险。对陈旧、破损等有碍市容观瞻或者安全的户外广告设施，广告设置者应及时予以更新遮挡或者修复。设置期满的，广告设置者应在期满后10日内拆除。

第二十条　广告设置主管机关应当做好对户外广告设施设置的事先审批、事中与事后的监督管理工作。不符合本办法规定的条件的，不得批准。发现未按规定设置、影响安全或者有碍市容观瞻的，应当责令广告设置者限期拆除、改正、更新、修复或者改造。对因破产、解散等原因终止经营业务的广告经营者，应当收回其户外广告设置权。

第五章　法律责任

第二十一条　未依法取得批准，擅自设置户外广告设施的，广告设置主管机关发现或者接到举报后，应当立即予以查封、取缔，并依法给予行政处罚。

第二十二条　广告设置者违反本办法的规定，有下列情形之一的，由广告设置主管机关责令其限期改正、改造或者拆除，逾期仍未改正、改造或者仍未拆除的，注销户外广告设置许可证、取消设置期满后的优先受让权和其一定期限的设置户外广告设施的申请权，处以１０００元以下的罚款，由广告设置主管机关强制拆除，因拆除所需费用，由责任人承担：

（一）擅自更改户外广告设施设计方案的；

（二）户外广告设置期限届满后，不拆除广告设施又不办理延期手续的；

（三）转让户外广告设置权未办理变更登记手续的；

（四）对户外广告设施不进行日常维护，影响其安全性、整洁、完好的。

第二十三条　广告设置者对其设置的户外广告设施倒塌、脱落、坠落造成人身或者财产损害的，应当依法承担民事责任。户外广告设施的设计者、制作者与施工者按照法律、法规的规定或者合同的约定，对此负有责任的，广告设置者有权要求其赔偿损失。

广告设置者对其设置的户外广告设施倒塌、脱落、坠落造成他人人身或者财产损害的，除依法承担民事责任外，不再享有户外广告设置权期满后的优先受让权。

第二十四条　偷盗、故意损毁经批准设置的户外广告设施的，由公安机关依照《中华人民共和国治安管理处罚条例》的有关规定给予处罚；构成犯罪的，依法追究刑事责任。

第二十五条　广告设置主管机关、其他有关行政管理机关及其工作人员未按本办法规定的条件和程序擅自批准设置户外广告设施的，其批准行为无效，对直接责任人员和正职负责人给予行政处分；构成犯罪的，依法追究刑事责任；给他人人身、财产造成损害的，应当承担赔偿责任。

第六章　附则

第二十六条　本办法施行前经广告设置主管机关批准设置的户外广告设施，设置期限届满后，广告设置者应当在期满后１０日内自行拆除，符合户外广告设置规划和本办法规定的容貌技术标准的，最长设置期限自本办法施

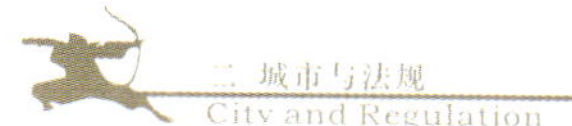

行之日起不超过3年；未经批准或者不符合户外广告设置规划和本办法规定的容貌技术标准的，广告设置者应当在广告设置主管机关规定的期限内予以改正、改造或拆除；拒不改正、改造或拆除的，由广告设置主管机关依法给予行政处罚。

第二十七条　利用车辆、船舶、飞行器等各种交通工具（包括水上漂浮物）设置户外广告的管理，依照有关法律、法规和市人民政府有关规定办理。

第二十八条　市辖各县户外广告设置的监督管理，可参照本办法执行。

第二十九条　本办法由市人民政府城市市容环境卫生行政主管部门负责解释。

第三十条　本办法自2002年11月1日起施行。

附件：合肥市户外广告设置容貌技术标准

一、落地式户外广告设施的设置间距：30平方米以上的广告设施原则上不得少于300米，5平方米以上30平方米以下的广告设施不得少于100米，5平方米以下的广告设施不得少于50米。

设置于隔离栅栏的户外广告，不得超过隔离栅栏的上下缘。设置于人行护栏的灯箱广告，长度不超过护栏总长度的二分之一，灯箱广告与护栏等距离间隔设置，高度不超过1米。

二环道路以内的区域限制设置高架灯箱。高架灯箱板面的垂直投影距城市道路、公路边线不得小于10米。高层建筑附近不得设置高架灯箱。限制在宽度不足3米的人行道以及利用路灯杆、线杆、树杆、绿化隔离带、公共绿地设置户外广告。

禁止在道路上设置过街条（横）幅广告。条（横）幅广告应在广告设置主管机关统一制作的设施内设置。

禁止在道路两侧设置墙体喷绘广告。

二、设置在市区车行道上方的户外广告设施，不得影响交通标志，其底部距离地面高度不得低于6米。设置在人行道上方的户外广告，其底部距离地面高度不得低于2.8米。

三、在建筑物顶部设置的户外广告，广告板面不得超出建筑物外墙。高度在24米以下的建筑，户外广告板面底部与女儿墙顶部距离，不得大于0.3米，广告板面高度不得大于6米；高度在24米以上、50米以下的建筑，户外广告板面底部与女儿墙顶部距离，不得大于0.5米，广告板面高度不得大于8米。

限制在居民住宅顶部、坡屋顶、造型独特的建筑顶部以及高度超过24米的高层建筑物、构筑物上设置户外广告。50米以上建筑物顶部设置招牌的，只能采用镂空独立字体或镂空霓虹灯，不得做实体底板。禁止在建筑物顶部叠加设置户外广告。

禁止遮挡建筑物外墙面设置户外广告。确需在商业建筑外墙面上镶嵌招牌等小型户外广告的，应在单体设计时预留广告设置位置。设置于建筑物墙面上的户外广告，其外端出挑距离墙体不得超过1.5米。

设置于同一建筑物上的店面招牌，应当一店一招、统一设计、统一规格，招牌不得含有广告内容。

四、设置于桥梁上的，占用面积不得超出桥梁上下缘或超过护栏高度，不得破坏桥梁结构。设置于桥梁墩体上的，须紧贴墩体，不得外延，不得妨碍交通。禁止在城市立交桥控制地带、引桥、人行天桥的阶梯护栏上设置。

五、在城市广场及其它重要区域周围设置的，不得影响广场及其它重要区域空间效果、遮挡景观或者妨碍周围主要建(构)筑物的立面。

六、不得在新城区距道路交叉路口自切点起50米以内、消防通道上空4.5米以下、宽度3.5米以内的区域设置。在同一道路上设置的，应做到统一规格、整齐美观。

七、广告牌距离相近干管线的净距应符合安全技术要求。

八、重点区域设置的，应与灯光夜景照明相结合，原则上不的广告设施。

南昌

南昌市城市概览

人口（万人）：总人口450.8，男236.8，女214

国内生产总值（亿元）：641.02，增长15.5%

三次产业占GDP的比重（%）：第一1.22，第二55.31，第三43.46

投资（亿元）：235，增长67.9%

消费（亿元）：201.18，增长13.1%

年末实有铺装道路面积（万平方米）：1506

年末实有公共营运汽电车（辆）：1447

年末实用出租汽车（辆）：3450

支柱产业：飞机制造、汽车制造、冶金、机电、纺织、医药、电子信息、生物工程等

江西省户外广告管理条例

（江西省人民代表大会常务委员会公告第62号）

第一章总则

第一条 为加强户外广告管理，规范户外广告活动，促进户外广告业的健康发展，根据《中华人民共和国广告法》和其他有关法律、法规的规定，结合本省实际，制定本条例。

第二条 在本省行政区域内从事户外广告经营及其管理活动的单位和个人，应当遵守本条例。

第三条 本条例所称户外广告，是指商品生产经营者或者服务提供者承担费用，通过一定媒介和形式直接或者间接介绍其推销的商品或者所提供服务的下列户外商业广告：

（一）利用户外广告设施发布的广告；

（二）利用彩旗、条幅在户外发布的广告；

（三）利用墙体发布的广告；

（四）利用车、船等交通工具发布的广告；

（五）利用飞艇、气球等升空器发布的广告；

（六）在户外发布的其他广告。

本条例所称户外广告设施，是指在户外专为发布广告而设置的灯箱、霓虹灯、电子显示屏（牌）、电子翻版装置、橱窗、广告架等物质载体。

第四条 工商行政管理部门是户外广告的监督管理机关。

县级以上人民政府建设、规划、市容、市政、环保、公安、交通等部门应当根据各自职责，协同工商行政管理部门做好本行政区域内户外广告的监督管理工作。

第五条 在户外广告经营活动中，禁止任何形式的垄断或者不正当竞争行为。

第六条 户外广告内容应当真实、合法，符合社会主义精神文明建设的要求，不得以任何形式欺骗和误导消费者，不得贬低其他生产经营者的商品或者服务。

第七条 户外广告使用的语言文字、汉语拼音、计量单位等应当符合国家规定，书写清晰、规范、准确。

第八条 任何部门和单位不得向广告主、广告经营者、广告发布者收取或者变相收取不合法的费用。对不能出具省财政部门统一印制的收费票据的行政收费，广告主、广告经营者、广告发布者有权拒绝。

第二章 户外广告设施设置

第九条 市、县人民政府应当组织工商、规划、建设、市容、市政、环保、公安、交通等有关行政管理部门制定城市户外广告设施设置规划，户外广告设施设置规划

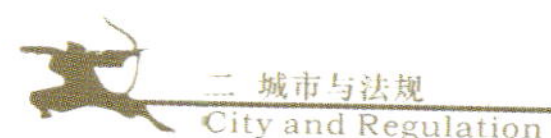

应当包括广告设施设置的条件、地点、种类、规模、规格、有效期限等主要内容。城市户外广告设施设置规划经本级人民政府批准后，予以公布。工商、规划行政管理部门负责监督实施户外广告设施设置规划。

第十条 城市户外广告设施的设置应当符合城市规划、城市市容市貌标准和环境保护、交通安全的要求。

户外广告设施应当牢固安全、整洁美观，符合相应的技术、质量标准。户外广告设施使用者应当定期维修、加固或者拆除户外广告设施。

第十一条 户外广告设施设置的场地或者设施的使用权可以通过公开招标、拍卖等方式取得。

设置户外广告设施的城市重要场所、主要道路两侧的公共场地、公共设施的使用权，应当由城市人民政府组织有关部门和单位制定出让方案，通过招标、拍卖或者其他公开竞争方式出让。

第十二条 设置户外广告设施应当依照法律、法规的规定到有关部门办理审批手续。

广告经营者依照本条例第十一条第二款的规定取得使用权的，其户外广告设施的设置视同已办理审批手续。

第十三条 在公共场地或者公共设施上设置的户外广告设施，其使用期限不超过5年，期满需延长设置期限的，设置者应当于设置期限届满前30日内向原审批机关办理延期手续。

第十四条 户外广告设施设置的审批部门在办理户外广告设施设置的审批手续时，应当自受理申请之日起5日内办结审批手续，作出书面答复；逾期未作书面答复的，视为同意。

第十五条 经批准设置的户外广告设施，在使用期内任何单位或者个人不得非法占用、拆除、迁移、遮盖或者损坏。

因城市建设或者其他特殊情况需要拆除使用期内的户外广告设施时，户外广告设施设置审批部门应当在30日前书面通知户外广告经营者限期拆除，由此对户外广告经营者、设施设置者造成经济损失的，需要拆除户外广告设施的单位应当给予置换或者相应的经济补偿。

第十六条 城市城区繁华地段、车站、广场、码头、居民区等公共场所，可以设置公共广告栏。

公共广告新栏的设置，由县级以上人民政府组织工商、规划、市容行政主管部门统一规划，由工商行政管理部门负责监督实施。

第三章 户外广告发布

第十七条 户外广告应当由具有合法经营资格的广告经营者设计、制作、发布。

经县级以上人民政府同意举办的重大庆典、运动会、文艺演出、彩票发行或者商品交易会等大型活动，经同级工商行政管理部门批准，可以成立临时性户外广告经营机构，承办针对本次活动的户外广告的设计、制作、发布。

第十八条 发布户外广告，应当经工商行政管理部门登记。未经登记，不得发布。

工商行政管理部门应当对广告内容的真实性、合法性进行审查；广告内容违反法律、法规规定的，不得登记。

第十九条 申请发布户外广告，申请人应当向户外广告发布地的市、县工商行政管理部门提出登记申请，填写《户外广告登记表》，并提交下列材料：

（一）营业执照；

（二）广告经营许可证；

（三）设施、场地使用权证明；

（四）广告合同；

（五）广告样稿；

（六）确认户外广告内容真实性的其他证明文件。

依照法律、法规的规定需经有关行政主管部门进行审查的广告，广告发布者还应当提供有关行政主管部门出具的批准文件。

第二十条户外广告的登记编号应当与户外广告同时发布。

户外广告登记后3个月内未予发布的，登记自行失效。

第二十一条 张贴印刷品广告，应当持有关证明文件向张贴地工商行政管理部门申请简称登记，注明有效期，到公共广告张贴栏张贴，张贴期限不得超过15日。

第二十二条 户外广告登记有效期满，广告发布者应当自行拆除；需要延长发布时间的，应当在期满30日前向原登记的工商行政管理部门申请延期，逾期未办理的，由工商行政管理部门责令限期拆除；拒不拆除的，由登记机关强行拆除。

在公共广告栏张贴的印刷品广告张贴期限届满，由公共广告栏管理部门负责清除。

经登记发布的户外广告，需要变更登记内容或者其他登记事项的，应当向原登记的工商行政管理部门申请办理变更登记手续。

第二十三条 禁止在电线杆、树木、住宅楼道上以及其他未经批准的场所书写、刻画、张贴户外广告。

第二十四条 工商行政管理部门应当在受理户外广告发布登记申请或者户外广告内容变更登记申请之日起5日内办结登记手续，作出书面答复；逾期未作书面答复的，视为同意。

第四章 法律责任

第二十五条 有下列行为之一的，由工商行政管理部门予以处理：

（一）违反本条例第十七条第一款规定，无合法的广告经营资格发布户外广告的，责令限期拆除，没收违法所得，并处1000元以上5000元以下罚款；

（二）违反本条例第十八条第一款、第二十一条规定，未经登记擅自发布户外广告的，责令限期补办登记手续，处200元以上2000元以下罚款；在限期内不补办手续的，予以强制拆除；

（三）违反本条例第二十条第一款规定，在户外广告中未注明户外广告登记编号的，责令限期改正；在限期内不改正的，处200元以上1000元以下罚款；

（四）违反本条例第二十二条第三款规定，未经批准擅自变更户外广告内容或者其他登记事项的，责令限期改正；在期限内不改正的，强制拆除，并处1000元以上2000元以下罚款。

第二十六条 违反本条例第二十三条规定的，由城市市容行政管理部门责令限期清除，可以并处200元以上1000元以下罚款。

第二十七条 行政执法部门依法强制拆除、清除户外广告设施或者广告的，其费用由户外广告设施所有者或者广告经营者承担。

第二十八条 设置户外广告设施、发布户外广告违反其他法律、法规的，由有关部门依照相应的法律、法规予以处罚。

第二十九条 因户外广告设施倒塌、脱落等事故，造成他人人身伤害或者财产损失的，由设施的使用者、所有者依法承担连带赔偿责任。

第三十条 发布虚假广告，欺骗或者误导消费者，使消费者合法权益受到损害的，消费者有权依照《中华人民共和国广告法》第三十八条的规定要求赔偿；有关行政管理部门应当对出具虚假证明文件或者违法登记的有关责任人员给予行政处分。

第三十一条 工商及其他有关行政管理部门在行使职权时侵犯当事人合法权益并造成损害的，应当依法承担赔偿责任，并依法对有关责任人员给予行政处分。有关行政管理人员玩忽职守、滥用职权、徇私舞弊的，应当依法给予行政处分；构成犯罪的，依法追究刑事责任。

第五章 附则

第三十二条 店堂牌匾、门楣不适用本条例。

第三十三条 市、县人民政府在本条例实施前未制定户外广告设施设置规划的，应当在本条例实施后6个月内制定，并对现有的不符合规划的户外广告期限清理。

第三十四条 本条例自2001年3月1日起施行。省人民政府1990年8月1日颁布的《江西省户外广告管理办法》同时废止。

黄河中游地区

黄河中游地区区域概览

黄河中游地区包括西部地区陕西省西安市、以及山西太原、河南郑州、内蒙古自治区的呼和浩特为代表的区域。

西安市是中国北方中西部最大的中心城市、历史文化名城 和世界性旅游城市。面积9983平方公里，其中市区面积1066平方公里。西安市地处我国中西部结合处，是横跨亚欧的“大陆桥”和陇海—兰新线最大的中心城市，在历史上一直是西北地区和周围省份的商品流通中心和物资集散地，商业贸易在区域经济中占有重要地位。西安是全国六大交通枢纽城市之一，未来西安将建成面向国际的航空运输中心、国内重要的公路和铁路交通枢纽、西部最大的物流中心，构筑以高速公路、铁路为构架的陆空综合交通运输体系。西安城市交通实施公交优先战略和交通一体化战略，分散老城区交通压力，形成“棋盘”加“环”加“放射线”的“三横三纵三环八放射”路网格局。2004年，西安市生产总值首次突破千亿元大关，西安市经济总量已成为全国25个生产总值过千亿元的城市之一，标志着西安综合实力上了一个新的台阶。

太原是全国特大城市之一，现辖6区1市3县。太原是我国建国初期的工业基地，已形成了以能源、冶金、机械、化工为支柱，纺织、轻工、医药、电子、食品、建材精密仪器等门类较齐全的工业体系。太原以城市人口为主，市区是全市经济活动的主体，经济总量占到全市的84%以上。近年来，太原地区综合经济实力进一步增强，城市功能得到很大提升。城市道路交通初步形成外联高速环，以快速路、主干路为骨架的、“十纵十横含两环”的棋盘式网络布局，并辅以次干路，支路和步行街组成的道路系统。

郑州交通发达，处于我国交通大十字架的中心位置。陇海、京广铁路在这里交汇，107、310国道，京珠、连霍高速公路穿境而过。河南省提出“实施中心城市带动战略，建设大郑州，把郑州建设成为中原城市群经济隆起带发展的龙头”。2003年，世界银行对中国23个城市进行调查，郑州跻身全国综合投资环境前10名。

呼和浩特位于内蒙古自治区中部，1985年被国务院确定为全国历史文化名城，1992年被国家批准为沿边开放城市。呼和浩特市现辖4区、4县、1旗。全市总面积17224平方公里,城区面积77.9平方公里,总人口为200.4万人。

郑州

郑州市城市概览

人口（万人）：总人口661.1，男338.3，女322.8

国内生产总值（亿元）：1102.1，增长14.7%

三次产业占GDP的比重（%）：第一1.38，第二39.21，第三59.41

投资（亿元）：502.3，增长47.4%

消费（亿元）：479.9，增长11.4%

年末实有铺装道路面积（万平方米）：1831

年末实有公共营运汽电车（辆）：2426

年末实用出租汽车（辆）：10757

支柱产业：郑州市在纺织、机械、建材、耐火材料、能源和原辅材料产业上具有明显优势。有色金属、食品、煤炭、卷烟等为主导产业

郑州市户外广告设置管理条例

（2001年12月27日郑州市第十一届人民代表大会常务委员会第二十五次会议通过，2002年3月27日河南省第九届人民代表大会常务委员会第二十七次会议批准）

第一章 总则

第一条 为加强户外广告设置管理，维护市容整洁、美观，根据《中华人民共和国广告法》和国务院《城市市容和环境卫生管理条例》，结合本市实际情况，制定本条例。

第二条 本条例所称户外广告，是指在城市道路、公路上，以及建筑物、构筑物、公共设施以及交通工具外部，利用各种形式设置的商业性或公益性广告。

第三条 凡在本市下列范围内设置户外广告，均应遵守本条例：

（一）市区建成区、上街区建成区；

（二）郑州高新技术产业开发区和郑州经济技术开发区；

（三）郑州市矿区、郑州新郑机场；

（四）国道、省道郑州市区段；

（五）市人民政府规定的其他区域。

第四条 市、上街区市容行政主管部门负责本行政区域内的户外广告设置管理和户外公益性广告内容的监督管理。

工商行政管理部门是广告监督管理机关，依照有关法律、法规规定，负责户外商业性广告经营者的资格审核及内容的监督管理。

城市规划、公安、交通、物价等部门及电信、电业等单位应在各自职责范围内，协同做好户外广告设置管理工作。

第五条 设置户外广告应当统筹规划、合理布局、规范设置、美化市容、文字规范、内容健康，有利于城市精神文明建设。

第二章 设置准则

第六条 市人民政府应当组织市容、城市规划、工商行政、公安、交通等有关部门，根据城市总体规划，编制户外广告设置规划和公益性广告设置计划，并组织实施。

第七条 有下列情形之一的，不得设置户外广告：

（一）利用交通安全设施、交通标志的；

（二）影响市政公共设施、交通安全设施、交通标志使用或者妨碍安全视距和车辆、行人通行的；

（三）妨碍生产或人民生活，损害市容市貌或建筑物、构筑物的形象的；

（四）国家机关、文物保护单位、纪念性建筑物和风景名胜点的建筑控制地带；

（五）市、上街区人民政府规定禁止设置户外广告的区域。

第八条 设置户外广告，应当安装牢固，保证安全。使用易锈蚀材料的，应当定期进行防锈蚀处理，并进行有效覆盖，不得外露；使用电源的，应当按照有关技术规范要求，采取防火、防漏电安全措施，并与高、低压导线和地面、地下设施保持安全距离。

第九条 户外广告的设计、制作和安装，应当符合相应的安全、技术、质量标准。

第十条 严格控制横跨城市道路设置横幅广告；严格控制利用城市立交桥和高架路设置广告，确需设置的，应经市、上街区人民政府批准。

第十一条 张贴户外广告必须张贴在公共信息栏内。禁止在广场、立交桥、临街建筑物、构筑物、公共设施以及树木上涂写、刻画、张贴户外广告。

第三章 设置管理

第十二条 公民、法人或者其他组织设置户外广告的，应当向市、上街区市容行政主管部门提出申请。委托他人设置户外广告的，应当委托具有广告经营资格的广告经营者。

第十三条 申请设置户外广告，应当提交下列证件和有关资料：

（一）申请书；

（二）广告设置位置图和彩色效果图；

（三）制作说明；

（四）法律、法规规定的其他文件。

委托他人设置户外广告或者使用他人场地设置户外广告的，还应当出示广告经营单位的营业执照副本或广告经营许可证及场地使用协议。

第十四条 市、上街区市容行政主管部门收到户外广告设置申请后，应在十个工作日内，对符合户外广告设置规划和城市容貌标准的予以批准；对不符合条件的，应当书面通知申请人，并说明理由；既不批准又不说明理由的，视为批准。

设置大型户外广告以及利用城市道路、国道、省道设置户外广告的，在报经市容行政主管部门批准前，应依照有关法律、法规规定报经城市规划、公安、交通等部门批准。

第十五条 户外广告必须按照批准的地点、形式、期限、数量、规格、用材设置，不得擅自变更。确需变更的，应到原批准机关办理变更手续。

第十六条 经批准设置户外广告，应自批准之日起三个月内完成设置；逾期未完成设置又无正当理由的，原批准手续失效。

第十七条 户外广告设置使用期满后，需要延期的，应在期满前一个月到市容行政主管部门办理延期手续；未办理手续的，有效期满后，广告设置单位应当及时清除户外广告及其附属设施。

第十八条 户外广告版面不得空置，暂时无广告发布的，应以公益性广告补充版面。

第十九条 经批准设置的户外广告，因城市建设和社会公共利益需要拆除的，由市容行政主管部门书面通知广告设置单位限期拆除。建设单位应当给予补偿。

经批准设置的户外广告，除前款规定情形外，其他任何单位和个人不得占用、拆除、遮盖或损坏。

第二十条 户外广告设置单位应当保持户外广告设施的整洁、完好，及时维修、更新，定期进行安全检查。如遇大风、汛期等，应当采取安全防范措施。

第二十一条 户外广告图案、文字、灯光显示不全或出现污浊、锈蚀、损毁、变形等情况的，设置单位应立即采取措施，恢复完好。

第二十二条 市容行政主管部门工作人员应当认真履行职责，定期督促户外广告设置单位对户外广告设施进行安全检查，如发现危及人身、财产安全隐患的，应立即通知广告设置单位采取安全防范措施。确实难以通知到广告设置单位的，市容部门应会同有关部门采取安全防范措施。

第四章 法律责任

第二十三条 未经批准或未按批准事项设置户外广告的，由市、上街区市容行政主管部门责令限期改正或拆除；逾期未改正或拆除的，可处以一千元以上五千元以下罚款。

第二十四条 户外广告图案、文字、灯光显示不全或出现污浊、锈蚀、损毁、变形等情况，未恢复完好的，由市、街区市容行政主管部门责令限期改正，逾期不改的，可处以一千元以上三千元以下罚款。

第二十五条 市容行政主管部门依照本条例规定责令限期拆除的户外广告，设置单位应当自行拆除；逾期未拆除的，由市容行政主管部门组织拆除，所需费用由设置单位承担。

第二十六条 违反本条例规定涂写、刻画、张贴户外广告的，市、上街区市容行政主管部门责令限期清除，恢复原貌；逾期不恢复的，由市容行政主管部门组织恢复，费用由责任人承担，并每处（幅）处以五百元以上二千元以下罚款；情节严重，触犯治安管理处罚规定的，由公安机关依照《中华人民共和国治安管理处罚条例》的规定进行处罚。

第二十七条 户外广告设施倒塌、脱落、漏电或者未采取安全措施造成他人人身伤害、财产损失的，设置单位或过错责任人应依法承担民事赔偿责任。

第二十八条 市容行政主管部门工作人员滥用职权、玩忽职守、徇私舞弊、索贿受贿的，由其所在单位或有管理权的部门给予行政处分；构成犯罪的，由司法机关依法追究刑事责任。

第五章 附则

第二十九条 县（市）人民政府所在地的镇的建成区的户外广告设置管理，参照本条例执行。

第三十条 本条例自2002年7月1日起施行。

本市过去有关规定与本条例规定不一致的，按本条例执行。

(编者说明：郑州市2005年2月28日已经市人大常委会审议通过修订的户外广告管理办法，但是尚未通过省人大审批，尚未发布。)

西安

西安市城市概览

人口（万人）：总人口716.6，男370.3，女346.3

国内生产总值（亿元）：940.4，增长13.5%

三次产业占GDP的比重（%）：第一3.45，第二44.77，第三51.78

投资（亿元）：479，增长41%

消费（亿元）：440，增长13%

年末实有铺装道路面积（万平方米）：2284

年末实有公共营运汽电车（辆）：3736

年末实用出租汽车（辆）：11028

支柱产业：电子信息技术、机械装备、国防科技、医药、能化、纺织、食品、建材等

西安市户外广告设置管理条例

（2004年9月15日西安市人民代表大会常务委员会〔第四十号〕公布）

第一章 总则

第一条 为加强户外广告设置管理，规范户外广告设置活动，保护城市景观风貌，维护户外广告经营者及其相关人的合法权益，促进广告业的发展，根据《中华人民共和国广告法》及有关法律、法规规定，结合本市实际，制定本条例。

第二条 在本市行政区域内从事户外广告设置、管理及其相关活动的单位和个人均适用本条例。

第三条 本条例所称户外广告设置，是指利用建筑物、构筑物、市政公用设施及其他户外场所的城市空间，设置广告、广告牌或者具有广告内容的霓虹灯、灯箱、电子显示屏、电子翻转牌、实物造型设施的行为。

第四条 户外广告设置应当按照城市总体规划要求，统一规划，合理布局，美化市容，规范设置，与古城风貌和现代化城市相协调。户外广告设置实行空间有偿使用。

第五条 西安市市政行政管理部门是本市户外广告设置行政主管部门，负责户外广告设置的管理工作。

新城区、碑林区、莲湖区、雁塔区、未央区、灞桥区范围内的户外广告设置，由市市政行政管理部门管理。

阎良区、临潼区、长安区和市属县的市容行政管理部门负责本辖区范围内户外广告设置管理工作，业务上接受市市政行政管理部门的指导。

工商、规划、建设、文物、园林、公安等行政管理部门，依照有关法律、法规规定的职责，协同户外广告设置行政主管部门对户外广告设置进行管理。

第二章 规划与设置权管理

第六条 西安市城市规划行政管理部门负责编制本市户外广告设置规划。编制户外广告设置规划应当符合城市规划的要求，明确允许或者禁止设置户外广告的区域、街道和建筑物。

户外广告设施应当与城市景观和建筑物的体量、造型、色彩相协调，保持城市街道的对景效果和通视效果。

第七条 公共场所、市政公用设施的户外广告设置权，由户外广告设置行政主管部门，通过招标、拍卖方式出让；投标人、竞买人不足三人的，可采用协议方式出让户外广告设置权。

第八条 以招标、拍卖方式出让户外广告设置权的，由户外广告设置行政主管部门会同有关部门审核同意后发布招标、拍卖公告。户外广告经营者按照公告要求，持广出申请，参与竞标、竞买活动。

以协议方式出让户外广告设置权的，由户外广告设置行政主管部门与申请人协商确定受让人。

第九条 公共场所、市政公用设施以外的户外广告设置，户外广告经营者应征得建筑物、构筑物所有权人或者场所土地使用权人同意，并签订租赁合同后，由户外广告经营者持租赁合同、广告经营许可证、营业执照、户外广告设施设计方案，向户外广告设置行政主管部门提出申请，经户外广告设置行政主管部门会同有关部门审核同意，按规定交纳户外广告设置空间使用费，取得户外广告设置权。

第十条 户外广告设置权使用期限按照户外广告设施使用证规定时间计算，但最长不得超过五年。

户外广告设置权转让时应当到户外广告设置行政主管部门办理变更登记手续，户外广告设置权受让方必须具有户外广告经营资质。

第十一条 户外广告设置权的出让收入全额上缴财政，专款用于城市建设。

第三章 设置与维护管理

第十二条 户外广告设施的设置应当符合户外广告设置规划和户外广告设施设计方案。在供电、供气、供暖、供水，排水和通讯及其他管线周围设置户外广告的，还应当符合有关规定。

第十三条 有下列情形或者场所之一的，不得设置户外广告设施：

（一）利用交通安全设施、交通标志的；

（二）影响市政公共设施、交通安全设施、交通标志使用的；

（三）妨碍生产或者人民生活、损害市容市貌的；

（四）国家机关、文物保护单位和风景名胜点的建筑控制地带；

（五）县级以上人民政府禁止设置户外广告的区域。

第十四条 户外广告设置行政主管部门，应当按照户外广告设置规划审批户外广告设施设计方案，任何单位和个人不得擅自更改已批准的户外广告设施设计方案。

第十五条 取得户外广告设置权的户外广告经营者，应当持户外广告设施设计方案、施工图等有关资料，到户外广告设置行政主管部门办理审批手续。

户外广告设置行政主管部门审批时间不得超过五个工作日。

第十六条 户外广告经营者应当在设施设计方案批准后六十日内完成户外广告设施的设置。逾期未设置的，由户外广告设置行政主管部门无偿收回设置权。

户外广告设施应当由具有相应的施工技术资质的单位或者个人承建。

第十七条 户外广告设施竣工后，由户外广告经营者组织设计、施工、工程监理等有关单位对工程质量进行竣工验收，并在竣工验收合格后五个工作日内，向户外广告设置行政主管部门备案。

第十八条 户外广告经营者，应当对其设置的户外广告设施进行日常维护，保持设施的安全、整洁、完好，并按规定进行夜间照明。

第十九条 户外广告设施空置超过二十日的，户外广告经营者应当设置公益广告。公益广告的内容，由户外广告设置行政主管部门指定。

第二十条 户外广告设置权期满后，需要延期的，应当到户外广告设置行政主管部门办理延期手续。

在户外广告设置权有效期内，因城市建设或者社会公共利益，需要拆除户外广告设施的，户外广告设置行政主管部门应当书面通知限期拆除。因拆除给户外广告经营者造成损失的应当给予补偿。

第二十一条 户外广告设置行政主管部门、协管部门及其工作人员，不得以任何形式参与户外广告经营活动。

第四章 法律责任

第二十二条 违反本条例规定，有下列情形之一的，由户外广告行政主管部门责令限期拆除或者改正，并处五千元以上三万元以下的罚款：

（一）擅自设置户外广告设施的；

（二）违反户外广告设置规划的；

（三）擅自更改户外广告设施设计方案的；

（四）户外广告设置权期满后，不拆除户外广告设施又不办理延期手续的。

第二十三条 违反本条例规定，有下列情形之一的，由户外广告设置行政主管部门责令限期改正，给予警告；逾期不改正的，责令拆除，处以一千元以上五千元以下罚款：

（一）转让户外广告设置权未到户外广告设置行政主管部门办理变更登记手续的；

（二）对户外广告设施不进行日常维修，影响其安全、整洁、完好的；

（三）户外广告设施空置超过二十日的。

第二十四条 违反本条例规定，户外广告设施逾期不拆除的，由户外广告设置行政主管部门强制拆除或者申请人民法院强制拆除，拆除费用由责任人承担。

第二十五条 户外广告设施造成他人人身伤害或者财产损失的，由户外广告经营者承担相应的法律责任。

第二十六条 实施本条例规定的行政处罚，依照《中华人民共和国行政处罚法》的规定执行。对单位处以一万元以上和对个人处以五千元以上罚款的，当事人有权要求举行听证。

当事人对行政管理部门的行政处罚决定不服的，可以依法申请行政复议或者提起

行政诉讼；逾期不申请复议，也不提起诉讼，又不履行处罚决定的，由作出行政处罚决定的部门申请人民法院强制执行。

第二十七条 拒绝、阻挠户外广告设置行政主管部门依法执行公务的，由公安机关依照《中华人民共和国治安管理处罚条例》处罚；构成犯罪的，由司法机关依法追究刑事责任。

第二十八条 户外广告设置行政主管部门工作人员滥用职权、徇私舞弊、玩忽职守的，由其所在单位或者行政监察部门对单位负责人或者责任人给予行政处分；构成犯罪的，由司法机关依法追究刑事责任。

第五章 附则

第二十九条 本条例自公布之日起施行。

西安市户外广告设施设置规划

（西安市人民政府办公厅2004年8月31日以市政办发〔2004〕161号转发市规划局市市政管委会关于西安市户外广告设施设置规划的通知）

一、范围

西安市城六区范围。根据城市发展脉络，可将该范围划分为一环路以内旧城区和一环路以外至三环路城市扩展区两大部分。

二、对象

城市中一切户外广告设施。所谓户外广告是指城市中一切利用建筑物、构筑物、市政公用设施及其他城市空间设置于户外的广告媒体。按其位置和用途可分为以下两大部分：

（一）户外广告按其位置可分为：

1．落地式广告：是指单立柱式、单独设置的实物造型、充气式装置和电子显示牌及路牌，即设置于街道空间上的独立广告。

2．附着式广告：是指附着在建筑物、构筑物上的广告招牌。建筑上的广告可分为：平行于墙面设置的；垂直于墙面设置的；设置于屋顶的。

3．悬挂式广告：是指利用气球携带或其他方式悬挂在空中的广告。

（二）户外广告按其用途可分为：

1．一般商业广告。

2．公益广告。

3．门店牌匾。

本次规划对象只涉及一般商业广告和门店牌匾。

三、规划依据

（一）《中华人民共和国城市规划法》

（二）《中华人民共和国城市广告法》

（三）《中华人民共和国城市道路交通安全法》

（四）《中华人民共和国消防法》

（五）《西安市19952010城市总体规划》

（六）《西安市城六区分区规划》

（七）《西安历史文化名城保护条例》（2002年7月）

（八）《西安市户外广告设施管理条例》（2000年7月）

四、规划目标

通过合理的规划，处理好展示古城风貌和繁荣商业氛围的关系，创造次序井然、充满活力的广告空间，消除对城市景观的负面影响，营造良好的视觉环境，形成一系列可操作性的规划方案，作为西安市全面展开户外广告设置规划的技术指标及管理审批依据。使户外广告设置达到科学化、合理化，使其成为城市规划、市容景观建设的有机组成部分。

五、规划总则

（一）整体协调原则：结合城市总体规划、分区规划，综合考虑，统筹安排，强调社会、经济、环境的整体效益。

（二）可操作性原则：充分利用现有的法律、法规及相关技术规范，从实际出发对广告设置行为做出明确的、具体的规定，为规划管理提供依据，使城市户外广告设施设置工作具有较强的针对性和可操作性。

（三）合理性原则：遵照美学原则，在考虑城市整体美及视觉景观要求的同时，坚持合理设置。做到点、线、面、大、中、小、集中与分散、重点与一般的结合，营造良好的视觉环境。

（四）综合性原则：户外广告设置结合城市发展的要求，处理好城市景观与商业经济发展的关系，使两者和谐统一发展。

（五）系统性原则：户外广告设置坚持点、线、面的结合，分区划片，逐街整治。

六、技术划分

根据城市不同区域的功能、地理环境、文化氛围和商业特点，将城市分为：禁止设置区、控制设置区和一般设置区进行规划。

（一）禁止设置区。

禁止设置区范围是指严重影响古城风貌、交通安全、市政公共设施安全、人民生产及生活等的位置或地带严禁设置商业广告。下列情形之一的属禁止设置区范围。

1．钟楼盘道和东、西、南、北城楼盘道内侧以及外侧周边的建（构）筑物上。

2．环城林带、护城河外侧至人行道道牙以内。

3．古建筑、坡屋顶建筑、重要的人文景观及建筑控制地带。“近现代特色保留建筑”的建（构）筑物上（附件4）。

4．西大街两侧，玉祥门广场周边的建（构）筑物上，北院门、三学街、竹笆市、德福巷、湘子庙街等历史街区两侧建筑物上。

5．沿街建（构）筑物立面上影响建筑形象和遮挡窗户、有消防隐患处。

6．利用交通安全设施、交通标志的。是指下列情形之一的：

（1）交通信号设施；

（2）交通指路牌；

（3）交通标志牌；

（4）交通执勤岗位设施；

（5）交通隔离栏；

（6）高架道路护栏；

（7）城市绿地、道路绿化隔离带、护栏；

（8）道路、桥梁、隧道收费口防撞墙；

（9）其他交通安全设施和交通标志。

7．影响市政公共设施、交通安全设施、交通标志使用的。是指下列情形之一的：

（1）交通安全设施和交通标志10米范围之内；

（2）影响地下管线、高压电力架线安全运行范围内；

（3）在城市道路、公路交叉路口50米范围内（人行横道斑马线以外为界）；

（4）消防通道地面以上4.5米以下，宽度4米以内；消防取水设施5米范围内；

（5）其它影响市政公共设施、交通安全设施、交通标志使用的情形。

8．妨碍生产或者人民生活、损害市容市貌的是指下列情形之一的：

（1）跨越城市道路、公路设置户外广告的；

（2）透景墙上设置的；

（3）建筑外墙、顶部设置实物广告的；

（4）有居住功能的建筑外墙、窗间墙、窗下墙设置霓虹灯、灯箱、电子显示屏的，住有居民楼上设置户外广告的；

（5）广告牌位或画面竖向重叠的，单体建（构）筑物顶部同一朝向横向设置两个以上（含两个）广告牌位或画面的；

（6）二环路道路以内（含二环路）、城区主要干道两侧设置落地式路牌广告的；

(7) 住宅、大型宾馆等建筑顶部及立面设置商业广告的；

(8) 在城区道路人行道上依附利用交通、电信、邮政、环境卫生等各类设施，以及在路名牌、指路牌等道路附属设施设置户外广告的；明城墙内主干道人行道上阅报栏、宣传栏设置户外广告的；

(9) 在建（构）筑物外立悬挂条幅、布幔的；

(10) 其它妨碍生产或者人民生活、损害市容市貌或者建筑形象的情形。

9. 国家机关、文物保护单位和风景名胜区的控制地带。指下列情形之一的：

省、市、区、国家机关大楼及围墙和省、市、区司法机关大楼、军事机关大楼及围墙。

按规定批准的文物保护单位及明城墙内具有保留价值的古院落、古民居，风景名胜区的建筑及其建筑控制地带（附件1、2、3）。

10. 城市大型公共建筑：公众性强、认知度高，是相应地区和地段的地标性建筑、人流集中地。这其中包括代表城市地位层次的文教、体育、博览展示等公共建筑设施。如省（市）图书馆、省（市）文化艺术中心、省（市）博物馆、省（市）美术馆、火车站客运楼、广电中心禁止设置任何形式的商业广告。

11. 城市雕塑周边，影响雕塑形象及其视觉环境的建筑物、构筑物上禁止设置任何形式的商业广告。

（二）控制设置区。

控制设置区范围是指传统风貌浓厚的街区或兼有商业功能的街道和其他重要的控制地段及建筑，广告设置应适度、疏密结合、与周围环境相协调，保护城市空间环境，体现高质量、高规格、高品位，采用新技术、新工艺、新材料、新光源、新创意，体现古城特色。下列情形之一的属控制设置区范围。

1. 二环路以内（含二环路），不增设大型单位立柱式广告和T型小立柱灯箱广告。违规设置的限期拆除，设置期满自行拆除。

2. 高度超过50米以上的高层建（构）筑物上设置广告的。

3. 一环以内（含一环）的南大街、北大街、东大街、解放路、东、西新街、南新街和二环路两侧，只允许设置霓虹灯、内显灯箱和电子屏等高质量、高规格、高品位的户外广告。

4. 利用公共交通候车亭、站牌等公共交通设施设置户外广告的，原则一站一亭一牌，最多不能超过二处。

5. 城市道路路灯灯杆不宜设置灯箱广告。

6. 人行天桥护栏，其冠名和设置要按规划严格控制，结合设置予以亮化。

（三）一般设置区。

一般设置范围是指除禁止设置区、控制设置区以外的区域。广告必须与人文景观、地理环境、文化氛围、商业特点相适应，力求设置区的整体效果，增强精品意识，注意动静结合，使广告与城市灯光夜景达到和谐统一。其广告必须遵守广告设计标准，与周围环境相适应。

七、技术标准

广告设施分为落地式（立柱式、单独设置的实物造型、充气式装置和电子显示牌、路牌）、附着式（附着在建（构）筑物上的）、悬挂式（利用气球携带或其它方式悬挂在空中的）。除悬挂式、充气式广告以外，其它广告一律加设照明设备或显亮设备，并与路灯同时启亮。

（一）落地式广告按下列条款设置。

1. 人行道宽度小于10米，不得设置实物造型和充气式广告。

2. 实物造型或充气式广告占地面不得大于2.5平方米，且宜结合广场设置。

3. 建筑工地围墙广告牌统一在围墙内设置，其高度在围墙以上，6米以下。内容为自身项目宣传，禁止发布商业广告，禁止在围墙设置任何广告画面。

4. 高速公路两侧允许设置大型单立柱式广告牌，广告牌下沿距地面高度不得小于12米。广告牌设置两面，单面面积不大于110平方米，广告牌间距不小于500米。

（二）附着式广告按下列条款设置。

1. 城区范围内建（构）筑物顶部设置户外广告，其高度不大于6米。且总体高度不得超过该地区的高度限制要求。

2. 高度在50米以下（含50米）的建筑物、构筑物上设置广告的，应进行风荷载、雷击辐射扩散角计算，必须有泄风压措施；50米以上的建筑物、构筑物顶部设置广告的，可采用镂空独立字体或镂空霓虹灯，不宜设置实体板面。

3. 贴附建筑物、构筑物实体墙面设置的霓虹灯广告灯箱，其外沿挑出墙面的距离不得大于1.5米，距地面不得小于3米。

4．沿街门店牌匾实行“一店一牌”，鼓励设置霓虹灯和内显式灯箱。其设置标准为：

（1）在单层建筑物上的位置是一层门楣以上，檐口以下。

（2）在二层以下建筑物上的位置是一层门楣以上，二层窗户下沿以下。

（3）所有门店牌匾高度不得超过1.5米，达到整齐划一、上下平齐、色彩协调、“两线一面”，不得超高、超大广告化。

（4）如有特殊需求，按《西安市自设性（门店牌匾）户外广告管理规定》执行。

（三）悬挂物广告按下列条款设置。

1．控制设置气球条幅广告，条幅宽度为0.9米，长度不小于10米。

2．可适量设置灯杆挂旗广告，挂旗宽度为0.75米，长度为1.8米，挂旗下沿距地面不得小于3米。

（四）户外广告色彩标准。

1．采取因地制宜的方针，针对不同区域、地段的广告色彩，提出不同的要求。

2．本次规划采用计算机色彩处理的办法，同时根据对西安城市建筑色彩分析，提取广告色样作为西安不同地区广告设置的推荐色彩体系，以解决广告色彩与环境的协调问题。

（五）户外广告点亮设计标准。

1．除悬挂式、充气式广告外，其它广告一律加设照明设备或显亮设备点亮，并与路灯同时启亮，启亮时间，每年4月1日至9月30日连续点亮时间不少于4小时，10月1日至3月31日连续点亮时间不少于5小时。

2．门店牌匾的点亮强度、亮度以及光色、光环境控制都要以总体规划为依据，因地制宜，使其与夜晚环境、照明相协调。门店牌匾形式上尽量使用霓虹灯、新型材料和新型制作工艺，使门店牌匾无论是外观还是夜间点亮都能达到美化环境的效果。

附件(略)

1．国家级文物保护单位

2．省级文物保护单位

3．市级文物保护单位

4．近现代特色建筑

太原

太原市城市概览

人口（万人）：总人口327.4，男169.7，女157.7

国内生产总值（亿元）:515.59，增长15.5%

三次产业占GDP的比重（%）：第一1.69，第二50.35，第三47.96

投资（亿元）：204.45，增长46.03%

消费（亿元）：185.4，增长17.8%

年末实有铺装道路面积（万平方米）：1972

年末实有公共营运汽电车（辆）：1267

年末实用出租汽车（辆）：8292

支柱产业：能源、冶金、机械、化工为支柱产业

太原市户外广告设置和管理办法

(2001年12月4日颁布)

第一条 为了规范本市户外广告设施设置和管理，促进经济发展，美化市容景观，根据《中华人民共和国城市规划法》、《中华人民共和国广告法》以及《山西省实施〈中华人民共和国城市规划法〉办法》等法律、法规的规定，结合本市实际，制定本办法。

第二条 本市六区范围内户外广告设施的规划、设置和管理，适用本办法。

第三条 本办法所称的户外广告设施、是指经营性和非经营性户外广告设施，包括：

（一）利用公共、自有或者他人所有的建筑物、构筑物、场地、空间等（以下统称阵地）设置的招牌、灯箱、霓虹灯、电子显示牌（屏）、公益广告牌、路牌、宣传栏、站牌、牌匾、指示牌、画廊、实物造型等构筑设施；

（二）利用公共、自有或者他人所有的阵地设置的临时性彩旗、条幅、气球等其它设施。

第四条 市规划行政管理部门是本市户外广告构筑物设施设置的行政主管部门。负责本市户外广告设施设置的规划建设审批以及监督管理。

市市容环境卫生管理部门负责户外广告设施的市容市貌审查及监督管理。

市工商行政管理部门是本市广告业的监督管理机关，负责广告经营资质审核和户外广告内容登记以及监督管理。市市政、园林、公安、财政、物价、广播电视等部门按照各自职责协同实施本办法。

第五条 设置户外广告设施应当符合城市规划要求，与地段功能相适应，合理布局。户外广告设施应当牢固、安全，符合道路景观和建筑形象要求，并与周围环境协调。

第六条 本市重要地区和重要地段应当编制户外广告设施设置阵地规划。在本市重要地区和重要地段设置本办法第三条第（一）项规定的户外广告设施，应当符合户外广告设施设置阵地规划。

户外广告设施设置阵地规划由市规划行政管理部门会同工商、市容、市政、园林、公安、供电等有关部门编制。

设置户外广告设施应当遵守户外广告设施设置技术标准。户外广告设施设置技术标准由市规划行政管理部门会同有关部门制定。

第七条 有下列情形之一的，不得设置户外广告设施：

（一）影响市政公共设施、交通安全设施、交通标

志使用的；

（二）妨碍生产或者人民生活、影响道路畅通、损害市容市貌和建筑形象的；

（三）国家机关、文物保护单位，纪念性建筑、公共教育文化场所和风景名胜景点的建筑控制地带；

（四）利用行道树、古树名木或损毁绿地的；

（五）利用违法建筑、危房及其它可能危及安全的建筑和设施的；

（六）市人民政府禁止设置户外广告的其它情形。

第八条 凡从事户外广告经营业务的单位，须到市工商行政管理部门领取《广告经营许可证》后方可从事户外广告经营业务。单位、个体工商户利用自己的阵地设置发布自己的产品、服务经营项目等内容的户外广告（店堂牌匾广告），须经工商行政管理部门审核同意后，到市规划行政管理部门办理户外广告设施审批手续。

第九条 经营性户外广告设施设置阵地的使用权应当通过招标、拍卖或者其他公开竞争方式出让（出让办法另行规定）。

市规划行政管理部门依据批准的户外广告设施设置阵地规划，制定出让计划，报市政府批准后组织实施。

第十条 设置经营性户外广告设施的单位，凭户外广告设施设置阵地中标通知书，到市规划行政管理部门办理《建设工程规划许可证》。设置非经营性户外广告设施，应当向市规划行政主管部门申领《建设工程规划许可证》，需提供下列材料：

（一）填写申请审批表；

（二）营业执照或单位证明；

（三）户外广告设施设置阵地使用权的证明文件和与阵地单位的使用协议书；

（四）户外广告设施设计图、效果图三份；

（五）1：500地形图一份。

第十一条 市规划行政管理部门应当自受理户外广告设施设置申请材料之日起10日内作出批复。

第十二条 设置户外广告设施应当按照批准的地点、时间、规格、设计图、效果图实施，不得擅自变更；确需变更的，应当按照申请设置的审批程序办理变更审批手续。

第十三条 户外广告设施的设置期限一般不超过三年，电子显示牌（屏）一般不超过六年。期满需延长设置的，应当于到期之日前30日内向原审批机关办理延期手续。

公开出让的广告阵地使用期限不受前款限制。

户外广告设施设置期满后，设置人应当自行拆除。

举办大型文化、体育、公益活动或者举行各类商品交易会、展销会等活动，需设置临时性户外广告设施的，应经市规划行政主管部门批准，并于活动结束后七日内自行拆除。

户外广告设施应当自审核批准之日起六个月内设置，逾期未设置的，其审批即行失效。

第十四条 经批准设置的户外广告设施，设置人应在竣工之日起七日内向市规划行政管理部门提出验收申请，由市规划行政管理部门组织有关部门进行验收。经验收符合标准和要求的，方可使用。

第十五条 经批准设置的户外广告设施，不得擅自转让。确需转让的，设置人应向市规划行政管理部门提出申请，重新办理审批手续。

第十六条 户外广告设施设置人应当保持户外广告设施的整洁、完好，及时维护、更新，并定期对户外广告设施进行安全检查，采取安全防范措施。

有灯光照明设施的广告牌、霓虹灯等设施，应当在规定时段内开启灯光照明设施。

阅报栏应当每日更新报纸，公益宣传栏（牌）应当定期更新内容。户外广告设施空置期间，应当无偿发布公益广告。

第十七条 户外广告设施批准设置期间，因城市建设或者社会公共利益的需要，需拆除的，由市规划行政管理部门书面通知设置人拆除，受益单位应当对设置人给予适当补偿；逾期拒不拆除的，由市规划行政管理部门代为拆除，由此引发的经济损失由设置人承担。

第十八条 户外广告设施批准设置期间、因社会或公共利益需要，需临时发布公益广告的，经市政府批准后，设施使用单位应按规划行政管理部门的书面要求发布规定内容，相关费用由受益单位承担。

第十九条 市规划行政管理部门应当定期对户外广告设施进行检查，发现没有达到维护要求的，应当书面责令设置人限期改正。

第二十条 在户外广告设施设置活动中，禁止任何形式的垄断及不正当竞争行为。负有户外广告审核、监督、

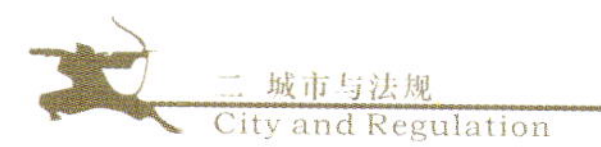

管理职能的行政机关，不得以任何形式从事广告经营或者接受广告经营单位的挂靠。

第二十一条 未取得《建设工程规划许可证》擅自设置户外广告构筑物设施的，由规划行政管理部门责令其限期拆除，或者没收其违法设置的设施；影响城市规划的户外广告设施，尚可采取改正措施的，由规划行政主管部门责令限期改正，并可处以广告设施工程总造价5%至15%的罚款。

第二十二条 违反本办法有关规定，规划行政管理部门下达停止建设或拆除户外设施的处罚决定后，违法单位和个人继续施工的。由规划行政管理部门强行拆除。对已确定为违法户外广告设施，设置人拒不执行规划行政管理部门的处罚决定的，规划行政管理部门申请人民法院强制执行。

第二十三条 在户外广告设施设置或维护管理活动中，违反其它有关规定的，由有关行政管理部门依法予以处罚。

第二十四条 户外广告设施发生倒塌、坠落等事故，造成他人人身或者财产损失的，设置人应当承担民事赔偿责任。

第二十五条 拒绝、阻碍有关行政管理人员执行公务，违反《中华人民共和国治安管理处罚条例》的，由公安机关依法处罚；情节严重，构成犯罪的，依法追究刑事责任。

第二十六条 有关行政管理人员应当遵纪守法，秉公执法。对玩忽职守、滥用职权、徇私舞弊，尚未构成犯罪的，给予行政处分；构成犯罪的，依法追究刑事责任。

第二十七条 当事人对有关行政管理部门作出的具体行政行为不服的，可以依法申请行政复议或者提起行政诉讼。

第二十八条 市属县（市）的户外广告设施的规划、设置和管理，可参照本办法执行，或结合本地实际作出相应规定。

第二十九条 本办法由市政府法制办公室负责解释。

第三十条 本办法自2002年1月1日起施行。

太原市户外广告阵地有偿使用管理暂行办法

第一条 为加强本市户外广告设置和管理，规范户外广告阵地有偿使用活动，根据国家有关法律、法规及《太原市户外广告设置和管理办法》制定本办法。

第二条 本市六城区内户外广告设施设置阵地的有偿使用适用本办法。有偿使用采用招标、拍卖、协议出让三种形式。

第三条 市人民政府委托市规划局负责本办法的具体组织实施。市工商、市容环卫、城建、园林、公安等部门按各自职责协助做好本办法实施工作。

第四条 户外广告设施设置阵地，是指设置户外广告设施所利用的公共、自有或者他人所有的建筑物、构筑物、场地、空间等空间位置。下列利用城市有效视觉空间设置经营性户外广告设施设置阵地的使用权均属招标、拍卖范围：

（一）城市道路两侧及上方；

（二）城市广场、公园、绿地；

（三）公共建筑物及桥梁（含过街天桥、引桥、地下通道）；

（四）公共汽车站台；

（五）汽车站、火车站、飞机场；

（六）行政区域内高速公路两侧；

（七）全市性公示栏、牌、阅报栏等；

（八）其他公用设施、公共场地；

（九）非政府产权的设施，场地（产权人利用自身的建筑物、构筑物作为经营性户外广告设施设置阵地的空间位置）；

下列范围内的户外广告设施属于协议出让范围：店堂牌匾广告、软体广告等。

依照太原市户外广告阵地规划应当发布公益广告的，不属于有偿使用范围，但应办理有关审批手续。

第五条 户外广告设施设置阵地有偿使用，遵守公开、公平、公正、诚实信用、市场运作的原则。

第六条 市规划局根据城市规划，按照总量控制的原则，组织编制户外广告设施设置阵地规划，制定店堂牌匾广告管理细则，并分批制定户外广告设施设置阵地使用权招标、拍卖计划，报市人民政府批准后，与市工商、市容环卫、城建、市政、园林、公安等部门协同实施。

第七条 户外广告设施阵地规划和招标、拍卖计划，确定在非政府产权的建筑物、构筑物、场地、空间所有者、使用者和管理者（简称为业主单位）同意。

业主单位欲在其建筑物、构筑物、场地、空间设定经营性户外广告设施设置阵地的，必须向市规划局提出书面申请，经审查符合规划要求和有关规定的，纳入阵地规划和招标、拍卖计划，统一公开招标、拍卖。

凡本办法实施前，业主单位已与广告公司签订了阵地使用协议，并已办理了户外广告《建筑工程规划许可证》，符合阵地规划，且正在发布的户外广告，允许有一定时间的过渡期，在其合同使用期内继续发布，但时间最长不得超过一年。过渡期应缴纳不低于同类阵地拍卖底价的出让金。未办理户外广告《建设工程规划许可证》的户外广告设施，一律拆除。

第八条 参加经营性户外广告设施设置阵地招标的投标人、拍卖的竞买人应当向市规划局提出申请，并提交下列原件或有效复印件：

（一）《企业法人营业执照》；

（二）《广告经营许可证》并取得户外广告发布经营权；

（三）法定代表人身份证（委托他人的须提交法定代表人授权委托书）；

（四）经办人的身份证；

（五）银行出具的资信证明；

第九条 已有户外广告设施设置阵地规划，但尚未有详细设置方案的道路、地段，经营性户外广告设施设置阵地使用权应当通过招标出让，同时选定设置方案。

招标应按道路、地段成批统一进行。

第十条 实施户外广告设施设置阵地使用权招标，按照《中华人民共和国招标投标法》规定的程序进行；

（一）招标人编制招标文件；

（二）招标人发出招标公告（公开招标）或投标邀请书（邀请招标）；

（三）投标人领取招标文件，招标人组织投标人踏勘现场；

（四）投标人编制投标文件；

（五）投标人在招标文件确定的提交投标文件截止时间前，将投标文件送达投标地点；

（六）招标人主持开标；

（七）由招标人依法组建的评标委员会评标；

（八）中标人确定后，招标人向中标人发出中标通知书，并同时将中标结果通知所有未中标的投标人。

第十一条 招标应符合《中华人民共和国招标投标法》有关规定及下列要求：

（一）市政府委托市规划局为户外广告设施设置阵地使用权招标出让的招标人；

（二）投标人必须是具有《广告经营许可证》的广告经营单位；

（三）招标公告或投标邀请书应于投标截止之日２０日前发出。

招标文件应当包括所招标地段户外广告设施设置阵地规划要求、设计要点、也让年限、对投标人资格审查的标准、投标报价要求和评标标准等所有实质性要求和条件，以及需要说明的其他事项。

投标人少于 3 个的，应重新招标。

（四）开标应当在招标文件确定的提交投标文件截止时间的同一时间公开进行；开标地点应当为招标文件中预先确定的地点；开标应邀请所有投标人参加。

（五）评标委员会由市规划、市容环卫、工商、城建、市政、园林、公安等相关部门的代表、技术人员和城市规划、建筑设计、环境艺术、经济等方面的专家组成，成员人数为五人以上单数，其中技术人员和有关专家不得少于成员总数的三分之二。

（六）中标人由评标委员会投票确定，应为设置方案能够最大限度地满足招标文件中规定的各项综合评价标准和实质性要求，并经评审的投票价格最高者。招标文件要求中标人提交履约保证金的，中标人应当提交。

第十二条 现状已存在或已有详细设置方案的经营性户外广告设施设置阵地使用权，应当通过拍卖出让。拍卖可按道路、地段成批统一进行，亦可每处单独拍卖。

第十三条 实施户外广告设施设置阵地使用权拍卖，按照《中华人民共和国拍卖法》规定的程序执行：

（一）委托人委托拍卖人（合法的拍卖企业）进行户外广告设施设置阵地使用权拍卖，双方签订书面委托拍卖合同；

（二）委托人、拍卖人编制拍卖公告；

（三）竞买人报名并索取有关拍卖文件；

（四）拍卖人组织竞买人进行现场踏勘或参观展

示；

（五）竞买人提出竞买申请，须提交经市规划局审查的竞买人资格证明文件；

（六）竞买入须交纳履约保证金；

（七）在约定的时间、地点按程序公开拍卖；

（八）拍卖成交后，买受人和拍卖人签署成交确认书。

第十四条 拍卖应符合《中华人民共和国拍卖法》有关规定及下列要求：

（一）市政府委托市规划局为户外广告设施设置阵地使用权拍卖出让的委托人；

（二）《委托拍卖合同》中有关拍卖标的情况、各方权利与义务等内容的条款由市规划局会同相关单位及业主单位确定；

（三）拍卖公告应于拍卖日7日前发出，并到市工商部门备案。

拍卖公告应法载明所拍卖的户外广告设施设置阵地使用权情况、出让年限、拍卖的时间和地点、现场踏勘或参观展示时间、参与竞买应当办理的手续、有关各方的权利义务，以及需要公告的其他事项。

（四）拍卖师应法于拍卖前宣布拍卖规则和注意事项。

拍卖标的无保留价的，拍卖师应当在拍买前予以说明。拍卖标的有保留价的，竞买人的最高应价未达到保留价时，该应价不发生效力，拍卖师应当停止拍卖标的拍卖。

买受人应为最高应价的竞买人。

拍卖人进行拍卖时，应当制作拍卖笔录。拍卖笔录应当有拍卖师、记录人签名；拍卖成交的，还应当由买受人签名。

第十五条 市政府委托市规划局为店堂牌匾广告、软件广告设施设置阵地使用权协议出让的出让方。

符合设置阵地使用权协议出让范围的户外广告设施，当事人凭工商行政管理部门批准的户外广告登记证向规划部门申请，规划部门同意的，发给横幅、条幅、牌匾广告《建设工程规划许可证》。

户外广告设施设置阵地使用权协议出让的具体项目和详细情况，市规划局均应公开接受社会查询，不得隐瞒，对于书面提出的质询意见，应予以书面答复。

户外广告设施设置阵地使用权协议出让的出让金标准、收取办法、减免规定由市规划局定期制定和调整，经市人民政府批准后执行。

第十六条 《户外广告设施设置阵地使用合同》采用格式合同，示范文本由市规划局、工商局组织有关部门制定。合同文本应作为招标、拍卖的必备文件，事先提供给投标人、竞买人。

招标出让的中标人、拍卖出让的买受人应于中标、成交１０日内，持中标通知书、成交确认书与市规划局及相关单位签订《户外广告设施设置阵地使用合同》，并于合同签订之日起三日内支付全部价款，逾期未支付的招标人、拍卖人有权要求解除合同，并请求违约赔偿，中标人、买受人应当在签订使用合同并支付全部价款后，十日内到市规划局办理户外广告《建设工程规划许可证》，市工商局凭《建设工程规划许可证》办理广告发布手续；逾期未发布的，按合同要求承担违约责任。

竞买人参加拍卖未成交的，履约保证金在拍卖结束后七日内退还；拍卖成交的，履约保证金用于抵冲成交价款。

第十七条 户外广告阵地有偿使用所得收益，在扣除招标、拍卖过程中规定的佣金后，全额上缴市财政，按照收支两条线的原则，专门用于城市规划和户外广告管理。

第十八条 户外广告设施设置阵地使用权招标、拍卖使用期限再招标、拍卖文件及《户外广告设施设置阵地使用合同》中规定，一般不得超过三年。

户外广告设施设置阵地使用权期满，应重新招标、拍卖、同等条件下，原使用者优先获得使用权。

户外广告设施设置阵地使用权期满，广告设施应当自行拆除，仍有使用价值的，原使用者通过招标、拍卖取得下期使用权时可保留使用。原使用者未取得下期使用权者应自行拆除；逾期不拆者，由市规划部门强制执行。

协议出让的户外广告设施阵地使用权，使用期限为一年。使用权期满要求继续使用的应提前一个月到太原市规划局办理延期手续。

第十九条 参与有偿使用的各方有违法动作的，以及有关人员在有偿使用过程中徇私舞弊的，按照有关法律、法规、规章的规定处理。

招标、拍卖成交后，中标人、买受人反悔 不签订使用权合同或逾期未缴付招标、拍卖价款的，履约保证金

不予退回，上缴财政。

采取欺骗、恶意串通等手段和违反本办法规定而取得的使用权无效，并依照《中华人民共和国招标投标法》和《中华人民共和国拍卖法》的规定进行处罚。

违反本办法有关规定有下列行为之一的，由城市规划行政管理部门责令其限期拆除或者没收其违法设置的设施；对拒不拆除或者拒不缴回继续使用的；依法强制拆除；

（一）对已确定招标、拍卖范围内的户外广告阵地，未取得《建筑工程规划许可证》擅自设置的。

（二）凡属本办法第四条招标、拍卖范围内的广告设施设置阵地的现有户外广告在规定期限内或户外广告位置招标、拍卖使用期满后，拒不缴回继续使用的；

（三）中标人、买受人取得户外广告阵地使用权后，未经市规划局审批同意，擅自变更转让的。

第二十条 参与户外广告设施设置阵地有偿使用的工作人员，应当严守纪律、秉公办事。对滥用职权，徇私舞弊，有下列行为之一的由市规划、工商、市容、城建、市政、园林、公安等部门依法追究有关人员的行政责任：

（一）对已确定招标、拍卖范围内的户外广告设施设置阵地，擅自审批或使用的；

（二）已招标中标或拍卖成交，阻止中标人、买受人使用的；

（三）擅自收取其他费用的；

构成犯罪的依法追究刑事责任。

第二十一条 本办法应用中的具体问题由市政府法制办公室负责解释。

第二十二条 本办法自2002年6月1日起施行。

呼和浩特

呼和浩特市城市概览

人口（万人）:总人口213.9，男111.2，女102.7

国内生产总值（亿元）:406.1,增长24.9%

三次产业占GDP的比重（%）：第一2.58，第二40.02，第三57.39

投资（亿元）：206，增长42.1%

消费（亿元）：123，增长15.49%

年末实有铺装道路面积（万平方米）：979

年末实有公共营运汽电车（辆）：603

年末实用出租汽车（辆）：3960

支柱产业：乳业、电子信息业和电力工业、纺织、机械、食品、建材等

呼和浩特市户外广告设置经营管理办法

（经2003年7月1日市人民政府第71次常务会议讨论通过，呼和浩特市人民政府令 第26号广告设置经营管理于2003年7月9日发布）

第一条 为了规范户外广告设施的设置和管理，美化市容景观，培育公开、公平、公正的户外广告市场，有效配置城市户外广告资源，促进经济发展，根据《中华人民共和国城市规划法》、《中华人民共和国广告法》、《呼和浩特市户外广告条例》和《呼和浩特市市容环境卫生管理条例》等法律、法规的规定，结合本市实际，制定本办法。

第二条　　在本市城区规划区范围内户外广告设施的设置、经营和管理适用本办法。

第三条　　本办法所称的户外广告设施，是指经营性和非经营性户外广告设施,包括：

（一）利用公共、自有或者他人所有的建筑物、构筑物、场地、道路等（下称设施载体）占用城市空间设置的招牌、灯箱、霓虹灯、电子显示屏（牌）、公益广告牌、路牌、宣传栏（画）、站牌、牌匾、指示牌、画廊、实物造型等构筑设施；

（二）利用公共、自有或者他人所有的设置载体设置的临时性彩旗、条幅、气球等其他设施。

第四条 本办法所称的户外广告设施按设置方式包括：

（一）独立支撑式：指利用城市各类土地、用支架或支座直接设置的广告，如带支架的广告牌（包括擎天柱广告牌），灯箱、独立的广告招贴栏（柱）和电子显示屏、实体广告等；

（二）拴系式：指用拴拉方式附着于设置载体上的广告。如气球、布幅等；

（三）吊挂附着式：指以连接固定装置放置、吊装或悬挂于设置载体上的广告。如墙面牌匾、建筑标牌、电子显示屏、悬挑广告、楼顶广告、檐下悬挂广告、道旗等；

（四）粘贴式：指以粘贴方式附着在设置载体上的广告。如各种告示、招贴、标语等；

（五）镶绘式：指镶嵌、绘制、粉刷在设置载体上的广告。如壁画广告、嵌入式电子屏、浮雕式建筑广告等；

（六）其他利用新型材料或科技措施设置的广告。如激光束、光照图案等。

第五条 市规划行政主管部门是本市户外广告设施设置规划的主管部门，负责根据城市特定功能布局、用地性

质特点和地形地貌特征，分析人口密度、活动频率和分布情况并结合城市夜景效果，确定城市的总体广告布局，明确广告特色分区，制定城市户外广告详细规划或规划导责。

第六条 独立支撑户外广告设施设置由市规划行政主管部门审批。

栓系式、吊挂附着式、粘贴式、镶绘式和其他类户外广告设施设置由市市容行政主管部门按照户外广告设置详细规划或规划导则结合市容市貌专业规划和标准审批。

第七条 市规划、市容行政主管部门应当自受理户外广告设施设置申请材料之日起10个工作日内作出批复。

第八条 市市容行政主管部门负责户外广告设施的市容市貌审批和日常管理工作。负责取缔无许可手续或手续到期的户外广告设施。

市市容行政主管部门根据工作需要，可委托市各区市容管理部门从事户外广告设施管理工作。

第九条 本市实行经营性户外广告设施设置权和经营权有偿使用制度、有偿使用采用招标、拍卖和协议转让3中形式。

第十条 本市实行经营性户外广告设施设置权和经营权授权市城发投资经营有限责任公司经营。

经营性户外广告设置权和经营权有偿使用，遵守规范市场运作的原则，严格执行《中华人民共和国拍卖法》、《中华人民共和国招投标法》等法律、法规的规定。

经营性户外广告设施有偿使用办法由市城发投资经营有限责任公司按照本办法规定，有偿使用办法和出让计划须报市政府法制办公室和市规划或市容行政主管部门备案。

第十一条 经营性户外广告有偿使用所得收益的用途为：

（一）支付招标、拍卖过程中所必须的佣金；

（二）城市基础建设；

（三）城市户外广告规划的制定和完善；

（四）户外广告管理。

第十二条 经营性户外广告设施设置申请由市城发投资经营有限公司提出，经市规划或市容行政主管部门批准后，按照有关规定出让设置权和经营权。经营户外广告设施设置和经营单位凭取得户外广告设施设置权和经营权的证明材料（中标通知书、拍卖成交确认书、转让协议书之一）到市规划或市容行政主管部门办理设置许可变更手续。市规划和市容行政主管部门不在直接审批经营性户外广告设施的设置。

设置非经营性户外广告设施，应当向市规划或市容行政主管部门办理设置许可手续。

申请经营性和非经营性户外广告设施设置均需提供以下材料：

（一）填写申请审批表；

（二）营业执照或单位证明；

（三）户外广告设施设置载体使用权证明文件或设置载体使用协议书；

（四）户外广告设施设计图、效果图三份；

（五）1：500地形图一份（独立支撑式类户外广告设施提供）。

第十三条 凡从事户外广告经营业务的单位，须到市工商行政主管部门领取《广告经营许可证》后方可从事户外广告经营业务。

单位、个体工商户利用自有的设置载体设置发布自己的名称、产品、服务或经营项目等内容的户外广告（包括店堂牌匾广告），广告内容须经工商行政管理部门审核同意后，到市市容行政主管部门办理户外广告设施审批手续。并需按价格行政主管部门核定的标准交纳城市空间使用费。

第十四条 有下列情形之一的，不得设置户外广告设施：

（一）影响市政公共设施、交通安全设施、交通标志使用的；

（二）妨碍生产或者人民生活、影响交通道路畅通、损害市容市貌和建筑物形象的；

（三）在国家机关办公楼、文物保护单位、纪念性建筑物和风景点的建筑控制地带设置的；

（四）利用行道树、古树名木或损毁绿地的；

（五）利用违法建筑物、危房及其他可能危及公共安全的建筑物和设施的；

（六）利用道路灯杆（柱）和其他物体设置过街商业性宣传横幅的；

（七）市人民政府禁止设置户外广告的其他情形。

第十五条 设置户外广告设施应当按照批准的用途、

地点、时间、规格、设计图、效果图实施，不得擅自变更，否则视为无审批许可手续；却需变更的，应当按照审批申请设立的审批程序办理变更审批手续。

第十六条 经批准设置的户外广告设施，设置权和经营权不得擅自转让；确需转让的，设置人应向原审批部门提出申请，重新办理审批手续。

第十七条 户外广告设施的设置期限一般不超过3年，电子显示牌（屏）一般不超过6年。期满需延长设置的，设置人应当于到期之日前30日内向原审批机关申请办理延长手续。延期审批按照新设置审批方式进行。

公开出让的户外广告设施使用期限按照出让协议约定的内容出让协议约定的内容执行。

户外广告设施设置期满后，设置人应当自行拆除。

举办大型文化、体育、公益活动或者举行各类商品交易会、展销会等活动，需设置临时性户外广告设施的，应经市市容行政主管部门批准，并于活动结束后7日内自行拆除。

户外广告设施应当自审核批准之日起6个月内设置，逾期未设置的，其审批许可手续即行失效。

第十八条 户外广告设施设置人应当保护户外广告设施的整洁、完好、及时维护、更新，并定期对户外广告设施进行安全检查，采取安全防范措施。

有灯光照明设施的广告牌、霓虹灯等设施，应当在规定时段内开启灯光照明设施。

阅报栏应当每日更新报纸，公益宣传栏（牌）应当定期更新内容。

户外广告设施空置期间，应当无偿发布公益广告。

第十九条 户外广告设施批准期间，因城市建设的需要，经市政府批准虚拆除的户外广告设施，由市市容行政主管部门书面通知设置人拆除，受益单位应当对设置人给予合理补偿或异地设置；逾期拒不拆除的，由此引发的经济损失由设置人承担。

第二十条 在经营户外广告设施批准设置期内，每300天应有15天发布公益广告，发布方式可以是：

（一）分阶段或集中时段自行发布；

（二）按照价格行政主管部门的指导价，将公益广告发布费用交市城发投资经营有限责任公司，曰该公司代为发布。

户外广告经营业务单位未按照上述规定发布公益广告的，取消其经营性户外广告设施设置权和经营权新项目的投标资格。

第二十一条 市市容行政主管部门应当定期对户外广告设施进行检查，发现没有达到维护要求的，应当书面责令设置人限期改正。

第二十二条 负有户外广告审核、监督、管理职能的行政机关，不得以任何形式从事户外广告经营或者接受广告经营单位的挂靠。

第二十三条 本办法颁布之前，市规划部门批准设置的经营性户外广告设施设置许可仍然有效，但不再办理延期设置手续。

第二十四条 在户外广告设置、经营、管理过程中，违反其它有关规定的，由有关行政管理部门依法予以处罚。

第二十五条 在户外广告设施发生倒塌、坠落等事故，造成他人人身或者财产损失的，设置人或使用人应当承担民事赔偿责任。

第二十六条 拒绝、阻碍有关行政管理人员执行公务，违反《中华人民共和国治安管理处罚条例》的，由公安机关依法处罚；情节严重，构成犯罪的，依法追究刑事责任。

第二十七条 有关行政管理人员应当遵纪守法，秉公执法。对玩忽职守、滥用职权、徇私舞弊，尚未构成犯罪的，给予行政处分；构成犯罪的，依法追究刑事责任。

第二十八条 当事人对有关行政主管部门作出的具体行政行为不服的，可以在《中华人民共和国行政复议法》和《中华人民共和国行政诉讼法》规定的期限内依法申请行政复议或者提起行政诉讼。

第二十九条 市属旗县户外广告设施设置的规划和管理，可参照本办法执行，或结合本地实际作出相应规定。

第三十条 本办法由市政府法制办公室负责解释。

第三十一条 本办法自2003年8月10日起执行。

西南地区

西南地区区域概览

西南地区包括长江上游的经济中心重庆以及成都、昆明、贵阳和南宁。

重庆是一个大城市与大农村的结合体，重庆两江通衢，交通便利，是西南地区的物资集散地和长江上游最具活力的商贸中心。已初步建立起面向全国、联动长江、辐射西南、层次清晰、结构紧密，由传统商业向现代商业发展的消费品市场体系。重庆是综合性的老工业城市，工业轻重并举，门类齐全，制造业发达，是全国重要的生产基地。重庆以主城区为依托，各区、县（自治县、市）形如众星拱月，构成了大、中、小城市有机结合的组团式、网络化的现代城市群，是中国目前行政辖区最大、人口最多、管理行政单元最多的特大型城市。

成都位于宝成、成渝、成昆、成达铁路交汇处，是西南最大的客货运输枢纽，成都是全国公路密度最大的地区之一，交通建设成效显著，交通网络迅速便捷。基本形成环状加放射的城市交通网络。目前成都市的城市布局是呈放射加环状的道路结构，中心城划分为3个区：一环路内为市中心区，面积为28平方公里；一环路与三环路之间为主城区，面积为128平方公里；主城区以外至外环路为环城区，面积为442平方公里。未来的成都的城市布局将逐步由现在的密集“圈层式”发展为疏密结合的“扇叶式”布局。

昆明是中国历史文化名城，著名旅游风景区，面积21111平方公里，辖五区一市八县，是中国西南经济发展和对外开放的重要中心城市。南宁地理位置优越，处于我国华南、西南和东南亚经济圈的结合部，是环北部湾沿岸的重要经济中心。面向东南亚、背靠大西南，东邻粤港澳琼、西接印度半岛，具有得天独厚的区位优势和地缘优势，是华南沿海和西南腹地两大经济区的结合部以及东南亚经济圈的连接点，是新崛起的大西南出海通道枢纽城市。

南宁市对广西沿海城市发挥着中心城市的依托作用，对华南、西南经济圈发挥着枢纽城市的连接作用，对东南亚各国发挥着中国前沿城市的开放作用。贵阳是一座内陆高原山城，是贵州的重要工业基地。贵阳不仅是全省公路交通运输的中心，也是西南地区的交通运输枢纽。

重庆

重庆市城市概览

人口（万人）：总人口3130.1，男1631.6，女1498.5

国内生产总值（亿元）:2250.11，增长11.4%

三次产业占GDP的比重（%）：第一7.78，第二52.08，第三40.14

投资（亿元）：1269.35，增长27.5%

消费（亿元）：835.53，增长9.5%

年末实有铺装道路面积（万平方米）：4281

年末实有公共营运汽电车（辆）：4988

年末实用出租汽车（辆）：16143

支柱产业：汽车摩托车、化工医药、建筑建材、食品、旅游。

重庆市户外广告管理条例

（1998年3月28日经重庆市第一届人民代表大会常务委员会第八次会议通过，1998年3月28日公布，自1998年7月1日起施行。原《重庆市户外广告管理条例》在重庆市辖区停止使用）

第一章 总则

第一条 为了促进户外广告发展，加强户外广告管理，引导消费，美化城市，维护社会经济秩序，根据《中华人民共和国广告法》等法律、法规的规定，结合本市实际，制定本条例。

第二条 凡在本市行政区域内从事户外广告活动的单位和个人，应遵守本条例。

第三条 本条例所称户外广告，是指直接或间接地介绍商品或服务的下列广告；

（一）定着于建（构）筑物外部或道路、交通设施上的广告牌、霓虹灯、电子显示屏、电子翻板装置、灯箱、实物模型、布幅、招牌以及张贴广告；

（二）利用车、船等交通工具外部设置、绘制、张贴的广告；

（三）飞艇、气球等升空器具悬挂、绘制的广告；

（四）其他利用户外空间设置的广告。

第四条 户外广告内容应当真实、健康、合法，有利于精神文明建设，不得以任何形式欺骗用户和消费者，贬低其他经营者的商品服务。

设置户外广告，应当遵循安全、美观的原则，不得影响公共设施的功能，不得妨碍交通、消防通道，不得损害市容、市貌。户外广告文字运用应当规范。

第五条 依法批准设置的户外广告，任何单位和个人不得非法侵害。

第六条 市和区、县（市）工商行政管理部门是户外广告的主管部门。

市市政行政主管部门等有关部门按照各自职能实施监督管理。

第二章 场地和设施

第七条 户外广告的设置规划，由县级以上人民政府组织户外广告主管部门和市政管理、环境保护、公安等有关部门制定。户外广告主管部门负责规划的监督实施。

第八条 单位和个人可以依法利用、提供自有或其经营管理的场地和设施，设置户外广告。本条例第十二条禁止设置的除外。

第九条 市政等公共场地、设施的管理者可以出租公共场地、设施或者公开拍卖场地、设施使用权，以设置户外广告。出租或拍卖场地、设施，应当向使用权人出具市财政局统一制发的行政事业性收费收据，其收入全额上缴同级财政，用于市政等公共设施的维护和投入。

第十条 户外广告场地、设施的所有者或管理者及广告经营者，可以按照设置规划的统一要求建造广告专用设施，为设置户外广告服务。

第十一条 区、县（市）城区繁华地段、较大的车站、广场、居民区等公共场所，应当设置广告张贴栏。

广告张贴栏是由户外广告主管部门负责建造，有关单位应当协助。

第十二条 下列场地和设施，禁止设置户外广告：

（一）交通标志和交通安全设施；

（二）交通转盘花坛、道路防护绿地、公共绿地内；

（三）国家机关、文物保护单位和名胜风景点的建筑控制地带；

（四）市和区、县（市）人民政府禁止设置户外广告的设施或区域。

第十三条 禁止在行道树上设置户外广告。

第三章 设置审批

第十四条 设置户外广告，应当经户外广告主管部门批准。未经批准不得设置。

第十五条 户外广告的设置按下列程序审批：

（一）面积五十平方米以上的大型户外广告和在市政设施上设置的户外广告，经市市政行政主管部门审查同意后，报户外广告主管部门批准；

（二）在重庆江北机场、重庆火车站、朝天门地区等本市重要窗口地段设置大型户外广告，经市市政行政主管部门同意后，报市户外广告主管部门批准；

（三）因重大节日、庆典或商品交易会等大型商务活动在主干道两侧设置使用期十日内的户外广告，经区、县（市）城市建设行政管理部门或市政行政主管部门审查同意后，报户外广告主管部门批准；

（四）除设置本条第（一）、（二）、（三）项规定外的其他户外广告，直接报户外广告主管部门审批。

法律、法规另有规定的，从其规定。

第十六条 申请设置户外广告，应当向户外广告主管部门提交下列文件和资料：

（一）申请书；

（二）场地、设施使用权证明和广告合同；

（三）设计图；

（四）证明内容真实、合法的文件；

（五）依法提交的有关部门的同意文件。

第十七条 户外广告主管部门应当对户外广告经营者或发布者的资格、户外广告内容、文字运用以及是否符合户外广告总体设置规划等进行审查。

户外广告主管部门自收到前条所列文件和资料之日起十五日内应当作出批准或不予批准的书面决定。

第十八条 依照本条例第十五条规定，市市政行政主管部门负责对户外广告是否影响市政设施的功能、安全和是否损害市容市貌进行审查。市市政行政主管部门自收到户外广告设置申请之日起七日内，应当作出同意或不同意的书面答复。

第四章 设置准则

第十九条 设置户外广告应当符合设置规划，按照批准的内容、形式、规格、地点和时限设置，不得擅自改变。

户外广告应当标明批准文号、设置者、使用期。

第二十条 设置者设置户外广告，应当安装牢固，保持完整、美观，并负责保洁和维护。

第二十一条 广告主、广告经营者、广告发布者应不断提高制作水平，鼓励使用新材料、新工艺、新技术。

第二十二条 户外广告框架、支撑物和其他附属设施临时空置、有碍观瞻的，应当予以装饰和遮隐，不得损害市容市貌。

第二十三条 户外广告批准使用期满，设置者应当自行拆除。需要延长的，应当在批准使用期满前十五日内向原审批部门办理延期手续。

第二十四条 禁止乱涂写、乱张贴户广告。

张贴户外广告，应经户外广告主管部门批准后，贴入张贴栏内，其保留期不得超过十日。在核准的保留期内，任何单位和个人不得覆盖、撕毁、涂改。

第五章 法律责任

第二十五条 违反《中华人民共和国广告法》及本条例规定，发布虚假户外广告，欺骗和误导消费者或贬低其他生产经营者的商品和服务的，应当承担法律责任。

第二十六条 有下列行为之一的，由户外广告主管部门视情节轻重，分别予以处罚：

（一）未经批准，擅自设置户外广告的，责令限期拆除，并处一千元以上一万元以下罚款；逾期不拆除的，强制拆除；

（二）未标明批准文号、设置者、使用期限的，责令限期标明。逾期仍未标明的，处二百元以上五百元以下罚款；

（三）擅自改变核准的户外广告内容、形式、规格的，责令限期改正，并处三千元以下罚款；逾期不改正的，强制拆除；

（四）户外广告设置的批准使用期满，未办理延期手续的，责令限期补办手续；逾期不办理的，按本条（一）项规定处罚；

（五）未经批准，将广告贴入张贴栏内的，责令限期清除，并处五十元以下罚款；在张贴栏内覆盖、撕毁、涂改他人有效保留期内广告的，处二百元以下罚款。

第二十七条 有下列行为之一的，由市市政行政主管部门或户外广告主管部门视情节轻重，予以处罚：

（一）广告专用设施不符合设置规划要求的，责令限期改正；逾期不改正的，强制拆除，并处五百元以上五千元以下罚款；

（二）空置户外广告框架、支撑物或其他附属设施有碍观瞻，不予装饰和遮隐的，责令限期改正；逾期不改正的，强制拆除，并处二百元以上一千元以下罚款；

（三）户外广告残缺、污秽、破损、脱色和散塌的，责令限期改正；逾期不改正的，强制拆除，并处一百元以上一千元以下罚款；

（四）在禁止设置户外广告的区域或设施上设置户外广告的，强制拆除，并处五百元以上五千元以下罚款。

对都有权查处的案件，按照谁先立案谁查处的原则办理；对同一违法行为，不得重复处罚。

第二十八条 有下列行为之一的，由市市政行政主管部门视情节轻重，分别予以处罚：

（一）乱涂写或在张贴栏外张贴户外广告的，责令予以清除，并处五十元以上二百元以下罚款；

（二）在行道树上设置户外广告的，强制拆除，并处五百元以下罚款。

第二十九条 由于设置者的过错，导致户外广告或广告专用设施坠落、倒塌等，造成他人损害的，设置者应当依法承担民事责任。

第三十条 依据本条例实施的行政处罚，其执行按照有关法律、法规的规定办理。

在本条例第二十六条、第二十七条、第二十八条各项规定中，涉及强制拆除的，其费用由设置者承担。

第三十一条 因户外广告审查、审批部门的违法审查、审批，致使户外广告被拆除，并造成经济损失的，有关审查、审批部门应当依法赔偿。

户外广告审查、审批部门及其工作人员利用职权，徇私舞弊、贪污受贿和失职、渎职，由有关机关予以查处；构成犯罪的，应依法追究刑事责任。

第三十二条 管理相对人对户外广告主管部门、市市政行政主管等部门就设置和张贴户外广告的申请所作出的决定，以及行政处罚不服的，可以依法申请复议，也可以向人民法院起诉。

第六章 附则

第三十三条 车站、港口、机场、体育场馆、影剧院及其他公共场所内设置广告，适用本条例。

第三十四条 本条例具体应用中的问题，由重庆市工商行政管理局负责解释。

第三十五条 本条例自1998年7月1日起施行。

成都

成都市城市概览

人口（万人）：总人口1044.3，男531.8万人，女512.5万人。

国内生产总值（亿元）:1870.8，增长13%

三次产业占GDP的比重（%）：第一4.05，第二45.26，第三50.69

投资（亿元）：863，增长22.9%

消费（亿元）：771.5，增长13%

年末实有铺装道路面积（万平方米）：4602

年末实有公共营运汽电车（辆）：4052

年末实用出租汽车（辆）：8803

支柱产业：水电、电子信息、机械冶金、旅游、医药化工、饮料食品等

成都市城市户外广告和招牌设置管理暂行规定

（2003年3月29日成都市人民政府第96次常务会议审议通过，2003年4月28日成都市人民政府令第96号公布）

第一章 总则

第一条 为规范户外广告及招牌的设置规划和管理，根据《中华人民共和国广告法》、《中华人民共和国城市规划法》和国务院《城市市容和环境卫生管理条例》等法律法规，结合成都市实际，制定本规定。

第二条 本规定适用于本市外环路（含外环路以外500米）以内区域和机场高速路设置户外广告和招牌及其相关活动的管理。

第三条 本规定所称户外广告设置，是指在道路、广场、绿地、机场、车站、码头、水域等公共场所和建（构）筑物上，利用文字、图象、实物造型、气体填充物等表达方式，设置、张贴、悬挂户外广告的行为。

本规定所称招牌设置，是指在经营（办公）地建（构）筑物或其设施上设置用于表示名称的标牌、标志、灯箱、霓虹灯、字体符号的行为。

第四条 设置户外广告和招牌应当服从城市规划，符合美化城市的要求，不得影响城市景观。

第五条 市市容环境行政主管部门负责本市户外广告和招牌设置的监督管理工作。规划、工商、建设、交通、旅游、园林、市政公用、城管行政执法等有关部门应当按各自职责协同实施本规定。

第二章 户外广告设置规划

第六条 市规划行政主管部门应当会同市市容、工商、交通等有关部门编制户外广告设置规划，经市人民政府批准后组织实施。

户外广告设置规划应当划分设置区和禁止设置区。在禁止设置区内，不得设置任何形式的户外广告。

第七条 在户外广告设置区内有下列情形之一的，不得设置户外广告：

（一）国家机关、军事机关和文物保护单位、名胜风景点的建筑控制地带；

（二）利用交通安全设施、交通标志的；

（三）影响市政公共设施、交通安全设施、交通标志使用的；

（四）妨碍生产或者人民生活的；

（五）可能危及建（构）筑物安全的；

（六）利用行道树或者损毁绿地的；

（七）损害市容市貌的。

第八条 设置户外广告，应当符合下列规定：

（一）户外广告设施的设计、制作和安装，应当符合相应的技术、质量标准；

（二）不影响相邻单位或住户的通风、采光；

（三）伸出式户外广告牌，外挑距离不超过3米，且不超过道路红线，底边距地面的净空高度不小于3米，高度不超过建筑屋顶；

（四）设置屋顶广告，高度不超过6米，宽度不超出建筑两侧墙面；

（五）设置柱式广告塔，机场高速公路单侧间距不小于800米，其他进出城道路单侧间距不小于1000米。除机场高速公路外，三环路以内（不含三环路）不得设置柱式广告塔；

（六）按规定配置夜景光源，但其灯饰设施不得与道路交通标志、信号相近似。

第三章 户外广告设施设置管理

第九条 设置户外广告应当取得户外广告空间资源占用权。

户外广告空间资源实行政府特许经营。户外广告空间资源占用权原则上通过拍卖方式取得，具体办法由市市容环境行政主管部门另行拟订，报市人民政府批准后施行。

第十条 设置屋顶广告设施或者以发布广告为目的建设构筑物的，应当取得市规划行政主管部门核发的户外广告设施《建设工程规划许可证》。

申请人申领《建设工程规划许可证》应当向市规划行政主管部门提交下列文件：

（一）户外广告设施设置申请表；

（二）户外广告空间资源占用权证明；

（三）户外广告设施施工图；

（四）户外广告设施临街立面渲染图；

（五）规划行政主管部门要求出具的其他文件。

第十一条 市规划行政主管部门应当自接到申请之日起10个工作日内对申请人的申请进行审查。对符合设置条件的，核发户外广告设施《建设工程规划许可证》，并抄送市市容环境行政主管部门备案；对不符合条件的，应当书面说明理由。

申请人申领《建设工程规划许可证》应当按规定缴纳报建费。

第十二条 户外广告设施应当按批准的位置、形式、规格进行设置，不得擅自更改；确需更改的，应当在批准后30日内按申请设置程序办理变更手续。

第十三条 户外广告设施建设竣工后，必须进行验收，并在验收合格后15日内将验收资料报市规划行政主管部门备案。

第十四条 户外广告设施建成后，设置者可以自己使用，也可以通过出租、有偿出让等方式依法转让使用权，但法规、规章禁止转让的除外；依法转让的，受让人应当在受让后30日内到市规划行政主管部门备案。

经验收合格的户外广告设施闲置时间不得超过5日，闲置期间应当以公益广告进行覆盖。

在户外广告设施上设置户外广告，必须按本规定第四章要求，取得《户外广告设置登记证》。

第十五条 户外广告设施的设置期限不超过3年；期满后需延期设置的，应当在到期之日前30日内重新申请。

第四章 户外广告设置管理

第十六条 申请设置户外广告，申请人应当向市市容环境管理部门提交下列文件：

（一）申请书；

（二）户外广告设计图、效果图或模型；

（三）户外广告制作说明，设施的安全维护措施；

（四）户外广告空间资源占用权证明或者户外广告设施《建设工程规划许可证》；

（五）与经营户外广告业务有关的其他文件。

第十七条 市市容环境行政主管部门应当自接到申请之日起3个工作日内，征求交通、园林、市政公用等有关部门的意见，有关部门应当在5个工作日内提出意见。逾期未反馈意见的，视为同意。

市市容环境行政主管部门应当在收到有关部门意见后7个工作日内进行审核，对符合设置条件的，核发《户外广告设置登记证》；对不符合设置条件的，应当书面说明理由。

第十八条 申请人凭《户外广告设置登记证》到工商行政管理部门办理户外广告发布手续。

第十九条 因举办大型文化、宣传、体育、公益活动或者商品交易会、展销会等确需设置临时户外广告的，应当向市市容环境行政主管部门提出申请，经批准后，到市工商行政管理部门办理《临时性广告经营许可证》，并于批准设置期满后3日内自行拆除。

第二十条 依法设置的户外广告及设施，任何单位和个人不得非法占用、拆除、遮盖、涂改、损坏；因城市建设和管理确需拆除的，应当予以适当补偿。

第二十一条 户外广告的设置者，应当对户外广告及设施进行维护，确保其牢固安全、完好、整洁、美观；对残缺、破损，文字、图案不全，污渍明显的户外广告及其设施，应当及时修复、更换或拆除。

第五章 招牌设置管理

第二十二条 设置招牌，应当符合下列规定：

（一）不影响规划审批的建筑正常间距；

（二）不影响建筑采光、通风和消防等功能的正常使用；

（三）一个店铺只能设置一块招牌，多个单位共用一幢楼房的，可在建筑红线内主入口处设置招牌栏，集中设置招牌；

（四）临街底商型店铺在门楣上设置招牌，高度应控制在0.6米至1.5米之间，宽度不超出该店铺两侧墙面；

（五）伸出式招牌，外挑距离不超过3米，且不超出道路红线，底边距离地面净空不小于3米；高度不超出建筑屋顶；

（六）在建筑屋顶设置招牌，其高度不超过6米，宽度不超过主体建筑两侧墙面，面积不大于50平方米；

（七）招牌应当按规定配置夜景光源。

第二十三条 申请人申请设置招牌，应当向市市容环境行政主管部门提交下列文件：

（一）申请书；

（二）营业执照复印件或有权机关批准的名称证明；

（三）招牌的用字、制作规格、式样、材料和设置位置等说明文件。

第二十四条 市市容环境行政主管部门应当自接到申请之日起5个工作日内，对符合本规定要求的，予以核准设置；对不符合本规定要求的，应当书面说明理由。

第二十五条 需要变更招牌的设置位置、规格、形式的，应当按本规定第二十三条的规定办理变更手续。

经核准设置的招牌，设置者因歇业、解散或被注销的，应当停止使用招牌，并自行将其拆除。

第二十六条 招牌设置者应当保持招牌的清洁、美观、完好，保障使用安全；招牌破损、残缺、掉字的，应当及时更换、修复。

第二十七条 禁止占用城市道路、绿化带等城市市政基础设施设置招牌。不得将店名或单位名称直书于墙壁或以纸张、布幅悬挂、粘贴于墙壁。

第六章 法律责任

第二十八条 有下列行为之一的，责令限期拆除；逾期不拆除的，依法予以强制拆除，强制拆除所产生的费用由设置者承担：

（一）擅自设置户外广告的；

（二）户外广告设施设置期满，应当拆除而未拆除的；

（三）擅自设置招牌的。

第二十九条 有下列行为之一的，责令限期改正或者责令限期拆除，可以按以下规定并处罚款；逾期不改正或者不拆除的，依法予以强制拆除：

（一）擅自改变户外广告设置位置、形式、规格的，处以2000元以上1万元以下罚款；

（二）户外广告设施闲置期间，不以公益广告覆盖的，处500元以上5000元以下罚款；

（三）违法占用、拆除、遮盖、涂改或者损坏他人合法户外广告的，处1000元以上5000元以下罚款；

（四）未将户外广告设施竣工验收报告报送备案的，处500元以上5000元以下罚款；

（五）户外广告残缺、破损，文字、图案不全，污渍明显，不进行修复、更换或拆除的，处1000元以上5000元以下罚款；

（六）擅自变更招牌设置位置、规格、形式的，处1000元以上5000元以下罚款；

（七）招牌设置者违反本规定第二十六条、第二十七条规定的，处200元以上1000元以下罚款。

第三十条 本规定的行政处罚，已纳入本市城市管理相对集中行政处罚权范围的，由城市管理行政执法部门依据本规定实施。

第三十一条 户外广告或招牌倒塌、坠落造成他人伤害或财产损失的，设置者应当依法承担法律责任。

第三十二条 当事人对具体行政行为不服的，可以依法申请行政复议或者提起行政诉讼。

第三十三条 行政管理和行政执法人员玩忽职守、滥用职权、徇私舞弊的，按有关规定给予行政处分；构成犯罪的，依法追究刑事责任。

第七章 附则

第三十四条 其他区（市）县城镇户外广告和招牌设置管理，可参照本规定执行。

第三十五条 本规定由市人民政府法制办公室负责解释。

第三十六条 本规定自2003年6月1日起施行，本市过去制定的规章和行政文件与本规定不一致的，以本规定为准。

昆明

昆明市城市概览

人口（万人）：总人口500.8，男258.3，女242.5

国内生产总值（亿元）:812，增长10.3%

三次产业占GDP的比重（%）：第一2.33，第二47.62，第三50.06

投资（亿元）：360,增长23.3%

消费（亿元）：328.4，增长12.1%

年末实有铺装道路面积（万平方米）：1007

年末实有公共营运汽电车（辆）：3438

年末实用出租汽车（辆）：7739

支柱产业：商贸旅游、烟草及配套工业、机电、生物等

昆明市户外广告管理条例

(2002年11月15日昆明市第十一届人民代表大会常务委员会第十次会议修正，2002年11月29日云南省第九届人民代表大会常务委员会第三十一次会议批准修正)

第一章　总则

第一条　为加强户外广告管理，规范户外广告行为，促进户外广告健康发展，维护和改善市容市貌，发挥广告在社会主义市场经济中的积极作用，依据《中华人民共和国广告法》、国务院《广告管理条例》和《城市市容和环境卫生管理条例》等有关法律、法规，结合本市实际，制定本条例。

第二条　本条例所称户外广告包括：

（一）利用建筑物、空间设置或其它公共设施设置的路牌、霓虹灯、电子显示牌（屏）、灯箱、橱窗等广告；

（二）利用交通工具（包括各种水上漂浮物和空中飞行物）设置、绘制、张贴的广告；

（三）以其他形式在户外设置、绘制、悬挂、张贴、散发的广告。

第三条　凡在昆明市行政区域内发布、设置和散发户外广告的广告主、广告经营者和广告发布者，都必须遵守本条例。

第四条　户外广告的发布和设置，应当符合国家的法律、法规和本条例规定，不得影响城市市容市貌、绿化、风景名胜和损坏文物古迹；不得妨碍道路、交通、消防、供电、供气、供（排）水、通讯等市政基础设施的正常使用和人民正常生活秩序。

第五条　昆明市城市规划区内户外广告设置规划，以市城市管理部门为主，城市规划、工商行政管理、市政公用、公安交通等部门配合，依据《昆明市城市总体规划》和有关法规制定，经市人民政府同意后组织实施。在进行城市道路改建扩建和旧城改造时，应当将户外广告和公共广告栏的设置列入规划方案。

第六条　昆明市工商行政管理局负责本行政区域内的户外广告监督管理工作。本市各县（市）区工商行政管理局负责本县（市）区行政区域内户外广告的管理工作。

第七条　昆明市城市管理局负责昆明城市规划区内户外广告设施设置的监督管理工作。本市各县（市）区城市管理部门负责上述区域外、本辖区内户外广告设施设置的监督管理工作。昆明市和各县（市）、区人民政府的规划、市政、公安交通等部门按照各自职责，协同做好户外广告设施设置的管理工作。法律、法规另有规定的，从其规定。

第二章　发布准则

第八条　户外广告的发布，必须遵守下列规定：

（一）内容合法、真实、有效、文明、健康，不得欺骗和误导消费者；

（二）使用的中文和外国文字、汉语拼音、计量单位等，应当规范、准确；

（三）符合登记批准的地点、形式、规格、时间、内容。

第九条　下列情形或区域，不得设置、张贴户外广告：

（一）妨碍生产或者人民生活，损害市容市貌，影响绿化和环境卫生的；

（二）影响市政公用设施和其他公共基础设施安全使用手维修的；

（三）所用交通安全设施、交通标志或者影响其使用的；

（四）本市范围内县级以上国家机关、文物保护单位和名胜风景点的建设规划控制地带；

（五）昆明市城市总体规划和昆明市户外广告设置规划禁止发布广告的区域。

第十条　户外广告的设置，必须符合以下规定：

1.设计制作美观大方，并与周围环境协调；

2.设置安装的户外广告若有破损、陈旧、脱色等情况应及时翻新、更换、拆除；

3.设置安装应牢固安全，不得妨碍交通、通讯、电力、消防、道路照明或破坏其他公共设施及城市绿化，不得影响行人和住户安全；

4.在高压线、通讯线、电缆线、煤气和供排水管网、光纤等周围设置的，必须符合相关的技术规范；

5.在建筑物墙壁、道路上方、消防设施及其通道上空设置户外广告的，应当符合安全、技术规范，不得影响市容和安全；

6.霓虹灯、灯箱等广告，用电设施必须符合供电及消防部门的有关规范标准；

7.在立交桥、人行大桥上设置的，不得影响交通管理和行人安全。人行大桥上不得设置高出护栏的广告。

第十一条　经批准设置的户外广告（霓虹灯广告除外），必须在其右下角标明户外广告登记证和设施设置许可文号及广告发布者名称。

第三章 登记审批

第十二条　在本市从事户外广告的经营者，应向所在地县级以上工商行政管理机关申请登记，经审查同意后，取得户外广告经营权和《户外广告登记证》。未经工商行政管理机关登记，任何单位和个人不得发布户外广告。

第十三条　广告主需要进行户外广告宣传的，可以自行或者委托有广告经营权的经营者进行设计、制作、设置，并按法律、法规及规章的规定，提供有关证明文件，经登记核准后方可发布。需要在自有场地以内设置户外广告的，其内容必须与设置者注册登记的经营范围一致，并按照本条例第八条、第九条、第十条的规定，经登记批准后方可设置。

第十四条 广告主申请户外广告登记，必须具备下列条件：

（一）依法取得与申请事项相符的经营资格；

（二）拥有相应户外广告媒体的所有权、使用权；

（三）广告发布地点、形式、规格，应当符合昆明市城市总体规划和户外广告设置规划的要求。

第十五条 申请户外广告设置的，应当由广告主或者广告经营者填写申请表，并提交下列证明文件：

（一）营业执照；

（二）广告合同或经批准的设置意向书；

（三）场地租用协议或自有场地的产权证明；

（四）广告设置地点、空间涉及使用城市道路（桥）和市政公用设施的，应当附有关行政主管部门同意的文件；

（五）大型落地和楼顶广告架，应当附具备设计资格的单位出具的技术和安全保证资料。

第十六条 户外广告设施设置、发布，按下列程序办理：

（一）向城市管理部门提出户外广告设置书面申请；

（二）由城市管理部门分别征得规划、市政公用、公安交通等管理部门的审核意见，符合条件的，给予办理相关手续；

（三）向工商行政管理机关提出户外广告登记申请，符合条件的，由工商行政管理机关核发《户外广告登记证》。各审核部门在接到符合要求的申请文件和资料后，应当在七个工作日内做出同意或者不同意的书面决定，不同意的，应当说明理由。

第十七条 广告的发布内容，涉及烟草。药品、医疗器械、农药、兽药、食品、酒类、化妆品等特殊商品的，必须依照有关法律、法规，出具相应证明，经有关行政主管部门对广告内容进行审查批准后，方可登记发布。

第十八条 各类招生、培训、启事、行医等广告或印刷品，只能在指定的公共广告栏内张贴。禁止在公共广告栏以外的公共场所、建筑物、街道、院坝及树木、电杆、灯杆、信箱等张贴、绘制或散发印刷品广告。对利用各种通讯方式联络办假证的广告活动，由城市管理部门会同工商、公安及通信部门依法处理。

第十九条 公共广告栏的设置，由市城市管理部门依据户外广告设置规划负责。公共广告栏的具体管理办法由市人民政府另行规定。

第二十条 经批准登记设置的户外广告和公共广告栏，除因城市规划、建设和管理需要拆除外，禁止任何单位和个人非法占用、拆除、覆盖或损坏。

第二十一条 机关、团体、企事业单位及公民，发现未经登记批准的户外广告，有权向工商行政管理机关举报，并由工商行政管理机关按照本条例的规定处理。

第二十二条 在机动车辆上做商业广告的，应当经工商行政管理机关登记核准，并征求公安交通管理部门对机动车辆和交通安全管理方面的审核意见。未经核准，任何单位或个人不得擅自在机动车辆上作商业广告。

第二十三条 举办各类展销会、订货会、交易会和大型文化体育公益活动及开业庆典等，如需设置临时性户外广告的，必须经城市管理部门同意，向昆明市工商行政管理局申请登记，领取《临时性广告经营许可证》；登记发布期满后，应立即拆除、清理。

第二十四条 利用城市道路、桥梁和其他市政公用设施设置户外广告的，由主管部门按照国家和省政府规定的标准收取占用费。

第二十五条 不得利用行政权力和不正当竞争手段经营户外广告；不得越权和不按审批程序设置户外广告。

第四章 法律责任

第二十六条 违反本条例规定，有下列行为之一的，由工商行政管理机关视情节轻重，分别予以处罚：

（一）不遵守户外广告发布规定，违反广告发布准则、方式的，责令限期改正。逾期不改正的，依法强制拆除设置的广告，并处以五百元至五千元罚款；

（二）未经登记批准，擅自设置发布户外广告的，依法强制清除、拆除，没收非法所得，并处以五百元至五千元罚款；

（三）擅自改变登记的时间、地点、形式、内容、规格发布户外广告的，责令停止发布。情节严重的，注销其登记证，责令清除、拆除已设置的广告。逾期不拆除的，依法强制拆除，没收广告发布费，并可处以广告发布费一倍以上五倍以下的罚款。广告发布费无法计算的，可以处以一千元至五千元罚款；

（四）非法占用、拆除、覆盖、损坏经批准设置的户外广告，予以警告、责令恢复原状或者赔偿损失，并处以五百元至三千元罚款；

（五）除霓虹灯广告以外的户外广告，不标明广告发布登记证文号和经营者名称的，责令限期改正，并处以二百元至二千元罚款，逾期不改正的，注销其登记证；

（六）擅自在交通工具上作商业广告宣传的，责令限期更正，并处以五百元至五千元罚款；

（七）户外广告粗制滥造、破损、陈旧、脱色的，责令限期修整，逾期不修整的，注销其登记证并依法强制拆除。

第二十七条　擅自在公共场所、建筑物和其他设施上，散发、张贴、绘制广告，影响市容市貌的，由城市管理部门责令清除或依法强制清除，没收其广告品，并处以五百元至五千元罚款。

第二十八条　违反城市市容管理规定设置的户外广告，由城市管理部门责令限期清除、拆除或修整，在规定的期限内未予清除、拆除或修整的，城市管理部门可以依法强制清除或拆除，并可处五百元至五千元罚款。

第二十九条　越权审批设置的户外广告，由城市管理部门强行拆除，所造成的经济损失由责任单位或者责任人依法赔偿。

第三十条　工商行政管理机关和城市管理部门在查处违反本条例的行为时，对涉嫌违法的物品，有权采取扣留和封存措施。

第三十一条　设置户外广告，违反城市规划、道路交通等法律、法规，损害市政公用设施，妨碍交通和行人安全的，分别由规划、市政公用、公安交通等管理部门依据有关法律、法规进行处罚。

第三十二条　因户外广告倒塌、坠落造成财产损失或人身伤亡的，由广告设置者和有关责任单位承担民事责任。

第三十三条　当事人对处罚决定不服的，可依法申请行政复议，也可以向人民法院提起诉讼，当事人逾期不申请复议也不向人民法院起诉，又不履行处罚决定的，作出处罚决定的行政机关可以申请人民法院强制执行。

第三十四条　户外广告监督管理机关和户外广告设施设置的监督管理部门及其工作人员有下列行为之一的，由所在单位或上级主管部门责令改正，没收违法所得；情节严重的，给予行政处分；构成犯罪的，依法追究刑事责任：

（一）在户外广告监督管理工作中违反有关法律、法规的；

（二）不履行职责、玩忽职守，造成损失的；

（三）利用职权索取钱物，徇私舞弊，贪污受贿的；

（四）违反规定收费、罚款的。

第五章　附则

第三十五条　本条例自公布之日起施行。

昆明市户外广告设置管理办法

(昆明人民政府令第51号，2004年7月1日施行)

第一条

为加强我市户外广告设置管理，规范户外广告发布行为，根据《中华人民共和国广告法》、国务院《城市市容和环境卫生管理条例》、《云南省城市市容和环境卫生管理实施办法》和《昆明市户外广告管理条例》、《昆明市城市市容管理条例》，结合本市实际，制定本办法。

第二条

本办法所称户外广告的设置，是指利用公共场所、自有场所及其建筑物、构筑物的户外、空间及交通工具、城市道路和其它公共设施设置、张贴、绘制、悬挂各种形式的户外广告。

第三条

凡在昆明市行政区域内从事户外广告设置的广告主、广告经营者、广告发布者，都必须遵守本办法。

第四条

县(市)以上市容或城建、规划行政主管部门是所在地户外广告设置的审查和管理机关。昆明市市容行政管理部门是昆明市户外广告设置审查的行政主管部门，负责对昆明城市规划区内户外广告设置的地点、形式、规格、时间、安全要求等内容进行审批、监督和管理工作。

第五条

户外广告的设置，必须符合昆明城市总体规划要求，坚持统筹规划，合理布局，设置形式与街景协调、美化环境的原则，并遵守下列规定：

(一)设置的地点、形式、规格必须与街道、建筑物及周围环境相协调；

(二)户外广告设置应保持完好、整洁、美观、不得影响城市市容，若出现破损、陈旧、脱色等，应及时翻新、更换或拆除；

(三)不得擅自更改批准设置的地点、形式、规格、时间；

(四)设置安装应当牢固、安全，不得妨碍交通、通讯、电力、消防或其它公共设施和城市绿地；

(五)户外霓虹灯、灯箱等广告的设置、用电设施应符合供电及消防部门的有关规定；

(六)不得在立交桥、高架桥的桥面、桥墩、桥柱上设置户外广告，保持桥的外观造型及使用安全；

(七)城市人行天桥上设置的户外广告，不得影响交通和行人安全，其高度不得超出人行天桥护栏。

第六条

申请设置户外广告，必须先经工商行政管理部门审查是否具备户外广告经营、发布权，广告内容也必须先经工商行政管理部门审查同意并登记。

第七条

凡在盘龙、五华、西山、官渡四区内城市总体规划建成区设置户外广告的广告主、广告经营者、广告发布者，应当向昆明市市容行政主管部门提出申请，经市市容行政主管部门按照户外广告设置规划，会同有关行政主管部审查和现场勘察，批准同意后，取得户外广告设置的有关批文，方可设置。其他任何单位和个人，无权审批设置户外广告。

第八条

申请户外广告设置，还应提交下列材料:

(一)户外广告设置的地点、空间涉及到使用城市道路、桥梁、广场、建筑物、构筑物、公共场所、市政公用设施、交通设施时，应当附有有关行政主管部门的意见；

(二)场地租用协议、合同或自有场地的产权证明；

(三)户外广告设置的具体位置图和外观实景效果图。

第九条

经批准设置的户外广告，必须在其右下角标明批准设置的文号和广告经营者的名称；设置大型户外广告或有可能造成安全事故的户外广告，设置者应当同时办理户外广告设置的第三者责任保险。

第十条

需在户外张贴的各类印刷品广告，必须报工商行政管理部门对其内容进行审查同意后，经市容行政主管部门批准，在指定的地点、位置张贴。

城市规划建成区内公共广告张贴栏的定点设置，由市市容行政主管部门按照户外广告设置规划，会同规划、市政、公安交通管理等部门统一设置，并由市市容行政主管部门负责统一管理。

第十一条

经批准设置的户外广告，任何单位和个人不得占用、拆除、覆盖、损坏。设置者确因特殊情况需拆除的拆除单位应当在拆除日一个月前提出申请，经审查和现场勘察同意后，方可拆除。

因城市规划、建设和管理需要，事先告之应依法拆除的，必须无条件自行拆除。

第十二条

户外广告经营者在城市规划建成区内设置户外广告，应当按规定向市市容行政主管部门交纳管理费。

第十三条

未经批准或无权审批设置户外广告而擅自设置或批准设置户外广告的，责令其限期拆除或改正，逾期不改的，没收非法所得，并处2000—5000元罚款。

第十四条

擅自改变批准的地点、形式、规格、时间设置户外广告的，责令其停止设置，限期改正。逾期不改正的，没收非法所得，收回设置批文，责令其拆除，并处以1000元—2000元罚款。

第十五条

户外广告粗制滥造、破损、陈旧、脱色等，影响市容，违反城市市容管理规定的，责令其限期整改，逾期不改的，由市容行政主管部门强制拆除，费用由广告设置者承担。

第十六条

由于户外广告设置造成其它设施损坏或人身伤害的，由广告设置者或有关责任单位依法承担相应的法律责任。

第十七条

对拒绝、阻碍、辱骂、殴打管理部门工作人员依法执行公务，触犯《中华人民共和国治安管理处罚条例》的，由公安机关依法处理；构成犯罪的，依法追究刑事责任。

第十八条

当事人对行政处罚决定不服的，可以依法申请行政复议或提起诉讼。当事人逾期不申请复议也不提起诉讼，又不履行处罚决定的，由作出处罚决定的部门向人民法院申请强制执行。

第十九条

管理部门工作人员玩忽职守，利用职权绚私舞弊的，由其所在单位或上级主管机关给予行政处分，构成犯罪的，依法追究刑事责任。

第二十条

本办法的具体应用问题，由昆明市市容管理局负责解释。

第二十一条

本办法自批准公布之日起施行。

南宁

南宁市城市概览

人口（万人）：总人口641.7，男334.8，女306.9

国内生产总值（亿元）:501.75,增长10.7%

三次产业占GDP的比重（%）：第一3.92，第二29.95，第三66.13

投资（亿元）：190，增长30.2%

消费（亿元）：254.98，增长12.33%

年末实有铺装道路面积（万平方米）：1358

年末实有公共营运汽电车（辆）：1444

年末实用出租汽车（辆）：4167

支柱产业：农副产品加工、烟草、化工业和医药等

南宁市户外广告设置管理条例

（2002年9月28日南宁市十一届人民代表大会常务委员会第十六次会议通过，2003年5月29日广西壮族自治区第十届人民代表大会常务委员会第二次会议批准）

第一章 总则

第一条 为加强户外广告设置管理，规范本市户外广告设置活动，美化城市环境，维护户外广告经营者及其他相关人的合法权益，促进广告业的发展，根据《中华人民共和国广告法》、国务院《城市市容和环境卫生管理条例》和有关法律法规的规定，结合本市实际，制定本条例。

第二条 本条例所称的户外广告设置是指在道路、广场、绿地、机场、车站、码头、水域等公共场所和建筑物、构筑物以及交通工具上，利用各种形式，设置、悬挂商业性广告的行为。公益性广告设置管理由市人民政府另行规定。

第三条 在本市区内从事户外广告设置活动的单位和个人应当遵守本条例。

第四条 市工商行政管理部门是本市户外广告监督管理机关。市市政行政主管部门是本市户外广告设置的行政主管部门，负责户外广告设置的管理工作。

规划、建设、园林、环境保护、公安等行政管理部门按各自的职责，协同作好户外广告的设置管理工作。

第二章 规划与设置权管理

第五条 设置户外广告设施应当符合城市规划和城市容貌标准的要求，与城市区域规划功能相适应，合理布局，规范设置，并与周围环境协调。

第六条 户外广告设置规划和技术标准，由户外广告设置行政主管部门会同城市规划行政主管部门组织编制，报市人民政府批准后实施。

第七条 户外广告设置实行空间有偿使用。空间使用费的具体收费标准报自治区财政主管部门和自治区价格主管部门审批。

第八条 除本条例第十一条规定外，利用公共场所、市政公用设施设置户外广告的，其设置权应当通过招标、拍卖方式取得。投标人、竞买人不足3人的，可采用协议方式出让户外广告设置权。

第九条 以招标方式出让户外广告设置权的，由户外广告设置行政主管部门按照《中华人民共和国招标投标法》的有关规定组织进行，并接受财政、价格和监察部门的监督。

以拍卖方式出让户外广告设置权的，拍卖标的经市人民政府审批后，由户外广告设置行政主管部门按照《中华人民共和国拍卖法》的规定委托拍卖人进行拍卖。以协议方式出让户外广告设置权的，由户外广告设置行政主管部门会同财政及价格主管部门共同确定受让人。

第十条 通过招标、拍卖、协议方式取得户外广告设置权的公民、法人或者其他组织，应当持户外广告设施设计方案等有关资料，经户外广告设置行政主管部门审查、批准后办理户外广告设置证。

第十一条 利用公共场所、市政公用设施设置具有广告内容的条（横）幅、气球、充气拱门或者张贴宣传品的，由申请人向户外广告设置行政主管部门提出申请。户外广告设置行政主管部门应当在3个工作日内作出是否批准的决定。准予设置的，由户外广告设置行政主管部门发给设置证，申请人应当按规定缴纳户外广告设置空间使用费。

第十二条 公共场所、市政公用设施以外的户外广告设置，应征得建筑物、构筑物所有权人或者场所土地使用权人同意，并签订租赁合同后，由申请人持租赁合同、户外广告设施设计方案等材料，向户外广告设置行政主管部门提出申请，经户外广告设置行政主管部门会同有关部门审核同意，发给户外广告设置证。设置权人应当按规定交纳户外广告设置空间使用费。

第十三条 户外广告设施的使用期限按照户外广告设置证规定的时间计算，但最长不得超过6年。如期满后需延期的，设置权人应当提前30日向户外广告设置行政主管部门提出申请。经批准延期的，设置权人应当按规定交纳户外广告设置空间使用费。

第十四条 户外广告设置权可以依法转让。转让户外广告设置权应当到户外广告设置行政主管部门办理变更登记手续。

第十五条 收缴的户外广告空间使用费和转让户外广告设置权所得收入全额上缴财政，专款用于城市建设和管理。

第三章 设置与维护管理

第十六条 户外广告设施的设置应当符合户外广告设置规划和技术标准及以下要求：

（一）户外广告设施的设计、制作和安装，必须安全，符合相应的技术要求和质量标准；布置形式应与街景协调、保持完好、整洁、美观；

（二）设置在车行道上空的户外广告，其设施距离地面的高度不得低于5.5米；设置在人行道上空的户外广告，其设施距离地面的高度不得低于2.5米；设置在建筑物墙外的户外广告，其设施距离墙壁外侧不得超出1.8米；

（三）有配光装置的户外广告，要保持灯光设施完整和功能良好；

（四）市区内三层以上楼宇门楼不得设置柔性灯箱式店招店牌；

（五）高层建筑的顶部和外墙面，建筑物消防登高面不得设置广告构筑物；高层建筑的裙房屋顶不得设置破坏建筑空间格局的广告构筑物。在供电、供气、供水、排水和通讯及其他管线周围设置户外广告的，应当符合有关规定。

第十七条 有下列情形之一的，不得设置户外广告：

（一）利用交通安全设施、交通标志的；

（二）影响市政公共设施、交通安全设施、交通标志使用或者妨碍安全视距和车辆、行人通行的；

（三）妨碍生产或者人民生活，损害市容市貌或者

建筑物形象的；

（四）有损路树、花坛、花带、绿地及影响绿化的；

（五）影响建（构）筑物本身的功能及相邻建（构）筑物通风采光和利用危房或者可能危及建筑物和设施安全的；

（六）在国家机关、文物保护单位和名胜风景点的建筑控制地带设置的；

（七）在市人民政府禁止设置户外广告的区域内或载体上设置的。

第十八条 取得户外广告设置权后，应当按照批准的地点、使用性质、载体形式、规格、制作材料等实施，不得擅自变更；确需变更的，应当按规定的审批程序办理变更手续。

户外广告设施应当在规定的时限内设置完毕；逾期未完成又未申请延期或者申请延期未获批准的，其设置权自行失效。

第十九条 户外广告设施土木工程建设应当按照设置规划和建设工程质量管理的有关规定执行。

户外广告设施土木工程建设是指该设施建设采用钢架结构、钢混结构、砖混结构、砖木结构的工程建设。

第二十条 设置权人应当保持户外广告设施的整洁、完好，及时维护、更新，并定期对户外广告设施进行安全检查，遇台风、汛期应当采取安全防范措施。

第二十一条 户外广告设置期满后，设置权人应当在期满之日起15日内自行撤除，经批准延期的除外。

第二十二条 因城市建设或社会公共利益需要拆除户外广告设施的，户外广告设置行政主管部门应当提前15日书面通知设置权人限期拆除；因拆除造成的损失，由拆除方给予补偿。

第二十三条 户外广告设置行政主管部门和对户外广告设置有相关行政管理职责的部门及其工作人员，不得以任何形式参与户外广告设置经营活动。

第四章 法律责任

第二十四条 违反本条例，有下列情形之一的，由户外广告设置行政主管部门按照下列规定予以处罚：

（一）未经批准设置户外广告设施的，责令限期拆除；逾期不拆除的予以强制拆除，并处以2000元以上10000元以下的罚款；

（二）户外广告设置期满后未按规定拆除的，责令限期拆除；逾期不拆除的予以强制拆除，并处以1000元以上5000元以下的罚款；

（三）户外广告设置权人转让设置权未办理变更登记手续的，处以300元以上1000元以下的罚款；

（四）户外广告设置权人擅自变更户外广告设置方案进行施工的，责令限期改正；逾期不改的，予以强制拆除，并处以500元以上2000元以下的罚款；

（五）户外广告设置权人对户外广告设施不及时维护、更新的，责令限期改正；逾期不改的，致使不符合城市容貌标准、环境卫生标准的，经县级以上人民政府批准，可以强行拆除，并处以300元以上1000元以下的罚款；

（六）户外广告设施在遇台风或汛期时未采取安全防范措施的，责令限期整改；逾期不改的，处以500元以上2000元以下的罚款；对行人及物业安全构成威胁的，予以强制拆除。按前款规定强制拆除所需费用由违法当事人承担。

第二十五条 户外广告设置行政主管部门及其工作人员玩忽职守、滥用职权、徇私舞弊、参与户外广告设置经营活动的，由其所在单位或上级机关依法给予行政处分；构成犯罪的，依法追究刑事责任。

第二十六条 拒绝、阻碍有关行政管理人员执行职务，违反《中华人民共和国治安管理处罚条例》的，由公安部门依法处罚；情节严重，构成犯罪的，依法追究刑事责任。

第二十七条 当事人对户外广告设置行政主管部门作出的具体行政行为不服的，可以依法申请行政复议或者提起行政诉讼。当事人逾期不履行具体行政行为的，户外广告设置行政主管部门可以申请人民法院强制执行。

第五章 附则

第二十八条 本条例自2003年7月1日起施行。

贵阳

贵阳市城市概览

人口（万人）：总人口344.8，男178.3，女166.5

国内生产总值（亿元）:380.9，增长13%

三次产业占GDP的比重（%）：第一3.85，第二51.1，第三45.05

投资（亿元）：239.9，增长27.6%

消费（亿元）：153.67，增长12.5%

年末实有铺装道路面积（万平方米）：621

年末实有公共营运汽电车（辆）：1870

年末实用出租汽车（辆）：2444

支柱产业：电子信息、水电、机械冶金、医药化工、饮料食品和旅游等

贵阳市户外广告管理办法

第一章 总则

第一条 为了加强户外广告管理，促进户外广告健康发展，为社会主义物质文明和精神文明建设服务，根据《中华人民共和国广告法》、《广告管理条例》及《贵州省户外广告管理办法》，结合本市实际，制定本办法。

第二条 凡在本市行政区域内从事户外广告的经营者、发布者、广告主设置和张贴户外广告均应遵守本办法。户外广告设施的设置管理由市人民政府另行规定。

第三条 本办法所称户外广告，是指直接或间接介绍商品或服务的下列商业广告：

（一）通过路牌、霓红灯、电子显示牌、灯箱、临街橱窗、布幅、汽球、广告栏等媒体或其他形式设置的广告；

（二）在建筑物、构筑物、外墙上或空间地带设置、绘制、张贴的广告；

（三）利用汽车等交通工具设置、绘制、张贴的广告；

（四）利用其他媒体或形式在户外设置、张贴的广告。

第四条 广告内容必须真实、健康、清晰、明白、不得以任何形式欺骗用户和消费者。

广告使用的文字、汉语拼音、计量单位应当符合国家规定，书写规范、准确。

第五条 县级以上的工商行政管理部门主管户外广告监督管理工作，按照分级管理的有关规定负责对户外广告经营者的资格审批和广告内容审查；负责广告发布前的登记和发布后的监督检查。

城管、环保、城建、公安、规划等部门按各自的职责，协同配合。

第二章 经营管理

第六条 广告有下列内容之一的，不得设置、张贴：

（一）违反法律、法规的；

（二）损害我国民族尊严的；

（三）有中国国旗、国徽、国歌标志、国歌音响的；

（四）有反动、淫秽、迷信、荒诞内容的；

（五）弄虚作假的；

（六）贬低同类产品的。

第七条 设置上广告应当在指定的位置，按照批准的规格设置。路牌广告及大型霓红灯、灯箱、电子翻盘广告设置完毕后，须拍照报工商行政管理部门备查。

第八条 户外广告经营者承办或代理广告业务，应当与广告客户或被代理人签订书面合同，明确各方的权利和

义务。

第九条 户外广告经营者承办或代理广告业务，应按规定查验客户证明，审查广告内容。证明不全、内容不实的，不得设置、张帖。

第十条 户外广告标准，由广告经营者制订，报工商行政管理部门和市物价管理部门备案。工商、物价管理部门对广告经营者所制订的标准实行监督管理。

第十一条 户外广告经营者应当在核准范围内经营广告，按规定建立业务档案和会计帐簿，使用专用发票，依法纳税，并接受财政、审计、税务、工商行政管理部门的监督检查。

第三章 审批登记

第十二条 广告经营者经营户外广告，应当持有关证明向工商行政管理部门申请，按照规定程序，办理审批登记手续：

（一）专营广告业务的企业，发给《企业法人营业执照》；

（二）具备经营广告能力的个体工商户，发给《营业执照》；

（三）兼营广告业务的事业单位，发给《广告经营许可证》；

（四）兼营广告业务的企业，应当办理经营范围变更登记。

经营者改变登记，应向工商行政管理部门办理变更登记手续。

第十三条 在本市行政区域内，举办展销会、订货会、交易会、体育比赛、文艺演出的临时性户外广告经营活动，由举办人依法向有关部门办理手续。

第十四条 外地广告经营者在本市经营户外广告，必须持当地工商行政管理部门发给的《广告经营许可证》到市工商行政管理部门备案。

第十五条 张贴外广告，应向所在地的区、县（市）工商行政管理部门申请登记，经审查批准，在张贴的广告上加盖专用章后方可张贴。

第十六条 申请办量户外广告登记，除按《中华人民共和国广告法》、《广告管理条例》规定提交有关证明外，还应当分别不同对象提交下列证明：

（一）工商企业或个体工商户应当分别交验《企业法人营业执照》副本或者《营业执照》；

（二）团体、事业单位提交本单位的证明；

（三）各类展销会、订货会、交易会等广告，应当提交主办单位主管部门批准的证明；

（四）个人应提交所在单位、乡（镇）人民政府或街道办事处出具的证明及其他有关证明。

第十七条 户外广告登记收费，按国家有关规定执行。

第四章 场地管理

第十八条 户外广告的设置必须符合设置规划，遵守城市管理规定，有利于美化城市环境，不得妨碍交通和市政设施，不得影响市容景观和建筑物的采光。

户外广告设置单位应当定期清洗、油饰、维护户外广告。不得出现缺字、断行、污染、破损、锈蚀等现象。

政府机关、名胜古迹和文物保护单位周围的建筑控制地带以及当地人民政府禁止设置、张贴广告的区域，不得设置、张贴广告。

第十九条 户外广告设施使用期为两年，期满自行拆除，确需延期使用的，设施申请单位应在确保安全的前提下，在期满３０日前向原审批机关申请办理延期手续。

第二十条 申请发布户外广告，应当在广告发布前持户外广告设施的审批手续及有关证明文件到工商行政管理部门申请办理广告内容的审查。工商行政管理部门依照法律、行政法规作出审查决定。

第二十一条 户外广告、店堂牌匾广告有缺字、断行、破损、污染、锈蚀等情况的，由工商行政管理部门责成设置单位限期修整。设置单位逾期不修整的，由工商行政管理部门委托城管监察队伍予以拆除，其费用用由设置者承担。

第二十二条 各类户外广告的设计、制作和设置，应当符合相应的安全、技术、质量标准，不得违反有关法律法规的规定。

第二十三条 单位或者个人经批准，可以利用、提供自用或者其经营管理的场地和设施，设置户外广告或者为设置户外广告服务，其提供的场地或者设施所获收益，应当依法纳税。

第二十四条 凡城市建设和整顿市容需要拆除户外广告的，由规划、城管部门事先通知广告设置单位在限期内无条件自行拆除，逾期由城管部门强行拆除。

第五章 张贴广告管理

第二十五条 经过批准，在本市张贴各类广告，必须按规定张贴在统一设置的公共广告栏内，不得在墙壁、建筑物、构筑物、公共设施以及树木、电杆上随意张贴，也不得在街道上随意散发。

第二十六条 公共广告栏由区、县（市）工商行政管理部门负责设置、管理和维修。

第二十七条 公共广告栏内张贴的广告，应当保持整洁美观，自贴之日起五日内不得复盖。

第六章 罚则

第二十八条 广告经营者、发布者或广告主违反《中华人民共和国广告法》、《广告管理条例》、《户外广告登记管理规定》和《贵州省户外广告管理办法》以及本办法的，由工商行政管理部门进行查处。情节严重，构成犯罪的，由司法机关依法追究刑事责任。

第二十九条 违反本办法第二十五条规定，工商行政管理部门可以委托城管监察队伍予以查处。

第三十条 由于设置者的过错，户外广告或用于设置户外广告的专有设施发生坠落、倒塌造成他人人身财产损害的，设置者应当承担民事责任。构成犯罪的，依法追究刑事责任。

第三十一条 对拒绝、阻碍工作人员依法执行公务的，由公安机关依照《中华人民共和国治安管理处罚条例》处理；构成犯罪的，依法追究刑事责任。

第三十二条 当事人对行政处罚决定不服的，可以依法申请复议或向人民法院起诉。

第七章 附则

第三十三条 本办法自公布之日起施行。原《贵阳市户外广告管理办法》同时废止。

第二部分编辑说明：

1、八大经济区域概览部分的资料，部分参考中国市长协会、《中国城市发展报告》编辑委员会编撰的《中国城市发展报告》（2002-2003），商务印书馆2004年2月第1版；各地公布的近两年国民经济和社会发展报告等。

2、全国40个城市概览数据为2003年统计数据，主要来源国家统计局城市社会经济调查总队、中国统计学会城市统计委员会编《2004中国城市发展报告》；各地公布的近两年国民经济和社会发展报告等；其中人口统计数据来源于“中国自然资源数据库”提供的资料。

西北地区

西北地区区域概览

1999年开始实施的西部大开发战略，使兰州和乌鲁木齐成为西部耀眼的区域发展中心，现代丝绸之路的必经之道。

兰州市域总面积1.31万平方公里，其中市区面积1631.6平方公里，在大西北处于“座中四联”的位置，综合经济实力进入全国大中城市50强，成为黄河上游重要的经济中心，西陇海兰新线经济带的重要支撑点和辐射。现已形成以石油化工、有色冶金、机械电子、医药、建材为主体，与西北资源开发相配套，门类比较齐全的工业体系，成为我国重要的原材料和重化工基地。兰州作为建设中的西北商贸中心，商品辐射面达到西部8个省区、近400万平方公里和3亿多人口，在开拓西部大市场中具有很强的集聚辐射功能。

乌鲁木齐地处天山中段北麓、准噶尔盆地南缘，是世界上距海洋最远的城市，著名的亚洲地理中心就位于乌鲁木齐市南郊30公里处。总面积12000平方公里,其中规划区面积10800平方公里，建成区面积166.8平方公里。乌鲁木齐有着特殊的地缘和区位优势，自古便有“开天辟地之门户”之称，是连接天山南北、沟通新疆与内地的交通枢纽。随着西部大开发战略的全面实施，乌鲁木齐在全疆乃至西部的战略地位日益突出，在天山北坡经济带的龙头带动作用、全疆及中亚地区的辐射作用明显加强，区域内物流、人流、资金流、信息流正加速形成。

兰州

兰州市城市概况

人口（万人）：总人口304.3，男156.5，女147.8

国内生产总值（亿元）：440.1,增长11%

三次产业占GDP的比重（%）：第一2.2，第二51.92，第三45.88

投资（亿元）：210.64，增长9.97%

消费（亿元）：206.54，增长8.96%

年末实有铺装道路面积（万平方米）：1228

年末实有公共营运汽电车（辆）：2013

年末实用出租汽车（辆）：6620

支柱产业：石油化工、有色冶金、机械电子、医药、建材

兰州市户外广告管理办法

（兰州市人民政府令（2000）第8号于2000年8月2日市政府第17次常务会议讨论通过，2000年10月13日发布）

第一章 总则

第一条 为规范户外广告活动，加强户外广告管理，促进户外广告业的健康有序发展，保护消费者的合法权益，保证市容市貌的整洁美观，根据《中华人民共和国广告法》及有关法律、法规之规定，结合本市实际，制定本办法。

第二条 凡在本市行政区域内从事商业性户外广告活动的单位和个人均应遵守本办法。

第三条 本办法所称户外广告是指：

（一）利用道路、桥梁、广场、机场、车站、码头等各类公共、自有或他人所有的场地、建筑物或空间设置发布的路牌、灯箱、霓虹灯、电子显示牌（屏）、橱窗、招牌、实物模型、布幅、汽球、彩旗、拱门、护栏等广告，以及人体模特广告；

（二）利用各种交通工具、水上漂浮物或空中飞行物设置、绘制、张贴、悬挂的广告；

（三）利用其他形式发布的户外广告。

第四条 户外广告的内容应当真实、合法，符合社会主义精神文明建设的要求，不得欺骗和误导社会公众。

户外广告中使用的语言、文字、汉语拼音、计量单位等必须符合国家法定标准，书写规范准确。

第五条 市市容行政主管部门是本市户外广告的综合行政管理部门，负责本市户外广告管理的统一布局和综合协调工作。

市工商行政管理部门是本市户外广告的监督管理部门，负责户外广告经营者的经营资质审查和户外广告内容的审查、登记及监督管理。

规划、城建、公安、环保等相关部门，应当在各自职责范围内协同市容行政主管部门和工商行政管理部门做好户外广告管理工作。

第六条 市容行政主管部门、工商行政管理部门和其他相关行政管理部门在户外广告管理中应当严格履行法定职责，坚持依法管理、文明执法，履行承诺，协调配合，为户外广告经营者提供优质服务，自觉接受社会监督。

负有户外广告布局、审查、监督管理职能的各行政管理部门及其委托组织，不得以任何形式从事或者参与户外广告经营活动，也不得接受户外广告经营者的挂靠。

第七条 依法设置的户外广告在其有效期限内，任何单位和个人不得侵占、损坏或者拆除。

第二章户外广告的设置

第八条 户外广告的设置，应当统一规划、合理布局、规范设置、牢固安全，符合城市规划和市容市貌管理的要求。

户外广告的设置规划，由县、区人民政府组织规划、市容、工商、城建、公安、环保等有关部门制定方案，报经市人民政府组织相关部门审定，由市容行政主管部门和工商行政管理部门负责监督实施。

第九条 利用市政设施设置户外广告的，场地使用权应当通过招标或者其他公开竞争方式取得。

第十条 有下列情形之一的，不得设置户外广告：

（一）利用交通安全设施、交通标志的；

（二）利用国家机关、文物保护单位和名胜风景点的建筑控制地带的；

（三）利用树木或者占用绿地的；

（四）影响市政设施、交通安全设施、消防设施和交通标志使用的；

（五）妨碍生产或者人民生活、损害市容市貌或者建筑物形象的；

（六）跨越道路的（经批准的人行过街天桥、灯光隧道除外）；

（七）利用违法建筑、危险房屋及其他可能危及公共安全的建筑物和设施的；

（八）占用市、县、区人民政府禁止设置户外广告的区域或者其他载体的。

第十一条 除省、市人民政府同意举办的临时性大型活动外，禁止在反映城市风貌的具有代表性的建筑物、构筑物、城市广场和建筑施工现场设置布幅、汽球、彩旗等悬挂式广告。

禁止设置悬挂式广告的具体范围，由市市容行政主管部门会同工商、规划、城建等行政主管部门确定。

第十二条 户外广告设置者和户外广告设施的所有者应当确保户外广告的整洁、完好和户外广告设施的牢固、安全，并定期对户外广告设施进行安全检查和必要的维修、更新。

第十三条 因城市建设或社会公共利益，需拆迁有效期内的户外广告及设施的，拆迁单位应当提前二十日书面通知户外广告设置者，并依法补偿设置者的经济损失。

第三章 户外广告的申报和审查登记

第十四条 经营户外广告，应当取得户外广告经营资质。

户外广告经营资质由工商行政管理部门审核批准。

工商行政管理部门对户外广告经营者提交的资质审查申请，应当自收到申请之日起五日内作出同意或者不同意的书面答复，对不同意的还应当说明理由。

未取得户外广告经营资质的，不得经营户外广告。

第十五条 设置户外广告，应当首先向市容行政主管部门提出设置申请。

市容行政主管部门对户外广告经营者设置户外广告的申请，应当自收到之日起十日内组织相关部门和单位，依据户外广告设置规划进行审查，并作出同意或不同意的书面答复，对不同意的还应当说明理由。

第十六条 申报户外广告按下列权限受理：

（一）在城关、七里河、西固、安宁四区行政区域内设置户外广告的，由市市容行政主管部门组织工商、规划、城建、公安、园林、环保及交警、市政等相关部门和单位共同审查；

（二）在榆中、永登、皋兰三县和红古区行政区域内设置户外广告的，由县、区市容行政主管部门组织相关部门和单位共同审查；

（三）经市容行政主管部门组织审查同意的，到工商行政管理部门办理审查登记手续。

第十七条 对设置户外广告的审查登记，工商行政管理部门按下列权限受理：

（一）在城市主、次干道、商业繁华区和广场等重要地段设置的，以及同一广告在同一时段内跨行政区域设置的，由市工商行政管理部门受理；

（二）在本条第（一）项规定以外的其他区域设置的，由县、区工商行政管理部门受理。

第十八条 申请办理户外广告登记，应当向工商行政管理部门提供以下证明材料并填报《兰州市户外广告审批登记表》：

（一）市容行政主管部门设置审定的批件；

（二）营业执照；

（三）广告经营许可证；

（四）广告发布合同；

（五）场地使用证明；

（六）广告样稿。依据法律、法规和规章规定，户外广告内容在发布前必须经有关行政主管部门审查的，还须提供有关行政主管部门的批准文件。

第十九条 户外广告单幅面积在５０平方米以上的为大型户外广告。

大型户外广告的设置，必须向所在县、区市容行政主管部门提出申请和设计方案，经审查同意并报市市容行政主管部门组织审查同意后，再向工商行政管理部门申请登记。县、区市容行政主管部门和市市容行政主管部门对设置大型户外广告的申请，应当分别在五日内和十日内予以审查并作出同意或者不同意的书面答复，对不同意的还应当说明理由。

第二十条 经省、市人民政府同意举办的体育比赛、文艺演出、影视制作、展览会、交易会、纪念庆典等临时性大型活动需设置发布户外广告的，活动主办单位应当向市市容行政主管部门和市工商行政管理部门申请办理布局定点手续和《临时性广告经营许可证》。

经县区人民政府同意举办的各种临时性大型活动需设置发布户外广告的，活动主办单位应当向活动所在县区市容行政主管部门和工商行政管理部门申请办理布局定点手续和《临时性广告经营许可证》。

活动主办单位按照前两款规定办理布局定点手续并取得《临时性广告经营许可证》后，依照本办法第十六条（一）、（二）、（三）项的规定申办有关手续。

对临时性大型活动需设置发布户外广告的，市或县、区人民政府认为必要时，可召集相关部门和单位联合办公、即时审批。

第二十一条 工商行政管理部门对申请人提交的户外广告登记申请，应当自收到之日起五日内作出书面答复，对符合规定的予以登记并发给《户外广告发布登记证》；对不符合规定的，不予登记并说明理由。

未取得工商行政管理部门核发的《户外广告发布登记证》的，一律不得发布户外广告。

第四章 户外广告的发布

第二十二条 户外广告应当自领取《户外广告发布登记证》之日起六十日内设置；逾期未设置的，审批文件即行失效。

设置和发布户外广告，应当按照批准及登记的地点、形式、规格、时间、设计图、效果图等内容进行，不得擅自变更；确需变更的，应当按照原审查登记程序办理变更手续。发布户外广告，应当同时发布户外广告登记文号。

第二十三条 户外广告应当按批准的期限设置。需延长设置期限的，应当在期满前提前三十日向原审批机关申请办理延期手续。

第二十四条 经省、市人民政府以及县、区人民政府同意举办的各种临时性大型活动设置的户外广告，活动主办单位应当自活动结束之日起三日内全部拆除。

第二十五条 城市公共广告栏，由工商行政管理部门会同市容行政主管部门依照户外广告设置规划统一设置，工商行政管理部门监督管理，任何单位和个人不得侵占、损坏、涂污和覆盖。

经工商行政管理部门审查批准的张贴广告，张贴者必须在城市公共广告栏内指定的位置张贴，不得随意乱贴。禁止在城市公共广告栏以外的任何户外场所张贴广告。

第五章 法律责任

第二十六条 违反本办法规定，临时性大型活动设置户外广告未按规定期限拆除的，由市容行政主管部门会同工商行政管理部门责令活动主办单位限期拆除，并由市容行政主管部门处以２０００元以上１００００元以下的罚款；逾期不拆除的，由市容行政主管部门予以拆除，拆除费用由活动主办单位承担。

第二十七条 违反本办法规定，未经批准设置户外广告的，由市容行政主管部门责令其停止违法行为，限期拆除，并可处以２０００元以上１００００元以下的罚款。

第二十八条 违反本办法规定，侵占、损坏、涂污和覆盖城市公共广告栏的，由工商行政管理部门对责任人单位处以１０００元以下罚款、个人处以２００元以下罚款；造成经济损失的，依法承担赔偿责任。

第二十九条 违反本办法规定的其他行为，由市容行政主管部门、工商行政管理部门或其他有关行政管理部门在各自法定职责权限内，依照有关法律、法规和规章的相关规定予以处罚。

第三十条 户外广告发布者对户外广告设施未及时维护、更新，致使发生倒塌、坠落等事故，造成他人人身或

财产损失的，应当依法承担责任。

第三十一条 各相关行政管理部门对当事人提出的户外广告经营资质审查、户外广告设置和户外广告登记的申请，在规定时限内既不办理又不作书面答复的，当事人可以依法申请行政复议或提起行政诉讼。

第三十二条 当事人对市容行政主管部门和工商行政管理部门依照本办法作出的行政处罚不服的，可以依法申请行政复议或提起行政诉讼。

第三十三条 各相关行政管理部门工作人员在户外广告管理工作中玩忽职守、滥用职权、徇私舞弊的，由其所在单位或上级机关给予行政处分；情节严重构成犯罪的，提请司法机关依法追究刑事责任。

第六章 附则

第三十四条 在本市行政区域内设置、发布公益性户外广告，应当安全、美观、规范，符合城市规划和市容、市貌管理的要求；其设置、发布的程序，依照本办法的有关规定办理。

第三十五条 本办法实施中的具体应用问题，由市人民政府法制局负责解释。

第三十六条 本办法自发布之日起施行。

本办法发布前本市有关户外广告管理的规定与本办法不一致的，以本办法为准。

乌鲁木齐

乌鲁木齐市城市概况

人口（万人）：总人口181.5，男93.9，女87.6

国内生产总值（亿元）：408，增长12.7%

三次产业占GDP的比重（%）：第一0.9，第二35.79，第三63.31

投资（亿元）：207，增长16.3%

消费（亿元）：172，增长13.1%

年末实有铺装道路面积（万平方米）：1125

年末实有公共营运汽电车（辆）：3966

年末实用出租汽车（辆）：6849

支柱产业：油气加工、黑色金属冶炼及金属制品业、能源、纺织、食品饮料业等

乌鲁木齐市户外广告和牌匾设置管理办法

（2003年7月2日乌鲁木齐市人民政府第2次常务会议审议通过，2003年7月25日乌鲁木齐市人民政府令第52号公布）

第一章 总则

第一条 为加强户外广告和牌匾的设置管理，规范户外广告和牌匾设置行为，根据《乌鲁木齐市城市市容和环境卫生管理条例》及有关法律、法规，结合本市实际，制定本办法。

第二条 本市行政区域内户外广告和牌匾的设置与管理适用本办法。

第三条 本办法所称户外广告设置是指利用户外广告设置地设置户外广告的行为。

户外广告设置地是指用于设置户外广告的公共、自有或者他人所有的建（构）筑物、场地、空间、交通工具等载体。

牌匾是指标识单位及商业经营场所名称的招牌、匾额。

牌匾设置是指利用建（构）筑物或设施设置牌匾的行为。

第四条 市人民政府设立市户外广告和牌匾管理领导小组，其办公室设在市市政市容行政管理部门，具体负责户外广告和牌匾设置的综合协调工作。

市工商、建设、规划、公安、园林、民族宗教、行政综合执法等部门应在各自职责范围内，协同做好户外广告和牌匾设置管理工作。

第五条 市市政市容行政管理部门应会同有关部门组织编制户外广告设置地规划，报市人民政府批准后实施。

市市政市容行政管理部门应会同有关部门制定户外广告和牌匾设置技术标准，并负责组织实施。

第六条 户外广告设置应符合城市户外广告设置地规划和户外广告设置技术标准，合理布局，并与周围环境相协调。

牌匾设置应与建（构）筑物整体造型、楼体色调相协调。

第二章　户外广告设置与管理

第七条 户外广告设置地的使用权可以通过协议、招标及拍卖等方式取得。

第八条 利用城市道路、桥梁、广场、绿地等公共户外广告设置地设置户外广告的，应当通过招标、拍卖的方式取得使用权。投标人、竞买人不足三人的，可采用协议方式取得。

第九条 有下列情形之一的，不得设置户外广告：

（一）影响市政设施、交通安全设施、交通标志使用的；

（二）妨碍生产或者居民生活，损害市容市貌或者建筑物形象的；

（三）利用行道树或占用绿地，有损绿化景观的；

（四）国家机关、文物保护单位、优秀近代建筑和名胜风景点的建筑控制地带；

（五）其他禁止设置户外广告的区域或载体。

第十条 申请设置户外广告，应当提供下列材料：

（一）营业执照；

（二）广告经营许可证明；

（三）户外广告设置地权属证明；

（四）户外广告设计图、效果图；

（五）搭建户外广告架的，应当附具备设计资格的单位出具的技术和安全保证资料。

第十一条 户外广告设置和发布的申请和审批，按照下列程序进行：

（一）申请人应携带本办法第十条第（一）、（二）项规定的相关材料向工商行政管理部门提出申请，申领《乌鲁木齐市户外广告申请表》（以下简称《申请表》）；

（二）申请人应持《申请表》并携带本办法第十条第（三）、（四）、（五）项规定的相关材料向市市政市容行政管理部门申请办理户外广告设置手续；

（三）经审查同意设置户外广告的，申请人应按规定办理相关手续并到工商行政管理部门办理户外广告登记。

第十二条 设置户外广告应当按照批准及登记的地点、时间、规格、设计图、效果图实施，不得擅自变更。确需变更的，应按原审批程序办理变更手续。

第十三条 设置发布的户外广告应按规定标明户外广告设置审批字号。

第十四条 户外广告设施的设置期限一般不超过2年，电子显示牌（屏）一般不超过3年；期满需延长设置的，应于到期日前30日向原审批机关办理延期手续。

第十五条 户外广告设施闲置期间，设置申请人应发布公益广告。

第十六条 户外广告设置申请人应加强日常维护保养，图案、文字、灯光显示不全或者污损、腐蚀、陈旧的，应当及时修复。

户外广告设置申请人，应当加强日常管理，对存在安全隐患或者失去使用价值的设施，应当及时整修或者拆除。

第十七条 户外广告设施设置期满后，设置申请人应当在15日内拆除。

第三章　牌匾设置与管理

第十八条 申请设置牌匾应当提供下列材料：

（一）组织机构代码证或营业执照；

（二）牌匾设计图、效果图；

（三）搭建牌匾架，应当附具备设计资格的单位出具的技术和安全保证资料。

第十九条 牌匾设置的申请和审批，按照下列程序进行：

（一）申请人应持本办法第十八条规定的材料向市市政市容行政管理部门提出申请，并填写《乌鲁木齐市牌匾设置审批表》；

（二）市市政市容行政管理部门应自接到申请资料之日起7个工作日内办结审批手续。经审批同意设置的，市市政市容行政管理部门应注明设置具体要求；不同意设置的，核发不予核准通知单。

第二十条 牌匾设置申请人应加强日常维护管理和安全检查，图案、文字显示不全或者污损、腐蚀、陈旧的，应当及时修复。

第四章　法律责任

第二十一条 违反本办法规定，未经市市政市容行政管理部门同意，擅自设置户外广告，影响市容的，由行政综合执法机关责令限期改正，并处500元以上2000元以下罚款；逾期拒不改正的，由行政综合执法机关组织强制拆除，所需费用由责任人承担。

第二十二条 违反本办法规定，未经市市政市容行政管理部门同意，擅自设置牌匾，影响市容的，由行政综合执法机关责令限期改正，并处500元以上1000元以下罚款；逾期拒不改正的，由行政综合执法机关组织强制拆除，所需费用由责任人承担。

第二十三条 违反本办法规定，设置发布户外广告未按规定标明户外广告设置审批字号的，由行政综合执法机关责令限期改正，并可处500元以上1000元以下罚款。

第二十四条 违反本办法规定，户外广告设施闲置期间，未发布公益广告的，由行政综合执法机关责令限期改正，逾期拒不改正的，可处500元以上1000元以下罚款。

第二十五条 违反本办法规定，户外广告图案、文字、灯光显示不全或者污损、腐蚀、陈旧的，由行政综合执法机关责令限期改正，并可处500元以上1000元以下罚款。

第二十六条 违反本办法规定，牌匾图案、文字显示不全或者污损、腐蚀、陈旧的，由行政综合执法机关责令限期改正，并可处100元以上500元以下罚款。

第二十七条 对不符合城市容貌标准、环境卫生标准设置的户外广告、牌匾及其设施，由行政综合执法机关责令有关单位和个人限期改造或者拆除，逾期未改造或者未拆除的，由行政综合执法机关组织强制拆除，所需费用由设置申请人承担。

第二十八条 违反本办法规定应当受到行政处罚的其他行为，由有关部门依法予以处罚。

第二十九条 拒绝、阻碍户外广告和牌匾设置管理人员及行政综合执法人员依法执行公务的，依照《中华人民共和国治安管理处罚条例》予以处罚；构成犯罪的，依法追究刑事责任。

第三十条 当事人对行政处罚决定不服的，可依法申请行政复议或提起行政诉讼。

第三十一条 户外广告和牌匾设置管理人员及行政综合执法人员玩忽职守、滥用职权、徇私舞弊的，由其所在单位或上级主管部门给予行政处分；造成损失的，依法承担赔偿责任；构成犯罪的，依法追究刑事责任。

第三十二条 本办法自2003年8月28日起施行。

抓住你的受众!

unrise 大连新瑞广告户外传媒

新瑞广告户外传媒拥有地处大连市核心商业区域半数以上的户外广告占有率及众多区域的户外广告媒体和多元化的户外广告媒体形
拥有一只具有专业素质的户外传媒队伍及一颗为客户提供全方位服务的热忱之心。
广告户外传媒，作为长期从事户外广告发布、制作的专业传媒公司，拥有一批从事户外广告工作的媒体研究、开发、发布、监测及制作方面的电子、电气、钢体结构、广告印务、工程设计、美艺等专业技术人才。新瑞广告户外传媒在长期的广告作业中，摸索出科学规范的户外广告运作标准，将为您在户外广告运作的每一步细节以指标性的单位进行量化和执行。

优势媒体类型

射灯广告牌、灯箱广告、霓虹灯广告、电子显示屏广告、交通广告等

优势媒体分布

连市核心商业区域
连市核心商务区域
连市交通枢纽区域

真诚为您的合作伙伴；一种助您事业上升的力量；一份让您安心交予任务的信任；一份全力为您节约下来的资金……恭候与您合作！

大连市中山区港湾街7号辽宁时代大厦1703室　电话：0411－82798778　传真：0411－82798568　网站：http://www.sunrisead.com

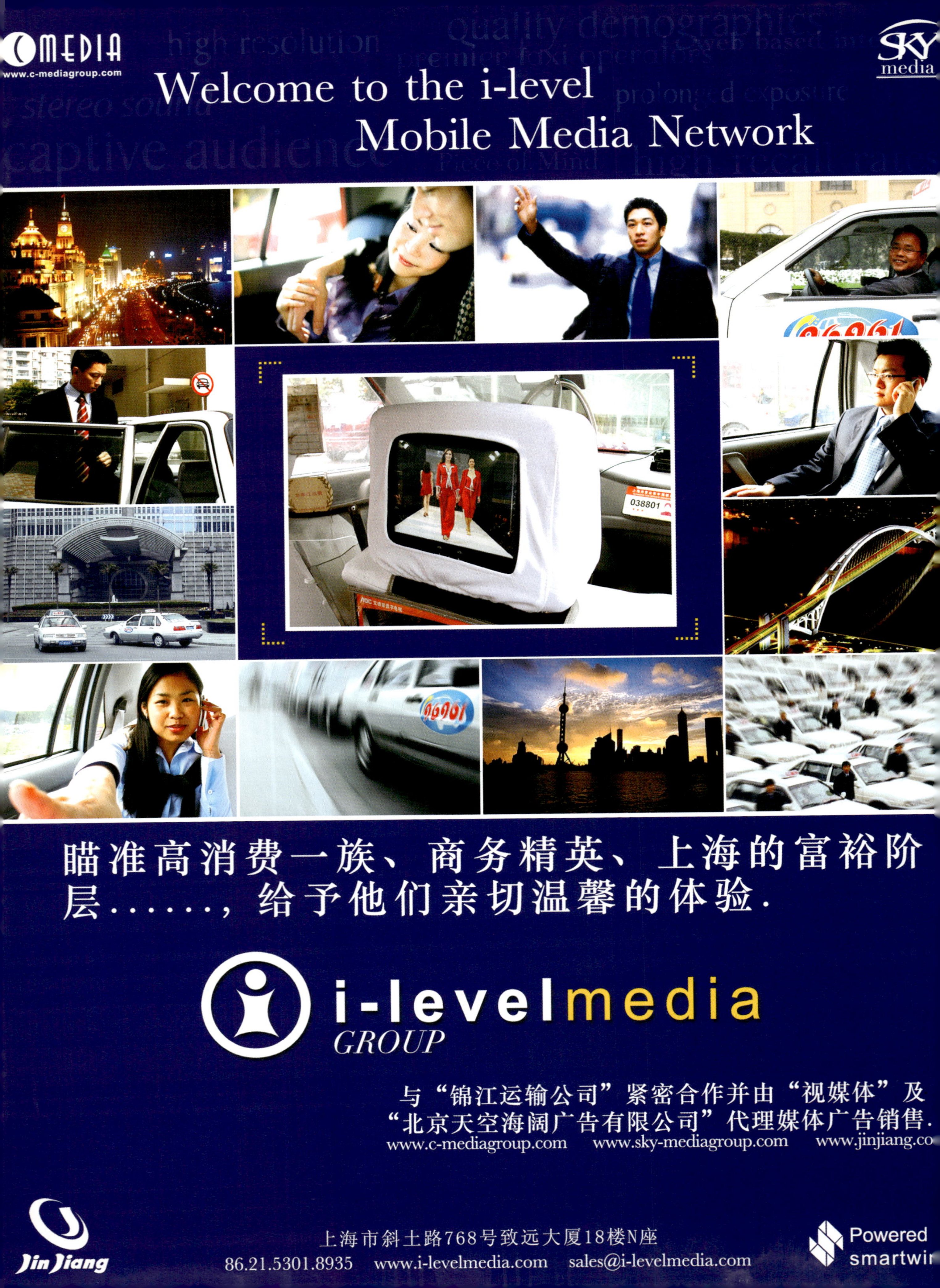
CMEDIA
www.c-mediagroup.com
SKY media
Welcome to the i-level
Mobile Media Network
瞄准高消费一族、商务精英、上海的富裕阶层……，给予他们亲切温馨的体验.
i-levelmedia
GROUP
与“锦江运输公司”紧密合作并由“视媒体”及“北京天空海阔广告有限公司”代理媒体广告销售.
www.c-mediagroup.com
www.sky-mediagroup.com
www.jinjiang.co
Jin Jiang
上海市斜土路768号致远大厦18楼N座
86.21.5301.8935
www.i-levelmedia.com
sales@i-levelmedia.com
Powered
smartwi

CHONGQING OMEI ADVERTISING CO.,LTD
OMEI
澳美廣告

八年辉煌，
八万平米的期待。

重庆澳美广告有限公司始创于1996年，素以户外媒体开发、建设、发布等全程系统服务为己任。八年征战，户外媒体达8万余平米。遍布重庆主城：渝中区、沙坪坝区、九龙坡区、南岸区、江北区、大渡口区及鹅公岩全线、210国道、成渝高速路等路段。
有着大型看板、灯箱、单立柱、三面体和霓虹灯等多种形式。引进新工艺：火炬立柱、世纪灯塔、全彩数码霓虹灯、先进的工艺技术和进口材料、霓虹灯为七彩数码渐变霓虹灯、变化多样的三面翻等。
在雄厚实力基础上顺应成立了品牌中心（提供全方位的品牌服务，是重庆提供品牌服务的代表性机构）以及汽车中心（全权代理重庆发行量最大、公信力最强的汽车平面媒体《重庆晚报》“车市星期二”周刊广告）。

澳美广告，辉煌八年，八万平米的期待，愿与全国同仁携手合作，共创未来。

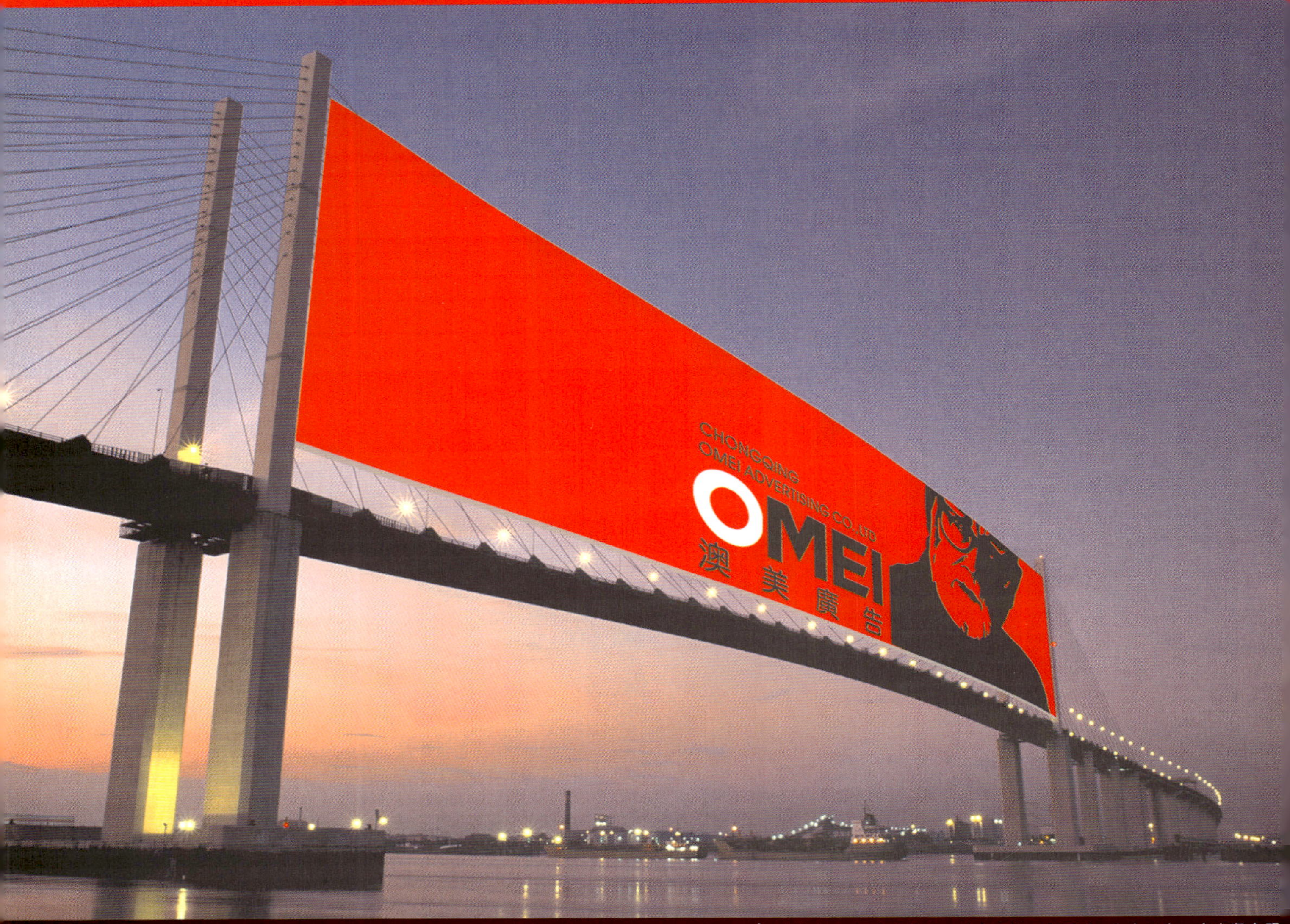

■资深户外广告专家，坐拥山城80000平米户外黄金广告媒体 ■提供完善品牌解决之道，真正360°品牌管家 ■全程代理《重庆晚报》车周刊，汽车厂家、商家坚实盟

OMEI 重慶澳美廣告有限公
CHONGQING OMEI ADVERTISING CO.,LT

地址：中国重庆市渝中区中山三路139号希尔顿商务大厦22
网址：www.cqomei.com 手机:013908304945
电话：86-23-89067988 传真：86-23-89067989

第三部分 户外媒体及创意

The Third Chapter
Outdoor Media and Idea

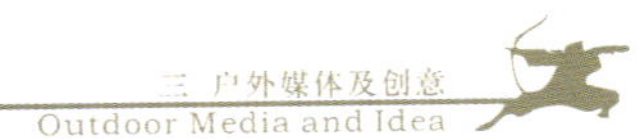

户外媒体概念及分类

户外广告(Out Door)媒体，简称OD，主要指在城市的交通要道两边、主要建筑物的楼顶或商业区的门前、路边等户外场地设置的发布广告信息的媒介，主要形式包括招贴、海报、路牌、霓虹灯、电子屏幕、旗帜、灯箱、气球、飞艇、车厢、大型充气模型等。它的主要优点是面积大、色彩鲜艳、主题鲜明、设计新颖，具有形象生动、简单明快等特点。广告形象突出，容易吸引行人的注意力，并且容易记忆。此外，户外广告多是不经意间给受众以视觉刺激；不具有强迫性，信息容易被认知和接收，并且户外广告一般发布的期限较长，对于区域性受众能造成印象的累积效果。但户外媒介也有自身的局限，一是受场地的限制，受众的数量有限；二是户外广告的内容比较简单，传达的信息量有限，多是企业或商品的形象广告，即时的促销作用差。

随着人们生活空间的扩展以及生活方式的不断发展，地铁、轻轨、超市、药店、医院、商场、机场内，灯箱、吊旗、贴纸、广告牌、LED……各种形式的媒体无处不在。它们在工程安装、形式种类、效果评估等方面都与传统户外媒体有着高度的一致性。因此这些媒体作为新延展出现的一部分，被涵盖在户外媒体范畴中也就不足为奇了。

户外媒体常见类型：

单一媒体--通常购买户外媒体时单独购买的媒体，比如射灯广告、单立柱、霓虹灯、墙体、三面翻等。

网络媒体--可以按组或套装形式购买的媒体，比如候车亭、车身、地铁、机场和火车站等。

射灯广告牌

在广告牌四周装有射灯或其他照明装备的广告牌，称为射灯广告牌。

其特点是美观，有照明效果，在晚上也可以清楚看到广告信息。

霓虹灯广告牌

由霓虹管弯曲成文字或图案，配上不同颜色的霓虹管制成，以散发多样的色彩。此外，更可配合电子控制的闪动形式，增加其动感。

单立柱广告牌（简称单立柱）

广告牌置于特设的支撑柱上，通常支撑柱一般只有一根，特殊情况下有两根或更多。多以立柱式T型（同时亦有P型）广告装置设立于高速公路、主要交通干道等地方，面向车流和人流。普通使用的尺寸为6米高×18米宽，主要以射灯作照明装备。

大型灯箱

置于建筑物外墙、楼顶或裙楼等广告位置，白天是彩色广告牌，晚上亮灯则成为"内打灯"的灯箱广告。灯箱广告照明效果较佳，但维修却比射灯广告牌困难，且所用灯管较易耗损。

候车亭广告牌

设置于公共汽车候车亭的户外媒体。以灯箱为主要表现形式。在这类媒体上安排的广告以大众消费品为主。可以单独或网络式购买多个站亭广告位以达到较宽覆盖率甚至覆盖多个城市。

地铁

在地铁范围内设置的各种广告统称地铁广告。其形式有十二封灯箱、四封通道海报、特殊位灯箱、扶梯、车厢内海报等。其特点是人流集中、受注目程度高，能够增加产品的认知度。可以单独或网络式购买。

公交车

公交车属于移动媒体，表现形式为全车身彩绘及车身两侧横幅挂板等，其特点是接触面广，覆盖率高，可应目标受众对象来选择路线或地区。可以单独或网络购买形式发布。

火车站

设置在火车站范围内的广告形式，以来往各地旅客为主要目标对象，特点是人流量高及可覆盖邻近区域。其广告形式有灯箱、电子屏幕、射灯广告牌、三面翻等等。

机场

设置在机场周围和机场内部的广告牌。一般针对层次及收入较高的受众，如公干及出外旅游人士。

其他单一媒体

1. 墙面

在建筑物外墙上发布的户外广告，利用墙面张贴大型海报、招贴字画、装饰旗等。主要是宣传产品、推广企业形象。

2. 三面翻

三面翻是户外广告装置中较昂贵的一种。这种装置带有三面棱柱，广告画面内容使用喷绘、电脑写真或户外彩色即时贴等材质。适用于户内及户外环境，当这些棱柱转动时，可组成三幅不同的广告画面。

3. 无照明广告牌

广告牌上没有设置任何照明设备的广告牌称之为无照明广告牌。此类广告属于早期的广告媒体形式，随着户外媒体形式的不断发展和更新，将逐渐被淘汰。

4. 电子屏（包含所有电子类户外广告媒体）

户外广告比较新颖的表现形式，常见于现代都市。用电脑控制，将广告图文或电视广告片输入程序，轮番地在画面上显示色彩纷呈的图形与文字，能在较短的时间里展示多个不同厂家、不同牌号的商品，具有动感、多变、新颖别致、反复播放等特点，能引起受众的极大兴趣。

5. 场地广告

场地广告可说是电视时代的产物，主要设置于体育场馆内比赛场地周围，以及大型集会活动场地。场地广告实际是通过现场观众和电视转播两种途径传递信息，随着电视直播大型节目日益受注目，场地广告效益已大为提高。

6. 充气物造型广告

充气物造型广告多用于产品的促销及宣传。可分为长期型和临时型，在展览场地、大型集会、公关活动、体育活动等户外场所都可运用。由于造型物一般都较实物庞大，设计独特，颜色炫耀，对受众都具有一种强烈的感召力。

7. 路标广告

公共设施（如地铁站）或商店位置的标胆，可同时预留位置作广告推广。

其他网络媒体

1. 人行道广告牌

设立在人行道两旁的广告牌，可以使经过的行人清楚的看到广告信息。

2. 电话亭

电话亭一般设于人流密集区或公共场所，路人接触

的机率很高，但需经常保养及保持清洁，以保证广告效果。电话亭广告目前多以通讯、饮料食品、电器等广告为主。不同地区的电话亭，广告形式及尺寸亦各有不同。

3．阅报栏

在阅报栏开辟广告位置，我们称之为阅报栏广告。具有与行人道广告同等的性质，也可称之为"行人道阅报栏广告"。

4．悬挂广告

设置于饭店门前、公路两侧电线杆上，制作成灯箱广告、路旗等广告形式。这种广告形式具有制作方便、直接、信息传播广等优点，但是广告面积较小。将旗帜悬挂于街道两旁的灯柱上，又称为路旗广告，亦属于悬挂广告的一种。通常广告主在举办大型活动或是一个促销周期时，往往运用路旗广告营造热烈的气氛及扩大企业标识和活动主题的曝光率。

目前，人们在研究户外媒体的时候，习惯性地根据户外广告的"动态"特性，大致可分为两种主要类型：即固定广告牌和移动广告。

一、固定广告牌

(1)大型广告看板，主要指建筑物外墙广告牌，一般面积较大，一块广告看板的面积有的甚至超过500平方米。

(2)人行道广告牌，就是指在人行道两边的小型看板、灯箱、立柱广告，或者指示牌上发布的广告等，一般距离地面2-5米，距离比较短，比较低矮，传播的有效距离比较短。

(3)交通类广告，主要设立在一些与交通类有关的公共场所，如车站、机场、高速公路、公交车站等地方。

(4)POP广告：POP(P0P Of Purchase Advertising)又称售卖场所广告，是一切购物场所内外(百货公司、购物中心、商场、超市、便利店)所做的现场广告的总称，分为室外POP广告和室内POP广告两大系统。

室外POP广告：包括购物场所外的一切广告形式，诸如条幅、灯箱、招贴、海报、门面装饰、橱窗布置等。

室内POP广告：包括购物场所内的一切广告形式，如柜台陈列、柜台广告、空中悬挂广告、模特广告等。

POP广告主要是刺激消费者的现场消费，因为销售现场的广告有助于唤起消费者以前对于商品的记忆，也有助于营造现场的购买气氛，刺激消费者的购买欲望。

二、移动广告

(1)公交车身广告

(2)热气球、飞艇(船)广告

(3)专业广告车，又称DAV广告车，是一种在车厢的左右两面和后面装载广告发布机器的专门车辆。

有时候，户外广告媒体也分为电子类和非电子类两种：电子类广告媒体顾名思义就是，要达到广告的信息显示效果，就必须要使用电，有电视墙、LED显示屏、Neon等。非电子类广告就是除了这些电子广告之外的广告，一般为传统广告牌。

(原载《专业广告》)

户外广告的创新思维

在户外广告数量急剧增加的情况下，广告的创意问题，传播的效果问题也越来越多地受到业界的关注。对此笔者根据对欧洲户外广告的一些观察认为，创新是户外广告创意的关键。

户外广告，作为最古老的广告媒体，在中国大地上蓬勃发展，还是近十年来的事情。改革开放初期，户外广告并未受到足够的重视，人们把关注目光更多地投在具有喉舌作用的四大传播媒体上。随着人们户外休闲活动的增多，以及高新科技手段在户外媒体的广泛运用，这种具有快速传播效果的广告形式，才逐步得到广告主的青睐。据统计资料显示，我国国内户外广告经营总额由1990年的6.11亿元增加到2002年的114.6亿元，增幅达19倍多。不仅赢得了20%的市场份额，而且其利润高踞其他媒体之榜首。在户外广告数量急剧增加的情况下，广告的创意问题，传播的效果问题也越来越多地受到业界的关注。对此笔者根据对欧洲户外广告的一些观察认为，创新是户外广告创意的关键。

首先是表现内容的创新。创新是创意的本质，也是几乎所有广告人的追求。问题是大多数人在考虑户外广告的创意时，更多看到的是它的局限性。受发布空间和地点的限制，传达的信息量有限，很难引起受众的主动关心等等，以至于我们看到的大多数户外广告，形式千篇一律，内容枯燥单一。表面上看这是强化品牌形象，追求视觉效果统一。但这里忽视了户外广告的环境因素，而这恰恰是户外广告区别于其他媒体广告的根本所在。在一个只有5秒钟停留的和一个5分钟停留的环境中，在一个拥挤嘈杂的和一个清静优雅的环境中，坐在行进和车辆上和站在购物场所前，人们的心境是完全不同的，对广告的关注程度也有着巨大的差别。因此我们在广告的诉求上应该有的放矢，有简有繁。有的只能用大字标语强化品牌，有的则可以图文并茂介绍产品，有的还可以详细诉求加深理解。这需要广告人深刻理解广告产品的特性，揣摩受众的接受心态。

其次是表现形式的创新。我们每年看到的各种户外广告的参评作品，大都是平面作品的移植，只是用了更大字体的广告语，更加明显的品牌标记，再就是加一幅醒目的图片。无论是大高炮还是小立柱，都是四四方方的图形设计。而在欧洲的大街上，在街边和拐角处有许多广告立柱，一般在2-3米高，有圆柱形的、三菱形的和四面型的等等，顶部的设计更是花样众多，与周围的建筑风格相得益彰。还有利用公共汽车车门和轮胎的运动特性，使广告具有动感的作品，以及广告物品或代表物伸出广告牌以外，造成立体效果的作品，时常可见，很是吸引过客的目光。在刚刚闭幕的第十届中国广告节广告作品评比中，唯一的一面户外广告金奖——伟海拉链，也是突破了高立柱路牌广告千篇一律的长方形设计，拉链的特点，在广告牌上部的中间向两边拉开，运用夸张的对比手法，制作一个人或吊在拉链的拉环上，或站在上面把拉链向上拉，生动展现了拉链的可靠性，在众多的路牌广告中脱颖而出，具有极强的视觉冲击力。

第三是表现手法的创新。高新科技的发展给户外广告的表现手法提供了广阔的空间，光电艺术的巧妙结合，使户外广告的视觉冲击力发挥得淋漓尽致。在我国的许多大城市，霓虹灯和电子广告牌使用很多，装点着城市的夜空，但表现手法比较陈旧和呆板。而矗立在伦敦街头的健力士啤酒广告，则利用昼夜交替，使两面上的啤酒杯，由空杯变满杯，充满诱惑，让人遐想，给啤酒消费的黄金时段推波助澜。创新的表现手法，应该借助于各种环境因素，使广告活起来。如香草口味的可口可乐在台湾上市的户外广告，便是把户外广告的“震撼力”推到了极致。一个巨大的香草口味可口可乐易拉罐，架在街边的一台自动售货机上，在紧靠的墙壁上张贴着一幅巨大的广告招贴画，画中的形象代言人——香港影帝黄秋生，把一个年轻人拎了起来，而年轻人口中的吸管却牢牢地插在易拉罐中。因为“好奇”，只要有可乐喝，年轻人什么也不顾了。这一奇妙的表现手法，把户外看板，立体模型的零售终端，完美地组合在一起，其传播效果是可想而知的。

第四是媒体运用上的创新。户外广告是一个很大的概念，常见的有灯箱、路牌、霓虹灯、招贴、交通工具和橱窗等等，不同的户外媒体，有不同的表现风格和特点，应该创造性地加以利用，整合各种媒体的优势。我们有许多城市，广告牌越做越大、密度越来越高，破坏了城市的空间感和协调性，污染了城市的环境。而在欧洲发达国家，户外广告的设置地点、间隔密度、大小比例，似乎都考虑到城市的周围环境和行人密度，使人感觉到温馨和舒适，起到了美化和装点城市的作用。无论是在城区内，或是在高速公路两侧，都见不到象国内许多城市的“霸气十足”的大型户外广告牌，倒是设置在城市建筑物维修围蔽上的大型喷绘广告，令人印象深刻。为了确保安全，减少污染和不影响整体环境，建筑物维修期间，必须用围蔽将修缮的部分整个遮挡起来。在围蔽上，有的用电脑喷绘按原艺术建筑整个喷绘出来，不认真看，几乎可乱真；有的也在其中喷绘广告作品，并且可以喷得很大。这不仅是一种极其文明的施工方式，也提供了一个巨大的户外广告空间，非常值得我们借鉴。

中国的户外广告，正在告别简单的数量增长时期，进入讲求服务、注重创意、提高发布效果的技术性增长时代。这个古老的媒体正在焕发青春，必将在中国的广告市场上发挥更加强劲的作用。

(摘自世界华人网)

户外广告追求多元化表现

我国户外广告的发展正在呈不断上升的发展趋势，尤其是北京、上海、广州三地，基本上代表了目前我国户外广告的制作水平，总的印象是户外广告与城市建筑和城市公共设施建设相比，相对比较落后。

主要表现为：户外广告的表现形式、信息传达比较单一，广告看板大多是用喷绘、霓虹灯、LED等单一材料制作，广告的表现欲和创新欲不够，广告的视觉冲击力度不够，缺乏生气、韵律和动感，广告表现较平，出彩的作品太少。

在城市形态逐步形成，对户外广告的制作提出更明确的目标要求，使其既符合城市形象，与城市环境相协调，又能充分发挥寸土寸金的宝贵资源，是广告行业和政府管理部门共同努力的目标，我们应在尽量短的时间内通过克服和解决以下问题来改善经营环境：（1）广告无总体设置规划，避免周而复始的出现乱了整治，整了再乱的现象，切实提高管理部门的专业素质，加强贯彻落实各项法律、法规；（2）减少审批环节，正确处理好法治与权治的关系，延长审批年限，营造百花齐放、有序竞争的空间；（3）规模经营，以市场化手段减少广告经营者数量，鼓励并提倡在获得的媒体期内应用新技术、新材料，放手投入，从而提升广告的表现品质、媒体的性价比，提高广告在传播中其诉求的信息量。

其实我们应用在广告中的材料和手段基本上同国外没有太大的差别，在欧洲、美国等发达国家和地区，同样

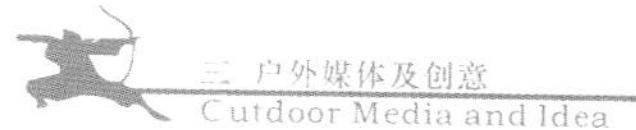

使用这些制作材料和手段，但他们的广告看上去就比较富有生气，具有较强的视觉冲击力。

在美国，纽约的时代广场和拉斯维加斯的户外广告最为集中，他们的户外广告往往采用多种材料和手段的多元化组合，通过电脑控制，表现出各种图文变化，密集的广告给受众以视觉上的冲击和享受，有些广告还配上音响和特殊的效果，广告画面的表现力很强。

时代广场众多的广告中，个个别出心裁，在设计上下功夫，材料应用上非常讨巧，也有不少广告制作颇具科技含量："可口可乐"墙面广告，是用几十万根光纤制作而成，为了更好地达到广告效果，设计师别具匠心地设计了一连串喝可口可乐的动作，当打开瓶盖时，会冒出诱人的气泡，跟着瓶品伸出一根麦管，渐渐地整瓶可乐被全部吸完，表现了美国人的幽默与乐趣，惟妙惟肖的广告极富想象力。不远处的"日清"杯面广告，是一座由霓虹灯衬托的巨大纸杯（内打光），在灯光的映衬下，缕缕热气随风飘动，仿佛闻到了扑鼻的香气，顿生食欲，广告诉求百分百传达，具有强烈的诱惑力。另一处，"赫兹"汽车租赁广告看板，简洁明了，组合了霓虹灯，三翻转，LED三种材料进行制作，非常醒目且富于产业化。三幅画面表现了家庭租车的乐趣，情侣的甜蜜，出差在外时的便捷，通过LED则把租车信息简明地告诉给受众，非常实用，提供了个性化的服务，广告诉求得到了充分展露，起到了很好的传播效果，同时又充分发掘了该广告位的潜能。

还有许多广告是由LED与霓虹灯、电灯泡与霓虹灯、喷绘灯箱与LED等等采用二种或三种以上的多元化组合，经过精心设计在一个广告中加以组合应用，看上去动感十足，给人以赏心悦目的感受，不仅起到了广告效果，还为城市空间增添了美感和活力。

回首看上海，以徐家汇商业圈为例，这里云集了五、六家超大型购物商场，每天有几十万人流，人气十足，当你走进商业圈，虽然广告相对集中，但这些广告的设计和表现缺乏想象力，缺乏动感和对购物环境感召力的烘托，商业氛围与广告之间缺乏真正的互动。

随着科学技术的不断进步，广告应用的材料层出不穷，不少技术在广告应用中有着广阔的发展前景。第五届上海"工博会"上展出的无痕迹换幅广告灯箱，在短短的几年中，技术日臻成熟，可广泛用于商场、地铁站、街道等，宽幅可达三米，已申请世界专利，赢得众多国内外参观者的青睐。还有城市之光投影广告，将彩色图片广告投射到大楼的外墙，其广告画面清晰可见，可以覆盖亚洲第三高楼"金茂大厦"，投射尺寸可大可小，根据投射物大小进行调整，广告画面生动有趣，给城市的夜景平添了一份靓丽。

我们应该借鉴国外的设计理念，一方面对商业区的局部区域营造类似时代广场的环境氛围，当购物人群进入到极富表现力的广告世界，就会因此而受到感染，引起人们的购物欲和置身在一种时尚的享受之中，以此来满足消费者的心理需求；一方面在广告设计、制作时，做到多元化组合，更富有想象力和创造力，提高情趣，这应该是我们为之追求的东西。

（上海市广告协会户外广告委员会主任委员　宣勤）

户外媒体创意探讨

户外广告可能是现存最早的广告形式之一。作为最早期的户外广告形式，考古学者在古代罗马和庞贝古城的废墟中发现了不少类似广告的标记，在随后的几千年里，户外广告的形式和内容逐渐变得丰富多彩。虽然随着印刷、广播、电视、有线传播和近年出现的互联网的不断发展，但户外广告仍是建立品牌和传递市场信息时最被广泛应用的媒体之一。

近年花在户外媒体上的广告费，其中包括射灯广告牌、候车亭、单立柱、地铁海报、公交车、机场广告等都呈上升趋势，足以证明它的普遍化。自1990年起，就以每年25%的速度迅速地增长，较之报纸、杂志、广播和电视快出很多。在媒介杂志最近（2003年）的调查中显示，在中国，户外作为继电视之后的第二个最佳媒体，为大众传递着信息。

更重要的是这种最古老广告方式的受欢迎程度至今仍在日益呈向上的趋势发展，我们常看到的有：国际领先的品牌如IBM、P&G、摩托罗拉、可口可乐每月支出过百万元人民币，在中国的大街小巷的抢眼地段，传播他们的信息；就连网络先驱诸如新浪、搜狐、雅虎和网易也借助路牌和公交车身广告，以保持它们在真实世界里与人们的联系。

创意是户外广告的生命力

上海明略市场策划咨询有限公司的研究人员发现，人天生就具有对新东西的好奇心，媒体总是能够吸引更多消费者的注意力和好奇心，所以无论是企业还是商家都无时无刻的在寻找新的媒体、新的方式来推销自己的产品。企业将广告投放在新的媒体上往往会起到事半功倍的效果，如果同时再配合广告公司、电视、报纸的共同“炒作”，更会带来更多的新闻效应。

户外广告是一种以流动受众为传递目标的广告媒介形式，是最悠久的广告形式。早期的户外广告招牌大多放于道路两侧，向行人、乘客和司机展示招牌内容。而在今日，随着城市道路的拓宽及建筑物的变迁，使得户外广告的形式、位置及表现手法能够更加的多样化，主要有以下几类方式：射灯广告牌、霓虹灯广告牌、单立柱、灯箱候车亭广告牌、地铁、公交车、火车站、机场、所有单一媒体、其他网络媒体。

由于大多数的户外广告被阅读到的时间只有几秒钟，在人们的头脑中几乎是一闪而过，因此如何在这“一闪而过”的瞬间引起消费者的注意力就需要设计者的优良创意了。

创意是用一种新颖而与众不同的方式来传达单个意念的技巧与才能，同时广告创意是一项控制工作。优秀的广告创意人员深知他们在熟悉商品、市场销售计划等多种信息的基础上，发展并赢得广告运动，这就是广告创意的真正内涵。事实上，成功的户外广告不仅要达到令远处的人群可以清楚地看到，也应从设计理念上提高户外广告的冲击力。

综合因素促使创意进发

户外广告的表现形式多种多样，随着越来越广泛的使用，策划人员也积累了不少的经验来处理不同的项目。但如何才能使每个户外广告发布后都能收到预计的效果，使客户达到宣传目的，创意无疑是整个策划中最重要的一环。

创意应以客户的需求为出发点。客户做广告一是为了达到强化企业形象和在同类产品中的领导地位，二是为了提高企业极其旗下产品的公众认知度，三是为了加强企业品牌与旗下产品的联系。所以创意人员在构思前要明确

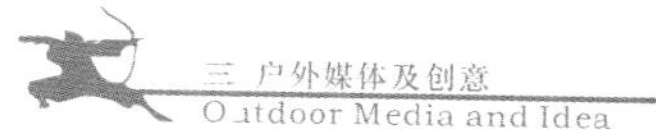

客户的具体需求，到底是要达到上述三种中的哪种目的，然后再有针对性的进行策划，这样才能更好的把作品主题表现出来。

创意应以大众的品味为依据。创意虽然是创意人员对项目的个人感受的体现，不同的创意都是策划者思想的结晶，各有千秋，很难说出孰优孰劣。但所有的创意都应为整个项目而服务，要能吸引大众的注意力、引起大众的共鸣，使产品迅速的被大众所接受、喜爱，才能使商家的付出得到回报，所以吸引大众眼球、受人喜欢的创意无疑更成功。所以创意不仅仅是创意者的天马行空、曲高和寡，而应是大众化中蕴涵着巧妙。

创意应能把握市场脉搏。创意不应仅是起到顾及大众的品味，简单的起到传达信息的作用。作为专业的广告策划人，在做策划、构思创意时需要具有前瞻性的眼光，能客观的分析产品在未来的发展前景。商家找策划人策划，不仅仅希望达到宣传产品、提高知名度的作用，他们还希望能得到专业人士给自己提供一些预见性的意见。所以创意人员在创作过程中，无须拘泥于以往的方式，而要不断的开拓新思维，要从长远考虑，进行策划，以给人带来新的感觉。

户外广告的创意要精确简洁。户外广告的特点是随意性比较大，路边的基础设施都有可能成为户外广告的载体，消费者在生活中接触到户外广告的时间也会相对较为短暂，人们对它往往只是短短的数秒注视，所以要使人们记住广告内容，就需要强烈的色彩、画龙点睛的话语及各式效果的合成来实现了。因此提升广告的精髓，在最短的时间内展现广告的主题思想就非常重要。

动态化是户外广告新的发展趋势。以往的户外广告往往以静态为主，但是随着广告竞争的不断加剧，消费者的眼球充斥了各种各样的广告，为了提高广告的记忆度和影响力，结合新的电子技术和高科技含量的动态的户外广告开始不断出现在市场上。研究表明，动态的户外广告要比静态的提高消费者37.6%的注意力。因此，户外广告的动态化将是今后几年的发展趋势。

户外媒体应结合户外广告视觉冲击力强、面积大、位置高、阅读强迫性好、受众广泛、地域性强、最低投放、广告转换度高、受众层面差异大等特点，设计出吸引人们眼球的各式精美广告。在创意的过程中要综合考虑各方的需求，充分利用发散性思维设计出令商家和消费者都能满意、喜爱的户外广告。同时，还需要运用形象、语句、三维物件、动感、音效等表现形式及周围环境和高新科技的共同配合，才能使整个广告完美的呈现，起到意想不到的效果。

（摘自《明略周刊》）

户外媒体创新的趋势及实例点评

在中国做户外广告，特别是要做创新的户外广告，首先要弄清楚做创新户外的好处和动力何在。我想先从四个起作用的主角谈起：

1. 广告主：客户花钱做户外广告，追求的是户外信息对目标消费群的最广度覆盖，如果能把广告做得更创新些，客户往往愿意多花些钱，因为创新的广告市面上不是比比皆是，物以稀为贵嘛。客户做创意广告的目的是信息传播效果的最大化。

2. 媒体主：由于户外产权问题，法律界定还不清晰，中国目前的媒体主的所有权是相对的，不少媒体主往往只看重短期效益，因为批出一个好的广告位不容易，再者能保住多久不得而知，因此多数经营者视野比较短浅，极少媒体主愿意在广告效果上花功夫。其实创新对媒体主来说是有利可图的，因为一个普通的户外媒体，如附加上适度的创意追求，结合品牌的创意概念，往往能产生可观的增值，即达到1+1=3的效应。可惜的是不少媒体经营公司由于一味扩张资源和拼命销售，加上尚未掌握创新增值的基本原则，往往有心无力，做不出有新意有冲击力的广告。有一种常见的误区，那就是“羊群效应”，盲目跟风，殊不知创新户外的特性是，第一个做出来的叫创新，老二就得靠边站了。

3. 消费者：消费者有双重身份，既是户外广告的目标受众，又往往是户外广告的克星。受众的定义就不用解释了。克星表现在以下两方面：轻者为“熟视无睹”、“审美疲劳”，重者视户外广告为“眼中钉”，甚者上告人大，要求拆除广告牌。群众的力量是不可低估的，在户外广告的范畴里，创新户外如果能够更好地运用“新，奇，特”威力，降低广告的“墙纸效应”，吸引消费者的眼球，也就能进而接近消费者的荷包了。

4. 政府（主要指市容、市政、规划及工商的各级主管部门）：政府在中国户外广告这个领域是最累最辛苦的了。为什么？在西方一些国家，户外广告的法制环境，市场规范及行业自律相对健全，政府一般只制订户外广告安全性，环保景观等准则。譬如在我国香港，就没有繁杂的户外广告审批一说，媒体主征得楼主同意，叫有资质的工程师设计出图纸，只要不违反既定的安全准则，就可设置招商及发布了。以上海为例，政府对设置户外及发布户外的管理范围涉及安全性、环保、景观、协调、各区特色以及新技术、新材料及新模式的应用和推广。管理范围广，要管好，必须有一个相对长的过程。

针对户外创新问题，我们有以下两点建议：

1. 在尊重广告法和地方条例的前提下，广告执行环节应尽量交由行业自律来规范。创新户外尤其讲究把广告做精，这需要广告业生物链各环节的有机配合，广告主把宣传要求说清楚，明确宣传目的；广告代理公司在消化了品牌的要求后提供策划，帮助客户评估各种户外媒体形式，回答广告主该做什么，做多少，何时做等问题，然后给客户一个执行的承诺；媒体专业公司是新生的一个增值型链节，责任是把代理公司对客户的承诺落实执行出来；媒体主的责任就是负责广告审批，制作，发布及质量维护。因此说，户外的创意是有序地生成的，如果管理部门在某一路段或区域的具体落实上采用一刀切的创作要求，譬如某条路上只能是全霓虹，单一形式，墙面广告绝对不能突出楼顶等规定时，创新户外就可能难产了。

2. 新技术、新材料的应用不应视为等同于创新。创新广告的关键在于创意概念，创意概念源于品牌定位及广告信息和媒体阵地的“地缘”关联性发掘。如能利用载体强化传播，再利用新科技、新材料提高精确度及冲击力，就有可能做出最好的创新户外了。否则，新技术、新材料的应用只能是户外形式更新的要素，并非创新的必然要素。

创新户外的核心思维

首先是关联性，即品牌概念与恰当的时空载体相结合，它决定广告信息传播的质量和深度。其次，是具象化。具象化有如下三大要素：

1. 户外创意必须参考户外环境的特殊性，根据户外设计六大原则，即：（1）突出品牌，（2）色彩对比，（3）简单明了，（4）幽默生动，（5）多用人物宠物，（6）Z字阅读习惯。

2. 户外平面创意应该争取依托具有同样概念内涵的媒体取得体现，从而赋予意外的亲和力和冲击力。

3. 新技术、新材料、新模式的应用能提高户外传播效果，但绝非创新户外的必要元素，不应成为创新的代名词。

创新户外的八大趋势

纵观中外户外，众多广告商家在追逐眼球的努力中，无外乎如下八大类创新户外。

第一、跳出框框，相得益彰

A）尼康相机在“有声有色玩不停！”的创意驱动下，巧妙地利用香港铜锣湾的一面玻璃幕墙和一面广告牌，形成重叠对比，生动活泼！

B）这则耐克广告，在一个平凡的广告板前置放一个硕大的足球，妙在似乎不经意地压扁了停在邻近的一辆汽车，煞费心思，不同凡响，实出自大师手笔！

第二，应用科技，吸引眼球

A）香港的诺基亚广告，近日又出新招，立体模型内镶LCD显示器，播出实时地产新闻，突显其“科技以人为本”的实用性，吸引了不少眼球。

B）劲量锂电池声称世界上最耐用，简单幽默的画面内镶LED播出广告片，饶有趣味！

C）汉城的仁川机场路近日出现了一个巨型“三星”Anycall的模型广告，上镶LED，表现力是生硬了些，但对沉闷的韩国机场户外来说也算是一个不小的突破。

D）另一个尼康广告，采用了喷绘、霓虹及移动闪光相机模型三重组合，不需要高科技，可谓一个“低科技三重奏的尝试”，效果尚佳。

第三，巧用材料，因地制宜

法国街头经常出现这种临时广告，利用网状喷绘布围挡在建楼，轻巧工整。

第四，环保景观，协调环境

A）仔细看看，巴黎的这个银行广告，竟然用一幅喷绘伪装出一个大厦的原样，再点缀上几个logo标识，天衣无缝，是协调和谐的佳作。

B）投影广告已从天上做到地上，华伦最近在北京后海酒吧街以及上海新天地为绿箭口香糖和耐克OLE新产品做的广告，成功地让消费者“低头”了。

C）从世界杯期间在广州天河体育馆墙头和北京国安宾馆的耐克投影，到上海徐家汇摩托罗拉V70的投影广告，都是我们近年来开创环保广告的一些有意义的尝试。

D） 今年国庆节，上海南京东路沈大成墙面，出现了一个特别令人望而止“渴”的可口可乐广告，我们策划的这个可乐广告，是在南京路管委直接关怀，媒体主大力配合，可口可乐公司倾囊投资的情况下诞生的。

E） 如何设置和商业中心相协调的户外广告，我们不妨可以学习一下最近纽约市宾州广场商业区改造的经验吧！这个离时代广场仅一箭之遥的商业热点，同时设置了一系列巨型楼体广告，没有高楼楼顶广告，没有霓虹，只有巨幅广告牌，但有了不断更换画面的可能，以及和消费者直接对话的冲击力，设置有序。这样高效率的CBD广告，我们的商业中心能否借鉴呢？

第五，关联场所，延伸夸张

A）耐克的户外精品真是层出不穷的，这则广告，成功地将品牌的运动个性鲜明地印刻在巴黎体育馆的玻璃幕墙上。

B）另一则耐克广告，则巧妙地把马路两侧相对的两个不相联的墙体，通过网球联成一体。

第六，普通媒体，延伸增值

A) 香港旺角的这个康师傅广告，只加装了一个简易的转动器，转动了客户的产品，也转动了广告牌主的摇钱树。

B) 华伦去年在深圳东门做的雪碧广告，通过吸管，瓶模和墙体的组合，几乎所有行人都为之驻足忘返。

第七，载体语言，生动应用

A) 黄浦江边不缺商务人群，我们前年帮英特尔策划的这个假人Show，仍是说明媒体载体语言的最好案例。没有比在游船上上网更能说明"无线你的无限"了。

B) 公交联体车像风琴，生动吧？公交车门卖关节膏，聪明吧？再看看这则耐克车身广告，令人叹服！

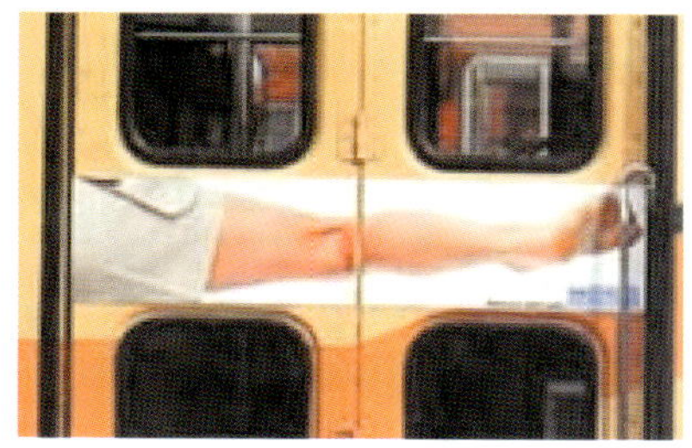

第八，特定氛围，归一渲染

A) 今年汇丰为了展示其"环球智慧"，把港岛中环站装饰成一个大花园。真做到五花八门，这样的户外策划和执行真够令人动容的了。

B) 我们华伦在今年7月份为尊尼伏加黑方威士忌策划投放的上海户外攻势，也是执行了这种包围式氛围渲染的策略。消费者调查显示效果很好，黑方的品牌认知度达到预期的目的。

结束语

总结来说，提倡户外创新离不开政府的支持，它对改善一个城市的商业氛围，减少环境污染，提高广告主的投放兴趣，延续户外行业的持续增长，鼓励户外行业的专业热情，都将有着不可忽视的作用。户外创新重视创意概念，推陈出新，因地制宜，从景观大局出发，遵照市场法则，推动着户外产业化发展的进程。

(华伦媒体总经理 林建潮)

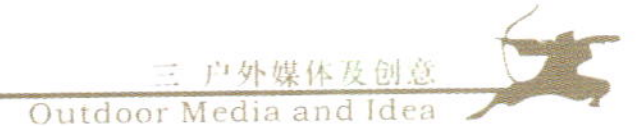

霓虹灯广告的创意与创新

一、设计理念

霓虹灯的造型设计是人类生活追求美的享受应运而生的一种实际应用艺术，而这种实际应用艺术的发展便形成人们通常所称的实用美术。

在我国，实用美术归属于“工艺美术”的范畴，是工艺美术中的核心。它和同属于工艺美术的现代工艺、民间工艺、民族工艺、装饰美术、商业美术、现代环境艺术等有密切的关系。而这些关系是互相依存，互相影响而又相得益彰必不可少的。

霓虹灯设计的本来目的，就视觉而言，所要完成的是人工照明功能。但对人们的感官却产生了装饰照明作用、制造愉悦气氛的精神功能、强调照明产生的视觉环境的美学功能及心理效果。

霓虹灯的设计就是将产品造型有关的结构、材料工艺、视觉感官、市场需求等方面的功能进行综合的创造性设计。这一方式是工程技术与艺术结合一体的新的设计方式。它包含了造型的形态、色彩、视觉传递的美术设计，以及表达造型构思的深刻内涵。它是工业设计、视觉设计、环境设计的综合体现。其设计效果好坏人们一目了然。在日常生活中我们所观察到的霓虹灯形形色色，花样百出，有的庄严而高大且颇显气势恢宏；有的精巧别致且倍感玲珑；有的变化莫测使之飘渺梦幻；有的形态独特让人为之惊叹；有的情趣雅然而令人赏心悦目。一个优秀的设计来源于创作上的灵感，而这些灵感无不显示着设计人员对专业知识的精通，对主题思想的独特理解，其深厚的文化底蕴、系统的美学基础、扎实的绘画功底，都充分显示着作者新颖、独特的设计理念。因此我们应该深刻地意识到：我们的设计就是要充分利用这种集工业、工艺、美术和科技为一体的霓虹灯的诸多特性，来实现当代社会对霓虹灯的多样性、趣味性、艺术性和实用性的要求。

二、创意与创新

现代设计的主调是简洁、明快，但简洁不是单调。霓虹灯在广告的产品商标、商品名称、符号标志设计中要求单纯、明确，这是指文字要简练，构图清爽。但当代霓虹灯已涉及更广泛和较复杂的表现形式，千篇一律的设计已不能满足时代要求。随着社会和科技的发展，霓虹灯的创意与创新越显重要。因为再先进的工艺和技术，要使它变为成功的作品，创意和创新仍应放在首要的位置。一些貌似简单的设计，其实并不简单(比如：把霓虹灯用在时钟上做装饰的图案不少，假设在上海外滩设计一个大的夜市霓虹灯的时钟来提示各大楼业主和游客，用指针显示时、分、秒，并在3km以内清晰可见，且成本要求不高)，因为它不仅要融入设计者新的思想，而且在技术上也要采取一些新的方法。

没有创意就谈不上创新。创意需要形式来表现，创新需要内容来填充。在霓虹灯的设计中，形式与内容的结合仍然是我们创作的基本法则，要注意如下事项：

第一，创意要与文化品位、地方风格、民族特色以及行业的对象密切结合，并赋予它时代的气息。有创意的设计不管从形式或内容上总有它的独到之处。其“意”非垂手可得，需在生活中挖掘并通过大量积累、总结才得以完成。现在我们已经注意到：许多聪明的设计者常“借他行之精髓，完我之大业”，在短时间内便创作出不少经典作品。(如图 1.1)

第二，创新要抓住作品的主要特点并灵活地利用它的相关因素。现在，我们对霓虹灯的设计并不是单一的对“灯管怎样排?”、“底板上什么色?”、“带不带扫描?”、“是否加边框?”等的统一面孔，而是在整体造型

1.1别出心裁的霓虹灯

上的新颖、合理；构图上主题突出且分配恰当；光源在亮度、光色、光影对比的协调；位置的分布合理；直射、透射、漫射的层次和方向以及强弱(甚至眩光)；控制方式及程式方向、速度；与环境的融洽；制作、安装的规范和方便；容易维修，造价合理；安全性高；符合有关标准、政策、法规等综合因素。作为一个力求创新的设计者从以上综合因素加以考虑是非常必要的。目前，随着经济和科技的发展，霓虹灯在许多领域被广泛采用。如商业装饰、企业形象广告(如图1.2)、建筑装修、室内外装饰、商品装饰、工艺美术、公共场所、城市景观、灯会、冰雕等。

第三，创意与创新的方法。对一个设计者、创意与创新必须通过一定方法来具体表现，而设计的图形就是最直接表达的基本方法。图形创意的训练方法可借助于视觉思维训练的基本方法。视觉传达设计融合了多种学科的知识，因此要进行全面、整体、多角度和多层次的综合训练。

1.2奥林巴斯公司天棚霓虹灯的平面构成设计

1、联想与想象

联想和想象思维在视觉传达设计中是不可缺少的重要成分，是决定设计成功与否的重要条件之一。图形创意的训练首先要从联想和想象的训练入手，针对设计的主题、类型、手法、思想内涵、形式美感和光、色的表现等方面，充分展开想象的翅膀，发挥设计创作的想象能力，不拘束个别的经验和现实的时空，而让自己的思维遨游于无限的艺术世界之中。与其他学科一样，没有想象力的设计，是不可能有永恒的生命力和感染力的。

联想是人的大脑中联系记忆和想象的纽带。人们对事物的记忆的许多片断通过联想形式进行衔接，转换为新的方法。主动的、有意识的联想能够积极而有效的促进人的记忆与思维。在创作设计的过程中，联想与想象是记忆的提炼、升华、扩展和创造，而不是简单的“克隆”。从一个创作构思产生的一个设想可导致另外一个设想和更多的设想，从而不断地设计出新的作品。可以说联想是创意和创新的关键，是形成设计思维的基础。

2、标新立异与独创性

在图形设计的领域中，创意总是强调不断创新，在设计的风格、内涵、形式、表现等诸多方面强调与众不同、不安于现状、不落于俗套、标新立异、独辟蹊径、这些都是设计师们终生的追求(如图1.3)。标新立异是图形创意的一个非常独特的方法，让思维超越常规，找出与众不同的看法和思路，赋予其最新的性质和内涵，使作品从外在形式到内在意境都表现出作者独特的见解(如图1.4)，采取灵活多变的思维方式，多方位，跳跃地从一个思维基点跳到另一个思维基点。标新立异的图形创意强调个性的表现，没有独特的个性特征，则容易落入一般，流于平淡，即没有创新。充分的个性表现取决于创意的具体性、独特性和自由发展的意识。每个人的感受是不同的，各自都有自己的审美体验，表现出个性的特征。设计师应以不同的思维形式独立地进行思考，在心中建立起自己独特的审美形象。

1.3可口可乐的球形铁花与霓虹灯招牌的巧妙结合其广告效果寓意伸畅

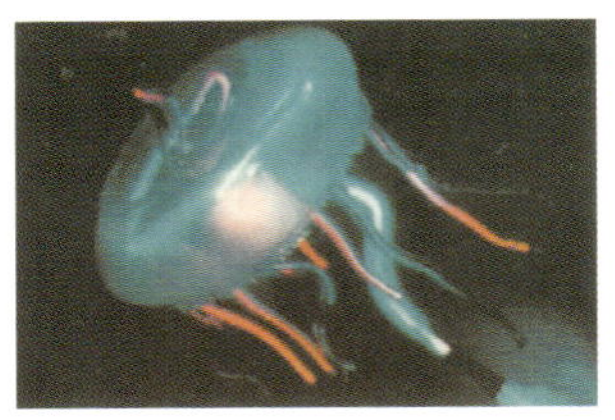

1.4 仿佛在深海中闪烁着生物光的霓虹灯水母

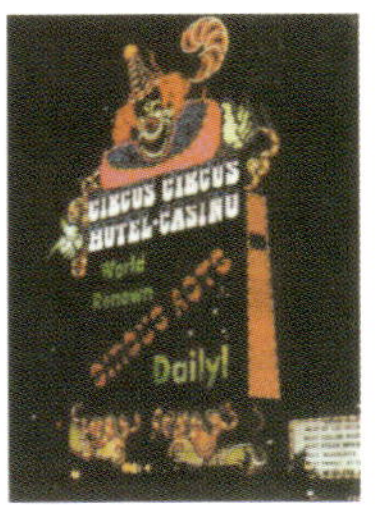

1.5 完美地应用于建筑的轮廓与内透光之中

1.6 在摩托车的仿形中较深入地进行了刻画

1.7 多种手法多种光源的结合更丰富其表现力

3、广度与深度

广度是指要善于整体全面地看待事物，将事物置于一个立体空间之内(如图 1.5)，我们可以围绕问题从多角度、多途径、多层次、跨学科地进行全方位研究。图形创意的广度表现在取材、立意、造型(如图 1.6)、组合(如图 1.7)等各个方面。从广泛的宏观世界到神秘的微观世界，从东方与西方的文化交流到传统理念与现代意识的融合，这都是我们进行图形创意所要涉及的内容。

4、侧向与逆向

在图形设计中，如果只是顺着某一思路，往往找不到最佳的感觉而始终不能进入最好的创作状态。这时可以让思维向左右发展，或做逆向推展，有时能得到意外的收获，从而促成视觉思维的完善和创意的成功。

逆向思维是超越常规的思维方式之一。按照常规的创作思路，有时我们的作品会缺乏创造性。当你陷入创新的泥潭时，不如尝试打破原有的思维方式。反其道而行之，另辟新路。可以将两种相反的事物结合起来，从中找出规律，也可按照对立统一的原理，置换主客条件，使视觉传达达到特殊的效果(如图 1.8、 1.9)。

1.8 无规律的分布以营造无拘束的氛围

1.9 用无限回归原理有意识地产生重影

在图形创意的设计中，逆向思维是常用的方法之一。打破常规，向你接触的事物的相反方向看一看，反过来想一想，在侧向、逆向与顺向之间多找些原因，多问些为什么，多反复几次，就会多一些创意的思路。运用逆向思维方法，在人们的正常创意之外反其道行之，有时能够创造出奇制胜的独特艺术效果。

5、求异存同

求异是以思维中心向外辐射发散，产生多方向、多角度捕捉创作灵感的触角。这种思维形式不受常规思维定

2.1重庆欣阳广场地下商场入口处的采光天棚霓虹灯采用了数码自动控制系统

式的局限。可综合创意的主题、内容、对象等多方面的因素，以此作为思维空间中的一个个中心点，并借鉴吸收民族习俗、社会潮流等要素，将其综合在自己的视觉传达设计中。

存同就是将在创意过程中所感知到的对象，搜集到的信息依据一定的标准聚集起来，探求其共性和本质特征。在求同的思维过程中，最先表现出的是处于朦胧状态的各种信息和素材，这些信息和素材可能是杂乱的、无序的，其特征也并不鲜明突出。但随着思维活动的不断深入，创作思路渐渐清晰明确，各个素材或信息的共性逐渐显现出来，成为彼此相互依存，相互联系，具有共同特征的要素。焦点也逐渐地聚集于思维的中心，使设计的形式逐渐地完善起来。

求异与存同是视觉传达设计过程中相互作用的两个方面。以求异思维去广泛搜集素材，自由联想，寻找创意实感和设计契机。以存同思维对所得素材进行筛选，归纳、概括、判断，从而产生正确的创意思路。二者相互联系，相互渗透，相互转化，从而产生新的认识和创新思路。

6、超前思维

在图形设计中，超前思维是人类特有的思维形式之一，是人们根据客观事物的发展规律在综合现实世界提供的多方面知识与信息的基础上，对于客观事物和人们的实践活动的发展趋势，未来图景及其实现的基本过程进行预测，推断和构想(如图 2.1)。它能指导人们调整当前的认识和行为，并积极地开拓未来。

在进行图形设计时，人们由于创意的需要产生了对客观事物的感受认识，超前思维的形象联想，主体想象是设计构思中能够促进设计师开拓新领域的有效环节。

设计创造的超前思维强调通过形象来反映和描绘世界。超前思维训练能够帮助我们在设计创意的过程中积极主动地面向未来，并从幻想中寻找思路，在创新中实现目标。

7、灵感捕捉

灵感是图形创意设计中经常出现的一种思维现象。在设计活动中，人们潜藏于心灵深处的想法经过反复思考而突然闪现出来，或因某种偶然因素激发而突然有所领悟，达到认识上的飞跃，各种新形象、新思路、新概念、新发展也突然而至，犹如进入“山重水尽疑无路，柳暗花明又一村”的境地，这就是灵感。灵感的出现是思维过程必然性与偶然性的统一，是智力达到一个新层次的标志。

灵感是潜藏于人们思维深处的活动形式，它的出现有许多偶然的因素，并不以人们的意志为转移。但我们能够努力创造条件，也就是说要平时有意识地多学习、多观察、多思考、多积累，并善于借鉴其他学科，其他行业的经验来寻求自己的有个性的思维模式，让灵感随时地突然出现。这就需要了解和掌握灵感思维的活动规律，加强各方面知识的积累、勤于思索并随时丰富自己在设计领域中的“基因库”，一但需求设计灵感时，即可“触类旁通”地捕捉到转瞬即逝的思维火花，给灵感的出现创造必要的条件。

8、诱导创意

在图形创意的过程中，结合具体形象或形式的特点进行带诱导性的提示，对形象的构成用不同的方法进行重新处理，形式新的艺术形象，或对相同或相近的对象用类比的方法加以变造，使我们在图形创意进行过程中增强视觉艺术思维的效果。

(1)从图形形象处理方面进行诱导

·组合：材料、形象、素材、秩序、部件的重新拼接等。

·渐变：形态的渐变、大小渐变、粗细渐变、造型的渐变、方向的渐变、光色的渐变、亮度的渐变、结构的渐变等。

·简化：化整体为零星，变复杂为简洁。

·添加：添加的内容、形式、大小；添加的次数、添加的长短、添加的疏密等。

·打散重构：结构打散、色彩打散、线条打散、形象打散、材料打散等，然后进行重新组合。

·颠倒：位置颠倒、组合颠倒、材料颠倒、主次颠倒、内外颠倒、形态颠倒、步骤颠倒、形象颠倒等。

(2)从图形类比方面进行诱导(如图2.2、2.3)

·直抒：从自然界和人造物中直接寻找与设计相对类似的因素做出表现，图形语言单向应用，比较直接地传达视觉信息，具有直觉表达的特征。

·拟人：将创作的对象进行拟人化处理，赋予其感性色彩。

·象征：借助事物与形象或符号进行抽象化、立体化的形式类比。

2.2用徽记和文字直抒奥运

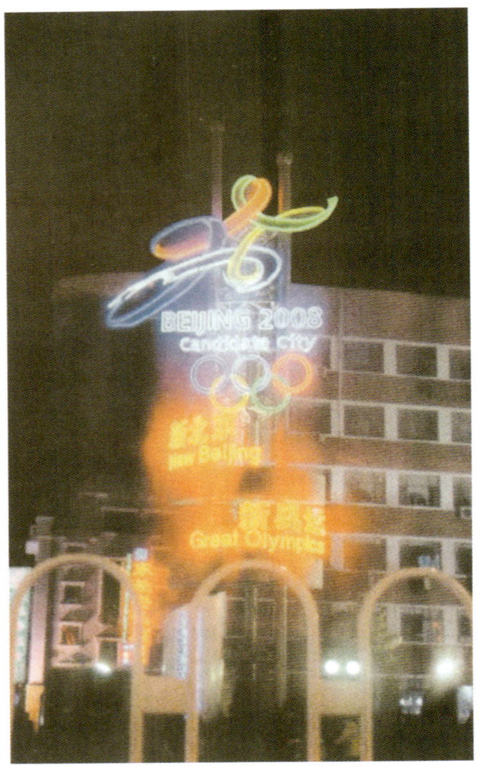

2.3图形综合设计

· 综合：排除形象与形象之间复杂的表面现象，找出他们相似的特征进行综合的类比，注重“意”的表达。

根据有意识的提示以及具体的思维途径进行图形创意时，应勤分析、勤探讨，不要忽略任何一个小小的细节和相关的因素，选择那些具有挑战性的思路进行设计。

9、计算机技术的发展与图形创意思维

随着计算机图形技术的日趋成熟，图形设备的不断完善，以及交互式图形软件操作技术的不断普及，设计师们能够直接在图形软件所提供的操作环境下，以应答的方式进行一切有关设计的创意。计算机对视觉传达设计最直接的贡献是带来了新的造型语言及表达方式，并帮助视觉传达，为设计师开阔思路。计算机图像处理软件体现的特点是以屏幕显示的方式开辟了设计传达的新领域，使计算机设计的作品表现出新的风格。

图形设计者可以利用庞大的信息库中的图形资料进行组合变化处理，这使图形设计者在很短的时间内获得大量的信息，再通过计算机软件的操作产生许多不同的新图形，有时会出现人们事先意想不到的效果。由此不断地激发设计师的视觉艺术思维活动，不断地产生新的想法。同时，计算机能够使设计图像生成的每一个过程视觉化，设计师可以有效地进行控制，并将结果通过计算机的屏幕直接反馈出来，以便在操作时反复尝试，修改设计过程中的图形，以求达到最佳效果，从而弥补了传统设计工具的缺陷。

(原载《中国霓虹灯艺术与工艺年鉴》陈大华、温伯安等编)

2004年上海市优秀广告展评赛
获奖户外广告作品选

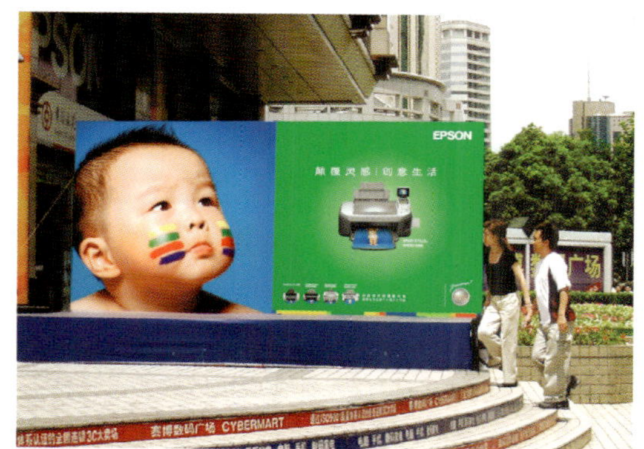

作品：EPSON-POWER ON!
单位：上海博报堂
奖项：一等奖，优秀奖

点评：出彩，不需要理由，
抓住眼球，却需要算计出彩的时点。

作品：好劲道巨无霸方便面

单位：上海唐码广告有限公司

奖项：一等奖

点评：巧妙借景。广告视觉空间被放大了多少？品牌联想空间又放大了多少？虚拟见功力。

作品：东方商厦十周年庆外立面包裹

单位：上海东方商厦有限公司

奖项：二等奖

点评：巧妙造景。这是随类赋彩的新典型。古人云：虚则实之。广告的一个功用就是唤醒潜藏在消费者心灵深处的愿望。

作品：3600平方米的动感可乐
单位：上海工合广告展览有限公司
奖项：二等奖

点评：你见过如此巨大的可口可乐吗？你见过如此巨大的广告屏幕吗？在我们这座城市，的确需要有些GREAT与GREAT相配的东西。科教兴市，高技术带来荣耀。时尚上海在世界户外广告领域的话语权有赖于先锋性和独创性。震旦大楼上这块面积最大的LED电子屏幕墙已成为今年刷新的吉尼斯世界记录。

作品：OKWAP手机霓虹灯
单位：上海飞帆广告有限公司
奖项：二等奖

点评：“时尚”和“酷”是多方位的感觉体验。在广告元素中选择强烈的有活力的户外视觉符号，将立体的商品形象衬以动感霓虹，使品牌风格得以确立，并使品牌价值有效延伸。

作品：KODAK霓虹灯
单位：上海福赐广告有限公司
奖项：三等奖

作品：公益广告造型
单位：上海东亚广告装潢有限公司
奖项：三等奖

作品：花园饭店围墙广告
单位：上海华运传播有限公司
奖项：优秀奖

作品：中丝伊都锦商厦灯光装饰

单位：上海申浦广告装潢有限公司

奖项：三等奖

点评：精致中辉映着大气。欣赏这些作品，我们可以对上海户外广告设计与制作水准赶上世界先进城市抱有充分的信心。

作品翻拍：方华　　作品点评：大风

图片由上海市广协户外广告委员会提供

第11届(2004年)广东省优秀作品评选户外获奖作品选

辉山牛奶空杯系列（铜奖，旭日因赛广告）

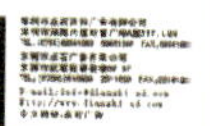

看了就想投（铜奖，东莞点石广告）

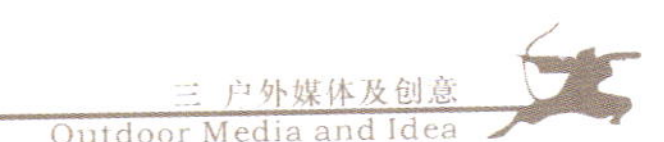

海天酱油之佳肴篇系列（优秀奖，旭日因赛广告）

“我是谁”包袱篇（优秀奖，广东省广告公司）

“我是阿妹”揭晓篇（优秀奖，广东省广告公司）

宝洁之黄线篇（优秀奖，盛世长城广州公司）

候车亭效果立白之细菌求救篇（优秀奖，旭日因赛广告）

强劲动力非一般体验（优秀奖，广东典雅广告）

店面海报效果系列（优秀奖，黑马广告）

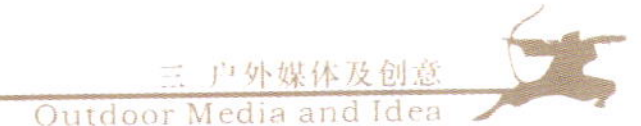

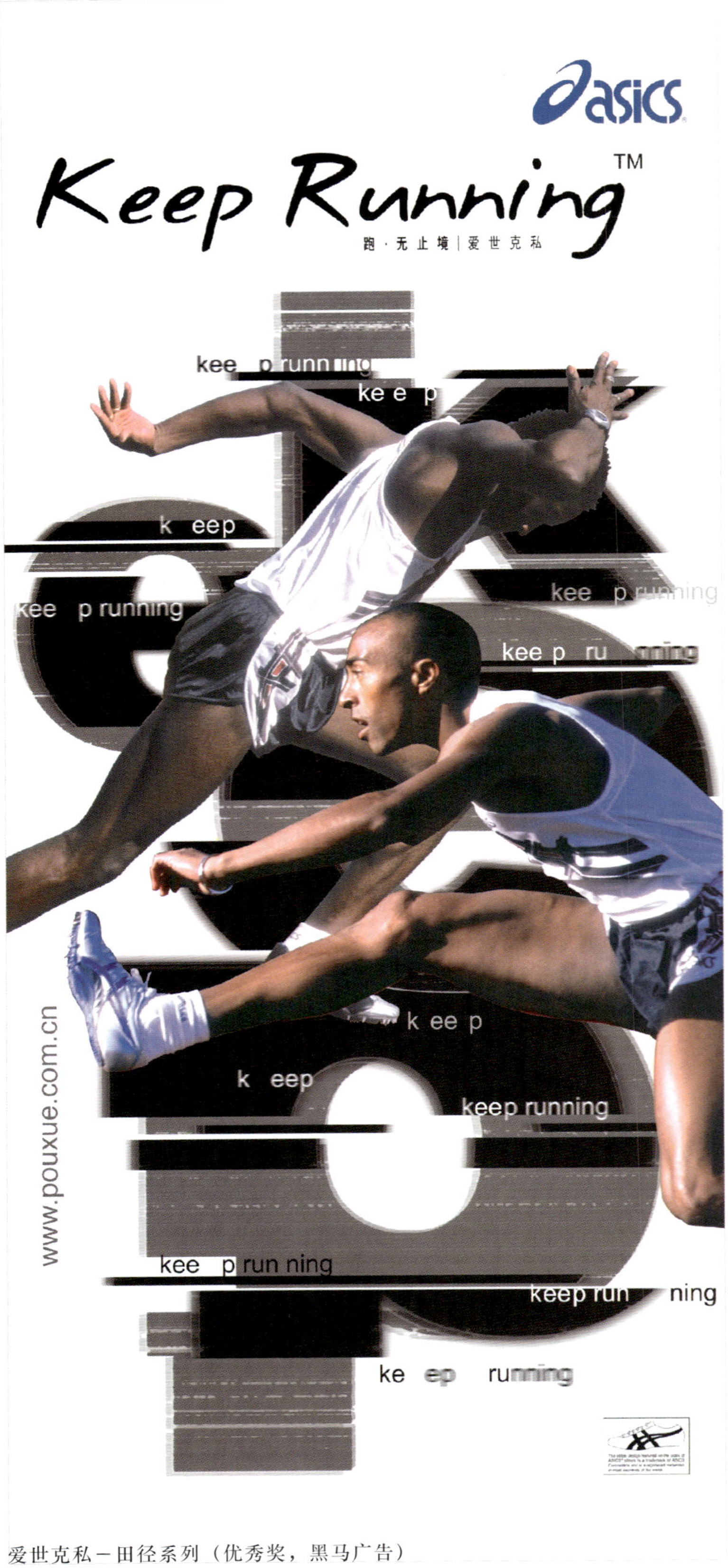
asics
Keep Running™
跑·无止境|爱世克私
www.pouxue.com.cn

asics
Keep Running™
www.pouxue.com.cn

asics
Keep Running™
www.pouxue.com.cn

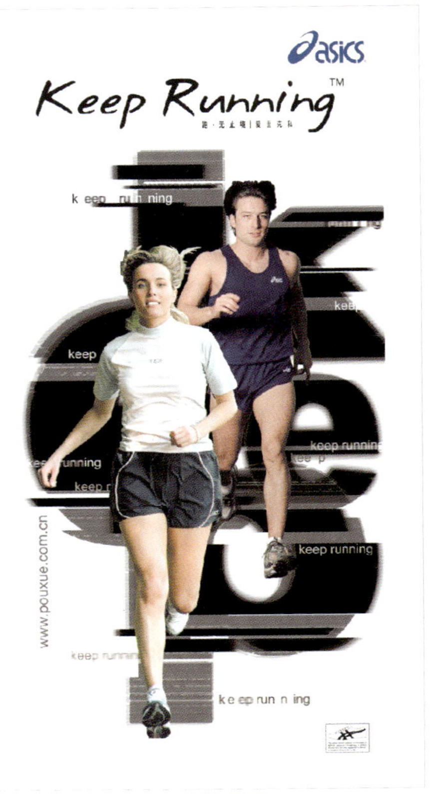

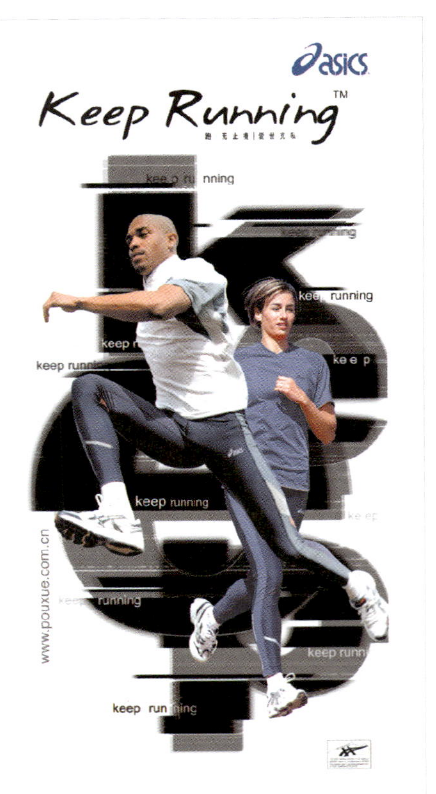

爱世克私－田径系列（优秀奖，黑马广告）

广告位招租系列（优秀奖，广东艺精广告）

图片由广东省广告协会提供

中国广告协会霓虹灯委员会历年霓虹灯优秀作品选

2002年“美霓杯”一等奖　　清山湖明珠

2002年“美霓杯” 二等奖
金满楼东方海鲜楼
制作：扬州东方霓虹广告有限公司

2002年 “美霓杯”二等奖
金碧辉煌

电信市场 －江苏江阴华西

2002年“美霓杯”三等奖
珠江钢琴　制作：广州新广美霓虹灯广告有限公司

2002年“美霓杯”优秀奖
中国优秀旅游城市—广州
广之旅（制作：广州新广美霓虹广告公司）

2002年“美霓杯”二等奖
美国安利　制作：上海新亚广告有限公司

南京华夏银行　—　南京东信广告公司

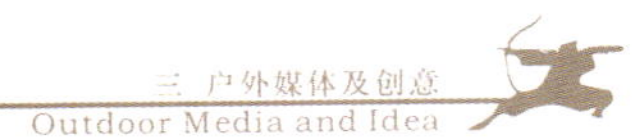

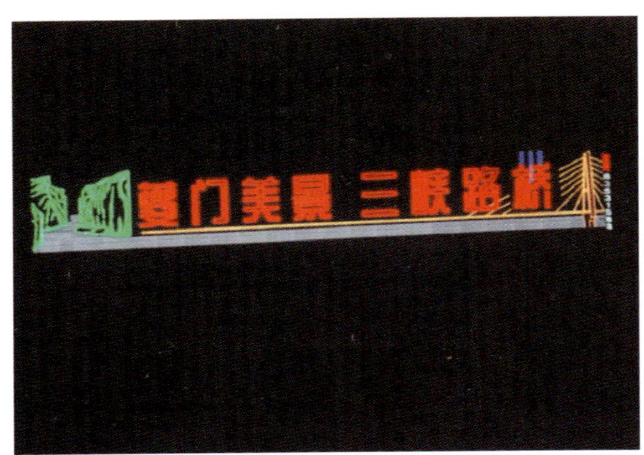

2003年“中亚杯”优秀奖　　夔门美景 三峡路桥
制作：重庆亚光霓虹灯广告有限责任公司

大连市街心花园绿地
制作：大连霓虹广告有限公司

今日阳光大酒店
金桥路卢湾分厂

2003年“中亚杯”优秀奖
建邺飞翔
制作：南京飞鸿广告工程有限公司

上海中法友好交流霓虹灯参展作品

上海书城南京路 —上海伟达霓虹广告有限公司

新世界城上海南京路

乐乐辰 —上海新城霓虹广告有限公司

明牌首饰－上海南京路

南京红泥霓虹实景照片

休闲场所

因整栋大楼分为若干个功能场所，按业主的要求：把有代表性的经营项目做成霓虹灯招牌，创作者选定了几个有代表的标牌，注意了颜色、结构与整栋大楼的对称性，用黄色陪衬中央暗光主题，营造一种洋化效果。

(上海霓虹电器厂卢湾分厂)

华丹啤酒　80m×30m

参展单位：吉林长虹霓虹灯有限责任公司

富士胶卷南京路外滩

上海丽安霓虹电器有限公司

FOSTER'S 人民广场－上海新亚霓虹广告有限公司

上海少年儿童购物中心

2003“中亚杯”优秀奖　青岛啤酒
14m×8m　制作：青岛星光广告有限公司

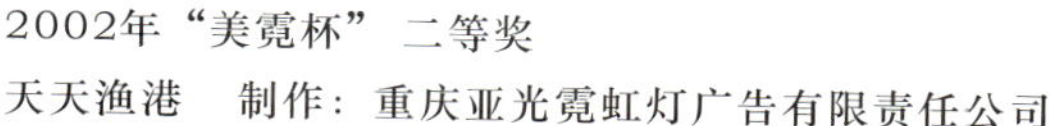
2002年“美霓杯”二等奖
天天渔港　制作：重庆亚光霓虹灯广告有限责任公司

南京食为天酒店

阳光俱乐部霓虹灯工程夜间实景 全景

A面

B面

项目	阳光俱乐部（白天实景）
面积	A面：30.18M x 12.15M≈367M² B面：16M x 12.15M = 194.4M²
表现形式	霓虹灯、跑马灯相结合

2003“中亚杯”三等奖　30mX12m　制作：成都市霓虹实业有限责任公司

图片由户霓会提供

2004年《亚光杯》全国霓虹灯广告优秀作品评选获奖作品选

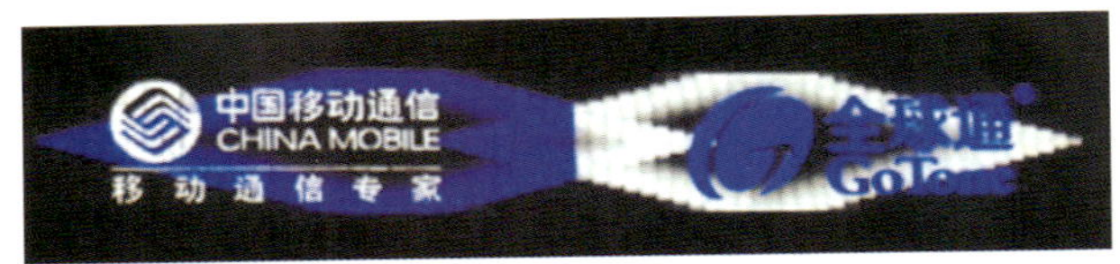

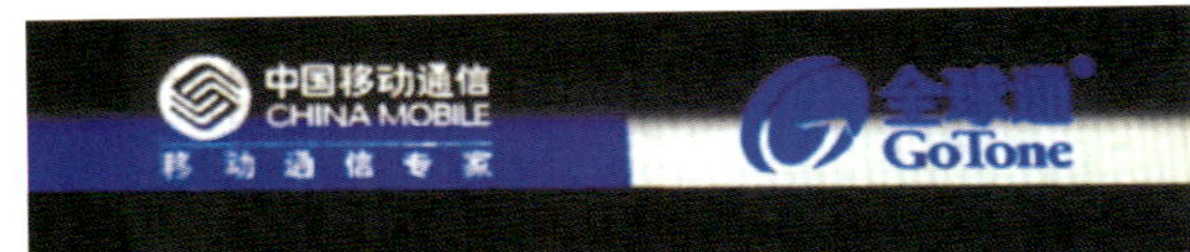

一等奖
《中国移动》
济南康利霓虹装饰总厂
长74M，高9.5M,位于济南市泉城广场,颜色对比明快醒目,2664路渐变电脑编程控制,变化新颖,立体感强,双层广告语增添视觉新形象。

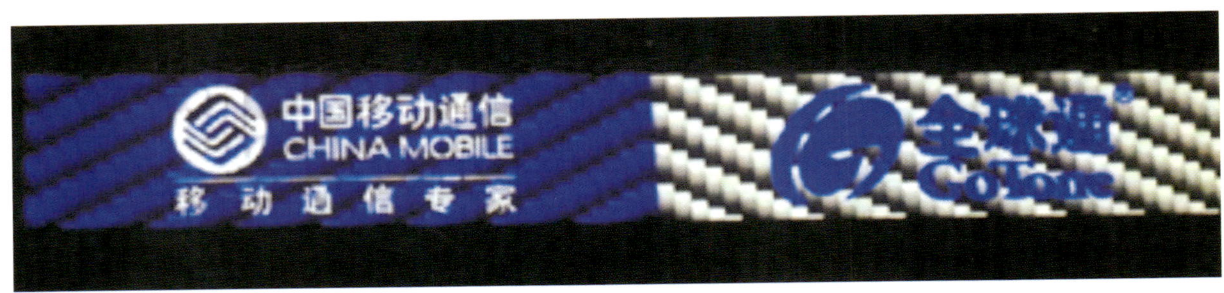

二等奖
《中周浴业》
扬州东方霓虹广告有限公司
面积640M²，位于江苏无锡。千路程控，七彩霓虹，以色诱人。

三等奖

《盛臣凤凰楼》

扬州东方霓虹广告有限公司

长12M，高9M，位于安徽合肥，

小小孔雀显示七彩霓虹魅力。

三等奖

《一代公主》

扬州唐城广告霓虹有限公司圆型设

计，色彩、动感效果与“一代公主”

夜总会的娱乐性妙趣天成

第11届中国广告节户外获奖作品选

金奖—阿迪达斯-运动无止尽-兔跳　　同时在oneshow、第七届亚太广告节上获奖

金奖—阿迪达斯-运动无止尽-攀岩
同时在oneshow、第七届亚太广告节上获奖

金奖—阿迪达斯-运动无止尽-网球
同时在oneshow、第七届亚太广告节上获奖

铜奖-上海市容环境卫生-公共厕所篇

铜奖-康师傅-Ci引力

铜奖-雀巢晶爽-苍蝇篇

铜奖-李施德林漱口水-瓶子篇(1—4)

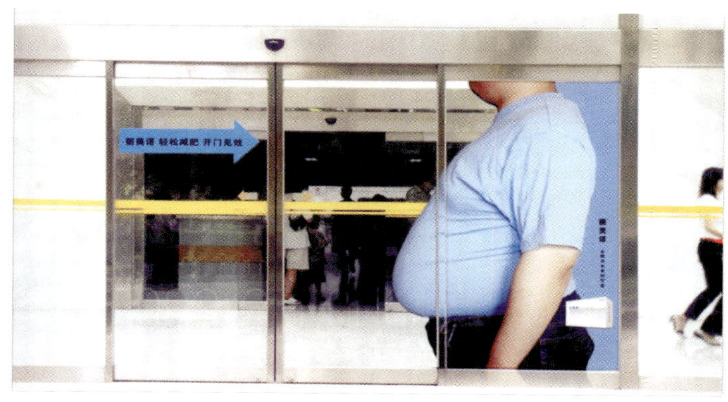

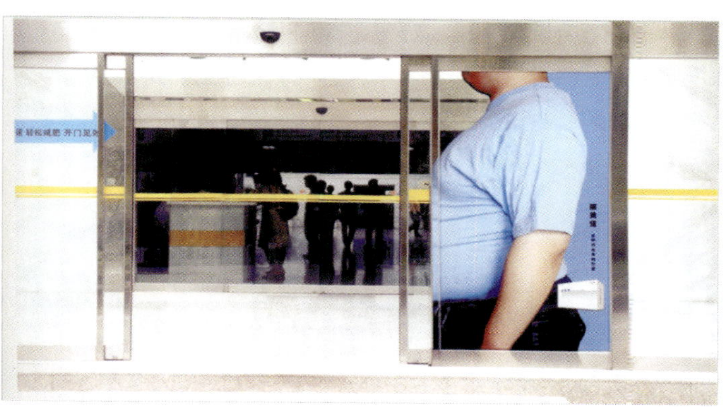

铜奖-丽美诺轻松减肥-开门见效(1—4)

作品：SONY

单位：上海李奥贝纳广告有限公司

奖项：第11届中国广告节铜奖，同时在2004年上海市优秀广告展获奖

点评：充满灵感的平面设计＋恰如其分的空间位置＝动人心弦的户外广告效果。

会吸的广告灯箱

我不是八戒，是九戒。
西天取经路上，什么样的大风大浪我都挺过来了，谁知道修成正果后，因为看了一眼这灯箱，
就晚节不保了。我就是再通天彻地，也不会知道这家伙的吸引力大的能把眼球吸走啊！
现在这模样让我怎么回去见高老庄的高小姐啊。从此我就多了一戒，绝对戒看大唐灵狮的灯箱。

大唐灵狮

铜奖-大唐灵狮-小猪篇

铜奖-大唐灵狮-小老鼠篇

铜奖-大唐灵狮-小驴篇

铜奖-浙江东海房产-地毯篇

铜奖-美尔洁牙膏系列(1-4)

铜奖-道路交通安全法公益广告-小巷篇

铜奖-道路交通安全法公益广告楼梯篇

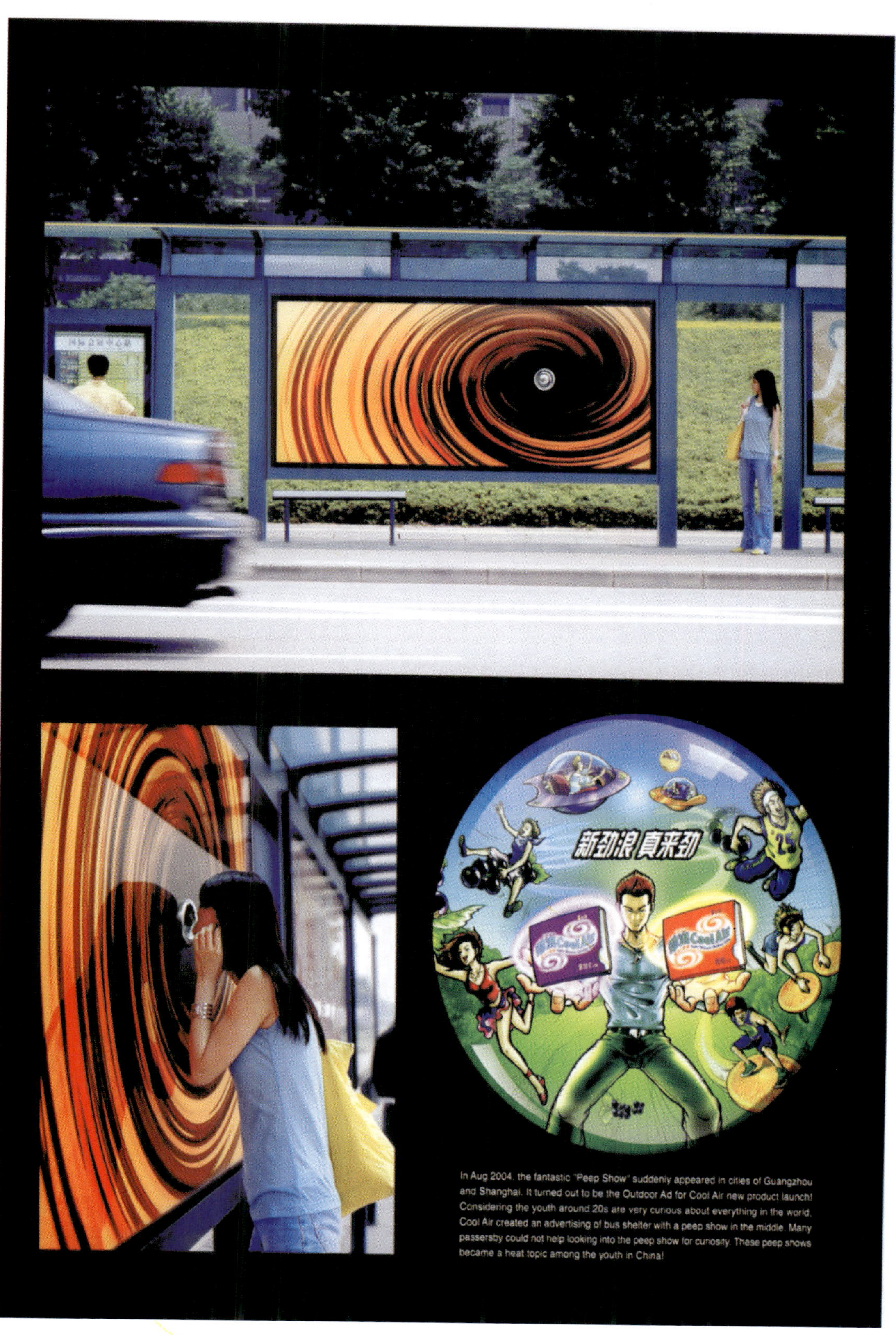

In Aug 2004, the fantastic "Peep Show" suddenly appeared in cities of Guangzhou and Shanghai. It turned out to be the Outdoor Ad for Cool Air new product launch! Considering the youth around 20s are very curious about everything in the world, Cool Air created an advertising of bus shelter with a peep show in the middle. Many passersby could not help looking into the peep show for curiosity. These peep shows became a heat topic among the youth in China!

银奖-劲浪-猫眼篇

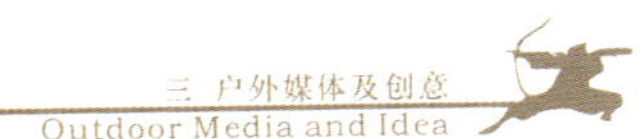

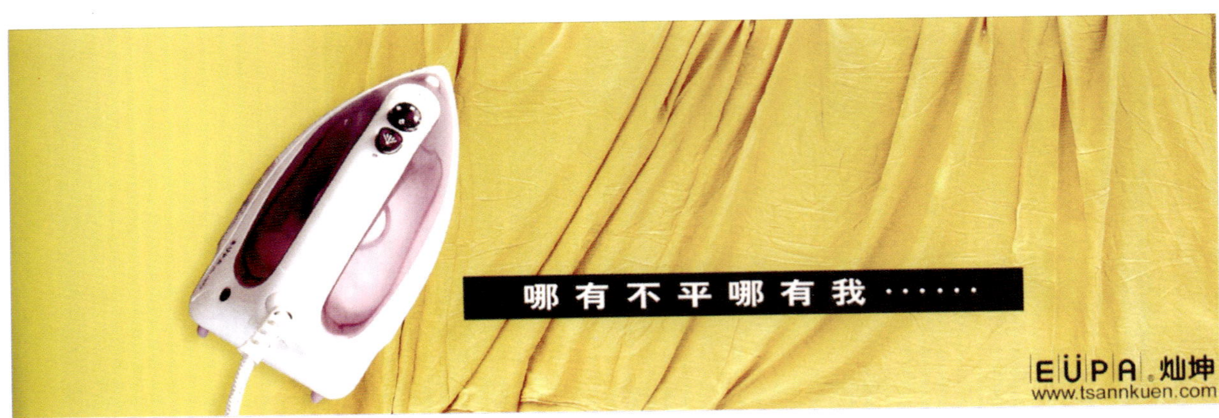

铜奖-济宁世纪联华-哪有不平哪有我

铜奖-中国人寿保险-文字篇

铜奖-光大银行-为人民服务系列(1-2)

银奖-看见这只手，就抓住它

铜奖-酷客网络休闲中心

铜奖-南通欣欣休闲中心

银奖-金象苑

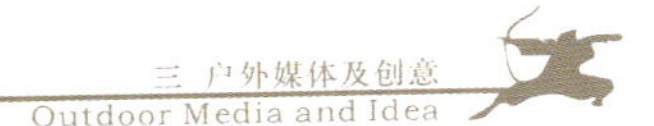

2004年香港4A广告奖户外广告获奖作品选

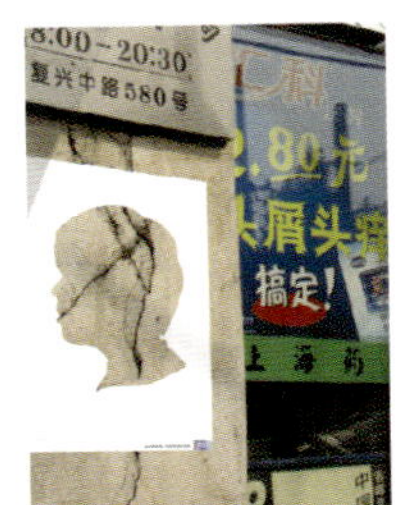

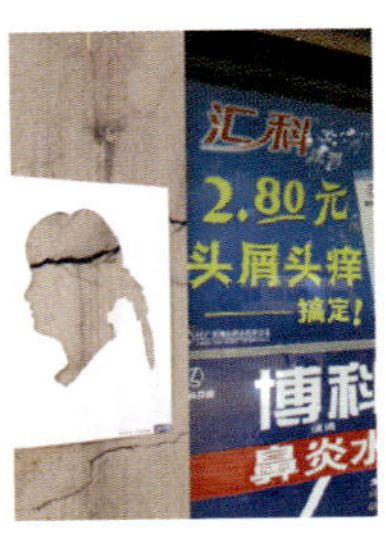

金奖-上海罗氏散利痛-头像系列 sanriton-head

WELCOME！欢迎世界短跑飞人迈克尔·约翰逊来北京

nike-welcome

第25、26、27届时报广告金像奖户外获奖作品选

25届时报广告金像奖

金奖—龙卷风篇(1-2)

银奖—万事达卡足球篇(1-2)

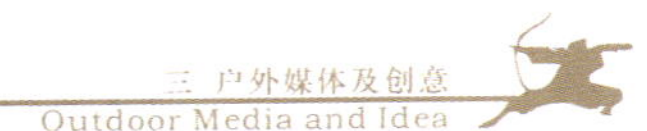

铜奖—台北市政府撒尿篇

Ford Escape金融大楼爬墙篇(1-2)

Ford Escape小马哥篇

立頓冰茶海底隧道篇(1—6)

26届时报广告金像奖

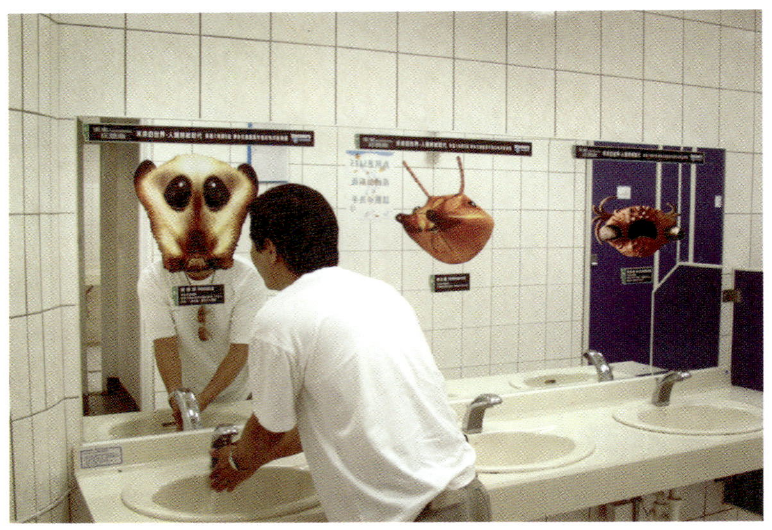

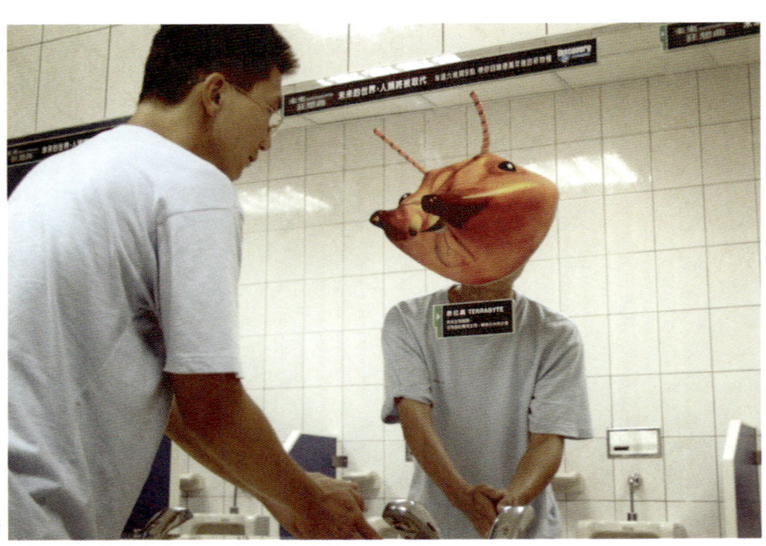

户外广告类金像奖
Discovery Channel-未来狂想篇(1-3)

广告主：新加坡商全球纪实有限公司
台湾分公司
广告代理商：上奇公司
创意总监：陆景星/林昆标
文案：程宝君
美术指导：黄慧贞/高文振/李宗儒
客户总监：李家宏
业务服务：朱洪钧/翁嘉听/陈智伟/刘姿璀
首次发表媒体：全省/台北海生馆 屏东海生馆

户外广告类金像奖

Discovery Channel-未来狂想篇(4-8)

广告主：新加坡商全球纪实有限公司台湾分公司
广告代理商：上奇公司
创意总监：陆景星/林昆标
文案：程宝君
美术指导：黄慧贞/高文振/李宗儒
客户总监：李家宏
业务服务：朱洪钧/翁嘉听/陈智伟/刘姿璀
首次发表媒体：全省/台北海生馆 屏东海生馆

for Mitsubishi Lancer

for Toyota Altis

for Nissan Sentra 180

內部

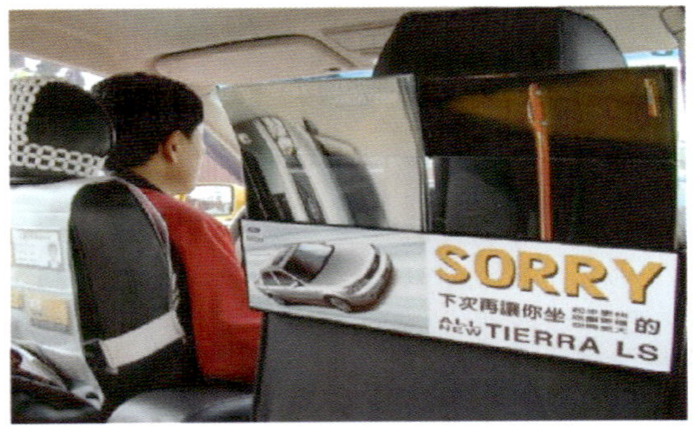

户外广告类铜像奖
Ford TIERRA LS-计程车看板系列
广告主：福特汽车
广告代理商：台湾智威汤逊广告公司
创意总监：黄建斌
文案：刘美贵/吕佳燕
美术指导：吴佩圃
客户总监：杨旺明
业务服务：张健亨/李荣丰
首次发表媒体：计程车看板

户外广告类铜像奖
Mod's Hair 上市形象-Mod's Hair 上市形象 帮你吹风篇

广告主：联合利华广告代理商：台湾智威汤逊广告公司
创意总监：狄连昌/陈镜以
文案：刘兴蓉/蔡明丁
美术指导：游慧芬/舒嘉嵘
客户总监：艾欣希/蔡明成
业务服务：徐清清/黄净怡
插画/电脑绘图：刘哲生
首次发表媒体：台北捷运车箱内

户外广告类金像奖
Discovery Channel-未来狂想篇(9-10)　广告主：新加坡商全球纪实有限公司台湾分公司　广告代理商：上奇公司
创意总监：陆景星/林昆标　文案：程宝君　美术指导：黄慧贞/高文振/李宗儒
客户总监：李家宏　业务服务：朱洪钧/翁嘉听/陈智伟/刘姿璀　首次发表媒体：全省/台北海生馆 屏东海生馆

27届时报广告金像奖

金像奖　广告主:GSK　广告代理商:奥美广告　名称:捷运站通道墙壁

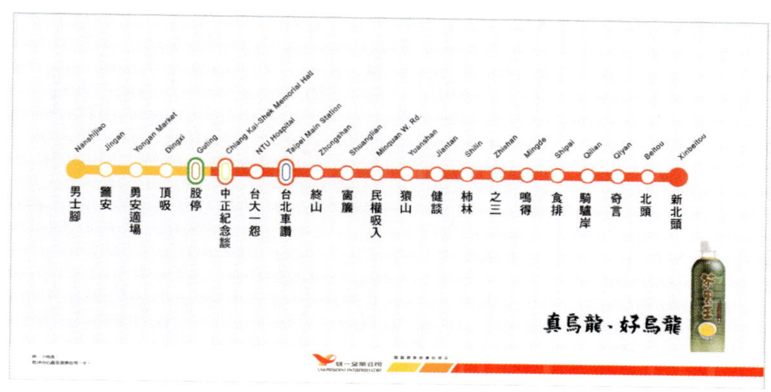

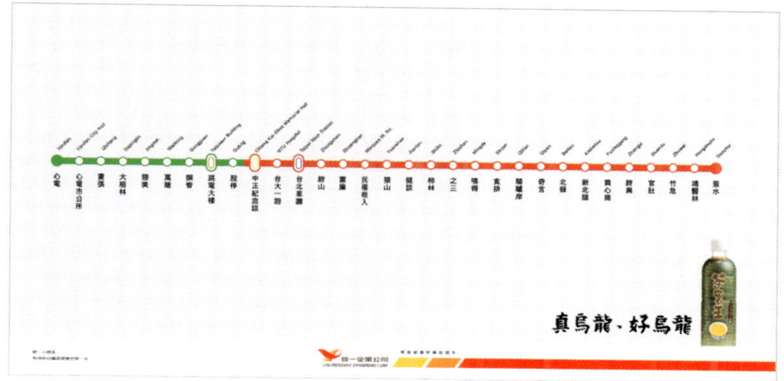

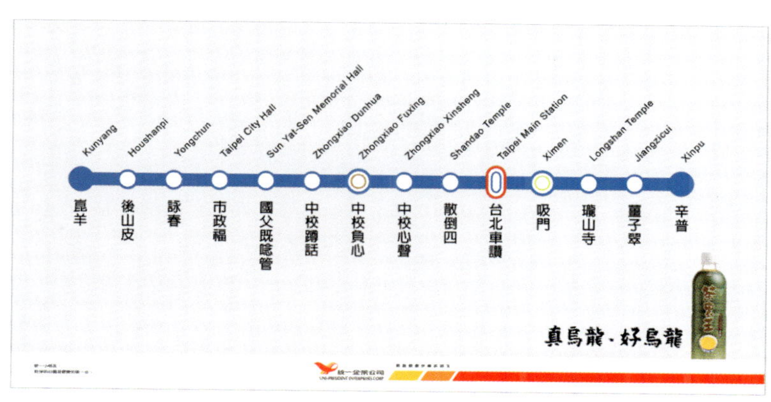

金像奖
广告主:统一企业
广告代理商:李奥贝纳股份有限公司
名称:捷运站

安全性關係
請用保險套
保險套世界
www.condom.com.tw

(創意概念)
性行為的發生無所不在，隨時隨地，為了宣導安全性行為的觀念，特別藉由設置於每個路口，阻隔車輛進入的「隔離柱」，利用其特殊的圓柱造型、隨處可見的特性，以及隨時有人坐在上面的高互動性，巧妙地與產品做連結，提醒大家「安全性行為，請戴保險套」。

保險套世界
www.condom.com.tw

银像奖—广告主:保险套世界网站　广告代理商:台湾智威汤逊广告公司　　名称:华纳威秀等交通路口

作品由时报国际广告股份有限公司提供

第7届亚太广告节户外广告获奖作品

Zippo WINDPROOF LIGHTERS

RUN

WOMAD

Try K2r

Try K2r

Try K2r

Try K2r

首届龙玺环球华文户外广告作品

智威汤逊中乔上海为龙玺户外广告的获奖作品集上市时做的平面广告

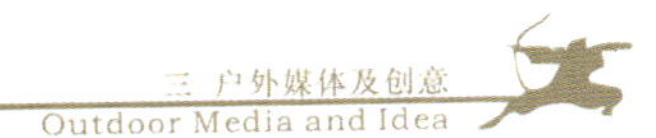

金奖
参赛类别：交通运输
参赛单位：香港 李奥贝纳
广告公司：李奥贝纳广告有限公司
广告商：东方红
产品\服务：纤体清秽丸
参赛作品名称：小巴篇
创意总监：罗韶文、林浩原
文案：关月清、罗韶文
美术指导：成洁明、林浩原
客户服务：黎妙珍、刘丽宽、钟宅岚
平面制作经理：成洁明
插图/电脑绘图：陈雄杰
平面摄影师：陈建毅

金奖
参赛类别：大型户外广告牌、招牌
参赛单位：香港 李奥贝纳
广告公司：李奥贝纳广告有限公司
广告商：爱护动物协会
产品\服务：动物领养服务
参赛作品名称：望主人
创意总监：陈慧
文案：何蓓恩
美术指导：丘仲德
客户服务：叶向慧
平面制作经理：谭民钟
平面摄影师：张益平

金奖

参赛类别：系列非常规空间使用
参赛单位：香港 天高
广告公司：天高广告有限公司
广告商：安泰人寿 产品/服务：保险
参赛作品名称：亲属篇
创意总监：曾锦程、陈大仁
文案：许松兴 美术指导：周鑫荣
客户服务：潘以正、郑明珠
平面制作经理：陈志达
平面摄影师：王国坚（坚记影楼）

银奖

参赛类别：系列交通站点
广告商：KRAFT
创意总监：陈耀福
客户服务：Diana Thomas
电脑修正/图像合成：Pro-Color
参赛单位：新加坡 智威汤逊
产品/服务：卡夫独立片装芝士
文案：陈耀福、Andrew Tan
平面制作经理：Steven Chin
分色公司：Pro-Color
广告公司：新加坡智威汤逊
参赛作品名称：海边、公园、回家篇
美术指导：Andrew Tan、陈耀福
平面摄影师：Jonathan Tay

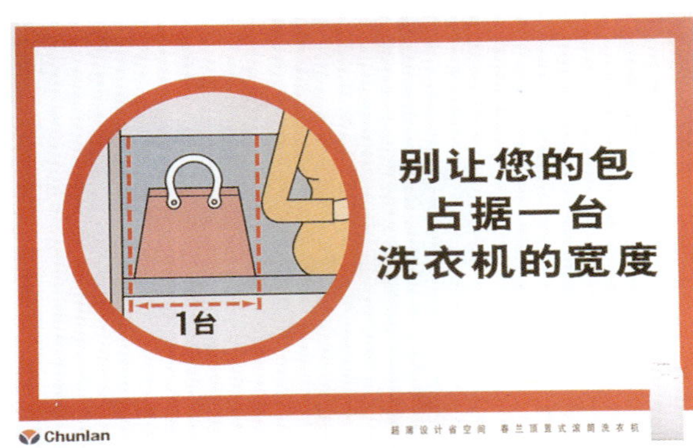

银奖
参赛类别：系列交通运输　参赛单位：上海 达美高
广告公司：上海达美高广告有限公司
广告商：春兰电器
产品/服务：春兰超薄洗衣机
参赛作品名称：报纸篇、包篇、站立篇
创意总监：王永辉
文案：王永辉、戴宇舫、周俊芬
美术指导：王永辉、徐大卫　客户服务：萧东荣
插图/电脑绘图：王永辉、徐大卫

银奖
参赛类别：最创新的户外媒体使用
参赛单位：新加坡 10 AM COMMUNICATIONS
广告公司：10 AM COMMUNICATIONS
广告商：M&S RESTAURANT PTE LTD
产品/服务：KINGYO SUSHI & DON
参赛作品名称：ESCALATOR
创意总监：林少芬　文案：吴铃湘
美术指导：黄瑞玲　客户服务：林薛云
平面制作经理：谢尽兴
平面摄影师：RONALD TEO
(THE LIGHT PAINTER)

银奖
参赛类别：最创新的户外媒体使用
参赛单位：香港 天高
广告公司：天高广告有限公司
广告商：安泰人寿　产品/服务：保险
参赛作品名称：假人篇
创意总监：曾锦程、陈大仁
文案：许松兴　美术指导：周鑫荣
客户服务：潘以正、郑明珠
平面制作经理：陈志达
平面摄影师：王国坚（坚记影楼）

铜奖
参赛类别：非常规空间使用
参赛单位：台湾 BBDO TAIWAN
广告公司：BBDO TAIWAN
广告商：美商艾汾股份有限公司
产品/服务：M&M'S巧克力
参赛作品名称：别踩我篇
创意总监：王女、刘宏荣
文案：刘宏荣
美术指导：叶子绮
客户服务：Johara Haniffa 张黎今

铜奖
参赛类别：非常规空间使用
参赛单位：香港 灵智
广告公司：灵智广告有限公司（香港）
广告商：无国界医生
参赛作品名称：蜡烛光
创意总监：庞婉贵、周佩如、劳伟基
文案：林宏伟、劳伟基
美术指导：刘鹰扬、罗世杰
客户服务：吴小[illegible]、温家敏
平面制作经理：张梦娜、黄志诚

2004年第51届戛纳国际广告节户外获奖作品

获奖类别: 户外广告全场大奖
广告主: CHANNEL9（《导弹车篇》）
广告公司: 马来西亚J WALTER THOMPSON广告公司

获奖类别: 户外广告金狮奖
广告主: DULUX（《JACARANDA篇》）
广告公司: 南非 LOWE BULL

获奖类别: 户外广告金狮奖
广告主: THE VACUUM(《新电力篇》)
广告公司: 丹麦 Y&R哥本哈根

获奖类别: 户外广告金狮奖
广告主: 英国大众POLO汽车(《警察篇》)
广告公司: 英国DDB LONDON

获奖类别: 平面及户外广告金狮奖
广告主: PLAY STATION2（《土豆先生篇》）
广告公司: 法国 TBWA巴黎

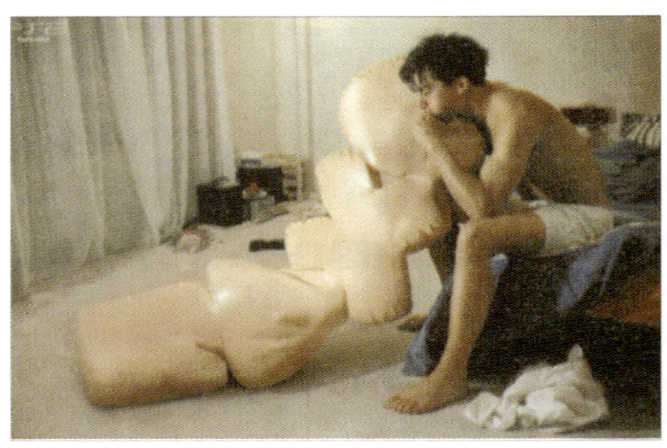

获奖类别: 平面及户外广告金狮奖
广告主: 索尼游戏站2（《玩偶篇》）
广告公司: 法国 TBWA巴黎广告公司

获奖类别：户外广告金狮奖(系列)
广告主："WAIKATO环境优化计划"
(道路安全)(《飞越挡风玻璃篇》)
广告公司：新西兰COLENSO BBDO广告公司
文　　案：学校附近请勿超速行驶。

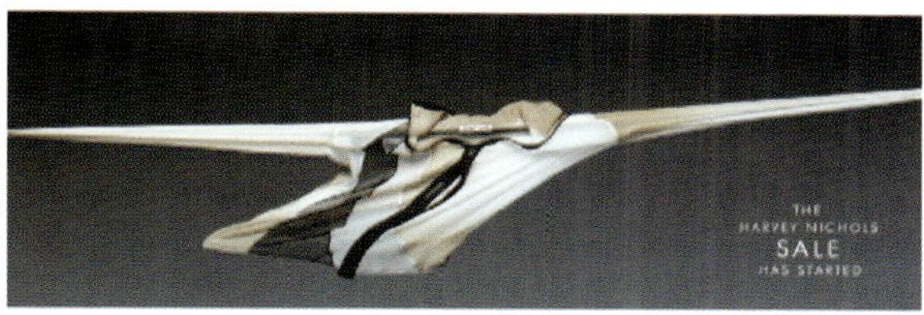

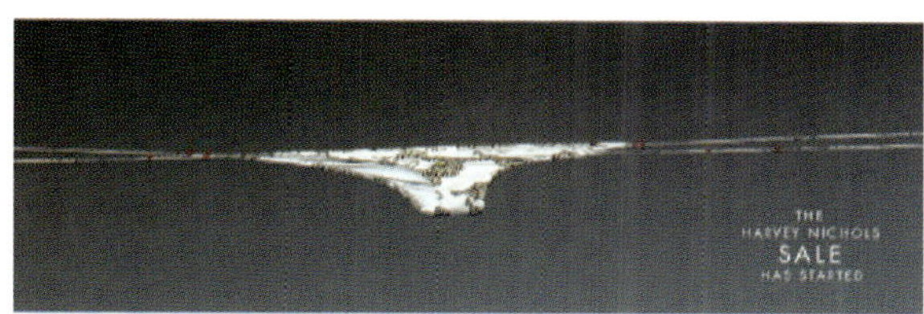

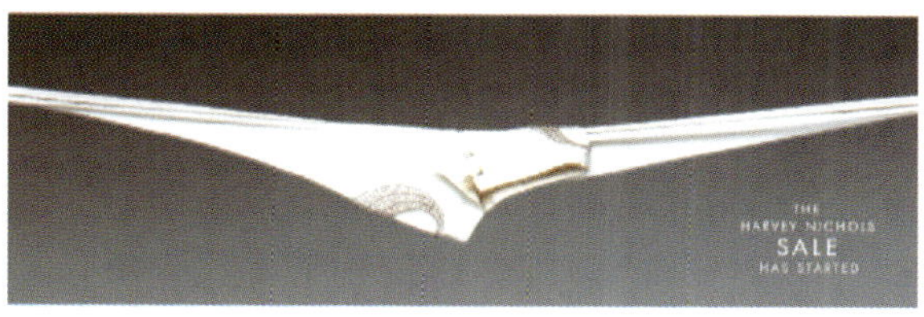

户外广告银狮奖
获奖类别：户外广告银狮(系列) 同时在oneshow获奖
广告主：HARVEY NICHOLS零售店夏季促销(《比基尼泳装篇》、《衬衫篇》和《裤子篇》)
广告公司：英国DDB LONDON广告公司

金奖—Paton肥料广告，
悉尼PublicisMojo公司创作

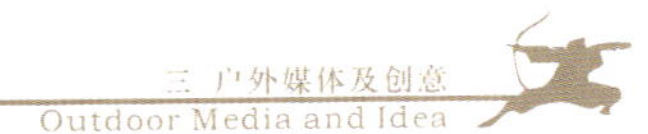

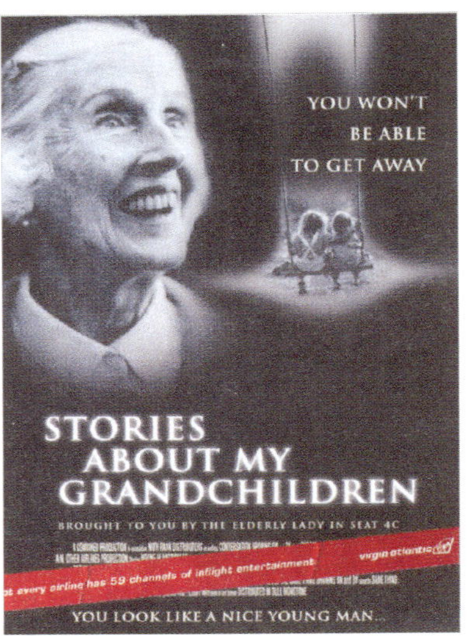

户外广告金狮奖
获奖类别：平面广告及户外广告金狮奖(系列)
广告主：维珍大西洋航空公司(机上娱乐) （《复印机推销员篇》、《我的妻子不理解我篇》和《我孙儿的故事篇》）
广告公司：南非NET#WORK BBDO广告公司

获奖类别：户外广告金狮奖
广告主：WERU（《警察篇》《花匠篇》《工人篇》）
广告公司： 德国 SCHOLZ&FRIENDS

获奖类别：户外铜狮奖
广告主：TAM航空公司快递服务(《快照篇》)
广告公司：巴西DDB BRASIL 广告公司

获奖类别：户外广告铜狮奖
广告主：年轻司机道路安全宣传(《人行横道篇》)
广告公司：法国TBWA\PARIS广告公司

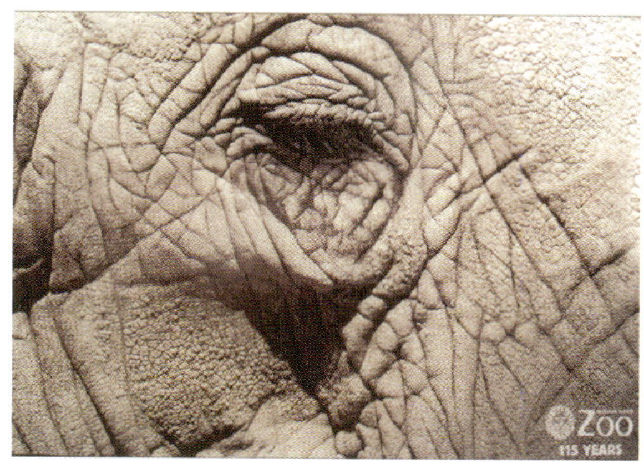

标题：《手篇》《皱纹篇》
广告主：BUENOS AIRES ZOO
产品：ZOO ANNIVERSARY
广告公司：DEL CAMPO NAZCA
SAATCHI&SAATCHI
国家：阿根廷

《伦敦篇》《纽约篇》《巴黎篇》

BMW　BDDP&FILS　法国

夏纳广告节创意作品印象
原载《中国广告》2004年第8期 作者：张惠辛

2004年克里奥户外获奖广告作品

客　　户：阿迪达斯国际 adidas International
主　　题：垂直足球(同时在戛纳、第七届亚太广告节、ONESHOW上获奖)
广告公司：日本 (180\TBWA)
艺术总监：Clementine Tourres, Hirofumi Nakajima
文　　案：John Merrifield
创意总监：John Merrifield

金奖（广告牌类）
广告主:气象网络 广告公司:Holmes&Lee(多伦多)

2004年oneshow 及 WORKSHOP青年创意营获奖作品

客　　户：阿迪达斯国际
主　　题：伦敦户外、地铁站、奥克兰、都柏林展
广告公司：180\TBWA/荷兰阿姆斯特丹
艺术总监：Stuart Brown
文　　案：Peter McHugh, Giles Montgomery ,
Brad Roseberry
设 计 师：Dan Howell, Stuart Brown

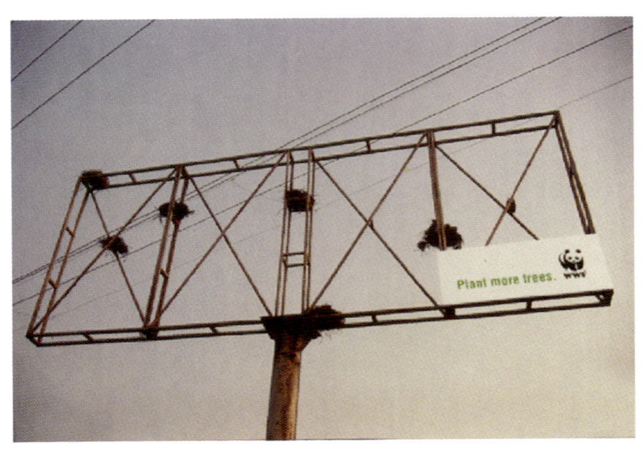

oneshow 铜奖
广告代理：RMG David(新德里)
客户:World wildlife Fund(世界基金)

金奖

院校：厦门大学
作者：许雪晶 唐绍钧 吕浩曦
作品名称：Mountain Cloud

英国campaign杂志户外获奖作品欣赏

英国campaign杂志因每年举办各种类型的广告奖项而享誉业界。

在这些业界熟知的奖项中，户外广告作为“最纯粹的广告”而深受业界同仁、评审和赞助商的重视。这里刊登的是该奖项2003年部分获奖作品，相信它们无论在内容还是媒体运用方面出色的表现，都会使读者受益匪浅。

金奖(系列作品)

代理：伦敦·李岱艾广告公司

客户：电视节目“麦克尔·杰克逊的脸”《麦克尔·杰克逊篇》

评注：“麦克尔·杰克逊的脸”是个关于美国摇滚歌星麦克尔·杰克逊的大型电视节目。这组户外广告动用了包括户外看板、公交车身、滚梯旁边的墙体、楼体等媒体形式。所有的画面都用相同的元素文案和杰克逊的脸，鲜明地讲述着节目主题—尽管它们讲述的方法各有不同。文案部分大面积黑色加反白字的处理，不仅有助于强化视觉冲击，还借助色彩贪婪地开掘着人们对黑白转换的潜意识。

发布媒体：户外看板

文案：在摇滚乐上就没有可指责的吗?

发布媒体：户外看板

文案：如果这一切发生在外表，内心究竟发生了什么?

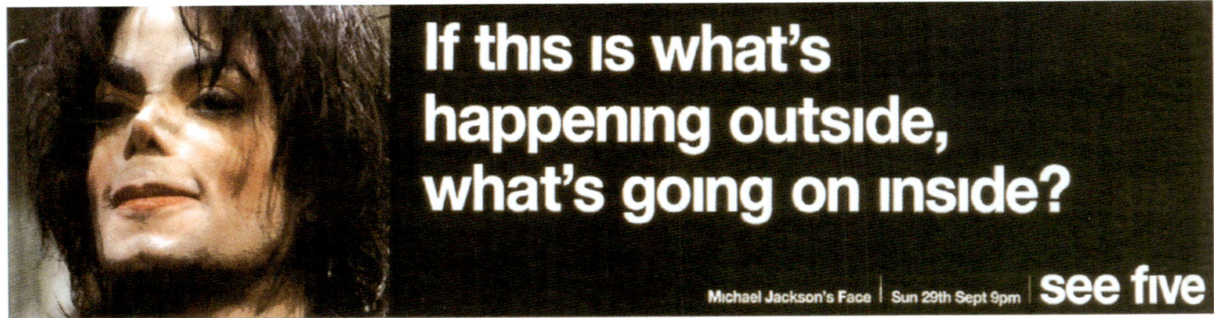

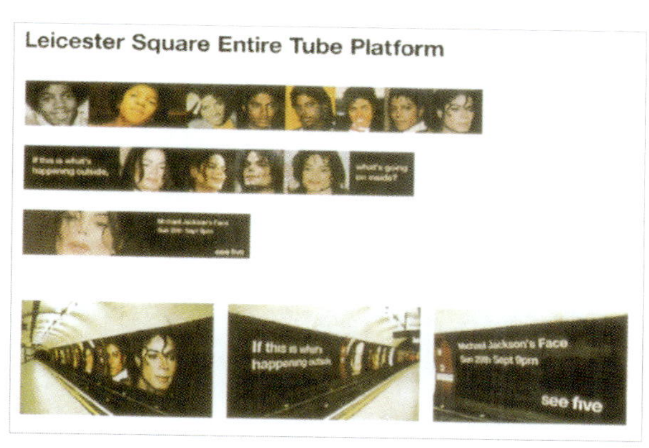

发布媒体：地铁通道

文案：(左)外表是这样变化的，麦克尔·杰克逊的脸。

(右)9月29日星期日9点，请看5频道。

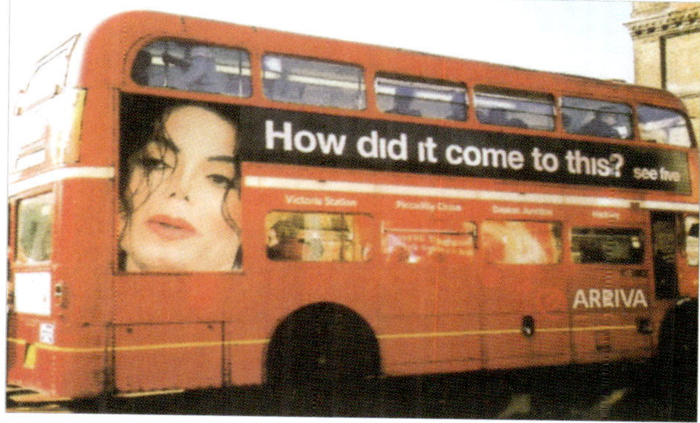

发布媒体：公交车身　文案：怎么会变成这样?

银奖

篇名：《在建设中篇》

广告语：在建设中。

评注：在这个看起来极为随意甚至凌乱的包楼广告中，电视节目的主角麦克尔·杰克逊的脸被分解了：脸上被开了一个方形的大洞，里面白色的帷幔似乎掩盖着他的脸即将发生的又一次变化；画面右上方有一小块被头发遮挡着的脸的局部；而左下角则展示着他那争议颇多、看起来的确有些丑陋的鼻子。嘴呢?哦，在另一个平面里。这张远离主体的嘴，对这一切会说些什么?

对媒体创造性的运用也是广告极为精彩之处：一句看似无聊的广告语“正在建设中”，几乎强制性地让人们从建设中的楼体转向对那个正在被“修理”的脸的焦虑。你能不被吸引吗?

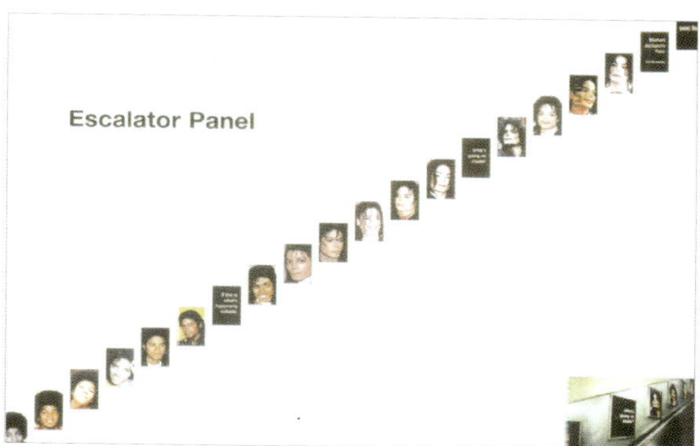

银奖

篇名：《内、外篇》

评注：充分利用滚梯“循序渐进”的媒体特点，在麦克尔·杰克逊各个时期的形象中间加上引导型广告语，吊起人们对“变脸”现象的好奇胃口，吸引大家对电视节目的兴趣。

当乘坐滚梯的时候，人们会在3个单元中与麦克尔杰克逊“碰面”：

第一单元，随着滚梯上行，身边掠过杰克逊从小到大的脸。尽管随着年龄增长稚气渐消，但在他略带忧郁的脸上还能读到朝气和真实。(广告语：这一切发生在外表。)

在第二单元里，他的脸开始变化。人们在这张由黑变白的脸上感觉到更多的世故。(广告语：内心究竟发生了什么?)

最后，他显得有些老了。这是一张全世界都熟悉的脸。依然是著名的摇滚歌星，但伴随着无数的绯闻和不健康的传言。(文案：麦克尔·杰克逊的脸，9月29日星期日9点，请看5频道。)

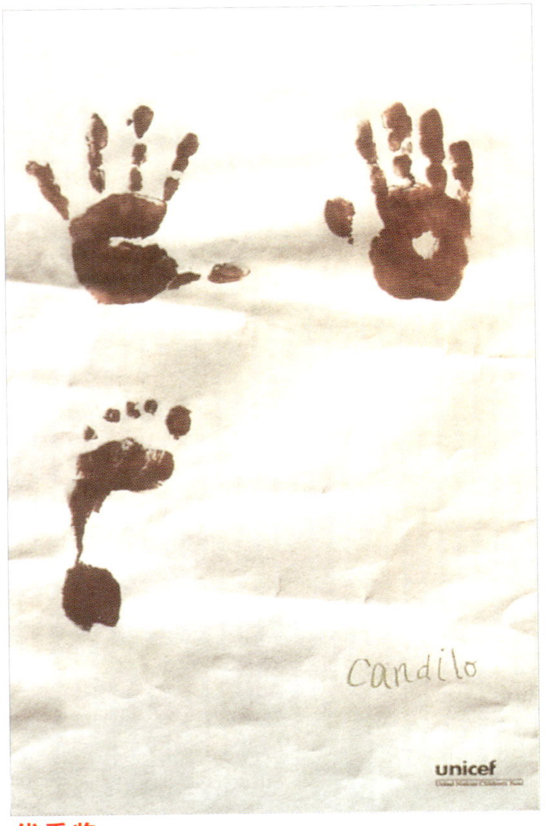

优秀奖

代理：TBWA／GGT广告公司

客户：联合国儿童基金会《Candilo篇》

评注：Candilo，在贫穷和战争的阴影中挣扎的孩子，向人们伸出求援之手。请救助他们。

金奖

代理：BMP／DDB广告公司　客户：大众汽车《喷枪篇》

文案：别忘了这是柴油发动机。

评注：油枪的剪影看起来很像大象的头部，隐喻柴油发动机对环保的贡献。

银奖

代理：Rainey Kelly Campbell Roalfe／Y&R公司

客户：陆虎·自由人系列越野车《马塞篇》

评注：用土著猎手的彪悍和野外生存能力，比喻越野车的优良性能

银奖

代理：M&C saatchi广告公司　客户：Gallaher烟草公司《胖女人篇》

文案：吸烟将导致致命的疾病。医生的重要忠告：每支烟中含5毫克焦油，0.5毫克尼古丁。

评注：用胖女人丑陋的形象比喻在不吸烟人眼中吸烟者的形象，尽管有歧视胖者之嫌，却也算是对吸烟男士有效的忠告方法之一。

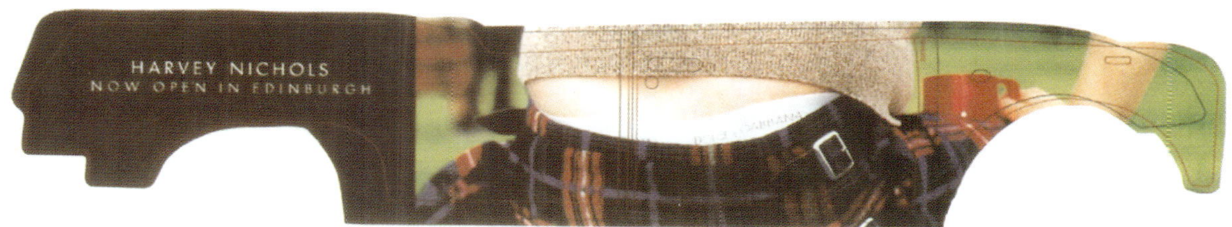

优秀奖

代理：BMP DDB广告公司

客户：Harvey Nichols百货公司《裤子篇》

文案：Harvey Nichols百货公司爱丁堡店已经开业。

评注：在最狭窄的空间，透露出最重要的信息青春与时尚。

银奖

代理：Abbott MeadVickers BBDO广告公司

客户：黄页《出租车篇》

评注：醒目的黄颜色加上熟悉的图案，让人们看到满街奔跑的“黄页”。

银奖

代理：BMP DDB广告公司

客户：Heal’s家具《油漆篇》

评注：采用逆向思维，用破坏家具的报复行为，反衬出Heal’s家具的完美无缺。

优秀奖

代理：BMP DDB广告公司

客户：Heal’s家具《钢锯篇》

评注：当孩子被完美的家具照顾得过于周到时，他们开始对家具产生兴趣。

优秀奖

代理:ARC广告公司 客户:消防署《火柴盒篇》

文案：两根烧焦的火柴棍，让人看到火灾后的他（她）和我。小小的黑色足以让我们惊心动魄。

优秀奖

代理:M&C Saatchi广告公司

客户:保险服务网《６０家保险公司篇》

文案：如何避免通过打电话向６０家保险公司询问报价?

评注：将６０路汽车的“６０”融入广告语，事实造就了一个流动的标的物。

优秀奖

代理：M&c Seatch广告公司　　　　客户：MG罗孚敞篷车

评注：这是一件放置在特定场所公共卫生间中的广告。它首先对烘手机进行了改装，让出风口的方向可以任意转动，以便使用者能够在不同方向体会风的感觉。而位于上部的平面广告，则以“飘动的风影”的创意表现，强调驾车时清风拂面的快感。

银奖

代理：Lowe广告公司　客户：Tesco Cherokee服装　《悬崖篇》

评注：面对一切艰难险阻都能泰然处之。

银奖

代　理：BMP DDB广告公司　客　户：Lurpak食品《松饼篇》

广告语：请别忘记Lurpak的味道。评注：用记忆工具提醒记忆行为。

李奥贝纳全球户外广告创意作品

Amnesty International „Elevator"

i'm lovin' it
TAXI

Triple thick milkshakes
i'm lovin' it

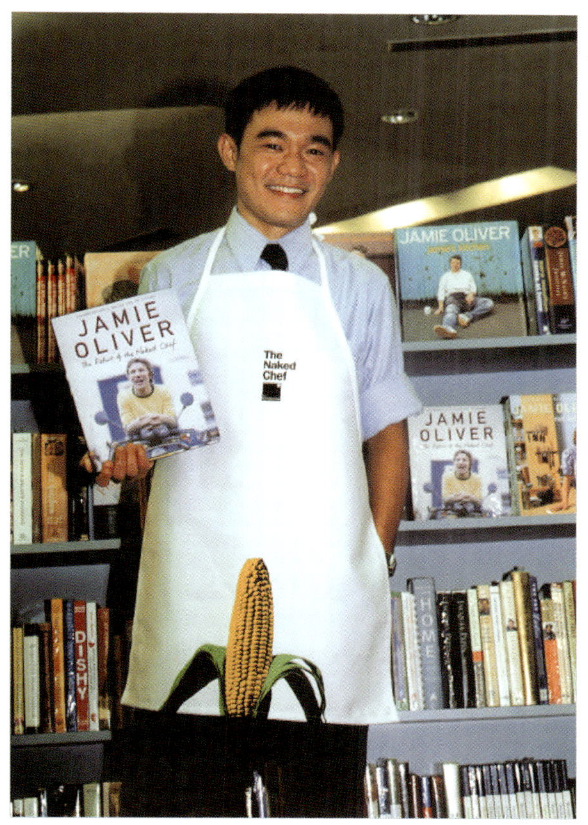
JAMIE OLIVER
The Naked Chef
JAMIE OLIVER
JAMIE OLIVER
DISHY

donna hay
JAMIE OLIVER
JAMIE OLIVER
The Naked Chef

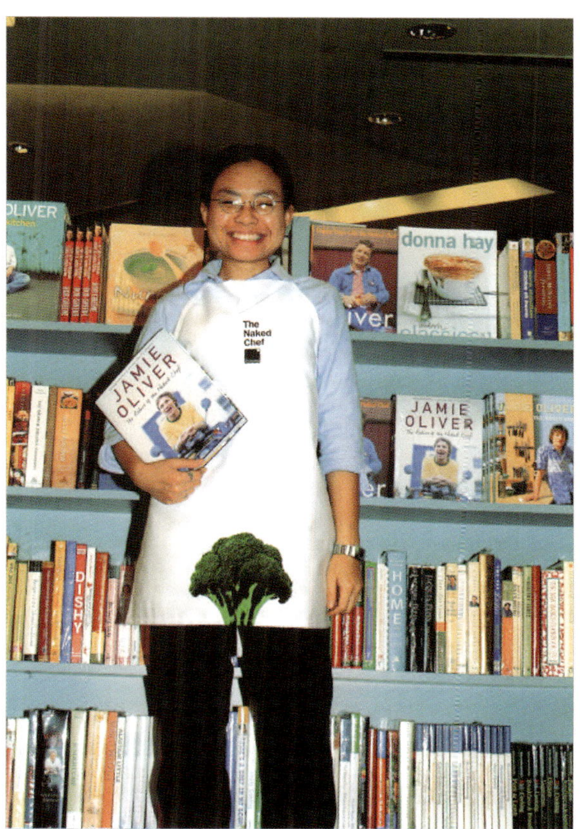
donna hay
The Naked Chef
JAMIE OLIVER
JAMIE OLIVER
DISHY
HOME

智威汤逊亚太区户外广告作品

Melbourne
Ford focus　bus body/sticker
为福特新车Focus设计的巴士车身贴纸及海报看板。

Stickers not included.

rounds since its debut in 1999. There's also a 3 and 5-door hatch or a 4-door sedan to suit your lifestyle. And with a range that extends from the sporty ST170 hatch through to a luxury Ghia sedan you're guaranteed to find your perfect match. So if you think the Focus looks impressive just wait until you get behind the wheel. **Ford Focus. For a sharper drive.**

Ford No Boundaries

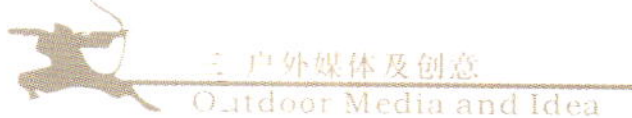

China Taipei

Ford Escape (elevator)

利用自动手扶梯为媒体，表现出独特Metrostar车种的耐力与速度上的持久性

传立2004年第二届媒介创意大赛户外作品

飞龙奖户外类——金奖
客户：中美史克　产品：伏冒热饮（传立台湾）
利用现场时空以最快的时间将讯息带给观众
车顶灯箱定时冒烟，使观众感受到杯中热呼呼的气氛，使他们留下深刻的印象
的士车顶灯箱广告可以将广告讯息带到城市每个角落。

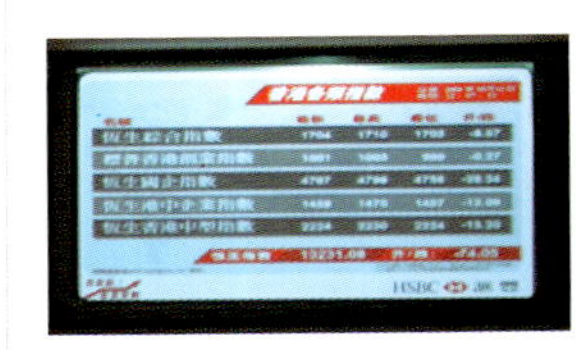

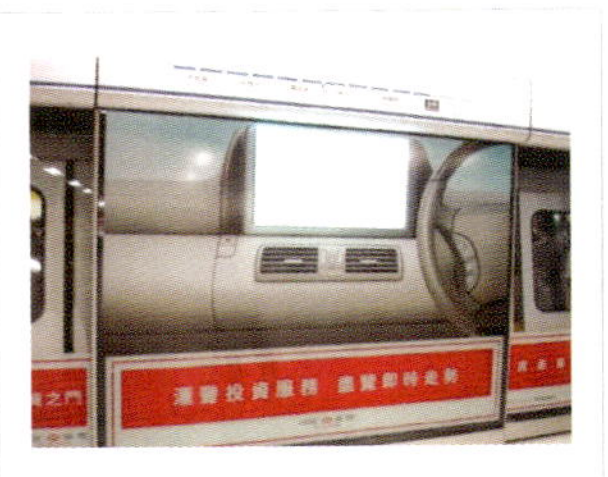

潜龙奖——银奖
客户：美商华纳兄弟公司
产品：特洛伊　（传立台湾）
极佳的户外互动想法，将影片的传奇氛围真实再现出来，突出，出奇制胜，有相关性，能制造消费者注意及成为城中话题。

飞龙上天奖——银奖
客户：HSBC
产品：Investment（迈势香港）
极具创意活用了地下铁玻璃门沉闷的环境，产生一些吸引的讯息

飞龙上天奖——金奖
客户:雀巢香港有限公司
产品: Nestle Strawberry Marshmallow Stick(传立香港)

Metro Media Technologies选送作品

YOUNIQUE.
MINIUSA.COM
Vitamin Shoppe
The Vitamin Shoppe
verizon
verizon

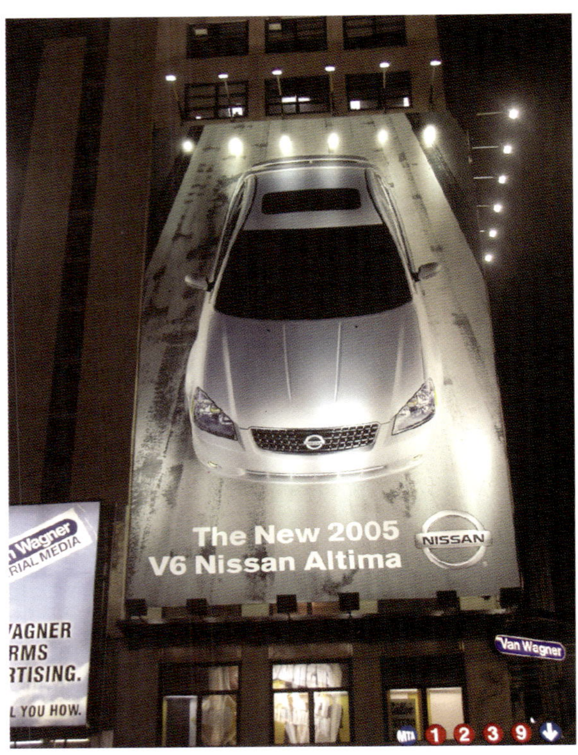
The New 2005
V6 Nissan Altima
NISSAN
Van Wagner

how
you
look
at it

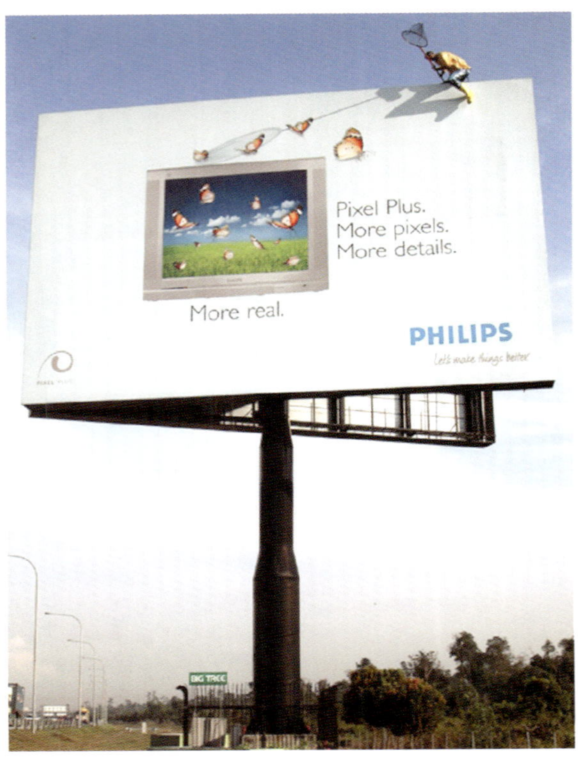
Pixel Plus.
More pixels.
More details.
More real.
PHILIPS

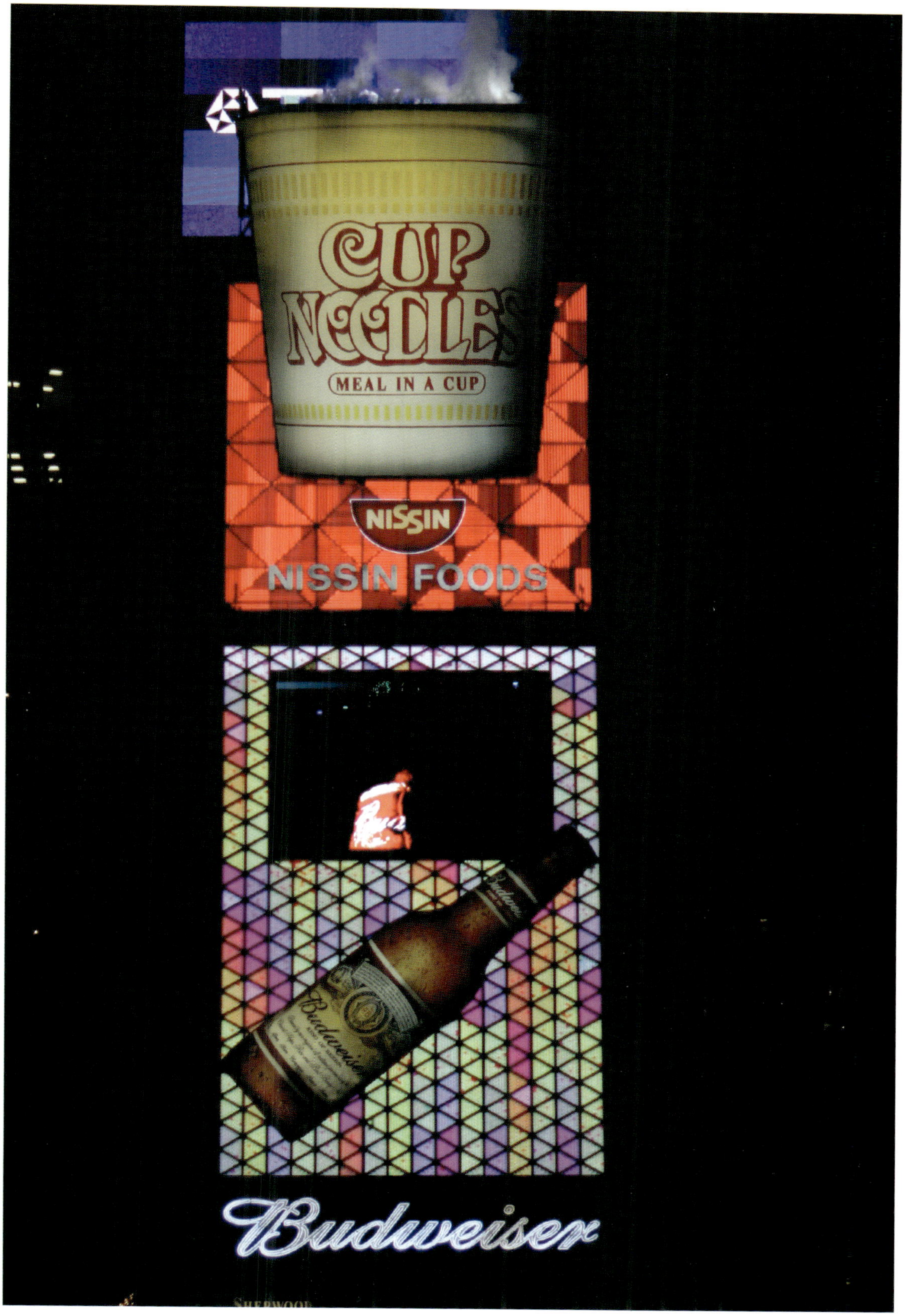
CUP
NOODLES
MEAL IN A CUP
NISSIN
NISSIN FOODS
Budweiser

EMAAR
THE WORLD'S TALLEST
الأطول في العالم
BURJ DUBAI
برج دبي
THE MOST EXCLUSIVE ADDRESS ON EARTH
www.burjdubai.com

Lufthansa
Empat kali seminggu ke Frankfurt
Lufthansa
There's no better way to fly.
A STAR ALLIANCE MEMBER

Les Misérables

Be surprised.
'yes'
OPTUS

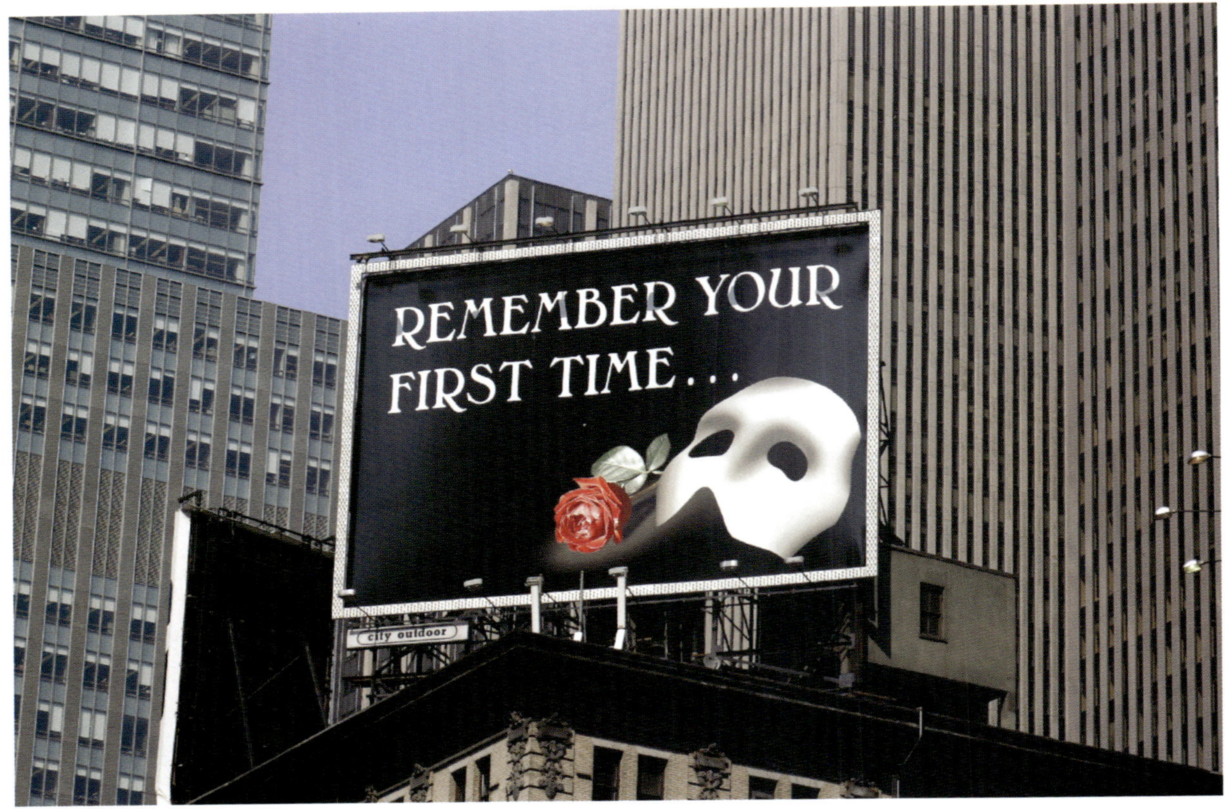

REMEMBER YOUR FIRST TIME...
city outdoor

Pure Chocolate Passion
Galaxy

netia
0 801 802 803
Lepsza perspektywa
OLYMPUS

SIZE DOESN'T MATTER.
IS IT LOVE ?

第四部分 技术与规范

The Fourth Chapter Technology and Specification

2004年雕刻行业趋势调研

有人说：二十世纪九十年代是广告行业三次革命的时代。

九十年代初期，一种叫电脑刻字机的产品在广告行业问世，引起了广告行业的第一次革命。有人称它电脑割字机，也有人称它电脑刻绘机。

喷绘机的到来，引起了广告行业的第二次革命。

九十年代中期，又一种新型的广告设备，电脑雕刻机登入中国市场。用雕刻机加工制作的产品具有精度高、速度快、效果好和手工无法实现的立体效果等一系列的优点。它不仅可以实现平面广告向立体广告的转变，也成为广告装饰行业的第三次革命。

弹指十年间，从早期的刻字机到机械雕刻机再到新宠激光雕刻机，雕刻机产业正应广告市场的呼唤步步繁荣兴盛起来。期间令人欣喜的是国产雕刻机的迅速崛起以及占领国内主导市场的现状。

早在今年年初就听闻“国产雕刻机的春天已经来临”的论断。投资雕刻机的丰厚利润也正吸引着大批在广告制作业外徘徊的创业者。

我们知道任何分析的归宿都是发现和揭露问题，籍此引导大家拨开类似泡沫的表象而看到问题的本质。

此次关于雕刻机以及雕刻行业的专题，也努力在对整个行业进行回顾与梳理的基础上，提炼出那些散落的关键点与访谈中的亮点，一一展现给读者，希望我们倾注在此行业上的关注能引起更多的关注。

行业：春天vs冬天？

在我们的调查与访问中，多数的国产雕刻机生产厂家对于雕刻机尤其是激光雕刻机的市场与发展倍显信心，一致表达出“雕刻行业的春天已经到来”的信息，而一些国外雕刻机品牌的商家以及其他业内人士对目前的国产雕刻机市场另有担忧：

“雕刻行业的春天已经来临”

与喷绘机一样，自九十年代初至今，中国的雕刻机市场也经历了由进口设备一统天下，到国产雕刻机的模仿再到国产雕刻机自主研发并迅速占据国内主流市场的三阶段。

国产机与国外品牌相比有优势。国外产品在某个时段对中国广告行业起了很大的作用，在某个行业发展历史过程中的作用是不能否定的。但它的售后服务、配件、价格各方面现在在中国市场上受到了阻力。由于整机进口的关税比零部件进口的关税高得多，所以国外雕刻机到国内销售，运输费和进口关税会使得他们成本提高。这是国外品牌在国内市场的两大弱势之一。另外在售后服务、零部件维修方面，国外雕刻机的手续麻烦、维护成本比较高，也不及时。应该说在以上两个方面所国产机比国外品牌占优势，而在国外品牌在中国寻找高端市场的同时，亦是国产机蓬勃发展的大好时机。

只有雕刻机还有市场发展空间。几年前，正当喷绘机行业发展得红红火火日进斗金的时候，不少人为雕刻机相比之下的倍受冷落叫苦不迭；近两年来，随着广告设备领域里喷绘机、刻字机的逐渐发展与成熟，业内的目光不约而同集中到了迟迟未有大发育的雕刻机身上，正所谓“风水轮流转”，雕刻机的技术服务要求高，起步也晚，所以发展留的余地也大一点。下一轮，就该轮到它发展了。

应该说，与中国广告行业发展的大契机一样，只有整个中国经济、中国市场的变化，才会有雕刻机行业的变化。因为广告行业不是直接服务于消费的、生产性的东西，而是一个配套的、服务性行业。广告领域里装潢装饰、标牌、胸牌、模具等，都是在经济发展以后才会有市场的。所以没有改革开放二十年，没有整个中国经济的发展，也就没有雕刻机行业的发展。

面对繁荣的雕刻机市场，稍加分析便可以得出2004年国内雕刻机行业发展的动向和趋势：

市场的扩大。从广告行业的大趋势来看，今年的雕刻机市场有所扩大，从以前经济实力较强的东部沿海地区逐步向西部扩展；由经济中心的各大中城市向周边的地级市县发展。

新机型不断推出。2004年的雕刻机市场尤其是激光雕刻机市场，是各种新机型不断推出的市场。因为市场广大，各种机型都有自己的生存空间和应用领域。

规模化是走势之一。随着竞争的日益激烈，只有成本低、雕刻品质好、后加工处理工艺强的企业能在雕刻行业中生存发展。不论是雕刻机生产厂家还是雕刻制作企业，降低成本最有效的方式就是规模化生产，在规模化生产的基础上，可以做到资源共享，这样有利于更好的提高雕刻品质、加强后加工处理工艺及资源的合理运用。

市场细分是走势之二。雕刻机已经在模型制作业、广告及礼品制作业、印刷业、印章业等行业广泛应用。不同行业的用户对雕刻设备提出了不同的要求。许多雕刻机的用户都迫切需要出色的雕刻机应用方案。

"国产雕刻机马上就要面临残酷竞争"

提起这个说法我们顿觉耳熟，很容易就想起喷绘市场或者三面翻市场那种要命的价格战，如果这也是雕刻机市场发展的必经阶段，我们希望以下观点能给业内一些警醒与启发：

"发展不等于产品的铺天盖地"。发展快就意味着市场在走向成熟，没有发展就谈不上成熟。然而市场成熟的衡量标准是什么？我们总结为产品的品质与价格的市场认可度。市场的成熟并不就是说雕刻机要铺天盖地。还要看雕刻机做出来的产品品质市场是否认可、产品的价位市场是否接受。另外雕刻机本身的价位是否被客户接受。市场的成熟应该从这两方面来衡量。

"未来两三年里，国产雕刻机将有一半以上被淘汰。"有市场就有竞争，目前雕刻机还有市场，因此投入生产的厂家也多，这样就造成生产商良莠不齐的局面，他们也很快就面临残忍竞争。且国内投入生产的多是小型雕刻机，现在已被激光雕刻机取代了。生产厂家也多是从国营企业尤其是机床厂延伸出来的，缺少研发能力。后来的厂家又一窝蜂地投入生产，对原有厂家又会在价格上造成很大冲击。未来的两三年之中，国产雕刻机可能会只剩下两三个品牌，市场将会淘汰掉一半以上的产品。

"行业规范需要国内企业观念的转变"。行业真正规范起来很难。中国企业要改变首先要改变观念。只有观念转变了，他才会尊重市场这个游戏规则；可是也只有等到他们无路可走的时候才会渐渐醒悟、才会去转变观念。在现在这种竞争环境下，一些企业已经死掉，在太多企业死亡过程中，中国的企业才会懂得规范、公平竞争的必要。

"阻碍行业发展的正是那些质量差价格又低的产品"。那些刚出产的不成熟产品往往性能低劣，产品售价较低，且由于机架、马达主轴、电机，传动系统等部件价格的压力，往往要偷工减料，这样，产品的精度达不到，品质无法提升。只是凭低价格吸引一些不成熟的客户，结果往往让客户花了冤枉钱，损失更大。

产品：谁会取代谁？

我们无意在这里做任何评判，还是那句话：存在即是合理。只要产品的质量和价格能被市场接受和认可，剩下来的问题无非是品牌与影响力的竞争。

机械雕刻机能做什么？机械雕刻机是利用电脑控制把图形或文字输出，利用机械物理力，对材料进行加工再设计。机械雕刻机完全是自动化，即通过一台电脑对图象进行编辑，然后利用输出线缆把图象传输给机械雕刻机，通过金属刀具直接与雕刻材料接触，对材料表面进行铣削。高速的主轴头旋转带动刀具使得雕刻和切割坚硬的材料成为可能。

激光雕刻机能做什么？激光雕刻机最根本的原理就是将电能转化为光能，利用它的能量来雕刻物体。激光雕刻机的整个雕刻过程是非接触式的，所以具有雕刻速度更快、加工过程无噪音等特点。激光雕刻机的雕刻或切割过程是一个热化学反应，所以激光切割有机玻璃、亚克力等材质后，切割面晶莹剔透，适合一切非金属材料。

在激光雕刻机出现之前，机械雕刻机一直占据着市场的主导地位。激光雕刻机的出现和应用是近两年的事情，尤其是近两年新兴的国产雕刻机企业，生产激光雕刻机已经成为一种潮流。目前激光的应用已逐渐渗透到各种行业，激光机成功在广告、模型、礼品、印刷、电子、绣花及服装等行业广泛应用。随着高效、一次成型、精细等概念被激光雕刻机引入，机械雕刻机越来越相形见拙。因为机械雕刻机的刀具及材料损耗大、无法在柔性材料上雕刻切割等缺陷在使用过程中逐渐显现，加上产品效果需二次加工、无法切割直角、工效慢、噪声大等原因使机械雕刻机在某些行业的应用空间越来越小。

于是，业内有人提出“激光雕刻机取代机械雕刻机将是必然的趋势！”

而对于这种观点业内企业也是见仁见智：

【星云】：一般来讲，机械雕刻机在软件使用上都要有与之匹配的刻绘输出系统，而部分激光雕刻机（如GCC星云）可适用LPT等多种大众化刻绘软件（如AutoCAD、CoreIDRAW等），具有良好的兼容性，而且操作也非常简单，有如打印机般方便。激光雕刻机因切割对像边缘光滑、不需抛光、雕刻精细、易于操作等优势在近几年迅速成为制造业的新宠，市场使用反映良好。我们相信随着顾客对于激光应用的了解及激光技术水平的提高，激光雕刻机取代机械雕刻机将是必然的趋势！

【嘉臣】：不同的产品有不同的用途，激光雕刻机和机械雕刻机从本质上说是两个不同类别的产品，有共同点也有差异性，产品应用的领域不同，它的作用也不同。市场划分不同，效果更是不一样。试问以下：手枪和机枪能相互替代吗？汽车和火车能相互替代吗？不能！所以说，激光雕刻机与机械雕刻机各具特点，不能片面偏颇的去推论，更不能武断的予以定论，否则，我们何必去同时生产激光和机械类两种设备呢？

【海目激光】：我们不同意‘激光雕刻机有取代机械雕刻机的趋势’的说法，它们应该是互补的。在广告标牌业有一定的交叉，而在其他行业几乎是各显其能。这是由于他们不同的工作原理和雕刻对象所决定的。我们同意激光雕刻机比机械雕刻机应用更广泛的说法，比如对各种软材料的雕刻。

工艺：三维立体雕刻是趋势

我们在想：所谓趋势是如何产生的呢？归根结底就是市场的需要。用户对立体雕刻产品艺术美感的追求造就了三维立体雕刻工艺的产生与最终流行；雕刻机终端用户对三维立体等高要求工艺的不断需求与实践改进是雕刻机产业发展的最终原动力。

存在即是合理 切割大行其道

目前国内雕刻机终端市场的一种现象令国外品牌商百思不得其解：那就是整个市场都在疯狂地切割玻璃、PVC。诚然，现在大部分客户买到设备后的功用都很单一，有的只用来切割亚克力，有的只用来生产标牌。

其实我们讲雕刻，“雕”是针对立体的东西，“刻”是针对平面的东西，切割其实也是“刻”的一个方面。要做成各种标识标牌，需要运用各种不同的雕刻手段，切割也是必要的手段之一。雕刻机也不单单是在进行简单的切割，它还可以有多种应用。比如镶嵌、多种材料的组合切割，包括大型灯箱的吸塑，都离不开切割。

市场也是一个由简单到复杂的过程。标识标牌行业，最简单的是从做胸牌开始，多是双色板，是二维的；切割是二维的，有一部分是二维半的；做浮雕是三维的。雕刻机的软件控制系统都是按三维来设计的，而不是以切割来设计的，切割只是其中可以用的一部分，所以雕刻机并不就是切割机。

为什么市场上搞切割这么红红火火？很简单：存在即是合理的。

为什么大部人买雕刻机不去搞浮雕而去搞切割呢？因为目前市场需要的就是切割。切割如果组合得好，效果也一样。因为简单的东西并不就是低级的。

阳春白雪：三维立体雕刻

许多广告行业的客户都经历过从手工刻字到使用电脑刻字机，机械代替了手工，电脑代替了人脑，字体标准规范同时又大大提高了生产效力，实现了一次质的飞跃。现在，做广告制作行业的用户也面临一种挑战立体广告制作。随着人们审美观的不断提高，三维立体的、彩色的图案更受到人们的欢迎，于是，三维立体雕刻就应运而生。

切割的普遍存在并不代表立体雕刻没有市场，更确切地表达是，在目前的现实条件下，它还是一个阳春白雪般的东西。做立体雕刻关键就在于对操作者的培训，在于操作者掌握软、硬件的能力。如果他不具备这个能力，即使给他再好的机器也没用。雕刻行业的部分从业人员技术水平、设计水平在一定阶段还有待于提高。只能先进行比较简单、易操作的切割，以后再逐步提高。

【麦迪克】：麦迪克公司在2004年推出一个新的概念：3D浮雕年。浮雕包括现在非常流行的吸塑灯箱，浮雕和吸塑灯箱的材料一般很厚，可以达到四五个公分，甚至总体厚度可以达到五、六个公分，因此第一点要满足的条件就是机器的横梁必须高。机器的横梁到台面必须达到一定的高度，才能加工厚的板材；这是其一，其二就是由于做浮雕的材料基本上都是中密度板，切削量非常大，因此你在选择的时候，一定要注意整台设备的机身结构，也就是它的钢性和稳定性；第三要注意机器的功率，大家会走入一个误区，就是说只要主轴电机，也就是前面雕刻的那个机头、那个电机的功率够就行了。其实不然。雕刻机头它只是产生一个切削的力。机器横梁的两边，在产生前后移动的时候，一边有一个电机，这就是我们所说的双电机驱动。机头左右移动的时候，有一个电机；机头上下移动的时候，又有一个电机。所以哪一个电机的功率不够都会造成切削力不够，也就会造成它的切削量非常小，切割的深度很浅、很薄，也就会造成它的加工效率低。大家可以带着问题到现场去看一看，可以从国产设备开始，也可以先从我们麦迪克设备开始，你看一下整个机身结构、机器的外型，甚至一些小的部件的质量，都可以比较一下。在这里我提醒大家一点：机床的横梁最关键，如果力量不够、钢性不够，很容易造成机器的精度不够，在这点上请大家务必注意。

【星云】：尽管目前市面上多数的激光雕刻机在雕刻品质上仍无法达到和手工雕刻一样的精细完美，然而两者之间的距离正在巨速缩减中。GCC星云藉由专有的软件结合稳定的马达运动控制系统，让精细的立体浮雕不再是不可能的任务，并成为市场上3D雕刻水平的典范及领导品牌！用户只需依照想要的雕刻深度把功率参数设定调大，同时在想要深雕刻的地方加深图档的颜色，便可以轻易达到栩栩如生地3D雕刻效果。相信透过GCC LaserPro激光雕刻机的辅助，将能有效创造出更多的商机并带来更大的利润。

投资：投资雕刻机机不可失？

如同当年投资喷绘制作店，时下投资雕刻机开家标牌广告制作店也成为追逐热点。只有不会做的买卖，没有不赚钱的生意，做投资者更需要长远目光。

独到的眼光是做好投资的开端。如果把雕刻市场比喻成军队，那么目前的雕刻大军都在进行切割。相应地，大家都在买切割设备，这个月有10个人买切割机，下个月就会有100个人买，再下个月就会有1000个人买。如此利润不言而喻，只能在价格战中飘摇生存。如果能从单纯的切割中脱离出来，能做与众不同的、别人不能做的东西，开发更多的新产品，那么就要从选择赚钱工具雕刻机开始。

不少投资者由于对机械知识缺乏深入了解，因此普遍不会对轴承、丝杆、导轨、机架钢性等性能进行比较，通常只关心机器的外观、加工幅面等外在因素。在这种情况下，如果计划投入20万以上购置进口设备来瓜分国产机的加工市场，那么就是在经营方向上犯错误。因为进口设备面向的是另一个不同层次的市场，如果花两倍以上的价钱购入进口设备来做国产设备就可以完成的加工制作，无异于杀鸡用牛刀大材小用，而且机器的成本回收也是个大问题。也有人迷信要最贵的最好的设备，认为这样我的生意一定会做到最大，这也是一种误区。最贵的不是最能创造利润的，有可能是品牌效应，或是代理的利润空间太大的原因。

下面让我们分析一下现在已有设备的客户的雕刻生产过程：

1、收到订单后报价选材。

2、电脑排版打字，走刀路。有的客户为图省钱用翻版软件，常常导致死机而延长了排版时间。

3、开机后调整机器，装卸刀具，由于操作控制器比较复杂。花费较长时间。

4、选好材料后，先按需要用其它工具将材料裁成合适大小，放在机器台面。

5、材料背面贴满双面胶，防止切割后小件飞出。

6、装卸材料时为防止台面划伤，底部须垫上垫板，再四面夹上夹具。

7、雕刻过程中，切割刀具的不正当使用或使用了劣质的刀具都会影响切割速度。

8、雕刻完毕，除了要用吸尘机把碎屑清理干净外，还要把双面胶清理掉，这是一道很烦琐的工序，最后把半成品拿去打磨抛光或喷漆处理。

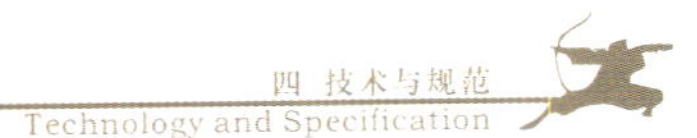

假如以上8道工序都没有出现差错的话，那么就大功告成了。否则，任何一个环节上的失误，都会导致质量问题而要重复以上8道工序。

假设第7道工序雕刻的时间需要10分钟，那么第1－6、8道工序就要花费2－3小时的。一天24小时下来，实际能做多少雕刻工件可以想见，因此这样的加工既费时又费事，利润也很少。

综上所述，投资者缺乏专业技术指导和中肯的投资意见，是不赚钱的直接原因，更是阻碍雕刻机生产工艺发展的根本原因。

生产商演绎热点问题

质量对产品的意义

【嘉臣】：质量和品质本身就是理性的东西，是需要时间来验证的。

【海目激光】：一种产品的生命力，在于它的不断推陈出新，以适应变化中的市场。

国产与进口设备的差距

【嘉臣】：从整体技术水平、制造工艺和稳定性来讲，国产雕刻设备与国际同类设备比还有很大的差距；从速度精度方面讲，差距在逐渐缩小。

【星云】：通常我们把平台式激光雕刻切割机根据其激光管的使用分为金属射频管机及玻璃管机。目前，进口机一般多为金属射频管，而国产机基本以玻璃管为主。全金属封装的射频管以35伏低压启动，震动脉冲所产生的激光呈良好的连续线状工作状态，所加工件表面光滑，一般充气一次使用寿命在25000小时，可多次重复使用；而玻璃管以20000伏高压启动（电源易损坏），瞬间碰击所产生出的激光呈点状连接，所加工件表面呈轻微齿轮状，使用寿命在2000小时左右，不能充气重复使用。在机械传动电机的配置、主板芯片处理上，多数激光机采用步进电机，个别采用伺服电机（如GCC星云采用DC Servo高精度伺服电机），两种电机所产生的精度效果差距是显而易见的；国产机雕刻和切割的融合性较差，在软件及工作平台的设置上目前尚和机械机处在同一水平。”

机械雕刻机与激光雕刻机之争

【嘉臣】：打一个不太恰当的比喻：就如同斧头和菜刀一样，有共性也有差别。当您要砍柴时就最好用斧头，因为其比菜刀更有效率，更适用于砍柴；相反您切菜时用菜刀肯定方便。

对于客户在选择购买设备时要充分了解自己的要求，再去选择比较，最好是带上材料现场打样，这样就不会选择不当减少损失。

国产设备前景

【嘉臣】：对于前景谈不上认识，推陈出新或是部分制造商淡出，在2005年是存在的。因为目前技术、产品、销售手段的同质化太严重。同时制造几个噱头来控制国内市场也是不可能的，垄断时代已不存在。

【上海中唐】：2004年是雕刻机市场重新洗牌的关键年，但到2005年市场上的雕刻机产品与现在会大不一样，那是因为客户的选择得到了市场及时、准确、可靠的反映。

【星云】：在可见的未来，激光机的市场空间还很大，市场需求的格局也越来越明朗，中高档的激光机将继续占据市场主要地位。

企业规模化

【嘉臣】：规模化生产的确是降低成本的有效方式，同时规模化生产带来的管理成本的增加。怎样作到人尽其才物尽其用？这是管理问题！我们有一句话叫：开会不落实等于零，落实不能有效的执行也等于零。

价格战

【嘉臣】：价格竞争目前是摆脱不了的，竞争手段何其多，关键是怎样组合利用。

你可以提高自身产品质量，提升质量竞争；

你可以提高售前、售中售后，提升服务竞争；

你可以增加产品的使用价值，提升价值竞争；

你可以提高产品技术含量，提升技术竞争；

你可以率先获取市场信息，提升信息竞争；

你还可以吸纳优秀市场营销人才，提升人才竞争等等。

（原载《广告制品与制作》）

中国霓虹灯行业回顾与前瞻

1、社会主义市场经济体制目标的确立，使中国霓虹灯进入快速发展阶段。经过近十年发展已从单一的手工作坊式生产、制作霓虹灯，形成专业化、系列化、现代化生产方式。全国形成以上海、江苏为主要的户外霓虹灯广告、店招、标牌制作中心；以广东为主要的制灯设备生产中心。全国霓虹灯成规模企业已达6000余家（不含数万家承接业务的广告公司），已拥有一批优秀的霓虹灯骨干企业，在技术水平、制作工艺、艺术创意、应用现代科技等方面有了质的飞跃。

2、中国霓虹灯的发展，基本上满足了国民经济发展和人民日益增长的文化、精神、物质方面的需要。据2003年统计，全国霓虹灯变压器年生产量已达1500万台，霓虹灯荧光粉管已超过8000万支，霓虹灯电极14000万对。霓虹灯年产值（不含灯箱及制作霓虹灯附加值）已达30亿元左右。2003年全国霓虹灯拥有量达99280个，是十年前1994年的34817个的2.85倍，灯箱拥有量440683个是1994年的85394个的5.16倍。已成为霓虹灯及霓虹器材世界产量最高的国家之一。

3.霓虹灯及霓虹器材质量正在稳步提高，逐步由于国际接轨，中国霓虹灯已走出国门走向世界。上海生产的霓虹灯电感变压器已成批接受国外定单，广东生产的霓虹灯电子变压器出口量也很大，有的企业已在美国、欧洲等国家和地区设立办事处。由于我国劳动力较便宜，以手工艺技术弯管为主的工艺灯，每年几十万套出口。电极、粉管以及霓虹配件定单数量也逐年增加，远销欧美和东南亚等国家和地区。今年初作为中法互办文化年的重要项目，上海为法国设计、制作了上海南京路步行街的十块霓虹灯店招，被安装在法国里尔市中心的菲尔博大街上，受到法国有关部门负责人的称赞和肯定。

4、电子技术的发展，霓虹灯电脑编程的开发，增加了霓虹灯科技含量，注入了新的活力，使绚丽多彩的霓虹灯更变幻多姿、光彩夺目。彩色渐变电脑程控扫描器的开发成功，可随意编制出大容量动感和复杂的图案变化，使霓虹灯色、光更柔和，达到人们追求的美、动、色的艺术要求，满足人们日益增长的文化和物质需求。

5、科学技术是第一生产力。电子技术的发展改变了中国霓虹器材的生产结构，从80年代起始对电子变压器的研制开发，从第一代电子变压器的诞生，到90年代的第二代电子变压器的生产应用，不断改进，不断提高。随着电子元器件的发展，目前生产的第三代电子变压器已基本上能满足霓虹灯发展的需要，由于其价格低、能耗省、容量小，特别适合程控器的配套，受到使用单位的欢迎。目前生产量已占全部霓虹灯变压器的90%以上，全国已有近十家年产量达到百万台左右，工厂已专业化、系列化生产，实行现代化企业管理制度，质量稳定，为中国霓虹灯发展作出了贡献。虽然还存在一些技术问题有待改进，我们相信在科技人员努力下，产品将会不断完善。

6、大量科技人才、专业人才进入霓虹行业为霓虹行业持续发展创造了条件。霓虹灯已从过去的单一品种、单一规格、单一性能发展成专业、系列、多品种、多规格的产品。霓虹灯电感变压器已一改过去高能耗低效能为低能耗高效能产品，功率因素从0.6提高到0.96，规格有15kv、12kv、9kv、7.5kv、6kv、5kv、3kv等，粉管已从单一的石灰管逐步扩大到优质玻管的应用，铅玻管产量已达20-30%，双层涂粉管、机制彩管已投入批量生产。霓虹灯电极已全部实现机械化流水线生产。电子变压器已开发出调光型、声控型、自闪型、书写型、变色型、渐变光型等新品种。霓虹器材的不断创新、完善、为霓虹灯创新发展提供了条件。企业家和设计人员的创意，丰富了霓虹灯新品种的开发应用，如动画霓虹灯、雕塑霓虹灯、地球霓虹灯等，为美化亮化城市作出了贡献。制灯设备、工装的开发，除真空系统外还有H型灯管成型机、切割机、平头机等，已形成全套霓虹灯系列设备和工装。

7、现代企业制度的建立，为传统霓虹灯企业的改造和新企业的建立发展提供了制度保证。一批霓虹灯企业获得ISO9001、ISO9002国际质量体系认证及UL CE质量认证，为出口产品获得通行证。

8、霓虹灯是电光源学科的一个重要分支，在进入新世纪时，新的电光源产品不断涌现。城市需要繁华，需要多样化，需要多彩的世界，多彩的世界需要霓虹灯，因此我们的企业已从过去单一设计、制作霓虹灯发展为设计、制作以霓虹灯为主体与多种新光源结合的霓虹灯广告、店招，使霓虹灯画面更艳丽、更形象、更立体感和动感。为此霓虹行业在关注霓虹灯发展的同时，也关注新光源的发展，努力使霓虹灯与新光源结合，使世界更精彩。LED的发展为人类照明事业作出了新贡献，就目前的性能、特点、性价比与霓虹灯还有很大区别，我们要认真研究它，在霓虹灯工程的设计时取其优点，丰富霓虹灯画面，使霓虹灯更五彩缤纷、争光斗艳。

(摘自2004年全国霓虹灯年会工作报告)

附：质量提高，前景广阔

——中霓会秘书长温伯安先生评国内霓虹灯市场

2004年3月26日广东国际广告四新展在中国出口商品交易会顺利举行，同期举行的还有中国（广州）国际霓虹灯展览会，这是国内首次举行的以霓虹灯为主题的展览会，同期还举办国际霓虹灯发展论坛。论坛结束后，我们采访了中霓会秘书长温伯安先生，请他介绍了国内霓虹灯行业发展的状况与行业面临的发展机遇与挑战。

中国广告协会广告公司委员会霓虹技术协作会（简称中霓会）是中国霓虹灯广告业全国性的非盈利的社会团体组织，成立于一九九四年，它的任务主要是为了促进中国社会主义市场经济的发展，提高霓虹产品性能和质量，使霓虹广告业能全面、快速、协调、健康的发展。它每年组织一次全国性的技术、质量经验交流，提供新技术、新产品的信息以促进中国霓虹灯事业的发展。

记者：请介绍一下霓虹灯会的情况，以及目前国内霓虹灯行业市场的整体情况？

温伯安：本次由中国广告协会霓虹灯委员会主办，信亚展览服务有限公司承办的霓虹灯展是中国首个以霓虹灯为主题的专业展览会，得到中国大陆以及港、澳、台地区、海外行业协会的鼎力支持和积极参与。

总体来说，国内霓虹灯广告业产品质量提高，出口增长，前景广阔。据统计，国内电子变压器的年产量已经超出了1000万台，霓虹灯管已经超出了6000万台，从这两个数据就可以看出中国在世界范围内都已经是霓虹灯生产大国之一了。上海霓虹灯技术水平在保持中有所提高，已有部分产品出口。为什么国际上能接受我们的产品呢？这在很大程度上说明了我们的生产质量水平已经提高基本达到国际市场要求。今年的中法文化交流，那时大家就在思考什么东西能代表上海，经有关部门论证，最后决定把上海南京路的霓虹灯招牌搬到法国去。我们设计制作了南京路上的十块巨型的霓虹灯招牌，在法国展出后，法国人表示很震惊，原来中国的霓虹灯做得这么好，上海这么繁华。的确，我们拿去的东西是我们最好的产品，但这也反映了中国的制作工艺达到了一定的水平。

那么为什么国内会有一些霓虹灯的质量比较差呢？我认为这跟我们的国情有关，我们的国家还不是很发达，还是一个发展中国家，老百姓还不是很富裕。质量好，价钱贵的霓虹灯，老百姓还负担不起；只好使用价钱便宜的产品，但随着经济的发展，人民生活水平的提高，高质量产品会越来越受人民欢迎，由于我们的技术已经达到一定的水平，还有比较便宜的劳动力，所以我们出口的产品质量过硬，价钱便宜，很有竞争力。当然在国内我们也有一些质量好的霓虹灯，上海就有一些有实力的厂家正使用高质量的霓虹灯。而随着经济的发展，我想其他地区也会有越来越多的用户开始接受与使用品质优良，价格相对高昂的霓虹灯。

随着市场的发展，霓虹灯企业的管理也在开始加强，因为国内霓虹灯企业已经意识到企业要在市场竞争中生存下来，产品质量必须有保证，否则就会被淘汰。

国外市场主要是娱乐场所等商业需要，而国内除了商业需要外，我们知道政府正在倡导城市的亮化工程，要使城市亮起来，亮化工程采用各种光源，包括霓虹灯。这

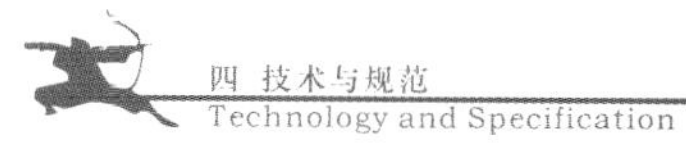

些方面都说明，国内霓虹灯行业大有发展前途。

记者：刚刚您提到，国内霓虹灯出口很有竞争力，国内霓虹灯出口的整体现状是怎样的？

温伯安：目前，出口到国外的产品主要有霓虹灯变压器，霓虹灯荧光灯管、电极、配件，一些霓虹灯广告工程按照要求加工好后出口，还有工艺灯。因为霓虹灯品种比较多，应客户市场需求，我们提供相应的产品。目前，主要出口欧美、中东、亚洲、越南、新加坡等地区和国家，而国内上海、江浙、广东等沿海发达地区都有霓虹灯产品出口。

记者：由于用电紧张，国内某些城市会在某些时段限制供电，这种情况对霓虹灯市场的发展会产生什么样的影响？

温伯安：我国十五年二十年以前由于能源紧张，霓虹灯的确受到政府限制，但现在有关政府部门已经认识到城市亮化与经济发展的密切关系，虽然现在有些能源紧张，但我看这是暂时的，能源紧张对霓虹灯发展有一些影响，但我估计影响不大。在冬季供电紧张的情况下，某些城市可能为了保证居民用电或工业用电，某段时间会提前关灯，而且现在关灯与过去也不一样，过去是通过电话、人工来进行控制，而现在都是通过电脑控制，但总的来说，政府在倡导城市亮化。

记者：LED的发展是否会对霓虹灯市场产生一定的冲击？

温伯安：LED与霓虹灯是两种不同的光源，表现形式不同，霓虹灯是线条，LED是点。而且多一种光源，对城市亮化来说，就多了一种表现手段。而且在很多招牌上，会同时组合应用LED与霓虹灯。

有人说LED起来了，霓虹灯就要被淘汰了，我认为还没有到这个时间，任何事物都有一个诞生、发展、成熟、衰亡的过程。霓虹灯目前还处在发展阶段，这几年我们说霓虹灯还在发展，数量增长了，品质在提高，品种也在朝多样化发展。我们的企业正在不断研制新的产品，我们电子变压器现在已经发展到有十几种，接近二十种了，国外就没有这么多，这就是我们的优势。

记者：霓虹灯的使用应该注重强调一个城市其本身的人文特色，譬如说杭州，是我国的一个有着悠久历史的文化城市，它的自然景观与人文景观已经紧紧地结合在了一起，那么在这些城市使用霓虹灯的时候应该怎样做才能保持并加强城市的特色，而不是影响其风格？

温伯安：这个问题是政府规划部门在实施亮化工程时应该重点考虑的问题，对于我们中霓会或者霓虹灯企业来说，我们非常愿意参与到这个方面来，愿意提供自己的意见，比如说颜色，有些城市会更倾向选择红红绿绿的颜色，而有些城市就会不喜欢。作为企业不可能站到这样一个角度来考虑，它能做的是客户市场需要什么产品，我就能给你做出来，满足你的要求。

记者：现在有一些霓虹灯招牌会出现招牌上的字缺胳膊少腿的现象，本来招牌的作用是为了展示形象，但是这种招牌给人的感觉却很不好，您如何看这个问题？如何解决？

温伯安：这是质量问题，根据我们的国家标准，这是不允许的。第一步，标准出台，首先要进行宣传，让大家知道这样一种现象是不允许的，大家自觉地执行。第二步，是需要有关部门的监督，维护标准的实施。第三，霓虹灯的环境很差，日晒雨淋，一点不坏也有点不可能，但是上海的霓虹灯给大家的感觉为什么一直很好，一方面是产品质量好，坏的机会减少了，而且即使坏了，后面的维护服务工作跟上去了，上海规定，必须在二十四小时之内解决这种问题，如果没有修好，就会罚款。招牌某些地方问题出了问题，如果你一直不管它，那坏的地方就会越来越多。

记者：中霓会通过哪些方面的工作促进国内霓虹灯的发展？

温伯安：中霓会成立以来，为提高霓虹灯产品质量，做了不少工作，尤其是标准制定方面的工作，我们制定的行业标准为国标的制定具有参考意义，目前已经颁布的国标比原来订的行业标准、地方标准要求更高，基本上与国际技术质量标准接轨。

标准的作用主要是一方面可以规范霓虹灯企业的技术行为，第二是让企业让用户都可以通过标准比较了解霓虹灯产品质量的好坏。现在我们国家关于霓虹灯的标准已经公布了两个，后面还会有一些相应的标准出台。这对中国霓虹灯质量的提高将起到强大的促进作用。

第二个方面，协会的主要工作是开展会员之间的经验信息交流活动，我们的信息交流是每个月都会进行的，把行业内企业的情况与国内外的情况告诉给大家。而且，我们每年会主持召开一个霓虹行业的大会，进行产品的交流、经验的交流、管理的交流。

另外，今后我们拟定每年召开一次霓虹灯行业的展览会.

当然我们主要还是为会员单位服务，为行业服务，会员有什么要求找我们，我们会尽力满足他们的要求。作为协会，桥梁也好，纽带也好，起到的主要是信息交流的作用。今年十月份我们会开霓虹行业的大会，时间地点会在五月份委员会上确定下来。今年的展会规模还不是很大，当然，我们相信今后展会会越办越好。

【数据链接】

2002年全国电光源总产量约72亿支，白炽灯为37亿支，其中装饰灯泡增量大，产量达到12.5亿支，比上年增长26%；荧光灯14.3亿支，其中直管荧光灯5.78亿支，直管荧光灯中T8灯总量为203亿支，同比增长了21%，环型荧光灯0.43亿支，同比增幅接近20%，紧凑型荧光灯8亿支，同比增长7%，比1998年的2.6亿支增长了2倍，荧光灯与白炽灯的比例进一步上升到1:2.6；高强度气体放电灯总量约6900万支，其中，金卤灯为1220万支，高压钠灯为1698万支。

2002年全国照明电器行业出口额达43亿美元，其中，电光源产品出口额为9.33亿美元，圣诞灯出口6.1亿美元，灯具产品出口20.6亿美元。由于可以看出，经过多年发展，我国照明电器工业的产品结构日趋合理，中国已经成为世界电光源产品的主要生产国。

(原载:《广告制品与制作》)

丝网印刷的发展趋势与市场

丝网印刷被称为万能印刷。它能在各种承印材料上进行印刷，如对各种塑料、纺织品、金属、玻璃、陶瓷等材料上。总之，任何有形状的物体不论形状大小、厚薄，不论软质、硬质，也不论曲面、平面都可进行丝网印刷。丝网印刷可以应用于商业、广告业、装潢业、美术业、建筑业、出版业、印染业、电子工业等。所以，从20世纪70年代起丝网印刷在全球范围内得以发展。

我国从20世纪80年代起，由于对丝网印刷的材料、设备、工艺加速了研制和开发，使丝网印刷在同柔版印刷、胶版印刷、凹版印刷的竞争中发挥了优势。每年以7%的速度递增。随着我国改革开放政策的进一步深入，工农业的发展，近13亿人口生活水平的提高，购买力的上升，预计本世纪的中国将成为世界上最大的网印市场，毫无疑问，丝网印刷将会发挥巨大的作用。

一、丝网印刷在商业广告上将有更多市场。中国消费者的品牌意识逐渐加强，一些大的公司，尤其是电器公司，烟酒公司为了宣传自己的形象都非常重视广告的作用。广告的时间和质量在一定程度上确定了公司在市场上占有的份额。因此各种电气广告、包装广告、户外广告、固型广告、商业广告给丝网印刷提供了广阔的空间。

在商业竞争中，大型户外广告被重视，因为大型户外广告视野宽、效果好。所以我国网印大型彩色户外广告也随着商品广告的发展，日益显示了批量大、价格便宜、色彩鲜艳、保存期长、交货快等优势，被越来越多的大中城市的规划部门、广告管理部门所认可，吸引很多广告商。如信步北京、广州、上海、沈阳、武汉、成都、昆明等城市的街道，尤其是北京的地铁通道，网印的大幅面彩色广告五彩缤纷，到处可见。难怪近几年大幅面彩色网印机及配套设备在我国供不应求。

中国网印商业广告的潜在市场是巨大的，今后10年网印商业广告仍将保持高速发展。

二、丝网印刷在包装市场中呈现勃勃生机

近几年来，丝网印刷在包装行业占领了一定市场。很多胶印厂利用丝网印刷墨层厚、覆盖力强、承印材料广泛等优点，在原有设备的基础上增添网印设备，发挥胶印和网印的两个优势，大上包装印刷，也促进了包装业的发展。

据资料表明，亚洲包装市场发展迅速，而在众多亚洲国家中，尤以我国的包装业增长最为迅速，自1990年开始年增长率为20%－30%。按此速度，我国2000年的包装生产总值预计可达270亿一280亿美元。毫无疑问，丝网印刷技术的不断开发应用，将更好地服务于包装装潢业，为包装装潢业的更加繁荣作出贡献的同时，也将为丝网印刷业带来更广阔的市场。

像印高档包装盒、包装瓶、烟包、酒包那样。大型电器产品的外壳也用丝印工艺印上绚丽的画面，这些大型外壳装饰的产品无论放在那个商场，都会受到顾客的青睐，起到包装广告不可替代的宣传效果。在这方面丝网印刷蕴藏着巨大的优势和潜力，只不过人们尚未发现它的开发价值。开发这个项目无疑具有灿烂前景，而采用四色丝网印刷，印刷彩色超大型包装和产品外壳是非常容易的事。

三、电子产品的网印仍占绝对优势

在电子工业中，丝网印刷技术占有率高达90%。如生产一台电视机，需用 很多丝网印刷技术，如开关、操作盘、显 示屏、图像防腐、印刷电路板等都离不开丝网印刷。可以说没有丝网印刷就没有电视机、就没有电气产品，也可以说若没有丝网印刷技术，航空、航海、航天工业就得不到发展。代表今后发展趋势的超大型和超薄型壁挂电视机的液晶显示屏，也必须采用丝网印刷。丝网印刷的重要性因此可见一斑。

丝网印刷集成电路简称IC，就是一种体积非常小和重量非常轻的电路。所谓集成度指在一定尺寸的芯片上可以做出多少个晶体管，现在16兆位的，64兆位的已经解决，IOO兆位的很快就要商品化。近年来美、日、英等国家在研制第六代计算机中经计算机，它将和人的大脑一样具备思考、分析、判断、和模糊信息处理等功能。这种计算机所用的厚薄IC就是应用丝网印刷厚膜技术制造的。其导体、电极、电介体、电阻体、电阻保护层等都是用丝网印刷工艺制作的。我们可以说丝网印刷技术不仅是高科技含量的技术，而且丝网印刷制作的产品直接服务于高科技。

四、网印制版技术趋向高科技化

随着当代科技的快速发展，计算机与电子扫描技术已渗透到各个领域，形成了科技与行业技术的交叉与相融。快速、现代、精品已成为现代人追求的目标。在这个科技浪潮的冲击之下，印刷领域中的印前系统已产生了飞速的变化，印刷中的原稿采集、图像处理、分色制版均由彩色桌面系统所代替，速度快、精度高，显示了现代特征。这项技术的发展无疑会把丝网印刷制版技术推向一个更高的层次。

无底版计算机直接热蜡模版成像：20世纪90年代末，随着电脑数码化处理技术不断成熟，在网印制版技术方面正在引起一场重大的技术革命，这便是电脑无菲林直接制版CTP，亦称数码化直接制版设备 简单地说，就是通过电脑直接喷涂一种涂料，在模版上形成图像，之后再晒版显影。这就是直接扫描制版成像，其网点的角度，喷涂材料的厚、薄、密度、曝光度等程序都是事先用计算机设计好之后，进行直接扫描制版，然后晒版显影。这种新型制版的方法，具有下列特点：减少了制版工序，达到快速制版的目的，节省软片，防止了污染，提高了质量。

现在又有一种模版直接成像制版法，丝网印版不用涂感光胶，而是涂上一种化学涂料，不用喷涂热蜡，而是用计算机直接在已喷涂好的化学材料的模版，根据原稿图像由计算机在模版上扫描，之后用水冲掉化学材料即可成像。这种在模版上直接成像的制版方法是今后研制的方向。还有一种直接成像制版的方法是在一种特制的金属合金膜上，直接用计算机扫描激光成像。可将丝网和感光胶省掉，不需要复杂的绷网工艺，这种制版方法制作的模版，不变形、对位准、印刷精度高，是今后发展的方向。

五、我国丝网印刷设备的发展趋势

目前我国的网印设备，中低档的手动小型设备基本配套，每年销售额为3亿元，每年进口网印设备销售额约2亿元。

20世纪90年代，国外推出有代表性的丝网印刷机，如滚筒式单页网印机最高速度每小时可达3600印。美国M&R公司生产的六色全自动丝网印刷机(幅面2m×4m)，印刷大幅面户外广告每小时可达500张。相比之下，我国还处在相对落后的状态。

通过研究国外丝网印刷技术的发展过程和现状，可以得出这样的论断：随着数字式印刷的发展和普及，本世纪现代化的丝网印刷设备、技术和工艺将发挥巨大的作用，并将不断地有所创新，逐步取代落后的丝网印刷设备，赢得更广阔的市场。

六、网印油墨发展趋势

总的来说，我国生产的丝印油墨门类比较齐全，有的质量很不错，应当说发展很快。年产约12万吨、产值36亿元。问题是溶剂型油墨溶剂的比例占60%，干燥时溶剂都要挥发在空气中，故污染严重。

目前，国内网印油墨生产自动化程度较差。发达国家在油墨制造工艺中普遍采用了计算机，不仅使油墨生产管理科学化，而且加快了油墨技术研究开发和产品更新换代的速度。

现在，我国使用高质量、高精细印品的油墨和特种用途的油墨，四色加网印的油墨和UV油墨几乎全靠进口，年进口额为6亿元左右。因此，网印油墨的应用与开发有无限美好的前景。为此，网印油墨厂应针对不同的承印材料及不同行业的工艺要求，研制出相应的细度、流动性、粘度等特性要求的油墨，这是提高网印产品的质量、拓宽网印领域的重要途径。特别是我国的水性油墨从环保要求和使用要求角度看，前途无量，有待于大力开发。

总之，本世纪以知识化、信息化。网络化、数字化等成为新经济的主要特征，它会给丝网印刷业带来前所未有的发展机遇。随着知识化、信息化、数字化的发展及人们生活水平的提高，对网印产品的要求也愈来愈高。所以网印企业投资重点应理所当然地放在高新技术方面，作为一个企业家，把投资重点转向知识经济、转向高新技术产业，无疑是具有战略眼光的。

丝网印刷以其独特的魅力和自身的特点，如万能、特印等，使其具有了很强的生命力与发展空间。然而就我国目前的现状来讲，从设备到材料，从制版工艺到印刷以及印后加工均处于相对落后的状态，没有形成规模化、现代化。所以，网印行业必须向高科技进军、积极吸收现代科学技术，最大限度地利用计算机这一现代化的科学工具，使网印设备、材料、工艺含有更多的高科技成份，紧紧围绕自身的特点和优势，扬长避短，在整个印刷的大气候中快速发展，不断创新，以先进的设备、材料、工艺技术取代落后的丝网印刷设备、材料和工艺，使网印技术再放光彩，创造更大的经济价值，开发更广的应用领域，赢得更多的市场,为我国网印技术在21世纪创造更辉煌的成绩。

(原载《中国印刷》第七届世界印刷大会特刊)

Metro Media Technologies技术应用案例

运动场展板

MMT的运动场展板让您胜人一筹。MMT的大型画面以其无与伦比的生动、浓郁的色彩，一定能够为您吸引更多的观众。根据运动场的需要设置的——外打光或内打光，网格布或背胶布——其表面都具有很高的阻燃性和防火性。MMT提供5种不同的解像度给不同距离的观众最佳的视觉效果，并使用多种不同的定制技术来安全地悬挂画面，例如口袋式、扣眼式、尼龙绳和框架系统式。专注于超越客户期望的MMT，在大型喷绘领域15年的丰富经验将保证您的图像效果脱颖而出。

墙饰 MMT高品质大幅墙饰让您脱颖而出。显著建筑物上的生动画面可以在特大范围里传播您的广告信息。墙饰所使用的网格布在保持浓郁的MMT色彩的同时，还具有一定的透光性。近30种不同的材料结合多达5种不同的解像度，使MMT能够按照每个项目的特殊要求来制定适合的解决方案。MMT研发部不断地创新和提炼新技术，依靠的是其成功的先进创新理念。这种创新理念使得MMT领先于任何应用领域。

外打光喷绘

MMT独有的处理技术能够在提供比其它所有数码成像设备都高的色阶品质的同时提供最大的色彩浓度和饱和度。成像处理中包含的防紫外线和抗氧化技术可以使画面历久长新。通过持续不断的精心维护，我们的数码成像技术可以稳定地精确复制一张又一张高品质的画面。

MMT以一贯精准的色彩处理和先进的数码技术享誉全球。作为一家强调个性化客户服务的国际化公司，MMT不仅拥有应对全球业务所必需的技术，而且也具备只有小型公司才有的灵活性。因此，无论在佛罗里达，还是澳大利亚的墨尔本，您的画面都具有完全相同的色彩和高品质。

车身喷绘 同样生动的户外广告画面现在可以移动了!在MMT，我们已经将大型喷绘技术运用到了车身广告领域中。MMT发明了Flex-FleetTM系统，一种专门为移动媒介设计的系统。这个系统将精确数码喷绘的画面与坚固的配套硬件相结合，达到了能快速简易安装和更换的目的。大多数车身画面都能够在一小时之内更换，避免了将过多时间浪费在除去贴纸，清洗拖车等反复操作上。我们还备有反光材料可用于汽车后门，以吸引夜行观众的注意力。MMT' s Flex-FleetTM系统，确保您的画面在运动状态下取得最大的宣传效果。

大型壁画 更多的色彩、更多的画面、更强的视觉冲击力使大多数建筑物墙面都选择MMT壁画。我们高品质的大型喷绘能够吸引众多的目光，使您的广告得到比以往更多的关注。MMT生动的画面打破了尺码的界限，而且仍旧保持了操作的简易性。专门为丹佛市区的科罗拉多历史博物馆设计、令人惊讶的145英尺长的外打光活动壁画，仅在几个小时内就完成了安装。

即便是特大或更大型的画面，MMT也同样能够做的很出色。生动的色彩再加上精确数码喷绘，使每一个案例不论尺寸大小，都能展现出最好的效果。近30种不同的材料结合多达5种不同的解像度，使MMT完全能够胜任最具挑战性的任务。

内打光喷绘 维加斯大道的灯光在夜晚特别明亮，但是在白天耀眼的光线下它们却失去了光彩。MMT创新的内打光画面可以24小时全天候地吸引人们的目光。MMT精确的双面数码喷绘技术为内打光喷绘提供了更浓厚、更丰富的色彩。无论在白日光照下，还是夜光的背照下，都能展现出调和一致的视觉效果。因此，不论您是夜猫子还是习惯早起的人，MMT的画面都能吸引您的目光。并且，MMT喷出的画面保证不褪色、不碎裂、不脱色，甚至在拉斯维加斯沙漠的恶劣气候环境下也能保存得完好无损。

户外延伸板

通过超乎想象的户外结构来吸引观众的注意力。延伸板通过突破传统的界限使普通面板的视觉冲击力最大化。这些延伸附件扩大了主要画面的尺寸，增加了户外面板的可视度，使广告信息更加醒目。通过对延伸板和主板采用同样的材料，MMT保持了色彩的协调性和图板的可复制性。这种跳出固定思维模式的构思，结合1 5年的大型喷绘经验，使M Mt与众不同。

广告看板

快节奏的现代都市，要求户外广告能够在瞬间抓住观众的注意力。MMT以其高品质的大幅画面迅速吸引观众的目光。我们的专利喷绘技术为您展现持久不变的震撼性效果。通过持续不断的精心维护和色彩协调，MMT的数码处理技术保证每一副画面能够被精确地复制出完全相同的效果。其独特之处在于我们采用了透明的丙烯酸油漆，使MMT在超宽幅的数码喷绘中能够提供最广阔的色阶范围。数码处理和抗氧化技术的结合使MMT可以不断地创造出图像生动、色彩浓郁的画面。

3D成像效果

MMT专利喷绘技术可以产生三维的成像效果。MMT开发的这种技术能够有效避免其它大多数数码输出设备都会产生的线状条纹，而获取更加逼真的图像。其独特之处在于我们采用了透明的丙烯酸油漆，可以使画面投射出前所未有的深度和真实感。这种独有的喷绘技术能够捕捉画面的每一个细节，进而复制出原物的三维外观-无需额外花费建造一个实际的三维实物。

特殊应用领域

MMT的三维应用方式使传统的平面广告有了新的突破。其独创性的其中一个例子，就是巴黎拉斯维加斯气球，这是由120个独立画面排成5排构成的，而气球的篮框则是由两块特大型的内打光画面和LED显示屏构成。

近30种不同的材料结合多达5种不同的解像度，使MMT完全能够胜任最具创造性的工作。为了确保我们的专业水准能更有效的达到客户在各个领域的需求，MMT的研发部通过不断地与外界沟通，参考安装商等各方面的意见，使用创新的方法加上定制技术来保证画面效果超出客户的期望。

背胶喷绘 MMT的背胶喷绘结合了生动浓郁的色彩和安装的方便性及画面的耐久性。四种不同的背胶表面和五种不同的解像度使MMT能够为您展现最佳创意。MMT的背胶喷绘适用于任何尺寸的画面，亦能够完美地应用于任何形状、任何形式或任何高度的户外广告牌。MMT还备有适用于白天或夜晚的反光材料，尤其适合无光源情况下使用。所有MMT画布都同时具有多功能性和耐久性，能够抵挡强风和其它恶劣的气候环境。

户外广告设施钢结构技术规程(选摘)

1总　则

1．0．1为了在户外广告设施的钢结构设计与施工中贯彻执行国家有关技术经济政策，做到技术先进、经济合理、安全适用、确保质量，制定本规程。

1．0．2本规程适用于各种形式户外广告牌(包括落地广告牌、屋顶广告牌、墙面广告牌，各种路标、招牌、灯箱等)钢结构的设计与施工.

1．0．3本规程是根据现行国家标准《建筑结构可靠度设计统一标准》GB 50068规定的基本原则制定。符号、计量单位和基本术语按照现行国家标准《建筑结构设计术语和符号标准》GB／T 50083的规定采用。

1．0．4 户外广告设施钢结构的设计与施工，除执行本规程的规定外，尚应符合现行国家标准《建筑结构荷载规范》GB 50009、《钢结构设计规范》GB50017、《混凝土结构设计规范》GB 50010、《地基基础设计规范》GB 50007、《建筑抗震设计规范》GB 50011等的有关规定。材料和施工质量验收应符合现行国家标准《钢结构工程施工质量验收规范》GB 50205、《混凝土结构工程施工质量验收规范)GB 50204的要求。防雷和接地除遵守现行国家标准《建筑物防雷设计规范》GB 500057的规定外，还应遵守各地城市管理条例和户外广告设置的规划和管理办法。

1．0．5 户外广告设施钢结构的设计与施工不得破坏被附着建筑物、构筑物的结构安全性和使用功能。设计时应对原结构的安全性进行核查，并作出评估结论。

1．0．6选择户外广告设施钢结构方案时，应考虑钢结构制作、运输、安装和混凝土施工的要求，以及广告设施的建筑造型和建成后的维护保养等对市容环境的影响。

5基本设计规定

5．1 一般规定

5．1．1 本规程采用以概率理论为基础的极限状态设计法，以可靠指标度量结构构件的可靠度，采用分项系数设计表达式进行计算。

5．1．2承重结构应按承载能力极限状态和正常使用极限状态进行设计。

所有结构或构件应进行承载力计算，计算时采用荷载设计值。

对使用上需控制变形的结构或构件应进行变形验算，验算时采用相应的荷载代表值。

5．1．3户外广告牌结构的安全等级可分为三级。

1 位于重要位置，或重要广告，或使用年限超过20年的为一级广告牌；

2 位于次重要位置的次重要广告，且使用年限超过5年的为二级广告牌；

3 位于空旷场地，破坏时人身危险小，广告重要性较小，且使用年限不超过5年的为三级广告牌。

5．1．4户外广告牌的结构构件承载力设计，应采用下列极限状态设计表达式：

$\gamma_0 S \leq R$　(5．1．4—1)

$R=R(fc, f, ak)$　(5．1．4—2)

式中γ_0——结构构件重要性系数，对安全等级为一级的广告牌取1．1～1．2，对安全等级为二级的广告牌取不小于1．0；对安全等级为三级的广告牌取不小于0．9；

S——不考虑地震作用时荷载效应组合的设计值

R——结构构件的承载力设计值；

fc、f——混凝土、钢材的强度设计值；

a_k——几何参数的标准值。

5．1．5对正常使用极限状态，结构构件应分别按荷载效应的标准组合和准永久组合进行验算，并应保证变形不超过相应的规定值。

荷载效应的标准组合和准永久组合应按现行国家标准《建筑结构荷载规范》GB 50009和《建筑抗震设计规范》GB 50011的规定进行计算。

5．2结构形式

5．2．1 户外广告牌的结构形式有三种：落地广告牌、墙面广告牌和屋顶广告牌.

5．2．2 落地广告牌由面板结构(含灯箱)、立柱和基础(图5．2．2)组成。

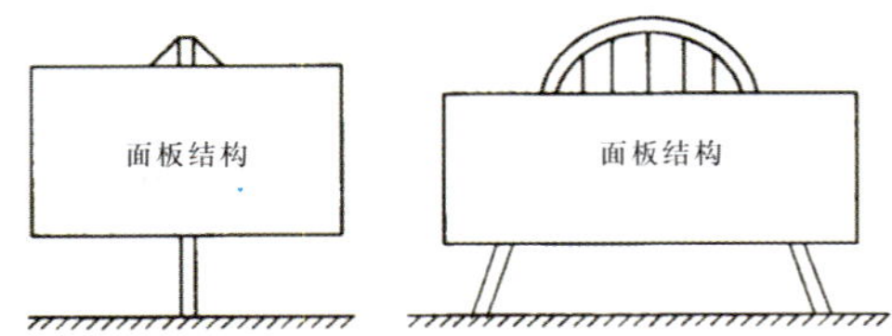

图5．2．2 落地广告牌

5．2．3 墙面广告牌由面板结构、建筑物或构筑物墙及面板结构的支座（图5．2．3）组成。

5．2．4 屋顶广告牌由面板结构、支座体系和支座锚栓（图5．2．4）组成。

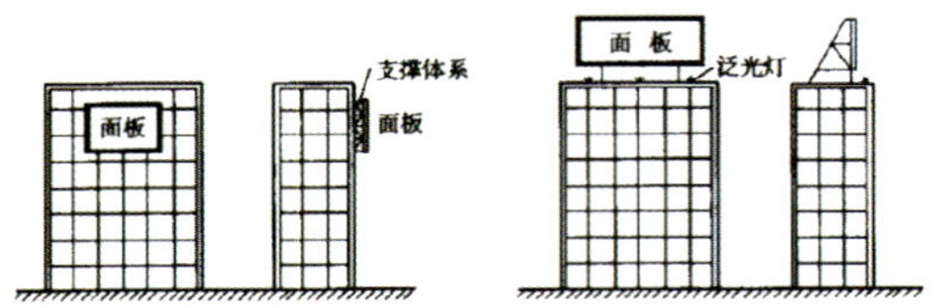

图5．2．3墙面广告牌　图5．2．4屋顶告牌

5．2．5 面板结构由面板和纵横梁组成，支撑结构由悬臂梁、悬臂桁架或空间桁架、网架组成。所有的组成构件应形成几何不变体，并通过计算保证其强度、刚度和稳定度。

5．3构造规定

5．3．1 户外广告牌钢结构的选型、布置和构造应便于制作、安装、维护，并使结构受力简单明确，减少应力集中。户外广告牌钢结构主要承受风荷载，宜采用空腹结构。力求减少受风面积。

5．3．2暴露在室外环境中广告牌采用的型钢(钢管、槽钢、扁钢)的最小壁厚不宜小于3 mm，采用的圆钢直径不宜小于10mm，焊接结构的角钢不宜小于∟45×4或∟56×36×4，螺栓连接的角钢不宜小于∟50×5。

5．3．3 户外广告牌钢结构应根据结构形式及其所受荷载设计可靠的支撑系统。

5．3．4 广告牌面板采用钢板、铝合金板或及其他塑料面板时，应与广告牌可靠连接。可采用焊接、螺栓连接、铆钉连接或自攻螺钉连接。焊接、螺栓连接的尺寸应符合表5．3．4的规定。

表5．3．4面板与结构标准

连接形式	图形	标准
焊接	a a b	a=b≤100mm
螺栓连接	a a a	a≤150mm

5．3．5 由纵梁和横梁组成的广告牌面板，必须布置纵向和横向支撑。纵向支撑可布置在面板上下；横向支撑可布置在左右两端，当面板较长时，则需在中间再加一道横向支撑(图5．3．5)。

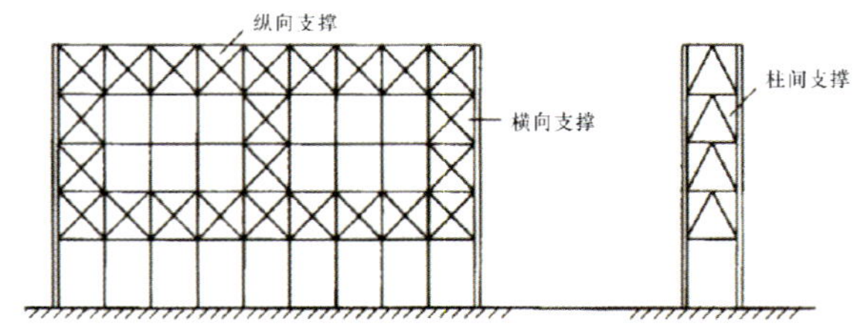

图5．3．5广告牌面板支撑布置

5．3．6广告牌面板应设置撑架。在撑架之间应布置纵、横支撑，以保证撑架侧向稳定和广告牌的整体稳定。

5．3．7 当户外广告牌的面板采用膜结构时，膜结构的设计应满足膜结构设计标准的要求。膜布面与户外广告牌结构的连接应牢固可靠。膜布面的牢度、强度应达到国家现行有关标准的规定。

5．4变形规定

5．4．1 在风荷载(标准值)作用下，落地式广告牌钢结构顶点的水平位移不应超过该点离地高度的1／100。

5．4．2在风荷载(标准值)作用下，落地式广告牌钢结构横梁的挠度限值为l／150(l为横梁跨度)。

5．4．3在风荷载(标准值)作用下，墙面式广告牌钢结构悬臂梁的挠度限值为l／150(l为悬臂长度).

5．4．4在风荷载(标准值)作用下，屋顶式广告牌钢结构立柱和横梁的变形限值与落地式广告牌钢结构相同。

5．4．5各种形式广告牌钢结构，当采用平面或空间杆架结构形式时，构件的长细比λ不应超过下列规定。

受压弦杆、斜杆、横杆： 150；

辅助杆： 200；

受拉杆： 250；

预应力拉杆的长细比不限。

7基础和支座设计

7．1落地广告牌基础

7．1．1 落地广告牌基础的选型，应根据建设场地土的条件和结构的要求确定。地基基础均应进行强度计算(包括抗压、抗拔、抗弯和抗倾覆)，必要时还应进行地基抗滑稳定验算。基础底面脱开基土的面积应不大于底面积的1／4。

7．1．2 当基础处于地下水位以下时。应考虑地下水对基础和覆土的浮力作用，并确定地下水对基础有无侵蚀性及进行相应的防侵蚀处理。

7．1．3 地基承载力应符合下列要求：

1 当承受轴心荷载时：

$P_k \leqslant f_a$ (7．1．3-1)

式中pk——相应于荷载效应标准组合时基础底面的平均压力值（kN／㎡)；

fa——修正后的地基承载力特征值，按现行国家标准《建筑地基基础设计规范》GB 50007的规定采用。

2 当承受偏心荷载时：

$P_{kmax} \leqslant 1.2 f_a$ (7．1．3—2)

式中 P_{kmax}——相应于荷载效应标准组合时基础底面边缘的最大压力值(kN／㎡)。

7．1．4 独立基础承受轴心或偏心荷载时，基础底面的压力可按下列公式计算：

L矩形或圆形基础承受轴心荷载时：

$$P_k=\frac{F_k+G_k}{A} \quad (7．1．4-1)$$

式中 F_k——相应于荷载效应标准组合时基础顶面承受的竖向压力值(kN)；

G_k——基础自重和基础上土重的标准值(kN)；

A——基础底面面积(㎡)。

2 矩(方)形基础承受单向偏心荷载时(图7．1．4-1)：

$$P_{kmax}=\frac{2(F_k+G_k)}{3la} \quad (7．1．4-2)$$

$$3a \geqslant 0.75b \quad (7．1．4-3)$$

式中b——平行于x轴的基础底面边长(m)；

l——平行于y轴的基础底面边长(m)；

a——合力作用点至基础底面最大受压边缘的距离(m)。

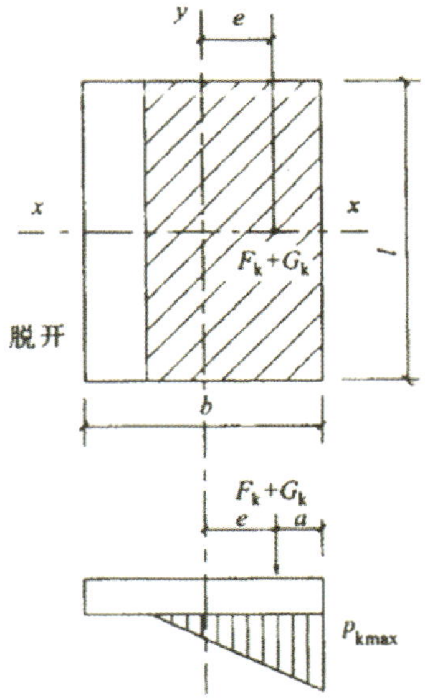

图7.1.4-1 单向偏心荷载作用下矩(方)形基础底面部分脱开时的基底压力

3 矩(方)形基础承受双向偏心荷载时：

$$P_{max}=\frac{F_k+G_k}{3a_xa_y} \quad (7．1．4-4)$$

$$a_xa_y \geqslant 0.125bl \quad (7．1．4-5)$$

式中a_x——合力作用点至平行于y轴的最近基础边缘的距离，按$\frac{b}{2}-ex$计算；

E_x——x方向的偏心距(m)，按$\frac{M_x}{F_k+G_k}$计算；

A_y——合力作用点至平行于x轴的最近基础边缘的距离，按$\frac{L}{2}-e_y$计算；

E_y——y方向的偏心距(m)，按$\frac{M_y}{F_k+G_k}$计算；

M_x、M_y——作用在x、y轴平面内的弯矩。

4圆(环)形基础承受偏心荷载时(图7．1．4-2)：

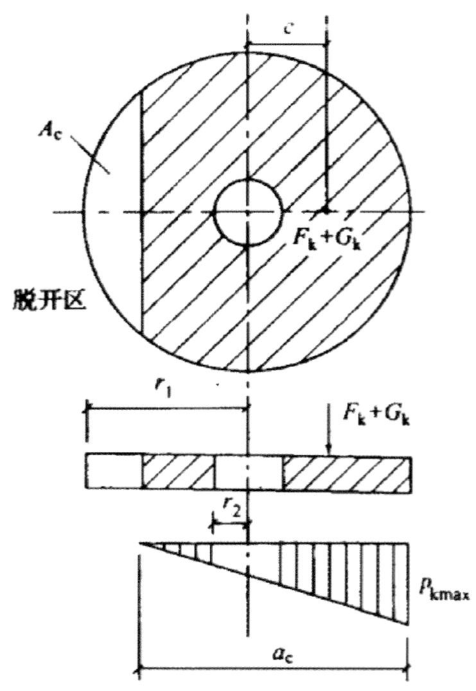

图7．1．4-2 偏心荷载作用下圆（环）形基础底面部分脱开时的基底压力

$$P_{kmax}=\frac{F_k+G_k}{\S r_1^2} \quad (7．1．4-6)$$

$a_t=\tau r_1$（7．1．4-7）

式中 a_t——基底受压面积的宽度(m)；

§、τ——系数，根据比值$\frac{r_2}{r_1}$和$\frac{e}{r_1}$按本规程确定；

r_1——基础底板半径(m)；

r_2——环形基础孔洞半径(m)，当r_2=0时为圆形基础。

7．1．5 当地基的软弱土层较厚，上部荷载较大且集中，浅基础不能满足落地广告牌钢结构对地基承载力和变形的要求时，可采用沉井或桩基础。

桩基础可采用预制钢筋混凝土桩、混凝土灌注桩或钢管桩。应根据地质情况、结构类型、荷载大小、施工条件和建筑场地环境，经综合分析后确定桩基础类型。

桩基计算可按现行行业标准《建筑桩基技术规范》JGJ 94及地方标准的规定执行。

7．2墙面广告牌支座

7．2．1 墙面广告牌支座应附设在房屋或构筑物的墙面上，应确定或验算房屋或构筑物墙面能可靠地承受广告牌支座传递的力，并有必要的安全储备。

7．2．2 墙面广告牌支座可用焊接、螺栓或锚栓与墙面的柱或梁中的预埋件连接。可采用质量合格的化学锚栓、植筋和自墙底锚栓连接，严禁采用摩擦型膨胀锚栓连接。

7．2．3 墙面广告牌支座与房屋或构筑物墙面的连接。应按正常内力的2．0倍验算安全性，且应采取措施严防高空坠物。

7．2．4 支承螺栓或锚栓的混凝土埋置深度应达到30～40d(d为螺栓直径)；锚栓的安装应满足所用产品的技术要求。当埋置深度不够时，应采取螺栓对穿夹板的连接方式，同时还应有足够厚度的混凝土保护层。

7．3 屋顶广告牌支座

7．3．1 屋顶广告牌支座布置应与屋顶柱网布置相协调，应能直接承担广告牌结构传来的支座压力、拔力和剪力。

7．3．2 屋顶广告牌支座可用焊接、螺栓或锚栓与屋顶梁或柱中的预埋件连接，并应可靠地将广告牌支座承受的荷载分散传递至下部结构。

7．3．3 屋顶广告牌支座严禁采用摩擦型膨胀螺栓连接。当采用质量合格的化学锚栓、植筋和自墙底锚栓时，必须具有确切的技术参数和质保体系。

7．3．4 支承螺栓或锚栓的混凝土埋置深度应达到

30～40d(d为螺栓直径)；锚栓的安装应满足所用产品的技术要求。当埋置深度不够时，可采取与梁、柱钢筋焊接的方法处理，同时应有足够厚度的混凝土保护层。

7．4防雷与接地

7．4．1 户外广告设施的防雷等级应按其安装位置，根据现行国家标准《建筑物防雷设计规范》GB 50057的规定确定。

7．4．2 户外广告设施的防雷装置(包括接闪器、引下线、接地装置、过电压保护及其他连接导体)应根据所处的防雷环境进行设计。防雷设计中必须具有防止直接雷、感应雷和雷电波侵入的措施。

7．4．3 当户外广告牌安装在高层建筑的屋顶或外墙上时，其防雷装置可结合建筑的防雷接地系统进行设计。

7．4．4 户外广告牌的钢结构框架、金属面板等可作为防雷装置的接闪器、引下线，但必须与屋顶和墙面的避雷带、避雷网、引下线多处焊接连接。

7．4．5 当户外广告牌安装在多层住宅屋顶上时，应将户外广告牌的钢结构框架、金属面板和该住宅建筑的避雷带、避雷网、引下线多处焊接连接，并保证其接地电阻不大于4Ω，否则应增设接地装置。

7．4．6 独立的户外广告牌，除安装在受保护的避雷带、避雷网内外，其钢结构框架、金属面板、钢结构柱体均应可靠接地．接地极可外引，也可增设。

7．4．7 建筑物的防雷接地以及其他防雷接地设施，包括各类金属管道．均应连接在同一个接地装置上。

7．4．8户外广告设施的接地系统应形成等电位联结。

表8．1．4切割或剪切面允许倾斜度

钢板厚度t(mm)	圆钢直径d(mm)	钢管外径D(mm)	允许倾斜度(mm)
t≤20	d≤16	D≤95	≤1.0
22≤t≤34	18≤d≤25	102≤D≤168	≤1.5
t≥36	d>25	168<D≤377	≤2.0
		D≥400	≤2.5

注:型钢按断面尺寸参照钢管外径决定允许倾斜度

8广告牌钢结构制作

8．1构件加工

8．1．1 构件放样和号料应根据工艺要求预留焊接收缩量和加工余量。样板尺寸、样板上任意两孔孔距和孔心偏离的允许偏差为±0．5mm。

8．1．2 钢管构件两端相贯线断面沿质向的相对扭转不应大于2．0mm。

8．1．3 当采用手工切割时，零件的切割线和号料线允许偏差为±2．0mm。

8．1．4 钢板、圆钢的切削面或剪切面和钢管下料端面的倾斜度应符合表8．1．4的规定。

8．1．5 构件加工后若有歪斜需进行矫正时，矫正后的允许偏差应符合表8．1．5的规定。

8．2构件组装

8．2．1 构件组装前，应将连接表面及沿焊缝每边30～50mm范围内的铁锈、毛刺、油污等清除干净。

8．2．2 焊接连接的允许偏差不得超过表8．2．2的规定。

8．2．3 C级六角头螺栓孔直径可比螺杆公称直径大1．5～2．0mm，螺栓孔应具有H_{12}的精度，孔的允许偏差应符合表8．2．3的规定。

8．2．4 A级和B级六角头螺栓孔的直径应与螺栓公称直径相等．其允许偏差应符合表8．2．4的规定。

8．2．5 构件制作完成后，应按施工图的要求和本规程的规定，对成品进行检查验收。构件外形和几何尺寸的允许偏差应符合下列规定：

1 构件长度为±2．0mm;

2 构件整体弯曲度不应大于L/1000，且不大于3mm；局部弯曲度不应大于L/750，且不大于2．0mm;

3 构件上节点板在平面内偏移不应大于1．5mm；节点板在平面外偏移不应

表8．1．5构件矫正后的允许偏差

项次	项目	示意图	允许偏差
1	钢板、扁钢的局部挠曲矢高f 板厚t≤14mm t>14mm	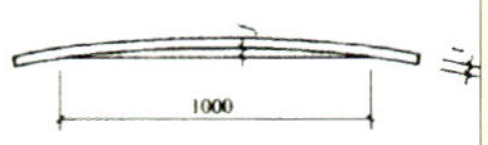	在1m范围内 ≤1.5mm ≤1.0mm
2	型钢、钢管和圆钢的挠曲矢高f	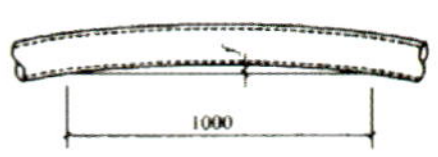	在1m范围内 ≤2.0mm
3	角钢肢的不垂直度△ 双肢螺栓连接角钢的角度	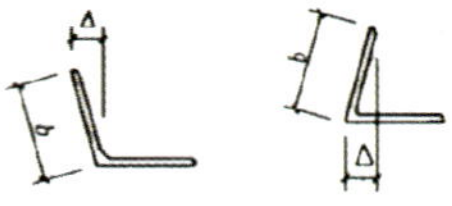	≤b/100 ≤90°
4	槽钢、工字钢翼缘倾斜度△	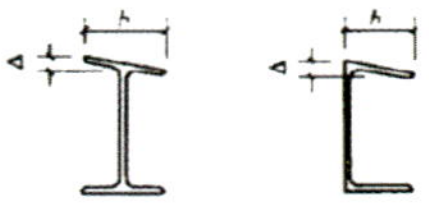	≤b/80
5	钢管的椭圆度 $△_1=D_1-D_0$ $△_2=D_0-D_2$	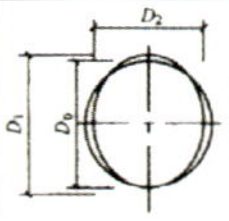 D_0 钢管标准尺寸 D_1 长轴尺寸 D_2 短轴尺寸	$≤D_0/100$ $≤D_0/100$

表8．2．2焊接连接的允许偏差

项次	项目	示意图	允许偏差(mm)
1	间隙d	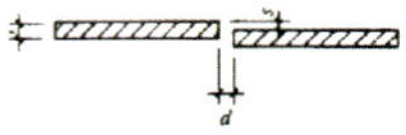	±1.0
	边缘s 4≤t≤8mm 8≤t≤20mm t>20mm	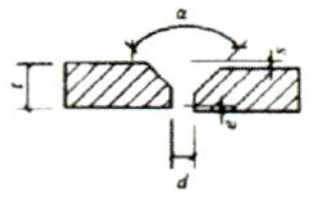	1.0 2.0 t/10或≤3.0
	坡口高度α 钝边e	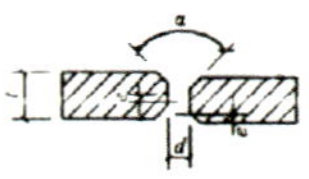	±5° ±1.0
2	长度L 间隙e	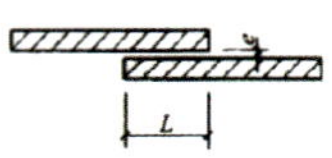	±5.0 ≤1.0
3	最大间隙e		≤1.0

大于1．0mm；节点板上螺栓孔偏移不应大于I．0mm；节点板上螺栓孔与基准线距离偏移为士1．5mm。

8．3构件防腐

8．3．1 钢结构广告牌构件制作完成后必须进行防腐处理，宜选用热浸镀锌法和热喷涂锌铝复合涂层法。

8．3．2 钢结构除锈质量分为三级，其质量标准应符合表8．3．2的规定。

8．3．3 热浸镀锌表面应光滑，在连接处不允许有毛刺、满瘤和多余结块，并不得有过酸洗或露铁等缺陷。

8．3．4 镀锌附着量和锌层厚度应符合表8．3．4的规定。

8．3．5 镀件的锌层应均匀，应与基本金属结合牢固。经锤击试验，锌层不应剥离，不应凸起。

8．3．6 浸锌后杆件产生的热变形，其长度伸缩量应小于L／5000，弯曲变形量应小于L／1500(L为构件长度)。

8．3．7 当采用热喷涂锌铝复合涂层法施工时，钢构件表面应具有l级除锈质量，并保持一定的粗糙度。

8．3．8 热喷涂前应进行预加热。锌和铝溶液喷涂应均匀，涂层厚度不应小于100μm；复合喷涂的涂层厚度不应小于80μm。

8．3．9 钢构件采用油漆防腐时，宜做到2底3面，底漆和面漆配套使用，并应符合表8．3．9的规定。

9广告牌钢结构安装

9．1 一般规定

9．1．1 广告牌钢结构安装时必须确保结构的稳定性和不产生永久变形。墙面和屋顶广告牌安装必须注意安全。

9．I．2 安装前应核对进场的构件，查验质量证明书和设计文件。

9．1．3 广告牌安装时应具备下列条件：

1设计文件齐备，且已审查通过；

2基础(支座)已验收合格；

3构件齐全，质量合格，并有产品质量保证书；

4施工组织设计及施工方案已经批准；

5辅助材料、劳动组织配备齐全；

6机具设备经检验性能良好；

7施工场地符合施工组织设计要求；

8水、电、道路能满足需要并能保证连续施工。

9．1．4 当构件必须在工地进行制孔、组装、焊接时，其质量要求应符合本规程第8章的有关要求。安装时螺孔不应采用气割扩孔。

9．1．5 构件安装和校正时，如检测空间的间距和跨度超过10m，应采用夹具和拉力器配合钢卷尺使用，

表8．2．3 C级六角头螺栓孔径允许偏差

序号	名称		公称直径允许偏差(mm)							
1	螺栓	公称直径	12	16	20	22	24	27	30	36～48
		允许偏差	±0.43		±0.52			±0.84		±1.00
	螺栓孔	直径	13.5	17.5	21.5	23.5	26	29	32	38～50
		允许偏差		+0.43 0		+0.52 0		+0.84 0		+1.00 0
2	不圆度(最大和最小直径之差)		1.00	1.50						
3	中心线倾斜度		板厚的±3%,且单层板不大于2.0mm,多层板叠组合不大于3.0mm							

表8．2．4 A级和B级螺栓孔径允许偏差(mm)

项次	螺栓杆公称直径	螺栓公称直径允许偏差	螺孔直径允许偏差
1	10～18	0 -0.18	+0.18 0
2	18～30	0 -0.21	+0.21 0
3	30～50	0 -0.25	+0.25 0

表8．3．2 除锈质量等级

等级	除锈方法	质量标准
1	喷钢矿砂或石英砂除锈	钢材表面露出金属色泽
2	喷砂抛丸和酸洗	钢材表面露出金属色泽
3	一般工具清除(钢铲、钢刷)	钢材表面存留少量轧制表皮

注：1、2级用于出厂检验．3级用于补涂时除锈处理．

表8．3．4 镀锌附着量和锌层厚度

镀锌件厚度	锌附着量	锌层厚度
<5mm	>460g/㎡	≥65μm
≥5mm	>610g/㎡	≥86μm

表8．3．9油漆要求

项目	底漆2度	面漆2～3度
1	氧化铁红	油性漆、醇酸漆、酚醛漆、酯酸漆
2	环氧铁红	酯酸漆、醇酸漆、酚醛漆、氯化橡胶漆
3	环氧富锌	醇酸漆、酚醛漆、氯化橡胶漆、环氧漆、聚氨酯漆
4	无机富锌	环氧漆、聚氨酯漆

注：1 优先选用表中第3、4项．涂敷遍数应达到2底2～3面．涂层干漆膜总厚度不应小于150μm；

2 坡口全熔透焊接部位应采用环氧富锌漆；

3 户外广告牌钢结构外露部分涂装色彩的选择应满足市容景观要求，与周围环境相协调。

其拉力值应根据温差换算标定读数。

9．2基础(支座)验收

9．2．1 构件安装前，必须取得基础(支座)验收的合格资料。落地广告牌的柱脚跨距、水平标高，墙面广告牌的支座间距、位置和尺寸，屋顶广告牌的支座、对角线尺寸、水平标高等均需验收。

9．2．2 基础和支座验收时，应由建设单位会同土建施工单位、设计单位、质检单位和安装施工单位联合进行。联合验收结果应符合设计要求和国家有关施工质量验收规范的规定。

9．2．3 验收时，土建施工单位应交验下列技术文件：

1 设计文件(包括设计变更通知和材料代用证明)；

2 材料质量证明书或材料复检报告；

3 隐蔽工程记录；

4 混凝土抗压强度试验报告；

5 基础(支座)混凝土浇注施工记录；

6 土建基础(支座)复测记录。

9．2．4基础(支座)和地锚的允许偏差应符合表9．2．4的规定。

项次	项目	允许偏差
1	支承面（混凝土柱墩）	标高±2.00mm 水平度±1/1000
2	支承表面（法兰盘端面）	标高±1.5mm 水平度±1/500 且不大于3mm
3	地锚位置扭转偏差	±1.00mm
4	地锚法兰对角线偏差	L/1500，且<10mm L-对角线距
5	地锚相邻柱脚间距偏差	b/1500，且<10mm b-柱脚间距
6	地锚伸出法兰长度	±10mm
7	地锚的螺纹长度	Lw±10mm Lw-设计螺纹长度

表9．2．4 基础(支座)和地锚的允许偏差

9．2．5 露出基础(支座)顶面的螺栓在钢结构安装前应涂防腐材料，并妥善保护，防止螺栓锈蚀损伤。

9．2．6 验收时应检查基础施工中混凝土强度试验记录、基础轴线定位记录和隐蔽工程验收记录等基础验收资料。

9．2．7 柱脚底板(法兰)与基础间的空隙，在主要负荷加载前应以细石混凝土浇捣密实。

9．3运输和堆存

9．3．1广告牌钢结构构件在装卸、运输过程中均不得损坏，并应防止搬动中构件发生变形。

9．3．2在工地堆放构件时应置于垫木上．当发现构件变形时，应予以矫正，并重新检验。

9．3．3广告牌钢结构运送到安装地点的顺序应符合安装程序．并成套供应。

9．3．4大型广告牌钢结构、构件的堆存应考虑扩大拼装和安装程序的要求，复杂的钢结构构件堆放应按施工组织设计规定的场地布置图就位。

9．4构件安装

9．4．1广告牌钢结构的安装，应按审查批准后的施工组织设计或施工方案进行。

9．4．2构件安装可采用单件吊装、扩大拼装或综合安装。

9．4．3扩大拼装时，对容易变形的构件应做强度和稳定性验算，必要时应采用临时加固措施。

9．4．4综合安装时，大型部件应有足够的空间运程和线路，应有足够的结构刚度和稳定性。

9．4．5墙面广告牌和屋顶广告牌在安装过程中必须采取可靠的安全措施，防止损坏房屋结构及其外装修。

9．4．6屋顶广告牌和高层建筑墙面广告牌的安装人员必须具有登高证。六级风以上不得施工。

9．4．7采用法兰盘连接的节点，法兰接触面的贴合率不得低于70%。用0．3mm塞尺检查，插入深度的面积之和不得大于总面积的30%，边缘最大间隙不得大于1．0mm。

9．4．8广告牌结构构件的连接接头，必须经检查合

格后方可紧固和焊接。在此之前应防止构件受风或自重作用从高空坠落。

9．4．9安装焊缝的质量应符合设计要求和本规程第8章有关规定。所有现场焊缝应按3级焊缝进行检查，检查合格后方可进行防锈处理。

9．4．10安装螺栓的质量应符合设计要求和本规程第8章有关规定。受拉螺栓紧固后，必须采用双螺母或用弹簧垫片防松。拧紧螺栓后，螺杆外露长度可为2～3丝扣。

9．4．11整个结构校正后，所有螺栓均应采用力矩扳手检查拧紧度。

9．4．12结构安装完毕后，应检查安装质量。安装允许偏差应符合表9．4．12的规定。

表9．4．12 广告牌结构梁、柱安装允许偏差

项次	项目	允许偏差
1	立柱（高度为H）垂直度偏差	≤H/1000
2	横梁（跨度为L）水平度偏差	≤L/1000

11维护保养及安全检测

11．1维护保养

11．1．1 日常维护与保养应按下列规定进行：

1 户外广告牌钢结构防腐保养必须每年进行一次，发现有锈蚀、油漆脱落、龟裂、风化等现象时，应进行基底清理、除锈、修复、重新涂装；

2 当涂层表面光泽失去达80%、表面粗糙、风化龟裂达25%和漆膜起壳时，应及时维护；

3 构件连接点(焊缝、螺栓、锚栓)应每年检查一次，发现焊缝有裂痕、节点松动时，应及时修补及紧固；

4 对灯光、供电、电气控制设备应每月维护一次，确保用电安全，确保不发生漏电、不亮灯现象。灯光照明应做到即坏即修，确保市容景观完好无损。

11．1．2突击维护与保养应按下列规定进行：

1 在大风季节，应对户外广告牌钢结构进行突击检修和维护保养，重点是结构强度、刚度和结构节点、连接焊缝、螺栓、地脚螺栓(锚栓)；

2 在大风季节，应对户外广告牌钢结构面板连接的牢固程度进行检修保养和加固处理，尤其是面板的螺钉(包括铆钉)，材料的风化、锈蚀程度。薄膜结构的广告画面，应对其牢固度、风化、老化程度进行检修和加固，钢绳的绑扎应牢固可靠；

3在大风雷雨季节和梅雨季节。应检查避雷设施和电器安全保险设置，保证安全、正常使用。

11．2安全检测

11．2．1 户外广告牌必须定期进行安全检测，保证在规定的设计使用年限内安全使用。

新安装的户外广告牌钢结构使用2～3年后，必须进行安全检测。经安全检测并取得安全使用许可证的户外广告牌钢结构，可使用2年(油漆)～5年(热浸锌)。此后，用油漆防腐的钢结构每2～3年应检测一次，用热浸锌防腐的钢结构每5～8年应检测一次。

11．2．2 户外广告牌钢结构应进行下列安全检测：

1 户外广告牌钢结构的强度、刚度和稳定性的验算复核，以及制作、安装质量的检查；

2 户外广告牌钢结构防腐和节点连接外观的检测；

3 户外广告牌地脚螺栓、基础的安全检测；

4 电器和避雷接地系统的安全检测。

检测后，对不符合要求的部位应提出处理意见。经处理并补测合格和获得安全使用许可证后，方能进入下一阶段的使用。

11．2．3 户外广告牌安全检测必须由具有专业检测资质的单位(部门)进行。

11．2．4 户外广告牌的产权单位，应按时向政府主管部门和有资质的专业部门申报检测。

户外固定式广告设施设置市容审核要求

一、在建筑物顶部设置广告的要求

(1)不可遮挡建筑物顶部的特色造型。

(2)高度24m和24m以下建筑物顶部广告结构及广告牌总高度不得大于建筑物高度的1/3。

(3)高度24m以上和70m以下建筑物顶部广告结构及广告牌总高度不得大于建筑物高度的1/5。

(4)广告牌面应沿建筑物外墙持平设置，宽度不得超出建筑物两侧墙面。

(5)广告画面下侧与建筑物顶部或女儿墙之间，钢结构外露不得大于1m，其两侧和背部钢结构外露的应有效遮挡。

(6)在同幢建筑物设置多块广告或在同一视角内多幢建筑设置广告的，其广告设施的造型、规格要相协调。

二、在建筑物墙面设置广告的要求

(1)平行、紧贴于建筑物外墙面设置广告的，广告结构与广告牌面设置高度不得超过该建筑物顶部，不得超出该建筑物两侧墙面，底部净空高度须大于3m，广告结构与牌面突出墙面的距离不得大于0.5m。广告牌规格应相互协调。

(2)垂直于建筑物外墙面设置广告的，顶部不得超出该建筑物顶部，底部离地面净空高度不得小于3m，广告牌外缘挑出距离，原则上不得大于3m（人行道宽度在3m以内的，不得大于人行道宽度），每幢建筑物设置不得多于2块。具体规格应与周边环境相协调。

三、地面设置广告的要求

(1)市政公共设施不得设置广告。公交站牌、轨道交通标志、路名牌、消防栓、邮筒、电话亭等市政公共设施不得设置广告。

(2) 人行道小于3m的不设立杆和落地广告。

(3)在人行道上设置广告的间距　主要商业街广告间距不得小于50m（步行街除外），其他道路广告间距不得小于15m（公交候车亭除外）。同一式样的广告设施设置排列设置时，其画面和色彩应间隔变化（原则上100m内不重复）。

(4)内环高架道路范围内不得设置大型立柱式广告牌和简陋的广告牌。内环高架道路两侧和内环高架道路至外环道路间，设置大型立柱式广告牌间距应在250m以上，外环道路两侧的外环道路外设置大型立柱式广告牌间距应在800m以上。设置的大型立柱式广告牌要与周围环境相协调。

(5)广告设置不得直接遮挡绿化及商店橱窗等城市景观。

四、广告设施的安全质量要求

(1)广告设施应由具备建筑结构设计资质的单位进行设计，施工图纸应盖有设计处图章，并应由具备建筑、安装施工资质的企业按图制作安装施工，施工还应实行监理。

设置的广告设施，其荷载应执行国家标准《建筑结构荷载规范》GB50009-2001，基本风压应考虑高度系数。

广告设施采用钢结构的，应执行国家标准《钢结构设计规范》GB50017-2003。

设置屋面和墙面广告设施的除考虑广告设施自身强度外，还应考虑广告设施的荷载对原有建筑物的影响。

广告设施与原有建筑物的连接应确保连接可靠、牢固安全，连接埋置固定部位和连接件等强度。

(2)设置广告设施应根据其所处环境，采取适当的防雷措施，包括防直击雷和防雷电波侵入，应执行国家标准

《建筑物防雷设计规范》GB50057-1994。

(3)广告设施用电应以低压配电，一般采用三相五线制供电，并确保接地和安全，可执行行业标准《民用建筑电气设计规范》JGJ/T16-1992。

广告设施设置满3年后要进行安全检测，符合安全指标的可续办。

五、街灯广告要求

内环高架道路内设置户外广告须与城市各区域的规划功能相适应，所用色彩应与周边环境相和谐，提倡选用新材料，多用霓虹灯及制作高雅的广告灯箱。在主要商业街和高架道路两侧建筑上设置的广告和招牌，其画面和灯光可变化的数量应占总量的60%以上。

六、其他

在禁止设置户外广告设施的范围和部位，不得设置户外广告。

户外广告设施检测内容

一、图纸审核

二、现场检测

1. 钢结构检测

(1)整体垂直度

(2)几何尺寸(迎风面积)

(3)材质

(4)焊缝：焊缝高度、夹渣、气孔、焊瘤、裂缝

(5)螺钉(铆钉)

(6)连接件(螺栓)

(7)锈蚀状况

(8)防腐厚度：镀锌≥80～120μm，油漆≥120～160μm

2. 基础

(1)设计尺寸

(2)基础钢筋

(3)地锚螺栓

(4)基础混凝土强度

(5)墙面、屋面结构

3. 电器

(1)配电箱(开关、电压、漏电保护器、接零排、接地排、定时钟、元器件、箱内配线、回路配线、绝缘值、熔断器、插座等)

(2)灯具(灯管、灯座、整流器、外罩等)

(3)配管配线(电源线、回路线、中性线、接地线、配线盒及套管等)

(4)导线连接(接头、包扎、接头盒等)

(5)防雷接地

(6)接地电阻

三、根据现场采集数据建模复算

四、出具初步报告

五、专家审核、评审

六、出具正式报告

户外广告设施安全检测评估报告

设施单位全称：________________　　　　　　广告设施设置地址：____________

分部	分项		标准	实测点数	合格点数	合格率%	测试人	备注
钢结构	整体垂直度		≤H/1500					
	几何尺寸 迎风面积		根据设计					
	材质		提供质保书 抽样理化试验					
	焊缝	焊缝高度	按规范					
		夹渣						
		气孔						
		焊瘤						
		裂缝						
	螺钉(铆钉)		无松动					
	连接件(螺栓)		贴合紧密					
	锈蚀状况		完好					
	防腐厚度		≥80～120μm （镀锌） ≥120～160μm （油漆）					
固定基础结构	广告基础		设计尺寸					
	基础钢筋		按设计规范					
	地锚螺栓 （强度、深度）		深度≥30～40d					
	基础混凝土强度		按设计要求					
	墙面、屋面结构		有无裂缝					
电气防雷接地	导线规格		设计要求					
	导线接头		绝缘可靠					
	设备的放置 接地、防雨		接地可靠					
	避雷接地		≤4Ω					
	钢结构接地		≤4Ω					

总体评估结论：

评估组组长：　　　审核人：　　　盖章：　　　年　　月　　日

上海市户外广告设施设置技术规范

1 范围

本标准规定了户外广告设施（以下简称广告设施）设置的设计、安装规范以及相关的管理活动。

2 规范性引用文件

下列文件中的条款通过本标准的引用而成为本标准的条款。凡是注日期的引用文件，其随后所有的修改单（不包括勘误的内容）或修订版均不适用于本标准。然而，鼓励根据本标准达成协议的各方研究是否可使用这些文件的最新版本。凡是不注日期的引用文件，其最新版本适用于本标准。

GB50009 建筑结构荷载规范

GBJ17 钢结构设计规范

GB50057 建筑物防雷设计规范

JGJ/T16 民用建筑电气设计规范

上海市历史文化风貌区和优秀历史建筑保护条例

上海市城市规划管理技术规定

3 城市道路人行道上设置广告设施

3.1 人行道宽度不小于3m。

3.2 需设置实物造型广告设施的人行道宽度不小于8m；实物造型广告设施的宽度不得大于人行道宽度的四分之一。

3.3 广告设施沿主要商业街人行道的纵向间距不得小于25m；沿其他城市道路人行道的纵向间距不得小于50m。

3.4 立杆式广告设施，应符合以下规定：

a)立杆外缘距人行道侧石不得小于0.4m，且不得大于0.9m；

b)牌面底部离人行道地面的高度不得小于3m；

c)牌面外缘距人行道侧石不得小于0.2m；

d)牌面（单面）面积不得大于2.5㎡，单边长度不得大于2m，厚度不得大于0.3m。

3.5 依附于灯杆、电杆等的广告设施，应符合第3.4条的规定（除第3.4a款外）。

3.6 底座式广告设施，应符合以下规定：

a)底座和牌面外缘距人行道侧石不得小于0.4m，且不得大于0.9m；

b)底座和牌面的总高度不得大于2m；

c)牌面（单面）面积不得大于2.5㎡，厚度不得大于0.3m。

3.7 工地围墙立牌式广告设施，其面向道路方向不得突出两侧现有建筑外墙的墙面。

3.8 公交候车亭广告设施，应符合以下规定：

a)广告牌面不得设在候车亭的顶部；

b)每座公交候车亭设置的广告牌面（单面）面积不得大于4.5 ㎡。

4 依附于建筑设置广告设施

4.1垂直于建筑物外墙的广告设施，应符合以下规定：

a)广告设施底部离室外地面的净空高度不得小于3m；

b)广告设施的高度不得大于9m且不得超过屋顶高度；

c)沿路建筑紧贴或者压占道路规划红线的，广告设施外挑距离不得大于1.5m；

d)沿路建筑退让道路规划红线的，在退让道路规划红线的距离内，广告设施外挑距离由规划管理部门核定，但外挑距离不得超过3m；沿路建筑退让道路规划红线距离不足1.5m的，广告设施外挑距离不得大于1.5m。

4.2 平行于建筑物外墙的广告设施，应符合以下规定：

a)广告设施的高度不得大于9m且不得超过屋顶高度；

b)广告设施突出墙面的距离不得超过0.5m，其突出墙面的部分不得妨碍行人的安全。

4.3 贴附沿路实体围墙的广告设施，其突出墙面的距离不得大于0.2m，高度不得超出围墙高度，宽度不得大于围墙柱墩之间的实墙面。

4.4 建筑物屋顶上的广告设施，应符合以下规定：

a)不得妨碍相邻居住建筑的日照，突出屋面的广告设施的高度应计入建筑高度，其建筑间距还应符合《上海市城市规划管理技术规定》的有关规定；

b)广告设施底部构架的高度不得大于1m，底部构架以上的构架不得裸露，应用与建筑物色彩相协调的材料予以遮挡。

c)广告设施应与建筑物外墙面平行，不得超出建筑物屋顶层四周墙面，广告设施的总高度应符合表1规定。

表1 屋顶广告设施的最大总高度

建筑物层数或高度	广告设施的最大总高度
≤3层（10m）	3m
>3层（10m）~≤8层（24m）	6m
>8层（24m）~≤20层（60m）	8m

5 大型高立柱广告设施

5.1 在内环线以内地区不得设置大型高立柱广告设施。

5.2 在内环线以外城市道路和公路两侧设置大型高立柱广告设施的，其牌面尺寸、纵向间距应符合表2和表3的规定。

表2 大型高立柱广告设施牌面的最大尺寸

道路类别	广告设施牌面的最大尺寸m
内环线以外城市道路 次要公路、主要公路	5×15
高速公路	6×18

表3 大型高立柱广告设施的最小纵向间距尺寸

道路类别	广告设施的最小纵向间距m
内环线以外城市道路次要公路	350
主要公路	700
高速公路	1000

6 广告设施的设计和安装施工

6.1 广告设施的安全质量由广告设施设置申请人负责。

6.2 广告设施应由具备建筑结构设计资质的单位进行设计，施工图纸应盖有设计处图章；并应由具备建筑、安装施工资质的企业按图制作安装施工，施工还应实行监理.

6.3 设置的广告设施，其荷载应按GB50009规定执行。基本风压应按0.55kN/㎡执行，并考虑高度系数。

6.4 广告设施采用钢结构的，应按GBJ17执行。

6.5 设置广告设施应根据其所处环境，采取适当的防雷措施，包括防直击雷和防雷电波侵入，应按GB50057规定执行。

6.6 广告设施用电应以低压配电，一般采用三相五线制供电，必须确保接地和安全，可按JGJ/T16规定执行。

6.7 设置屋面和墙面广告设施的，除考虑广告设施自身强度外，并应考虑广告设施的荷载对原有建筑物的影响。

6.8 广告设施与原有建筑物的连接应确保连接可靠、牢固安全。连接埋置固定部位应和连接件等强度。

7 广告设置的禁止范围

7.1 设置广告设施不得利用下列交通安全设施、交通标志：

a)交通信号设施；

b)交通指路牌；

c)交通标志牌；

d)交通执勤岗设施；

e)人行道隔离栏；

f)车行道分离栏、分隔带；

g)高架道路、高架轨道交通护栏（内侧）；

h)道路、桥梁、隧道管理口（含收费口）、防撞墙；

I)其他交通安全设施和交通标志。

7.2 影响市政公共设施、交通安全设施、交通标志使用，有下列情形之一的：

a)第7.1条（除7.1e款外）所指交通安全设施和交通标志5m范围内；

b)除设公交候车亭外的公交站牌、轨道交通标志、路名牌、消防栓、邮筒、电话亭等设施5m范围内；

c)地下管线，高压电力架空线安全保护范围内；

d)人行天桥落地扶梯、过街地道、过江隧道、公路管理口（含收费口）、高架道路落地匝道和轨道交通等人和车流出入口5m范围内；

e)在城市道路、公路交叉路口范围内；

f)其他影响市政公共设施、交通安全设施、交通标志使用的情形。

7.3 妨碍生产或人民生活，损害市容、市貌或者建筑形象有下列情形之一的：

a)跨越道路设置的；

b)在透空围墙上设置且影响其透空功能的；

c)在建筑外墙设置广告，遮挡窗口的；

d)在有居住功能的建筑窗间墙、窗肚墙设置霓虹灯、灯箱、电子显示屏，影响居住人合法权益或影响居民正常生活的；

e)在大量车流集散的公共建筑出入口两侧各5m范围内设置的；

f)在内环线以内，设置铁皮、木条等制作的简陋广告（围护建筑工地的除外）；

g)其他妨碍生产或者人民生活，损害市容市貌或者建筑形象的。

7.4 有下列利用行道树或者损毁绿地的情形之一

a)依附于行道树或者影响行道树生长的；

b)影响绿化生长的；

c)直接遮挡绿化景观的；

d)其他利用行道树或者毁损绿地的情形。

7.5 在国家机关、文物保护单位和名胜风景点的建筑控制地带不得设置广告设施：在历史文化风貌区内和在优秀历史建筑上设置广告设施按照《上海市历史文化风貌和优秀历史建筑保护条例》第二十条、第二十八条规定执行。

武汉市户外广告招牌设置技术规范

（修订稿）

一、户外广告设置技术规范

（一）本规范所称户外广告包括：

1、利用建筑物、构筑物、道路、交通等市政设施，交通运输工具，飞艇、气球等升空器具以及其他户外载体，以广告牌、霓虹灯、电子显示屏、电子翻板装置、橱窗、灯箱、实物模型以及张贴等形式发布的介绍商品、服务或公益性内容的设施。

2、超出门面招牌设置技术规范的单位名牌、标牌、指示牌等。

（二）禁止设置户外广告的规定

1、国家机关、文物保护单位、优秀近代建筑和名胜风景点的建筑控制地带无广告，具体地带包括：

（1）各级党、政机关，人民代表大会，人民政协，司法机关及军事机关大楼及其围墙；

（2）各级历史文化保护单位、文物建筑、优秀近代建筑及其建筑控制地带；

（3）名胜风景点及市人民政府规定的一级保护山体和一级保护湖泊；

2、交通安全设施、交通标志无广告，具体包括：

(1) 交通信号灯设施；

(2) 交通指示牌；

(3) 交通标志牌；

(4) 交通执勤岗台（亭）；

(5) 交通护栏；

(6) 道路绿化隔离带护栏；

(7) 道路、桥梁、隧道收费站及防撞墙；

(8) 立交、轻轨及高架道路护栏；

(9) 其他交通安全设施和交通标志。

3、影响市政公共设施使用的地带和部位无广告，具体包括：

(1) 地下管线、高压电力架空线安全运行范围内；

(2) 公交站点（已设置候车亭的除外）站名牌、轻轨（地铁）标志、消防栓、邮筒、电话亭、出租汽车招手停车牌等设施5米范围内；

(3) 人行天桥落地扶梯、过街地道、过江隧道、公路和桥梁收费口以及立交桥、高架桥落地匝道等人和车流出入口10米范围内；

(4) 残疾人使用设施；

(5) 其他影响市政公共设施使用的情形。

4、无妨碍生产或人民生活，损害市容市貌设置广告情形，具体包括：

(1) 在透空围墙、护栏上设置的；

(2) 在建筑物外墙、顶部设置实物广告的；

(3) 坡顶屋、屋顶造型独特的建筑顶部设置的；

(4) 遮挡建（构）筑物窗口，影响建（构）筑物采光、通风的；

(5) 在车辆出入频繁的单位出入口两侧10米范围内设置的；

(6) 重叠设置户外广告的；

(7) 在机场、火车站、客运港及长途汽车站等窗口地区标志性建筑上设置商业广告的；

(8) 其他妨碍生产或者人民生活，损害市容市貌或者建筑形象的情形。

5、无利用行道树或者损毁绿地设置广告情形，具体包括：

(1) 依附于行道树或者影响行道树生长的；

(2) 毁损绿地及绿化设施的；

(3) 遮挡绿化景观的。

（三）户外广告设置技术标准

1.大型单立柱广告原则上只能设置两面，广告牌高度不得大于7米，宽度不得大于20米,广告牌内侧的边缘距桥梁不得小于10米，距公路不得小于3米。

2.在城市道路、公路交叉路口范围内（距机动车停车线50米范围内）不得设置占道式户外广告。

3.楼高15层（含15层）以上的建筑物，经安全检测部门出具安全检测鉴定，可以设置立体发光字、通透式霓虹灯等形式广告，不得设置封闭版面的楼顶广告牌。

4.楼高15层以下的建筑物设置楼顶广告，广告牌底部须紧贴楼顶，结构架不得外露；广告牌宽度不得超出建筑两侧墙面，高度原则上按以下标准设置：楼高4层以下的，广告牌高度不得超过4米；楼高8层以下的，广告牌高度不得超过6米；楼高14层以下的，广告牌高度不得超过8米。

5.高层（高度小于100米）和超高层（高度大于100米）建筑物裙楼原则上不得设置广告，但在主建筑楼顶不设广告的条件下，可按以下标准设置：裙楼高度大于12米时，广告牌高度不超过6米；裙楼高度小于12米时，广告牌高度不超过4米。

6.墙面广告高度不得超过建筑物屋顶，宽度不得大于建筑物两侧墙面，突出墙面的距离不得超过0.5米。

7.垂直建筑物立面的广告，必须采用霓虹灯形式或其它新型材料制作，其底部离地面的净空高度不得小于3米，广告牌外缘挑出距离不得大于1.5米。

8.建筑工地围墙设置广告，广告牌原则上须紧贴围墙设置，高度应与围墙顶部平齐，最高不得超过3米，宽度不得超出建筑外墙的墙面。

9.凡在公交候车亭设置的广告，必须同时配备候车凳（椅）、雨阳蓬（宽度不得小于1.5米）。同一路段广告规格、间距相对统一，每个站点广告数量不得超过4个（块），单个广告牌高不得大于1.5米，宽不得大于3.5米。

10.路牌广告，高度不得大于8米，宽度不得大于16米，且广告牌下沿距地面不得大于2米。

11.路名牌广告应设置在人行道站卧石内侧大于0.2米、小于0.5米处，面向道路设置。街道长度小于

500米的在其道路两头设置；街道长度大于500米的，其纵向间距不小于300米。

12.经批准设置的电杆广告应当符合以下规定：一条道路只准在一种电杆上设置广告，每根电杆上只准设置一个灯箱广告；灯箱装灯功率每平方米不得低于120W；其下沿距地面高度不得少于3米，面积不得大于2㎡；同一路段的电杆灯箱广告必须做到内容协调、形状一致、高度一致、朝向一致。

13.小型立柱式广告，广告牌面积不得超过2㎡，广告牌底部距地面高度不得小于2.2米。

14.人行天桥护栏及其以上部位不得设置户外广告。

15.跨街广告设施只能设置在宽幅（包括人行道）不大于30米的道路，广告牌面积不得大于5×1.5米，广告设施其他部位必须确保亮化，亮化方案须经市级户外广告主管部门审定同意后方可设置。

16.实物造型广告占地面积不得大于2.5平方米，设置时间原则上不得超过3个月。

17.沿市郊公路两侧设置广告的，广告牌面外缘不得逾越公路行道树树干外缘的连线，广告牌单面面积不大于20平方米，其间距应当大于800米。

18.不得在车辆的前后身和车辆顶部设置广告，不得利用出租车顶灯设置广告。

19.临街建筑物立面不得悬挂布标条幅。商业企业确需作商业宣传的，可以灯光橱窗、电子显示屏等媒体取代。

20.在同一地段相连的户外广告，必须统一规格，整齐美观。

（四）户外广告设置安全、质量标准

1.户外广告钢结构设计、制作、维护应符合《户外广告设施钢结构技术规程》（中国工程建设标准化协会标准CECS 148:2003）。

2.广告牌距10千伏高压导线垂直净距不得小于3米，水平净距不得小于1.5米；

3.广告牌距低压导线或电话线净距不得小于0.5米；

4.广告照明系统应可靠接地，灯具的绝缘等级大于或等于I级。对人体易接触到灯箱广告照明系统的供电回路应装设漏电电流动作保护，其漏电动作电流值在正常环境条件下为30mA，在潮湿环境恶劣场所为10mA。位置较高的大型外打灯广告构架与防雷装置的连接点不应少于两处；从配电盘引出的电线应穿钢管保护，钢管的一端与配电盘可导电部分相连，另一端与就近的防雷装置相连，钢管因连接设备而在中间断开时应设跨街线；在配电盘内，应在开关的电源侧与外露可导电部分之间装设过电压保护器。

5.设置在市区车行道上方的户外广告，其设施底部距地面高度不得低于5.5米；

6.市区内街消防通道距地面4.5米高度以内不得设置户外广告；

7.在高层建筑楼顶设置广告必须全面达标，符合风荷载和屋面承载力技术指标，满足抗震构造要求。

（五）户外广告维护规定

1、霓虹灯广告，一旦出现损坏应在48小时内修复；

2、电脑喷绘，每6个月清理一次，喷绘画面必须每年更换一次；

3、灯箱广告，设置在公交站亭、路名牌、的士招手停等设施上的灯箱广告至少每周清理一次，设置在建筑物墙面等部位的灯箱广告每3个月清理一次。

（六）户外广告照明规定

1、关于光源的规定

（1）广告不得以闪烁的光影响居民生活、行人或交通安全。

（2）在交通管制信号装置周围10米以内及其背景空间内的广告照明，不得采用闪烁方式及辐射红、黄、绿三色的光源照明。

（3）建筑物顶部设置广告提倡采用霓虹灯、立体发光字照明形式；商业企业设置灯箱、橱窗广告应尽量避免外打灯照明形式。

2、关于户外广告亮度标准及色彩的规定

（1）商业街户外广告最大允许亮度如下表：

广告被照面的面积（平方米）	最大允许亮度（坎德拉/平方米）
0.5	1000
2	800
10	600
>10	400

（2）其他地区户外广告最大允许亮度应参照上表乘以修正系数K，行政办公区和公共活动区K值为0.4，住宅区K值为0.1。

（3）当广告画面颜色总的效果为暖色调时用偏暖色光照明，为冷色调时用偏冷色光照明。

3、常用户外广告照明方法的技术规定

（1）灯箱广告照明

a、广告画面光源附近亮度与远离光源部分亮度之比宜为1.3－1.5，且不得大于2。

b、光源应采用寿命大于8000h、显色指数大于80和发光效率大的光源。

c、为保证足够亮度，应使荧光灯管之间的距离为灯管到面板距离的2倍左右。

（2）外打灯广告照明

a、光源应采用寿命大于10000h，显色指数大于80和发光效率大的光源。

b、应采用体积小、重量轻、造型优美，防腐蚀、耐候性好，灯具防护等级大于或等于IP65的灯具。

c、应尽量采用外打灯灯具的配光曲线形状与广告画面形状较为相似的宽水平角的非对称配光的灯具；灯具应维护简便，且有刻度指示，可方便调整照射角度。

d、设置在楼顶的外打灯广告牌，灯具及其支架不得外露；其他形式的外打灯广告牌应尽量避免灯具及其支架外露，无法避免的灯具及其支架外观颜色应与广告画面色彩协调。

e、外打灯支架长度应不小于广告牌高度的四分之一；广告牌底部的宽水平角非对称外打灯灯具的间隔距离应大于支架长度的2.5-3倍；外打灯灯具的最低（最高）部位高出（低于）广告牌顶边（底边）20°-30°。

二、门面招牌设置技术规范

（一）本规范所称门面招牌是指本市临街单位设置的非盈利性的、不脱离所在建（构）筑物墙体的、内容为工商行政管理部门注册或上级主管部门下达的单位名称或其规范化简称的单位名牌。

（二）设置门面招牌，原则上实行一店一牌、一单位一牌。

凡作为写字楼使用的建筑物，实行一楼一牌。驻大楼单位招牌，可统一在大楼入口处规范性设置。

位于道路交叉路口，两侧均开设门面且属同一经营者的，允许在两侧门面分别设置招牌。

（三）设置门面招牌必须符合以下技术规定：

1.门面招牌仅限临街建筑一楼门楣部位设置；

2.招牌高度不得超过1.5米，宽度视门面宽度而定，但不得超过建筑物两侧墙面，厚度一般不得超过30厘米；

3.招牌底部距地面2米以上，顶端必须低于二楼窗户底线50厘米，或与二楼凉台底部平齐；

4.设置在同一建筑相邻门面的招牌底线必须整齐划一，高度和厚度必须统一。

（四）门面招牌文字必须符合《中华人民共和国国家通用语言文字法》的规定，书写规范，字迹清晰；汉字应占整个招牌的三分之二以上（含三分之二）；图案设计力求新颖活泼。国际统一品牌在保证与周边环境协调和谐的前提下，按统一要求设计和制作。

（五）设置在主次干道的门面招牌应当按规定配置夜景光源，办理供电手续，并保证夜间亮化。

繁华商业街道门面招牌亮化应尽量避免使用外打灯，要求采用霓虹灯、动感灯箱片、印制电路、光导纤维等光源，力求具有动感。

（六）设置门面招牌不得影响规划审批的建筑正常间距，不得影响建筑采光、通风和消防等功能的正常使用。

（七）门面招牌必须保持清洁、美观、完好、安全。招牌残破、污损、褪色、断亮等影响市容的，应当及时更换、修复。

（八）门面招牌制作鼓励采用新材料、新光源、新技术、新工艺。

霓虹灯管的一般要求和安全要求(选摘)

GB 19261-2003

1、范围

本标准规定了霓虹灯管的定义、主要尺寸、基本参数、技术要求、试验方法、检验规则。

本标准适用于外径为8㎜～14㎜，管内充入氖气或汞氩混合气体的霓虹灯。

2、规范性引用文件

下列文件中的条款通过本标准的引用而成为本标准的条款。凡是注日期的引用文件，其随后所有的修改单（不包括勘误的内容）或修订版均不适用于本标准，然而，鼓励根据本标准达成协议的各方研究是否可使用这些文件的最新版本。凡是不注日期的引用文件，其最新版本适用于本标准。

GB/T 2828 逐批检查计数抽样程序及抽样表（适用于连续批的检查）

GB/T 2829 周期检验计数抽样程序及表（适用于对过程稳定性的检验）

GB 19149 空载输出电压超过1000V的管形放电灯用变压器（霓虹灯变压器）的一般要求和安全要求（GB 19149-2003，IEC 61051：1991，IDT）

3、定义

3.1

霓虹灯管 neon lamp

低气压冷阴极辉光放电灯。

3.2

氖管 neon glow lamp

灯内充填氖气的霓虹灯管。这种灯管的发光，是由氖气辉光放电直接发出红色光。

3.3

汞氩管 mercury-argon glow lamp

灯内充有氩气和汞的霓虹灯管。这种灯管的发光，是由辉光放电时汞原子释放出来的紫外线，激发涂敷在灯管内壁上的荧光粉层，经转换发出可见光，或透过彩色玻璃发出可见光。

3.4

同组灯 same group light

同一工程所使用的同一颜色的灯管为一组。

3.5

有效长度 effective length

灯管发光部分的长度，用L表示，单位m。

3.6

明管 clear bulb

在汞氩管中，灯管与电极连接处（或烧结处）未涂粉部分。

3.7

初始特性 initial characteristics

灯管经初始燃点100h时的特性。

3.8

寿命 life

灯燃点至不能正常工作时的累计时间

3.9

平均寿命 average life

在试验样品数量为N的寿命试验中，按照灯的损坏顺序，第（N+1）/2灯的寿命（N为奇数）或第N/2支与N/2+1支灯寿命之和的1/2（N为偶数），称为该批灯的平均寿命。

3.10

照度维持率 lux maintenance

为同等距离下，灯管燃点至规定时间的照度与灯管初始的照度值之比，用百分数表示。

4、技术条件

4.1外观

4.1.1玻管和荧光粉涂层下应有影响发光效果和使用的缺陷。

4.1.2灯管经初始燃点后，其管壁不得有明显的氧化汞附着物。

4.1.3灯管的弯曲部位不得有明显折棱瘪塌的缺陷。

4.1.4彩色灯管同组灯中的颜色不得有明显的差异。

4.1.5涂有荧光粉的灯管接头处明管长度不得超过5㎜，且不能明显发黑。

4.1.6灯管的排气管端部应是平滑的，不得带有尖刺。

4.1.7直管形灯管不应有S形弯曲，弓形弯曲不应超过3㎜/m。

4.2灯管的初始特性应符合表1规定。

表1 灯管的光电性能参数

序号	灯管类型	色别	启动电压（最大值）V	灯管电压 V	灯管电流 mA	光亮度最小值 $\times10^3cd/m^2$
1	氖管	红	1100+1200L	350+470L～500+650L	25	1.5
2	汞氩管	绿	400+450L	300+220L～400+400L		3.0
3		蓝				1.4
4		白				2.8
5		黄				2.8
注：L为有效长度。充氖气的彩色玻璃霓虹灯管，其光亮度不低于同规格的透明玻管的50%						

4.3 灯管的寿命及照度维持率不应低于表2规定的值。

表2 霓虹灯管的寿命

序号	灯管类型	平均寿命 h	照度维持率η（燃点至2000h）%
1	氖管	≥10000	≥95
2	汞氩管	≥8000	≥90

4.4灯管引出线的连接应牢固，应能承受20N的轴向拉力，连接部分应涂敷防潮、耐热、耐久性强的涂料或用绝缘材料包裹覆盖。

4.5灯管经振动试验后仍应正常启动和燃点。

4.6灯管应能在－40℃～50℃高低温的环境下正常启动和燃点。

4.7灯管电极处玻管温度应低于55℃。

4.8灯管应能承受100K温度骤变试验而不损坏。

5、试验方法

5.1 灯管的外观质量（4.1）用目视法或游标卡尺进行检查或测量。

5.2 灯管的初始特性（4.2）按相关的规定测量。

5.3 灯管的寿命和照度维持率（4.3）按相关规定的试验方法。

5.4 灯管引出线的连接牢固度（4.4）用误差不大于0.1N的拉力计检查。防潮覆盖层用目视法检查。

5.5 灯管的耐振性能（4.5）试验是将灯管刚性固定在振动台上，振动台的振动频率应为扫频1Hz～30Hz、振幅为2㎜、垂直振动5min后，输入端加入规定的启动电压，检查灯管是否正常燃点。

5.6 灯管正常工作的温度范围（4.6）是将灯管分别置于-40℃～+50℃的环境中各2h后，分别检查灯管在低温和高温的环境中，规定的启动电压下，是否能正常启动并保持燃点。

5.7 灯管电极处玻管温度（4.7）的测试按相关的规定进行。

5.8 灯管温度周遍试验（4.8）将试验用灯管放入烘箱中，逐渐升温至高于水槽水温100K±5K，并保持恒温15min后，从烘箱中取出迅速放入水槽中。

6、验收规则

6.1 霓虹灯管必须经过制造商检验合格方能出厂。为了检验灯管的质量是否符合本标准的要求，制造商应对灯管的质量进行交收试验和例行试验，分别按GB/T2828、GB/T2829执行。

6.2 交收试验项目及合格判定条件见表3。

表3 交收试验项目及合格判定条件

<table>
<tr><th rowspan="2">序号</th><th rowspan="2">试验项目</th><th colspan="2">试验条款</th><th rowspan="2">检查水平</th><th rowspan="2">抽样方案</th><th rowspan="2">合格质量水平
AQL
%</th></tr>
<tr><th>技术要求</th><th>试验方法</th></tr>
<tr><td>1</td><td>外观</td><td>4.1</td><td>5.1</td><td rowspan="5">特殊检查
水平S-3</td><td rowspan="5">一次</td><td>6.5</td></tr>
<tr><td>2</td><td>牢固度</td><td>4.4</td><td>5.4</td><td rowspan="4">4.0</td></tr>
<tr><td>3</td><td>启动电压</td><td rowspan="3">4.2</td><td rowspan="3">5.2</td></tr>
<tr><td>4</td><td>灯管电压</td></tr>
<tr><td>5</td><td>光亮度</td></tr>
</table>

6.3例行试验的试验项目及合格判定条件应符合表4的规定，受试灯管若有一个试验项目不符合表4的规定，则认为例行试验不符合。

表4 例行试验项目及合格判定条件

<table>
<tr><th rowspan="2">序号</th><th rowspan="2">试验项目</th><th colspan="2">试验条款</th><th rowspan="2">不合格
质量水平
RQL %</th><th rowspan="2">样本大小</th><th rowspan="2">判定数目</th></tr>
<tr><th>技术要求</th><th>试验要求</th></tr>
<tr><td>1</td><td>耐振性</td><td>4.5</td><td>5.5</td><td rowspan="6">30</td><td rowspan="6">3</td><td rowspan="5">[0、1]</td></tr>
<tr><td>2</td><td>高低温试验</td><td>4.6</td><td>5.6</td></tr>
<tr><td>3</td><td>电极处玻管温度</td><td>4.7</td><td>5.7</td></tr>
<tr><td>4</td><td>温差骤变试验</td><td>4.8</td><td>5.8</td></tr>
<tr><td>5</td><td>照度维系率</td><td rowspan="2">4.3</td><td rowspan="2">5.3</td></tr>
<tr><td>6</td><td>平均寿命</td><td>a</td></tr>
<tr><td colspan="7">a 按5.3规定的试验方法确定其平均寿命，然后再与4.3比较，判断合格与否</td></tr>
</table>

6.4例行试验若不合格，则该批灯为不合格。此时应立即停止生产和验收，已验收的应停止出厂，同时应研究产生不合格的原因，并采取有效措施，直到新的例行试验合格后，才能恢复生产和验收。

6.5例行试验每季度不少于一次（其中平均寿命和照度维持率每年不少于一次）。每当灯的结构、制造工艺或材料变更可能影响灯的性能时，都应进行例行试验。

6.6制造商可向订货方提供例行试验报告。

7、标志、包装、运输

7.1制造商在交付使用的每一组霓虹灯管中应附有质量检验合格证，在合格证上清楚地标明制造商名称；产品种类；制造年、月及产品标准号。

7.2包装、运输由制造商和用户共同商定。

霓虹灯（灯箱）广告工程技术规程（试行）

(ND/T105-1998)

1、总则

1.0.1为适应霓虹灯（灯箱）广告的发展，规范技术规程，确保工程质量，维护社会效益，特制订霓虹灯（灯箱）广告工程技术规程（以下简称为规程）。

1.0.2本规程适用于室内、外霓虹灯（灯箱）的设计、制作、安装及验收。

1.0.3霓虹灯（灯箱）的设计、制作、安装及验收，除应符合本《规程》的规定外，还应符合中华人民共和国广告法及现行国家、行业和地区颁布的有关标准、规范、规程的规定。

1.0.4霓虹灯（灯箱）的设计方案、施工图、电气线路图应符合本《规程》规定的设计原则及安装工艺要求。

1.0.5霓虹灯（灯箱）所用的主要材料及电气产品质量应符合现行标准的规定。

1.0.6室外大型霓虹灯（灯箱）铁架结构应由建筑设计部门设计或认可。

1.0.7霓虹灯（灯箱）工程施工安全、劳动保护、防火，应按国家现行规定执行。

2、霓虹灯（灯箱）广告的设计

2.1设计的基本原则

2.1.1广告设计内容当真实、合法，符合社会主义精神文明的要求。

2.1.2广告设计必须确保建筑物安全，不得任意改变建筑物承重结构和建筑结构。

2.1.3广告设计不得破坏建筑外立面，如需改变必须征得有关部门和建设单位同意。

2.1.4屋顶广告、招牌广告必须具有一定的抗风强度，达到抗12级台风的要求，保证安全（本地区有关部门另有规定除外）。

2.1.5广告设计应执行国家颁布实施的建筑、电气、防火、环保等设计规范的相关规定。

2.2霓虹灯广告的设计

2.2.1设计的画面要切实反映广告所要宣传的内容，给人良好的艺术性，给人以美的感受。

2.2.2根据用户要求，设计的霓虹灯广告必须图案清晰，文字简洁，颜色鲜艳。

2.2.3霓虹灯广告的画面可采用油漆、喷漆或户外即时贴以及其他材料。

2.2.4霓虹灯管的设计必须保持灯管之间的间隙不小于6cm。

2.3灯箱的设计

2.3.1灯箱的设计可采用灯布、喷画或即时贴刻字以及其他形式。

2.3.2灯箱采用内打光时，灯管排列必须均匀，画面不应出现明显阴影、漏光，影响画面效果。

2.3.3灯箱采用外打光照明时，灯光效果应均匀明亮，避免眩光。

2.3.4灯箱采用霓虹灯作光源或霓虹灯与其它光源组合的，灯箱材料应采用阻燃材料。

2.4钢结构的设计

2.4.1钢结构的设计应由批准注册的建筑设计单位出图或经有资质的设计人员设计方可施工。

2.4.2钢结构的设计必须符合建筑设计规范。

3、钢结构的安装工程

3.1安装施工

3.1.1施工前必须认真核对施工图纸，并对现场建筑物与钢结构的连接点认真核查，按图施工。

3.1.2钢结构与膨胀螺栓的固定点及钢架与预埋金属固定构件的焊接必须可靠，并进行特别的防锈处理。

3.1.3连接件、各构件之间除图纸另有规定外，各构件之间均用电焊连接，贴角焊缝长度为满焊焊缝，并符合焊接工艺的要求。

3.1.4在屋面或顶层施工，应及时做好防渗漏措施。

3.1.5钢结构应有接地装置，在制高点按规定安装避雷设施。

3.1.6施工时必须要有防火、安全防范措施，严禁火星溅落。

3.1.7钢结构安装完毕应即进行防锈处理，先去锈，然后涂上二层防锈漆，再外涂油漆。

3.2材料质量要求

3.2.1钢结构材料及电气材料质量应符合现行国家有关标准、规定。

3.2.2广告材料质量应符合现行国家有关标准、行业标准的规定。

3.3工程验收

3.3.1对使用的材料按3.2要求核对质保书或合格证书。

3.3.2按照施工图认真核对，按现行施工验收规则验收。

3.3.3检查钢结构的垂直度、水平度、连接件及焊缝，保证焊接可靠。

4、霓虹灯广告牌（招牌）的安装工程

4.1安装施工

4.1.1广告画面应按要求固定在铁架或建筑物上，铁架应安装操作维修扶梯及走道。

4.1.2招牌固定在墙面上或立于地面上均须符合建筑安装的技术规范，连接的膨胀螺栓及预埋金属固定构件，必须能承受巨大重量框架的拉力，必要时要在单面、双面或三面多处用撑脚支撑招牌，确保安全。

4.1.2.1招牌高度在5m以上，宽度在1m以上，用三角撑档，招牌二侧面用钢丝绳紧固，上下二道距离不大于4m，避免摇晃，增强抗风力。

4.1.2.2安装支点是砼结构的，可用膨胀螺栓，砖墙须用卧铁或对销螺栓。

4.1.2.3招牌上下必须垂直，不得歪斜。

4.1.3单面双见霓虹灯铁架安装。

4.1.3.1三角铁档要平直，铁框要有维修踏脚。

4.1.3.2横档玻璃管根据广告内容分档，要美观。

4.1.3.3横档玻璃管可内穿电话线或尼龙线结扎。

4.1.4招牌铁架安装结束应去锈去焊皮，漆防锈漆二道，外涂油漆。

5、霓虹灯制作与安装

5.1霓虹灯管制作

5.1.1霓虹灯管不得有明显影响发光效果的较大面积荧光粉脱落及较明显的阴阳面。

5.1.2霓虹灯管壁不得有明显的氧化汞附着物。

5.1.3霓虹灯管弯曲部位不得有打折、明显瘪塌等缺陷。

5.1.4同色霓虹灯（含彩色玻璃管）在同幅霓虹灯中颜色不得有明显的差异。

5.1.5霓虹灯管接头处明管长度不超过8mm。

5.1.6电极引出线封接要牢靠，并用阻燃绝缘材料封牢。

5.1.7霓虹灯管的排气真空度应达到10-2Pa，充填气压1.07～1.33Kpa，并长期保持良好。

5.2霓虹灯管安装

5.2.1霓虹灯管应完好，排列要整齐、美观，应与底板字型、图案相符，不应偏离，直管长度误差±2mm。

5.2.2电极、过渡灯管、虚管及不需亮光部分灯管涂黑，不应透光。

5.2.3灯管装在支架上，可用ф0.6mm防腐蚀金属丝捆扎，应牢固可靠，不得松动和走样。

5.2.3.1捆扎灯管可采用绕扎法，即将扎丝绕于灯管支架上部，在霓虹灯管上交叉过度，然后在灯管支架尖端绕一圈，接合两端拧紧，用钳子切断多余丝端，不得游

动。

5.2.3.2采用直筒式玻璃支架时须用粘结剂或其他措施，使玻璃托架与支架连成一体，以免玻璃支架滑出支架底座。

5.2.3.3灯管支架安装时要正确设定螺钉位置，拧紧螺钉，安装牢固，不得松动。

5.2.3.4垂直灯管支架的螺钉位置应在灯管支架上端孔位。

5.2.3.5灯管支架距离霓虹灯电极端不小于6cm。

5.2.3.6采用L型灯管支架时，螺钉的位置应在霓虹灯管的正下方。

5.2.3.7霓虹灯管长度超过1.2m的，灯管支架不少于3只。

5.3霓虹灯变压器的安装要求

5.3.1霓虹灯变压器必须牢固地固定于支承架上，周围不得有易燃物品，距离地面高度不小于3m。小于3m时必须金属板网隔离，避免人体接触。输入输出端均应绝缘，禁止裸露。

5.3.2按照灯管的长度合理配用不同功率的变压器，不允许超负载或负载不足。

5.3.2.1霓虹灯变压器应安装在该变压器负载的霓虹灯附近，输出线长度一般不大于1m。

5.3.3一条分支电路能接入的霓虹灯变压器台数，一般规定为接入的各台霓虹灯变压器的额定初级电流的总和应小于30A。

5.3.4霓虹灯变压器的外壳必须接地（塑壳霓虹灯变压器无接地装置的例外）。当霓虹灯变压器加装外箱时，外箱必须接触。

5.4霓虹灯高压配线（次级配线）

5.4.1霓虹灯变压器的高压配线及灯管间的连接线应采用额定电压不低于15KV的阻燃型绝缘橡胶线。

5.4.2霓虹灯管之间的连接线也可采用大于ф0.5mm的裸铜丝，用ф6mm-ф8mm的玻璃细管外套，并在管口用绝缘材料封闭。

5.4.3高压配线之间、高压配线与敷设面之间的距离应不小于5cm。

5.4.4高压配线应用绝缘材料的支持物固定、扎牢，高压配线应与支持物保持垂直，支持物间的最大距离为：水平敷设时0.5m，垂直敷设时0.75m。

5.4.5霓虹灯变压器高压配线输出端于高压配线连接点，以及高压配线与灯管连接点均需用绝缘护套或绝缘布绝缘，严禁裸露。

5.4.6霓虹灯导线贯穿板材要求。

5.4.6.1导线贯穿部位必须采用有凸缘法兰瓷管进行安装，并用绝缘带将内侧牢牢固定，以防脱落。

5.4.6.2当导线贯穿的板材较厚时，必须用阻火堵料封闭或用直瓷套管插入硬塑料电线管或用双层套管，套管均应露出墙面5cm-8cm。

5.4.7广告牌有其他灯光照明时，输入线路应与霓虹灯变压器输入线路分路装置。

5.4.8配电柜内部及配电柜到变压器之间布线要合理、正确，配电柜应安全接地和良好通风。

5.5程序控制器

5.5.1程序控制器（微机）应安装在保护箱内，以防雨水、尘埃的侵蚀。

5.5.2微机的控制线要于电流主干线分开敷设。

5.5.3微机的控制线必须编号。编号可以按微机接线端子的序号编排，序号的十位数以下的编号前面加写一个"00"，用来区分号的辨认方向。控制线两端的编号必须一致。

5.5.4控制线要用绝缘带扎成一束，不能散乱，固定点要套绝缘管。

5.5.5控制线引进接线端子时，导线要弯杨弧垂，防止雨水顺导线流进微机。

5.5.6微机的公共端必须接零线，保证设备与人员安全。

5.6防止霓虹灯干扰产生

5.6.1霓虹灯与电视接收天线相对位置不应使用电视机屏出现连续雪花或收音机中有连接蜂鸣声。

5.6.2霓虹灯闪烁控制电路不得使电视机画面产生扭曲变形或收音机有咔啦声。

5.7避雷装置

5.7.1广告牌超过周围建筑物或超过地面20m处安装

霓虹灯（灯箱）时，必须采用避雷针接地。

5.7.2避雷针应采用ф25mm镀锌圆钢或ф40mm镀锌钢管，钢管壁厚不小于2.75mm。

5.7.3避雷针导线采用多股钢线接合而成，不能急转弯，引下线支线卡子的间距要均匀。

5.7.4避雷针引下线在离地面以上2m一段，应用绝缘材料保护。

5.7.5接地体、避雷线及引下线焊接处应补涂沥青防腐，所有防雷装置的各种金属件必须镀锌。

5.7.6建筑物顶部设有避雷网或环状避雷带保护装置的屋面，铁架可与屋面避雷网连接。

5.8材料质量要求

5.8.1广告材料质量、电器材料质量必须符合现行国家或行业有关标准、规定的要求。

5.8.2霓虹灯管与电极应采用铅玻璃材料（彩色玻璃除外），并符合国家或行业有关标准、规定。

5.8.3灯管支架必须采用耐高压、耐腐蚀、抗老化阻燃材料。

5.8.4霓虹灯变压器必须符合现行国家或行业有关标准。

5.8.5高压绝缘线采用硅橡胶绝缘高压线或耐高压15KV以上阻燃型绝缘橡胶线，并符合现行国家标准。

5.9工程验收

5.9.1使用的材料必须符合5.8要求，并有产品合格证。

5.9.2工程施工验收，除按本规程规定执行外，还应符合消防、环保、安全等现行的有关标准、规范的规定。

5.9.3霓虹灯（灯具）的安装要牢固、牢靠、平正，符合规定的安装方式。

5.9.4通电试验，全面亮灯，灯管亮度应均匀，无电晕放电现象；字型应正确、无误，整体效果应确切、美观；控制器性良好。

5.9.5接地或接零检查。

5.9.6全面亮灯时不应有拉火、干扰出现。

5.9.7当电源电压在220V±10范围内，其工程装置应能正常工作。

5.9.8霓虹灯工程连续工作12小时后，应能正常工作。

5.9.9工程交接验收时应向客户提交本工程的配线竣工图及保修卡。

第五部分 经营案例

The Fifth Chapter Management Case

TOM户外传媒集团的规模化并购

TOM集团作为一个香港上市公司，早在2000年首席执行官王兟就率先提出了跨媒体的发展战略。2000年10月，TOM与昆明风驰传媒有限公司签订了合资协议，拉开了建构户外传媒集团的序幕。

2001年4月18日，时任风驰传媒总裁的李践先生在北京东方广场就整个并购战略计划向TOM集团董事会提案，半个月后，董事会批准了这一提案。TOM成立了并购工作组，由现任TOM户外传媒集团总裁李践任组长，现任TOM户外传媒副总裁杨振昆任副组长，开始了在全国并购的征程。

四年来，TOM户外传媒的并购运作是成功的。通过规模化并购运作，集团已经拥有香港、北京、上海、广州、沈阳、大连、济南、青岛、福州、厦门、郑州、武汉、昆明、成都、重庆等地区15个子公司，建构了一个以单立柱和城市中心大看板为主的户外媒体网络，在全国50个城市拥有近40万平米的大户外媒体网络，业务覆盖全国100多个城市。

那么，TOM户外传媒集团并购运作成功的背后，有些什么样的宝贵经验和作为呢？

并购定位策略

TOM集团在启动并购运作时，就对其市场主营业务与发展方向有了一个清晰的判断和定位。

通过调研分析，TOM发现在户外媒体市场中白马主要是以公交站台、候车亭广告为核心业务，媒体世纪和媒体伯乐的主营业务则是公交车身广告和地铁广告，而TOM的并购必须有差异化的定位，以单立柱和城市射灯广告牌的优势媒体形成网络。TOM的资源优势将与白马、媒体世纪、媒体伯乐等强势户外媒体形成互补，满足客户的多维要求。

TOM认准了“大户外，才有大品牌”。因此，TOM的并购定位就是建构一个以单立柱和城市中心大看板为主的户外媒体网络，这一网络不仅为客户看好，而且有着高的回报率。这一定位在整个并购过程中都得到贯彻。

物色并购对象

并购对象的物色对于并购运作至关重要。首先，TOM在欲进入的城市遴选出10家最优秀的户外广告公司，随后对这些公司进行重点考察，逐一打分排序，全面考评。其中有些国有公司，虽然它们媒体资产很好，但因其国有体制和历史负担，很难进入。因此在选择时，TOM主要选择民营广告企业，对其中前5名的公司进行尽职调查，并形成尽职调查报告。在此基础上双方再做详细

沟通。在有了合作意向后，再对其进行资产评估和媒体价值分析，然后进行兑价的商谈，本着双赢的原则达成相关协议，组建合资公司。

TOM考量并购对象的指标主要有五项：

1. 在当地是盈利能力最好的公司；

2. 户外媒体资产在当地位居前三位；

3. 发展区域，经济地位，广告环境符合集团战略发展目标；

4. 在户外媒体运作方面有若干年成功经营的经验和历史；

5. 已形成健全的公司内部制度，有一个管理素质、管理力度均达到要求且经验丰富的管理团队和销售团队。

并购实例

2004年，TOM并购重庆金朝广告公司就是一个显例。该公司地处西南唯一一个直辖市重庆，主要从事户外媒体广告业务，在重庆市场占有重要位置。其拥有高品质的媒体资产，位于黄金地段之单立柱和广告牌占其媒体资产的88%，这些户外媒体销售收入占公司总营业额的87%。该公司在重庆市的户外媒体资产素质及规模对TOM的户外媒体整合策略非常重要，与其成立合营公司后，集团在重庆及西南区域的户外媒体广告业务将进一步扩大，在西南区域户外广告业的领导地位将更加巩固。

重庆金朝就这样进入了TOM的视野。与金朝公司高层进一步沟通后，了解到其也有合营的意向。TOM就对重庆金朝开展进一步的考查和评估。第一，考量该公司的管理和销售团队是否有一个积极向上、发展的心态，以期为合营后正确选择经营者和领导者提供参考。第二，调查该公司媒体资产的安全性及其持续经营之潜力，如今很多城市都在采取调控措施，加大户外媒体的整顿力度，因此，公司的户外媒体批文、设置手续是否完备，将在很大程度上影响该公司以后的经营和发展。

在并购运作当中，TOM重视一个十分关键的因素：对方公司人员状况进行考察，尤其是对经营领导者的可信度、忠诚度、领导力以及赢利能力的考察，以及其团队人才状况的考量。

通过尽职调查和多方面的考量，TOM接下来就与重庆金朝商谈兑价问题和股权比重。达成共识之后，上报TOM集团董事会批准，并于2004年12月15日签订了与重庆金朝建立合营公司的协议。

与重庆金朝成立合营公司的协议签定后，TOM就以现金形式出资306万人民币，并向金朝提供519万人民币现金以供其应付资本开支及营运资金需要。

收购的后期工作主要是香港方进行法律文本的签署和财务状况的核算。

在TOM看来，资本并购运作不仅是为了盈利，更重要的是为了把企业做大、做强、加速发展。这些被选中的公司在和TOM合作后组建合资公司，都可以得到强大的资本支持，在区域内做大做强。

在2003年，公司不仅在北京、上海和广州成立了子公司，而且出台了征集联营公司的计划，通过评估对方资产，TOM参股投资运作，吸纳了一些公司加盟，也给这些公司注入了巨大活力和做大做强的条件。

并购后的整合

并购后，如何对并购的公司进行有效的融合和管理，这对TOM户外传媒集团是一个严峻挑战。但事实证明了TOM不仅有高瞻远瞩的并购战略，而且有整合发展的能力。

并购运作的成功与否，关键在于找对了并购对象及其领导者。并购后，TOM尊重和信任对方，原则上只是由集团派财务总监，其他管理团队不变。TOM能够在并购后运作成功，就是因为选择的团队中有精英人才和有可信的领导者。

正因如此，TOM的团队在不长的时间内，就成为了一个既有凝聚力，又有创新活力的团队。这主要得益于其对团队内部资源的有机整合。

TOM 的这种有效整合主要体现在五个方面，即媒体资源的整合、客户资源的整合、信息资源的整合、人才资源的整合以及企业文化的整合。

在媒体资源整合方面，TOM利用其国际化网络管理优势建立了两大信息管理系统。

一是建立媒体数据库，为50个城市自有的媒体按国际标准构建了图片和数据资料库，客户可以在网上清晰地判断每个媒体的价值。而对一百多个城市的户外媒体也建立了资料网络，随时可以调出每个城市的媒体状况。

二是户外广告管理系统（TOMS1210C）通过这一系统，可以进行媒体搜索，了解产品信息，价值定位、价值评估和效益监测。

TOM两大系统的建立，为网络营销奠定了重要的基础。

客户资源的整合。TOM建立了大客户服务中心（OMG），直接把产品推荐给国内外的大客户和4A公司。把与大客户签的单分包到下属公司，而旗下公司的地区性大客户也可以通过OMG带到全国进行户外传播。

信息资源的整合。TOM建立了知识管理部，把各公司的成功案例变成了整个集团成员的共同财富。注重集团内部的知识分享、信息共享，努力建造一个学习型企业组织，同时还提供大量相关资讯和培训资料。

人才资源的整合。TOM建立了人才调用补偿制度，在服务大客户或竞标时可以将下属公司的人才进行组合和调配，建立了人才调用补偿制度，最大程度地实现了优势互补，提高服务力和竞争力。

企业文化的整合。为了实现成为世界一流的传媒企业的共同愿景，为了更好地为客户提供专业化的户外传播解决方案和塑造品牌，TOM在汇集各公司的企业文化精华的基础上，建立了具有共同价值观和行为规范的企业文化。共同的价值观，引导TOM塑造出一个充满创新激情，优势互补的团队。

通过以上五个方面的整合，TOM户外传媒集团组建了自己有战斗力的团队。

TOM户外传媒的团队正是这样实现了优势互补，形成了你追我赶的好局面，保持了既相互支持又有良性竞争的关系，初步显现了“集团军”作战的优势。

这些公司在与TOM合资后，不仅在收购兼并上和媒体扩大上有了长足的进步，而且赢利能力也有了大幅提高，并且为集团输送了一些经营人才。

TOM的并购策略也完全达到了预期价值和目的。TOM集团的业绩在一路飙升，2004年集团营业额达3.92亿元人民币。

成功并购的思考

随着新经济时代来临，中国城市化建设迅速发展，户外广告已跃居为仅次于电视的第二大媒体。中国户外广告经过12年的高速发展，投放额增长了10倍，年增长率高达26%，达到了一个前所未有的高度。伟大的户外广告时代已经来临。

2005年12月10日，中国广告业将对国外资本完全放开。中国广告企业如果不做大做强，就难以与国外广告公司抗衡，就不能很好地服务国内外的大客户，如果不适时抓住这一段有限的发展空间并购成长，上规模、上档次，注重创新和专业化服务，未来就可能消失。

并购不仅是世界传媒业发展的一种主要趋势，更是中国户外媒体跨越式发展的必由之路。我们本土的广告企业要做大做强，就必须借鉴世界成功传媒企业的经验，坚持走并购之路。

TOM并购运作的成功，有以下四点认识值得思考。

第一，人是决定因素。并购公司决策者的诚信程度及经营能力，对投资是否能达到预期目标有着决定性的影响。TOM在收购运作中在此方面也或多或少出现了一些问题，有可资借鉴的教训。个别公司由于挪用了投资，影响了合资公司的发展；有的因为媒体资产的意外流失，也影响了预期目标的实现。

针对这种情况，TOM在相信对方的基础上，采取了股权质押、目标利润考评及评估奖励的方法，有效地降低了投资风险，调动了合作方的积极性。

第二，整合的关键在于为合资后的公司提供业务支持。这种支持对子公司的发展极为重要。财务管理的国际化，人才的培训和迅速的提高，给经理人以发展空间和晋升的可能，知识的发掘和对业务的帮助，以及管理系统的完善和运行，这一切都将给合资公司带来了新气象。

第三，品牌经营对集团未来发展有着重要的价值。TOM作为一个新兴的户外媒体集团，自身品牌的确立对于客户的信任度、忠诚度和美誉度之建立有着重要影响。在品牌塑造方面，TOM做了CIS系统的整体设计和推广，根据宣传定位TOM制订了对外宣传推广的计划和实施方案。让社会尽快认知TOM，在服务客户中传播自己的品牌。

第四，双赢是并购成功唯一的标准。在并购中，TOM以诚信的态度把并购的利弊提供给对方；根据对方的要求，提供他们想了解的详细情况。在兑价上也通过充分的探讨，保证对方利益的实现。只有双赢才会使公司健康发展，任何一方损害对方利益的做法都将导致并购的失误。

TOM将坚持并购与联营的战略，锐意创新，抓住机遇，实现集团的跨越式发展。

（TOM户外传媒集团 饶先来）

打造中国轨道交通广告的超级航母

MPI媒体伯乐集团（以下简称MPI集团），是目前大中华地区户外媒体广告经营的领导者之一，在业内享有盛名。目前拥有以公交车与轨道交通系统媒体为核心，广告牌、商场广告、街道设施等多样化户外广告组成的强大网络。尤其在轨道交通系统媒体方面，取得的成功更是引人注目，是目前国内唯一同时拥有上海、北京、广州、香港轨道交通广告网络的户外广告代理商，充分体现出集团在业内专业化经营的翘楚地位。

坚强后盾、雄厚实力奠定专业化经营的坚实基础

万丈高楼平地起。稳固的基石，是成功必不可少的重要因素。MPI集团在资金实力和人才资源方面都拥有坚实的基础。

MPI集团的主要股东是国际盛名、资金雄厚的陈氏家族所创立的晨兴集团，陈氏家族亦为上市公司恒隆集团的创办人。凭借着晨兴集团的坚强实力为后盾，1990年3月，MPI集团开始在香港从事户外广告业务，自此，在香港奠下稳固的根基，业务涉及户外大牌、机场快线广告灯箱等户外媒体。1994年把业务拓展至中国。

在人力资源方面，MPI集团不但拥有完善的管理机制，更是人才济济。集团聘请具有资深管理经验的杜碧珊(Winnie To)女士担任行政总裁兼执行董事，负责发展及推行媒体伯乐广告集团的整体策略及行政政策。杜女士成功主导了上海华智地铁、广州永通地铁、北京城市铁路、香港机场快线、南京地铁及上海巴士等项目的投标、谈判、筹建的工作，带领MPI集团稳步前进。

经过12年的发展，MPI集团巩固了其在香港户外广告市场中的领先地位，同时在中国内地的业务拓展亦取得了令人瞩目的成绩。2002年1月，MPI集团在香港联合交易所创业板成功上市（股份编号：8072），为集团的发展奠定了另一个里程碑。

今天，MPI集团拥有的广告形式已超过50种，媒体网络覆盖全国近60个城市。在开发国内新媒体的过程中，MPI集团肩负起先行者及领导者的角色，凭着多年的媒体发展和市场推广经验，成为全中国表现最优秀的户外媒体供应商之一，在户外广告行业的专业化地位已不可动摇。

不断开创新路，稳步迈向专业化里程

90年代初期的国内交通媒体广告领域尚属一片空白，但是在MPI集团的眼中，这犹如是一块未经雕琢的璞玉，具有不可估量的市场发展潜力。

1994年，MPI集团率先于上海引进单立柱广告牌网络，拉开了其在中国户外媒体市场快速发展的帷幕，成功踏出了专业化经营的第一步。在往后的八年当中，集团率先于武汉引进空调车广告，将户外广告业务扩展到交通工具范畴，随后即进军成都、重庆、大连、上海、北京等市场，2002年率先于广州引进全车身广告，公交媒体系统不断发展、壮大、完善，建立起一个覆盖全国50多个城市，拥有5000多台公交车的强大网络。

在包括MPI集团在内的多家大型户外媒体集团的大力促进和苦心经营下，经过近十年的发展，公交广告已经成为一种较为成熟的户外媒体，几乎在每一个大城市都可以找到他们的影子，竞争焦点多是集中在公交车线路的争夺中，市场的发展已经步入了平稳期，新的空间越来越少，寻找新的市场空间成为MPI集团上市后的首要工作。

随着城市公共交通系统的不断改造和建设，出于对人口膨胀、提高道路效率和节约能源的考虑，城市的规划

理念也在逐步提高，北京、上海、广州等大城市早已相继提出了各自的未来公共交通网络设想，无一不是采用公交车与轨道交通相结合的理念，而国内更多的省会大城市也逐步开始认同这一概念，轨道交通系统将迎来一个蓬勃发展的春天。有见及此，MPI集团将未来的发展眼光投注在轨道交通系统这一崭露头角的新生媒体上，通过一系列的联营和兼并，目前已经构建起5大城市的轨道交通广告销售网络。

2000年，于广州成立合作经营企业广州地铁永通广告有限公司经营广州地铁1号线媒体业务；

2000年，成功收购上海华智地铁广告有限公司，拥有上海地下铁路1号线独家的媒体经营权；

2002年1月，成功获取为机场快线以及机场穿梭巴士提供广告服务之独家代理权；

2002年7月，与北京城市铁路股份有限公司签订协议，获授予北京城铁系统经营及宣传推广广告媒体专利权，该协议由2003年1月1日起为期18年。

2003年6月，与南京地铁公司的有关负责人郑重签约，根据签约意向，MPI集团获得建造及运营南京地铁系统广告媒体设置的权利。

随着轨道交通广告网络日渐成熟，客户对媒体对媒体的专业化服务的需求也日渐迫切，在集团“网络化和专业化经营”的经营理念指导下，从2005年1月开始，集团着手成立了轨道广告的独立运作系统。

轨道交通系统专业化经营的全面提升

在轨道交通广告12封灯箱、4封/6封灯箱、梯牌、墙贴等20多种主流媒体形式的基础上，MPI集团不断引入新概念、新技术和新材料进行媒体创新。

推出了站台灯箱单边发布、主题站厅、主题通道、超大灯箱、动感灯箱、灯箱+墙贴等创新概念的媒体发布形式，乘客得以赏心悦目之余，客户也收到了满意的广告效果；

最大限度地利用地铁站内外空间，开发了一系列消费者易于接受的广告媒体形式，将客户信息进行全面渗透，让乘客置身于不可逃离的广告环境中，时刻接收到客户的信息。如车站出入口外墙广告、时钟广告、自动检票机广告、柱子广告、车身广告、车厢内广告、实物摆放等等。

导光板、等离子显示器等多种新技术、新材料应用于梯牌、站厅灯箱等媒体身上，不仅提升了广告效果还大大美化了地铁站内的环境，为乘客提供了一个舒适美观的乘车环境；

面对成绩，MPI集团并没有满足，而是投入更多的力量，专注于专业质素的提升。2003年9月14日，MPI集团与拥有全日本超过8成的地铁线路覆盖、具有数十年媒体经营经验的日本最大地铁广告代理公司Oricom Company Limited签订独家广告代理协议。此项协议使MPI集团及Oricom 成为彼此旗下地铁广告网络之独家媒体供货商，并能够互相介绍客户，扩大媒体伯乐现有客户资源。标志着MPI集团的专业化道路正式与国际接轨，更加巩固了其在业内的翘楚地位。

杜碧珊女士就此合作表示："我们非常高兴能够与Oricom 合作，藉此扩展客户网络基础至日本市场。与此同时，凭借我们广泛的媒体覆盖网络，以及于中国与香港户外媒体广告行业的稳健根基，我们与Oricom 的合作将能协助集团客户开拓日本市场及提升我们的全面媒体组合。我们相信此独家协议将为双方产生协同效益及带领集团的业务迈进更优越的领域。"

除拓展客户基础外，MPI集团将会移植Oricom 数十年的日本地铁媒体管理经验及其优质媒体分析系统，为客户提供更多、更优质的增值服务。Oricom 的媒体管理系统在日本深受业内认可，同时也在国际上处于领先水平，MPI集团是将其引入中国的第一间公司，该系统首先会用于上海及北京的地铁广告网络，并计划于未来进一步推介至中国其它城市及香港。此套系统的最大作用在于能让客户快捷、方便地查阅所有地铁线路的最新媒体空位和环境资讯，只需要输入几个简单的指令即可自动为客户制定投放计划和做出投放评估分析，并且客户可以通过评估结果进一步调整和优化投放计划，从而令客户的广告投放更加合理与有效。此优质及完善之媒体分析系统不但能够巩固集团所提供服务的价值，更能进一步加强集团的竞争优势以及增加其媒体组合的吸引力，带领集团的业务迈进更优越的领域。

（MPI集团有限公司）

杜碧珊(Winnie To)女士

毕业于香港浸会大学传播系，现为中国重庆市政治协商委员会成员。拥有近30年在中国及香港管理推广及销售日用消费品的经验。在加入MPI媒体伯乐集团之前，曾担任美国金巴拉卡拉克及美国史占的香港市场经理，其后加入美国强生公司，出任其香港及中国市场推广/销售总监。在中国工作超过16年。

客户服务模式创新

户外广告公司趋向专业化

随着国内经济持续高速发展，中国户外广告行业在这几年的迅猛增长也有目共睹。户外广告经营单位如同雨后春笋般从2001年的50,928家公司，迅速攀升到2003年的65,347家。就服务水准和专业程度来说，其中良莠参差不齐。客观地说，现在这种情况是属于一个行业朝向正规的，有序管理和发展所必须经历的一个过程。

从当代欧洲户外广告发展的过程来看，中国目前户外广告行业的种种现状，欧洲户外广告市场也曾经历过这个阶段。现在我们看到，欧洲户外广告市场已经完全稳定。“术业有专攻”，在服务客户方面，国外户外广告公司在分析、策划、购买和投放等方面表现出极大的专业性，国外把这类公司称为outdoor communication specialist (户外传播专业公司)。他们提出一个全新的概念，将户外广告服务提高到一个新的层面，即为客户做全方位的户外传播服务，并将自己称为outdoor communication specialist (户外传播专业公司)，在这个领域做得比较出色的全球著名公司是Posterscope(博视达)，Portland，Impact。其中博视达是全球最大的户外广告公司，隶属于全球著名传媒机构Aegis Group PLC集团，占有欧洲户外市场20%的份额。

何谓outdoor communication specialist，与其他户外广告公司有何区别？以博视达公司为例，博视达进入中国市场以来，提出了三个创新的服务客户的理念。

创新的户外传播

博视达公司结合客户的品牌或者产品的特点，去发现，创造新的媒体形式，传达品牌或者产品特性。这就是户外传播的新概念，是一种新的客户服务模式，也是国外户外广告发展的一个新的阶段，

举例来说，博视达公司接到Absolut需要为其产品在户外做宣传的任务。如何结合该产品特点，又能突出广告语“Absolut zero”？博视达公司根据该产品在零度时是最佳口味的特点，寻找生活中是否有同样感受的活动。结论是溜冰运动时那种冰冷的，但又是畅快淋漓的感觉，与产品特性不谋而合。因而诞生了酒瓶形状的溜冰场，以及“Absolut zero”的广告语在溜冰场上的户外广告形式，令人眼前一亮。

又比如博视达公司为KENZO新上市的一款香水，策划了将真实的鲜花组成一个巨大的花坛。既体现了KENZO这个品牌的优雅，又将这款香水的image形象地表现出来。再加上把该款香水放置在花丛中，不仅目标消费者看到，还让他们闻到，从而制造了具有轰动效应的广

这两个案例都是从客户的产品特点出发而做的广告,表明户外广告创新形式也是服务客户一种模式。事实上,户外这个巨大空间可以带给我们无穷的想象力。甚至说,只要你能想到,也能执行,那么,这个空间可以让我们尽情发挥创意。比如,博视达公司还曾为smirnoff策划了在牛仔裤品牌Psyche International的专卖店中,把smirnoff的广告卡片插在货架上的牛仔裤袋中,让所有光临牛仔裤专卖店的消费者不经意又一次接触到的smirnoff广告。

这就是国外户外传播专业公司给我们所带来的如何去服务客户的新思考方式。

媒体资源网络性购买

媒体资源信息渠道的畅通与否,以及与媒体主保持长期良好的关系和真诚合作,对户外传播专业公司的媒体购买和购买价格具有重大的影响。与媒体主的合作有多种形式,而就博视达来说,采取了与全国几十家媒体主的联盟,组成了一个极大的媒体资源网略,达到双赢的策略。通过战略联盟,分享客户资源;通过这个联盟网络,将这些媒体主的资源集中整合,实行集中购买,从而有极大的价格竞争优势。对客户来说,也是为他们省了很大的一笔广告费。

开发专业的媒体信息库。博视达的客户大多在全国多个城市投放户外广告,而针对这种情况,博视达将来自媒体主方面以及自身所掌握的户外广告牌的资料汇总成媒体数据库,建立了一个网络全国一百多个城市媒体资料的信息平台,实现对全国户外媒体信息的全面掌握。一来能够针对客户,及时提供多个城市的媒体投放,快速制定投放策略;第二,经常跟踪媒体价格,对价格的熟悉使得公司在制订计划时充分显现它的优势。

这种资源的网络性购买模式的优势在玫琳凯(Mary Kay)客户身上得到极大的验证。博视达在2004年底为玫琳凯在全国一,二,三级共几十个城市投放户外广告。博视达以全国媒体数据库信息为基本,锁定以商业街的户外大牌为主的形式,凭借公司自身的国际化背景的优势,以及与媒体联盟的长期的、稳定的合作关系,集中购买,从而拿到了极具竞争力的价格。

专业的策划

根据中国户外广告市场现状,绝大多数的户外广告还是以现有的媒体资源投放为主。那么,媒体资源的挑选是关键。户外传播专业公司的另一个特点是他们拥有多年的市场分析、客户分析等研究调查能力,由于自身没有媒体,因此他们将以客观、公正的角度来看待户外媒体,根据客户投放的需求和目标来为客户度身定制有效的执行方案。

同时,在策划方案之前,无论在比稿阶段还是服务客户,首先会了解客户所在行业的情况,分析客户的品牌和产品情况,甚至产品销售在行业所处地位。比如说,知道客户产品的市场占有率,销售的重点城市和地区,了解客户所面对的主要消费群,以及他们的活动场所和喜好,为

日后的媒体资源整合提供参考依据，而这是很多国内其他户外广告公司所没有考虑和做到的。

举例来说，由于中国政府允许外资银行经营人民币业务，多家外资银行开始加大在中国市场的品牌推广。2004年某著名外资银行急需在上海和北京两地投放户外广告来扩大其品牌影响力，因而让一些户外广告公司为其提供策划方案。博视达作为其中一家供应商并没有在一开始就急切地寻找广告牌位置提供客户，而是与客户进行深入地沟通，了解到该银行主要面向高端客户群，其中又以商务人士居多；又分析目标消费者在户外活动的主要场所。比如博视达注意到这些商务人士大多有车，而且工作繁忙，由于工作关系会到商务楼宇，四、五星级宾馆，繁华地段商业街，高档写字楼等地；进一步分析发现他们平时也在各个城市之间穿梭进行商务活动，经常搭乘飞机。

分析了目标客户群后，博视达通过自己的媒体网络信息库搜集和分析其主要竞争对手的户外投放地点和花费。综合各种信息之后，博视达推荐了机场灯箱广告，机场高速大牌和市区高架大牌为主要宣传媒体。这是由于机场广告是众多高端品牌集中之地，在机场投放广告也代表了该品牌在行业的领导地位；另一个原因也是满足客户所面对的目标消费者；选择高架上的大牌也是考虑到目标消费者大多拥有自己的车作为平时的交通工具，他们平时开车时留意高架两旁的大牌。结果客户非常认同博视达的投放方案，特别是博视达提供的前期市场分析，令客户非常满意。

所有这一切都遵从这样一个原则："从客户角度出发，争取客户利益的最大化。"这就是市场需要户外传播专业公司的原因。

（北京博视达广告有限公司）

构筑“伙伴关系”

切实提高经营能力和管理水平，以市场细分化为原则，建立各专业广告公司，实现团队合作专业化服务，加快媒体的升级改造，不断开拓进取，对公司更好地适应市场及公司本身的生存与发展是至关重要的。

面临激烈竞争的市场机制和严峻形势，上海东湖广告装饰有限公司把工作的重点放在贴近市场、加强调研、加强管理和提高人员素质上，经各专业公司团队全体员工的共同努力，公司基本形成了一个有利于开拓发展的框架，并以公司全新的经营理念和实力连续多年获得“上海市重信誉、创优质服务先进单位”称号，近年又被授予“全国广告行业文明单位”及“中国广告优势企业”。

实施客户关系管理

如何在经济全球化和服务一体化的大潮中竞争制胜？客户资源是21世纪市场竞争中至关重要的资源。由于市场的激烈竞争，使得服务产品区别越来越小，产品的同质化趋势越来越强，并很难找出差异，更难区分出高低。同质化使得品质不再是顾客消费选择的主要标准，这使得越来越多的顾客更加看重的是商家能为其提供何种服务以及服务的质量和及时程度。

东湖广告装饰有限公司认为，实施客户关系管理将成为市场机制中提升企业竞争力的一条有效途径。2000年，上海雷允上药业品牌在上海市场的知名度为65%。在市场调研中，为了使雷允上药业有限公司这个国有大企业能更好地提升其品牌形象，占有更宽广的市场份额，公司特意从企业品牌的概念导入，产品广告注重突出雷允上公司名称，形式上将传统的以产品定位锐变为以企业形象定位，取得了很好的效果。其中成功的要素首先是出色的定位；其次，配合广告片的播出，在拓展产品市场的同时，注重层次需求的细节沟通，同时辅佐以准确的媒体系列。东湖广告装饰有限公司通过户外媒体的作用，在市场中树立雷允上药业的品牌形象，主要是依靠相关的周边环境、巨大的表现空间和杰出的创意设计，以此及时传达给受众过目不忘的震撼力。

与客户同步升华

20世纪90年代，东湖广告装饰有限公司为上海的支柱产业“上汽集团”鸣锣开道，在沪宁高速公路上海段制作发布了独家企业产品系列广告牌。“上海汽车工业集团组合式灯光广告牌”以其规模和体量被收入中国吉尼斯世界纪录大全。

当时，为迎接新的经济腾飞，上海汽车工业(集团)公司努力宣传企业形象，推进市场销售，并由东湖广告装饰有限公司作广告代理。此举不仅意味着国企开始全面进入品牌包装、CI导入和按国际管理进行商务活动的阶段，同时也提醒国内广告界：广告公司本身也应拓展市场，集约经营，更新意识，引进国际先进经验，尽力提高服务质量和服务水平，走独家代理、地区代理和全面代理等国际化发展道路。

东湖广告装饰有限公司在代理之前对户外环境和周边的条件作了调研分析。其一，沪宁高速公路处于极佳的地理位置，连接江苏经济各发达城市上海与江苏省的省会，六朝古都南京，具有独到广泛的影响力。其二，沪宁高速公路的车流量大，并呈稳步增长趋势，两者均有利于打造排开3—4组上汽灯光广告牌的先河。鉴于上汽集团主要生产经营桑塔纳轿车、幸福摩托车以及拖拉机、公交客车、大客车、载客车以及配套零部件，因此为反映上汽集团的生产规模和经济实力，东湖广告装饰有限公司针对不同客户产品品牌特质，利用其地理位置，制作广告，使产品特性与媒体特征相符，保持产品品牌的暴露，起到提示作用。

共担风险的伙伴

在冠生园悠品品牌打造过程中，同样涉及到如何提升品牌形象的问题。东湖广告装饰有限公司从创新的角度坚持为客户提供优质服务。

东湖广告装饰有限公司在实践中体会到在未来的发展中，面对激烈的市场竞争，有必要重新拟定客户与广告公司的关系，首先是朋友关系、伙伴关系。广告公司与客户是共创利润的伙伴。如果广告公司不能给客户带来利润，将无法生存，更进一步说是共担风险的朋友。如果仅仅只把利润给自己，把风险给客户，这样的公司在行业内也走不远，客户也不会与之维持长久的合作关系。

在做冠生园“悠品”广告之前，东湖广告装饰有限公司通过调研，对原品牌进行重新策划定位，设计更名为“悠品”，更符合目标受众，并对广告与销售的策略作了全面整合，目的是要加深消费者对品牌的认识。因此主要采用PR活动和SP活动。其中创新将体现在对整个品牌的策划和媒体的选择上。结合品牌形象、打造知名度，要求独特的突破点，打造全新的生活观念。为扩大悠品的产品销量，在媒体策划上东湖广告装饰有限公司着眼于第一、根据不同城市不同的销售情况，采取不同的投放比例，选择不同的媒介。第二、在有限的资金下，完成媒介效果最大化。第三、用媒体配合电视、广播、杂志和户外相结合。第四、阶段实施媒介计划，配合SP活动投放。

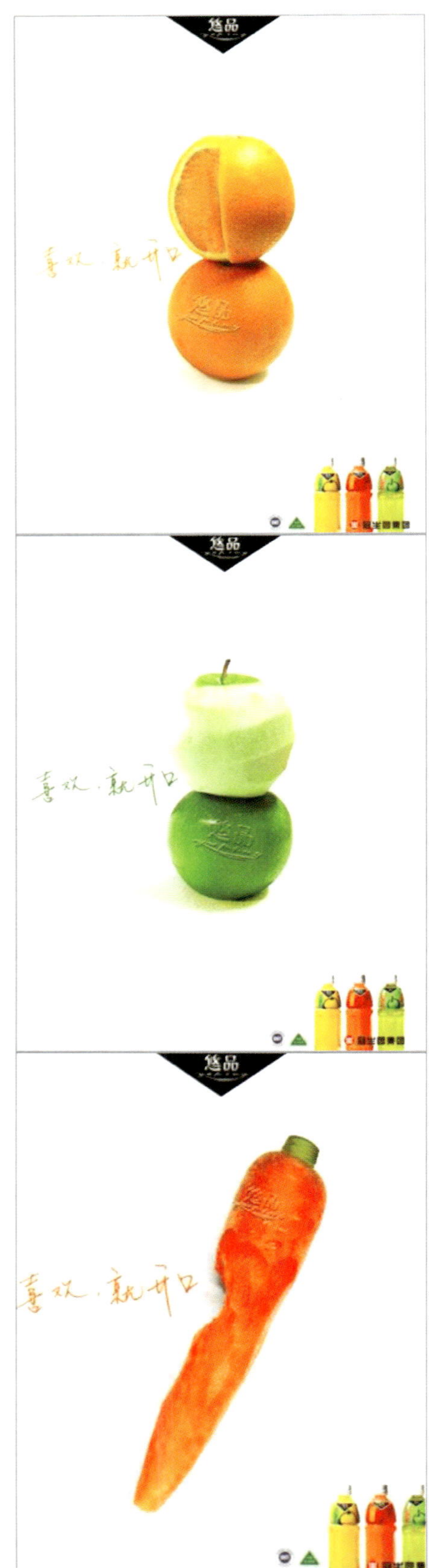

走向成熟

东湖广告装饰有限公司努力将客户的有限资金投在刀刃上，不断进行市场预测与研究，以创新的意识扎扎实实地为客户提供优质服务。

在健康科学规范的竞争机制面前，东湖广告装饰有限公司服务于客户，遵循客户至上的宗旨，几年来经历了一个从价格竞争发展到非价格竞争的经营理念的过程。为获得生存与发展，东湖广告装饰有限公司不但适应市场。了解信息，而且根据客户的要求，不断调整营销策略，使市场信息的分析处理更专业化及精确化，在提升市场竞争能力的同时，反过来促进和繁荣市场。

市场瞬息万变，东湖广告装饰有限公司在学习中成长，在竞争中成熟，在应变中发展。

（上海东湖广告装饰有限公司）

不断创造品牌传播最大价值

广西南宁综路广告有限公司，经营广西最大的户外广告网络，拥有最大面积的户外广告媒体，是广西最大的高速户外媒体供应商，代理了广西高速公路1200多公里的户外广告媒体，并拥有省会城市南宁市市区内民族大道、桃源路等8条黄金路段的各种形式的户外广告媒体，以大户外、大网络、一站式的定位服务客户。

大户外：目前广西高速公路全程1200多公里，是唯一联接区内各大城市的黄金大通道，形成了独一无二的覆盖全区的强势户外媒体网络。并以网络广西，辐射西南，连接东盟的广告平台优势成为知名企业发布品牌广告的汇集地，是区内发布品牌广告的首选媒体平台。

大网络：高速公路上品牌林立，明星闪耀，从通信到金融，烟草到工业，以及区内外龙头企业，通过在高速公路网络式的品牌覆盖宣传，迅速而有效地树立了良好的品牌形象。

一站式：面向客户从调研、策划、设计、制作、传播、监测、维护和评估等完善的服务，提供给客户专业的一站式品牌广告服务。

综路公司代理的广西高速公路户外广告媒体，相对于其它区内同类户外媒体（机场高速和城市内户外媒体等），在规模、结构和效益上，都保持着领头羊的地位，打破了其他地区传统意义上的媒体价值划分，超越了其他优势媒体，也使客户群体对广西高速公路户外广告由以往的中低端媒介观念转型为品牌展示首选的中高端媒介。

导入品牌经营理念

广西相对落后的市场环境决定了我们要面临的重重困难，而现代媒体的竞争也已经进入品牌经营时代，一个媒体的地位和影响取决于它的品牌影响力。品牌如同媒体的形象，对于媒体塑造良好的美誉度和公信力起着举足轻重的作用。

从一开始，综路公司就作为独家代理开发经营这一条在当时被人们说为“荒山野岭”的高速公路，就摆脱了低层次的价格竞争，没有追求短期的经济效益，以“品牌的名片”为导向，在高速公路广告经营方面导入了品牌观念，经过8年的不懈努力，把广西全区高速公路广告打造成为了广西最好的户外品牌传播资源平台。

找准定位 不懈经营

八年的经营，综路从媒体品牌的定位，到媒体市场的培育，承担了巨大的风险，着眼于长远发展，坚持以“为客户创造最大价值”的品牌理念为导向，从无到有，苦心经营，经历了高速公路广告媒体品牌低潮的启动期，进入了目前蓬勃的发展期，赢得了以规模、结构、效益为主的中层次市场竞争，更逐步提升到以资本、人才、品牌为主的高层次的战略竞争。

高速公路上的客户都是区内乃至国内一流的品牌，从通信到金融，烟草到工业，以及区内外龙头品牌企业中国银行、建设银行、农业银行、光大银行、中国移动、中国电信、中国联通、中国网通、中烟公司、中国石化、中国石油……等等，这些一流的客户都是我们苦心经营品牌媒体的结果，我们在一开始就把目标客户定位为高端客户，并为他们提供一个高质次的媒体平台，全心全意地投入到媒体的品牌建设工作当中。

专业服务 品质保证

客户对户外媒体网络的需求是户外媒体市场发展的大趋势。客户面对区域市场的广告投放，希望获得较为全面的媒体网络平台，不必向多家广告公司分别购买媒体，承担他的分散风险和购买风险。客户购买媒体不是目的，投放广告的目的是传播信息、提高形象、塑造品牌。从策略开始，怎么选择投放，怎么覆盖，怎么得到实效，到最后投放后的监测效果，这就需要有一家一站式的网络化公司，这是客户的需求。

只有不断满足客户的需求，顺应市场的趋势，我们才能赢得市场。综路公司以“为客户创造最大价值”的经营理念为导向，立足广告媒体的专业性，为客户提供了专业的一站式品牌广告服务，形成面向客户从调研、策划、设计、制作、传播、监测、维护和评估等完善的服务专业型户外传媒公司。

从客户的广告定位、广告语创作、画面设计、到画布选材制作、照明光源的辅助与品质、媒体点段的布局和开发等等，都进行过缜密细致的调研、论证、实施以及综合评估，并有定期的专业保洁维修队伍及监控系统保障广告画面维持最佳的发布状态，为客户的品牌建立打造坚实的后盾。

全方位多角度出击，树立媒体品牌形象

为了媒体的品牌宣传，公司加入了中国权威广告杂志《中国广告》的理事会，通过广告和文章加强广西高速公路媒体的品牌宣传，还在2004年与中国－东盟博览会秘书处合作，在两年一届的世界级盛会世界广告大会的会刊上联合发布了大气的跨页广告，备受关注，借助世界广告大会和中国－东盟博览会的品牌高度来提升媒体品牌的高度，并开始吸引国际品牌的关注。

全力打造专业团队

如今的品牌竞争就是比专业、比服务，从而稳定现有客户，拉动大的发展，而其中的关键就是要有一批专业的高素质服务人才队伍。

公司聚集了区内外的广告精英，拥有一支杰出的管理团队具备10年丰富管理经验的管理层；极具创意思维的工作小组；多年从业经验的户外媒体工作者逾60人。完善的服务流程保证了超出客户期望值的高品质。

为了专业队伍的锻炼，我们不断参加全国范围的各大论坛和大会，如第39届世界广告大会、第一届中国户外广告论坛、第十一届中国广告节等重要的宣传和学习机会，我们的作品还获得了2004年全国青年广告设计大赛的铜奖，为客户的专业广告服务培养好人才队伍，更不断进一步链接优秀的设计公司与策划公司，为客户打造更广泛、更专业的“一站式”品牌服务平台。完善品牌服务理念，为客户的品牌建立打造坚实的后盾，同时也给媒体的品牌奠定了坚实的基础。

创新是发展的源泉

媒体与企业的关系决不是简单的买与卖关系，在广西市场，我们愿意与所有的企业进行战略性合作，在广告形式上创新，在合作方式上创新，不要问我们有什么，而要说出你要什么，我们共同来创造新的机会。除了提供最大价值的户外媒体，还可以根据企业的需求开发其它有价值的媒体，同时保证品质，推行零缺点工作和物超所值的服务，为客户和媒体打造更多的附加价值。

我们通过不断增强自身的核心竞争力来吸引我们的大客户，进一步提升服务品质，在不断的发展过程中挖掘、集聚高速公路户外媒体的能量，不断创新，引进新兴高科技的媒介物、开发服务区、融入现场展示活动、开发高速公路相关设施媒介承载体等，致力于使品牌广告效果与高速公路产生更好的互动。

除了不断打造旗下的媒体平台，从各个方面满足不同层面的消费者，我们还将进一步集合各个媒体平台的优势，联合各媒体让各媒体联动，为客户创造一个更开阔的媒体平台。

（广西南宁综路广告有限公司）

百城千县大会战

——中国广告史上迄今为止规模最大的户外广告代理投放案例

金猴辞岁，金鸡报晓！岁末年初，一场覆盖全国230余城市、1000余县城，规模空前的户外广告投放战役，凌霜踏雪，沐雨追风，跃进长城内外，席卷大江南北。

行业趋势

近年来，越来越多的大型/特大型企业全国户外广告投放业务，由以往交分支机构（分公司、经营部、经销商、代理商）分别开展，转变为委托广告公司（战略合作伙伴）集中统一开展，这是中国市场经济走向成熟、广告资源深度整合与专业化分工的大势所趋。

大禹伟业受理客户大面积多种类（户外）广告代理投放业务与日俱增，其中：

2001年起，大禹伟业成为TCL移动通信全国广告总代理，发起招标组建“全国广告营销二级代理联盟”，3000多家广告公司应标，中标100家。大禹依托自有媒体和“二级代理联盟”，在全国34个大城市当年为客户发布户外广告34块、公交车身170辆、天桥30座，总面积23700平方米以上。

2002年9月至2003年10月，大禹伟业在北京、上海、南京、沈阳、郑州、太原、西安、长沙、武汉、杭州、成都、重庆、石家庄等18城市，为泸州老窖发布户外广告31块，总面积 13765平方米，全部媒体均在单项签约后7至10天内完成设计、制作、安装、发布，出现问题2天内现场处理完毕。

2003年5月，大禹伟业发起创建网上“全国户外广告联盟”，首批入围600余家广告公司，2万余条户外媒体资源信息免费上网；至今已收到近3000家各地广告公司4万余条户外媒体信息。

2004年12月，经过数年间各领域合作与反复考察，TCL王牌彩电委托大禹伟业代理投放其全国户外广告业务，要求在2005年3月完成。

客户背景

创办于1981年的TCL集团，是中国增长最快的工业研发、制造企业之一。主要从事彩电、手机、电话机、个人电脑、空调、冰箱、洗衣机、开关、插座、照明灯具等产品的研、产、销、服务。20世纪90年代以来，连续12年以年均42.65%的速度增长，股票在深圳和香港两地上市。2003年TCL品牌价值为267.12亿元人民币。集团总裁李东生为中共十六大代表、十届全国人大代表，并当选美国《时代周刊》2004年全球最具影响力商界领袖和CCTV2004中国经济年度人物。

TCL王牌彩电是集团六大主导产业中的支柱产业，产销量名列国内市场前茅，产品质量国家免检。2004年1月，中国国家主席胡锦涛、法国总理拉法兰出席成立TCL－汤姆逊合资公司签约仪式，半年后年产1800万台的全球最大彩电企业TTE在深圳开业，一举改变彩电业世界版图。

九十年代初，TCL集团最早在全国创建多媒体电子及家用电器产品营销网络，现拥有国内消费电子行业中规模最大的渠道分销体系，包括5个管理中心、27家分公司、170余家经营部，60余家工作站或办事处，管理15000多家客户，覆盖20000多个销售网点。

投放目标

1、配合TCL集团全球战略的展开，强势树立TCL王牌国际化大品牌形象；

2、适应王牌彩电研发、生产能力的高速增长，全面提升品牌美誉度和新产品认知度；

3、凸显TCL王牌LED、PDP及3C融合的高端产品地位；

4、抓住市场龙头，掀起营销攻势，大力促进王牌各类产品在全国市场的销售；

5、引领电视、报纸、互联网等媒体分波段、分批次投放，扩大到达率，深化广告传播效果。

投放策略

1、区域策略：以北京、上海、广州、深圳为中心；以直辖市、省会及沿海发达城市为重点；以现有销售网点的二、三级城市为基本阵地。

2、区位策略：中心城市选择长期效益能辐射全城的亚顶级口岸；发达城市选择交通干线交汇处附近的钻石口岸；普通城市选择家电卖场集中的黄金口岸。

3、媒体策略：楼顶大牌为主，候车亭为辅，立柱、龙门架、天桥等作为特定补充。

投放模式

1、原有传统模式分权

广告投放作为各地分支机构的个别行为，自主决策，自由计划（报上级备案），自行投放，时机、期限、位置、类型、规格等统统“因地制宜”，成本与业绩挂钩，总部只综合考核业绩，对广告投放“无为而治”。

2、引进代理模式集权

委托广告公司（战略合作伙伴）集中开展。统一调研、计划、设计、资金调度。总部下达任务，审批整体规划及各地定案；广告公司提案并现场考察、实施；各地分支机构现场监督、比较、确认并监控实施效果。

实施步骤

1、第一阶段：整体规划

12月5日周日，TCL王牌彩电下单要求尽快完成全国230余城市2005年度户外广告投放规划。大禹北京公司总经理电话通知媒介部有关人员2小时内集中，部署分工。12月6日早上兄弟公司“援兵”由外地赶到，大禹伟业集团董事长亲自动员部署，1天半600余次长途电话、传真、MSN/QQ/EMAIL热线联系各地联盟广告公司，盲点地区寻找3家以上户外广告公司。12月6日提交省会级以上城市第一套、第二套方案，12月7日提交其余200多城市方案，包括各城市基本经济数据、预算分配、分城市、分档次、分媒体类型户外投放整体规划预案。

2、第二阶段：市场调研

12月3日，TCL王牌彩电通知各地分支机构统计上报本年度户外广告投放情况，提出下一年度户外广告投放建议，委托大禹伟业分别向各地分支机构长途电话提醒催办2至3次，并收集整理反馈资料。12月10日下单各地分支机构和大禹伟业分别展开竞品户外投放情况调查。大禹伟业动员依托全国9家兄弟公司、“户外联盟”合作伙伴和部分客户，通过网上电子表格高效交流，12月14日、17日分别完成并提交一二级和三级城市王牌与竞品户外投放情况，及竞品投放策略分析、成本测算，同时根据各地分支机构的建议和竞品情况，对规划预案作出相应调整、补充。

3、第三阶段：现场实施

2005年1月10日，TCL王牌彩电总部广告宣传部专员到北京大禹坐镇协调，大禹伟业各兄弟公司抽调精兵强将20余人，组成5个项目组分赴全国各地，从冰天雪地的北方到风雨交加的南国，与客户当地分公司、经营部、办事处领导共同现场考察、验证、对比、定案，落实一手媒体主，审核其公司资质和媒体审批手续，谈判并草签意向书，分批集中报客户总部审批后签订正式合同，按统一设计稿分别喷绘发布。媒介部门通过手机漫游、短信、互联网页等多种手段及时提供信息保障，分类收集整理媒体资料、客户确认书、意向书、合同等等，随时掌握工作进程并呈报客户总部……春节前短短3周有条不紊完成130余个城市，节后复出2周左右收兵，3月10日正式合同全面完成并相继投放。

230余城市全面发布后，全国1000余县城即将完成规划并展开实施。

实施效果

“百城千县大会战” 的实施速度、点位选择、媒体性价比、整体成本、风险控制等各方面均得到客户的充分肯定。

效率源于定位原有传统模式中，下单的总部与走单的分支机构形成后方与前线的关系；全面代理模式中，下单的总部与走单的广告公司换位成甲方与乙方的关系。不同的定位带来完全不同的运作结果：

投放一体化：化零为整，化繁为简，化散为齐，化乱为治。形象、声势、步调全面体现整合力度最大化，有效避免主观臆断、人情冷暖、争规模、争预算等干扰因素和“胡子工程”、“游击工程”、“夕阳工程”现象。

分工专业化：企业分支机构集中精力经营销售，广告公司依靠专业眼光（全面评估各类型媒体特点、目标受众及城市经济、商贸、交通状况）、专业技能（计划、设计、提案、报批、制作、安装、投放、验收、监控、维护等系列化知识和经验）、专业渠道（与有关政府机构、广告界上下游及合作伙伴的良好关系网络）、专业积累（长期业务活动沉淀、筛选、整理而形成的丰富的媒体资源、价格体系、合作伙伴、提案标准模板、图文表格资料库）、专业议价（依靠代理多家企业，集中形成巨大投放批量，从而最大限度赢得折扣，甚至比客户直接找媒体主尤其集团性、区域性、网络性媒体主价格更低）投放广告，扬长避短，趋利避害。

成本透明化：企业最担心代理增加成本，代理公司最担心企业过河拆桥。通过高层签约战略合作，代理公司和企业各地分支机构分头搜索资源，找出性价比最佳媒体（或投放渠道），交由代理公司实施。以合同约定的代理费用，取代企业分支机构非专业化操作、多头操作、重复甚至暗箱操作的非专项（隐性）开支，以及衍生的是非恩怨、专业错位、人力物力精力分散……成本透明见底，支付放心。

监控多元化：自主投放并单头监控投放效果，容易导致“歌舞升平”；企业分支机构和代理公司双向监控，无疑更加客观、实际。

流程规范化：严格规范的操作流程从机制上保证了企业和代理公司水平协调、立体合作，实现效益最大化。

经验体会

户外广告大面积整合代理投放，对广告公司提出了新的挑战。

资源整合能力：户外媒体基本特点是分散性，80%以上的媒体资源掌握在90%以上的中小广告公司手中，集中度非常低下，性价可比性不强，必须依靠长期积累、掌握大量资源，包括媒体口岸、规格、档次、价格、上刊时间、媒体主等，才能去粗取精，去伪存真，由此及彼，由表及里，实现快速高效。

风险控制能力：户外媒体较之于其它媒体的重要特点是不确定性，政府规划整治拆除拍卖导致媒体资源和媒体主命运风雨飘摇，中小城市尤为严重。必须充分了解各地政策动向，把握必要政府资源，严格审核媒体主资质和媒体报批手续，严格规范合同，落实补救方案，才能为客户有效规避风险。

双向沟通能力：客户和媒体主分别是代理公司的甲方和乙方。甲方是一个庞大而复杂的有机体，总部领导、各有关部门、各地各级分支机构，分别有各自的目标、意见、依据和工作程序、思维定式；乙方是无数一手或二、三手媒体主群体，因区域、规模、实力、经历、性格、素质不同而千差万别。必须针对不同对象，集约形成系统化的对接渠道、规范化的工作流程和标准化的图文数据表格文本，纵横交错提供给不同的业务单元，严格有序随机应变，才能将差错、失误、冲突几率降至最低并及时有效加以补救。

现场实施能力：天地大战，决胜终端。所有的方案、规划、计划，最终都必须到现场去落实。这是任何办公室作业替代不了的。实践证明：由于口岸、价格、发布期、媒体主和媒体审批手续、客户当地分支机构意见等各方面原因，预选媒体70%以上需在现场改换变更，近100%在现场调整价格、商洽合同条款。现场实施直接体现为人的户外媒介专业能力、与有关各方的沟通协调经验，廉洁奉公的职业道德，以及单兵作战、连续突击、吃苦耐劳的敬业精神。

（大禹伟业媒介部　刘奥南）

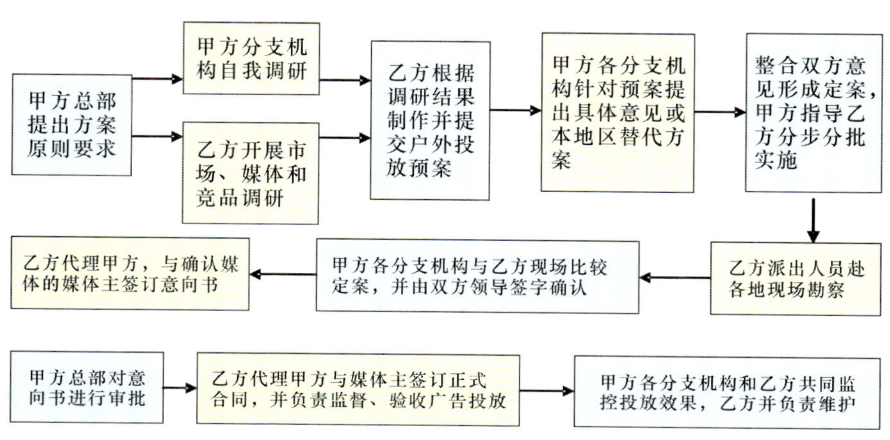

传神立意
户外话语的主宰传播

传立媒体-Portland:

传立媒体———一个充满活力的团队,融合中国本土的实践智慧和全球的卓越经验,辅之以无止境的想象,致力于不断的传承与启迪,它于1997年11月由智威汤逊和奥美这两大世界知名广告代理公司的媒介购买和策划部门合并而成,专业热忱地为国际国内客户提供全方位的媒介服务,包括媒介策划、购买、调研、电视制作包装、数字化媒体咨询等,其倡导的公司精神是正直、可靠、热情、洞察力和想象力。

Portland(宝林广告公司)是传立媒体的姊妹公司,在户外媒体的选择和投放中大胆创新,不拘一格,用最酷最炫的户外传播样式吸引受众的眼球,传神立意形式独特,使户外的视觉震撼能穿越空间突破时间,在特定时空环境中主宰户外受众的话语中心,真正实现户外广告传播的实效价值。

例一:沸腾的户外

为了加深统一"来一桶"品牌在南京地区受众中的品牌形象,向目标消费者传递统一品牌新包装的信息,更好地巩固品牌形象,提高品牌知名度,北京宝林广告公司度身定做了城区立体户外广告牌,首次在南京主要商业街推出,效果甚佳,影响致远。

本次在南京的户外广告发布形式是户外异型大型广告位展示,以传统户外媒体为载体,在充分考虑传统户外媒体本身优势的前提下结合新理念,大胆创新,在制作工艺和理念上不断挖掘,塑造出与众不同的户外广告样式,在2004年底宝林广告公司掀起了户外媒体革命性的变化。台湾学者樊志育给户外广告的定义为"户外广告是在户外特定场所,以不特定多数为对象在一定的时期内持续提供视觉传达沟通的广告物",在为客户的创意中我们充分考虑了户外广告的自身特点,核心创意集中在以下两点:

(1)超大形式的实物展示:

本次户外广告的视觉信息传达不仅是平面的,而且是以统一"来一桶"牛肉面的实物放大作为中心诉求点,立体视觉冲击强烈,非常形象直观地推出品牌新包装,真正实现实物展示的最佳冲击力。

(2)独特的喷雾效果:

本次户外广告投放从技术创新角度出发,在传统的媒体上展现新意,通过制作工艺和理念上的创新,用干冰等工艺制作出独特的喷雾效果,其特别的形式自然达到非常显著广告传播效果,该广告牌使产品产生了鹤立鸡群的效果。

(3)宝林广告公司在对户外媒体的选择有自己的标准和方式,树立了独特的选择方式,下表是对南京户外大牌的评估结果：

评估指标	分级	A	B	C	D	合计
位置	24	综合性商业区	单一商业区，主干道	专业市场	其他	18
		24	18	12	6	
朝向	16	正对	主要受众视线偏离不超过15°	主要受众视线偏离不超过45°	主要受众视线偏离不超过75以上	15
		20	15	10	5	
视距	12	>500米	300米-499米	150米-299米	<150米	4
		12	8	4	0	
政策稳定性	12	固定	一年一变	一年二变	不确定	8
		12	8	4	0	
遮挡	12	无任何遮挡	轻微遮挡，不影响画面	<1/4遮挡	>1/4遮挡	8
		12	8	4	0	
照明	12	常年亮灯>4小时	常年亮灯 3小时	亮灯时间不确定	无照明	12
		12	8	4	0	
背景	12	完全单一	单一	轻微杂乱，无影响	杂乱，有影响	8
		12	8	4	0	
	100				合计：	73

通过事后调查其结果显示，“来一桶”立体广告牌广告的总体回忆率很高，超过了九成，成功地吸引了大多数受众的注意力，特别是对产品的目标消费群--年轻消费者。

>85	购买
70 - 84	推荐购买
65 - 69	不推荐
<64	不用考虑

这个位于南京市今生有约影楼楼顶的统一方便面独特的户外广告，从2004年12月3日推出起就让受众有一种眼前一亮的感觉，其产品形象也产生了鹤立鸡群的效果，它向人们展示出了新的户外理念，宝林广告公司在这个案例中更是掀起了户外媒体革命性的变化，即在充分考虑传统户外媒体优势的前提下，结合新理念，塑造出与众不同广告形式，这成了户外广告发展的新方向，也成为更能吸引众眼球和主宰受众户外话语的优势传播，波林·罗斯诺认为“话语”是“所有被书写被言说及所有引起对话或交谈的东西”，宝林广告公司独特的户外传播理念使统一品牌在这一特定时空下成为话语的核心。

媒体回响：2004年12月3日，作为江苏地区第一大报纸的《扬子晚报》在头版1/4下方位置突出地报导了这则“沸腾了”的户外广告，媒体联动扩大了户外广告的影响，独特的户外广告在建立品牌和传递市场信息方面体现了其独有的影响力。

宝林广告公司的实践充分说明了创新是户外广告业的核心竞争力，一目了然是户外广告的创意最高准则，真正实现了客户户外传播的实效价值。

案例二：德芙纵情新年夜，倒计时活动

背景：

1、德芙巧克力获得了2005年1月1日在上海的最壮观的户外展示机会。

2、震旦国际大厦上的真彩电子显示屏成为全球最大的新年倒计时屏幕。

3、德芙希望在新年活动中借助户外媒体的优势来提升品牌意识和知名度，并在上海创造一个典范。

目标：

—宣布德芙新年倒计时活动是中国有史以来规模最大的一次活动

—会后吸引上海媒体关注

—增强德芙品牌与上海媒体的关系，以准备次年的新年活动

—增强德芙与商业伙伴的关系

户外媒体场所：

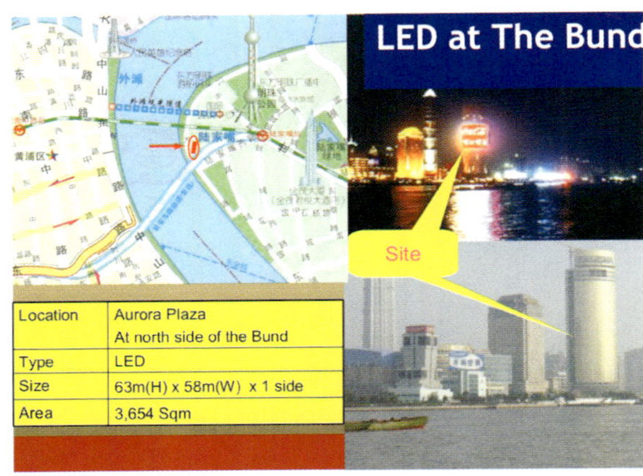

主题：

——德芙新年倒计时活动

关键信息：

•德芙新年倒计时活动是中国有史以来规模最大的一次活动

•德芙提供上海人民一次在新年纵情狂欢的机会

•德芙带给上海新年文化，并在外滩带给上海另一种情调

记者与来宾参与：

•记者：共27家媒体

•商业来宾：超过80人

地点：

上海外滩的Third Degree Music Lounge @

节目：

□10:30-10:35 来宾登记
司仪开场

□10:35-10:45 德芙总裁致欢迎词和新年致词

□10:45-11:30 社交和派对时间
娱乐表演
现场演奏
魔术表演
德芙游戏
德芙测试
免费露台照相和打印

□11:30-11:50 幸运抽奖

□11:50-12:00 新年倒计时

□12:15 派对结束

来宾正在欢唱:

德芙寻找伙伴游戏:

德芙冰雕:

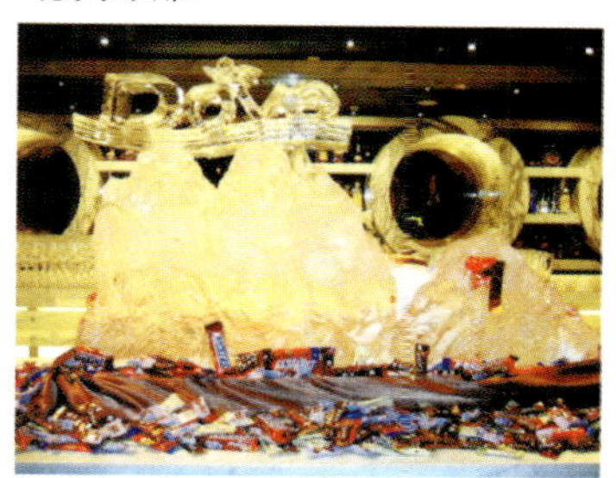

司仪开场:

魔术表演:

德芙新年倒计数瞬间:

德芙总裁致词:

德芙测试:

德芙电视采访:

现场演奏:

派对进行中:

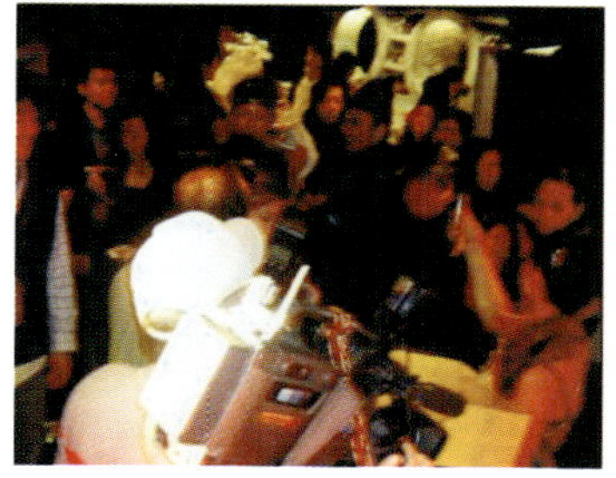

新闻报导:

•全方位推动，造成德芙在上海和目标市场——北京的轰动效应

•由于预先造势和活动本身的新闻性，报纸，流行网站和电视等许多媒体在新闻中报道了这一盛况

•估计在活动前、活动中和活动后，在上海产生了一百万至一百五十万的媒体印象

•“口碑效应”进一步提升了德芙品牌意识和知名度

在上海举行的德芙巧克力新年倒计时活动对户外广告行业产生了巨大影响。这给户外广告带来的重要启示：单一的广告牌并不是户外广告。为了获得最有效的影响力，混合式结合对户外媒体非常重要。

新闻报道汇总—— 活动当天:

序号	区域	媒体名称（中文）	时间	刊出篇幅	备注
已经刊出的媒体					
1	全国	上海在线	2005-1-1	816字+图片	http://happy.online.sh.cn/happy/gb/content/2005-01/01/content_1065418.htm
2	上海	青年报	2005-1-1	840字	已经收到样报
3	上海	东方早报	2005-1-1	1500字	已经收到样报
4	上海	文汇报	2005-1-1	760字+图片	已经收到样报
5	上海	新闻晨报	2005-1-1	940字+图片	已经收到样报
6	上海	新民晚报	2005-1-1	420字	已经收到样报
7	上海	新民晚报	2005-1-1	540字+图片	已经收到样报
8	上海	新闻晚报	2005-1-1	300字左右	未收到样报
9	上海	上海电视台《今日印象》	1月1日21：00首播； 1月2日7：30&11：30重播	2分钟	未收到样带
10	上海	上海电视台《完全生活》	1月1日18：30首播； 1月2日7：00&12：00重播	2分钟	未收到样带
11	上海	东方卫视《商贸周刊》	1月1日19：00首播； 1月3日20：00重播	1分钟	未收到样带
12	上海	上海日报	2005-1-1	100字	已经收到样报
13	全国	中国新闻社	2005-1-2	511字	http://www.chinanews.com.cn/news/2004/2005-01-02/26/523652.shtml
14	全国	搜狐网	2005-1-3	847字+图片	http://sh.sohu.com/huigu/index1.html/http://sh.sohu.com/20050103/n223762327.shtml
15	全国	新浪网	2005-1-4	839字+图片	http://sh.sina.com.cn/local/yhzn/wanjia2752.html/http://sh.sina.com.cn/
16	全国	网易	2005-1-4	869字+图片	http://sh.163.com/2005w01/12787/2005w01_1104802120216.html
17	上海	上海星期三	2005-1-4	500字左右 +图片	未收到样报
预计刊出的媒体					
18	全国	新华社	2005-1-6	700字左右	

（传立媒体 胡朝阳）

美国职业篮球赛

——中国北京站表演赛推广活动

背景

▪为提高中国对美国职业篮球的认识及加强美国职业篮球赛在中国的欢迎程度、影响力及商机，美国职业篮球协会组织决定在中国组织一次表演赛

▪共2个站，包括上海及北京站

-2004年10月14日（上海）及17日（北京）

▪包括中国篮球明星“姚明”的火箭队及国王2队

-CCTV5 及STV直播

广告要求

除TV及报刊外，户外广告在全面的广告推广策略中是一个非常重要的一环

▪主要由于这是一个年轻人的体育活动而年轻人是经常在户外的活动确认时间比较匆促，需要尽所能把这个活动的消息在最快的限度发报出去，场地需要足够形象支持

▪时间十分紧

▪预算非常低

▪仅仅做短期

广告策略

▪于北京主要路段设置短期但冲击力大的户外广告

-短期

-有限预算

-困难：户外标准是不接受短期发布，好的位置也已全售出以，没有档期可用

▪在东3环与长安街相交位置，中国大饭店侧面大墙面做短期（2日）广告

▪比赛场馆大型广告牌(一个月）

▪机场到达厅“易拉宝”广告（4日）

（北京天空海阔广告有限公司）

户外广告：为昆明卖好“春天”

——论昆明城市旅游形象广告中户外广告整合战略的成功

美国杜克大学富奎商学院的Kecin Lane Keller教授在《战略品牌管理》书中这样说，像产品和人一样，地理位置或某一空间区域也可以成为品牌。中国城市商业化进程是城市品牌战略的基础。如今，现代社会人口的广泛流动和商业活动的全球性，特别是旅游对各地经济的影响，让人们已经不再把城市仅仅看作是一个行政区域，而是把它视为具有丰富经济内涵的特殊商品。这就使城市通过品牌化方式来经营，通过营销手段有机地在各个目标市场上实现最广泛的传播。

在深思熟虑之后，我们将春城昆明单一而精准地定位为“昆明天天是春天”，我们又在“昆明”城市形象品牌化传播中，希望通过战略的手段让目标受众了解和知道“春城”，使人们对“春天”的联想与这个城市的存在自然联系在一起。并通过策划及传播在每一个目标受众的心中种下向往“春天”，向往“昆明”的种子。

经过实践，我们采用步步推进的品牌推广策略，从城市创意主题到创意形式，到影视广告片，把一个让人憧憬的“春天”城市内涵在四季里诠释得淋漓尽致。而户外广告则在2002年，四季主题的户外广告传播实现了与影视广告片的创新整合，为昆明城市形象的“卖好”推广起到了长期的推波助澜的关键作用。

步步推进的品牌推广策略

开始接手昆明城市旅游形象宣传案例的时候，我们在就通过理性的分析与坚持制定了步步推进的品牌推广策略，这是长远的一种理性的分析与坚持。我们最终实现的是把重塑昆明城市品牌定位和城市旅游发展紧紧扣在一起，让人们在新的定位里感受到昆明的新形象、新活力。

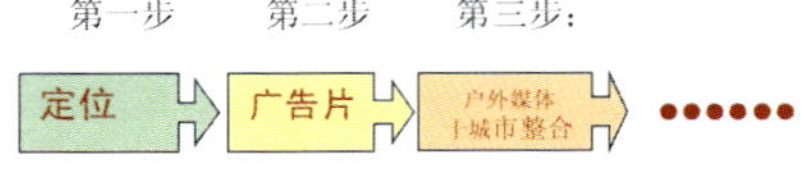

第一步：准确的城市形象定位——昆明天天是春天

城市品牌的定位与旅游业的发展是一条无法分离的、完整的生命线。我们把定位视为昆明城市品牌传播的起点，就是要在人们心中首先赢得潜在的有利地位。而这个定位必须是鲜明独特的，才能激发人们的情感，具有说服的威力。

“独特”到底是什么呢？是能引起口语传播的元素，是附着于城市的一种概念。我们策略组的伙伴们深刻理解，对于昆明来说，发现自身城市品牌的价值存在，就

是实力，是城市的风格与个性。

2000年前的昆明，说起来有很多特点，但细细玩味，却似乎并没有特别与众不同的特点来吸引游客。桂林有山川秀丽，西安有历史文化古迹、黄山有山高路险，苏州有庭院楼阁，广州有繁花似锦，怎样才能在定位中凸现昆明的特点呢？为了能准确定位，我们经过长时间的脑力激荡，从每一个细节里去挖掘，总结出昆明的21个特点。可作为专业的传媒公司，我们深知受众的心智空间喜欢的是简洁易懂的定位。城市定位凝聚和体现着城市的功能、理念、整体价值取向以及由内向外的辐射力和由外向内的吸引力。在一再删减之后，我们在精选出的8个特点中最终将昆明的定位敲定为“春天”。

昆明地处云贵高原中部，市中心海拔1,891米。南濒滇池，三面环山，“城枕群山廓面湖，山川风景堪画图”。属于低纬度高原山地季风气候，由于受印度洋西南暖湿气流的影响，日照长、霜期短、年平均气温15度。由于特殊的地理位置和自然环境，使昆明成为一个“冬无严寒、夏无酷暑”、“四季如春”的富饶美丽的城市，植物四季常青，百花常年盛开。“天气常如二三月，花枝不断四时春”正是这极负盛名的“春城”的写照。昆明是自然景观和人文景观的荟萃之地，也是集自然风光和民族风情为一体的多功能的四季皆宜的旅游胜地。我们抓住昆明特点中单一而精准的一个点，把它做到最有震撼力。最终形成的“昆明天天是春天”的特点，这是别的城市无法比及的，同时又让任何人都可以记住的关键点。这是来源于生活，而又高于生活的定位。它引导旅客对具有蓬勃生机的“春天”产生流连与向往的情感，有的放矢，简洁深刻，深刻诠释出了“春”的内涵。

“昆明天天是春天”让昆明这一座城市在选择一个新定位时，又体验了一次生命的诞生。

第二步：昆明城市形象广告片的推出

品牌推广策略要做到的是让游客看到昆明城市形象诉求的主题，能由感而发地感受到那是“春天”的代名词。为了流畅、简练、准确地向游客传递在昆明每一个季节都是春天的主题，我们拍摄了昆明旅游城市广告片“昆明天天是春天”，在片中人们在春天的色彩里，随着具有民族风情、轻快的旋律找到激情与热烈，傣族少女在泼水节泼撒出欢乐和喜悦感受到一个热情而让人向往的城市。该电视广告片获中国首届国际影视大奖赛十大广告奖。它的播出，对打造品牌起到了关键性的作用。

第三步：户外广告的整合推广

一、四季分明的创意主题延伸

而要进一步增强城市吸引力，最终实现销售上的提升，我们选择用户外广告来配合影视广告发布，我们创意户外广告的画面时，将主题确定为“春、夏、秋、冬”四个篇章，其画面整体创意思路是连续的，在相同的创意布局下，不同的背景画面里用简练的创意手法展现出春天与四季强烈对比。

春之赛装。在全国还是春寒料峭、积雪消融的时候，春天的昆明早已是繁花似锦。一句“今年春天哪里去，春城昆明赛装去。”引发人们心中一种冲动，想穿上艳丽的衣裙，到花丛中去与鲜花比美。

夏之避暑。在夏季，其它城市热得地面像着了火一样，昆明却是喜人的凉爽。于是“今年夏天哪里去，春城昆明避暑去”，就让昆明成为了人们旅游时的最佳选择。

秋之约会。秋季，收获的季节。在其它城市收获累累硕果时，也不得不面对残花落叶，满目凋零。而在昆明，春天的身影依旧在触动年轻的心，这个季节只做一件事，那就是“今年秋天哪里去，春城昆明约会去。”

冬之看花。寒风刺骨，白雪皑皑的冬季里，人们都卷缩在屋里，很多城市已没有了平日里的生气。而昆明是碧水依然、绿树丛生，那在其它城市里难得一见的鲜花争相开放着，谁说这个季节不能去旅游，“今年冬天哪里去，春城昆明看花去”，

四个具有标志意义篇章与“昆明天天是春天”的广告语形成呼应，激发出人们在不同的季节里都对“春天”的充满了幻想，对“春城昆明”的充满向往。

二、十城市整合媒体发布

1、线上线下的媒体呼应。

随着现代社会经济繁荣，人们的生活方式已经改变，更多地滞留在户外。我们选择户外广告作为影视广告配合传播的载体，是因为人们在户内可以收看电视，而走出家门，就能接触到户外广告。而作为旅游城市的宣传，目标受众更会常常涉足于户外。这是一种从“线上”至“线下”的互补性媒体传播形式组合，它连续性地传播“春天”的信息，以简洁、清晰的画面抢占目标受众的心智空间，让户外广告引发目标受众的情感共鸣，最终激发出他们的消费欲望。

2、画内画外的情感激发

我们采用分季节的发布组合形式，在每一个季节提前到来时，不同的画面里，展现出一个永远拥有春天的城市。目的是使游客在画外不同的季节里都能看到春天永驻的昆明，从而更深地引发游客对“春”的向往，使得昆明的印象更加深入人心，从而激发目标游客到昆明旅游的愿望。

3、户外媒体形式的确定。

不同的户外媒体，配合不同的表现风格和特点，创造性地加以利用，整合各种媒体的优势，才能达到既有利于旅游宣传又有利于城市品牌建设的目的。

机场是出行、出游人士必经之地。由于中国的机场与城市一般都有一定距离，其附近的“单立柱”广告，具有相对区域“唯一”的特点，同时干扰度小，可视角度较大，视野开阔，而且机场附近人流量大，人流“品质”高，其传播覆盖区域大，因此它成为了昆明旅游形象户外传播形式的首选。

为了配合机场“单立柱”广告的传播，城市中心商业区中的“大户外”也被纳入了传播形式选择之中。因为这类媒体处于商业密集区域，人流量大而集中，加上媒体离地高度适中，即使受众在行走或驾车中都能强烈地感受到“春城”带来的视觉冲击力。

4、十城市的媒体整合。

在选择户外媒体发布城市时，风驰传媒着力对2000年到昆明旅游的客源进行过详细分析，通过对目标客源所在城市，和他们的消费能力、到昆明的成本以及旅游兴趣及喜好的分析，找到目标客源，到他们出现的地方去传播，这就是风驰制定品牌传播通路的关键所在。

最终，人们看到无论是在北京人潮拥挤的王府井、上海中山南路、大连友好广场、杭州火车站的“大户外”上，或在途经深圳机场必经的布吉检查站、西安咸阳机场高速路、桂林机场和青岛流亭机场收费站、以及昆明机场路附近的“单立柱”上，都出现了昆明城市形象宣传的户外媒体。

这种整合媒体的传播方式，为今后不断强化昆明旅游城市形象，提高全国的知名度、美誉度，加强城市品牌的塑造起到了积极、不可替代的作用。

用事实论证结果

世界上居然有一个能够天天享受春天的城市。这个春天永驻的城市能够迷倒亿万观众吗？随着传播的不断深入，“春城昆明”被频频报道，效果也越来越明显。如今，只要搜索“昆明天天是春天”这个关键词，就可在网络上查询到超过19000条的信息。

在中国广播电视协会、中国广告协会、中国市长协会等组织联合主办“2004中国•国际形象片展”中，《昆明天天是春天》还荣获了魅力城市形象奖金奖。

昆明市旅游局局长王光华在接受记者采访时欣然谈起“从2000年在中央电视台全国第一家打出了‘昆明天天是春天’的旅游城市形象广告以后，2002年，我们又推出了‘昆明天天是春天’的四季主题”，户外广告引发的旅游热潮至今还长久地产生着影响。

在《新华网》云南频道报导中，这样写到：“昆明名片”效应——从‘昆明天天是春天”的城市形象广告开始，昆明市高度重视城市旅游形象的品牌宣传和城市营销，增强了城市品牌的竞争力，强化了昆明旅游目的地和集散地功能，扩大了昆明旅游的客源市场。

昆明旅游在2001至2004年上半年共接待国内旅游者人数、接待旅游者总人数、国内旅游收入和旅游总收入获得全线突破，四项指标超过了整个“九五”期间五年的累计总和。据有关部门统计，2000至2004年，昆明市累计接待海外旅游者273.08万人次，旅游外汇收入7.2亿美元，接待国内旅游者8195.77万人次，国内旅游收入580.06亿元，旅游总收入639.99亿元。

《中国旅游报》谈到“从‘昆明天天是春天’开始，一批昆明市政府官员，把城市营销的工作做得一次比一次声势浩大。”《赢周刊》报道：“昆明天天是春天。在假日市场越来越火的背景下，国内一些先知先觉的地方已开展做城市广告，昆明显得最为突出。”《云南日报》说到：“昆明就有一句‘昆明天天是春天’深入人心，比‘春城无处不飞花’内涵还更深厚、贴切。”在《合肥晚报》报道中，记者还深情地描绘“三九天里最向往的自然是春天，一句‘昆明天天是春天’，让我的目光再也移不开”。新颖的户外广告发布方式和创意表现的整合，实现了广告信息诉求明确，广告效果显著目的。它利用户外广告的“受关注度”使昆明的城市品牌获得了很大的提升，在受众心中留下了“春城”昆明的印象。

城市品牌对城市经济的发展起到了巨大的作用。在全球经济一体化的进程中，品牌在经济发展中的作用日益显现出来，城市也逐渐被纳入到经营的范畴，城市品牌的地位也越发重要。

（TOM户外传媒集团）

权威热力 点燃营销火炬
——安利营销战略

权威总是所有广告都很想借用的终极号召力，对于广大商家来说，运用好权威的威慑力为自己的产品服务是一种实惠的它为我用精神。

在这样一种背景下，各界大腕纷纷走出银幕，呼吁这方面号召那方面，只是专业领域的权威毕竟只能影响到一个特定的族群，而雅典奥运是一件世界瞩目的体育盛事，也是一个覆盖面不分任何族群的焦点权威型事件，于是如何掌握好奥运的权威性、覆盖性进行品牌提升成为了2004年的一个商家关注的焦点。

首先安利采用体育营销是绝非偶然，安利“运动+健康”品牌形象已经深入人心，与奥运会具有很融合的接合点，而且安利与奥运已经结下了不解的情缘，继奥运冠军、“跳水皇后”伏明霞成为安利纽崔莱的形象代言人后，奥运冠军、新一代“跳水王子”田亮又成为安利纽崔莱的第二位形象代言人，这些都为安利2004奥运营销的取得成功打下了坚实的基础。

其次安利一贯热情支持中国的奥运事业，通过雅典奥运营销，安利是希望在大力支持中国体育事业的同时，向广大大众倡导一个“健康+运动”的理念，借此机会引导更多的人去追求健康和活力，最终让奥运精神和安利的品牌文化形成共鸣。

安利的组合营销策略
——采用创新的户外媒体作为突破性的辅助

（一）单一传统媒体覆盖有限，媒体组合产生1+1>2的广告效应

如果认为奥运营销就是在奥运期间在电视或者报纸媒体上面吆喝几句就能达到营销目的的话，那就大错特错了，这样只能是让巨额的广告费用打个水漂就不见了，无法看到营销的效果。

随着媒体市场化程度的加剧，媒体之间的竞争也日趋激烈，在体育营销中只采用单一的传统媒体来展开宣传已经不能完全满足企业品牌传播的需要，多形式、多内容的整合传播逐渐成为体育营销中的首选。

由于每种媒体各有利弊，采用组合方式就能够取长补短，相得益彰，用两种以上的广告媒体来传播同一广告内容，对受众而言，其广告效果是相辅相成的。同时每种媒体都有各自覆盖范围的局限性，采用组合方式可以增加广告传播的广度，延伸广告覆盖面。使用媒体组合还可以增加广告受众的数量，增加广告传播的深度，相对地增高受众对产品的注意度、记忆度和理解度，产生一种综合立体效应感。

电视、网站是体育营销经常采用的媒体方式，因为这两种媒体可以将体育盛事的实时状况传递给大众，但是这两种媒体都具有一定的局限性，电视的受众主要是一部份在电视机前的观众，网站的受众是针对上网的一小部分人，报纸媒体是一种可以覆盖到广大受众的媒体，也是大众比较容易接触到的媒体，但是该媒体的时效性并不能满足体育营销的要求。

（二）奥运期间，安利的广告宣传策略

在经过深入的对比之后，安利针对不同的媒体特征在不同的媒体上发布媒体组合的广告宣传活动。安利在选择电视、报纸、网站等多种传统的大众媒体进行广告宣传的同时，还创新性地选择户外候车亭作为该次体育营销活动中的突破性媒体的辅助及补充，不仅可以满足不是电视和网站受众那部分人的需求，同时还将时效性的概念带到了户外，赶在各种报纸登载奥运信息之前，将最新的奥运信息传递给大众。

▪电视----传统的覆盖

安利在奥运期间播放的广告片采用广为人知的纽崔莱“专注篇”广告的基础元素制作而成，同是发布有关纽崔莱赞助2004年奥运会中国体育代表团的有关信息，该电视广告在中央电视台和各大城市电视台的黄金时段播出。

▪网站---讯息的传递

安利与Tom.com联手成立了《追梦雅典》的专题站点(http://amway.tom.com/zhuimengyadian)以及田亮专题站点(http://amway.tom.com/tianliang)，在奥运前期和奥运期间以多种形式传递奥运最新相关讯息。

▪户外候车亭

创新媒体取得突破性的广告效果

与此同时，安利大胆地在白马创新户外候车亭媒体网络上发起了一系列的“看奥运，看安利”广告发布，作为该次营销活动的突破性媒体，为了更好地研究此次安利广告发布活动的效果，白马户外特别委托了华南国际市场调查公司对整个广告发布进行跟踪和调查。

第一阶段: 在奥运开始的前一个月，安利在全国6个主要城市里面发布预祝海报，预祝中国运动健儿在奥运上的金牌数目超过28块，大大激发了受众对奥运的激情。

第二阶段: 在奥运期间，无论是男女老少，最关心的奥运会看点都是聚焦于金牌数量。中国健儿在奥运会上所取得的成绩将会是大家竞相讨论的热门话题，这也就成为安利这次在户外营销上的重要突破口。

在奥运期间，安利在全国三大城市的白马候车亭上发布实时电子金牌榜和100块平面形式的广告牌，电子金牌榜在每天早上（雅典时间晚上比赛结束），下午（雅典时间上午比赛结束）及晚上（雅典时间下午比赛结束）三次实时更新，从而赶在各种报纸登载最新奥运信息之前，将中国队获得的金牌数、奖牌数和排名名次等信息有效地传递给大众，让身在户外的行人及时获悉中国队的夺金喜讯，带给受众实实在在的好处。

在整个营销过程中，安利在候车亭上的发布可以说是中国户外媒体应用上的一次创意突破，也是第一次采用户外媒体跟踪一宗体育盛事，并且在户外实时报道中国在奥运会上的奖牌信息，这不仅仅是对户外候车亭老大——白马的执行力的挑战，而且也是对整个户外媒体的挑战。

安利候车亭广告效果分析

第一阶段

从跟踪调查的结果来看，有近一半的受众注意到了安利的预祝广告，其中有66%的受众认为“安利预祝广告激发了他们对中国代表队在奥运会上表现的关注，并明确表示会跟踪中国奥运健儿在奥运期间的表现。

第二阶段

在奥运进行前一天，安利奥运宣传广告在广州，上海、北京三大城市同时上画，白马户外的高效执行力以及完善的全国运营体系的配合是该次广告活动发布成功的硬件保证。

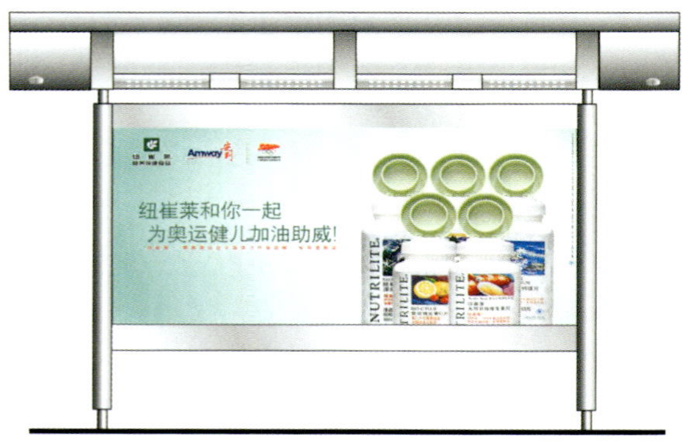

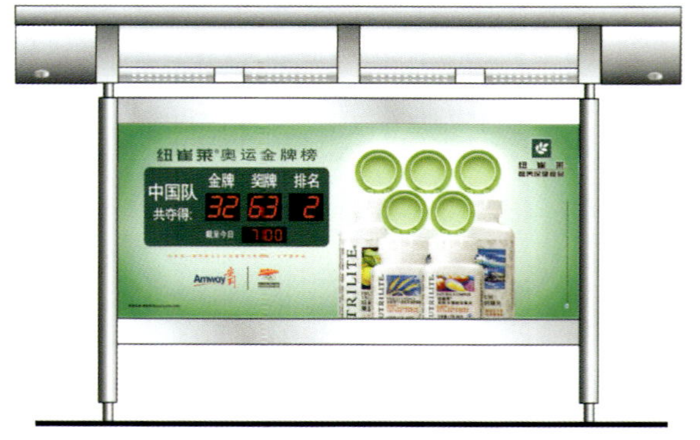

▪高覆盖，高到达

安利户外宣传海报（包括平面和实时更新金牌榜）活动覆盖了中国三大主要城市，非常成功地到达了这些城市里的普罗大众，有近6成的被访者表示他们对安利该次的奥运宣传活动留下了深刻的印象。

▪实时更新的金牌榜比平面形式更能吸引广大受众的眼球

在看过安利金牌榜和平面宣传广告的受众中，超过8成的受众认为实时更新的金牌榜更能吸引他们的注意力，大部分的受众认为实时更新的安利金牌榜的广告效果远远胜于平面形式的效果。

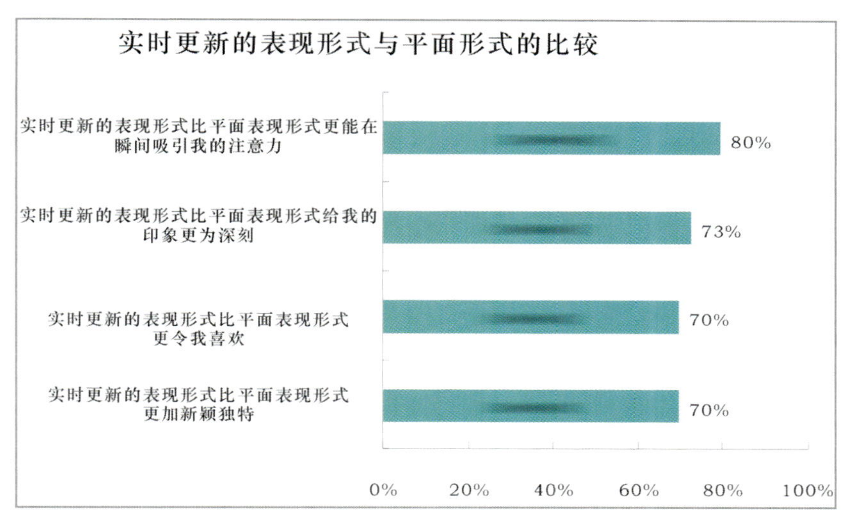

▪时效性

高时效性是安利户外奥运金牌榜的一大亮点。在奥运期间，北京、上海、广州的金牌榜在每天早上7点、下午5点及晚上9点通过无线遥控器进行三次实时更新，不间断地、准确地将中国奥运健儿夺得奖牌的最新消息及时传递给大众，信息传播速度比报纸快了至少6个小时，成为奥运期间及时了解奥运动态的重要媒介载体之一，特别是在早上和下午下班的时候，安利户外候车亭金牌榜让身在户外的受众也可以及时了解到中国奥运健儿的最新战绩。

调查结果表明，虽然安利此次的广告投放量并不大，但由于采用了创新的广告发布形式，高达6 成的受众关注到了安利奥运金牌榜，这就充分说明这种实时报道的媒体创新候车亭广告发布方式能非常有效地吸引受众的眼球。

▪媒体的互补性

在奥运期间，候车亭灯箱“奥运金牌榜”成为电视、报纸、互联网等媒体的非常有效的补充。从下图可以看到，候车亭与其他媒体特别是电视具有非常强的互补性，有一半看过安利候车亭奥运宣传广告的受众并没有看过相关的电视宣传广告，其中有8%的受众是从候车亭单一媒体上获知奥运金牌的信息，相对来说，其他媒体如报纸，网络与电视媒体就具有较高的重合性，绝大部分看过报纸相关宣传广告的受众都看过电视广告，几乎所有看过网络广告的受众都看过电视广告。

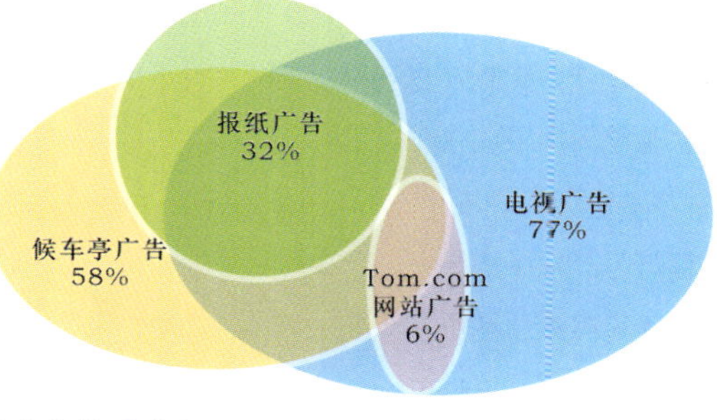

▪清晰、深刻的品牌认知

经过在候车亭上长达30天的金牌榜广告发布后，安利在目标受众中的品牌形象出现质的提高，特别是对安利所倡导的“营养+运动+健康”概念和“营养、保健双效合一方面，给目标受众留下了非常清晰、深刻的印象。

▪影响受众的产品购买行为

在看过安利奥运金牌榜的受众当中，有近三分之一（31%）的受众表示安利已经成为了他们下一次购买保健品时的首选品牌，但在没有看过安利奥运金牌榜的受众，只有五分之一的受众会将安利作为下次购买保健品时的首选品牌。

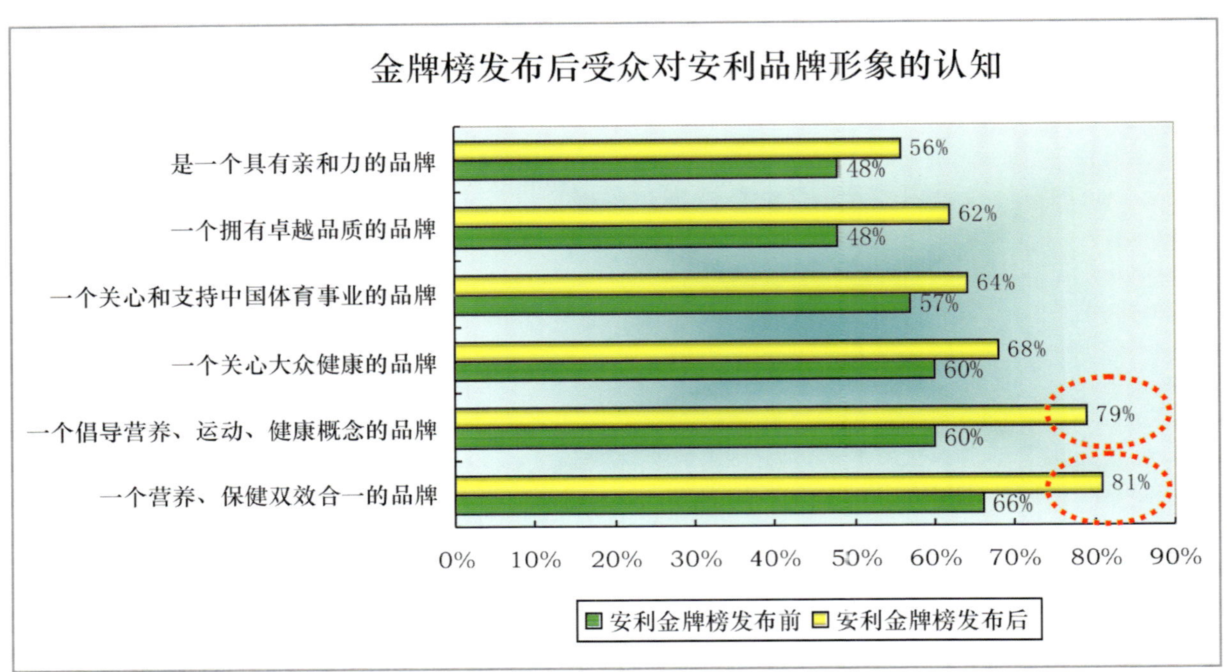

从调查结果来看，安利和白马联手演绎的户外金牌榜缔造了户外广告的神话，随着户外广告中的科技含量的不断增加，采用了更多的现代技术能够吸引更多受众的眼球，不断地发觉户外媒体的优势，在嘈杂的广告环境中凸现户外广告的威力，将企业的广告效应发挥到最大化。

安利通过对每种媒体的特性做了很好的对比和分析，采用了候车亭、电视、报纸、网络等多种媒体组合的方式，将整合营销传播的概念进行到底，产生一种立体传播效应，特别是电视+候车亭独特的组合方式，取得了重大的突破。安利这次的经过深思熟虑后所采用的奥运营销策略是一次成功的体育营销的应用，也是中国营销市场上的一次重大突破。

（海南白马户外传媒）

“经典视线”缔造户外经典

2005年1月，在成都市最繁华的商业区春熙路步行街路段出现了一道靓丽抢眼的风景线，一个宽8米，高20米的异型霓虹灯广告牌成为了该路段最大的伸出式广告媒体，吸引了无数市民驻足观赏，创造了令众多品牌商羡慕不已的“眼球经济”。这一创意媒体的制造者，正是广东省广告有限公司成都分公司旗下的“经典视线”。

精彩机遇，催生“经典”

近几年，“媒体经营”成为广告界经营的热点，户外媒体的“圈地”运动更是风起云涌。2000年，为迎接中国西部论坛的召开，成都市政府决定对蜀都大道、人民南路等市内主要交通干线进行拓宽改建。这一来自外部的精彩机遇摆在了正在寻求新的经营方向，并且把户外媒体经营列为首选的省广面前。

作为业界具有扛鼎地位的全面代理公司，省广此前已经在广州有了户外媒体的成功经验，在得知成都方面的信息后，便决定抓住这个绝好的机会，开拓新的业务领域。经多方争取，几经周折，省广成都分公司终于与成都公交达成合作协议，取得了候车亭媒体项目的多年经营权。

在筹备西部论坛的紧锣密鼓声中，经典视线候车亭从签约到完成，仅用了不到一个月时间，真正是“时间紧、任务重”。当时总共安装了65座候车亭站点的130个广告牌。为了赶时间，甚至边设计、边制作、边施工，在当时，“这是个显而易见的风险”。提起这段经历，总经理陈钿隆到现在还颇为感慨。但也正是通过本次西部论坛，经典视线成为了一道最抢眼的户外风景，闯入了成都百姓的生活视线，并取得了“一石四鸟”的品牌成效。

一、亮丽的广告牌，在成都引起轰动，市民大为赞赏，当地媒体大幅报道。

二、参加“西部论坛”的中外嘉宾视察成都，对“经典视线”产生了极大好感。

三、当竞争对手赶到成都时，发现省广已后发先至，占领了最佳战略位置。

四、省广以此举竞标，获得了一批大型品牌的广告代理权，声名大振。

精耕细作，缔造“经典”

经过几年的发展，凭借天时、地利、人和之势，更凭借专业经验和资源优势，今天的“经典视线”已经在成都户外媒体领域打出了一片新天地，形成了完整覆盖市区的户外候车亭媒体网络，并占据成都同类媒体60%以上的份额。

“我们的特点表现在三个方面，一是媒体在区域内的点位优势。二是周到、快捷的服务系统。三是个性化的特色经营。”省广成都分公司副总经理徐志晖如是说。

（1）精准点位优势

众所周知，媒体的位置好，价值就高。按照经典视线滚动经营的发展模式，其候车亭媒体的资源特点应至少具备两个明显的特点：一是每个点位的媒体价值足够高。二是在区域内形成网络优势。这不仅要求选点慎重、精准，更要避免盲目的点位扩张。

具体来说，经典视线候车亭媒体主要分布在成都市二环路及以内区域。二环线既有中产阶层相对集中的区域，又不乏商业设施相对集中的繁华地段。这里居民稠密，并驻有家乐福、世纪联华等大卖场，有蜀都大道、人民南路等主交通干道，也包含顺城街金融区和不少中、高档商务区，一些银行和高档写字楼都设在这个区域内，而在商业设施周围，还附带不少娱乐设施，再加上二环线以外富人区的媒体点位，一并形成了经典视线候车亭媒体强劲的区域性资源优势，这样的资源配置，为经典视线的经营打下良好的基础，同时，正是由于在选择布点时的精品意识，使得该候车亭体系成为成都市户外媒体的优质资源。

（2）精心服务优势

客户服务和媒体监管上的执行能力，是媒体规范化的保证，为实现快捷、优质的服务，整个系统采用短平快的即时服务，发现问题立刻解决，而且任何员工收到反馈意见，公司都能即刻反应，使整个系统行动起来，让客户得到专业、周到的服务。

而所谓三级管理，是指外聘专业公司管理，内部专业班子巡视和公司管理层抽查监督。严密的管理制度，有效保证了广告发布质量和市容市貌的整齐清洁，客户满意度高，政府管理部门也给予了充分肯定。

（3）精到特色经营

在形形色色的户外媒体竞争中，如何才能突出自身媒体的品牌？经典视线的应对理念是精到的特色经营。特色经营主要指创新媒体发布，就象为摩托罗拉制作的闪光灯箱，曾经起到事半功倍的发布效果，经典视线追求一种差异化的营销，不断提升自己媒体的销售力，而那些应用新技术的、富有创意性的广告发布方式，正被纳入经典视线未来的经营计划。

根据媒体的这些特点，经典视线提出“区域套餐和散点相结合的广告发布方案”，比如针对手机客户，经典视线会把媒体，譬如像卖场、通讯一条街、专卖店附近的位置组合起来推荐给客户；再如药品，可以推荐客户在区域内所有药店或相关地点选择站点，这样做针对性很强，使客户得到最需要的受众群体。

正是来自资源、服务等各方面的综合优势，使经典视线候车亭媒体赢得了客户的信任，在经营上成绩斐然，赢得了众多长期合作的重要客户。中国联通、中国移动等客户，在该媒体建立的第一年就开始投放广告，近年来一直续约；统一企业在西南的主要广告投放媒体定位在户外，也是经典视线的长期合作伙伴。

精品网络，延伸“经典”

如果说，网络化是户外媒体的一个必然发展趋势，那么，对这个市场客观、准确的判断，就是把握这一趋势的先决条件。从广告发布的覆盖能力论，以资本扩张为特征的全国性网络媒体，为客户大范围广告发布提供了方便、高效率、统一形象等诸多好处。但是，地方性、区域性媒体也并非没有优势。因此，根据自身条件审时度势、扬长避短、稳扎稳打、步步为营地发掘优势，就成为经典视线的发展策略。

其一，这个市场不会无限制地扩大，媒体发展到一定规模后，就要停下来冷静思考一下，在经营上多下一点功夫。以成都市场的情况，经典视线的候车亭站点发展到1000个以后，基本上就不应该再考虑继续扩张，而是把重点放在如何把现有媒体经营好，形成更为良性的盈利体系。

其二，媒体一定要形成精品网络，只有精品网络才能真正形成资源，进而演变成资本。

谈到经典视线未来的发展，陈钿隆认为，我们不可能像资本雄厚的大公司那样，倚仗资本快速扩张，我们更希望在全国范围内，跟其他兄弟媒体公司以各种方式进行合作，在自己的区域内精耕细作，大家在一起互相取长补短，联合起来做事，实现“经典视线”的品牌延伸，拓宽户外媒体格局，拓展经营方式，为资本运作做好铺垫，这是个大方向。

（广东省广告有限公司）

蒙牛"航天"事件营销解析

2003年10月，神舟5号载人飞行事件成为中国乃至全世界最关注的新闻焦点，利用这个普天同庆、万众欢呼的契机，第一时间展开营销活动迅速提升企业品牌知名度与美誉度，成为包括如蒙牛等在内的众多精明商家不谋而合的策略。由于在神舟5号载人飞行成功后，传统的三大主流媒体肯定会不遗余力地报道这个新闻事件，要想在该次的事件中取得成功，就必须在媒介的选择与运用上独辟蹊径。

传播媒介选择

2003 年7月18日，蒙牛最终确定白马风神榜候车亭网络为策划已久的"神舟5号搭乘计划"的户外广告媒体。白马果然不辱使命，凭借于同行业中有着杰出优势的媒体质素和高效的专业服务，为蒙牛品牌事件营销的成功奠定基础。

事件营销的操作，要求非常高的时效性，特别对媒体的配合效率有非常高的要求。2003年10月16日，"神舟5号"顺利返回地面，中国首次载人飞机飞行成功，蒙牛户外广告宣传立即在全国广泛开展起来了。在"神五"成功落地的短短10分钟内，蒙牛的第一幅候车亭广告就出现在北京新源里的大街上，迅速成为焦点中的焦点。从2003年10月16日6：43----21：25，共计有5000幅画全部展现在26个城市街头。不到一天的时间，蒙牛航天广告即在全国26个城市得到发布，这样的发布操作可以说在中国户外广告业界绝无仅有，也再次刷新了白马自己的快速发布纪录。

可以说，蒙牛事件营销能够如此高效地将一个刚刚发生的新闻内容应用于广告的制作，并跨越全国二十几个城市传播发布，近似于直播的效果，实现同时同步地向消费者传递广告信息，挑战户外广告媒体发布的时效极限，这在很大程度上取决于白马风神榜户外媒体网络的整合优势：全国运营标准化、网络化、一体化，率先实现对资源的灵活调度与运用。通过蒙牛事件营销的实践，充分显示出白马将中国户外媒体的传媒价值提升到了一个前所未有的水平。

广告发布特点

灵活性非常强：蒙牛一直在风神榜候车亭上发布的是产品广告,但在神州五号发射成功短期内将广告画面内容转换为庆祝升空的主题,产生了一种轰动效应,大大提高了蒙牛的品牌知名度和美誉度。

及时：在2003年10月16日神州5号载人火箭发射成功的当日,共计5000幅画全部展现在26个城市的街头，反应速度相当快，起到一种新闻性的效果。

针对性强：蒙牛公司是在神州5号载人火箭发射之前对这次的广告活动做了细致的研究分析,利用这一次事件促进产品的PROMOTION。

大范围：蒙牛在多个城市进行祝贺版广告的投放。该集团以前没有在上海投放过候车亭的广告，趁着这次时机，把其影响力扩大到上海滩。

提供增值的附加服务

为给予客户明确的发布监测见证，白马"蒙牛"服务小组用跟踪记实性的表现形式，提供第一时间的上画报告和各城市发布照片。同时在广告发布后的一个星期内，白马即向客户呈送上完整精美的实景照片画册，体现出卓越的专业服务和快速执行力。

在此同时，白马还为客户提供了专业的户外广告效果评估服务——实效鉴证，帮助客户做专业的媒体效果研究，对蒙牛这次的广告发布效果做了中立的评估，为其下一步的活动提出专业的数据支持。

总而言之，蒙牛选择白马候车亭户外媒体来推广其"神舟5号"事件营销，是中国企业首创采用户外媒体作为强调时效性事件营销的主打媒体,并取得了巨大成功。这对于中国户外广告行业来说也是一次重大的突破，具有举足轻重的意义。

（海南白马广告公司）

统一雅哈咖啡新产品推广

市场综述

企业和品牌背景

统一企业当前国内外转投资相关企业已多达一百余家，经营项目涵括多项民生消费相关的商品与服务，成为一个多角化经营的综合生活产业集团。在「国际化」与「多角化」两大策略下，未来统一企业除持续与国际知名企业共同投资合作，以吸收国际化经营的观念与技术之外，也将藉由大陆与亚洲市场迈向全球。

南京鼓楼广场

市场情况

现今的饮料市场品类繁多，而在南京市场一向以茶饮料和果汁型饮料为主，进值秋季，在饮料市场日趋平和的情况下，针对市场，统一在南京市场推出雅哈咖啡。

主要竞争对手

针对咖啡市场，统一雅哈竞争对手主要是以快餐咖啡为主，目前南京市场上主要有“雀巢”、“摩卡”、“超级”等品牌，且这些品牌在市场已拥有一部份固定的消费者。

广告运作目标

目标1、“雅哈”经前期户外灯箱联动，品牌造势成功，下步需考虑电波媒体的跟进和活动的“聚气”，共同完成品牌内涵的传递和消费促成；

目标2、南京咖啡消费尚未形成气候，咖啡文化有待培育；“雅哈”可借助与《东方》的合作，引入“咖啡”话题，创造“雅哈”时尚生活标准，提升品牌形象。

南京洪武北路

目标3、充分利用《东方》资源，节约媒体投放成本，与灯箱广告形成空中和地面的广告呼应；并以活动制造关注，形成话题，促成消费者对产品的尝试和持续消费；

目标4、借助活动配合完成销售计划之赠饮任务。

南京广州路

雅哈咖啡面向的主要消费群是刚刚大学毕业的职场灰领，他们强烈期望被社会认同，渴望成功，是最注重潮

流文化的社会新派。他们看各种时尚、新锐杂志，有广泛的生活情趣及自我修养。因此塑造一个总是坚信明天会更成功一定会来到的品质理念尤为重要。

创意策略

“雅哈”经前期户外灯箱联动，品牌造势成功，于是需考虑电波媒体的跟进和活动的“聚气”，共同完成品牌内涵的传递和消费促成；

让消费者参与，进行与咖啡相关的随心配。

南京咖啡消费尚未形成气候，咖啡文化有待培育；“雅哈”咖啡借助活动，诠释消费者在喝咖啡时种种“随时”心情，引入“咖啡”话题，营造让您拥有的“随心随行的咖啡馆”的品牌主张；

品牌口号：“随心雅哈，随心咖啡馆”

创意调性：随心、休闲、时尚

南京中山北路

媒介策略

广场主题活动：“雅哈咖啡季节”，与消费者互动，提高产品宣传力度

《东方》杂志随刊写意“咖啡”季节，“随心配”活动秀出创意时尚搭配，参加活动评比。

随杂志发行咖啡赠券：持券可在指定咖啡厅获取赠饮或消费抵扣。

咖啡馆联动演绎“咖啡”风情：雅哈咖啡产品陈列和“雅哈”附刊读者持赠券至指定咖啡馆一品浓香。

户外媒体：在市内选择车流量大的广告牌。

广播：江苏交广网、江苏文艺台30'组合套装广告10次/天。

电视：江苏省电视台下设频道晚间黄金档30' 广告4次/天。

报纸：《扬子晚报》“美食宝贝”一周一期。

媒体种类与媒体支出

电视、广播、报纸、消费杂志、售点广告(POP)、户外媒体、促销 媒体费用支出总额：50万元人民币以下

南京太平南路

广告运作概述

1、“雅哈”经前期户外灯箱联动，品牌造势成功。

2、利用电波媒体的跟进和活动的“聚气”，共同完成品牌内涵的传递和消费促成；

3、在同类城市中，雅哈销量明显提高；

4、在南京市，统一产品中，雅哈咖啡销量仅次于鲜橙多。

（南京大贺户外传媒集团）

南京上海路

南京乐富来

创新的可口可乐
创新的华伦

创新真空地

可口可乐这个有着超大影响力的全球品牌，一直以来都不断追求与众不同的广告表现，尤其是户外。而非传统，具有创新创意的户外广告，的确能够用新鲜的面孔和年轻人接触，让品牌掀起异样的波澜，并产生鹤立鸡群、一鸣惊人的传播效果。

以户外广告创新创意、推陈出新而见长的华伦媒体，是一家非常愿意为客户做“不怎么传统”的户外广告的公司。在经营实践中，他们看到的确有不少客户时时在追求突破，找寻非同一般的表达方式接触自己的目标受众，同时也感觉到，代理商在这方面却显得颇为滞后，在满足客户需求方面，事实上存在着一个真空地带。

关键在执行

户外广告非传统的创新创意，说来容易做来难。其难点主要是执行能力，也就是说，创意策划好做，执行出来却难。以至于在美国的户外广告业界都认同这样一个观点：创意的策划比执行“更加不重要”IDEA可以借鉴甚至模仿，但执行却要客户克服很多意想不到的困难。

在国内，执行比想象有更大的难度，这是因为：

一、4A公司即便有创意策划能力，但在执行上却显得力不从心。

二、媒体主（经营公司）有执行能力，但目前大都注重媒体扩张、资源保护，跟政府的博弈以及销售上，做这种靠专业能力提升附加值的广告显得动力不足。

三、 环境并没有给出足够的支持空间，对创新户外广告没有明确的法律规定。

凡此种种，使得创新型户外广告非常少见，大多数公司都热衷于购买、投放等比较单纯的业务。

特别雪碧在深圳

当客户需求和广告公司的理念、能力碰出火花来的时候，华伦媒体和可口可乐有了一次在创新户外方面的合作将100个能发出柠檬香味的灯箱广告发布于上海的候车亭媒体。此后，双方在这一领域的合作便一发不可收拾。

对于城市中最为常见的墙体户外广告，可口可乐方面的态度是，要做就做非常传统的。于是在深圳，华伦媒体就文化广场附近一面300平方米的墙壁，为雪碧开始了创新设计。

在查阅了可口可乐、雪碧的一些户外广告创意资料后，华伦提出这样的创新方案：将一个巨型的雪碧立体雕塑斜立于紧靠墙体的广场地面上，在墙上的画面和雪碧雕塑之间，用一根6米长的管子，从画面中模特的口中直伸到瓶口。为营造出冰、爽的感觉，在瓶体雕塑粘上爆裂的乒乓球作为冰粒的效果。它会冒气，就像刚从冰箱中取出一样冒着冷气；它也有味道，通过感应器，你能闻到柠檬的香味；它在夜间会更加引人注目，因为采用了霓虹效果。

可口可乐公司看了推荐稿后非常喜欢，认定这是寻觅已久的好广告，于是，很快批复进入执行阶段。

因为广告要安放在文化广场，是周末市民聚会的中心地带。放这么一个大雕塑，要经过特殊审批，而整个广告都需要特殊制作、特殊安装。这其中，广告公司经历的甘苦可想而知。

对于雪碧创新户外广告的成功，华伦媒体总结为三个原因：首先是客户有热情、有追求、非常愿意做这样的实践。二是华伦很愿意把这种不平常的东西做出来，而不是把麻烦最少、利润最高作为最主要追求。第三，有媒体主和主管部门的密切配合。

南京路上亮霓虹

上海南京路步行街。2004年10月14日，新的可口可乐楼体霓虹广告建成亮灯。此为华伦媒体为可口可乐实施的又一例创新户外广告，而此次的合作还有星传媒体。

楼体广告是很多客户喜欢的户外形式，尤其对于那些有着巨大影响力的国际大品牌。然而，在国内做这种广告，重要的是审批。如上海市政府就曾经对包楼广告做出过严格的限制。

而华伦媒体则认为，从根本上讲，一个城市的管理者对户外广告的要求是做的更加精致、专业和高科技化。只要有更好的解决方案，一定会得到主管部门的同意。而好的方案和执行能力，正是可口可乐南京路楼体广告成功的主要原因。

广告成功的第二个原因，是选择了一个极为商业化、大众化的地方。南京路上行人很多，原本就允许霓虹广告大量存在，只要质量做的特别好，创意上到一个新的台阶。

显然，这个广告很好地体现品牌的领先者风范，为城市商业气氛带来不可取代的魅力，同时，更显示出户外媒体经营者的增值价值所在。

华伦媒体的观点是：我们这类公司的存在，使4A公司和媒体阵地之间有了增值服务的空间和可能。而立足于创新，把广告做得与众不同，将为客户和我们所在的城市带来各方面的效益和好处。因为广告不应该是买到一个墙面贴上画，它应该因地制宜，既满足客户需要，又给消费者一个值得留住脚步的理由。

（华伦媒体）

2005年卖场电视改写零售终端广告市场

2004年10月，分众传媒继成功打造了中国商业楼宇电视广告联播网之后，借鉴国际成功经验，又全面推出中国卖场电视联播网，目前已遍布国内15个城市，600家大中型卖场，每周覆盖3000万消费者。中国卖场联播网将液晶和等离子电视设置于卖场零售终端，在购物状态中直接刺激消费者的购买欲望和影响消费者的购买决策，成为FMCG产品市场营销不可或缺的实效性媒体。

FMCG是Fast Moving Consumer Goods，代表快速消费品，指消费者消耗较快、需要不断重复购买的产品。典型的快速消费品包括日化用品、食品饮料等。一般来说，FMCG在营销上具有以下几个特点:

第一、高频率消费的产品，使用时限短。

第二、拥有广泛的消费群体。

第三、多数FMCG产品属于低关心度。

第四、消费者对快速消费品的敏感度不高，产品的可替换性大。

FMCG是一个独特的、相对完整和富有特征的领域。但是，随着这个领域的产品以及行销的同质化倾向越来越大，竞争日益加剧，造成了消费者的品牌忠诚度不断下降，重复购买率降低，购买的随机性在不断增大。如何抓住正在花钱的消费者，已成为FMCG产品市场营销的一个重要课题。

我们从解析顾客的购买过程中或许可以得到一些启示。消费者一次成功的购买过程通常有五个方面构成，从得知产品的名称或品牌，了解产品，对产品产生兴趣，产生尝试性购买的冲动，到最后完成购买行动。购买冲动和购买行动是整个购买过程的最后二大环节，也往往是最关键的时刻。而很多FMCG产品高额的电视预算已经让消费者对你的商品发生兴趣，但却忽视了销售终端的露出度和影响力，使已经产生兴趣的消费者在最后时刻往往因缺乏现场的提示而忘记了购买，另一种情况则更为糟糕，已经对你的品牌产生尝试冲动的消费者在终端购买的最后一刻，受到其他品牌的广告或促销的影响从而改变了原先的购买决定

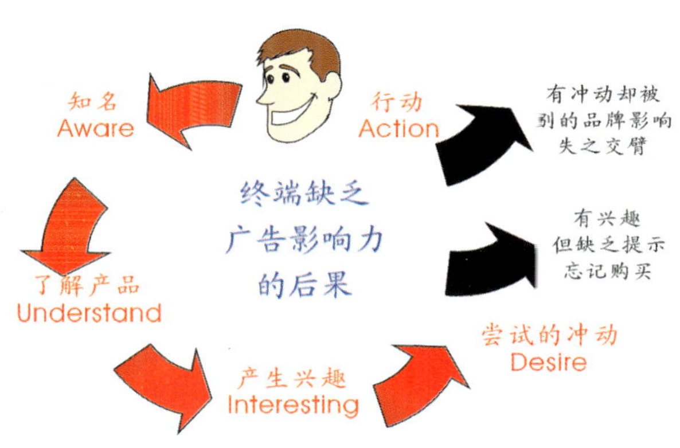

因此只有强化终端的广告影响力才能提升实际的销售力，因为70%的顾客往往在最后掏钱的一刻才作出决定。许多广告主已经清晰的认识到这一点，但问题是中国现有的终端缺乏有效的媒体传播工具和载体，远远不能满足当下市场的实际需求，而且相当不规范。

让我们来借鉴一下国际的成功案例。数年前，美国PRN公司与2600多家沃尔玛合作，建立卖场电视系统，由于推动品牌销售的效果显著，现已被FMCG厂商广泛使用，成为美国市场高度成熟的模式，2004年各厂商在PRN的卖场电视网络中投入了1.2亿美金。而另一著名零售商英国Tesco也建立了卖场视频广告系统，使整个卖场零售额取得很大的提升。

2004年10月分众传媒投资3000万美金成立全国大卖场事业部，全面引入卖场视频广告系统。填补国内终端销售系统有效媒体渠道的空缺。预计到2005年底，将建成覆盖中国25个城市，600家大卖场，1000家以上的大中型超市和3000家以上的便利店系统的全国化卖场电视广告联播系统。

FocusMedia大卖场联播网每天跟随卖场营业时间播放13-14个小时（一般为AM8:30-PM22:00），365天天播放，年终无休，联播网每12分钟广告循环播放70次，以达到顾客进入卖场的各个时间段（下班后、双休日、节假日）。

FocusMedia大卖场联播网引进高质量的播放设备，采用17’LCD和42’PDP无论远观还是近看，都令广告表现效果更精彩，联播网在卖场所摆放的位置从进门上下扶梯到各个清洁用品，化妆品，食用品，冷冻食品，保鲜食品等的货架、通道，再到收银口帐台，全程覆盖消费者的购买过程。

传播质量上来看，大卖场联播网远远超出卖场内其他广告形式。联播网以视频、音频相结合的表现形式，更具打动力，更能吸引消费者的关注，屏幕平行于消费者视平线构成强制性收视，激发更多的消费冲动，联播网的信息承载量容积较大，可以详细表达出商品的优势，联播网在全国拥有严格的网络化的投放管理，简易、便捷，可控性强，联播网的媒体形式高度统一，保证了传播信息(形象)的无偏差，联播网能够让消费者在一次购物中，多点收视，对受众进行高频次的反复刺激。

中国大卖场联播网的媒体价值综述

——联播网填补了在终端购物状态中的媒体渠道

在日常生活的大多状态中，广告主可以通过各种媒体包括电视、网站、杂志、报纸、户外、体育活动、广播……来接触消费者，但当消费者进入最终选购状态时，却没有网络化的强势媒体可以到达他们，现在中国大卖场联播网的开通，填补了在零售终端购物状态中有效传播媒体缺席的状况。

——联播网有效针对家庭FMCG商品的主要采购者和决策人

家庭中多人看电视，往往只有少数人才是家用消费品的主要采购者以及决策者，卖场电视锁定了家庭中的这个族群，令广告更精准，让媒体预算更经济，有效提升投资回报率（ROI）。

——相比传统家庭电视媒体联播网具有超高的性价比

据央视监测机构调查显示，大卖场联播网的CPM成本仅为当地电视台的1/3以下，能够用有限的预算达成更大的传播效应。

城市	上海	北京	广州	深圳
当地电视台 CPM	162	129	90	150
大卖场联播网 CPM	29.8	22.5	20.3	24.3

——卖场电视在最好的时机提高回忆率，巩固受众对品牌的忠诚度

由于在购物状态中，增加了品牌提示的广告，帮助消费者提高了对品牌的回忆率，及时的巩固了消费信心，有效的防止了顾客流失。

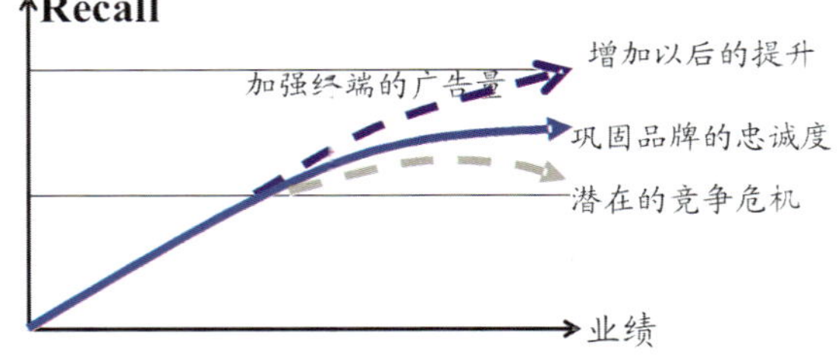

——卖场电视帮助品牌占据着终端的话语权，掌控现场销售的主动权

在卖场内封闭的广告环境中，每一个广告片的出现

都是极具影响力的，她挑起了消费者对商品占有的欲望，帮助消费者完成了最后一刻的决定和品牌选择。电视广告是向所有潜在消费者进行曝光，而卖场电视则针对直接的购物者，直接刺激他的购买。

——提升了原有POS活动的效果

卖场电视音视频相结合的表现形式，更具生动性和打动力，更易吸引受众的关注，刺激受众的消费冲动，在售点中提升了POS的效果，把促销的信息扩散到卖场的各个区域。

——卖场电视与家庭电视广告的互补组合

在FMCG产品的行销推广中，家庭电视广告在提升品牌知名度，影响受众对品牌认知的作用当然是无法取代的，而卖场电视将也是FMCG媒体推广不可或缺的重要组成部分，它与家庭电视构成了立体化的组合，将有助于全面提升媒体的传播效率，令媒体投资创造更大的市场回报。

事实上，在不同的品牌推广阶段，二者承担的功能和作用也是不尽相同的。在新品上市的LAUNCH中，一般以采用以家庭电视为主，多频道、高频次组合。追求品牌的广泛曝光和到达;而同时以卖场电视为辅，以更低的CPM/CPRP传播成本在卖场重度覆盖家庭FMCG商品的主导购买者。

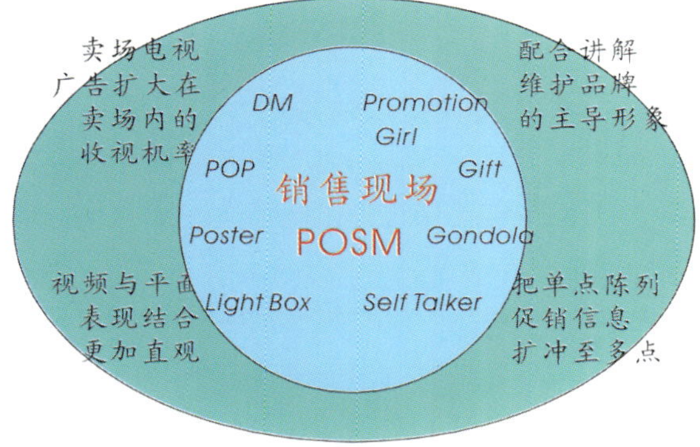

在品牌推广的延续期中宜采用家庭电视媒体与卖场媒体电视的互补组合。在继续保持适度的电视投放时，采用卖场电视在销售终端来提高受众对品牌的Recall，锁定已进入购买状态的直接消费者，对已产生兴趣的消费者，强化其品牌记忆，进一步提示及激发其购买欲望和冲动。这种巩固记忆和提示购买的模式与采用以户外媒体在延续期提示品牌记忆的传统模式相比是更经济和有效的选择。

在产品促销期中，家庭电视由于与售点存在天然的时空距离，因此，以卖场电视为主导的方式，将更为实效。目标对象直接针对有品类意愿的但品牌忠诚度低的受众，在销售现场各个区域全面告知促销信息，强烈提示购买，在销售的最后一刻直接引发购买冲动，影响购买选

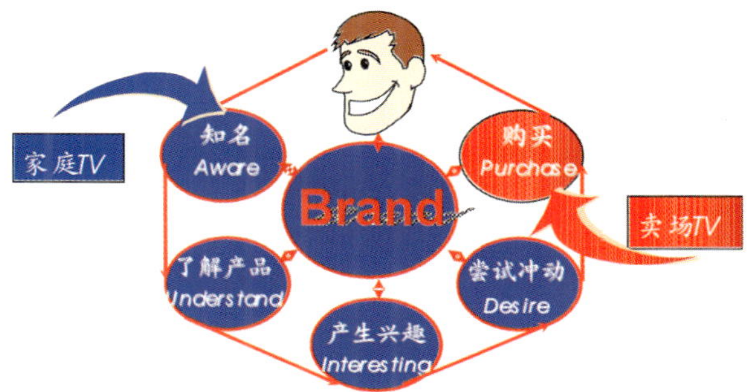

择，从而促增自身品牌的销量。

结语：

在终端这个消费者最易改变选择的地方，聚集了大量消费人口和产品消费量，已成为广告主的必争之地，分众传媒中国卖场联播网的诞生将成为众多FMCG广告主的一种更经济，更精准，更实效的媒体平台，成为FMCG产品行销推广的全新利器。

（分众传媒）

招商银行MINI信用卡上市楼宇电视运用策略

2004年3月，招商银行信用卡再次领先一步与VISA合作MINI信用卡，比普通卡小43%，主打年轻活跃都市时尚群组。如何有效地抓住这些都市新生代白领的视线，引发他们的关注，激发他们的尝试欲望，成为整个上市营销的重中之重。

传播媒介的选择

当2003年初，FocusMedia楼宇电视面市的时候，恰逢招商银行首度推出面向中高收入阶层的信用卡业务，极富创新精神的招商银行又在各大银行领先一步，率先选择分众传媒来锁定众多商业楼宇中的企业主，经理人及中高收入的白领阶层，事实证明取得了十分优异的传播效果。

2004年3月，招行已发卡过百万张，创下纪录，而分众传媒也已从几个城市的1000栋楼宇发展至30个城市近10，000栋楼宇，双方数度携手合作，FocusMedia已成为招商银行信用卡媒体推广的重要组成部分，MINI卡上市将是2004年度双方合作的重点项目。

创新传播方案

经过双方反复讨论，决定采用三大阶段制造话题、上市曝光、活动整合、全面调动双方资源，在楼宇中掀起一个MINI卡热潮。

3月前二周，分众楼宇电视中率先推出[车在变小，狗在变小、Walkman在变小、咖啡杯在变小、世界中一切都在变小]，迷你魅力，迷人登场，MINI卡牢牢的摄取住这些期盼中的青年人的视线。同样，实物大小的MINI卡被贴在电梯口的液晶电视上，让年轻的白领更直观的看见了这些比普通卡小43%的MINI卡，800-820-5555的热线已赫然在目，电话铃不断响起，来申领的人络绎不绝。据第三方调查显示：六周广告让MINI卡在楼宇的白领人群中的认知度已升至57.2%，为了抓住商机，进一步扩大影响力和申领量，在后四周广告的同时，招行的地面直销队伍已全面开赴写字楼、商厦等商业楼宇，液晶电视空中广告开道，配合地面活动渗透，楼内一时间MINI热潮涌动，将传播效果与实际销售推升到了一个新的高度，创造了运用创新媒体推广的成功案例。

（分众传媒）

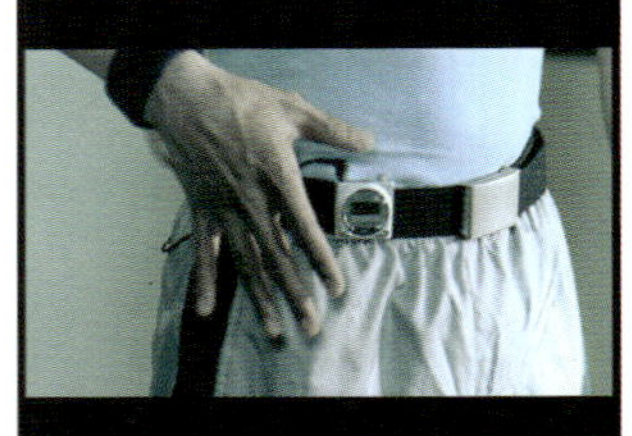

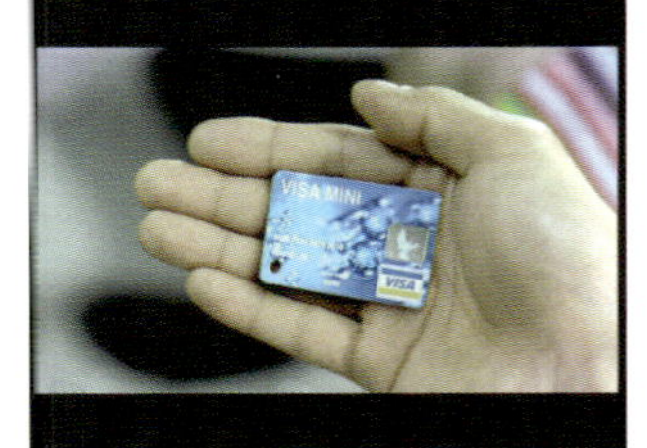

轨道交通媒体运用实例

1、媒体创意：**环境空间组合型**

媒体运用：车窗贴

客　　户：雅乐思TimTam饼干

登挂时间：2004.1

简　　评：这是设计与媒体有机结合的典型例子。该产品是一种休闲食品，为了让广告更添趣味性，广告没有选择普通的灯箱发布，而是巧妙地利用了车窗与乘客的空间关系，把简单的文字变成幽默有趣的联想，忍俊不禁之余又令人印象深刻。

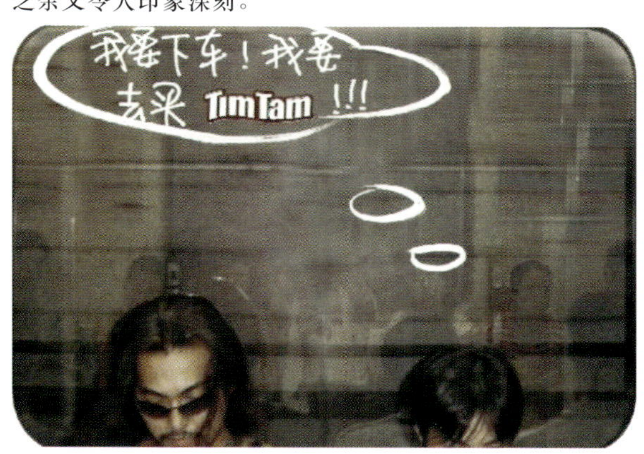

2、媒体创意：**高品质的创意浏览，仍属环境空间组合形式一类**。

媒体运用：站厅大灯箱

客　　户：喜力啤酒

登挂时间：2004.5

简　　评：广告以世界名画为基图进行设计，由嵌在墙上的灯箱展示出来，配合相对封闭的地铁环境，让受众产生恍如置身于艺术博物馆的感觉，再由文案“举世欣赏的经典”点出主题，充分表现出喜力啤酒“经典、高品位”的品牌个性。

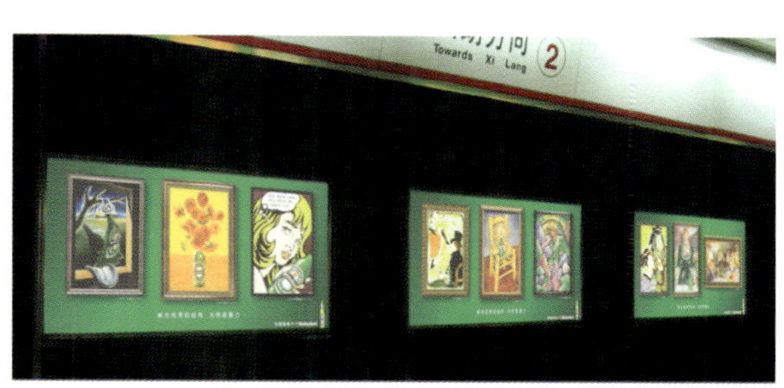

3、媒体创意：**运用空间环境的整体效应进行渲染**

媒体运用：主题站厅发布

客　　户：耐克

上画时间：2004.5

简　　评：为配合客户“充分体现品牌的运动性”这一要求，采用了突破常规的媒体发布形式，利用墙身贴将灯箱画面串连在一起，组成一个整体，打破了传统平面广告的局限，令广告的发布别具动感，尤其是墙身上面的立体足球，更是点睛之处，罗纳尔多的一记大力抽射把球踢嵌进了墙里面，把广告的动感发挥得淋漓尽致。

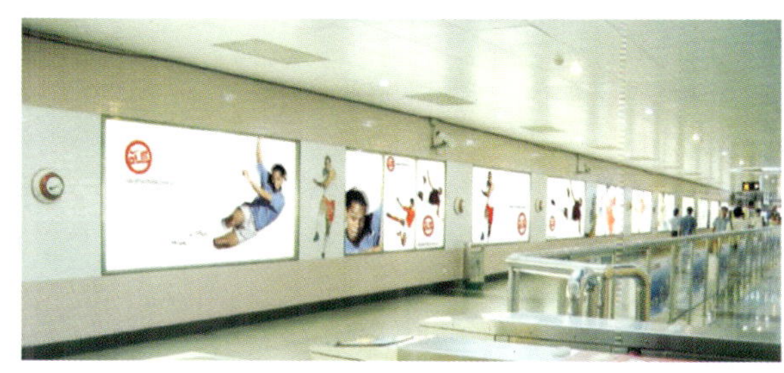

4、媒体创意：**运用空间环境的整体效应进行渲染**

媒体运用：品牌站厅发布

客　　户：NEC手机

上画时间：2005.1

简　　评：“顶天立地”墙贴、站厅龙门架、吊旗、玻璃贴等多种媒体组合投放，放眼望去，整个站厅一片橙红，乘客置身于NEC手机世界中，获得一种与别不同的广告体验。

5、媒体创意：**运用科技产品让原本静止的户外广告富有光彩，更加生动**

媒体运用：主题站厅+冷光源墙贴

客　　户：安利

上画时间：2005.2

简　　评：采用了“冷光源”新材料的闪烁墙贴，一闪一亮的广告画面令路过的乘客无不多看几眼。闪烁的效果不仅能吸引乘客的眼光更突出展示了“雅姿”的品牌。

6、媒体创意：**同一广告在数个连续的广告载具上发布，犹如播放城市露天电影**

媒体运用：站台/轨道大灯箱连封发布

客　　户：露得清、耐克

上画时间：2004.11

简　　评：一个灯箱,乘客也许会看漏了，但一排的灯箱就足够引起乘客的兴趣了吧。站台大灯箱单边发布，特点是数幅画面连续展示，受众无法逃避的同时，更会勾起其要逐个找出广告画面里面的秘密的兴趣。

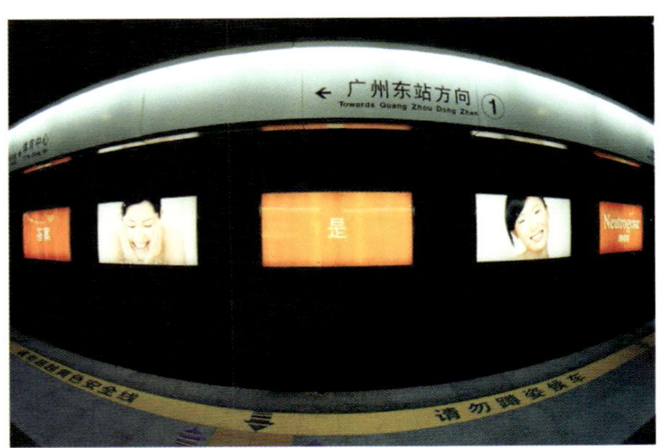

7、媒体创意：**以大面积发布引起震撼效应**

媒体运用：西直门超大型墙贴发布

客　　户：怡喉爽

上画时间：2C04.11

简　　评：在北京地铁13号线中选择客流量最大的西直门站，以超大型的墙画包裹了半边的乘客通道，广告气势宏大、彰显强势品牌形象，既拥有户外大牌的气势又有地铁广告的目标人群针对性。

8、媒体创意：**以各种形式载具在同一空间发布，使受众耳濡目染**

媒体运用：品牌专列

客　　户：肯德基、雅哈咖啡

简　　评：充分把握乘客坐在列车里面的十几分钟时间，利用列车的车门、车椅、车窗和车壁进行广告发布，在一个相对静止的空间内进行强制性的广告展示，广告信息量大、覆盖面广、到达率高，有“润物细无声”的特效。

（媒体伯乐传媒集团）

联合利华广州地铁媒体运用简评

发布品牌：联合利华股份有限公司——金纺品牌

发布城市：广州

发布时间：2005年2月15～3月14日

发布形式：“体验金纺，拥抱时刻”主题站媒体组合

发布站点：公园前站特色主题站

其他媒体支持：上海地铁陕西南路站

北京地铁复兴门站

背景

活动目的

· 确立并强化金纺的年度推广主题

· 通过活动来加强品牌亲和形象

· 通过现场即时“拥抱”摄影鼓励参与者更加关爱自已所爱的人

对地铁广告的宣传要求

· 有效的为“体验金纺、拥抱时刻”活动做好前期针对性人群的宣传铺垫

· 在活动进行期间给予积极支持辅助

主题媒介组合

1、立柱16根（站厅中部8根，站厅两端各4根）

2、吊旗64幅（分布在站厅过道，配合两旁的玻璃贴成主题通道效果）

3、玻璃贴109块（全站厅）

4、立牌4块

配合发布内容包括：

地铁公园前主题站部分媒体表现

1、公园前站台墙画F位一幅

2、大灯箱6个（江南西、晓港、中大各2个连装）

3、3月5、6日在公园前站厅举行与特色站主题一致的“体验金纺、拥抱时刻”互动活动

（广州地下铁道总公司）

突破传统，制胜关键
——惠普品牌机场广告发布

经营环境

在原有广告环境中，根据企业产品特性而创造的新型媒体，因为打破传统媒体运作，即使新的媒体形式简单，但是也往往会取得实效，达到出奇不意的效果。

经营策略

雅仕维广告有限公司作为媒体代理公司，为惠普公司在2004年10月投放全国多个机场所设计的媒体投放案例，就是一个佐证。以简单的媒体形式运用在特定广告环境中，将媒体卖出亮点，最终获得巨大成功。正所谓出奇制胜，以“小预算”成就“大效应”。

锁定目标人群

雅仕维针对惠普公司的目标人群是高收入者，而机场环境恰恰满足了客户对于目标消费人群的要求，首先提出在机场内进行投放，得到惠普的认可。

然而，惠普的预算成为不可逾越的壁垒。原因是根据客户预算，雅仕维仅仅能够为客户做机场内普通位置的灯箱广告，为期一年。同时，客户需要投放3个系列产品的宣传，这种投放方式当然不是理想选择。

广告策划

创造经营思维的灵活性。只有放弃原有的媒体资源，努力创造一种新的媒体形式，以低成本制作，才有可能成功。

经过对机场内部环境的研究，并且与机场方面的协商，雅仕维提出以成排的落地条幅形式（易拉宝）陈列在主要通道内，从而给旅客造成强烈的视觉冲击效果和深刻印象。

从形式上来说，虽然落地条幅形式极为普通，但是从品牌特性、广告宣传目的和宣传环境来看，它又是极为符合客户要求。落地条幅形式制作费用低，但色彩效果好，灵活多样，可以用多个画面表现惠普三大系列产品的宣传内容：掌上电脑、打印机、PC。

其次，落地条幅摆放灵活，弥补了传统灯箱媒体在地理位置上的某些不足之处，可以紧贴旅客步行通道，即使消费者不留意周围广告，但是他们没办法忽视在必经之地迎面而来的一系列惠普产品广告所带来的视觉冲击力，达到将产品信息传递给目标消费者的投放目的。

雅仕维还为客户设计并提出将落地条幅广告铺在整个机场的旅客通道上，从而造成惠普包揽整个机场的印象，加强广告效应，提升了客户的品牌形象。

由此可以看出，作为媒体代理公司，雅仕维已经从卖单一媒体的传统经营方式，提升到根据客户产品特性，开发、包装新型媒体，以非传统的媒体进行销售。这是经营思维的一种创新，也是对传统媒体运作的颠覆。

策划执行

网络性开发新媒体

整个投放方案以创新媒体极好地表现品牌特性，更强烈的广告效果，低预算而得到惠普公司的肯定，并要求以尽快的速度在上海、北京、广州、深圳，西安、沈阳、哈尔滨、南京、昆明等全国9个城市的机场同时发布广告。

雅仕维利用与全国几十家机场方面的良好合作关系，网络性开发落地条幅广告，以灯箱广告，结合大范围及重要地带布置落地条幅的形式，成功地为惠普进行品牌推广。

投放后广告效果分析

从广告投放后的调查结果来看，超过80%的受众注意到了惠普广告，其中有超过60%的受众认为看惯了机场的灯箱广告，而突然出现的，遍布整个机场的落地条幅广告，的确使他们眼前一亮，吸引他们的眼球，更多地关注了这个品牌的广告。

此外，根据上海、北京等主要城市机场的广告投放效果分析，超过40%的受众还认为惠普公司推出了一系列高科技新产品。

惠普公司在全国9个重点城市的机场广告投放，以高到达率和较少的广告投入，获得巨大的广告效应，赢得了惠普公司高层的赞赏。

惠普广告发布前与发布后的广告效果比较

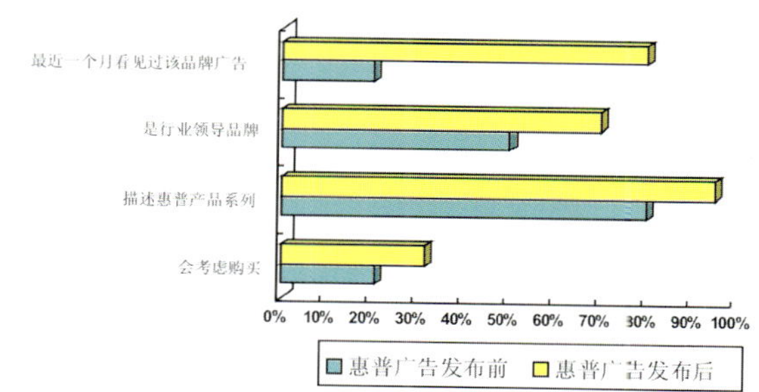

雅仕维通过开发非传统媒体作为营销新手段，将之进行全面性、网络性的推广并取得巨大成功，为户外广告代理公司的发展开辟了一个新方向，也是行业发展的新尝试、新探索。

（雅仕维广告媒体有限公司）

我们不会让你的户外广告
隐没在关注的视线之外
有效的户外广告，应以理性的数据分析为决策提供科学依据，最大程度接触目标受众。北京中天星河经济信息咨询有限公司是中国大陆专门从事户外广告市场研究及相关多元化专业服务的权威咨询机构。通过自行设计研发的户外资讯管理系统和国际互联网数据查询平台，中天星河以独特的身份和视角为国内外客户提供全面、真实的户外广告媒体监测报告、数据资料及研究评估，现拥有2001年至今，国内非常完整的户外广告数据库，信息网络覆盖全国近30个主要大中城市。中天星河，是你发布户外广告理想的参谋和管家！
outdoor data
北京中天星河经济信息咨询有限公司 电话:8610-84050240/41/42/43 传真:8610-84050199

第六部分 监测与效果

The Sixth Chapter
Monitoring and The Result

数据的作用

当1998年底国内有了第一支专门从事户外信息实地收集的队伍时，很多人都有这样的疑问——这东西收集起来有什么用？怎么用？我们曾就此类问题无数次与客户探讨。至今，我们涵括了数百万媒体信息的数据库仍仿若人类大脑，大量的潜能尚待挖掘。今将过往实用经验稍加整理，借以抛砖引玉，还望饱学之士不吝赐教。

一、 户外广告数据能帮您把握市场发展现状

当您对国内的户外市场不甚熟悉时，诸如“户外广告总投放量是多少？”、“同期相比，户外广告投放是增是减？”、“哪些品牌户外投放最多？”、“各种媒体的市场份额如何？”之类的问题，户外数据均能为您解答。

我们来看看以下的几组数据：

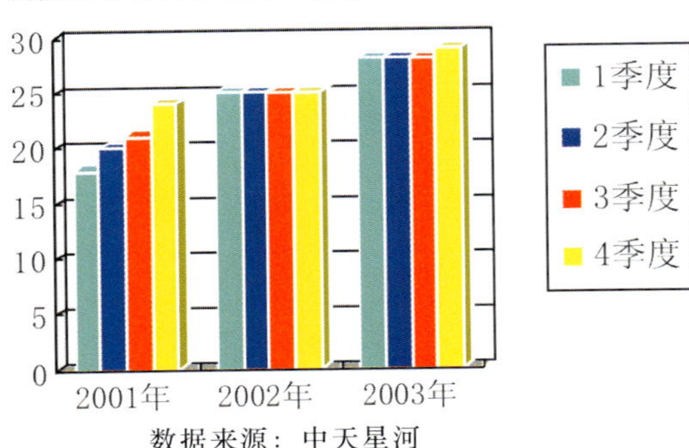

数据来源：中天星河

2003年户外投放总额高达113亿，从2001年至2003年，每年均保持着平均14%以上的投放额增长。

2003年，射灯广告牌的投放量瓜分了户外市场30%的份额，显然是户外媒体中的龙头；单立柱、候车亭、公交车身均进驻主流媒体之列。地铁广告虽仅在北京、上海、广州三地运作，却占据了8%的市场份额，媒体优势不容小视。

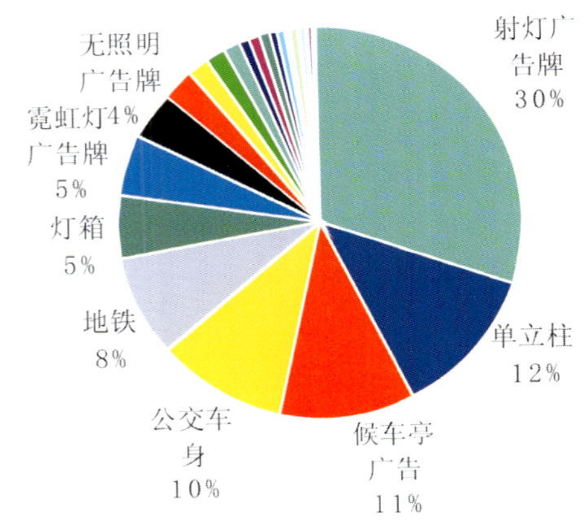

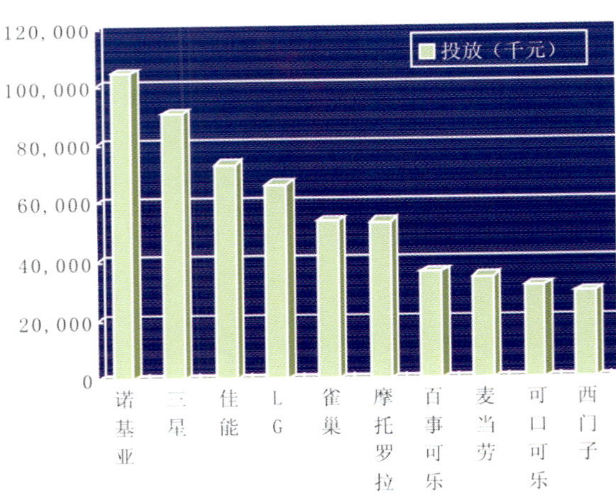

诺基亚、三星、佳能等国际知名品牌在2003年的中国市场以绝对的广告优势占据了领先地位。

通过诸如此类的数据分析，您可以随时随地轻易掌握户外广告市场的发展动态。

二、户外广告数据能为您提供销售支持和指导

所谓“知己知彼,百战百胜”，如何了解竞争品牌的投放策略，并为自身品牌量身定做积极有效的宣传战略，是媒介策划人员要重点解决的问题。详尽客观的原始数据能帮您解答诸如："在哪些地区投放？"、"在什么时候投放？"、"怎么样投放？"等等问题。

从市场选择中看出竞争品牌投放的区域化趋势。以某行业2002年与2003年同期的市场选择为例，可以看出，其广告投放已逐渐由华北华东重点区域向华南地区渗透；城市覆盖网络也由一线城市向二、三线城市扩展。

因此，更加重了户外数据收集的迫切性。通过对户外广告数据的统计分析，能与其他各大媒体形成比较平台，客观评价各种媒体的优劣，合理搭配媒体资源，即可为客户提供一份科学、完善的投放策略建议书。

四、 户外广告数据之于媒体供应商和直接客户

作为媒体供应商，除了用数据了解市场行情外，还可对相近媒体客户资源作统计分析，锁定适合自身媒体的

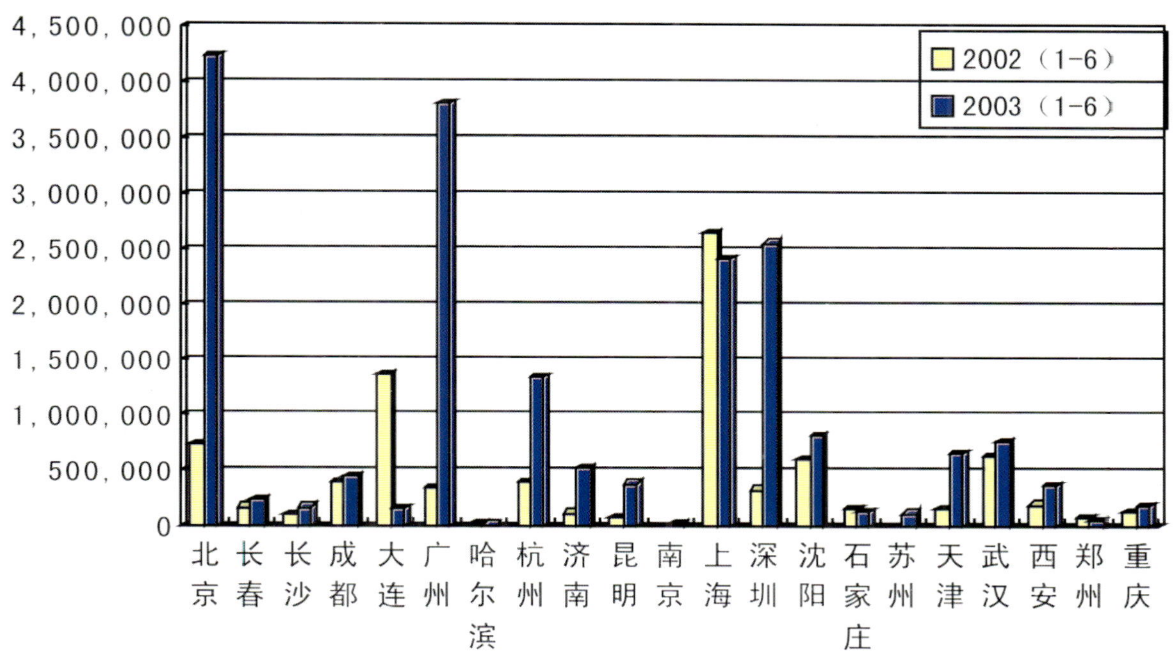

从月投放趋势中分析行业竞争的季节性特征，不同的行业会在不同的季节集中宣传。如饮料类重点投放在夏季，而酒类则会将冬季作为投放重点。根据季节变化，合理配置客户的广告费用，也是策划人员要重点考虑的因素。

媒介选择会因客户的喜好和预算因素而有所侧重。通过对客户产品特性的分析，研究其竞争品牌的投放习惯，结合媒体的评估数据，从而制定科学合理的媒体组合方案。

三、 户外广告数据可用以与其他各大媒体形成比较平台

随着电视媒体投放的放缓，客户对户外媒体的需求正逐渐增加。然而，目前中国户外广告资源过于分散，没有任何媒体公司，甚至政府部门能提供比较全面的数据。

目标新客户；分析其预算配置，有的放矢地开展客户攻略。

作为直接客户，更是可以通过一手数据及时了解户外市场的行情动态，掌握竞争对手的投放情况；同时，客户可透过数据自行判断媒体选择的优劣，有效控制广告预算，以达到资源配置的优化组合。

（中天星河 练乐卅）

评估与效果

媒体评估主要会提供以下几个方面的描述:

卓越的地理位置

该广告位所处地段的属性，如商业区、集散地、主干线、居民区等等，详细描述在哪条路上或交汇处，哪个建筑物顶部或前方，距离地面高度等，并配位置图。选择好的地理位置能充分强化企业形象、建立领导地位。

强大的视觉冲击力

庞大的广告面积，醒目的媒体位置，是否处在最优越的受众范围。通过此项的评估，可以准确描绘出该媒体的位置，面积的大小，媒体的形式。能提高产品的公众认知度，增强品牌的能见度，同时达到利益最大化。

客观的受众方向

详细描述此广告画面面对方向，也就是在受众范围内有哪些路段能看到画面，其中包括主路及辅路，再根据人车流量数据，可以看出画面中体现的广告主旨是否准确，是否能给受众人群有很好的记忆度。

准确的视角、视距

视角是指在正常行走中能看到广告画面的角度与水平视线的夹角；视距是指能看到广告牌内容的距离，可以详细描绘该媒体画面中那部分是受众最先关注到的，能够充分体现广告创意。

详细的广告环境

媒体的周围状况，详细描述是否有遮挡或杂乱，周围200米处是否有竞争品牌广告发布，是否有干扰受众人群视线的物体。

综合的评分系统

将以上的描述配合相应分数，计算出该媒体的综合得分，为您在作前期计划时提供科学依据。

第三方的媒体评估，可以安排在进行媒体计划前，根据评估的分数和整体的描述适时选择满意的位置；也可以在发布过程中进行评估，这样可以了解计划的准确性，在下一期的计划中弥补不足。

详细、完整的评估报告，配有位置图及受众方向实景照片，可以对地外城市的媒体进行了解，能帮助选择更能体现企业和品牌形象的最佳位置。

报告案例: **（一）媒体评估分数在75分以下**

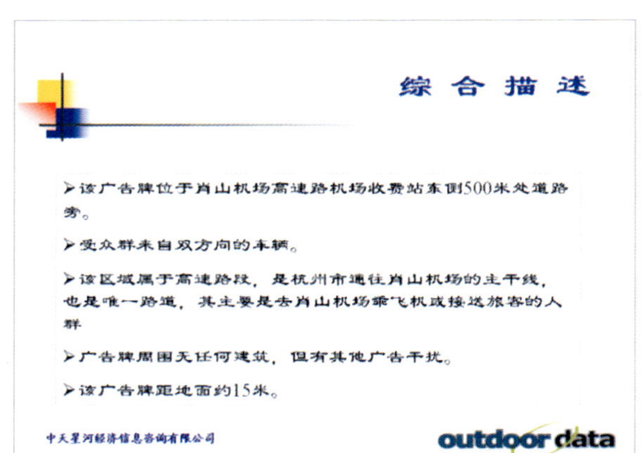

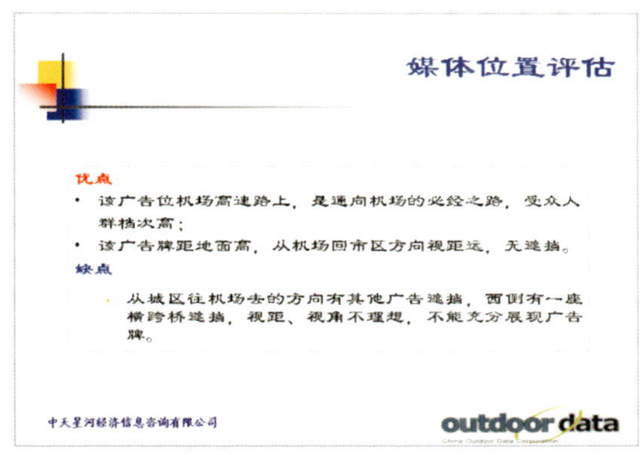

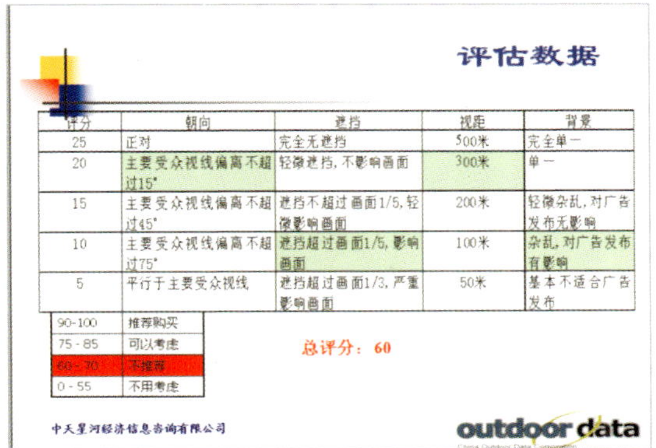

评分	朝向	遮挡	视距	背景
25	正对	完全无遮挡	500米	完全单一
20	主要受众视线偏离不超过15°	轻微遮挡，不影响画面	300米	单一
15	主要受众视线偏离不超过45°	遮挡不超过画面1/5，轻微影响画面	200米	轻微杂乱，对广告发布无影响
10	主要受众视线偏离不超过75°	遮挡超过画面1/5，影响画面	100米	杂乱，对广告发布有影响
5	平行于主要受众视线	遮挡超过画面1/3，严重影响画面	50米	基本不适合广告发布

90-100	推荐购买
75-85	可以考虑
60-70	不推荐
0-55	不用考虑

(二)、媒体评估分数在75分以上

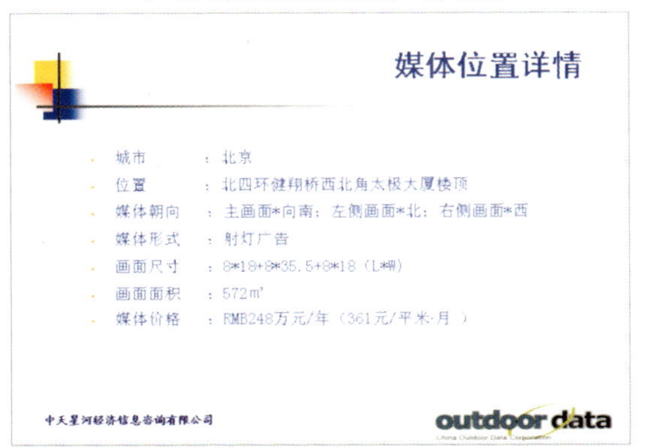

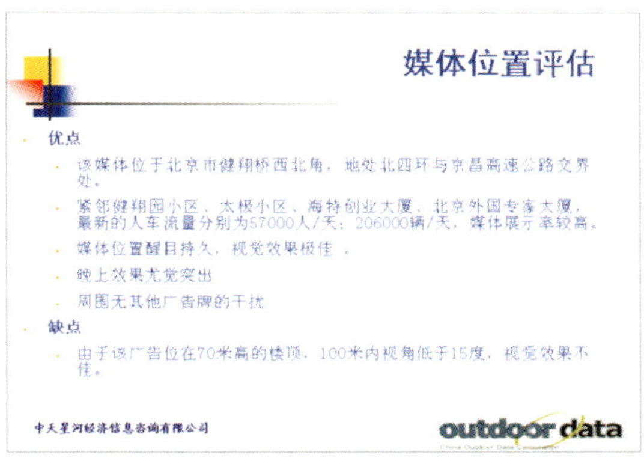

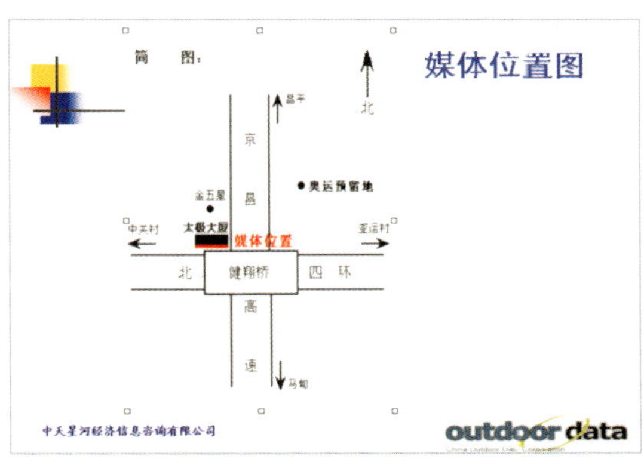

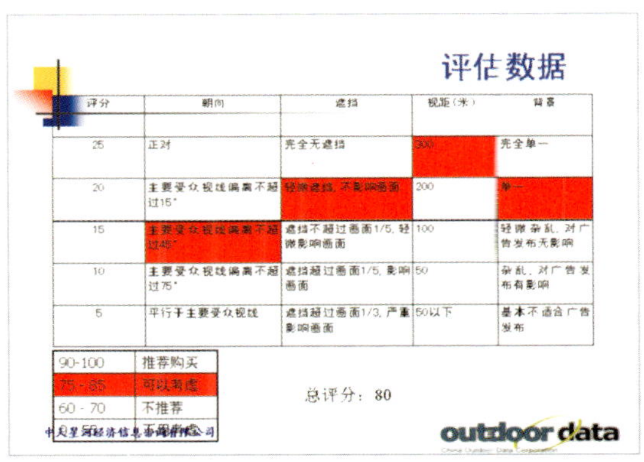

评分	朝向	遮挡	视距（米）	背景
25	正对	完全无遮挡	300	完全单一
20	主要受众视线偏离不超过15°	轻微遮挡，不影响画面	200	单一
15	主要受众视线偏离不超过45°	遮挡不超过画面1/5，轻微影响画面	100	轻微杂乱，对广告发布无影响
10	主要受众视线偏离不超过75°	遮挡超过画面1/5，影响画面	50	杂乱，对广告发布有影响
5	平行于主要受众视线	遮挡超过画面1/3，严重影响画面	50以下	基本不适合广告发布

90-100	推荐购买
75-85	可以考虑
60-70	不推荐
0-55	不用考虑

（中天星河 王健）

第三方监测的重要性

有人说过：“户外广告才是真正的大众传媒。”是的，当每天你走出家门，放眼望去，形形色色的户外广告冲击着你的双眼，拨动着你的神经。户外广告正以其受众广泛、形式多样而越来越受到广大媒体投放者的青睐。

但是作为广告投放者来讲，掌握媒体的发布及投放情况，以及是否能为广告投放者提供投放质量保障，就成为广告投放者最关心的问题。

那么这时就需要有一支专业的队伍，为广告投放者提供客观、公正、真实、迅捷的媒体监测服务，这就是我们讲的第三方监测服务。

第三方监测服务的意义在于：它可以站在专业的立场上帮助广告投放者及时掌握媒体投放情况及质量、理解日益复杂的媒介环境、可以帮助投放者提高媒体曝光效果，让传播更到位。

在监测过程中，提供监测服务的公司还可以提供不断更新的信息可以使广告投放者对广告的传播策略做及时的调整。客观、公正、迅捷、深入的分析和战略信息将可以帮助您制定适当的传播策略。任何一家企业广告主、广告公司、媒体、媒体内容供应商、媒介运营商等都可以从第三方广告监测中获得意想不到的收益。我们在提供监测服务的同时，还会定期给您提供系统、专业、全面的监测报告。在报告中监测公司会根据广告投放媒体类型的不同，分固定和移动两部分，提供涉及到广告发布状况、发布媒体所处环境以及广告画面质量等方面的报告。(见下图固定媒体监测报告)

首先提供的是一组没有监测保障的照片：

这是一组经专业监测公司提供监测保障的照片

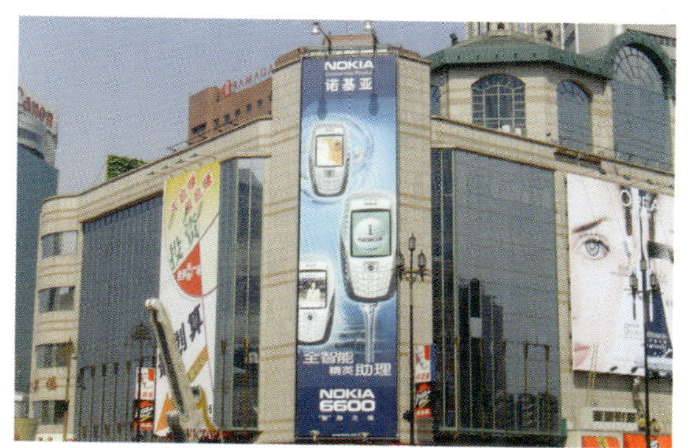

经过对比，不难看出，经过一家专业监测公司提供的监测保障，及时为广告投放者提供真实、可靠的媒体信息，可以在最大程度上方便投放者掌握和调整媒体现状，及时更新投放计划。另外，相对于监测费用的投入，广告投放获得的成功所带来的收益是巨大的，广告投放是否有效，是广告费支出的唯一理由。监测公司可以在很大程度上为广告投放者提供有力的保障，最终保证广告投放者的每笔投放资金都可以有效、合理的落实到位。

（中天星河 郭璐）

中国户外广告形式对受众的吸引力分析

随着传播环境的日渐复杂，各种大众传播渠道的竞争激烈，户外广告的竞争也逐渐浮出水面。一方面，传统大众媒介成本不断增高却面临着效果有所下降的趋势，而相比于传统的大众媒介广告，户外广告以较低的千人成本和较好的传播效果日益赢得了广告客户和广告公司的青睐；另一方面，由于户外广告开发和经营的丰厚的利润潜力使得户外广告成为广告公司热门的经营项目，专业运营户外广告的广告公司迅即出现并迅猛地进行资本运作，依托其强大的资金支持及社会关系背景不断开发新的户外广告形式。

当代户外广告发展的一个重要变化就是户外广告形式不断创新，如灯箱广告、射灯广告牌、车身广告、候车亭广告、电子屏广告、霓虹灯广告、三面翻、单立柱、地铁广告、机场广告、电话亭广告等等。这里面有以占据显著位置为特点的户外广告形式，如大厦楼顶设置的大型广告牌等，有以城市交通系统为接触点的候车亭广告、地铁广告等，有以光性能为元素而达到传播效果的如霓虹灯广告、灯箱广告等，有依靠其移动特性的如车身广告，有以新科技为支持的如电子屏广告等等。这些广告形式的出现不仅丰富了户外广告类型，也使户外广告的形式、内容、规模不断发展壮大，俨然已形成和传统大众媒体分庭抗礼的趋势。

在户外广告高速发展、各种户外广告形式不断涌现的形势下，对户外广告种类繁多的广告形式进行有效的测评显得十分迫切和尤为重要，这对正确有效开发户外广告形式，制定科学的户外广告投放组合等具有重要意义。2004年3月起，北京大学现代广告研究所在日本吉田秀雄基金会的支持下，进行了全国性大型户外广告受众调查。问卷调查涉及北京、上海、广州、西安、成都、沈阳、武汉七个城市的1200个样本；在北京、沈阳、成都选择强力消费群体，进行了三场座谈会。本篇论文利用调查的成果，着重对吸引受众的户外广告形式进行深入的分析和比较。

户外广告形式吸引力整体比拼

本次调查中，罗列了18种基本的户外广告形式，被调查者选出对其具有吸引力的形式。调查结果如下：

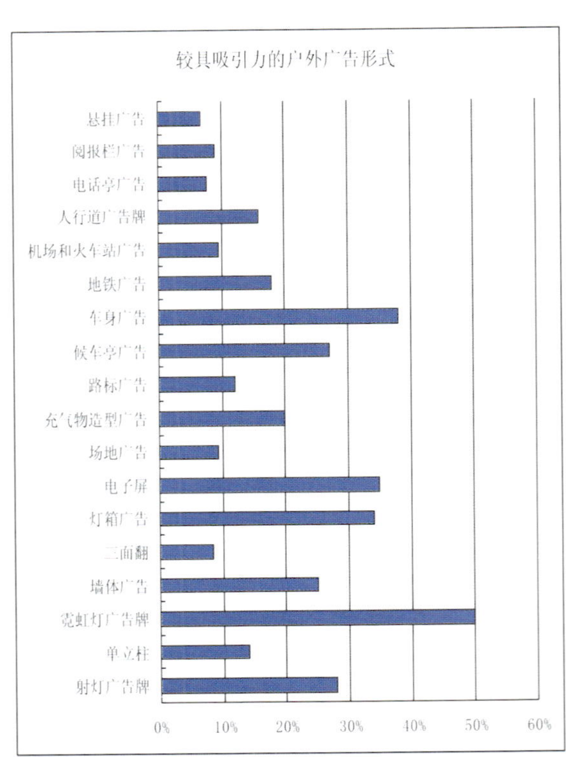

表1

1、发光类媒体日夜暴露，独具优势

以“光”为特征的灯光广告较能引起人们注目，如霓虹灯广告、灯箱广告、射灯广告牌、电子屏等。这类广告配合电子控制的闪动形式，画面具有表现力，特点是动感、多变、新颖别致、反复播放等特点，能引起受众的极大兴趣。调查显示（表1），霓虹灯广告、灯箱广告、射灯广告牌、电子屏的选择比例在所列18种户外广告形式中明显偏高（大于20%），其中霓虹灯广告更是一枝独秀，选择率达到50%。发光类户外广告媒体才是真正意义上的全天暴露，尤其是在夜里，没有照明或不发光的媒体即使还矗立在户外，人们看不到所载内容，也等于是没有意义的暴露。发光户外媒体在夜间还起到了一定的照明和地标作用，霓虹灯广告闪烁变化更是增加了城市的繁华感和市容美观度。而且霓虹灯的使用历史较长，是人们接受度和好感度都很强的经典户外媒体形式，加之现在的技术进步，霓虹灯的颜色和变化方式更加多样，更加吸引人。值得圈点的还有电子屏，它是比较新的户外媒体，但是由于它不但具备象霓虹灯似的发光和变化的特点，而且承载的信息更丰富和富于变化，不仅有文字还可以有电视画面，所以将是一种很有发展潜力的户外媒体形式。

2、公交移动类媒体紧贴生活，引人注目,有很强的吸引力，接触度最高

车身广告的吸引力程度紧跟在霓虹灯之后位居第二，候车亭的选择率也高于20%，这和受众的户外生活方式紧密相关。本次相关调查显示（表2、表3），有接近70%的人最经常使用的交通工具是公交车。相应的，调查对象接触过的最多的户外广告类型也是车身广告，高达80%以上。可以说，在人们户外活动时间不断增加的今天，公交车、候车亭与受众的生活紧密相连，是户外出行不可缺少的工具与场景，加之人们在路上或等车时的视觉空白，交通移动类媒体必然很引人注目。

3、以城市交通系统为接触点的地铁广告、候车亭广告等注目度也较高

因为人流集中，且广告全天候发布，影响时段长，站亭广告位可单独或网络式达到较宽覆盖率。地铁站、车站能引人注意的东西并不多，在等车过程中看看广告往往是打发时光的一种方式。

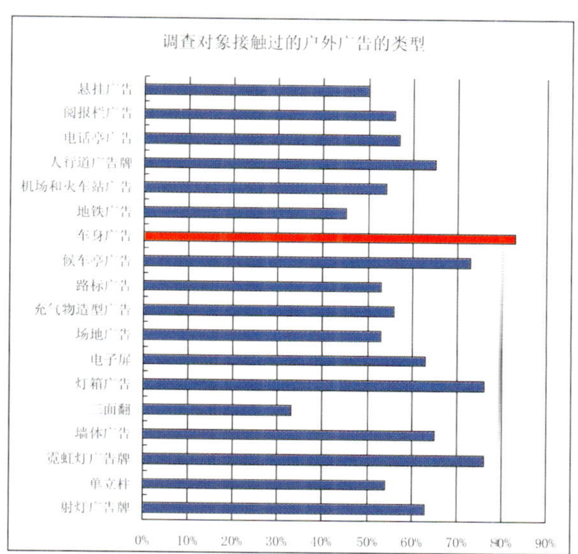

表2

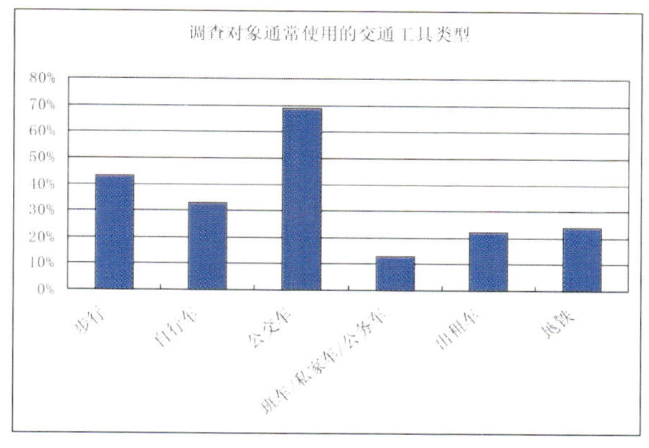

表3

4、火车站广告有待改善，机场广告有独特价值

机场、火车站广告没有地铁和公交车站广告注目度高。对中国绝大多数消费者来说，飞机是使用最少的交通工具，所以，调查数据中，关注度和接触度较低。但是，作为公共交通系统，机场相对来说人流量少，接触的人群范围窄，旅客一般都经济基础较好，教育程度高，对高端人群来说，机场广告是一种特别重要的形式。

火车站是旅客的集散地，虽然人流量很大，但是人们往往行色匆匆，不太留意户外广告，而且中国的火车站无论是站外还是站内，环境都比较杂乱，人群也比较混杂，人们更多的是关注好自己的事情，因而，目前这类户外广告有覆盖但关注度相对较低。

5、场地广告虽然以现场观众为直接受众，但主要利用媒介传播扩大影响

设置在大型集会活动场地的场地广告是电视时代的产物。虽然从调查数据看，由于场地广告一般是和体育赛事或大型集会联系起来，场地广告目前形式比较单一，而且比赛和活动本身会比广告更吸引人，这类户外广告吸引力有限，但场地广告实际是通过现场观众和电视转播两种途径传递广告信息，随着电视直播水平的提高，场地广告日益受注目。

不同年龄段略有差别

为了更加深入地分析，对于户外广告不同形式的吸引力进行了各个自然变量的交互分析。首先是年龄，调查发现多数户外广告形式的吸引力基本不受年龄影响，对于个别形式有一些细微差别：

1、霓虹灯广告和车身广告是最大众化的形式

从18岁到50岁以上的受访者都对霓虹灯广告表现出极大兴趣，对车身广告的关注度也较高。

2、三面翻吸引年轻族群

三面翻广告的吸引力随受众年龄增长下降的趋势，因为三面翻是比较新颖的一种户外媒体形式，年轻一代较易接受新事物，并且有探究的兴趣，其可以变化的形式更吸引年轻人。

3、交通媒体受成熟人群青睐

随着年龄的增长，认为“候车亭广告”有吸引力的人的比例有略微的增长。其次，50岁及以上的群体的调查对象中，认为“车身广告”有吸引力的人的比例明显高于其它三个年龄群体。这要分析不同年龄群体经常接触的媒体，相关调查显示（表5），50岁及以上群体经常接触户外媒体的比例最高，他们可能是因为退休、没有家庭负担而增加了户外活动时间，接触户外广告，尤其是交通广告的频率增多，而且他们的活动多以休闲为主，所以有更多闲暇和轻松的心情。

较具吸引力的户外广告类型－年龄

	18-29岁	30-39岁	40－49岁	50岁及以上
射灯广告牌	28%	26%	29%	30%
单立柱	15%	15%	10%	13%
霓虹灯广告牌	47%	53%	54%	45%
墙体广告	24%	27%	23%	21%
三面翻	10%	7%	6%	4%
灯箱广告	30%	35%	45%	38%
电子屏	37%	29%	36%	31%
场地广告	9%	9%	10%	9%
充气物造型广告	24%	16%	15%	21%
路标广告	12%	10%	14%	10%
候车亭广告	24%	29%	29%	32%
车身广告	36%	40%	38%	46%
地铁广告	21%	18%	13%	14%
机场和火车站广告	10%	11%	8%	8%
人行道广告牌	15%	19%	19%	16%
电话亭广告	6%	8%	11%	11%
阅报栏广告	9%	8%	11%	10%
悬挂广告	7%	7%	6%	7%

表4

4、灯箱广告切合中年人需要

调查显示（表4），40-49岁群体中认为“灯箱广告”有吸引力的人的比例高于其它年龄群体，为45%。这一年龄段的人，家庭和工作负担较重，时间精力缺乏，灯箱广告中规中矩，科技含量不高，也没有什么花样，但是传达信息实用明了，而且有照明日夜可见，显然很符合中年人的需要。

5、充气物造型广告老少皆宜

调查显示（表4），充气物造型广告比较吸引18-29岁年龄段以及50岁以上年龄段的受众。充气物造型新鲜有趣，设计独特，色彩鲜艳，卡通感和娱乐感较强，而且可以制造节日或喜庆气氛，吸引老年人。以其逼真和可爱的形象获得了老年群体和年轻群体的喜爱。

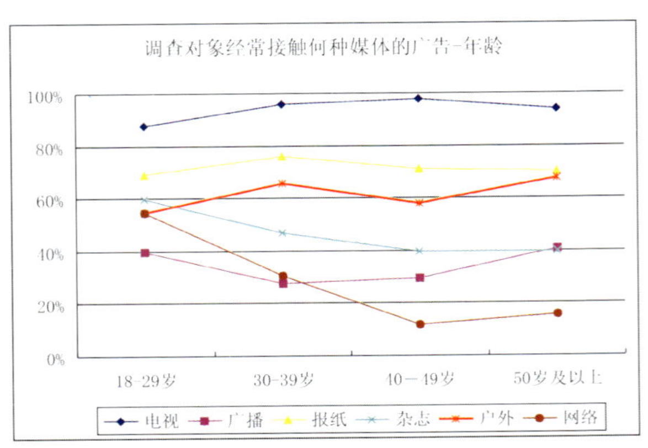

表5

城市差异引人注意

户外广告的众多形式在不同的城市的吸引力存在着明显的差异性。户外广告的发展水平受到当地经济发展水平、企业集中程度、政府城市管理和开发水平以及经营户外广告的广告公司的专业化水平的共同制约和影响，而这些因素不可避免的会影响到具体在城市中呈现的各种户外广告形式，从而影响到人们对户外广告的认识。

	北京	上海	广州	西安	成都	沈阳	武汉
射灯广告牌	27%	28%	34%	28%	37%	19%	20%
单立柱	20%	11%	7%	17%	25%	12%	9%
霓虹灯广告牌	54%	60%	54%	37%	49%	36%	50%
墙体广告	24%	16%	16%	37%	34%	25%	26%
三面翻	7%	10%	5%	6%	11%	11%	9%
灯箱广告	26%	35%	46%	26%	35%	33%	38%
电子屏	37%	33%	33%	40%	43%	33%	24%
场地广告	5%	14%	8%	15%	11%	1%	11%
充气物造型广告	14%	22%	18%	32%	36%	12%	12%
路标广告	2%	21%	2%	12%	21%	14%	13%
候车亭广告	17%	20%	54%	21%	29%	27%	14%
车身广告	20%	38%	46%	50%	49%	34%	33%
地铁广告	25%	33%	37%	1%	4%	2%	7%
机场和火车站广告	3%	5%	14%	16%	19%	7%	3%
人行道广告牌	6%	19%	18%	17%	21%	15%	22%
电话亭广告	3%	7%	3%	12%	24%	6%	4%
阅报栏广告	10%	4%	10%	13%	16%	6%	5%
悬挂广告	3%	9%	5%	8%	13%	6%	5%

表6

1、候车亭广告广州最优

广州的调查对象中，偏好“候车亭”广告的人的比例极高（表6），远远超过其它城市，高达54%；车身广告达到46%，居于各城市的第三位。灯箱广告注目度也比其它城市高。相关调查可以解释这一现象，表7显示，广州的调查对象平均户外活动时间在国内几大城市中居于首位，超过了6个小时，由于广州的经济水平比较发达，加之气候和生活习惯使得人们的户外活动时间较长，相应的，广州调查对象使用公交车的比例也明显最高（表8），广州人夜生活比较丰富，所以有光源的候车亭及灯箱广告效果很好。另外，从广州起家的白马户外公司开辟了“风神榜”候车亭广告网络，并成为目前国内最大、最优质的户外广告网络，成功的经营和精良的制作，自然使得广州的候车亭广告极为吸引人。

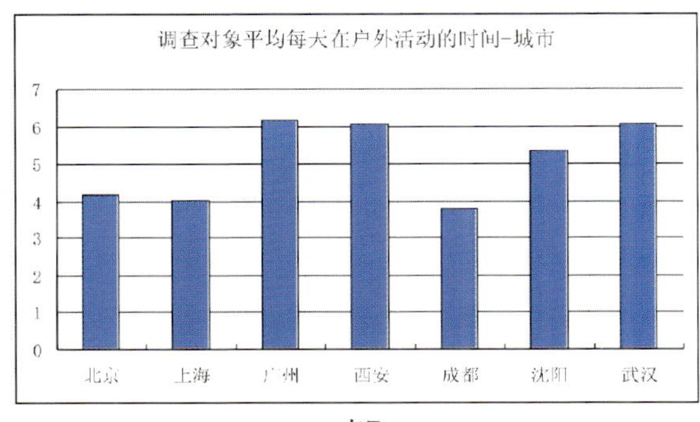

表7

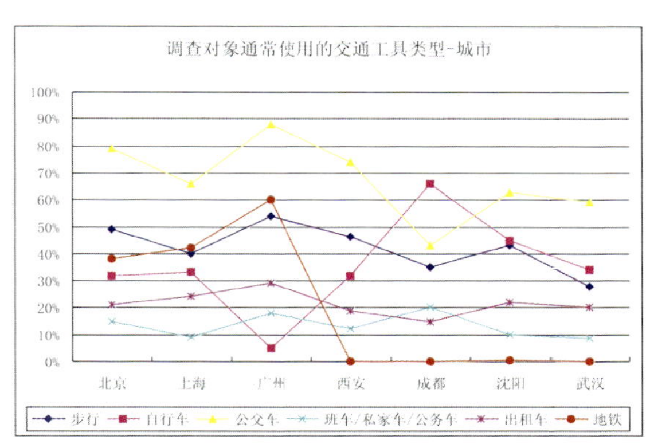

表8

2、墙体广告、车身广告西安最优

如表7 所示，西安的调查对象平均每天户外活动时间与广州的调查对象接近，达到了6个小时。因为其他形式的户外广告发展不很充分，所以车身广告比较吸引人；由于经济仍然不很发达，所以比较简陋的墙体广告仍然有一定的效果。

3、半数户外广告形式成都最优

虽然成都的调查对象平均每天户外活动时间在调查城市中最低（表8），但是半数的户外广告形式对于成都受众吸引力最大（表6）。在这里，就不能单单从户外活动时间上来分析了，因为户外活动时间不能够保证户外广告的传播有效性，在广州、上海、北京这样的大都市，虽然经济发达，但是相应的人们的生活节奏也很快，户外活动的目的性较强，注意力往往比较集中在自己的事情上，心情也不易放松，所以户外广告虽然有暴露，但是不一定会有很大的吸引力，容易视而不见。但是在成都，情况比较特殊，成都的自然条件好，人们衣食无忧，生活安逸舒适，虽然户外活动时间最少，却是实实在在的对户外广告的传播较为有效的时间，悠闲的户外活动使受众对户外广告的接触比较敏感，所以这么多的户外广告都会吸引成都人的目光，这是个有意思的现象。

不同文化程度受众各有所好

文化程度会影响到受众对信息的敏感程度以及接受程度，对于户外广告也同样，不同的形式对于不同文化程度的受众吸引力也有所不同。

1、霓虹灯广告、地铁广告、机场和火车站广告随受众文化程度升高吸引力加强

霓虹灯广告是中国 消费者 普遍接受的广告形式，由

于表现形式的丰富和对城市夜景的装点，也受到高学历的消费者的喜爱。学历升高对应着社会地位，个人经济实力等指标的上涨，文化程度越高一般情况下生活水平会越好，对于交通费用的承受能力更强，所以出行的交通工具选择也更加多样和高质，相应的地铁或机场广告比较精美，广告产品也比较高档，应该更加吸引他们。

2、灯箱广告、电子屏和充气物造型广告以大专文化程度为分界，形成差异。

灯箱广告更吸引大专以下文化程度的人，而电子屏和充气物造型广告更吸引大专以上文化程度的人。灯箱广告简单明了，实用性强，比较适合文化程度较低的人，容易接受和理解；电子屏科技含量高，内容和表现能力更丰富，吸引学历高的人，充气物造型则新鲜有趣，卡通感和娱乐感较强，学历高的受众生活品位和欣赏层次较高，所以有吸引力。

较具吸引力的户外广告类型－文化程度

	初中及以下	高中、中专、技校	大专	本科	硕士及以上
射灯广告牌	23%	24%	34%	31%	23%
单立柱	14%	15%	14%	13%	5%
霓虹灯广告牌	43%	48%	52%	52%	68%
墙体广告	29%	26%	21%	21%	41%
三面翻	7%	7%	10%	11%	0%
灯箱广告	38%	39%	34%	25%	27%
电子屏	25%	30%	40%	42%	41%
场地广告	8%	8%	10%	11%	0%
充气物造型广告	13%	17%	23%	28%	23%
路标广告	14%	12%	12%	10%	0%
候车亭广告	25%	29%	29%	20%	36%
车身广告	40%	39%	40%	31%	41%
地铁广告	7%	16%	20%	25%	32%
机场和火车站广告	5%	9%	10%	13%	18%
人行道广告牌	23%	17%	16%	12%	18%
电话亭广告	11%	8%	8%	4%	0%
阅报栏广告	8%	8%	11%	8%	14%
悬挂广告	6%	5%	9%	6%	14%

表9

需要注意的是，硕士及以上学历的人对“三面翻”、“场地广告”、“路标广告”和“电话亭”的关注度为0%。可能“三面翻”、“场地广告”、以及“路标广告”从名称的界定上会给人造成模糊感，而电话亭广告确实不为这个群体所关注。

个人月收入不同形成差别

个人收入也是影响户外广告对受众的吸引力的重要因素。个人收入的不同，直接与消费者的生活方式和感知方式有关。因而，使得户外广告形式，对不同收入消费者的吸引力出现差异。

较具吸引力的户外广告类型－个人月收入

	无收入	999元以下	1000－1999元	2000－2999元	3000－3999元	4000－4999元	5000元及以上
射灯广告牌	23%	28%	26%	33%	39%	39%	19%
单立柱	10%	17%	15%	12%	22%	11%	10%
霓虹灯广告牌	49%	47%	50%	54%	45%	56%	58%
墙体广告	26%	29%	26%	19%	10%	28%	13%
三面翻	11%	10%	7%	7%	6%	17%	0%
灯箱广告	25%	39%	37%	37%	34%	39%	13%
电子屏	35%	30%	35%	36%	45%	39%	42%
场地广告	10%	9%	10%	9%	9%	11%	3%
充气物造型广告	26%	20%	18%	16%	27%	28%	16%
路标广告	11%	13%	14%	9%	7%	6%	0%
候车亭广告	20%	25%	30%	31%	31%	28%	19%
车身广告	35%	43%	38%	35%	37%	44%	29%
地铁广告	20%	7%	14%	28%	36%	33%	29%
机场和火车站广告	6%	10%	9%	13%	10%	17%	6%
人行道广告牌	16%	18%	18%	13%	13%	39%	6%
电话亭广告	7%	12%	9%	3%	0%	6%	3%
阅报栏广告	7%	11%	10%	8%	4%	22%	6%
悬挂广告	6%	10%	6%	4%	9%	11%	3%

表10

1、4000-4999元收入群体是对户外广告最感兴趣的群体

多数的户外广告形式对于4000-4999元收入群体吸引力最强。收入增加，意味着休闲时间相应增多，社交需要增加，户外活动会更多，以及对于周围事物更加敏感，所以随着个人月收入的上升，经常接触户外广告的比例趋于上升

2、5000元以上高收入群体对户外广告的注意力上都普遍较低，但对于霓虹灯广告、电子屏等广告保持了较高的注意力

5000元以上的高收入人群会有更多的工作压力，和新的生活方式，一般工作繁忙，户外活动时间可能反而减少，只有新型的动感户外广告才能抓住他们的注意力

3、电话亭广告对中低收入受众有吸引力

因为经济原因，中低收入人群对公共电话亭的依赖应该是相对要大些，不过因为移动通讯的发展，总的来说对电话亭广告的关注都不算太高。

户外广告正在以一种独立的信息传播媒体姿态与传统的四大媒体分庭抗礼，在户外广告形式开发的过程中体现着几个特点：一方面是新技术的广泛应用，如时下正在发展和普及的三面翻转广告牌、多画面循环广告牌、发光二极管显示版、电子大屏幕、空中激光动画等等新户外广告媒体，利用新科技使其在表现形式、视觉效果等方面更

能引起观众的注意，进一步提高信息传播的有效性；另一方面是户外广告形式开发利用的无孔不入，候车亭、电话亭、报刊亭、地铁、车厢、各种墙壁、招贴，甚至细小到公车的扶手等等，都充斥着户外广告的讯息。再有就是充分的进行媒体创意，不断开发新的户外广告载体，将广告的诉求点很好的融入到现有媒体的特征之中。

关于各种户外广告形式的效果探索还处于摸索的阶段，本篇报告提到的户外广告形式吸引力问题只是户外广告效果研究的一个方面，对于不同户外广告形式对产品品牌形象塑造等问题还有待其它研究。此外，从人口统计参数来考量传播效果也只是一个纬度，对于户外广告来说，其所嵌入的周围环境，也影响着广告的传播效果。所以我们不仅要从人口统计的纬度来摸索规律，也要从广告本身设计、与周围环境的接合等纬度来进行考虑。

对不同户外广告形式传播效果的考察，有助于我们更好地把握户外广告各种形式的采用、设计和投放，户外广告形式的有效组合已经成了重要的战略思路。试想一下天上飘浮着汽艇等各种充气型户外广告；地面有路牌、灯箱、电子屏幕；地下又有精心准备的地铁广告；人们游走在城市的交通系统中随处可及广告讯息，而徜徉于城市的夜色中，又被缤纷眩目的灯光广告包围，在这样的氛围下，要使户外广告真正产生效果，采用有效的形式和科学的进行组合变得尤为重要。

北京大学现代广告研究所
（指导：陈刚 执笔：李培 朱凯 季飞 付滔 周艳粉 吕坤）

分类方法
户外媒体价值评估的关键

户外广告是人类历史有考证的最古老的一种广告形式了，从古罗马遗址挖掘出的户外广告就有一家房产要出租的信息，还有一处在庞贝的墙上的信息是针对到这里来的旅行家的。户外广告在17世纪以后真正出现并发展，最初的市场营销中第一个使用的广告形式也是户外广告。在1870年，户外广告的收入占到商业广告的30%。

1998年，英国前200名广告主中，有83%购买过户外广告媒体，而到了2002年，这个比例增加到了93%。同时，从1998年以来，户外广告的收入也增长了23%。1999年，美国的户外广告费用达到了48亿美元，比上一年增长了40%以上，总金额和增长幅度都创下了历史最高记录。美国户外广告协会预计2004年美国户外广告将突破200亿美元大关。中国广告协会秘书长时学志在“首届中国广告业年度人物颁奖典礼”上说，2003年中国广告业营业总额突破了一千亿元人民币，今年将以千亿元规模为起点，继续保持两位数的高速增长，预计未来十年中国广告市场将进入全球市场前三名。可以说，中国广告的发展已经进入了一个新的时代。

目前，中国传统类型媒体的竞争随之加剧。报业已进入“春秋战国”时期，最具代表的就是北京的“四大金刚”与广州的“三国演义”；电视业重新翻排与洗牌，省卫视与中央台、省卫视之间、省台与市台、市台之间的节目、收视与广告的争夺无处不在，电视台已经从争夺新的电视观众转向了观众份额的争夺。在传统媒体激烈竞争的同时，其它非传统媒体得到了史无前例的发展机会。其中网络广告增长幅度最大，而户外广告的增长规模最大，在广告界的影响也最大。1994年以来，中国户外广告以每年16%以上的速度增长，过去的5年中，户外广告业是中国大陆发展最快的行业之一，2002年户外广告业的营业额已占中国广告市场营业总额的20%，2003年总营业额已达150亿元人民币。

户外媒体已经越来越被企业所重视，户外媒体策划与价值的评估就更显得重要了。CTR是第一个进行户外连续监测的研究公司，而且也是中国户外媒体传播效果研究与评估的领先机构。CTR认为行业的领导者必须先有一个领先业界的理论和标准，并希望成为行业研究规则的制定者。户外媒体不断发展壮大，但价值的评估与研究却混乱

2003年广告营业额比例

电台广告 4%
杂志广告 4%
网络广告 2%
户外广告 18%
电视广告 37%
报纸广告 35%

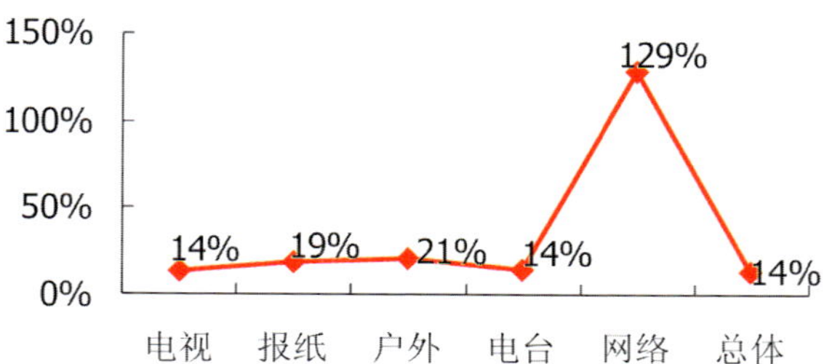

无序的现状同时也给了我们一个迅速发展和建立产品标准的一个绝好机会。CTR的专有评估系统包括：科学的户外媒体分类+先进的受众研究分析。首先，从分类上来说，CTR市场研究有两个较为独立的方法。第一个方法是现在众多的媒体和广告公司都在采用的物理特性分类法，CTR市场研究在进行户外媒体的监测时采用这个方法。主要分为看板类、街道设施类、移动媒体类三个大类，大类下又有中类：看板类有分为普通型、擎天柱和霓虹灯等；街道设施类包括候车亭、电话书报亭、灯箱等；移动媒体类包括地铁、公交车等。每个中类下面还有小类，如擎天柱有分为有照明和无照明，地铁内又分为通道中和站台上等。

以上这些分类方法可以从物理特性很准确地解释某个户外广告的特点，也为准确快速地获得监测数据提供帮助，但在评估媒体的价值上就显得比较单薄。户外媒体的评估目前很少有量化的方法，所以在监测、人流量等很基础的数据基础上定性地进行评估目前还是主要的方法。CTR市场研究为了针对户外媒体进行全面快速的定性评估提出了一个分类方法——CTR户外媒体感观交互分类方法。顾名思义，这种分类方法的特点就是感观和交互。所谓“感观”，就是将对户外媒体的分类从单一的物理特性提升到了受众的感观心理特性；所谓“交互”，就是将这些按照受众感观心理特性的分类进行不同层面的交互，对于一种媒体可以得到不同层面的多种分类进行综合评价。具体地说，感观交互分类法分有三个层面进行交互评价，按照受众的感观特性进行第一级分类，按照时间空间特性进行第二级分类，按照户外广告形式进行第三级分类。

第一级感观分类中包括单一视觉媒体和多感观媒体两大类，这两种不同类别的媒体能够使受众产生不同的感

观印象从而决定广告的效果。单一视觉媒体只能用视觉进行感知，又可以分为双纬度和多纬度两类，如看板、擎天柱、灯箱等就属于双纬度单一视觉媒体，而气球、建筑物包围、异型广告等就属于多纬度视觉媒体。与单一视觉媒体相对应的是多感观媒体，是指除视觉外和有其它感观的媒体形式，又可以分为AV（视听）和其它更多感观类。AV多感观媒体包括交通工具的LCD、电视墙、户外触摸屏等，其它感观还包括嗅觉、触觉或更多。总之，第一级按照受众感观的分类完全可以从不同的感观带来的不同的感知效果入手进行媒体价值的评估。对户外媒体的每种分类都能够得到非常不同的感知程度，自然也具有不同的价值。第一级按照受众感观分类也是最重要的一种分类方式。

第二级分类中包括对户外媒体时间特性和空间特性的评估。按照时间特性，可以分为阶段性和全天候。灯光照射、防雨雪天气的户外媒体等就具有全天候的特性。按照空间特性，可以分为地面型和高空型，再往下还可分为地面流动型、地面固定型和空中流动型和空中固定型等。不同的时空特性不仅对受众的认知，也对广告的效果造成了很大的影响。

我们以上图中的户外广告为例进行感观交互分类，然后定性地对该媒体的传播价值进行评估。按照第一级感观分类，它是多纬单一视觉媒体；按照时空特性，它属于全天候高空固定类媒体；按照广告形式分类，它则属于大型硬广告；另外，它具有色彩艳丽突出、具有创意性的特点。分类后我们就可以根据每一类型的特点进行评估：单一视觉媒体只能从视觉上给人以感观刺激，但因为具有多纬特性，所以结合色彩创意极具震撼力，让人有身临其境的感觉，印象深刻。因为其全天候特性，广告能最大限度地发挥接触优势，同时大型高空的特点使广告更加醒目，延续性更好。

（CTR市场研究整合顾问与服务中心总监　刘会召）

商务楼宇液晶电视联播网广告效果研究报告

研究背景：

随着市场从大众消费越来越走向细分消费，产品和市场被不断细分与定义，在大城市居民的消费模式中，已出现由传统的大众消费品类走向高端消费品类的趋势。这些高端品牌对细分人群的关注更为迫切，希望有更加精确的媒体辅助其市场营销活动。

对于商务楼宇液晶电视媒体固定群组连续监测调查，为我们了解与认识这一新兴媒体提供了一些量化指标，也为广告公司与使用这一媒体的广告主提供了了解受众反映的尺度，其应用具有不可忽视的实践意义。运用科学的调查方法，客观、准确、公正的对待新媒体，将有助这种新兴媒体的发育与成熟。

一、调查简述

2002年末，楼宇液晶电视作为一种新兴媒体进入市场，新生代市场监测机构就一直关注于这种新兴媒体发展，了解受众对于楼宇液晶电视媒体的评价与受众的特征。2003年末至2004年新生代市场监测机构开始了正式的“商务楼宇液晶电视联播网”固定群组的月度连续性监测。其目的在于了解受众对于新兴媒体的接受程度，从受众的角度挖掘这种新兴媒体的价值。

本次调查共回收2397个有效样本，所获得数据均采用SPSS软件处理。

（一）调查方法

为了解释调研的目的，我们采用了固定群组连续性监测方法。固定群组连续性监测可以理解为在设计相同特征的大样本框架下，细化、动态地监测商务楼宇液晶电视受众对媒体的接触情况，它涵盖了受众接触媒体几率、频次、关注度、认可度、信息需求、媒体评价、广告回忆度以及受众生活形态等，也可以说是对商务楼宇液晶电视媒体受众形态与广告效果的监测。

（二）调查对象

本次调查，受访者来自北京、上海、广州、深圳四城市在安装液晶电视商务楼宇中上班的人群，在访问过程中，以拦截访问与在线调查两种方式完成。每月下旬，我们先对本月的访问样本进行甄别，甄选出200名合格的被访者，请他们根据本月接触到液晶电视媒体的情况、回忆看到的相关内容来填答问卷。

对于每月访问的楼宇选择，采用随机抽样的方式，在各城市所安装液晶电视的商务楼宇中按照不同区域覆盖的楼宇数量进行随机抽样，产生每月访问楼宇。原则上已访问过的楼宇将间断六个月再放入楼宇抽样框。

（三）调查内容概述

从研究内容上看，商务楼宇液晶电视媒体连续性监测调查主要包括受众接触状况、广告投放效果、受众特征及生活形态三大方面：

（1）受众接触状况研究

商务楼宇液晶电视媒体受众接触状况是此次调查的关键组成部分，其目的在于反映受众对这一新兴媒体的接受与认可态度，受众接触状况分析可以细分为：

受众每日接触液晶电视媒体的机会（乘坐电梯次数、乘坐时长等）。

受众每日关注液晶电视的频率。

受众对液晶电视媒体接受程度（喜欢、没有感觉、冷淡、厌恶等）。

受众的信息需求（评定适合此媒体播放的广告信息、受众关注的信息）。

受众对液晶电视媒体的评价。主要包括了对媒体广告播放环境、播放信息对自己的参考价值、与其它媒体相比特点评价等。

（2）广告效果研究

月度监测的另一个目的在于了解每月液晶电视媒体投放的广告效果，其主要分析指标包括广告提示前知名度、提示后知名度、其它媒体到达率比较、CPM、CPRP等分析指标。

（3）受众形态研究

对于受众形态方面的研究包括了关注液晶电视媒体受众人群特征，生活态度等方面。在研究中，运用从完全同意至完全不同意五个渐变的回答中选取其认同的态度，这些语句涵盖了品牌、广告、消费、理财、生活等诸多观点，能够从心理层面把握所研究的群体，替广告主更加精准的找到目标群体。

二、主要发现及分析

从受众接触状况看，综合11个月对北京、上海、广州、深圳四城市调查数据显示，液晶电视媒体受众平均每天乘坐电梯的频率为4.9次。其中，有71%的人在等候电梯时，每次都会收看或经常收看液晶电视。而在四城市中，北京和广州的受众对这种液晶电视的关注度尤其高。

同时，从受众对液晶电视媒体的接受程度来看，七成的受众都比较认可这种媒体。其中，有30%左右的受众表示非常喜欢这种液晶电视媒体，五成的受众认为，在乘坐电梯或等候电梯的时候关注这种媒体，不会占用自己的时间，信息更容易记住是区别于其它媒体的最大特点。

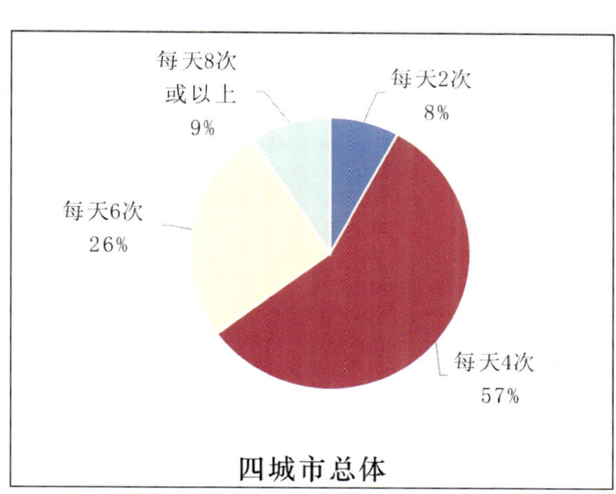

【图1：关注频率】

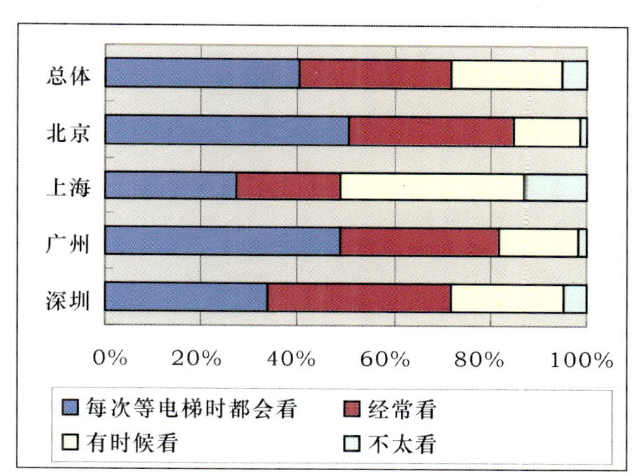

【图2：每天乘坐电梯频率】

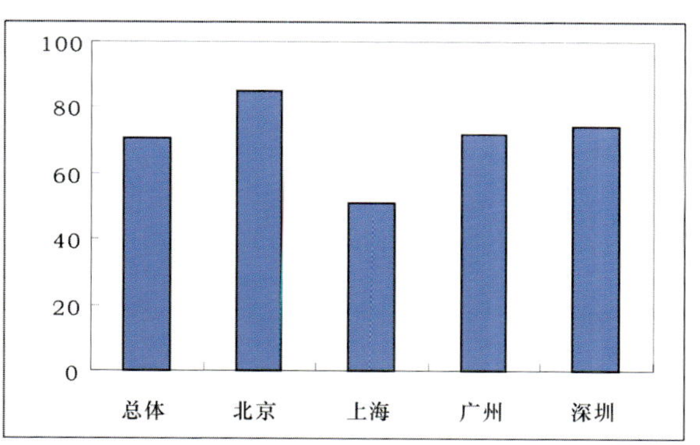

【图3：受众喜欢程度】

数据来源：新生代2004年01-11月数据，N=2397）

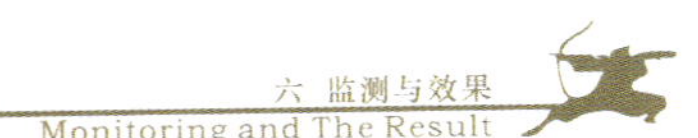

从受众需求看：商务楼宇液晶电视受众人群普遍关注汽车、房地产、IT数码产品、化妆/洗涤用品、手机、旅游信息、金融/保险/理财信息和电信广告信息，在所访问商务楼宇液晶电视受众中，男性人群和高收入人群对高端的产品广告关注度更高。

(%)	总体	北京	上海	广州	深圳
汽车	64.2	71.2	57.5	62.4	65.8
IT/数码产品	52.9	50.3	62.7	46.8	51.9
手机	51.9	53.3	47.7	53.5	52.9
房地产	49.2	47.6	46.9	53.5	48.8
电信	49.2	44.4	62.6	49.9	39.8
护肤/化妆品/洗染发用品	48.0	48.1	59.7	45.1	39.3
旅游信息	46.5	58.1	37.4	46.0	44.2
服装/钟表/首饰	45.6	44.9	53.8	44.7	39.0
公益信息	41.5	44.6	34.9	36.0	50.8
金融/保险/理财信息	41.4	36.3	33.7	44.6	51.0
餐饮娱乐	38.8	44.1	35.9	40.4	34.6
保健品	35.8	30.5	40.3	37.3	35.1
展览/会议/演出/招商信息	34.8	35.5	33.4	33.7	36.8
专业服务信息	33.8	32.7	39.6	32.1	31.0
食品/饮料	31.7	32.0	30.2	36.1	28.1
烟酒类	28.7	27.8	27.8	32.6	26.6

【图4：关注广告类型】

（数据来源：新生代2004年01-11月数据，N=2397）

长周期与重度投放对提升产品知名度必然会起到决定性作用，一则广告是否容易被受众记住，往往取决于广告的创意和广告播放的周期。分析液晶电视媒体广告传播，从不同时长的广告片来看，在商务楼宇液晶电视媒体上投放一则30秒的广告受众平均提及率可以达到50%左右，15秒的广告可以达到45%左右。相比较，商务楼宇液晶电视媒体投放10秒、15秒和30秒的广告片到达受众人群的效果更好，在这个时间范围内受众接收完整广告信息的可能性较大，而45秒或者更长时间的广告内容则对在写字楼宇上班的人来说，在上上下下电梯之间不容易看完一则广告所有信息，因此对广告的理解与记忆度也就随之降低。

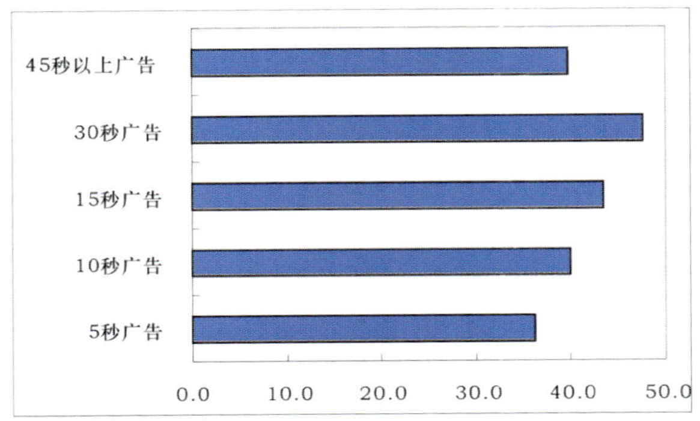

【图5：广告知名度】

（数据来源：新生代2004年01-11月数据，N=2397）

（2）受众特征

从受众特征显示：商务楼宇液晶电视媒体直接面向的是一群年轻化、高学历、高收入人群，这与楼宇液晶电视装置在高档商用写字楼有着直接的关系。受众平均年龄为33岁，八成的受众教育程度在大学或以上，平均个人月收入达到6131元。商务楼宇液晶电视媒体受众是一群热情、时尚、注意生活品质、追逐流行、有强烈的品牌意识的人群，并且他们在生活中是常常新品牌和独特风格产品的拥戴者，对于广告有较高的认同度。

三、结论与启示

根据我们对楼宇液晶电视媒体受众接触状况、广告投放效果、受众形态三个方面的调查分析，可以看出：

1. 商务楼宇液晶电视媒体相对于传统性的大众媒体，更能实现对中高端目标消费者的重度覆盖。

2. 同时与报纸、电视、广播、户外广告等传统性媒体相比，商务楼宇液晶电视媒体具有针对性强和反复刺激性等特点。

3. 商务楼宇液晶电视媒体直接面向的是一群年轻化、高学历、高收入人群。轻化、高学历、高收入人群体，更能实现对中高端目标消费者的重度覆盖。

在分众行销时代，楼宇液晶电视媒体正是一支快速成长的广告新媒体，市场空间十分广阔。但是任何事物都有其两面性，商务楼宇液晶电视广告也有着一定的局限性。这一媒体虽然已进一步细分受众，直接针对目标受众迅速到达高端人群，正在快速成长为广告的新媒体，但是我们也看到，它与传统型媒体相比，也存在着一些遗憾。一是“等候中的注意力”由于受等候时长和环境制约，传达的广告信息不完整，广告内容容易流失；二是内容单一，如能增加一些受众喜闻乐见的内容，例如MTV、新闻提示、生活提示等，可能会使收看商务楼宇液晶电视成为一种主动性或依赖性的行为，这样对于媒体价值将更有利。

（新生代市场监测机构 唐敏）

	赞同比例
我喜欢到有文化氛围的地方去度假	76.5
我喜欢购买具有独特风格的产品	74.1
我愿意多花钱购买高质量的物品	73.5
我希望自己成为独特风格的人	72.8
我喜欢尝试新的品牌	69.1
我更愿意从银行借贷，而不是向亲戚朋友借钱	68.9
广告是生活中必不可少的东西	68.5
我向往过浪漫的生活	67.3
我喜欢的品牌,我会一直使用它	66.0
我向往发达国家的生活方式	64.8
遇到新鲜和不同的事物时，我会感到兴奋	62.3
在社交活动中，我是比较活跃的分子	60.9
购买商品时，还是以有广告的品牌比较可靠	60.5
我喜欢追求富有挑战、新奇和变化的生活	58.0
享受现在，别担心未来	51.2
我花很多钱用于休闲活动	45.3
我想节约花费但很难	43.2
即使再忙，我也要抽时间参加锻炼	43.2
我喜欢追求流行、时髦与新奇的东西	43.2
我对自己的花销非常谨慎	42.6
吸引异性的注目是我很喜欢的感觉	42.0
广告格调低的产品，我不会去购买	41.4
我往往是最早购买最新技术产品的人	41.4
我的服饰和打扮，多年来没有大的改变	37.7
会花钱比多挣钱更重要	22.2

【图6：生活形态语句】（数据来源：新生代数据）

车身广告投放效果与预测

中国历来城市人口众多，人口密度大，加上近年来高速发展的城市化进程，使得公交交通资源紧张的压力越来越突出。中国独特的城市人口资源优势，使户外媒体特别是和普通大众出行密切相关的车身广告获得了独一无二的广告优势。

车身广告作为影响力仅次于电视广告的大众媒体，已经被越来越多的广告主所认可。车身广告这种户外媒体形式，经过了近十年的高速发展，也愈发成熟和规范。在实际工作中，广告媒介人员常常会碰到客户提出的以下三个问题（3W）：为什么要投放车身广告（Why）？如何投放车身广告（How）？投放后的效果如何（What）？其实，三个问题的关键核心就是：广告效果，这是客户花广告费的唯一理由，针对第三个问题，“MPI车身广告投放效果与预测（BUS-GRP)”的研究是一个很好的答案。

MPI媒体伯乐集团与国内最大的市场研究机构CTR合作，进行了车身广告效果的全方位定量研究，主要包括BUS-GRP的测量和计算、车身广告的到达率和接触频次的研究等。

由于户外媒体具有独占性和唯一性，就注定了地段决定了广告媒体的价值，就如同房地产一样，黄金地段永远是稀缺的。公交车的线路同样具有唯一性和无可替代性，好的线路经过城市最繁华的商业区，商务区，巨大而高素质的人流加上车身广告流动性的特点，最大限度的发挥了户外广告的效果。

户外媒体还具有明显的地域性特征，也就是我们常说的“过了这个村，没有这个店”。所以，户外媒体的覆盖范围一直是很多媒体供应商含糊其辞的部分。通常只能给广告主一个大约人流量的估算，但这个人流量对于整个城市来说到底代表什么，相信很少有人会打破沙锅问到底，也很难得到一个确切的答复。

各城市市场人口的界定

MPI引用了2004年央视－索福瑞媒介研究（CSM)推及4岁以上电视人口总体（范围包括中国30个主要城市），目的是希望将巴士媒体的覆盖范围和电视媒体的覆盖范围置于同一个比较基础上，使这两种媒体界定的范围是一致的。举个例子来说，通常我们所说的“城市”不是传统意义上的整个城市的地理范围，只是指该城市的主城区或中心城区。上海的城市面积包括郊区有6300平方公里，但真正我们通常说的“上海”就是指上海的主城区，即外环线以内670平方公里，900多万人口。所以,一般来说，在上海户外媒体的有效覆盖范围就是这900多万人口，在2004年央视－索福瑞媒介研究（CSM)推及4岁以上上海的电视人口总体是930万常住人口，MPI定义的户外市场范围也是这930万城市常住人口，我们一共定义了全国最主要的30个省会城市和经济发达城市。

发布量GRP

一谈到广告发布，就会谈到一个重要的媒介指标，GRP (Gross Rating Points）：即总收视点或者叫毛频点。其定义是对一项广告活动（或电视节目）总体视听众暴露的测量，GRP通常表示为接触人数在目标视听众人口中所占的百分比。通常GRP在电视上使用得非常成熟，但在户外包括其他媒体，应该如何计算呢?

发布量GRP的计算（假设市场：上海市1,000万人口，整数便于统计）

假定在上海市播放电视广告30次，每一次的收视率为3％

3%×30次＝GRP90，媒体覆盖总人次：1,000万人×90%=900万人次

*假定在上海市播放电台广告90次，每一次的收听率为1%

1%×90次＝GRP90，媒体覆盖总人次：1,000万人×90%=900万人次

*假定上海市某报纸的发行量是60万份，平均每份传阅率是1.5人，刊登10次广告

60万份×1.5人×10次＝900万人次，900万人/1,000万人＝GRP90，媒体覆盖总人次：1,000万×90%=900万人次

*假定在上海市每天有10万人路过某一块广告大牌，广告发布3个月

10万人×90天＝900万人次，900万人/1,000万人＝GRP90，媒体覆盖总人次：1,000万×90%=900万人次

*假定在上海市一辆公车平均每天覆盖15万人，广告发布2个月

15万人×60天＝900万人次，900万人/1,000万人＝GRP90，媒体覆盖总人次：1,000万×90%=900万人次

发布量GRP其实是可以合并计算的，它所代表的含义就是各媒体覆盖的人次，在数量上的累加，把所有媒体形式用GRP来衡量，表示了媒体的"量"上的大小。但从媒体的"质"上的特征来看，电视有声音和动态的画面，电台只有声音，报纸和杂志只有平面的画面，同样大牌和车身广告也只有平面的画面。这些媒体的本质其实是不一样的，GRP只是计算了各种媒体的覆盖量：人次，但没有解决广告的效果即回忆率或识别率。即到底有多少比例的人看到过该广告能够清楚的回忆起广告内容，其理解程度，好感程度，促购程度如何?

比如：某电视节目的收视率为3%，并不代表真的有3%的人在看该广告，只是代表有3%的电视机开着这个频道（这个3%只是电视监测仪的机顶盒自动记录下来的数据）。我们通常会碰到这样的情况，当您家里电视开着时，您人可能在喝水或在和人聊天，或在另一个房间忙碌，或者在看报纸、上厕所、打电话等，真正目不转睛看着电视广告的少之又少。但我们说这个节目有3%的收视率，其实是广告的OTS（可见机会），就是电视媒体的覆盖范围是3%，有3%的家庭有机会看到该广告，至于真的是否看到，那就要另当别论了。

同样的情况也会出现在其他媒体，如一份有60个版面的都市晨报，相信读者不会也没有必要去看每一个广告，如果客户在第45版投了一个四分之一通栏大小的广告，相信被看到的机会微乎其微，报纸杂志的广告效果需要做另外一个研究，即广告有效阅读率的调查。当然，这种情况也会发生在户外媒体上，所以，GRP的实质是有可能看到的机会有多大。

媒体形式	GRP	媒体覆盖总人次
电视广告	90	900万人
电台广告	90	900万人
报纸广告	90	900万人
大牌广告	90	900万人
车身广告	90	900万人
合计	360	4,500万人

单位成本效益CPP、CPM的计算

有了GRP后，我们可以推导出一个新的效益成本的计算：CPP（Cost Per Rating Point），即每1个收视点所需花费的成本。CPP的计算公式：CPP=成本/GRP。同样的指标是CPM（Cost Per Mil / Cost Per Thousand），即广告每到达一千人所需花费的成本。CPM的计算公式：CPM=(成本/人数）×1,000。

媒体形式	成本(C)	GRP	CPP
电视广告	80万元	90	8,889元
电台广告	30万元	90	3,333元
报纸广告	50万元	90	5,556元
大牌广告	15万元	90	1,667元
公车广告	5万元	90	56元
合计	180万元	360	5,000元

CPP的计算（成本均以刊例价计算）

媒体形式	成本(C)	媒体覆盖总人次	CPM
电视广告	80万元	900万人	88.9元
电台广告	30万元	900万人	33.3元
报纸广告	50万元	900万人	55.6元
大牌广告	15万元	900万人	16.7元
公车广告	5万元	900万人	5.6元
合计	180万元	4,500万人	40元

CPM的计算（成本均以刊例价计算）

车身广告的成本效益比较（成本均以刊例价计算）

上海		发布时间（1月）		成本(C)	成本效益	
MPI线路	线路级别	GRP	覆盖总人次	元/月	CPP元	CPM元
911路	A+	60	6,017,114	41,500	692	6.9
931路	A	78	7,817,168	24,000	308	3.1
939路	B+	48	4,824,124	15,666	326	3.2
929路	B	62	6,201,364	13,166	212	2.1
36路	C	63	6,311,526	9,000	143	1.4
合计		311	31,171,296	103,332	332	3.3

如何计算BUS-GRP

MPI的具体记录方法是：用数码摄像机连续拍摄公车运营一天所覆盖到的所有人车画面，并进行事后的统计，整理出1台车运营1天覆盖的所有的人车流量。如：上海1台公车平均一天运营7圈，则拍摄全部7圈的画面。在天气晴朗的工作日和双休日各拍摄一整天，则1台车1个月的人车流量＝工作日每天的人车流量×22天＋双休日每天的人车流量×8天。在公交车的车门侧和车窗侧各安装1台数码摄像机进行连续性拍摄。

MPI在统计人车流量以前，做过事先的测试，测量在高峰和低谷时段小车和公交车内的平均人数，然后按照以下的规则进行转化：公交车出现一次算20人次，小车算2人次，自行车算1个人次。事后，回放（慢放）所拍摄画面，经过统一培训的计数员使用计数器统计画面中行人和各种车辆出现的次数，并将数据输入在统一的电子记录表格上。

具体计算公式是：BUS-GRP=公车媒体覆盖总人次（Impression）/市场人口，媒体覆盖总人次（Impression）是由摄像机拍摄记录的媒体接触人数来推算每月的接触总人次，市场人口就是我们在文章开头提到的概念。则各城市的平均GRP是：

BUS-GRP	北京	上海	广州	成都	重庆	武汉	南京
1个辆月平均媒体覆盖总人数	3,444,000	6,194,800	3,080,718	2,688,000	2,048,000	4,199,287	2,265,900
市场人口	7,718,000	9,298,000	4,111,000	2,485,000	3,060,000	3,980,000	2,980,000
1个辆月平均GRP	45	67	75	108	67	106	76

说明：1个辆月指1台车投放1个月。

根据MPI数据库经验平均值，车身广告接触频次是8.12次/月。以上海为例，1个辆月车身广告平均到达率＝GRP67/8.12次＝8.3%，则1个辆月车身广告到达人数＝930万×8.3%＝77万，也就是说在上海，如果1台车发布一个月的广告，则广告的净到达率为8.3%，有机会覆盖到该城市不重复的77万人数，他们平均每月看到车身广告的机会是8次。

这种净到达的情况只存在于1台车发布1个月的条件下，如果是1条线路上发布几台车或者多条线路同时发布，那广告的净到达率就会减小，因为存在重复的人群。1条线路上发布的车辆数越多，则重复的几率越大。发布的线路数量越多，重复人群的概率也越大。从平时生活的实际经验出发，MPI一般建议客户在每一个行政区至少投放1条线路，大量数据证明，83%的城市人群平时出行是有规律的，首先在保证覆盖范围的情况下可以增加每条线路上的台数，即每个行政区至少选一条线路，如果预算充裕，重要的线路上可以投2-3台车。MPI发现，在一条线路上投放超过4台车以上，其边际效益是递减的（特殊情况除外）。

如何测量车身广告效果

MPI在选定的地点对被访者进行随机拦截访问，每城市至少300个成功样本，随机选5－10个访问地点。测量分广告上线前和上线后多次进行，测量的指标主要包括：市场认知部分（产品/品牌认知、广告认知、使用品牌、偏爱品牌、媒体接触情况）和车身广告效果部分（车身广告回忆率、车身广告接触频次、理解度、好感度、促购度等）。MPI在全国超过10个以上的城市进行了连续3年的100多个产品的案例研究测试，取得了大量重要的经验值，如1+到达率，3＋到达率，6＋和9＋到达率，根据我们对户外媒体的了解，如果电视考虑3+以上到达率是一个比较理想的情况，则户外广告的有效到达率至少是电视的3倍，即9＋到达率。

如何预测车身广告投放效果

MPI将取得的每条线路准确的GRP和以往得到的重要经验参考均值相结合，同时参考客户的投放数量、时间、形式、线路分布等情况，做出有效的预测，为客户媒体投放提供策略和数据上的支持。据MPI数据库的统计经验：投放量是影响车身广告回忆率最主要的因素之一，影响力达到了62%，另外2个不可忽略的因素是创意11%和颜色8%，三者累计的影响力达到了81% 下图是投放量与回忆率的关系：根据以上品牌的实际测量结果，MPI可以取得了预测经验值，在保证受众平均每月接触广告8.12次的情况下，投放60个辆月以上，回忆率为65%；投放90个辆月的回忆率在73%左右；投放120个辆月以上的回忆率为80%。

车身广告投放量与回忆率组合图

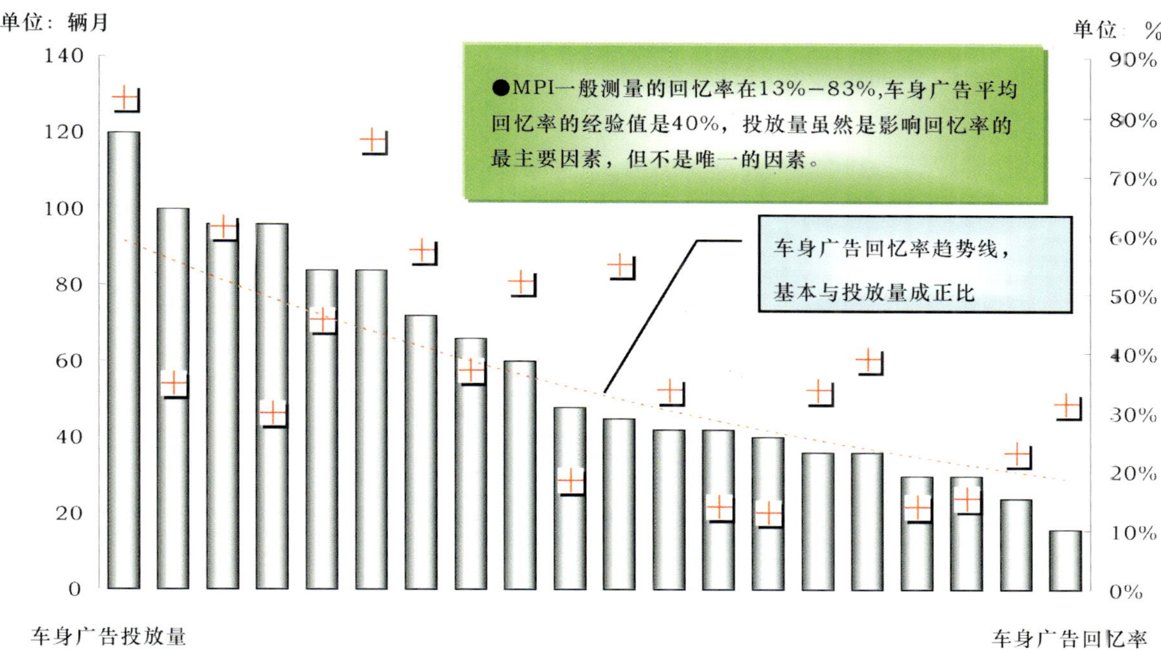

（媒体伯乐集团 上海梅迪派勒广告有限公司 池顾良）

文中数据来源：MPI媒体伯乐集团 所有价格均以刊例价计算

中国户外广告发展现状

▪此报告中所有数据均由北京中天星河经济信息咨询有限公司（China Outdoor Data Corporation）实地采集并统计整理而成。

▪范围包括城市的主要城市区域街道、交通站、城市间主要高等级公路段的所有大型广告牌和网络广告牌，以及各城市主要线路的公交车身广告。

▪按照实际市场状况，将公益广告和空广告牌都作为空置广告研究。

▪从2004年2月份开始，中天数据采集范围不再包括火车站内、机场内的广告，所以报告中2004年2-12月的统计项目均不涉及这两项。

▪2004年7月新增加了厦门、青岛、太原三市场的户外广告监测。

▪2004年8月成都资讯新增46条街道；9月北京市场新增15条车身线路；10月北京市场新增44条街道；11月广州市场新增33条车身线路；12月广州市场新增11条车身线路。

▪在“家电”、“电脑及配件”、“娱乐休闲”三个产品大类中，增加“数码产品”小类。

▪2004年11月户外资讯网网站发布会成功举办，客户实现从网上调用数据。

▪2004年12月再次规范了品牌及产品分类，增加产品项。

▪2004年12月完成26个市场的92个IT专卖场的普查及第一次完整数据收集。

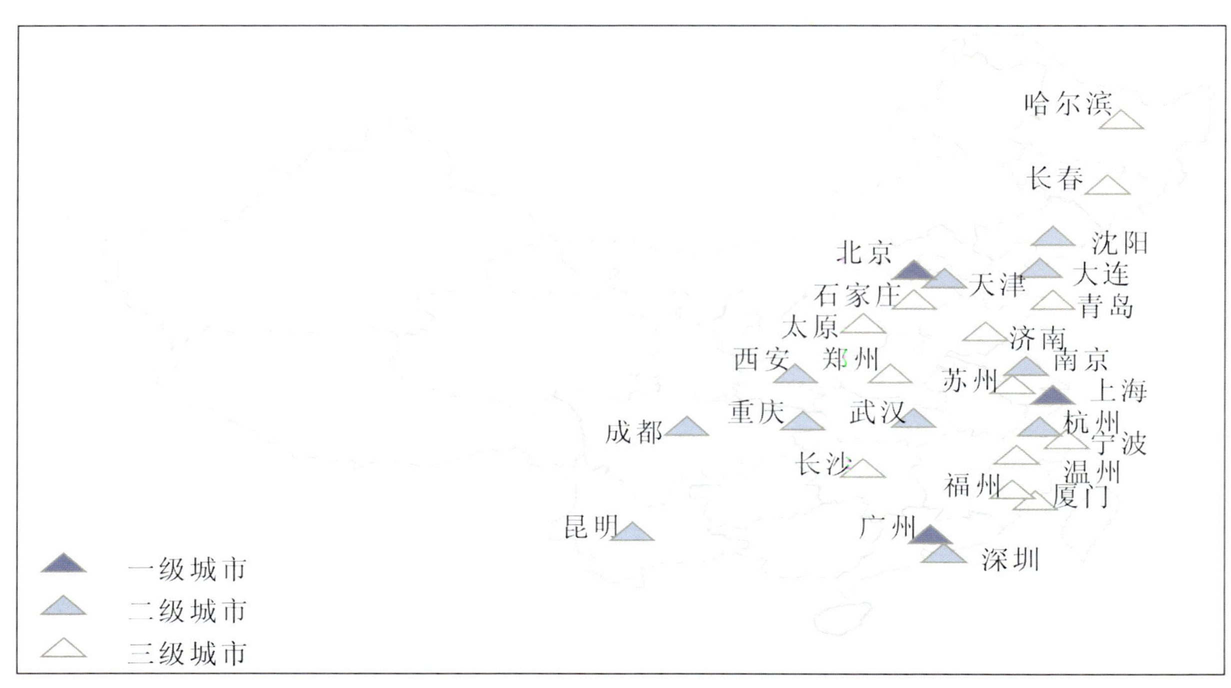

随着WTO的加入，国际间贸易的繁荣，户外广告的不断完善与规范，使得户外广告的传播价值日益突显出来。总体来看，2004年户外广告总投放额与市场总价值之比高出同期2个百分点，其投放额（除今年7月新增加的三个城市外）同比增长3.3亿元。

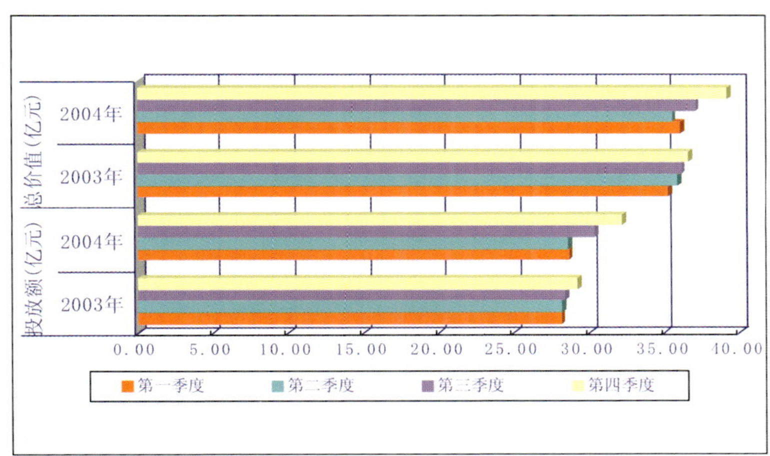

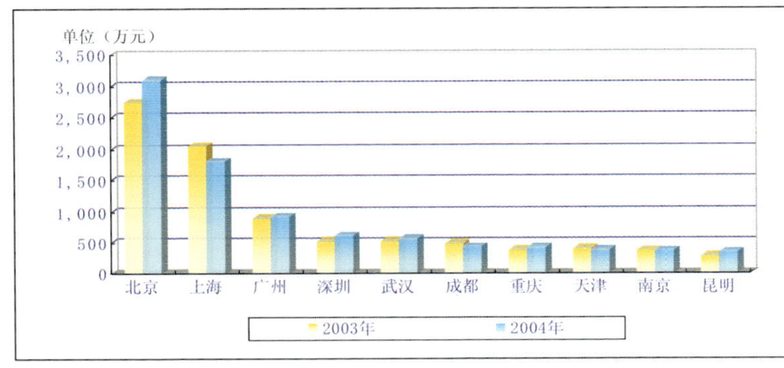

2004年购买力旺盛的房地产行业、大打价格战的汽车行业其月投放额都呈正比例增长，尤以下半年增长势头最旺，从而带动下半年户外投放额同比增长2.4亿元(不含新增加的三个城市)，明显高于同期。

2004年投放前十位的市场与同期相比，增长幅度最快的是昆明、深圳。昆明户外广告投放额增长较快的行业是酒类、娱乐休闲、电脑，分别同比增长149%、71%、69%。深圳户外广告投放额增幅较大的行业是交通、饮料、食品，分别同比增长66%、51%、49%。

上海、成都投放额骤降，分别低于同期12%与9%。由于2004年上海市规范市容市貌，对虹口区内环线两侧，四川北路、四平路、周家嘴路、曲阳路、大连路等五条主干道沿线的广告设施进行整治，四川北路商业街的灯箱已被拆除，造成灯箱户外广告大幅度衰减，由同期的2亿元降到2.2千万元。成都市为美化机场高速路周边的环境，2004年年初市政府下令拆除高速公路两侧的广告牌，从而影响户外广告的投放，使得射灯广告牌与单立柱同比下降35%。

在激烈的市场竞争中，前五位主流媒体分别被射灯广告牌、单立柱、公交车身、候车亭、地铁抢占，且势头强劲，投放额高过同期，其中地铁投放额首次突破10亿元。人行道广告、悬挂广告、阅报栏广告、护栏广告、跨街广告等网络媒体投放额高于同期，有望成为主流户外媒体的潜在竞争对手。2004年前10位户外广告媒体同于往年，继续保持自己在市场中的优势地位，其中主流媒体的攻势更加强劲。饮料、酒类、食品、药品、服务业五大行业是2004年公交车身媒体投放的重点，其投放额增加，带动公交车身媒体的市场份额增大，超过候车亭媒体。灯箱广告受到主流媒体的冲击，由去年6%的

市场份额降到今年的2%，其投放的重点行业金融、邮电通讯、娱乐休闲、服务业分别同比下降40%、70%、53%、74%。

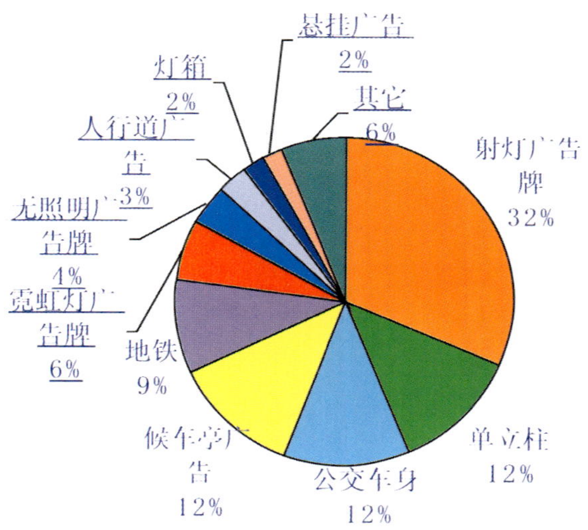

2004年前十名行业与同期相比，饮料、酒类、交通增幅显著，与之相反，邮电通讯虽保住了第二名的位置，但投放额比同期缩减了11个百分点，是前10行业中降幅最大的。在投放户外广告的主要产品类别中，房地产、邮电通讯、服务业仍保持着前三甲的位置,占据着1/3的市场份额。

随着WTO的加入，进口车关税下调，从而使汽车行业的市场竞争更加激烈，新款车不断涌现，加大了户外广告投放力度，2004年交通类的市场份额由同期的第六位跃居到第四位。饮料类比同期提前两位，酒类开始占领户外市场重要位置，将服饰类别挤下前10位。

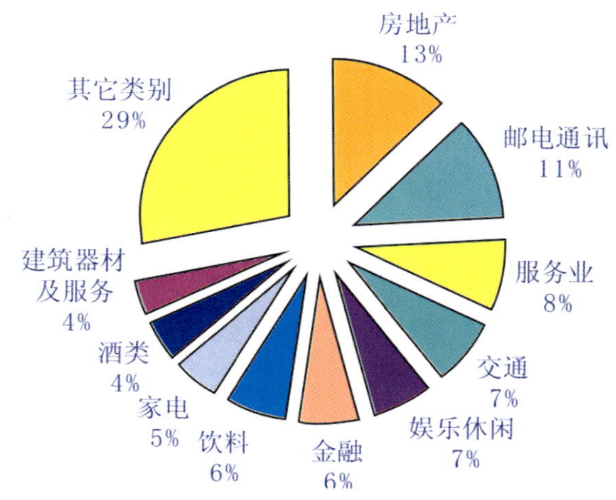

2004年户外广告市场，国际品牌竞争中，日韩品牌大张旗鼓，欧美品牌势力相对薄弱。前十品牌在家电、电脑、手机、数码相机等消费电子领域里竞争激烈，主打“时尚”的三星、LG品牌态势强劲，尤以三星发展最为迅猛，荣登榜首，成为国际品牌中一颗耀眼的明星。而不甘示弱的日系品牌凭借良好的外型设计和适中的价格定位占领中国市场，广告投入表现不俗，佳能名次紧随三星，而松下、索尼、日立也同样挤进了前十名。饮料类品牌与同期相比，竞争力单薄了许多。百事可乐、可口可乐的新产品开发脚步放慢，在广告方面侧重于大型创意媒体的投放，在传统户外方面的投入不在前十名之列。诺基亚在中国进一步确立手机品牌的霸主地位，新产品开发呈现出更加多元化和时尚化的特点，在国际品牌的户外广告市场竞争中，排名第三。2004年洋快餐行业中，肯德基产品不断创新，并加大了户外广告的宣传力度，凭借实力挤进前十强品牌，排名第七，其竞争对手麦当劳暂退居十名之外。

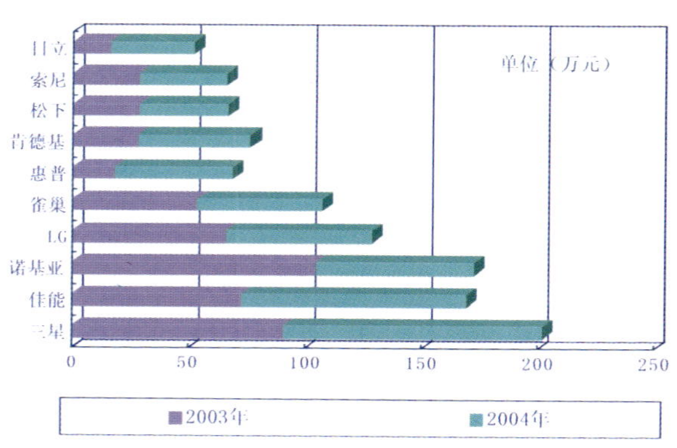

国内品牌的竞争中，邮电通讯行业的移动通信、联通、电信、网通四大运营商在移动网产品方面交叉竞争激烈，其户外投放额依然稳居前4名。康师傅、统一依然保持了对户外广告的热衷程度，康师傅更以高出同期60%的投放优势领先于统一。2004年各大银行间竞争愈加激烈，纷纷推出电子银行、网上银行、银行理财等新型服务产品，更促进其户外投放额的增长，其中投放力度最大的依然是中国工商银行、招商银行和中国农业银行。

2004年TCL积极开拓海外市场，提高自己的国际竞争力，其国内广告投放力度稍减，退出前十名。

户外广告是继电视、报刊杂志之后发展起来的第三大媒体，随着各市场户外广告政策法规的出台,使得户外广告发布更趋于完善与合理，目前户外广告正在以逐年增长的趋势发展，其投放媒体形式更多元化，新型媒体不断涌现，给户外广告的发展带来更多契机。

2005年广告市场将全面开放,使得市场竞争更加激烈。随着上海世博会的临近，北京2008奥运会的来临，各城市将进一步收紧城市规划，这样势必减少户外广告的存量,明显优化他们的素质。这种现象在直辖市尤为突出。

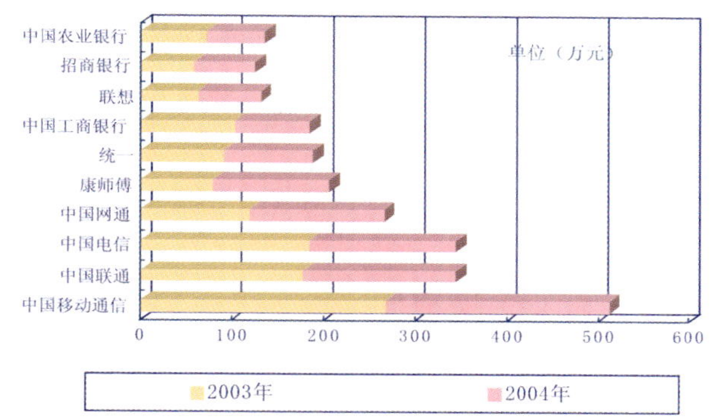

监测时间：2004年1月--2004年12月　　数据来源：中天星河

CTR户外广告市场研究

CTR户外广告监测数据

2004年各国媒体广告花费分布

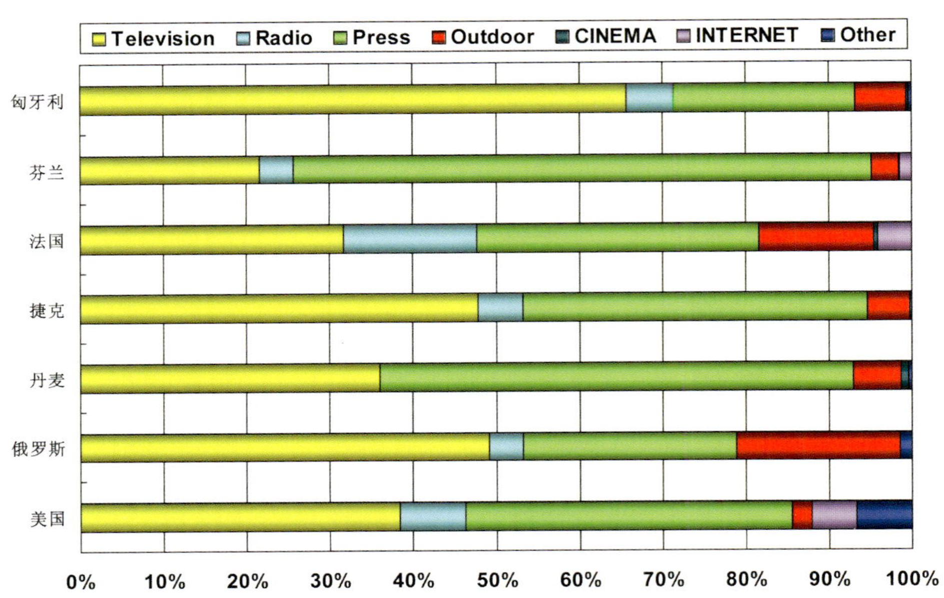

2004中国广告市场回顾

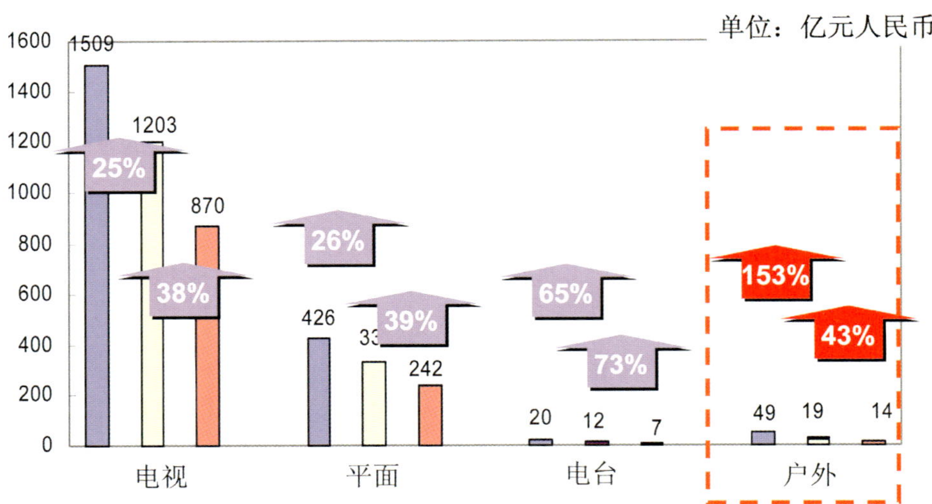

- 户外媒体的增幅比例皆基于上一年的常规监测范围
- 户外，2002年监测3个城市，2003年监测10个城市，2004年监测24个城市

2004中国户外媒体投放前5类产品

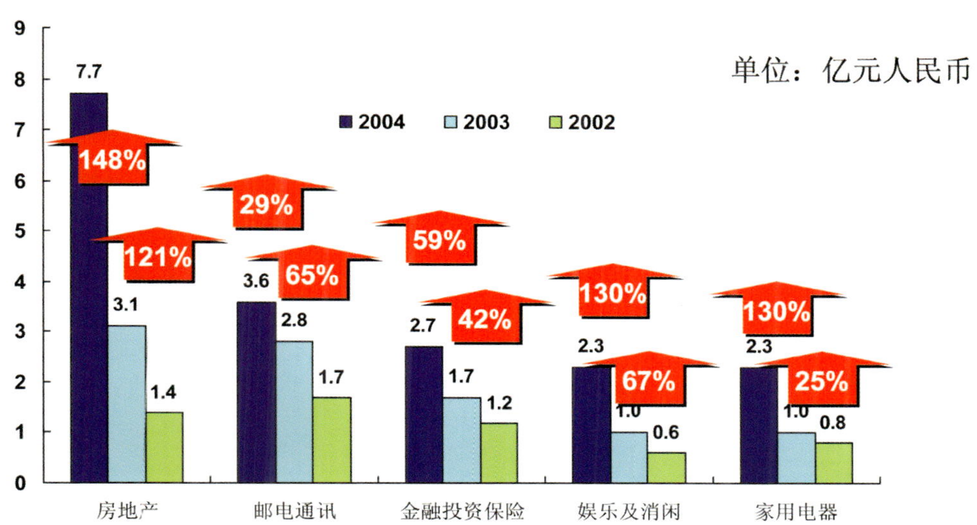

❖ 以上数据基于2002年3大城市的户外媒体

2004中国户外媒体投放前5个品牌

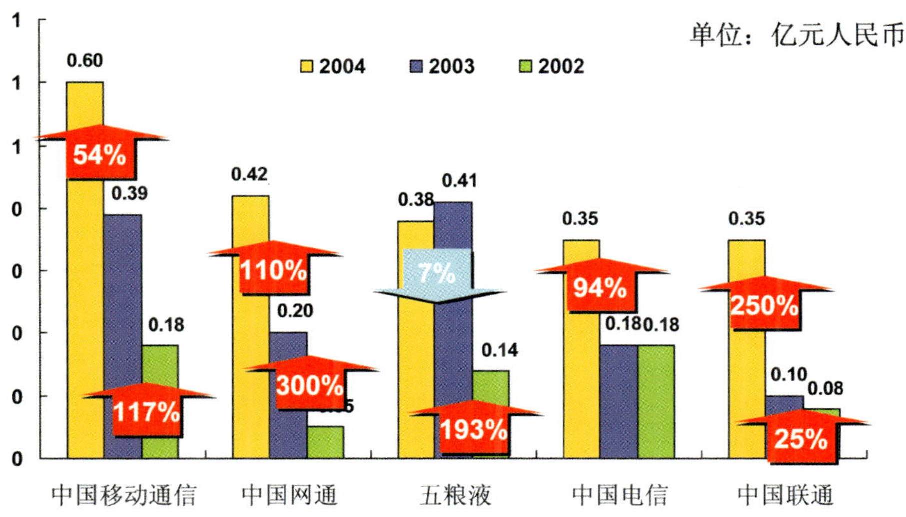

❖ 以上数据基于2002年3大城市的户外媒体

总量：2004年1月vs 2005年1月

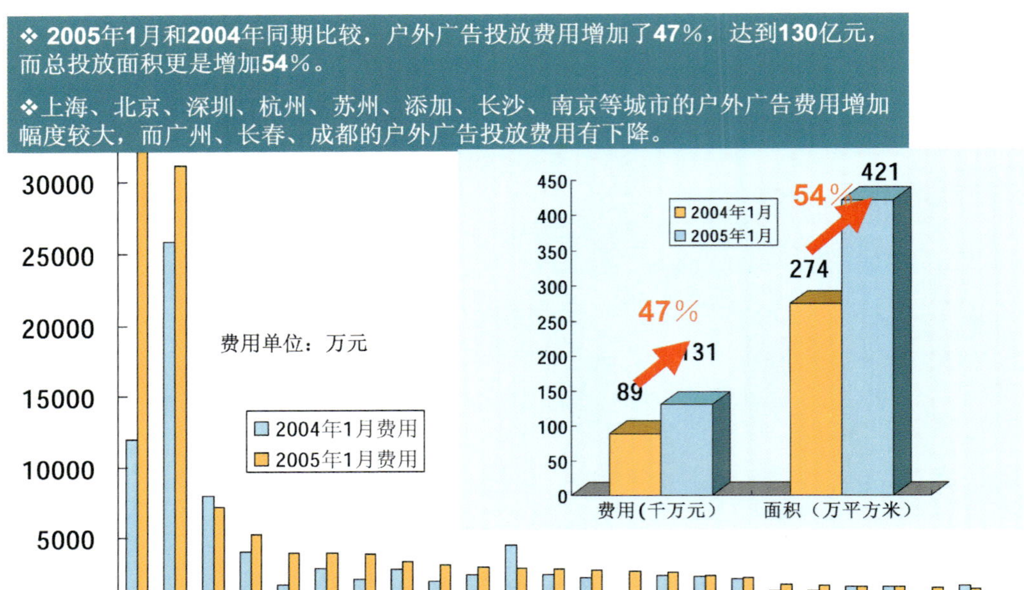

产品类别：2004年1月vs 2005年1月

费用单位：万元

2004年1月十大投放产品类别			2005年1月十大投放产品类别		
序号	产品类别	投放费用	序号	产品类别	投放费用
1	杂类	17,163	1	建筑工程行业	22,400
2	建筑工程行业	11,281	2	邮电通讯	12,583
3	邮电通讯	9,825	3	娱乐及休闲	11,182
4	娱乐及休闲	6,300	4	交通	9,362
5	金融投资保险	4,479	5	金融投资保险	8,397
6	家用电器	4,100	6	电脑及办公自动化产品	7,286
7	零售及服务性行业	3,832	7	工业用品	7,183
8	工业用品	3,636	8	零售及服务性行业	6,957
9	食品	3,587	9	家居用品	6,919

2005年1月投放前50位品牌

费用单位：万元

序号	品牌	投放费用	序号	品牌	投放费用
1	中国移动通信	2,183	21	奥林巴斯	447
2	中国电信	1,589	22	康泰克	428
3	三星	1,354	23	强生	384
4	五粮液	1,205	24	母亲	380
5	联想	1,199	25	中国农业银行	378
6	中国联通	1,160	26	东芝	375
7	中国网通	991	27	中国银行	354
8	交通银行	834	28	欧莱雅	352
9	诺基亚	716	29	泸州	345
10	上海通用别克荣御	711	30	中国建设银行	337
11	LG	645	31	康师傅	334
12	摩托罗拉	606	32	日立	331
13	松下	590	33	百事	326
14	NEC	565	34	中国人寿	320
15	统一	541	35	柯达	319
16	佳能	529	36	麦当劳	301
17	招商银行	522	37	可口可乐	298
18	强生泰诺	489	38	康佳	289
19	中国工商银行	477	39	中国光大银行	289
20	索尼	474	40	亚细亚	287

2005年1月：户外广告投放类型分布

❖ 普通看板是最常使用的户外媒体类型，投放于此类型的广告量最大，占到将近总体一半的份额。

❖其次是候车亭/站台广告，以其网络和规模覆盖能力，占到总体13%的比例。

❖灯箱广告也是非常重要的户外广告类型，也占到13%的市场比重。

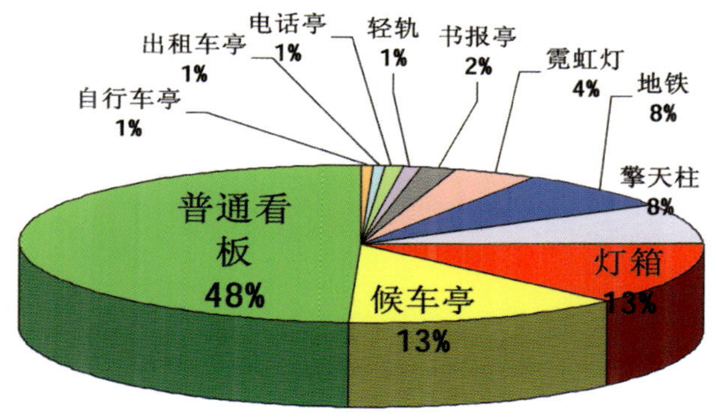

费用单位：万元

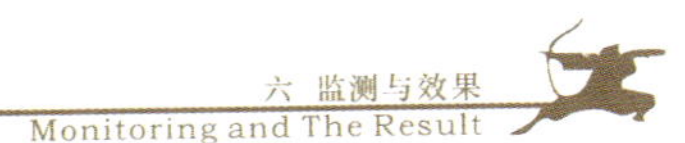

CTR户外广告效果研究

楼宇液晶电视媒体效果---CPM

- CPM是衡量不同媒体的广告投放的效益的重要比较指标。
- 以下是一线城市楼宇内液晶电视媒体及单个广告的千人成本，与当地主要的电视频道相比均具有一定的优势，尤其是在当地中高收入以上人群中优势愈加明显。

分众楼宇液晶电视网络　　单元：元

	Focus Media单个广告CPM	当地电视广告CPM	当地CPM最优的电视CPM	3000+ Focus Media单个广告CPM	3000+ 当地电视台广告CPM	当地3000+CPM最优的电视CPM
上海	71	162	84	81	2,948	1,331
北京	113	129	72	130	3,391	1,111
广州	62	90	57	74	2,959	1,472
深圳	71	150	110	81	968	834

备注：以上费用计算使用的均为2005年30‘’广告的刊例价。
电视数据为2005年1月，监播时间为每日17：00-24：00。
以上城市电视台收视率的调查方法为个人收视仪调查方法。

楼宇液晶电视媒体效果--CPM（续）

- 以下是二线城市楼宇内液晶电视媒体及单个广告的千人成本，与当地主要的电视频道相比均具有一定的优势，尤其是在当地中高收入以上人群中优势愈加明显。

分众楼宇液晶电视网络　　单元：元

	Focus Media单个广告CPM	当地电视广告CPM	当地CPM最优的电视CPM	2000+ Focus Media单个广告CPM	2000+ 当地电视台广告CPM	当地2000+CPM最优的电视CPM
长沙	44	252	117	53	6,577	3,038
成都	58	108	82	72	18,717	8,872
大连	85	43	37	104	1,686	1,498
杭州	134	233	114	159	2,761	1,144
南京	236	278	232	282	7,424	5,120
青岛	68	96	79	84	1,522	1,053
武汉	112	116	95	136	5,371	3,605
重庆	65	279	166	80	17,473	7,564

备注：以上费用计算使用的均为2005年30‘’广告的刊例价。
电视数据为2005年1月，监播时间为每日17：00-24：00。
大连、青岛的电视收视率调查使用的是日记调查法，其他城市是个人收视仪调查方法。

液晶电视媒体连续投放后的整体到达率

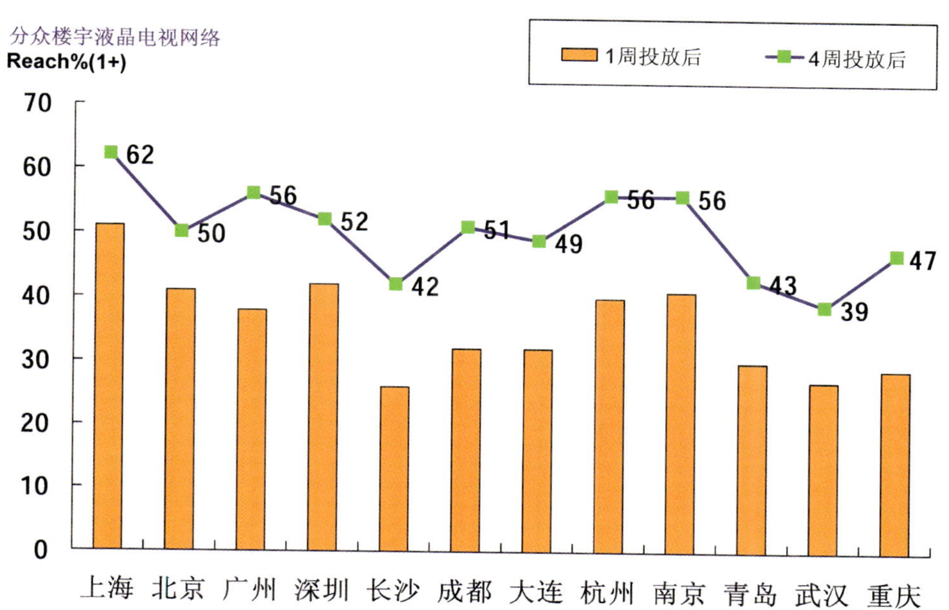

液晶电视媒体连续投放后的整体到达频次

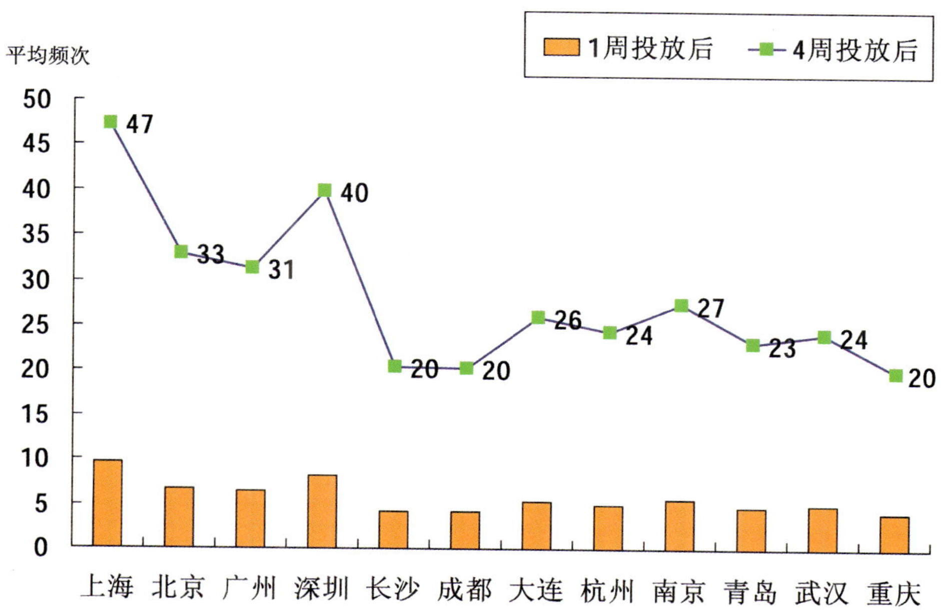

楼宇液晶电视媒体效果--CPRP

- 从12个城市各市居民的CPRP，即每毛评点成本来看，12个城市的表现略有不同：

单元：元

	Focus Media单个广告	当地电视广告	当地CPRP最优的电视广告
上海	1,699	15,051	7,845
北京	2,773	9,946	5,572
广州	1,686	3,668	2,327
深圳	1,249	6,545	4,804
长沙	961	4,504	2,100
成都	945	2,691	2,039
大连	642	832	760
杭州	746	4,078	1,991
南京	636	8,787	7,338
青岛	695	1,444	1,194
武汉	965	4,623	3,772
重庆	991	8,524	5,089

备注：以上费用计算使用的均为2005年30"广告的刊例价。

电视数据为2005年1月，监播时间为每日17：00-24：00。

大连、青岛、天津的电视收视率调查使用的是日记调查法，其他城市是个人收视仪调查方法。

某市地铁渗透率—vs. 2001

与2001年相比，某市地铁的渗透率有了显著的提高。增长最主要来自25岁以上的女性

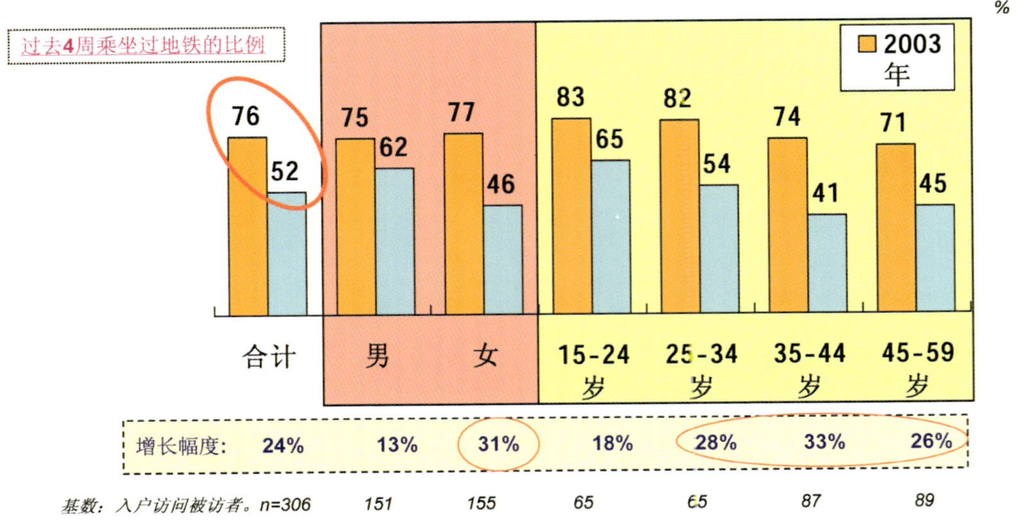

最满意的交通工具

尽管公共汽车的渗透率高于地铁，但地铁是更多人最满意的交通工具。出租车虽然舒适性好，但价格比较高，且渗透率不高，因此难以成为最更多人满意的交通工具。

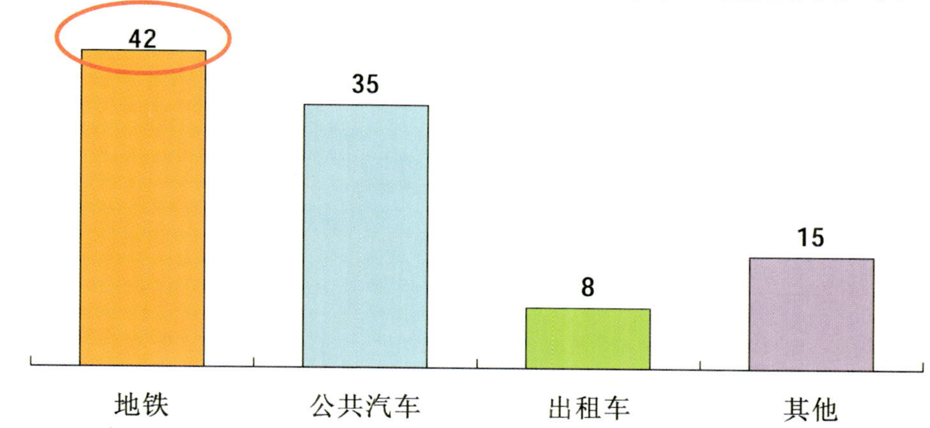

基数：入户访问被访者。n=306

选择乘坐地铁的原因

人们对地铁感到满意的主要原因是：乘坐地铁舒适、迅速、不塞车和清洁。

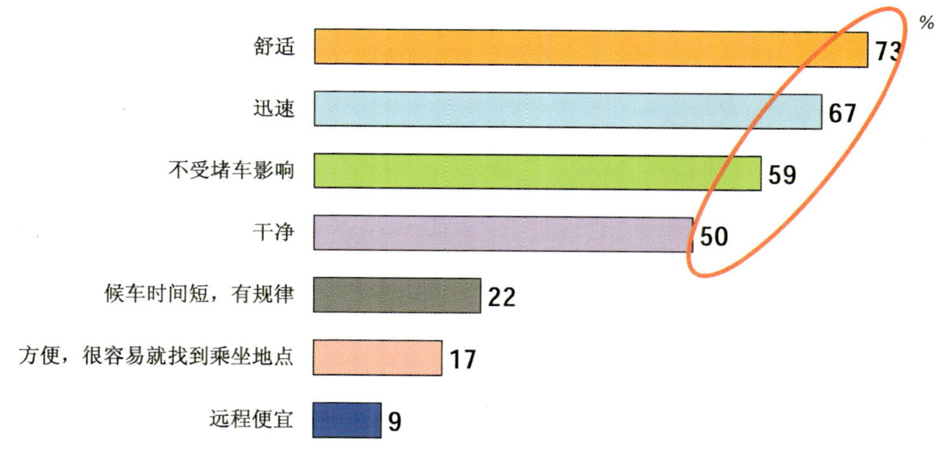

基数：入户访问中过去4周内乘坐过地铁但不是最经常乘坐的被访者。 n=218

乘坐地铁的时间

地铁的客流量在周末与平时的差距不是很明显。

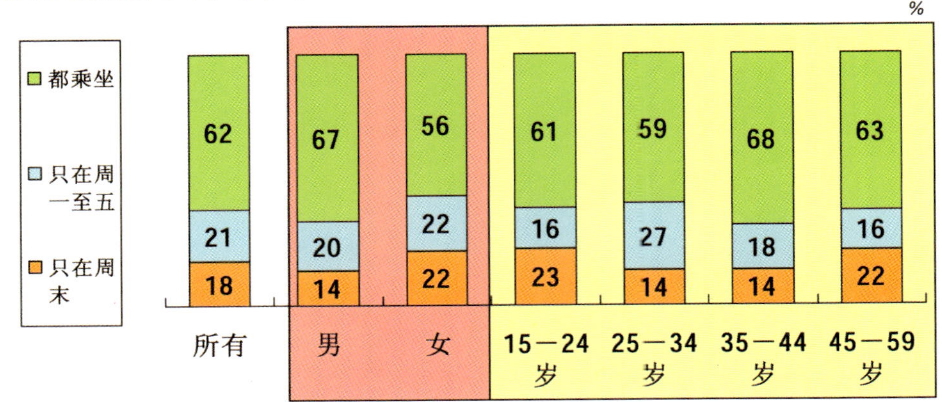

基数：地铁站内乘客拦截样本，n=524

乘坐地铁的时间

乘客在周末和平时乘坐地铁的时间差异不太大，只是平时在上班时间的人流更集中，而周末的人流分布则比较均匀。

周一至周五：

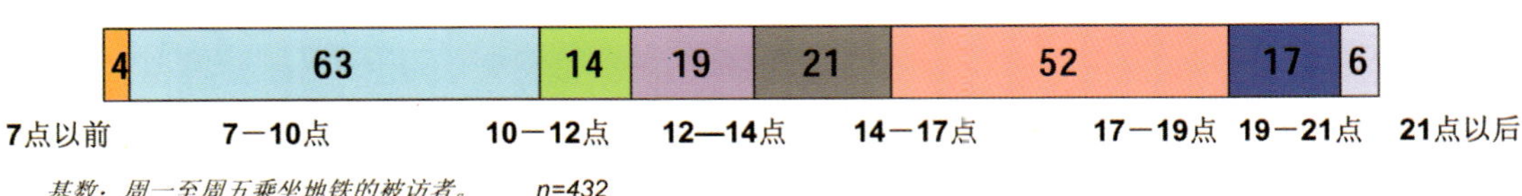

基数：周一至周五乘坐地铁的被访者。 n=432

周末：

基数：周末乘坐地铁的被访者。n=415

通常在什么情况下乘坐地铁

地铁乘客搭乘地铁最主要是为了到商业区购物，其次才是上下班和探亲访友。

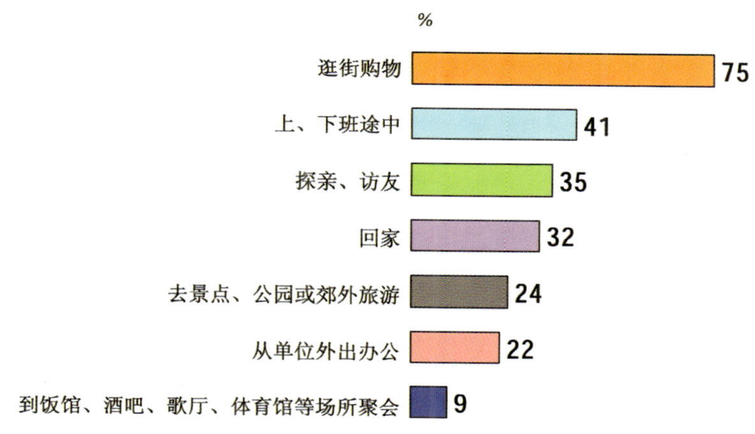

基数：地铁站内乘客拦截样本，n=524

乘地铁外出时花费的时间

平均来讲，地铁乘客乘地铁外出时(通常为购物或探亲访友)，都会在地铁车站和列车内渡过将近**20**分钟。

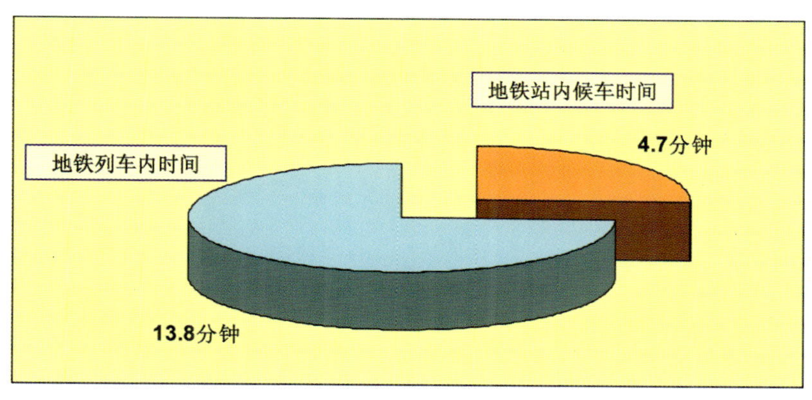

基数：地铁站内乘客拦截样本，n=524

乘坐地铁的频率

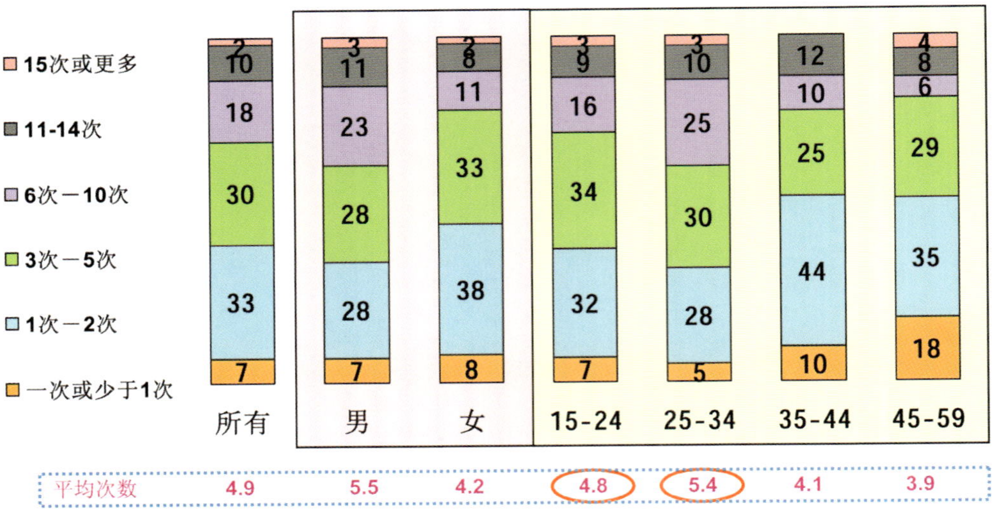

基数：地铁站内乘客拦截样本，n=524

不同类型媒体广告的形象

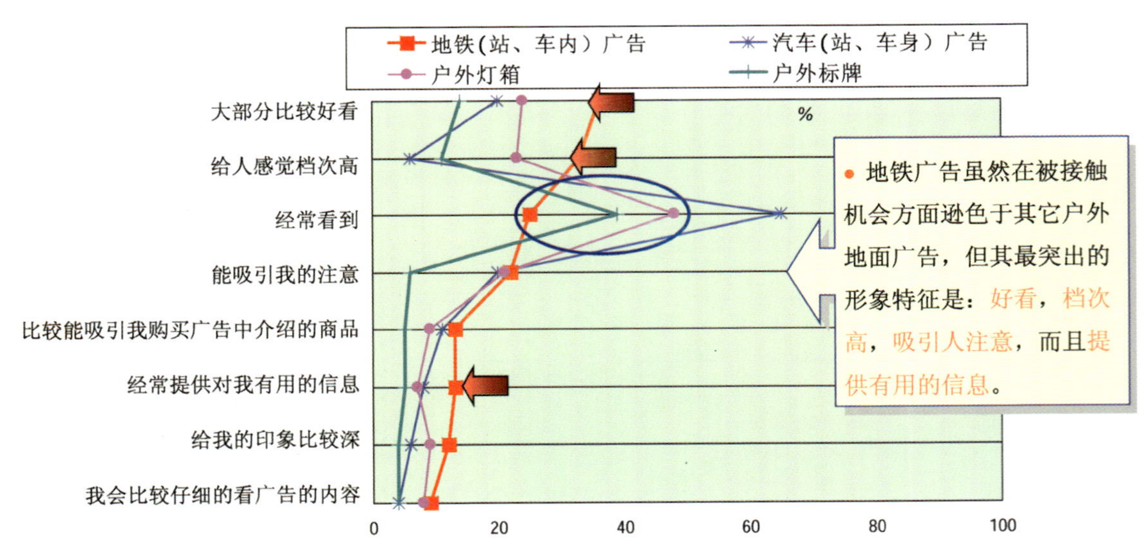

乘客留意地铁广告的原因

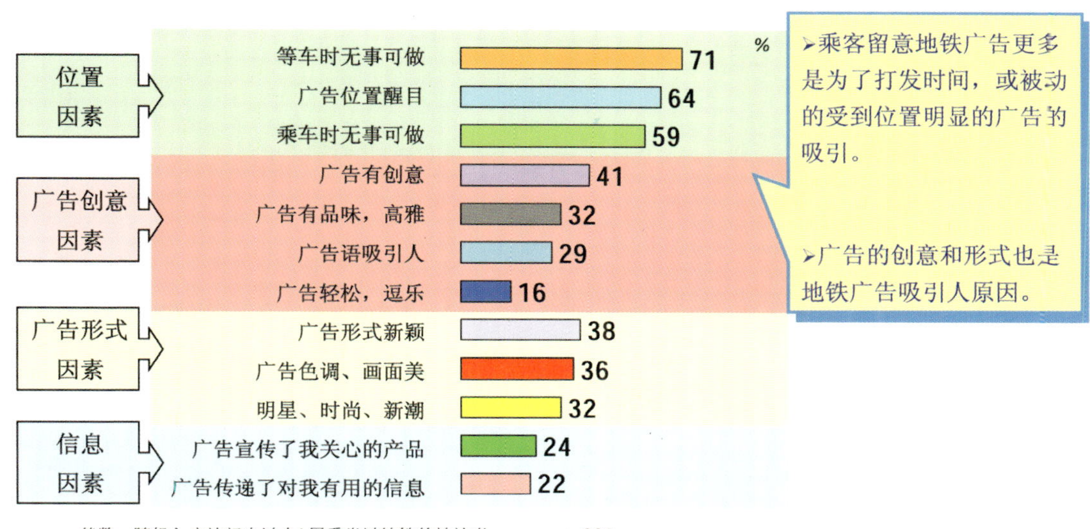

基数：随机入户访问中过去4周乘坐过地铁的被访者 n=234

CNRS户外媒体接触度研究

关注户外广告人群年龄结构

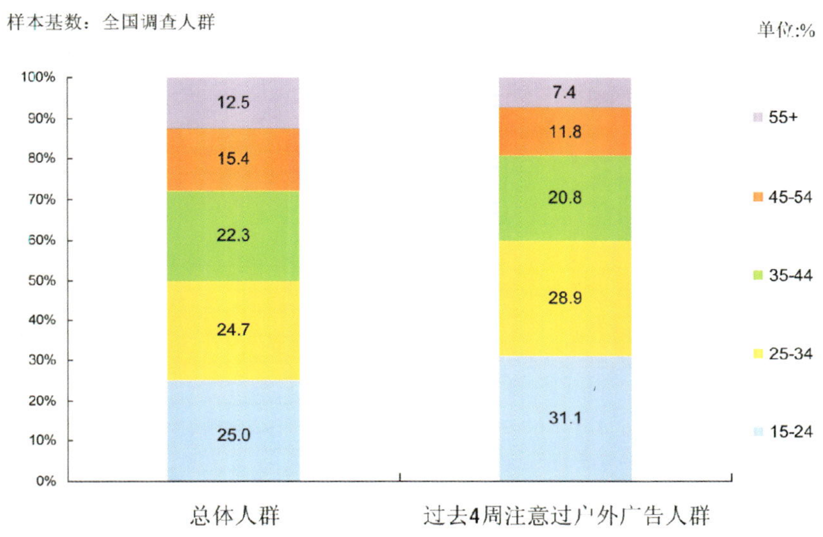

关注户外广告人群学历结构

样本基数：全国调查人群

单位:%

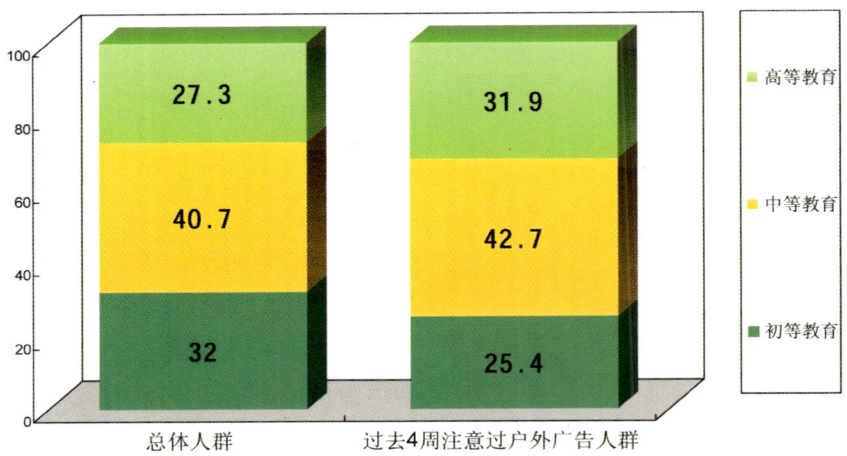

关注户外广告人群生活形态

样本基数：全国过去4周关注过户外广告人群

	生活形态	Index
1	我追赶时尚潮流	125
2	我喜欢受时尚潮流的启发后自己往其中加入 一点个人的东西	125
3	地铁/轻轨广告制作精美我看后印象很深	123
4	在等车/乘车时我会情不自禁地观看广告	121
5	我喜欢通过服装来标新立异显示我与别人不 同	121
6	目前宽带的收费是合理的	120
7	我的美丽这和自我保养的时间及自身的条件有关(服装)	120
8	我经常很容易在化妆品上花钱	120
9	对我来说穿名牌服装是个人魅力的一部分	119
10	即使是个小房子我也希望居住在幽雅的环境 中	119
11	用宽带上网是一种享受	118
12	在化妆方面我代表着时尚的趋势	118
13	我喜欢尝试新的化妆品	117
14	随着生活水平的提高服装种类越来越多	117
15	我喜欢在大商场里花些时间挑选衣服	117

过去4周经常看到的前10位户外广告类型

样本基数：全国过去4周关注过户外广告人群

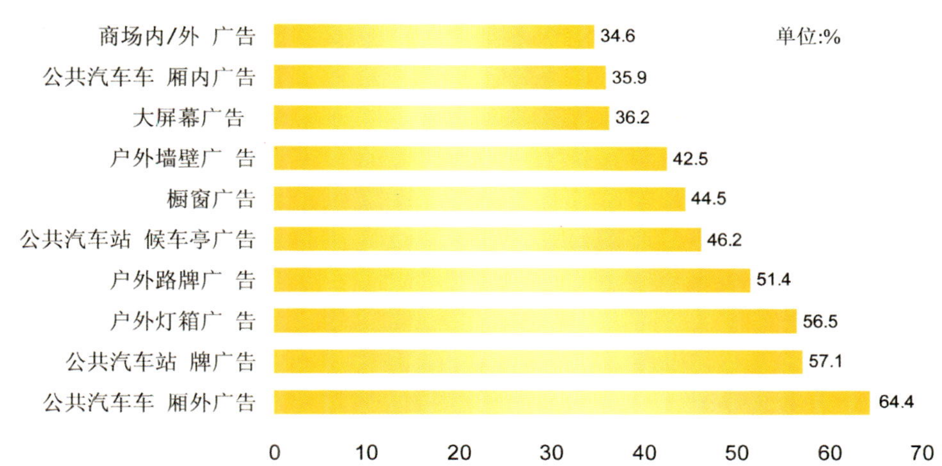

经常注意的前10位户外广告内容

样本基数：全国过去4周关注过户外广告人群

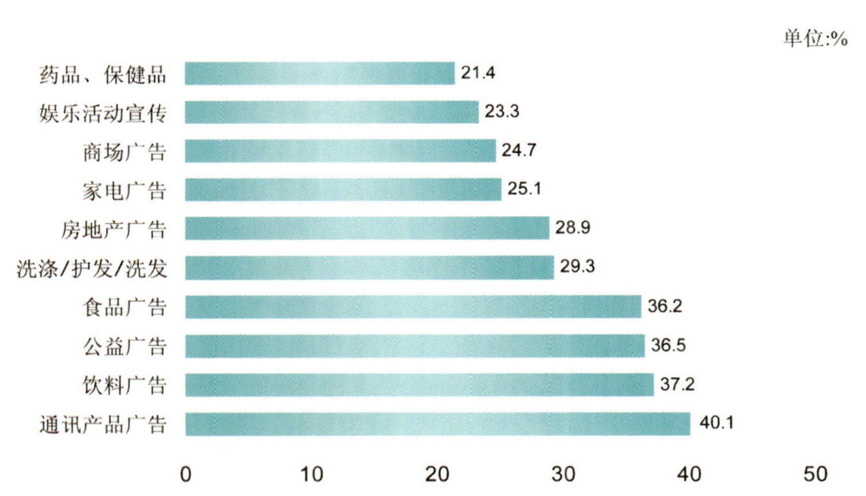

过去四周外出乘用的交通工具或方式

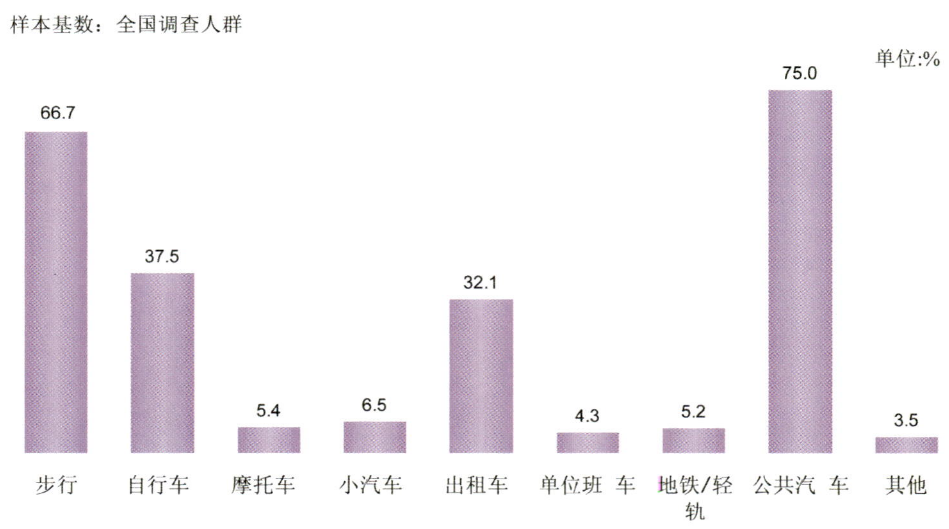

过去四周外出最主要乘用的交通工具或方式

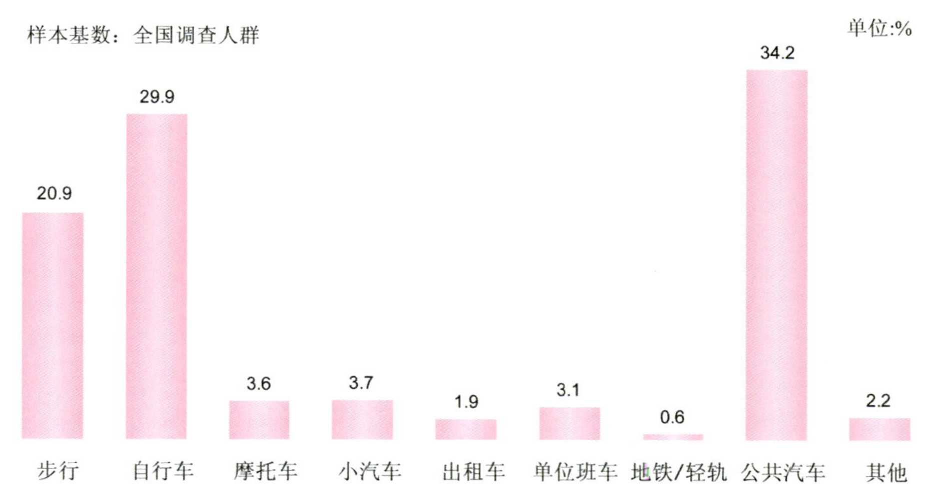

周一至周五通常每天在户外的时间

样本基数：全国调查人群

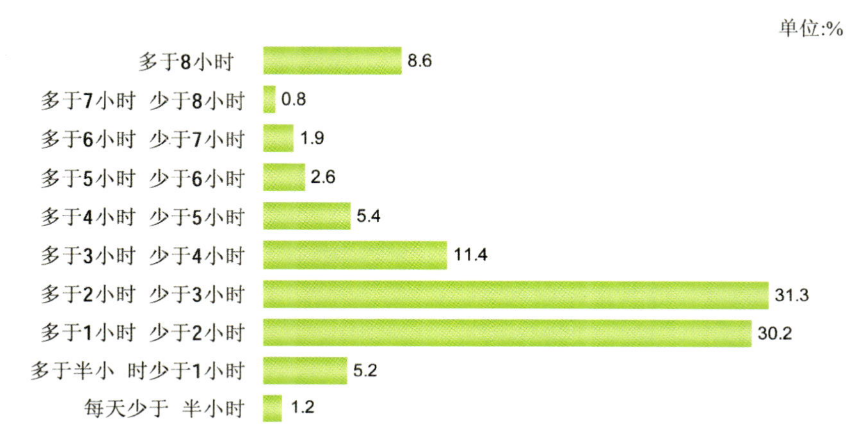

周末通常每天在户外的时间

样本基数：全国调查人群

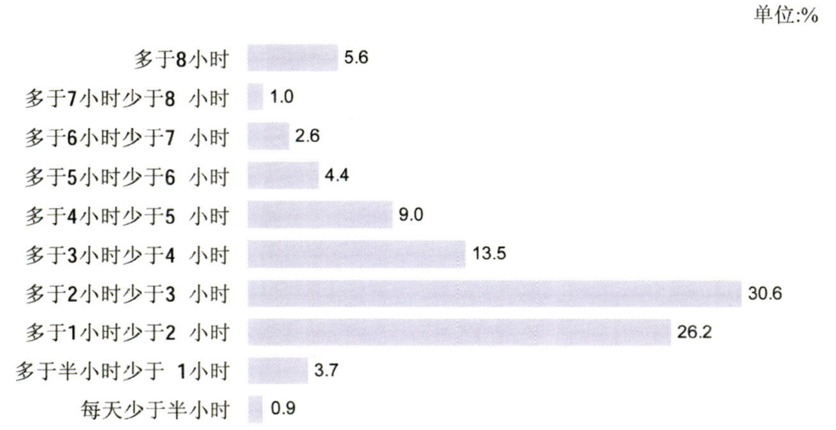

数据来源：CNRS 2004 (04.1-04.12)

CMMS2004秋户外广告数据

Source:CC04A 2004年中国市场与媒体研究（秋季）[2003年7月-2004年6月]

Weight:Population Weight

Table:Table - 所有成年人

Units:1000's

过去一周内看过的户外广告类型 (%)	30城市总体	北京(BJ)	上海(SH)	广州(GZ)	成都(CD)	天津(TJ)	沈阳(SY)	济南(JN)	南京(NJ)	武汉(WH)
候车亭广告	50.9	47.4	47.1	69.4	45.6	22.3	50.7	48.3	59	58.6
公共汽车车厢内广告	43.3	42.1	46.6	57.5	31.6	14.1	38.3	41.7	65	39.7
公共汽车车厢外广告	65.4	59.7	61.4	71.3	60.1	66.4	62.9	71.9	70.8	65.6
大型单立柱广告牌(一般在高架路或高速路旁)	37.1	34.3	42.3	34.1	32.3	27.1	26.1	43.6	40.3	34.9
橱窗广告(临街的用于店内陈列品宣传)	42.2	42.7	50.4	36.6	37.9	45.8	35.8	34.7	41.7	35.3
布幅及POP(挂棋)广告	39.1	42.6	42.6	33.3	36	35.2	34	48.6	37.2	33.4
户外电子屏广告	41	51.3	52.4	37.4	38.6	30.9	26.4	36.8	37.4	31.2
楼顶广告(包括射灯、霓虹灯灯箱)	43.8	37.5	41.1	34.5	49.8	50.7	52.3	44.5	38.9	37.1
楼体外墙广告(包括商场外墙灯箱)	42.5	31.6	38.2	33.9	44.9	62	53.4	45.7	36.2	39.3
地铁通程广告(从地铁入口到检票处的广告)	2.9	7.5	10.6	6.7	0	1.3	0	0	0	0
地铁站内广告	2.9	7.7	9.4	10.5	0	0.1	0	0	0	0
地铁车厢内广告	2.6	7.1	7.7	10.2	0	0.1	0	0	0	0
火车站内广告	2.7	1	1.7	2.1	1.7	0.7	4.8	6.2	5.9	2.6
跨街天桥广告	26.2	17.9	29.3	43.4	19.1	20	15.4	22.1	32.9	32.1
火车车厢内广告	1.6	0.4	1.3	1.5	0.9	0.4	2.3	3.2	3.1	1.3
机场内广告	1.2	0.8	1	1.3	0.9	0.3	0.7	1.2	2.6	0.8
出租车厢内/外广告	15.1	4.8	20.6	9.9	12.8	19.2	14.7	11.2	22.4	10.9
电话亭广告	26.5	20.4	25.2	18.3	36.8	27.1	25.4	30.3	43.8	23.4
书报亭	29.2	24.3	32	16.9	39.1	38.3	28.2	29.5	45	19.9
人行道/车行道广告	40.3	25.7	45.5	28.7	54.6	50	45	40.5	37.4	32.3
自行车停车棚广告	12.2	11.1	15.7	5.3	32.2	20.7	18.4	17.4	19.4	7.9

过去一周内看过的户外广告类型 (%)	福州(FZ)	西安(XA)	昆明(KM)	重庆(CQ)	厦门(XM)	深圳(SZ)	杭州(HZ)	郑州(ZZ)	青岛(QD)	大连(DL)
候车亭广告	73	34.9	50.4	53.9	73.7	73	70.3	30.9	55.3	64.5
公共汽车车厢内广告	60.8	33.5	51.2	34.7	65.7	44.9	59.6	23.9	55.4	64.8
公共汽车车厢外广告	82.9	61.3	62.9	66.8	78.9	79.4	74.5	68.6	77.3	72.6
大型单立柱广告牌(一般在高架路或高速路旁)	61.4	48.1	39.2	25.8	37.8	43.3	38.2	43.7	50.4	49.4
橱窗广告(临街的用于店内陈列品宣传)	63.8	47.6	40.3	35.1	28.4	48.3	48	61.3	50.8	51.8
布幅及POP(挂棋)广告	57.7	48.4	39.1	24.7	23.5	47.5	35.4	56.4	47.6	46.8
户外电子屏广告	59.4	52.4	43.6	33.3	24.7	50.3	36.7	55.9	49.7	42.9
楼顶广告(包括射灯、霓虹灯灯箱)	62.9	53.1	44	56.2	29.7	60.9	35.3	48.8	51.5	48.6
楼体外墙广告(包括商场外墙灯箱)	54.6	49.5	39.1	57.9	31.3	64.8	31.7	49.7	50.2	48.6
地铁通程广告(从地铁入口到检票处的广告)	0	0	0	0	0	0	0	0	0	0
地铁站内广告	0	0	0	0	0	0	0	0	0	0
地铁车厢内广告	0	0	0	0	0	0	0	0	0	0
火车站内广告	4.4	2.1	11.9	1.1	5.5	2.7	6.3	0.8	1.6	2
跨街天桥广告	38.9	11.5	40.3	29.7	23.5	27.9	21.4	47.3	18.1	33.9
火车车厢内广告	2.8	1	11.1	0.5	2.4	1.5	3.4	0.4	0.9	0.9
机场内广告	4	0.7	12.2	0.3	3.1	1.3	3.8	0.2	0.7	1.2
出租车厢内/外广告	22.8	6.1	21.5	32.5	19.6	8.8	23.7	14	12.3	12.5
电话亭广告	50.9	10.7	35.7	19	32	40.3	37.3	12.4	33.2	40
书报亭	53.3	14.2	44.9	22.7	28.8	35.7	39.2	22.6	41.7	45.3
人行道/车行道广告	60.4	50.4	44.8	49	31	43.4	35.4	42.7	45.8	53
自行车停车棚广告	32.2	3.8	20	0.1	9.9	12.4	21.7	6.4	3.9	3.1

过去一周内看过的户外广告类型 (%)	哈尔滨(HB)	长春(CC)	南昌(NC)	宁波(NB)	合肥(HF)	南宁(NN)	长沙(CS)	太原(TY)	苏州(SU)	佛山(FS)	海口(HK)
候车亭广告	49.1	49.6	52.6	59.5	49.6	39.1	54.9	18.9	53.9	46.2	53.9
公共汽车车厢内广告	53.8	44.8	40.4	47.5	47.5	29.9	47.7	24.3	47.1	15.4	43.2
公共汽车车厢外广告	59.1	62.1	50.9	71.6	86	68.6	59.8	55.3	69.8	49.7	46.2
大型单立柱广告牌(一般在高架路或高速路旁)	27.6	34.6	30.3	30.5	66.2	35.7	37.6	40	30.7	26.1	30.2
橱窗广告(临街的用于店内陈列品宣传)	29	43	26.8	37	44.9	39.6	42.5	36.8	37.7	22.1	20.4
布幅及POP(挂旗)广告	35.7	40.8	28	24.9	67.3	41	35.3	31.2	33.8	23	25.6
户外电子屏广告	36.6	36.4	17.1	29.8	30.3	35.7	44.3	30	32.6	25.9	23.4
楼顶广告(包括射灯、霓虹灯灯箱)	35.4	45.7	28	38.7	52	48.2	33.9	40.1	35.9	23.9	33.8
楼体外墙广告(包括商场外墙灯箱)	33.7	41.7	25.9	34.2	49.6	49.8	28.7	36.5	34.6	21.2	33.7
地铁通程广告(从地铁入口到检票处的广告)	0	0	0	0	0	0	0	0	0	0	0
地铁站内广告	0	0	0	0	0	0	0	0	0	0	0
地铁车厢内广告	0	0	0	0	0	0	0	0	0	0	0
火车站内广告	4.2	4	2.5	5.6	3.6	3	3.5	1.7	4.9	1.6	0.7
跨街天桥广告	22.4	25.8	13.9	26	67.5	23	14.4	17	10.4	7.1	26.7
火车车厢内广告	3.5	1.8	1.2	3.4	2.1	1.6	2	0.7	2.4	1.1	0.7
机场内广告	1.6	0.6	0.6	1.8	0.9	1	0.9	0.2	1.5	0.6	2.1
出租车厢内/外广告	13.5	14.5	9.5	26	45.3	19.3	8.6	7.9	22.1	9.6	11.3
电话亭广告	21.4	32.3	23.5	28.3	35.7	49.5	13.6	10.9	41.3	17.1	28.3
书报亭	19.9	30.5	18.8	27.7	37.9	49.4	14.9	12.3	43.8	15.1	26.6
人行道/车行道广告	26.1	34.8	19.2	36.1	77.7	49.9	38.6	36.5	37.3	13.9	30.1
自行车停车棚广告	9	4.2	3.6	17.4	2.8	8	12.6	6	18.8	2.9	10.2

上海震旦大屏幕创造世界纪录

GUINNESS WORLD RECORDS™

CERTIFICATE

The largest LED display screen measures 57 m wide by 63 m high (187 ft by 206 ft), with an area of 3,591 m² (38,522 ft²), is located on the side of the office building of Aurora Ltd, Shanghai, China, and was completed in September 2003

Keeper of the Records
GUINNESS WORLD RECORDS LTD

日前，上海浦东震旦国际大楼LED大屏幕墙被英国吉尼斯纪录公司评定为“世界上面积最大的LED电子屏幕墙”。据介绍，震旦LED大屏幕墙高６３米，宽５７米，主要用于播放公益广告和商业广告。　——摘自2005年1月31日　人民日报

这幅用中国独特的LED视角成像技术制造的电子屏幕……主要用于公益广告和商业广告的播出，有时还转播重大体育赛事。近来大屏幕上正在播放迎新春年画系列，他们每天晚上保证有４小时的播出时间。　——摘自2005年1月31日　新闻晨报

震旦LED电子大屏幕目前已成为上海新景观。

——摘自2005年1月31日　文汇报

在我们这座城市，的确需要有些GREAT与GREAT相配的东西。科教兴市，高技术带来荣耀。时尚上海在世界户外广告领域的话语权有赖于先锋性和独创性。

——摘自2005年第１期《户外广告》杂志

上海工合广告展览有限公司是震旦LED大屏幕的唯一授权广告发布商。其发布的3600m²动感可乐在２００４年上海市优秀广告作品展评中获奖。

第七部分 文章与出版物

The Seventh Chapter
Article and Publication

跨世纪的大众媒介

——关于户外广告问题的探讨之一

近几年,户外广告在社会上遭到猛烈的抨击。不只在广州,全国各大城市亦如此。例如,1997年5月,上海某报发表题为《高低错落,盲目发展,杂乱无章,污染视觉》的报道,称"上海的城市空间环境已经因广告而出现脏、乱、差的现象"。诚然,从环境保护角度来讲,户外广告挤占城市空间,破坏市容风景,应加以限制。但从商业和经济角度来看,不言而喻,户外广告是不可或缺的,它肯定要占有有利位置传递商品或服务信息。可见,户外广告是一个充满争议的媒介,就如美学中的"美是什么"的问题一样,众说纷纭,难以定论。反对和拥护双方各执一词,不免失之偏颇。我们对户外广告应有一个全面的认识。

户外广告,按照我国官方文件定义,是指"利用公共或者私有场地的建筑物、空间设置的",或者"利用交通工具(包括各种水上漂浮物和空中飞行物)设置、绘制、张贴的",或者"以其他形式在户外设置、悬挂、张贴的"广告。在西方国家,户外广告概念正在扩大,从原来的室外延伸到"宅外",因而,英语广告术语中,有用out of home替代out door的趋势。这是由广告受众所处的场所位置所决定的、户外广告对准的是离家外出的人群。因此,将家庭外的广告都纳入户外的范畴。我国现在使用的"户外"的术语,已经包含了这个概念。汉语中"户",既有"门户",又有"住户"的双重含义。具体来讲,户外广告有两大类,一类是在室外或者公共场所内设置的路牌、霓虹灯、灯箱、橱窗、条幅、海报、看板等;另一类是交通广告(包括交通工具内外以及站场周围的广告)。

户外广告作为一种广告媒介,有其独特性,在市场经济中有其存在的合理性和必然性,不会因个人的感情好恶而废除。在这里,我们对户外广告的特性作一个初步考察,是有必要的。

第一,户外广告是世界上最古老的广告形式和大众传播形式,时间可追溯到五千年前。从发掘的文物和古代文献记载中,我们可以断定最早有户外广告的国家,都是世界古老文明的发源地。例如,公元前3000年,巴比伦的粘土牌匾,刻印着关于商人、鞋匠、代写书信的文牍员的楔形文字。在埃及,从忒拜废墟发掘出来的莎草纸招贴中,可读到悬赏捉拿逃跑奴隶的文字。在罗马庞贝废墟中,可看到石头或赤陶土上的招牌,向游客指示旅馆位置。在我国古代文物中,也有碑刻、鼎铭,记载事迹,公布信息;在长期的古代社会中,有许多户外广告形式,至今还有其生命力,如旗帜(酒旗、布幅)、幌子、招牌、牌匾、牌楼、绘墙等。

第二,户外广告是一种有独特优势的空间性视觉媒介。它能以低费高效地达到一个市场的多数人口。其优点有:

频率和到达率高。据国外一个统计,一个中等的户外广告活动,至少可15次达到一个市场的75%的人口。

连续性。户外广告一天24小时提供全覆盖率,它的信息总在起作用,不会盖掉、换掉、拆掉。而其它媒介曝光则取决于受众的习惯、爱好。

成本效率高。一般来讲,户外广告每千人费用(CPM)是电视的1/7,是报纸的1/3,是广播的1/2。

市场选择性强。户外广告能结合某个城市、市场或街区的人口特点,发布不同的信息。

第三,户外广告是一种有发展潜力的广告媒介。由于汽车的普及、流动人口的增加、印刷技术的改进以及广告业整体水平的提高,促进了户外广告的现代化。自报纸、电视发明后,户外广告的地位下降为辅助性媒介。可

这几年，户外广告仍呈上升趋势，被重新定位为一个重要的大众媒介。有些专家甚至认为，户外广告是进入新世纪的最后的大众媒介。最新技术的应用，使这古老的媒介形式焕发活力，例如，照明和活动图像可以激发受众兴趣和视觉的注意；新印刷技术使广告制作更快捷、更逼真，吸引新的广告主（如化妆品、时装行业）进入户外广告市场。而且，广告主可以利用多种户外广告形式，全方位地到达特定的目标市场。

第四，户外广告是一种能提供公共服务的媒介。设置在路口、广场、公共场所出入口处的指示性广告牌，作为一种传递信息的设施，是一个城市生活不可或缺的。由于城市范围扩大、道路纵横交错、公共机构增多，例如政府机关、医院、学校、体育场馆、博物馆、公园、图书馆、车站、机场等等，都需要广告发挥导向作用。户外广告除传递信息功能外，还有划分空间、装饰城市的作用。城市中的大型节庆活动以及经济、社会、文化、体育等公益性活动，都需要户外广告宣传鼓动、渲染气氛。户外广告也是城市精神文明建设的有力工具。建国以来，为政治活动绘制的宣传画或海报所起到的巨大作用，人们至今仍记忆犹新。即使在国外，交通安全、反吸毒、环保、维护妇女权益等，也是公益性户外广告的主题。这体现了户外广告的教育、动员公众的作用。

第五，户外广告是一种城市环境设施和公共艺术形式。户外广告的设计、造型、色彩、材质、亮度等，构成城市景观，成为人们的审美对象。户外广告还能与城市公用建筑相结合，具有一定的实用性。例如，候车亭、电话亭、售货亭、报刊亭等。户外广告能体现一个城市的经济、科学、文化水平。因此，有人将户外广告同道路、交通、建筑、绿化并列，作为城市环境和景观的构成要素，也是环境设施的重要组成部分。但是，户外广告的固有特点，就是具有占据空间的不可遏制的竞争性，如果任其自由泛滥，不加控制，势必对城市景观造成破坏，对城市视觉环境产生污染。因此，户外广告是城市规划和建设中必须加以关注的对象。

是都市风景，还是现代污染？

——关于户外广告问题的探讨之二

户外广告究竟是都市风景，还是现代污染？这个问题使许多人迷惑不解，众说纷纭，莫衷一是。

我们应该辩证地看待它。曾几何时，广州市户外广告也有骄人的成绩，无论在数量和质量上都在全国名列前茅，不断有外省市的业内人士前来参观考察，大加称赞。尤其是1992年以后，户外广告业推向市场，放开经营，一扫过去沉寂停滞的局面。当局领导又有意识地要将城市亮起来，保证电力供应，户外广告得以雨后春笋般发展。的确，户外广告渲染了城市的商业气氛，反映了市场经济的活跃与繁荣。珠江两岸璀璨的霓虹灯相辉映在江面上，流光溢彩，五光十色，形成一条“珠江彩虹”，成为广州市独特的亮丽风景线。这壮观的广告使香港的广告同行也惊羡不已。

但是，时序轮转，昔日风光不再。在1995迎接全国城市卫生检查活动中，舆论的矛头对准了户外烟草广告；接着对市区沿街招牌、广告进行全面清理整顿；此后对户外广告的清理整治行动年年进行，不断升温。到1997年春，整治东风路，首当其冲的又是各类广告招牌，一家报纸甚至用大字标题呼吁"广告请勿弄脏东风路"。今年，重塑广州新形象工程，首先开刀的是乱搭乱建的广告牌，以此作为改善城市环境秩序、保持经济建设和生态环境协调发展的一个重大举措。"拆牌"行动一波又一波，曾经一夜清拆交通护栏上的2800多块广告牌。日前公布的户外广告规章，对某些街区和某些形式的广告作出严格的禁止或控制。这些舆论和行动都令全市户外广告经营单位深感困惑而彷徨失望，户外广告的发展前景堪忧。

虽然，舆论不是百分之百完全正确，有些动作未免显得矫枉过正，但是，我们必须面对现实，对目前户外广告存在的问题有一个清醒的认识。依笔者所见，户外广告突出的问题主要表现如下：

在设置布局上，有些地段过多过滥，挤占本已狭小的空间，有的竖在人行道上，防碍交通，甚至遮挡别人的营业门面；广告组群高低不齐，纵横交错；商店门口"种"招牌的现象尤为严重。在制作质量上，粗制滥造，简陋低档，一块铁皮，无装饰边框，斜拉铁架，暴露无遗；有的残缺破损，不及时维修翻新；霓虹灯断线不亮，缺笔少划，造成不良文化影响。在广告物造型设计上，粗笨厚重，缺少品味美感。例如，各种候车亭、电话亭等，体量各异，杂乱无章，充斥广告，不讲实用。在环境协调上，有的侵占绿地，挡住绿树，破坏自然景观；有的像庞然大物，横跨街道上空，割裂空间，巨型广告牌逼人、嚣张、突兀，有损优雅市容。

以上仅为直观上的表面问题，究其深层次原因，在很大程度上是受到社会经济水平、文化修养、审美观和环境意识所制约。此外，我们还要从法律、管理和经营等方面探究原因。

一是法规不够完善。市场经济的发展，使户外广告的应用更广泛，范围更宽广，种类更繁多，也使经营主体激增，竞争日趋激烈。这就需要法规适应形势的变化，规范户外广告市场有序地发展。以往的法规重审批轻管理，重审批程序轻审批标准，而且原则性强，操作性差，处罚偏轻，造成违规屡禁不止。例如，市容美观问题，见仁见智，可以从不同的角度作出不同的甚至相反的解释；又如，数量极大的招牌缺乏具体的规定，因此，招牌的混乱对市容负面影响极大。

二是管理缺乏力度。改革开放以来，广州市没有一支强有力的专业户外广告监管队伍。由于编制原因，原有的广告管理所名存实亡，因此，对种种违章现象不能及时制止纠正，使乱设广告的现象蔓延开来，积重难返，一次次清理整治，过后又故态复萌，改观不大。另一方面，多头管理、多头审批，也加剧了混乱局面。1994年开始城市灯饰建设，由于缺乏措施，投资灯饰者寥寥无几。一些人趁机以广告充当灯饰，一下批出许多广告灯饰街道，造成严重的视觉污染。再就是户外广告规划滞后，既无整体的又无局部的，既无长远的又无近期的。广告的设置大部分是由各家广告公司报批，零敲碎打，自然形成规格不一、布局零乱的无序现象。

三是行业缺乏标准。户外广告行业准入市场没有具体的资质条件，生产企业和产品（广告）制作没有标准，造成从业单位良莠不齐，质量难以保证。在相当程度上，乱设广告的现象更多是尚未领取广告经营许可证的经营者造成的。例如，霓虹灯生产厂家不计其数，有的个体户仍是家庭作坊式的生产，更何况霓虹灯产品质量检测本来就是空白。路牌广告几十年一贯制：镀锌铁皮、角钢支架，对这些广告产品没有强制性规格要求，因此新工艺、新材料难以推广，广告艺术性难以提高，也就谈不上美化市容的环境效益。

四是业者缺乏自律。户外广告经营方式分散粗放，拥有牌位的约有200家，许多广告公司涉足户外业，将它看作为直接可靠的营利手段，在利益驱动下，急功近利，盲目扩张，抢占牌位，致使广告牌位供大于求，于是广告单价下跌，公司效益下降，广告制作水平难以提高，造成恶性循环。另一方面，这种毫无节制的盲目发展对社会环境效益产生了负面影响。例如，灯杆广告未尝不可做，但让一条路每根灯杆都挂上广告，未免过滥；又如成排成行的候车亭，演变成广告亭，也是如此。古人云："人有不为，而后可以有为"，户外广告也是有不为然后方可以有为。广告人不仅要将广告看作是经济产物，而且要看作是文化产物。广告业是文化含量极高的行业，广告人必须树立"以人为本"的思想，使户外广告适应人们生活的需要，符合人们对生活环境的追求和愿望，融合于城市社会自然环境之中。

加强管理 促进发展

——关于户外广告问题的探讨之三

现代社会中，各机构团体与市民、工商企业与消费者对信息传播沟通的需求，是必须得到满足的。户外广告对日益增多外出活动的人们提供信息的效用是明显的。因此，它的存在和发展有其社会经济价值，有其合理性。但是，如何发展和管理户外广告，却是摆在我们决策者面前的一个棘手问题。采取极端政策是行不通的：一是自由放任，经营者按利益扩大化原则发展，必然导致户外广告的泛滥成灾，损害市容环境；一是全面禁止，“斩尽杀绝”，也必然造成信息停滞、市面冷寂的景象。尤其如广州这样的中心城市，作为商品和信息的交流和集散中心，更需要商业户外广告装饰门面。总而言之，广告管理部门必须从法制、规划、机构上入手，加强宏观调控和行政干预；而广告行业必须加强自律，加快改革，以适应市场经济有序地发展，使户外广告趋利避害地走上健康合理发展之路。

首先，要加强户外广告的法制建设。我们应根据实际情况，制定切实可行、易于操作的管理办法，并广泛宣传，家喻户晓。应具体确定不能设置户外广告的区域和范围。对商店的招牌，应有专门的规定，加以规范，例如，限定店招只能设置在自身营业场所，是底层就不能上二楼，不能占用公共场地（如人行道）竖牌。广告法规应强调下列几点：一是明确管理机构及其职能，应实行专业化管理，以集中精力解决好户外广告经营而衍生的各种问题；二是明确广告主或广告经营者的维护责任，不能只设不理，任其残缺破损玷污市容；三是要有具体的发布标准，可以配合运用经济办法（如缴纳市容维护费）制约广告招牌的过于扩大；四是明确广告经营企业须具备一定的条件，不能允许所有的广告经营企业都可进入户外广告市场设置或制作户外广告，尤其是霓虹灯等大型电气化广告牌，应有明确规范。

第二，要加强户外广告的规划。应根据本地的经济发展水平、城市发展方向、街区性质等情况，制定户外广告的长期的或短期的、全市的或局部的规划，通过规划管制设置。尤其是对占用公共空间的公用设施，应从形状、色彩、用材、体量等各方面予以规划，应以实用为主，不能本末倒置，单纯为广告而设。例如，候车亭正在变为广告亭。我们考察欧洲的广告，可以看到路边的候车亭，背部只有1/3为广告，1/3为透明胶板，可看到对面街景，其余1/3为公交路线图，顶部也不设广告；如果人行道狭窄，侧面就不应有栏板（广告）。但广州市的候车亭似一庞然大物，占用了本已挤塞的道路。马路沿街广告，布局要疏密有致。广告组群，一定要有装饰部分。总之，应先规划、后实施，再检查，这样，就不致于造成如目前广告经营者根据自己的业务需要，盲目发展，滥用资源，造成环境污染，走一条恶性循环之路的情况。

第三，要加强户外广告的行业自律。行业自律是一种自我管理、自我控制，用自愿协商的办法，维护行业乃至社会的利益。行业自律应着重抓好以下几方面：一是在经营思想上，要兼顾社会效益和经济效益，注重户外广告与环境的协调关系；二是严格控制一个街区的户外广告的数量和质量，做到小、少、精、美，这就肯定能美化市容；三是开发广告客户的种类，严格控制乃至逐步消除户外烟草广告；四是深入研究户外广告与环境美化关系的课题，提高户外广告的科研理论水平；五是搞好公关，加强与社会沟通，提供公益宣传，树立户外广告新形象。

第四，要加快户外广告的改革进程。户外广告的问题，本质上是由于广告业发展水平不高和户外广告业经营机制混乱所造成，因此，必须在稳定发展的同时，加大改革力度，以适应市场经济发展的要求。

首先从户外广告经营手段人手。实践证明，在城市范围内，牌架的设置是极其有限的。这就是说，户外广告的资源是极其有限的。我们现在应该认识到：任何一条马路，都不是可以无限量地设置广告牌或带有广告的构筑物的。广告牌设置得越多，越会造成视觉污染，越会损毁城市景观，越使广告效果下降，从而使广告版面价值下跌，行业的经济效益也随之下降，行业的持续发展也就难以为继。我们目前的状况是，一方面资源有限，一方面资源滥用。在资源相对紧缺的领域中，应加强集约化经营，而不能分散经营，不能单纯依靠市场竞争。这在国外也常见，例如，英国的巴士亭广告，大部分是由一个承包商Adshel销售。我们必须把户外广告的牌位看作是一种有限的紧缺资源。

二是加强户外广告的专业化经营。户外广告经营程序有：规划勘点、竖架施工、出租牌位、广告设计制作、发布和维修。要将牌位经营或拥有者与设计、制作、代理户外广告业务的单位区别开来。拥有牌位的单位应该是少数，或应集中化，由行业股份合作公司承包，尤其是在公共场地上经营广告。而其他的程序应该放开。

三是加速户外广告标准化进程。户外广告实行统一标准、尺寸、结构，使城市焕发一种理性、秩序的印象，这是管理有序的结果，也是吸呐全国性客户的需要。全国都有统一的标准，就可以大量制作广告，降低成本，并快捷地在全国各地发布。

四是户外广告资源配置应市场化。对于经营不善的户外广告公司，其牌位应在行业内调剂。对于牌位紧缺的地段，应该实行公开招标，实行价高者得，以实现其潜在价值。户外广告市场的信息应该交流，包括价格、合约时间、位置、广告内容等等，并在行业内公布，以使有限的资源为全行业共享。

第五，最重要的是，全市应建立一个指导、协调户外广告的机构。现在涉及户外广告管理的单位和部门较多，加上城市管理职能重心向区街转移，这样，管理部门会更多。为避免出现政出多门、多头管理的混乱状况，全市必须建立一个强有力的统一管理机构，加强对全市户外广告的规划、指导、协调、管理，促进户外广告健康有序的发展，并为美化市容环境、方便人们的生活、活跃市场经济作出新贡献。

（原载1998年8月9日《信息时报》金培武）

户外广告与城市规划的相互关系

常听人说，上海很漂亮、很美丽，不愧是一个现代化的大都市，这个都市味和美丽的一个有效成份来自上海的户外广告，包括：橱窗、店面、霓虹灯、路牌、灯箱、标识牌等等；而又常听人议论，广州很乱，杂乱无章，总觉得与南方大都市的称号有距离，而这乱的一个成份也来自广告，来自那没有规划概念的、不怎么得体的户外广告，搞美术的人把这乱七八糟的广告称为视觉垃圾。

随着世界经济的发展，人们的价值观念正在不断变化，世界卫生组织总结人对环境的需求是从安全、便利到快适；价值观念是从生存、经济到文化。这个变化说明，文化时代的人不同于生存时代和经济时代的人，他更重视精神、情感和文化的价值。

改革开放20年，中国的社会环境从无序走向有序，从各自为政变为规划组合，局部服从全局、个体服从整体，在当今，建设一个现代化的大都市已不再是一个含糊不清、思路混乱的口号，而是全方位地围绕着这个总体目标实施。今天，我们在这里研讨广东户外广告发展思路，也需要将生存到经济到文化这个概念注入到发展思路之中。要列入这个框架，除为了配合城市发展这个目的，在关乎广告的具体因素（包括：广告媒体、广告策划、广告主、广告经费等）发表意见时，也是为了使广告的价值得以更好的实现。

为此，我们从两个方面来谈户外广告发展的相关问题：第一，户外广告规划的重要性；第二，当今的户外广告还必须促进文化的进步，为现代都市增添光彩。

先说规划：规划是当今人们时常要涉及的话题，特别是一个现代化大都市，管理者以什么样的心态（包括：目的、目标、追求）来建设和管理这个城市区域，一定会自觉或不自觉地在他的政绩中显露出来。一个现代管理者，脑子里有一幅规划蓝图，每上一个项目、建一栋楼宇、开辟一片绿地，均要对城市的整体发展有利，要对子孙后代负责。

今天当市长，一定要会管规划，没有一个城市发展的总体思路就做不好事，拆东墙补西墙不是现代领导者的工作态度。知识经济的特点，就是将能人的智慧学识开发出来。

100多年前，芝加哥的一场大火，皆因一头牛碰倒了一盏煤油灯，大火足足烧了一个多月，城市仅留下一些残垣断壁和一座水塔。为了重建芝加哥，市长将全世界200多位设计师请到芝加哥，重新规划整个城市，包括楼宇、道路、公用设施、电力、水源、排污等等，设计大师们将不同风格的建筑设计交融组合，使楼群高低起伏，婀娜多姿。这么多年过去了，今天的芝加哥，高层建筑与开放绿地形成空间对比，众多名师的精典作品使芝加哥城市中心成为了一个“现代建筑博物馆”，而所有的设计都是在实现着100年前的总体规划，一草一木，一砖一瓦都在增添着这个城市的光彩。我们需要了解别人的经验，更应学会运用自己的眼光和思维。

广州江南大道中原有一个花坛，丑陋的花坛广告让周边的有识之士是可忍，孰不可忍，但却因一个“无法改变”的广告收入让它屹立不倒。而这个花坛又确实让美院门前多年交通堵塞，可是有关部门不让拆花坛，说是拆掉花坛城市将少一块绿地，当然，也少了那个不低的广告收入。最终抵不过海珠区人大代表多次的意见，一个月前，花坛拆掉了，道路畅通了，四个人行小岛与青青的绿草滋润了来往人们的心田，谁不拍手称快？

“人本能地追求和谐、秩序与美，理想的环境会是一个有秩序而且美的世界，正因为有了这个美的世界，人们才能不畏劳碌而得以‘诗意般地居住’”。我们处在一个自然与文化交融的时代，任何事物的发展若不与自然和文化相连便没有生命和根基。户外广告这一元素，应在城市的经济与发展中既增加光彩利于发展，又要有适应城市规划的设计模式和尺度，比如说什么区域可以发展哪一类的户外广告，不管是谁经营的媒体，所发布的尺度和要求都应按规划部门（或工商部门）所设定的规矩执行。

英国建筑师戈登·卡伦认为：“城市景观是一门相互关系的艺术，一座建筑是建筑，两座建筑就是景观”。这就是说，城市景观是城市中各视觉元素、事件（包括户外广告）与周围空间（包括自然）在内的相互关系的艺术。城市景观会带来主观感受，会与人的视觉思维相互起作用。凯文·林奇曾说过：“城市景观是一些可被看、被记忆、被喜爱的东西。”一个美好的、与环境相协调的广告，你会欣赏它、注意它、关注它；一个丑陋的户外广告，你心里会嫌弃它，视它为垃圾，希望尽快清除掉。

有人会说，你们文化人才会这么在乎广告与环境是否协调，我要的是大众的注意度，只要他们看见，广告的目的也就达到了。这种心态的形成，首先是不了解正在进步的消费者，更忘却了留下美好的记忆与不良印象有着天壤差别。我们说户外广告的文化含量与经济含量同样重要，是因为做广告仅有注意度而无好感度，这个注意度会失去越来越具有鉴赏能力的消费者的心。

再说，经济的发展，产品趋向同质化，能在市场上站稳脚跟的是大浪中淘出的金砂，如何让这个金砂（品牌）绽放光芒，有赖于品牌形象的塑造。这个塑造过程，有企业的自身努力，包括品质的一贯优良、好的售后服务、对消费者的承诺兑现；还需要广告品牌的印象营造。好印象与坏印象不同于有印象这么简单，有创意的好，有让人留下个性记忆的好（因为有个性才会有记忆，抄袭别人的个性是为他人作嫁衣裳），还要求有美的记忆、赏心悦目的好，在户外广告中更要有与环境相协调，相辉映的好。户外广告作为城市景观的元素，应该起到反映城市的社会经济发达程度和物质文明水平的作用，表达出城市的品味和内涵。一个大都市氛围，一个有文化品味的城市，那是每一个市民的骄傲。你为城市争光，消费者欣赏之余还会感激你，好好地记住你。你破坏城市环境、文化人心里骂你，大众也不会喜欢你。做广告都抱着一个目的，就是赢得消费者的心。良好的记忆会换来对品牌的信心和购买行动，而良好的印象，一定是记忆的第一追求。我们已实现了对空气、对水源污染指数的监控，我们也应该对环境的美丽作出视觉污染的监控。

多年来，广东的户外广告一直滞后于上海，管理部门能否创造一个机制让这一部分动起来，借着几个商业区的改造，花它两年功夫，为作得好的商铺颁奖，为优秀的橱窗设计和施工颁发省级的获奖证书，并在媒介上加以宣传报导。要搞好广州商业区的改造，一是要改变“大排档文化”作风，把规划拿出来，做到有指定机构管理，有明确的政策和策略，要为每个商业区找出个性、品味和发展方向。把规划做在前且实施有力，这些商业区的品味一定会形成，文化含量会提升商品的价值，沉甸感会改变轻飘飘的印象，一个现代化的大都市就会展现在我们面前。在规划户外广告的同时，也应明确不同媒体的不同发布要求。比如在高速公路上，远距离的眺望，要简单明了；马路边的候车亭，造型要美兼有时代感，发布的广告要有好的创意和优良的制作；而场馆、机场、火车站、地铁等又各有其格局。在户外广告的规划设计和发布上，城市里的候车亭改造走在了前面。车亭建了，建得美，广告上了，上得让你眼前一亮，这需要有创意和塑造的追求，还有对城市的负责和热爱。户外广告做得好一定会为城市增辉。整顿户外广告不要把它视为一件头痛的难事，应该成为广告业界的自觉行动，爱我城市从每一个环节做起。

原载1998年《广东省户外广告研讨会论文集》

（广州美术学院 胡川妮）

攫取百亿户外广告商机

高速扩容 优势胜出

从2000年开始，户外广告市场每年都以两位数增长，其营业额已过百亿。而国家加大电视、报纸等传媒业的整顿，对处于成长期的户外广告业无疑是好消息。

户外媒体的情况错综复杂，如何胜出，任何经营者都很难准确地把握。不过可以肯定的是，现今在行业中的龙头，都是在某一方面做得特别强的企业，如流动媒体方面，通成和MPI是最主要的两家公司。他们利用资本、技术和管理优势，迅速开疆辟地，并成为这个领域的领先企业。

公交车候车亭是近年来发展最迅猛的媒体，海南白马是其中当之无愧的龙头老大。他们依靠上市获得的海外资本，已经建立起一个覆盖29个城市的媒体网络，2003年营业额已达到5个多亿。

大牌是最简单也是最复杂的媒体。说它简单，因为它的技术、表现形式、购买方法都很普通；说它复杂，因为经营的公司多，购买环节多，控制风险的难度也很大。这个领域的特点，是各个城市都有多家企业参与经营，但绝对没有谁处于垄断局面，更不用说一家企业能够形成全国的网络销售能力。

外资公司再难一统天下

这几年户外市场已不再是外资公司一统天下的局面了。国内企业通过与外资公司的合作，在各方面都有了很大进步，再加上已有的资源优势，迅速崛起的势头已见端倪。

传统户外媒体经过多年发展，市场竞争已趋于白热化，空间也愈发狭窄。新资本要进入并取得成功，其难度是显而易见的。如果没有大规模资本介入，传统户外媒体领域的格局在未来几年内相信不会有大的改变。但这并不影响户外广告市场诱人的前景，因为户外市场每天都在变化，新媒体不断产生。户外是一个只知道现在有多大，而无法预见未来有多大的市场，重要的是创造和发现媒体的价值。

成功需要什么

对媒体销售来讲，投放效果需要做认真深入的调研分析。因为所有国际客户都特别重视数据，但目前大部分国内媒体公司都很少做这方面的工作，这样在推荐时会因空洞无力导致推广遇阻。数据支持是每个投资人、媒体商都必须重视的问题。

客户和代理公司的需求是媒体供应商要认真考虑的问题。虽然目前还存在一线城市的优质媒体供不应求的情况，但媒体销售困难的状况也时有发生，未来市场变数会更多。唯有重视客户需求，及时调整媒体策略，才能持续保持领先地位。

传统户外媒体大牌、霓虹灯等在客户的整个媒体投放策略中都非常重要，但比重会逐渐降低。很多针对特定消费群的媒体会被更多关注，投放量会提升。随着城市的发展，每个城市都会形成一些固定的商业中心，写字楼群，居家社区，校园城等，这些终端地区是未来客户特别重视的地方，因此在这些区域开发相应的媒体，并以此形成网络的话，势必得到客户的青睐。

（实力传播 陈岩）

分众媒体“总动员”（户外篇）

分众媒体的广告目标更加明确

一家机场广告公司开发出一种飞机登机牌媒体，其直接面对登机的中高收入人士，当乘客拿到登机牌，必然要注意是几号登机口及上面的广告，这样，乘客手中的登机牌就具有了100%的到达率，一些生产高档消费品的企业便会选择这种媒体。仅从小小的登机牌上，我们便可以看到“分众媒体”的优越性。

分众媒体已经渗入生活

在现代社会里，广告已成为人们生活中经常接触的事物，尤其是生活在大都市里的人，每天接触到的广告，数量简直不可胜计。要是你在早上起床开始，细心地不间断地数数一天到晚所见所闻的广告，数目必定使你惊讶不已！有一种夸张的说法：“在美国你随便扔出一件物品都会砸到一个与广告有关的东西。”调查显示，每个美国人每天平均可以接触到1500个广告。我国发达城市的情况也大致如此，在上海的徐家汇就出现过这样的情况：500米范围之内竟有74个品牌的户外广告在争夺眼球。

大众媒体“覆盖”力不从心

据最新统计数据，2002年全国共出版期刊9029种，平均每个期刊每期发行量为2万份左右，报纸2137种，平均每个报纸每期发行量为9万份左右。电视节目套数2058套(同期美国只有850个频道)，广播节目套数1933套，户外广告媒体数量更是超过140多万个。

我们假设以2000年全国659个城市平均人口32万为标准,那么在这样一个小小的城市就至少需要10份杂志或者3份报纸或者2-3套电视/电台节目去覆盖。在那些大城市（平均规模为65万人）、特大城市（平均规模为215万人）里，那需要的媒体数量就更多。这时候，如果单靠一两个所谓的“主流媒体”去覆盖，根本就是力不从心。

单一大众媒体广告效果有限

有一种说法：“广告主有50%的广告费被浪费掉了，但不知道浪费掉的是哪一半”。连续5年(1999-2003年)的CMMS调查统计资料显示，普通消费者在看电视的时候，碰到电视台插播广告的时候，换台率几乎接近50%,如果运用单一的电视投放，就会浪费广告主大量的广告费。同样，在普通晚报上投放豪华别墅的广告，又有多少广告效果呢？所以科学的组合运用各类媒体，无疑可以使广告主投放广告浪费的概率小一些。

媒体整合原理告诉我们，选择的媒体不要贪“大”，要求“准”求“多”。

求“准”，就是要寻找直接面对细分化消费者的媒体，要让每种媒体覆盖的人群越来越准确。求“多”，就是做多种媒体组合，要让每个消费者接触到的媒体种类越来越多。根据科学测验，两种媒体作用人一次的效果，要比一种媒体作用人两次的效果高30%。因此，广告运作应从不同的时间、不同的地理空间、不同传播渠道全方位进行全面互补。根据国外资料显示：如果把100万元的广告费割裂地使用，要比整合使用效果低20%。同样，1000万元的组合广告投放，综合效果要比单独投放1000万电视广告要高30%左右，这就是媒体组合的威力。当然，我们对媒体求“准”，并不排斥大众媒体，关键是寻找出目标消费群与产品所有可能的接触点，这当然也包括目标消费群最可能接触到的大众媒体。

分众媒体时代已经到来，而且是以户外广告和互联网广告最具代表

综合近几年的统计数据，可以看出四大媒体广告投放量在增加，但比重正在逐年下降，而户外、直投及网络等新兴媒体迎来了一个发展较快的时期。

在全国30个城市媒体影响力发展趋势比较中，我们发现，过去5年（从CMMS1999年截止到CMMS2003年）7大类媒体按照媒体影响力排序，依次为：电视、户外、报纸、杂志、互联网、广播、电影院。报纸媒体与户外媒体的影响力差异很小，说明户外媒体已经完全成为可以与传统印刷媒体相抗衡的重要媒体。互联网广告也属于快速成长的媒体，已经超越广播，直逼杂志。这从以下的统计数据就可以印证：2002年全国各类媒介广告营业额分别是电视231.03亿元；报纸188.48亿元；户外114.57亿元，增长20.0%；广播21.90亿元；杂志15.21亿元；互联网5.5亿元，增长30.0%。另外，在历年的媒体影响力排序中，电视、广播、电影院属于发展相对稳定的媒体，在各自的空间里有小幅度的增长或下降。

分众媒体中户外媒体占据绝大多数，作用无可替代

大众媒体“分众”化

就在众多大众传媒饱尝竞争之苦为生计而疲于奔命的同时，一些大众媒体也开始尝试“分众”，走专业化的道路。比如上海电视台和东方电视台陆续开播的电视剧、体育、新闻、生活时尚、纪实、财经、文艺、音乐、戏剧等专业频道，以满足分众的需要。报纸杂志也不停在改版，综合类的报纸日子越来越难过，专业性的报纸和杂志反而倍受欢迎。比如当今的日本杂志市场针对各种年龄层，划分越来越细，仅女性杂志，就可以细分为青少年类

传统户外广告	新兴分众广告	另类/其他分众广告
公交车	互联网广告	公厕内门板广告/液晶电视
大牌/看板	公交移动电视广告	垃圾箱、筒广告
橱窗广告	餐饮店灯箱	飞机机身广告
灯箱	停车库灯箱	鸡蛋广告
候车亭	写字楼食堂灯箱	自行车（篮子/轮子）
出租车	电梯广告	地铁风免费报纸
单立柱	红灯笼专用广告车	人体广告
电话亭	超市/便利店灯箱/手推车	道路地面喷绘的 LOGO 标志
阅报栏	电话黄页	教科书/练习本
飞艇/气球广告	DM 广告	……
地铁广告	渡轮及码头	
列车广告	加油站广告	
机场	手机短信广告	
吊旗	电影广告	
霓虹灯	VCD/DVD 贴片广告	
电子显示屏	体育场馆	
墙面广告	自行车亭/棚	
充气气模/实物	书报亭	
布幅/条幅	邮政信箱	
	邮政编码牌	
	110 报警路名牌	
	急救箱广告	
	宣传单	
	……	

（13—19岁）、流行类、感性磨练类、生活信息类、家庭生活类、育儿类、健康类、料理类、服饰类、手工类、家居类、占卜类等几十种。

分众媒体的4大“玩家”和2位“新秀”

从2002年开始，中国的分众媒体市场上出现了4大“玩家”和2位“新秀”，在短短一、两年的时间内，都取得了令人瞩目的业绩。

MPI(媒体伯乐)：香港上市公司(8072.HK)，是香港梅迪派勒广告有限公司发展而来的，由香港恒隆集团创办。恒隆集团旗下有三家上市公司，其中恒隆与淘大均为恒生指数成分股。1995年在上海成立总部，开展内地业务。目前，在国内成立了9家联营公司和分公司，拥有一个可以覆盖全国超过53个城市的户外媒体网络，可发布媒体总数超过50,000个。媒体形式包括公交巴士、铁路系统、单立柱、候车亭、广告看板和大型霓虹等50种不同种类。尤其在轨道交通方面，MPI是目前唯一同时拥有北京、上海、广州、香港等城市轨道交通系统独家广告发布权的公司，是国内最大的户外多种媒体管理商之一。

白马户外广告：香港上市公司(0100.HK)，是专注内地户外广告车亭广告的公司，背靠清晰频道公司(Clear Channel)这一全球最大的广播及户外媒体公司。借助强大的外援，白马户外广告打造一个覆盖全国多个城市的候车亭广告媒体网络。据统计，全国29个城市内建成的候车亭两万个，白马广告拥有1.2万个的经营权。在国内城市的候车亭市场占有率达80%，是国内单一户外媒体最大的管理商之一。

Media Nation(媒体世纪)：香港上市公司(8160.HK)，该公司旗下的香港通成推广有限公司，成立于1992年，专注巴士车身及地铁广告。经过10年在国内耕耘，该公司在内地和香港分别拥有22000辆和3000辆公共汽车广告，在上海和北京拥有23500块户外广告牌，是媒体伯乐的有力竞争对手。

TOM.COM：香港上市公司(8001.HK)，利用资本的实力，近年疯狂地在内地广告媒体行业跑马圈地，建立旗下的四大媒体平台--出版、户外、互联网和体育赛事。其中户外平台经过两年多的收购积累，户外广告媒体网络一举覆盖了国内25个城市，拥有19万平方米的户外广告面积。

分众传媒(中国)控股公司(Focus Media)：由日本软银注资4000万美元风险投资，Focus Media在2003年底将建成覆盖上海150幢商业楼宇、50个知名商厦、

40个四、五星级酒店及高级公寓会所的电梯液晶电视联播网，在北京将正式达成发布百幢商业楼宇网络的规模。

东方明珠移动多媒体公司：国内上市公司，公交移动电视广告，东方明珠(600832)子公司与巴士股份(600741)和上海文广新闻传媒集团合作开发巴士数字移动电视节目，计划租用6000辆公交车，2004年全部安装完成，公司未来还有可能将其以管理输出、内容输出等形式向其他城市推广。

分众媒体的5大趋势

业内人事估计，未来五年内中国整个广告市场的规模为1000亿-1500亿，其中分众传媒市场的规模为200亿-500亿，三分天下有其一。

分众媒体与大众媒体是互补的关系，“大众”和“分众”都不是最重要的，重要的是“大众”和“分众”的整合。分众媒体与大众媒体不是各自闭门独立发展的，而是互相融合相互渗透发展的。

我们相信，未来几年，分众媒体将逐渐显现出以下5大趋势：

趋势一：3G时代的到来，比如多媒体手机的互动传播，将进一步推动分众媒体的发展。

趋势二：在中国，作为重要分众媒体之一的互联网广告，并没有成为人们所期待的那样，一夜之间成熟起来，要走的路还很长，更需要脚踏实地的发展。

趋势三：分众媒体和传统媒体出现初步融合，比如电梯+电视=电梯电视媒体，公交车+电视=公交移动电视，地铁+电视=地铁液晶显示广告等。

趋势四：分众媒体将渐渐壮大自身规模，同时不遗余力的谋求上市再融资，比如分众传媒的电梯液晶电视联播网。

趋势五：同类分众媒体不断的整合和并购，组成分类媒体集团，但最终会与大众媒体融合，形成跨媒体集团。

（媒体伯乐集团　上海梅迪派勒广告有限公司 池顾良）

户外广告不是广告?

“世界公民”大型户外广告调研——解读户外广告效果衡量之谜

调查背景

合作单位：6大户外供应商——白马户外广告有限公司、媒体世纪集团、媒体伯乐集团有限公司、深圳市龙帆广告有限公司、TOM户外传媒、巍珂庆余广告有限公司。两大调研公司——央视市场研究股份有限公司，捷思市场研究及顾问有限公司。同时，“盛世长城国际广告公司”也属赞助商之列。

调研城市：上海、深圳、青岛和济南（济南为TOM.com独自额外提供媒体资源做效果评估）。

调研广告：主题为“世界公民”公益广告——“年轻有为不是占一个座位”（车身）、“力求上进不是力上一班公交”（候车亭）、“超越无限不是抢超一辆前车”（高速公路的大牌）、“高谈阔论不是高喊一通电话”（地铁）、“勇往直前不是勇闯一次红灯”（建筑物的大牌）。

广告主通常把大把大把的钱花在传统的广告当中，而消费者并没有在电视广告段落当中看广告。事实上，只有16%的人在广告段落当中专心看某个广告，而其他的

84%根本就是心不在焉，或者一到广告就换台。

2002年是体育行销的一年，实力传播自己也做了四个有关体育项目的调研，从其中的一个我们发现：在体育节目的收视上面，主动收视的比例达到86%，只有14%是被动收视。但是，我们同样发现，今天的观众跟体育节目之间的关系很不同，观众的收视是主动性非常强的，他们是有意识地在收视，但在体育赛事转播当中插播广告的时候依然会有一半的观众转台。这就是说，虽然有些节目观众的主动意识是强烈的，但是进到广告时段时，观众依然是要看其他节目的。

所以，我们要考量，除了电视广告，我们的广告主就没有其他出路了吗？以前，户外广告从来就没有准确的调研依据，此次名为“世界公民”的大型户外广告调研也许能够帮助我们探究一些有用的规律。

有多少人在留意户外广告？

这次的户外调研得出的一个结论就是，大概有1/3的人会经常看户外广告，几乎完全不留意的是20%。从这个数字可以看出，不管是经常留意还是不留意，户外广告总是强于球场内的标识。为什么呢？我们发现，一个人一天花在路上的时间：步行的，乘地铁的，驾私车的，都是不同的，而周末人们花在路上的时间还要超过工作那五天花在路上的时间，驾私车的比平时还要多出50分钟。

这个数字说明什么呢？今天很多广告主都在一窝蜂地做电视产品涉入，但是不是把产品放在节目当中做广告，就必然增加消费者对产品的喜爱度呢？如今的消费者已经越来越聪明了，如果广告做得不够细致自然的话，消费者还是会反感的。

什么时候最留意户外广告？

户外媒介里面隐藏着一个强大的规律，而这个规律的意义又是非常重大的。工作的五天跟周末，形式是完全不一样的，周一到周五大家天天上班工作、上学、购物逛街，周末的时间很多人最主要的目的是逛街购物、休闲娱乐、拜访朋友。同样是上街，周一至周五与周末做的事情是不一样的，这表明消费者当天的心情是不一样的，心情不一样，就导致消费者与户外媒体的关系是不一样的。

调研发现，81%的人每天是有固定路线的，在这81%的人当中绝大部分只有一条固定的路线。当受众第一次看到“世界公民”的公益广告时，62%的人是在上班工作途中也就是在早上，而且平均一个星期9次路过这个地方，一个月就是36次，将近40次，这个户外广告跟消费者沟通的切合点意义是非常的。

采取不同的交通工具的人接触“世界公民”公益广告的次数是不同的，其中搭乘地铁跟轻轨的人前后接触到“世界公民”的广告次数是最少的，大概是6到7次，开私家车的是最多的，大概12.5次。

调查中，步行的人占所有人口的95%，搭乘地铁的占1/4,开车的只有4%，而这4%的人可以看到最多形式的广告，但是可惜这个数量比较少。我们还可以看到，今天采用各种交通工具的重叠性相对来讲不高，由此我们可以得出，适当的媒体组合不是资源的浪费。

而今天的资源组合如何才能达到最佳的效果？出租车、地铁还有高速公路上面的广告牌因为只有4%的人可以看到，所以它们属于分众性高的媒体，全众性的应该是公交车和候车亭。它代表什么样的意义呢？对我们的策划人讲，首先秩序是存在的，上班、上学、逛街购物，交通工具的选择是规定的，路线是规定的，户外媒体因为这些秩序的存在，各种资源之间是可以互补的。但是当你聪明地找到了跟消费者相关的资源的时候，就可以把这种资源加大，上面提到的人们在不同的时间上街，心情是不同的，这个结论代表与电视的黄金时间是晚上不同，户外媒体的黄金时间是周末跟早上。

难道其他的时间都浪费了吗？不是的，考虑一下影响户外效果的主要因素有哪些？对“世界公民”的广告活动创造了多少呢？调研中，当我们问到：过去一个月在户外你会留意到什么特别的广告，只有1%的人在没有提示下说留意到了。但经提示之后，有57%留意到了，1%的未提示认知与57%的提示认知，这就说明今天善用户外媒体已经相当重要了。

什么因素影响户外广告的效果？

调查中，第一次看“世界公民”公益广告的时候是透过什么样的形式？提示后的认知数据是，公车身占38%，候车亭占23%，地铁轻轨占11%，楼顶为14%，高速公路是9%。由此看来，公车身是最能掌握眼球的。

城市之间也是有差别的，此次在上海虽然我们投入的资源是最多的，但是受众的回忆率是较低的，大家都非常看中上海这个城市，所以上海资源就越来越多了，投放户外广告的也就越来越多。在淮海路，光一个路的交叉口上，就有超过了20个品牌投放的户外广告，而且是各式各样的，在广告位置的选择上，大家目前都在抢好位置，这与广告效果有关系吗？调研告诉我们是有关系的，而且有明显的关系。在深圳我们看到，深圳大剧院的对面等一些地方的广告牌都高达80%以上的回忆率，青岛的好位置广告也在77%到83%之间的回忆率，所以点位的选择，也是十分重要的。

还有什么因素会影响到户外效果呢？今天的消费者对户外广告的赞成度是不一样的，我们用其中一个问题去整理这个现象，这个问题就是“最近一个月你有没有特别留意能具体说得出来的某个户外广告？”结果某些城市只有31%的人能说出来他记得的广告，这说明城市跟城市之间有不同的敏感程度。

创意在户外广告中起到什么作用？

难道创意不重要吗？调查告诉我们，最近一个月特别留意到的同时能具体说出来户外广告名字的人占了42%，而具体能说出一个的是绝大多数。当问及调查对象印象特别深刻的是什么广告？在上海、深圳和青岛，有1/3的人回答是汽水广告，“世界公民”公益广告在深圳和青岛被最多的提到。在深圳和青岛，消费者注意的很多的广告是和吃的喝的有关系，当被问及留意这个广告的原因是什么？第一是经常看到，其次是颜色，第三是喜欢这个牌子，而“世界公民”的广告是什么因素让他们特别留意？结论是颜色很重要。

除颜色之外还有什么东西是在做户外广告创意的时候应该特别讲究的呢？

调查中，25岁到30岁的年轻人对颜色的敏感程度要比31岁以上的中老年人强得多，而经常看到这个因素对于30岁以上的人意义比较大一点；同样，年纪大的受访者相对来讲对代言人这个因素的共鸣不大。所以，广告的颜色，代言人的选择变得非常的重要。刚才提到，为什么有1%和57%的差距，结论就是路是一样的，景物都是一样的，如果没有新鲜的东西就不会很留意了，如果那里突然间多了一个新鲜的东西就会看一下。

户外广告到底产生什么作用？

那么，到底户外广告产生什么样的作用？第一次看到“世界公民”广告的有22%的人说，很留意，还有3/4的人告诉我们说稍微留意，青岛有1/4的人对这个广告是视而不见的。接下来问及：你是怎么留意的，你为什么留意它，你第一次看到它以后，它给你什么样的印象？将近1/4的人说因为很显眼，有将近一半的人说是因为有趣，跟一般广告不一样，还有人说不知道，没有什么特别感觉的人占20%不到。由此可见，对于今天的户外媒体，如果广告主能够第一次就创造很鲜明很正面的印象，让受众一见钟情，那么意义非凡。这个第一次是非常关键的，也是非常非常重要的。接下来，探究户外广告究竟是有利于什么？今天“世界公民”广告的效果验证了国外的文献，即户外广告是更有利于增强产品品牌的知名度。53%的人告诉我们，知道产品的知名度以及产品的品牌的知名度，而公益广告更有利于品牌的促销。

重要结论

人们周末和周间行事完全不同，对于户外广告而言，周末的含金量大于周间。

影响户外效果的因素：户外环境、创意、位置和城市。

要寻找适当投放户外广告的规律，第一次就要给受众创造一个鲜明的印象。

户外广告有利于品牌建设更甚于产品促销。

户外广告是情感媒体，而不是信息媒体。

户外广告要与生活背景相协调。

（原载《实力传播》2003.7-2003.9Vol.27刊 谭泽薇）

户外媒体发展趋势管窥及创新思路初探

在广告发展史上，无论是国外还是国内，最古老，最早出现的广告，如招贴幌子等都属于户外广告范畴。作为最古老的广告形式之一，户外广告延续了数千年。但户外媒体又因其调研指标复杂，单一媒体分散且数量巨大等因素，被成长迅速的“四大媒体”（电视、报纸、杂志、广播）排除在外。然而它在广告战役中展现的重要性从来就没有人质疑过。

一、中国户外媒体发展现状

据实力媒体的统计，至 2003 年底，中国的广告支出将达 515 亿元，其中户外媒体将占 15%。

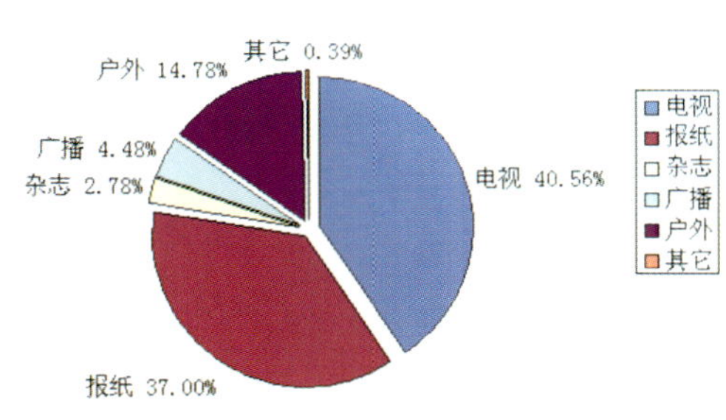

2003 年广告市场花费比例
（资料来源：实力媒体全球预测系统。）（图一）

而预期 2000 年至 2003 年中国广告支出的年复合增长达 10.8%，是全球广告增长最快的市场。其中户外媒体增长率达 11.6%（2003年5-6 月因 SARS 的突袭有所影响，数据略有降低），超越整个中国广告支出的增长率。

市场份额方面，目前媒体伯乐、媒体世纪、白马、TOM 等 4 个国内大公司占据了整体市场 17% 的份额，其余 83% 的份额被国内各城市之间的数千家中小型广告公司瓜分。

另外，户外媒体的利润一直高居各类广告媒体的榜首，部分广告经营者手中拥有一定户外资源的小公司毛利率竟高于 30%。

在如今，广告客户为了能在电视台和报纸的黄金时段和版面上打广告而挤破门槛的情势下，谁还会钟情呆板而缺乏互动性的户外广告呢?

恰恰相反！越来越多的广告主从这一便宜而有效的广告手段中尝到了甜头。

由（图二）可以看出，户外媒体的到达率目前仅次于电视媒体，位居第二。

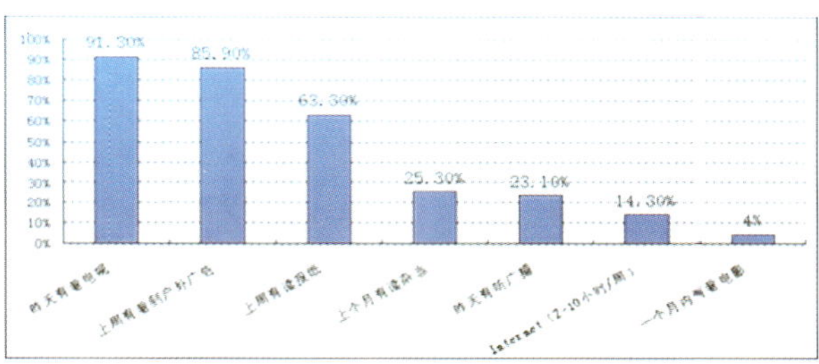

由于受众对户外媒体的关注度逐渐增加（图三），很多客户也越来越青睐于户外媒体。户外广告的关注度和媒介使用习惯呈逐年提高的趋势。这与人民生活水平提高，户外活动增加，以及城市发展迅速有密切关系。

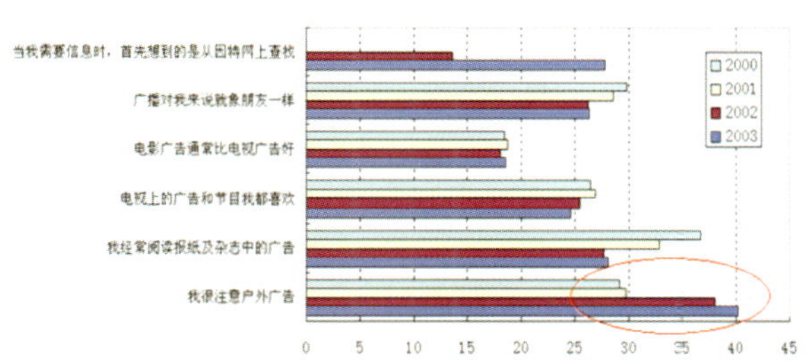

消费者媒体使用习惯调查
（数据来源 CMMS2000.2001.2002.2003）（图三）

就目前全国户外广告投放量来看，房地产投放是第一名，紧随其后的是邮电通讯、金融、服务业和家电。统计表明，中国电信是广告投放额最高的客户；而金融业中最大的惠顾者是中国工商银行。在客户的户外媒体投放额的排行榜上，位列前茅的消费产品是：2001 年是联想和百事可乐，2002 年是康师傅和联想电脑。

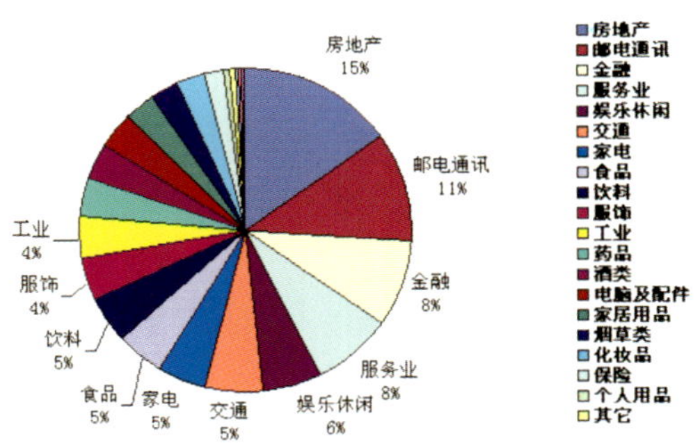

2002 年户外广告投放的主要产品类别
（数据来源： 中天星河）（图四）

二、户外广告效果众说纷纭

由于现有的调研手段和数据无法支援庞杂的户外媒体市场，因此对于户外媒体的传播效果一直有很多不同的说法。

比较积极的意见认为，户外媒体容易接近受众，24 小时不间断，在同一城市覆盖率高，地域选择上具有灵活性，制作成本较低，视觉冲击力强；而相反的意见则认为：户外广告不适合承载复杂信息，受周围环境影响较大，评估受众和监控都相当困难，且规范化购买难度大。

不过，争论归争论，由于受众对户外媒体的关注不断增加，使得越来越多的广告主愿意把广告投放在户外媒体上。我们可以有限度地通过媒体创意购买的方法对户外媒体的劣势进行有效规避。

三、户外发展趋势预测

- 通路终端的户外媒体呈现整合趋势

各地家乐福，北京万客隆和京客隆，上海联华和易初莲花，广州的好又多和百佳等超市，还有全国各地的网络药店，都开始设立打包的网络购买模式。从店内的 LCD 展示屏、招贴画、海报，到地贴和墙贴，以及 POP 挂旗和派发卡片等形式，都可以制定其连锁网络的部分店面或套装组合购买，这种户外媒体的集成售卖形式，使广告信息能够在最接近消费终端和消费者的地方用通路网络顺畅地传达给消费者。

- 广播以车载媒体及卖场背景声音的形式演变为半户外媒体

在每个地区，几乎都是当地的音乐交通台获得的广告量最大，并且广告价格最高，这说明包括出租车、私家车、公交车等一系列户外交通媒体已经将广播媒体变为“半户外”媒体，现在很多广告主借助广播广告进行地面行销的辅助，获得了良好的效果。基于广播在交通工具的使用，目前在公交车、出租车等公共交通工具上也出现了诉诸图像声音的 LCD 电视广告，以及内部局域广播网络。另外超市、商场等购物场所也纷纷与电台签约，将个别电台作为自己的背景声音。

- 移动、视频、数字、动态等应用新材料新技术的户外媒体，成为新趋势

户外媒体给人的印象就是简简单单的平面的单一信息传达，目前电子技术的应用，使得户外开始“动”起来，有了动态的大屏幕，有了数字视频网络播放系统（如上海地铁车厢中、北京和上海部分公交车中的 LCD 等），有了用 3 维全息成像技术制作的展示台（如可乐在上海超市制作的售点广告），很多户外媒体开始走向多元化，并借由新材料和技术由平面媒体的单一写真喷绘向多元化电声媒介形式过渡。

- 中国的户外调研开始启动，并走向深入模型化阶段

目前，户外调研在中国处于起步阶段。在此之前，白马、TOM、魏柯庆余、MPI、通成等专业户外媒体集团，虽都做过小规模的针对自身媒体的调研，但尚未形成有效的统一模型和公共认可的调研指标。随着户外广告市场的逐渐规范，户外广告的监测和效果评估的确立，户外的调研监测系统将能更多的解决困惑广告主和户外供应商的很多问题：户外广告对特定的产品有效吗？如何有效？户外广告对哪种人有效？何时有效？在哪里更有效？探知这几个为什么之后，我们就能更明确的知道“如何”使用户外媒体了。

- 户外的相关法律法规逐步完善

目前户外媒体的购买尚有一些由政府的整改而造成的风险，往往很多审批下来的广告牌，并不到期就被勒令

拆除，大家一定记得，1999 年夏天，一夜之间北京长安街的广告牌都不见了。如今在上海，内环的大牌也将面临拆除。这其中就包括规范户外的法律条文不完善的因素。上海率先发布了《户外广告设置技术规范》，将来户外广告的购买和制作将进入良性的市场循环机制，审批和投放将越来越规范，政府公开招标机制必将实行。

• 大城市户外媒体价格持续走强

随着越来越规范化的户外管理规定，大型户外媒体发展减缓，甚至在密集区域还可能出现数量上的减少，户外媒体网络化将进一步发展完善，户外媒体的年广告额也将进一步上升。城市中的“户外污染”会减少，单一媒体的费用会相对提高，同时媒体的质量也将提高，投放风险将明显降低。

四、户外媒体创新思路探讨

户外媒体的购买相对于其它的媒介来说复杂许多，也正是购买的多样性使得户外媒体可以发挥无限的创意，实力传播的 iMPACT （户外购买与策划） 部门一直致力于创意性的户外媒体购买，以此为客户带来最大的传播效果。笔者抛出一些拙见，希望与业界同仁共同探讨，让这个市场更精彩。

以下讨论将侧重从概念化角度出发进行探讨。

• 和谐户外

一个好的户外广告应该与周围环境相和谐。户外广告的美感是在其面积、色彩、造型、亮度同周围景物和谐有序的搭配中产生的，将这些与环境和谐的因变量，与到达率、人流量等评估指标相结合，达到相对人文化的广告效果。

和谐户外的优势是比其它单纯的户外广告牌更能融入环境中，使视觉的被动接收变成了与环境相融合的印记。但缺点是需要在不同地方使用不同的广告版本，创意制作成本高昂。

• 人居户外（环保、社区户外）

在户外广告制作中应用环保材料。例如，应用太阳能、时钟报时、尾气检验、噪音分贝提醒、温度计量、遮阳等设备，以社区的好公民形象出现在户外，首先显示出户外广告给人们生活带来的好处，强调户外广告对社区人们的功效，随之呈现的广告内容就会让人们易于接受。

这样的户外，能使广告的知名度和美誉度同时增长，使户外广告成为城市或社区不可缺少的组成部分。但使用这些广告形式的成本较高，对材料和技术的要求也很高。

• 功能户外

让户外广告担任社区服务的某些功能，让所宣传的产品跟这些服务产生相关性。例如直立式喷射饮水机、收听广告即可打电话的电话机、可以换零钞的柜员机以及商场地面上的指路标记等。此外，一些高档消费场所洗手间等，能使受众短暂停留的地方，都可以利用其功能引出实际想要传播的广告信息。

这种形式与商业信息进行巧妙的柔性结合，让广告“润物细无声”。但只适合相关品类的产品进行投放。适用面较窄。

• 时空户外

户外广告只能是简单的四方形吗？颜色 24 小时都一定要相同吗？一定要平面表现吗？是越大越好吗？

应当应用新型材料和制作工艺，并尽可能采用新的结构形式。比如，让户外广告表现出时间的变化，作为内容的一部分，或者将声音作为广告内容的一部分，或者采用 3 维激光等新的制作方法，让受众在不同时间一直拥有新鲜变幻感，不易厌倦广告内容，记忆深刻。

• 交通户外

户外的人群，多数在“交通”和“流动”，把户外媒体放到整个交通系统中，让户外媒体成为这个环境中不可或缺的组成部分，将覆盖城区最多的受众。如马路地面上，如汽车车顶上（有高楼建筑的街道、行驶的车辆），如路灯，如人行道等等都可以应用户外广告。将来还可以引入“路段塞车系数”、停车时长等指标来评估处于交通系统中的户外广告。不过要注意的是，这种形式的广告品质可能会由于交通工具本身的质量和环境而受到影响。

• 移动户外

设想，在地铁隧道墙壁上放置一连串不同帧的画面，当地铁开动的时候，地铁车窗外就是一幅动态的户外广告。比如汽车轮子旋转的时候也可以形成独特的图案、电梯的扶手胶带的转动，或在两个楼宇间用轨道相连，户外广告在上面运行等。处于户外活动的人群更能注意到动态的广告，应用动态效果即可增加广告的曝光率，但这种广告的缺点是不易维护。

• 景观户外

创造一个城市的地标性户外，用“最大、最高、最长”等等有“最”的方式制造城市景观，创造户外本身的新闻性效果，借助媒体对新鲜事务的报道，扩大影响力。

以上海为例子，百盛对面的百事可乐牌子下就曾经一度成为男女约会的场地、淮海路的地标，徐家汇的第六百货的海飞丝超大广告也成为当时一大景观。

景观户外广告有助于通过各种潜性传播将广告效果扩大化。但审批手续复杂，成本也较高。

• 黑白户外（日照户外和灯照户外）

有些产品只适合在晚间出现，或者晚上出现的效果大大的高于白天。如一些奢侈消费品，酒精类饮料等。

可以考虑白天和夜晚画面不同，例如白天是空空的啤酒杯，给人以悬念式的遐想，到了夜晚，酒杯里斟满了啤酒。

• 新媒介户外（如天空户外、水面户外）

比如在水面上进行各种光照投射，空中烟雾字，将喷绘的平面铺于水中等。

这种形式冲击力较大，但由于不易保留，较适合品牌初期建立知名度。

• 互动户外

让户外广告内容与受众形成互动，一方面增加广告效果，另一方面，可以很好地测量户外媒体的实际关注广告效果以及关注率。

如国外已有应用的眼角膜红外扫描法，当你注视户外广告画面的关键部分超过特定的几秒后，隐藏在广告牌后面的红外扫描计数器便增加一位，并在户外媒体的液晶屏上显示“您是第XXXX位关心我的人”。

• 真人户外

利用各种与人有关的方式进行户外展示，如城市重要广场的人群造型，如穿戴相同的人们出现在城市的主要繁华阶段，如真人或在橱窗中使用，另外还可以在户外的大灯箱等人物画面位置使用真人等等。真人户外能让户外广告变得生动活泼，增加动感，但需要相关部门的特殊审批。

• 透明户外

汽车玻璃窗、楼体玻璃窗、商场玻璃窗、餐厅玻璃窗、地铁玻璃窗等等透明的地方进行户外广告的放置，有些地方可以设置单反玻璃从后面观察广告效果。

如有的可以在广告画面中加入一面镜子，让路过的人可以从广告画面中看到自己。让自己和广告组成一幅独一无二的个性户外广告。

• 快速轮转户外

通常户外的发布以月份记，最快的也是14天才能换画面。一些时效性很强的产品或服务因此而舍弃户外媒体。有没有可能把户外也做成相对时效性的媒体，只一天或几天的发布？如把整个街道全部买断一天或在节日期间进行各种楼体的包装和买断等。如前段时间联想电脑在上海发布的时候，包装了上海淮海路部分繁华路段，招贴、吊旗、户外灯箱数量众多，发布了周六周日2天。

• 性别户外

利用性别隔离的户外场所发布广告，如更衣室、盥洗室、洗澡堂、美容美发店、游泳池等等环境。具有性别区分的场所一般都有明显的特点，容易抓住人流的总体特征。这种差别化诉求，以性别为主要区分点，适合性别要素非常明显的产品。

• 联合式户外

这包括两个概念：户外媒介的联合以及相关产品的联合。

关于户外媒体的联合，例如当公交车进站时，与候车亭广告进行拼接，才能组成完整的广告；或者当地铁列车所有的门都关上，广告效果可以显现。再如公交车的车身和玻璃窗内的乘客是否可以有某种形式的关联等等。

关于产品的联合，如把我们代理的一些有关联性的品牌联合发布，设想一下会有何种广告效果？例如中国移动和诺基亚，可口可乐和麦当劳，别克汽车和SONY电器等等。如果结合得当，既达到了宣传两个品牌的目的，又可以节省宣传费用。

最后希望未来的户外市场更精彩。

（原载《实力传播》2003.4-2004.6Vol.26 施雷）

户外广告非内容性载体的核心特征与作用

户外广告非内容性载体的特质，决定了其在广告传播与受众接触过程中的特殊性

这是一个非常重要但又被常常忽略的问题：就广告信息的传播方式以及消费者对广告媒体的接触习惯角度而论，户外广告与其它所有传统媒体相比，存在着一个非常本质的区别，其核心就在于媒体所承载的“内容性”：传统媒体基本上都是一种内容承载性媒体，例如，电视媒体承载的主体内容是电视节目，平面媒体承载的主体内容是新闻文字等，而广告是依附于这些内容而存在的附属品。同时，这些传统媒体的广告受众大多也是因为这些内容的存在而去接触媒体，并顺着这些内容的引导才接触到这些媒体所搭载的广告，因此，传统媒体的广告接触方式可以称之为内容诱导性接触，传统媒体可以被称作为内容诱导性媒体。但在户外广告中却没有所谓的“内容”承载，换言之，户外广告是一种特殊的无内容的纯广告媒体，消费者日常在户外媒体中所接触到的除了广告之外，没有任何其它内容。这一媒体特性的存在，势必决定了户外广告的广告受众在接触户外广告时，存在着与传统广告完全不同的方式：由于没有“内容”的存在，消费者在与户外媒体的接触过程中，缺乏由内容而产生的诱导接触过程，而更多地是处在一种随机状态之下的突发性广告接触，即消费者置身户外，在没有任何引导条件或诱因的状况下，随机与户外媒体产生突发性的接触，并完成对广告内容的接收过程。因此，户外广告的接触方式可以被称之为一种非内容诱导性接触，户外媒体可以被称作为非诱导性媒体。

户外广告的非内容性特质以及无内容诱导性接触的特征，决定了户外广告媒体在传播过程中必须对受众有足够的媒体亲和力

由于户外媒体非内容性的传播特质与无内容诱导性的接触特征，决定了消费者对户外媒体接触时的随机性状态，这样一种随机性接触状态就决定了户外媒体本身必须要有足够的亲和力去配合广告受众的接触。所谓的户外媒体亲和力指的是户外媒体与广告受众之间在接触过程中最小的接触障碍，其中包括广告受众与户外媒体间的接触观察角度、观察距离、观察视觉障碍物以及传播内容的清晰完整性等要素，当广告受众在户外纯随机状态下与广告媒体发生接触时，要求广告媒体必须随时都能提供一种非常良好的易接触状态，使广告媒体完整暴露于广告受众的接触视线范围之中，达成最为充分的广告信息传播。在易接触性或称之为媒体亲和力方面，目前主流户外媒体中表现最好的当属公交媒体。公交媒体在户外媒体中独一无二的采用多面体立体方式传播（由两侧车身加车尾形成的三面立体），这种传播方式构成了一个超过300°的宽广视角，使得公交媒体毫无疑问地成为户外媒体中可视角度最大的载体。最大观察视角意味着无论广告受众与公交媒体处于何种状态的相对位置，都能完整接触到公交媒体所搭载的广告内容，从而有效确保了广告接触的传播效率，这一点从实力媒体去年所做的户外广告效果调研中可以清晰地得到印证。在关于消费者日常特别留意的户外媒体形式调研中，公交媒体以60%的消费者留意率遥遥领先于其它户外媒体形式，而在日常接触最多以及最容易留下深刻印象的调研中，公交媒体同样以57%与36%的高比例遥遥领先，这一切很大程度上归功于公交媒体独特的传播特性以及由此而形成的消费者广告接触最小化障碍，即公交媒体无与伦比的媒体亲和力。

户外媒体非内容性特征使户外媒体的人群包容性最大化

户外媒体的非内容性特征，避免了传统媒体的广告受众因为对媒体所承载内容有意识的主动回避而产生的广告接触障碍。传统媒体“内容”的存在一方面固然是诱导了消费者对所搭载广告的关注，但另一方面，“内容”的存在同样迫使一些消费者因为对“内容”的排斥而远离这些广告，人为造成了广告的接触障碍，缩小了广告的接触范围与接触人群。因此，从这个意义上讲，户外媒体的非内容性特征，完全避免了传统媒体由内容所形成的消费者接触屏障，实际上使户外媒体成为一种人群包容性最广泛的媒体形式，没有任何人为排斥消费者的特性，这一特性使户外广告正日益成为仅次于电视广告的消费者接触率最高的媒体形式。

户外媒体的非内容性特征，使户外媒体成为消费者心理排斥性最小的媒体形式

任何搭载于内容性媒体之上的广告都由于侵占了消费者对媒体“内容”的接触而为消费者所排斥，例如电视广告侵害了消费者看电视节目的时间，平面广告侵害了消费者对平面文字的接触量等等，消费者所产生的这些排斥性会在实际的消费者广告接触过程中直接产生对广告以及品牌的排斥心理。而户外广告的非内容性特征，使其不会对消费者产生任何利益侵害，因此，消费者对户外广告及其所搭载的广告排斥心理最小，这一点同样也可以从实力媒体去年所做的户外广告效果调研报告中得到验证。户外广告的消费者反感率（15%）最低，远远低于电视广告反感率（33%）、平面广告反感率（32%），因此，户外广告可以被称作最具消费者好感度的媒体形式。

户外媒体非内容性特质，决定了户外媒体在媒体策划运用过程中与传统媒体的差异性

在几乎所有的媒体策划过程中，媒介人员首先都会确定广告向谁传播的问题，即媒体传播的目标人群是谁？在哪里？如何去接触？并最终根据这些资讯并结合其它的一些要素进行媒介计划的制定与实施。在传统媒体中，我们往往可以依据媒体的“内容”来指向目标人群，例如特定的电视频道、栏目总有人群特质相对集中的一个收视群体，特定的报刊杂志同样也存在着一批行为特征相对固定的阅读者人群。因此，在传统媒体中，媒体的“内容”可以帮助我们将广告准确地指向目标受众。而在户外媒体中，由于其非内容性的特征，不具备传统广告中指向消费者时常用的内容性导向指标，因此通常无法按照传统媒体的内容导向来索引目标消费者，而需要依靠另外一些指标，如户外媒体的环境特征来接近消费者。户外媒体的环境特征主要包括地理环境特征与人文环境特征两个方面，前者是对于广告媒体周边“硬”环境特征的描述，例如：建筑物、服务设施、商业环境等；后者是对与地理环境相对应的特定人文“软”环境的描述，例如：在办公区域中的白领人群比例，中心商业购物环境中年轻人的比例等。地理环境与人文环境共同构成了户外广告的人群针对指向性。

户外广告的非内容性传播特征与非诱导性接触特征，从根本上决定了户外媒体与传统媒体之间必然存在着相当大的差别，这些差别的存在又决定了户外广告的运作必定具有非常独特的专业性，绝不可照搬照抄传统媒体的运作模式与经验。只有当我们充分重视这些有别于传统媒体的基本特征，并进行针对性的使用时，才能真正发挥好户外广告的巨大作用。

（媒体伯乐集团 上海梅迪派勒广告有限公司 杜劲松）

台湾户外广告现状及未来发展

在台湾，被归类于第五大媒体的户外广告，可说是现有媒体（电视、报纸、杂志、广播）中，在未来前景最为看好的一种。上世纪80年代中，台湾取消媒体经营的管制，各类型媒体如雨后春笋般地快速扩散，加上时代进步的变迁，经济市场景气又不断呈现高度成长，人民生活水平也大幅度提升了，消费能力也增加了，市场营销的竞争也相对地激烈了。最明显的改变就是消费市场从传统的卖方市场转成为买方市场，因而让企业更加重视广告沟通的传达效益，进而再促成了广告媒体的多元化。媒体的选择除了既有的四大媒体运用外，各类形式的户外媒体也开始逐渐被重视了，从繁华街道的各个大楼顶上、壁面、路边，以及交通车站、航空站、高速公路两侧等等，都设置了户外广告媒体可大量运用的空间。由于在视野宽广的空间对广告诉求视觉传达效益方面具有更多的优势，因而为台湾的企业界、广告业界所重视，甚至愿意花费更高的费用争取长期使用良好的户外广告位置。另外就是户外媒体材质与印刷技艺方面随着科技不断进步有很大的提升，除了有耐火、耐水、耐热的功能，印刷网点更精致化，色彩更柔和艳丽化，且不怕日晒雨淋，不易褪色等等特色，所以加大了企业的肯定，自然而然使用户外广告的机率也增大，让台湾的户外广告业经营业绩逐年不断成长。近年来，台湾的户外广告业在同行的共同努力推动下，与企业主和广告公司相互配合作业也在不断地创新突破，让户外广告的版面创意与设计表现都充分掌握有视觉张力和传播效益，受到了很多舆论的好评。下面就列举几例简述说明：

从20年前的地方选举竞选时的户外广告而言，虽说只是一种简单平面设计，但在追求短期效益前提下，每每挖空心思，发挥最大想象，使出出奇制胜的创意表现，力求将各候选人知名度快速拉高并塑造出良好个人形象。例如使用超大型户外广告的视觉冲击力，造成各媒体竞相报导，而有助候选人高票当选。在近年选举中，户外广告设计创意表现已成为重要的户外媒体特色之一。

近几年，国际知名企业麦当劳在台湾地区的台北市建国高架桥旁，包下整栋大楼，宣传新推出上市的贝果产品，色彩鲜艳，充分表达其美味好吃；行人尤其当上下班时间空腹经过时，常常有看后不禁垂涎三尺之感。

2002年，世界知名广告公司上奇广告公司抓住世界杯足球热，将台北休闲百货公司京华城原本的圆形结构，包装成一颗世界上最大的“足球”，其所带来的视觉传达张力和震撼效果可想而知，不仅在台湾成为热点话题，更延伸到国际新闻传媒争相报导。

2004年，台北银行推出大乐透促销活动，也是大手笔包下了一栋大楼整体外观壁画，标题以一个长相平凡的男生巨幅彩照说出：“晓玲，嫁给我吧！”。隔天，所有电视、报纸媒体竞相报导，这位幸运的女主角到底是谁？全台湾同样名字叫晓玲的有200多位，造成了很多生活上的悬念性和趣味性，大大激发了消费者的好奇心，而顺利达成了台北银行推销大乐透彩券的目的。

还有更多可借鉴的杰出户外广告表现的案例，这些执行的案例都是属于户外广告在创意表现方面的发挥，因而可以乐观的预测，未来台湾户外广告的发展将是热闹可期的。此外，户外广告除了广告表现传达效益追求外，其更深层的意义在于对整体社会的教育、创意、健康、生活、启发都是正面的；这也是我们做户外媒体评鉴，激励业者努力提升专业素质，回馈社会所必须的使命感。

未来台湾户外媒体广告业绩发展仍会呈大幅成长局面，所以更应要求户外媒体广告有好的创意，做出足以让

大众讨论的议题。然而，相对于在高速公路两边的T霸媒体，壁面广告使用执照合法手续的取得，T霸壁面广告执照的合法化可以让正规的业者及国际性广告主愿意拿出更多的预算，发挥更好的创意。总之，不断使整体户外媒体走向良性健康的发展，使政府市容规范真正的落实放心，使消费大众及下一代教育形成多赢的局面，这是台湾众多从事户外媒体业者的最大期盼！

（高雄彩敦网版印刷股份有限公司总经理 徐文辉）

中国户外广告产业上海宣言

背景

1．人类已经进入网络化的信息时代。人类记忆空间的有限性和信息传播的无限性，使注意力逐渐成为一种稀缺资源，传媒已成为资本和技术之外的第三大社会力量。在广播、电视、报纸、杂志不断分众化之后，户外媒体已成为真正的大众媒体，独特价值正在显现。

2．近二十年来，我国户外广告先后经历美化城市和资本圈地这两轮推动，户外媒体资源扩张，年营业额连续以两位数增长，仅最近三年就增长了一倍多，达129亿元。但行业规范的长期缺失和户外广告法制的仍不健全，不利于户外广告产业持续、有序的发展。户外广告业的发展正处在一个关键时期，对外完全开放在即，营造一个法制化生存环境的呼声高涨。

3．我国正在全面建设小康社会，国家正在经济现代化过程中积极推进城市化。户外广告与城市相伴而生，是城市活力的象征符号。随着城市化水平的提高和城市经营理念的调整，迫切需要对户外广告做出理性的价值判断，制订前瞻的设置规划，以长效规范代替突击整治，让公平竞争推动行业繁荣。

4．2004年9月21～22日，130余位中国户外广告业代表聚会上海，与城市规划、景观、经济、法律方面的专家及地方政府、协会、媒体代表一起，经过深入研讨和广泛协商，共同签署《中国户外广告产业上海宣言》。

一、特色与作用（存在的理由）

5．户外广告是指为了吸引对广告商品或服务的注意，选择在户外恰当的场所并采用合适的形式，在一段时间内向公众持续展示明了的视觉信息的广告物。“位置”和“创意”是户外广告的核心价值。

6．户外广告是最古老的媒介形式，有旺盛的生命力。自有城市和贸易起，就有户外广告。从最初的木雕牌匾、灯笼旗帜，到今天的电脑喷绘、霓虹大牌，户外广告历久弥新。

7．户外广告是最大众的媒介形式，有广泛的亲和力。户外广告在公共醒目位置免费供所有经过的人持续观赏，一目了然地闯入大众的脑海，以图形演示品牌，用轻松传递理念，沟通男女老少。

8. 户外广告是最经济的媒介形式，有持续的购买力。户外广告千人成本较低，固定发布时间较长，性价比高，传播受众广，是商家必争、品牌竞选的公共沟通管道。

9. 户外广告是最丰富的媒介形式，有强大的适应力。从固定的大型看板，到移动的交通载体，从社区的街道网络，到终端的卖场售点，户外广告形式多样，创意无限，总能因地制宜，推陈出新。

10. 户外广告与建筑、交通、绿化等城市系统并置，共同形成城市的地理空间和视觉界面，是城市的识别坐标之一，在促进商业流通、引导大众消费、美化城市空间、营造城市氛围等方面发挥着不可替代的作用。

二、规范与自律（发展的规则）

11. 户外广告规范的确立，是行业成熟的标志，也是行业持续发展的必要条件。户外广告的整治、拍卖此起彼伏，兼并、上市风起云涌，现在该是制订行业统一规范的时候了。我们支持成立这方面的专家团队，在充分调研和科学试验的基础上，尽快拟订草案供各有关方面审议、通过。我们拥护行业规范，并将遵照执行。

12. 和谐与安全是户外广告的设置准则。

我们主张户外广告的形式和内容，应与周边环境、地方文化、大众情趣等兼容，主张因势利导，通过既有元素的新组合或再创造，达到审美意义上的和谐。

我们主张把公共安全和群体利益置于首位，科学预见各种可能的事故或影响，防微杜渐。我们主张将公众的安全与品牌的诉求、环境的和谐有效协同起来，坚决反对轻视安全的短视行为。我们主张设立户外广告结构安全技术标准，购买户外广告安全保险，切实保护公众权益。

13. 集约使用空间资源应当成为户外广告业的社会良知。户外广告是对户外共享资源的再利用，我们主张采用节能、环保的材料与工艺，开发、推广标准化的、可循环使用的材料与部件，倡导珍惜、持续利用资源的行业风尚。我们坚决反对破坏环境、乱搭滥建户外广告的自杀行为。

14. 创新是户外广告业的核心竞争力。户外广告是知识密集、技术密集、人才密集的策略与创意加工业，丰富的户外资源和科技成果赋予户外广告无限的创造性。我们支持建立一定的风险资金，鼓励开发、应用新技术、新材料、新工艺、新媒体。我们尊重户外广告领域知识产权，反对未经许可的模仿与复制。

15. 一目了然是户外广告的创意准则。户外广告是吸引大众眼球的视觉艺术，公众停留在户外广告上的时间平均只有几秒种。我们主张广告画面尽量简洁、生动，具有强烈的视觉吸引力。

16. 户外广告应成为公众与广告品牌之间感性体验的桥梁。我们强调第一眼的吸引力，我们主张针对人不同感觉器官的特点，对应地开发一些会动的、发声的、有味的、便于触摸的媒介，生动地传播品牌信息。

17. 户外广告是公益广告的理想载体。我们主张利用公益形式使户外广告融入城市，借助公益广告的优秀创意与公关联动，主动加强与所在城市、社区及公众的联系。

18. 户外广告是一个产业，其产业链已经形成，正在走向国际。在专业化基础上的规模化经营，是户外广告产业发展的方向。我们呼吁处在同一产业链上的同仁，找准定位，以进取、共赢的心态参与产业的国际化分工与整合。我们支持一切有利于产业发展与繁荣的联合与合作。我们反对低价竞争，反对低水平重复开发，反对幕后利益交易，反对各种形式的垄断。

19. 户外广告的最终目的是引导消费，促进购买。我们支持尽快建立与完善独立的、科学的监测体系，注重发布效果和监测数据的分析与采用。我们主张潜心研究大众消费心理，努力使户外广告传播效果最大化。

20. 户外广告业是引导公众、传播品牌的服务业。我们应有高度的社会责任感，求真务实，诚信经营。我们主张建设学习型团队，以开放的胸怀，谦虚的态度，不断进取。我们主张积极开展国内外的交流与协作，组织各种培训、评比与竞赛，努力提升行业服务水平。

三、问题与倡议（生存的环境）

21. 我国正在建立与完善社会主义市场经济体制。市场经济是法制经济。10年前颁布的《中国人民共和国广告法》，已不能反映户外广告业的新情况与新发展。地方性的户外广告管理条例林立，与经济一体化、品牌统一化的要求不相适应。一些地方政府部门集立规与监管于一身，容易滋生官僚意志和权力寻租。户外广告绝大部分是经政府批准合法设立的，对其的整治与拍卖，一定程度上造成公权对私权的侵犯，挫伤了这个行业持续投入与创新的热情。

我们呼吁国家进一步完善《中国人民共和国广告法》，尽快制订全国性的、操作性强的《户外广告管理条例》，清晰界定各有关方面的职责、权限和义务，明确户外媒体的所有权、使用权、经营权，明确户外广告整治、拍卖的标准与程序，为户外广告业健康、快速的发展奠定法制基础。

22. 我国户外广告经营单位达6.5万家，经营粗放，发展极不平衡。我们呼吁政府和行业共同制订户外广告产业发展政策和中长期发展规划，采取分类指导、协调发展的方针，引导各类户外广告经营者朝专业化或规模化的方向发展，积极参与产业国际化的分工与整合，满足不同层次企业与消费者的多种需要，继续为繁荣经济、美化城市、解决就业作出应有的贡献。

23. 户外广告应当与城市发展同步，城市与户外广告发展变化中出现的问题和矛盾，应通过系统、科学、前瞻的城市规划来规避和调整。城市规划应以各方面所作的准确、全面的数据分析为依据，并事先听取专家、行业及公众的合理意见。我们呼吁各地尽快制订或完善城市户外广告设置规划，以科学的规划代替行政的审批。

24. 户外广告涉及工商、公安、城建、市容、交通、规划等众多部门，多头管理比较普遍，审批时间较长，这既增大了户外广告运营成本，也易造成形式主义或权利之争。我们呼吁政府改革户外广告审批方式，使权力退出市场，充分发挥市场机制对资源配置的作用；改变行政监管中信息不对称的现状，经常性地与行业组织和经营单位沟通。对涉及户外广告的规划、立法、整治、拍卖，建议政府事先举行听证会，广泛征求各有关方面意见，并作为制度坚持下去。

25. 户外广告营业总额尚不到国内生产总值的千分之一，发展潜力巨大。然而，户外广告生态环境普遍较差，社会各方面的评价褒贬不一。在尽快健全设置规划、管理法规与行业技术标准的同时，我们呼吁政府职能部门依法履行职责，切实保护户外广告经营者的合法权益；我们呼吁社会各界给予户外广告客观的认识和理性的宽容，尊重户外广告的生存权利，爱护创作人员的劳动成果，共享户外广告的辉煌。

（中国户外广告论坛组委会）

户外广告的确定性与时机

如果我们从消费者的观点来看未来的户外广告，今天我们有三个理由是快活的，这些理由是户外广告是“适时的”，“有效率的”和“真的在那里”。

我们正生活在一个剧变时期，变化是生活在所有领域的冲击。传统无疑不能长久地被视为理所当然。人口的和社会的趋势，新的技术——所有这些因素正在促使颠覆我们的世界观。

所有这些对广告意味着什么？首先消费者不是我们

想谁他们就是谁。我们必须记得社会的变化正在超越我们自己拥有的文化基准。我们的知觉落后于现实。

户外广告是适时的

并非在人口统计学术语中想到消费者——年龄、社会等级、性别，等等，以“场景”的观点去思考才更有帮助：此刻有工作，在一个花钱的场景中，在与朋友一起休闲的场景中，活动的对不活动的场景等等。并不是生活进程也同我们想象的生活场景一样。

户外广告是一种理想的“场景——目标”媒体。每个位置可以在术语中被描述。那“当我们可能的刹那间”是在某种状态或心情中。举例来说，使用户外广告，你能抓住人——用他们的方法和从他们的工作，和他们的朋友外出，去度假，带着小孩购物等等。

户外广告是有效率的

时间紧，它在今天的社会中是一句陈词滥调，但是这并没有任何不真实。消费者没有充足的时间去做每件他们想要做而且需要做的事。

无情的时间压力意味着那些抽得出空准备要花时间的就像花新钞票……时间就是金钱。

人们正为更有效率地利用时间寻找机会——我们管这些叫“时间延伸”活动。举例来说，如果今晚你去跳舞，那么你基本上是多干了——跳舞给你四倍的利益：社交夜出，体操，啤酒和音乐。

当一天结束，时间的价值正变得如此重要，如果不比金钱的价值更重要的话。

而户外广告是两者都计算在内的利益价值媒体——它没有对消费者的附加费用，而且它用的是你不能以任何其他方法填补的死时间。在这种不妨碍中，户外广告是现代消费者的一种理想媒体。收音机也是有趣的，它也是费用低，而且时常用来在汽车里或旅途上填补死时间。也许户外和收音机是广告开支中的两个最快速成长的种类，那是不必惊奇的。与之形成对照的是，多频道电视在时间和金钱上都是花费昂贵的，而英特网在其后不远。

顺便说说，移动电话、无线传输通讯包括有图像，是他们正日益奉献新的频道给消费者进行直接沟通的理由。移动通讯的操作员已在提供数据，例如新闻、天气和通路的服务给来自移动的英特网装置。这些服务的问题是他们的钱是贵的，即使他们的时间是省的。

户外广告是一种“真实的”媒体

世界正日益变得虚拟——服务是天生难以捉摸的。对许多消费者来说，英特网和其他的在线媒体是遥远的，虚幻的和容易担惊受怕的。户外广告的美丽是因为它牢牢地扎根于真实世界。作为一种媒介，户外广告能让虚拟的商标在街道上出现——一个公众的面孔。户外广告可以被当作建筑亲密和信赖的手段来用。

新千年的挑战

一个最后的想法是留给你的，作为媒体的户外广告，决定命运的是，为下一个千年安个好位置：

它像是英特网同我们形成了完美的圈子——我们用来描述英特网的词汇是从户外广告借来的——我们谈到位置，交通，流程。

计算机屏幕广告只是在网际空间中的海报。

事实上户外广告是这样一种新的媒体通货，令人想起在新老媒体之间有合作开发的机会。

也许那才是下一个千年的真正挑战。

（英国户外广告协会 东明译自英国CAA.ORG）

美国户外广告协会关于广告牌的行业规范原则

除了对外部的法律和规则的坚持，OAAA（美国户外广告协会）的成员提出了他们自主的行业原则。

OAAA支持这个规范而且鼓励它的成员依照下列各项原则操作：

尊敬环境

我们支持广告牌，就像用于生意只有竖立在工商业区域中。

我们支持新的广告牌设置在不受限制的工商业区域中，唯一的原因是那里有生意活动。

我们支持新的广告牌构筑物与州和地方性法规一致，除了允许提供大量堆积广告的以外（也就是，相同的地方约两个14英尺×48英尺的形式或更大的形式）。

我们力求在工商业区外真正风景好的公路路段上，拒绝接纳新的广告牌。

我们承诺，反复使用能够反复使用的原材料，只要可能。

我们承诺，恭敬地控制和维护植被周围的广告牌。

维持与地方社区的良好工作关系

我们支持法律许可的保持广告牌竖立的权利。

我们支持对于合法广告牌的移除作公平赔偿的法律保证。

我们支持迅速移除违法树立的广告牌而不必赔偿。如果他们意识到那个违法的牌子正被竖立，OAAA成员被鼓励通知负责任的主管当局。

我们鼓励对广告牌的有责任的安置，以适应社区标准和生意需要。

提供一种有效的，吸引人的产品

我们承诺，向全国广大客户提供价值和服务。

我们承诺，维持并改进广告牌的结构与位置的质量和外表。

我们鼓励新技术的使用，不断改进我们提供给广告客户的服务，不断改进我们提供给公众的信息。

我们承诺，我们展示优秀的广告陈列，因为我们提供最大多数的公共场所的“艺术画廊”。

支持有价值的公众理想

我们承诺，提供公众服务信息，推广有价值的社会理想。

我们提倡越来越多的广告牌为政治上的，社论性的，公众服务的和其他非盈利的信息而使用。

遵守言论自由的最高标准

我们支持首先改善广告客户的权利，推广合法的产品和服务。

我们承诺，在禁止违法向未成年人兜售产品的地带，或在500英尺以内的初中、高中、公共运动场和礼拜场所看得到的地方，建立一个排除户外广告的地域的计划。

我们鼓励所有的户外广告，在被排除的地域里面，在明显可见的位置贴在国际通用的“孩子”符号，以示识别。

我们支持在一个对未成年人兜售有关产品意味着可能是违法信息的市场中，建立户外广告展示总量的合理极限。

我们寻求维持在户外媒体中广告客户的宽广的多元化。

我们支持拒绝那些误导的、令人不快的或其他的与个别社区标准不相容的广告的权利，而且特别地，我们不

散播猥亵的文字或不适当的绘画内容。

OAAA对于孩子们的广告准则

户外广告媒体是在一个公共场所传递广告主信息给消费者，迫使一种高敏感度的社会标准对于商业言论自由的警惕防卫成为必要。

我们，美国户外广告协会的成员，对从孩子们时常聚集的公共场所设置户外广告的合理距离，对广告展示产品对未成年人的兜售可能违法的方面很小心。在我们警醒地支持孩子们和言论自由方面，我们推荐每家OAAA成员公司采用OAAA广告规范准则。

（原载上海市广告协会户外委员会内刊《户外广告》2004年期 译者：小雨 ）

使用户外广告的理由

成功的

一个有效的和有说服力的支持是，来自户外广告的收入继续增长。

在1998年，83%的英国的前200名的广告主使用户外广告，而到2002年增加到93%。

1998年以后，户外广告收入以23%的水平增长。

2002年收入更高达6.9亿英镑。

重要的是，第一次在广告总收入中显示户外广告分享的部份，在2002年正好超过8%。

不可避免的

每个人离开屋子即面对户外广告。

不像任何其他的媒体，你不必“把它打开”，“在刻度盘上调整到把它打开”，“翻到这一页上”或“旋转”才能看见它。

它是就在那里，而且它是免费的。

亲和的

它不费力地坐落于当消费者外出做点什么时的周围。

户外广告是动人而有力的，而其他媒体是不被保证和非必要的。

来自广告标准的权威——美国标准协会的研究表明，公众对于户外广告有非常积极的态度。它被看作富有色彩的、增长见识的、介绍幽默的和给我们生活乐趣的一种传播工具。然而报告显示公众并不如此善于接受其他媒体。如果消费者对某些闯入他们生活的广告多是怀有敌意的话，那么最后的结果可能是非常否定的。

成长的

人们为忙于许多事而外出，尤其比较年轻的比较富裕的人群。

更多人正在看见户外广告。

负责的

路边，以及快速的伦敦地铁和公共汽车的数据，是根据POSTAR（居世界领先地位的受众测量工具之一）的测量。存取较多的数据可在POSTAR上点击。

多样的

可利用机会的范围是巨大的——从具有高度冲击力的巨大横幅，特别建造的和大幅面的路牌广告，彻底使广告的机会出现在车站，在火车上，在候车亭中，在出租车公共汽车上，在休闲中心里，在等离子荧屏和明信片上，和在购物商场和自选市场中。

在消费者踏出家门能最快到达的合适售点。

改良的

始终不渝地为改善设备质量而投资。

提高全部的标准（如照明）增加对受众的传递。

适应的

有如一件得心应手的沟通工具，它没有对手。

随着电视观众继续在新的数码传输服务的冲击之下分化，广告主们正在日益使用户外广告以很快地影响受众。

同样如此，在考虑周到的地理位置中，户外广告能被非常有效的针对目标细分的受众群体。

创新的

户外广告正在坚持不懈地介绍新鲜的主张。另外也热心介绍新形式包括它本身新的技术，它是数码，是存储器管理服务，是发光二极管，是声音甚至是吸引人的味道。如果它帮助我们的客户以新的和令人兴奋方式对他们的消费者说话，那么我们将会在那里。

（英国户外广告协会 小雨译自OAA.ORG）

欧洲户外广告何以拥有较高的有效性

近年来，欧洲户外广告的发展如日中天。很多广告主已经或者正准备将电视广告发布的预算费用逐渐转移到一种或多种户外媒体广告上。根据欧洲广告协会的最新预测表明，人们认为户外广告比其他媒体具有更大吸引力，而且这种趋势会一直延续下去，更有甚者坚信这个媒体最有可能会成为最后仅存的大众媒体。

最近几年来，成年人花在户外和在家看电视的时间大概是差不多的，平均都在每天3.5小时左右。随着人流和车流量的不断增加，现在的马路是越来越繁忙，人们停留在车上的时间是越来越长。这些现象对于户外行业来说是一个好现象，它表明户外广告可触及的受众范围正在不断地扩大。

过去，由于户外广告上的文字创意比较强，所以这种广告媒体也会不时的出现在公司营销战略中，例如以"Hello Boys"作为口号的Wonderbra和The Economic Series这些让人记忆如新的广告都将户外广告的文字创意表达地淋漓尽致。但是现在公司战略中采用户外广告不只是考虑到创意，事实上，这个媒体已经被证明是可以最快速、最大范围地向目标受众传递信息的媒体，特别针对那些很少看电视的受众。这些群体一般是年轻人，是经常走在市场前端的白领阶层——他们同时也是非常有争议性的目标群体。除此之外，乍看起来，广告主在电视广告发布后的对产品知名度和影响力上所做的复杂调查，对户外广告如何影响到产品的品牌所起的作用并不是很大。

在过去4年，多家欧洲户外广告公司和市场调查公司如 Milward Brown, POSTAR 等在户外广告的有效性研究方面不断努力。

与其它媒体所不同的是，户外广告最基本的特征是具有双重优点，在高覆盖率下，它不但可以让受众对广告产品有即时反应，它还可以在多次信息重复后对受众产生长期的影响。

户外广告—瞬间效应

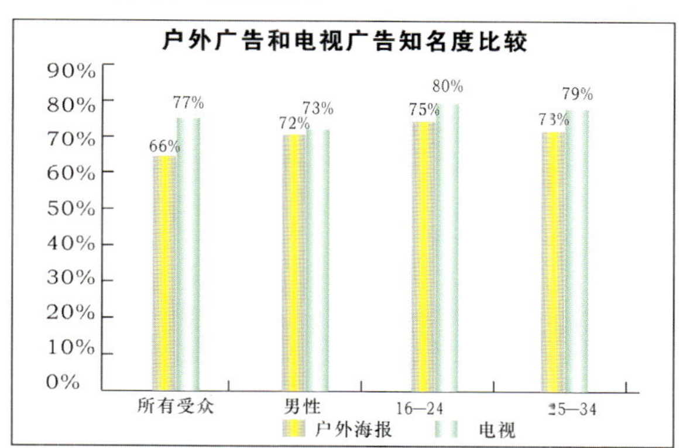

分析表明，广告平均认知度，知名度可以映射出平均的覆盖率的大小。所有成年人对户外广告的即时认知大约是在23%，但不同受众的数据会有不同。在广告发布期间，曲线上的产品认知水平可以反映POSTAR覆盖率的真实情况。户外广告可以增加即时覆盖率，在此之后，它还可以用来增加瞬间知名度。

户外广告更能有效地触及到很少看电视的受众，一般来说，这群白领阶层手上的可支配收入比较高，对于广告主来说，他们都是比较有利的，同时也是比较棘手的目标受众。如上面图表所示，某品牌同时在电视和户外发布广告，它在这两种媒体上获得的回忆率差别非常小。

因为同时看电视和户外广告牌的人会比单单看电视的人多，户外广告所起的作用就是不断增强和扩大广告发布的知名度和到达率。这些数据还表明两种媒体联手能更好的触及大面积的目标受众。作为一个辅助媒体，如果户外广告的创意是基于电视广告的某个画面，它的回忆率要比预期高很多，因为它可以唤起和加深消费者脑海里对电视广告的记忆。

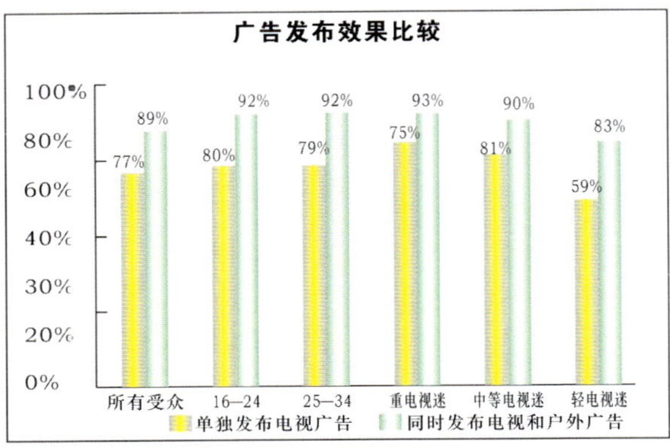

户外广告——长期效应

因为户外广告是高频率的媒体，它可以快速增加覆盖率和认知率，并且让消费者在较长时间内保持对该广告的记忆。一般来说，如果消费者在两个星期以内看到某广告18次，在他心目中，他是经常看到该广告。

在广告发布以后，视觉认知缓慢下降，但是就算在广告发布6个月以后，产品知名度仍然可以保持在广告发布时的一半。

通过发布户外广告，该品牌比较容易成为消费者脑海中印象比较深刻的品牌。从研究结果可以看到，当一个品牌不断的做广告宣传可以突破在因创意优势在短期效应中建立起来的广告知名度，不断地稳步上扬，决不会降

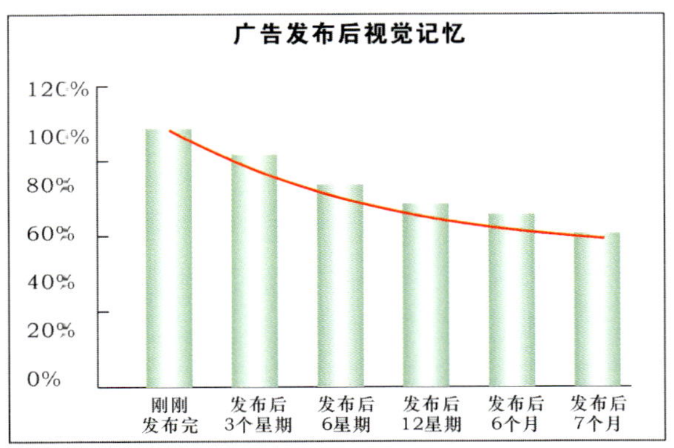

回到广告发布以前的水平。只要消费者建立起了视觉认知，不论什么时候，相似广告创意都会让消费者记起以前看过的户外广告，因为广告发布的高频率性已经让广告内容深深地印在受众脑海里，并能让受众在第一时间想起该品牌。Robert Heath 将这个现象归纳为“户外广告的潜在威力”，只有当受众的某种行为与该广告有关的时候，广告重复出现的效力才能明显的表露出来。

户外广告的高频率性把产品的视觉形象和风格一点一滴的灌输进消费者的脑海里，这样一来竞争对手要想进入就比较难了。

与其他媒体联手，户外广告的效果更加明显：当发布户外广告的同时也进行市内促销的话，在两个媒体一起发布区域的知名度要比只有市内促销区域的知名度要高得多。

除了可以提高知名度以外，重复多次的户外发布还可以让消费者逐渐接受发布的品牌：不断重复特定形象可以让消费者产生一种熟悉感，同时也可以不断加强他们对该品牌价值的认识。

户外广告总结篇

户外广告所起的作用多种多样，特别是当应用在战略性的广告发布上。研究结果证明了，户外广告可以触及到所有该产品想要到达的人群特别是那些通过室内广告发布方式无法到达的人，我们可以说，它的受众覆盖率并不比电视差。

只有那些明白户外广告具有长期效应的客户才能更好接受户外广告带给他们的好处，包括在长期发布后建立起视觉认知和对该品牌的好感。这个媒体发布可以和其他媒体(特别是平面媒体)结合起来应用的话，效果更好。

(资料来源：JCDecaux Review
文/David McEvoy 翻译/伍登)

户外广告出版物介绍

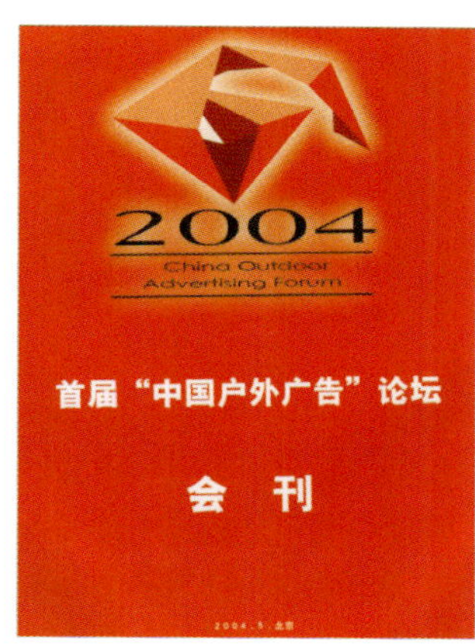

刊　　名：首届“中国户外广告”论坛会刊
主办单位：中国广告杂志社　WPP集团PORTLAND中国公司
联办单位：TOM户外、白马、MPI、通成、大贺
协办单位：鼎一传播
协办媒体：中国经营报、经济观察报、南方周末、
中国广告、现代广告、中华广告网、中国广告网
本书简介：2004年5月在北京举办的首届“中国户外广告论坛”是迄今为止国内规模最大、盛况空前的一次户外广告盛会。大会会刊荟萃了本次论坛的翔实资料，论坛以专业的眼光剖析中国户外广告的发展，分享国内资深户外广告人对户外广告态势的独到见解以及众多优秀户外广告创意作品，展示中国户外广告业的发展成果。

书　　名：招牌设计与制作--户外广告制作实战
著 译 者：杜中来 杜鹃
出 版 社：中国建筑工业出版社
出版日期：2004-4-1
印刷日期：2004-4-1
书　　号：ISBN 7-112-05789-2
规　　格：平装16开，168页
本书简介：书中内容分为软件和硬件两部分叙述介绍。软件部分讲述招牌语言、文字以及广告制作的软件，硬件部分主要讲述招牌、牌匾、灯箱、铜字等。

书　　名：上海户外广告设计制作1000例
价　　格：￥55元
作　　者：范伟军
出 版 社：上海科学技术文献出版社
出版日期：1999-10-1
本书简介：上海户外广告的丰富及其高水平的创意，是由这座特殊的大都市自然形成的，因此，上海户外广告作品数量繁多，风格各异层次丰富。本书具有很强的操作性和实用性。

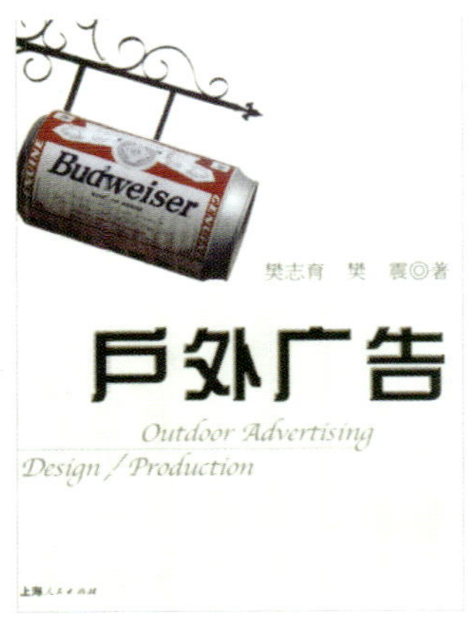

书　　名：户 外 广 告
价　　格：￥40元
出 版 社：上海人民出版社
出版日期：2003-8-1
书 刊 号：ISBN 7-208-04047-8
作　　者：樊志育、樊震
定　　价：40元
内容简介：户外广告凭借“花小钱立大功”的优势，已成为厂商与广告商争相选择的媒体宠儿，鉴于中国户外广告的发展潜力，以及提升户外广告技术之迫切，本书采集多方资料并配以生动的实例对户外广告进行了深刻的讲解。

书　　名：广告设施设计与检测技术
作　　者：王肇民、蒋演德等编著
出 版 社：机械工业出版社
书　　号：ISBN 7-111-13151-7
开　　本：890×1240
页　　数：252
出版日期：2004-01-01
价　　格：￥19.00元
内容简介：本书主要论述户外广告牌的建筑设计、灯光设计、结构设计以及广告牌的维护加固、安全检测等。书中附录还附有户外广告设施安全检测的有关表格及化学植筋的技术要求可供参考。本书是目前国内惟一介绍户外广告设施钢结构设计与安全检测的图书。

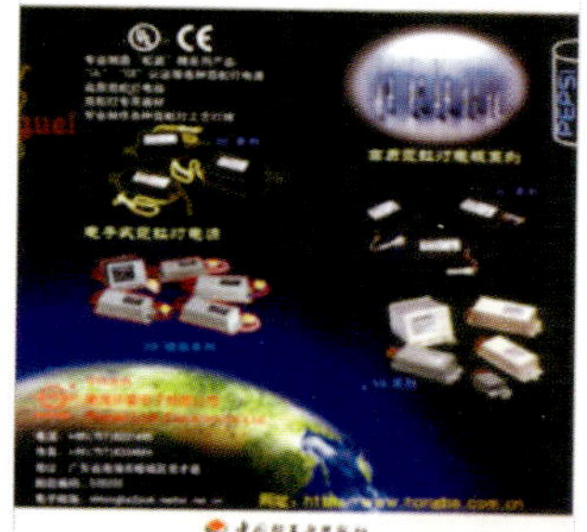

书　　名：中国霓虹灯艺术与工艺
主　　编：温伯安、于冰、何开贤
出 版 社：中国轻工业出版社
出版日期：2003-1-1
印刷日期：2003-1-1
书　　号：ISBN 7-5019-3804-0
规　　格：平装16开，306页
内容简介：本书详尽论述了制造霓虹灯的工艺和技术，介绍了新材料、新设备、新技术应用的工程实例。

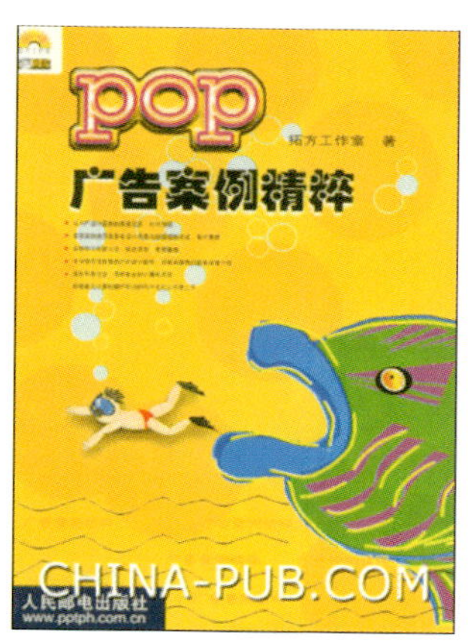

书　　名：POP广告案例精粹
作　　者：拓方工作室
书　　号：7-115-09435-7
页　　码：190
开　　本：16开
版　　次：1-1
出 版 社：人民邮电出版社
出版日期：2001-8-1
内容简介：本书从POP广告设计制作的角度出发，使用广为流行的图形设计软件CorelDRAW和Photoshop来进行实例制作。本书中所使用的制作范例均是作者在以往设计实践中积累的原创作品，在详尽讲述制作过程的同时公开了作者的创作意图及设计思路。

书　　名：A—Z英汉双解媒体术语词典
编　　著：盛世长城国际广告有限公司
出 版 社：世界图书出版公司北京公司
出版日期：2003-11
书　　号：ISBN 7-5062-6073-5/H.616
规　　格：850×1168 1/48，246页
原　　价：68元
内容简介：媒体行业一直都有其自身的术语，其中许多术语晦涩难懂，对于非专业人士而言如同天书。但是，媒体行业终于整理了一个既简练又核心的术语词典。盛世长城国际广告有限公司编著、世界图书出版公司出版的《媒体术语词典》将广告专业用语转换成通俗易懂的语言。

书　　名：最新户外广告规范化管理与行政执法实务全书

编　　著：吴正忠

出 版 社：中科多媒体电子出版社

出版日期：2003年3月

卷 册 数：三 册

光 盘 数：一 盘

实 际 价：399 元

内容简介：户外广告可能是现存最早的广告形式之一。户外广告，既是一道亮丽景观，又是一大安全隐患。广告牌在设计、制作、安装、检测等各方面如果不加强管理，容易造成安全隐患。目前，我国户外广告的管理与行政执法，存在着诸多缺陷，因此，加强对户外广告的管理已成为新时期城市管理的主要内容之一。

书　　名：霓虹灯LED 技术入门

主　　编：陈大华

副 主 编：温博安、吴晓华、于冰

责任编辑：何开贤

出　　版：《灯与照明》杂志社

印　　本：重庆歇马印刷厂

开　　本：889×1194 1/16　印张 12

字　　数：185千字

版　　次：2004年10月第一版

定　　价：46.00元

内容简介：作者在本书上篇以霓虹灯制作工艺为主线展开，介绍一些制作霓虹灯必须了解的光、电、真空的基础常识，着重阐述我国近年来霓虹灯的设计方法、制作工艺、灯工技术、操作要点等实用技术。下篇是了解和掌握LED光源的知识所必需的。

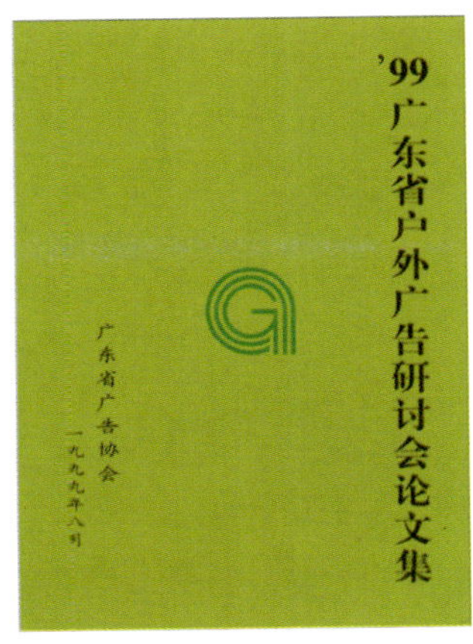

书　　名：99广东省户外广告研讨会论文集

作　　者：广东省广告协会

出版时间：1999年8月

出 版 方：广东省广告协会

内容简介：户外广告作为重要的广告媒体，伴随着广东省广告业走过了20个春秋。本书汇集了工商、城规、卫生、户外广告经营等单位、部门、个人的论文45篇，从不同角度、不同层次论述了广东省户外广告的发展状况、存在问题并提出了建议，既对广东户外广告发展变化进行了经验总结，也对户外广告的规划管理、创意制作等方面进行了展望与探讨。

书　　名：中国户外广告（《国际广告》副刊）
主　　办：国际广告杂志社
主　　管：中华人民共和国商务部
规　　格：16开
简　　介：中国户外广告副刊聚焦户外市场，与《国际广告》杂志同步出版。

书　　名：首届龙玺环球华文户外广告获奖作品集
单　　价：60.00
出　　版：岭南美术出版社
经　　销：全国新华书店
版　　次：2003年12月第一版
开　　本：889mm×1194mmm　1/20
印　　刷：清远建北（集团）股份有限公司广州开发区印务分公司
内容简介：软精装20开150页铜版纸全彩精印，每图附参赛类别、单位、广告公司、广告商、产品/服务、参赛作品名称、文案、美术指导等。

第八部分 行业组织机构

The Eighth Chapter
Trade Organization

中国广告协会领导机构

会 长

杨培青
中国广告协会会长

副会长

王正在
北京市工商局副局长

仇学忠
中国广告联合总公司总经理

刘 波
新闻出版署报纸司司长

刘保孚
中华商标协会原秘书长

安景林
中央人民广播电台原台长

吴德裕
中国广告协会原秘书长

陈孝文
中国国际广告公司总经理

赵晨好
中共中央宣传部新闻局副局长

张海潮
中央电视台经济信息部主任

魏铭祥
人民日报社广告部主任

秘书长

时学志
中国广告协会秘书长

副秘书长

孙英才
中国广告协会副秘书长

中国广告协会团体会员名录

中国对外经济贸易广告协会

地址：北京台基厂头条10号

会长：袁学友

秘书长：刘立宾

传真：010-65283415

北京广告协会

地址：北京市丰台区莱户营东街乙360号

会长：王正在

秘书长：郭素友

传真：010-63400804

上海广告协会

地址：上海市长安路1001号1号楼512-514室

会长：甘忠泽

秘书长：张大镇

传真：021-63177525

天津市广告协会

地址：天津市和平区桂林路进德里7号

会长：周英余

秘书长：杨庆华

传真：022-23311004

重庆市广告协会

地址：重庆市渝中区沧白路73号工商大厦12层

会长：廖伶

秘书长：刘清明

传真：023-63833605

河北省广告协会

地址：石家庄市体育南大街316号

会长：李亚平

秘书长：吴冀鲁

传真：0311-5876156

山西省广告协会

地址：太原市开化寺街135号

会长：曹森林

秘书长：盛火星

传真：0351-4043490

内蒙古自治区广告协会

地址：呼和浩特市新城艺术厅南街一号

会长：马麟

秘书长：李中合

传真：0471-6968585

辽宁省广告协会

地址：沈阳市皇姑区崇山中路55号

会长：李铁民

秘书长：刘卫东

传真：024-86849545

吉林省广告协会

地址：长春市南湖大路55号

会长：李彦

秘书长：冯长春

传真：0431-5882764

广东省广告协会

地址：广州市天河体育西路57号省工商大厦23楼

会长：乐朝沛

秘书长：吕汉

传真：020-8553683

广西壮族自治区广告协会

地址：南宁市怡宾路1号（区工商大厦）

会长：江建伟

秘书长：喻元元

传真：0771-5532119

黑龙江省广告协会

地址：哈尔滨市道里区高谊街65号

秘书长：郭雅杰

传真：0451-84651260

山东省广告协会

地址：济南市燕子山路43号

会长：孙凤山

秘书长：杨泽科

传真：0531-8527351

江苏省广告协会

地址：南京市北京西路30号宁海大厦904房间

会长：李全寿

秘书长：孙衷群

传真：025-83317634

浙江省广告协会

地址：杭州市莫干山路77号省工商局金汇大厦北门

会长：吴干冰

秘书长：吕俊杰

传真：0571-88385234

江西省广告协会

地址：南昌市省政府大院内省工商大楼12楼

会长：沈庆中

秘书长：赖传金

传真：0791-6350329

福建省广告协会

地址：福州市五四北路358号工商局大楼6层

会长：黄应寿

秘书长：江晓岚

传真：0591-7715166

河南省广告协会

地址：郑州市郑花路10号

会长：岳同声

秘书长：王永贵

传真：0371-5713721

湖北省广告协会

地址：武汉市武昌区东湖路145号

会长：郭跃进

秘书长：张锦妙

传真：027-86770785

湖南省广告协会

地址：长沙市枫林路9号

会长：阎子法

秘书长：黄旭东

传真：0731-8883439

安徽省广告协会

地址：合肥市永红路西菜市2号楼202、302室

会长：李国鹏

秘书长：张昌源

传真：0551-3642660

海南省广告协会

地址：海口市机场西路4号特区工商大厦1305室

会长：敖力勇

秘书长：敖力勇

传真：0898-66768029

四川省广告协会

地址：成都市新化大道玉沙路118号四川工商大厦9楼

会长：刘遂明

秘书长：肖扬

传真：028-86781070

云南省广告协会

地址：昆明市新闻路226号

会长：赵健

秘书长：郑立新

传真：0871-4153260

陕西省广告协会

地址：西安市建设西路1号（西藏办事处院内）

会长：张高计

秘书长：王平

传真：029-87886361

贵州省广告协会

地址：贵阳市八鸽岩路11号

会长：刘祖刚

秘书长：王岭杨 吕汉

传真：0851-6821801

甘肃省广告协会

地址：兰州皋兰路100号（统办1号楼）13楼

会长：王庭德

秘书长：张克丽

传真：0931-8884324

宁夏回族自治区广告协会

地址：银川市利民南街91号

会长：尤兆中

秘书长：任晓丽

传真：0951-4115114

青海省广告协会

地址：西宁市北大街3号

会长：马明忠

秘书长：胡文耀

传真：0971-8248508

新疆维吾尔族自治区广告协会

地址：乌鲁木齐仁人民路56号

会长：吴同江

秘书长：吴孟彬

传真：0991-2811527

沈阳市广告协会

地址：沈阳市沈河区南关路118号

会长：黄立

秘书长：蔡学群

传真：024-24011161

大连市广告协会

地址：大连市沙河口区中山路381号

会长：于喜寿

秘书长：丛长良

传真：0411-4358505

长春市广告协会

地址：长春市西安大路84号

会长：胡达仁

秘书长：郑文德

传真：0431-8540769

哈尔滨市广告协会

地址：哈尔滨市道里区新阳路61号1210室

会长：马力实

秘书长：魏振铎

传真：0451-84887529

济南市广告协会

地址：济南市经七纬一路305号

会长：马洪泉

秘书长：王继言

传真：0531-2051252

青岛市广告协会

地址：青岛市福州路85号

会长：贾丹

秘书长：汪传旗

传真：0532-5730949

南京市广告协会

地址：南京市成贤路43号

会长：卓兆澎

秘书长：赵玉宝

传真：025-83611592

杭州市广告协会

地址：杭州市江干区凤起东路109号

会长：郑川

秘书长：蒋平

传真：0571-86438435

宁波市广告协会

地址：宁波市长春路40号

会长：吕国湘

秘书长：王建平

传真：0574-87311359

厦门市广告协会

地址：厦门市镇邦路24号3楼

会长：张肇益

秘书长：郑良华

传真：0592-2052923

武汉市广告协会

地址：武汉市江汉区香港路259号

会长：李友华

秘书长：彭琳

传真：027-85633093

广州市广告协会

地址：广州市天河路112号12楼

会长：王晓玲

秘书长：孔国强

传真：020-85523557

珠海市广告协会

地址：珠海市香洲人民东路125号工商大厦十楼

会长：廖惠兰

传真：0756-2622282

深圳市广告协会

地址：深圳市福田区深南大道7068号
工商物价大厦12楼1214房

会长：彭署曦

传真：0755-83070134

汕头市广告协会

地址：汕头市龙眼南路工商大厦

会长：王书昌

秘书长：姚继文

传真：0754-8563224

成都市广告协会

地址：成都市鼓楼北三街1号

会长：周云辉

秘书长：李枫

传真：028-85394271

西安市广告协会

地址：西安市友谊东路298号507室

会长：任军号

秘书长：张崇海

传真：029-87823079

中国广告协会户外广告委员会领导机构

第一届常务委员会组成人员

主　任：

贺超兵（江苏大贺国际广告集团有限公司董事长）

副主任：

郑谊军（北京歌华阳光广告有限公司总经理）

宣　勤（上海东湖广告装饰有限公司副总经理）

李　践（TOM户外传媒集团总裁）

陆有财（宁波市友谊广告发展有限公司总经理）

于凯滨（长春市长江广告有限责任公司总经理）

杨国敬（广东昆仑媒体投资有限公司总经理）

常　委：

田　涛（央视市场研究股份有限公司副总经理）

李继权（大禹伟业广告（集团）有限公司副总经理）

萧景勋（四川西南国际有限公司总经理）

李大卫（西安沙龙广告装饰有限公司总经理）

杨允红（厦门市路桥广告公司总经理）

张建国（安徽黑白广告有限责任公司总经理）

应曙光（上海西南广告公司总经理）

赵松青（北京炎黄时代广告有限公司总经理）

副秘书长：

李　洁（江苏大贺国际广告集团有限公司）

中国广告协会霓虹灯委员会领导机构

邵国平　上海新亚霓虹广告有限公司总经理

周芝杰　南海星光霓虹灯有限公司总经理

林永洁　重庆亚光霓虹广告有限责任公司总经理

宋增忠　大连霓虹灯广告装饰公司总经理

丁万立　北京京伦霓虹灯厂厂长

王家诚　成都市霓虹实业有限责任公司总经理

孟继明　广州市广告公司副总经理

张　焰　武汉光明广告公司总经理

姚文斌　郑州霓虹灯厂厂长

吴宝明　广州救捞局电子设备厂厂长

兰文彦　广州新广美霓虹灯广告公司总经理

赵　勇　南京中亚霓虹广告有限公司总经理

秘书长　温伯安

副秘书长　王顺兴　褚玉鸣

中国广告协会霓虹灯委员会会员名录

(排名不分先后)

北京

北京京伦霓虹灯厂
北京彩光霓虹灯厂
北京仁博广告有限公司
北京科电超越高技术有限公司
北京奥立光灯饰中心
北京朝阳彩虹霓虹灯厂
北京世纪金文广告有限公司
北京东方霓虹装饰公司
北京富彩霓虹灯商社
北京亚明电光源发展公司
北京新赛标牌制品有限公司
北京五色霓虹灯厂

上海

上海美术设计公司
上海新亚霓虹广告公司
上海伟达霓虹广告有限公司
上海新城霓虹广告有限公司
上海辰恺霓虹灯箱制作有限公司
上海丽光广告公司
上海唐润实业有限公司
上海七彩霓虹灯电器有限公司
上海亿亚电器有限公司
上海宇力霓虹工贸有限公司
上海高美广告装潢公司
上海三麟霓虹器材有限公司
上海中亚霓虹科技有限公司
上海霓虹电器厂卢湾分厂
上海东湖霓虹灯厂
上海彩虹霓虹电器有限公司
上海埃迪霓虹电器有限公司
上海东源霓虹灯装潢厂
上海亮城霓虹电器有限公司
上海绘城霓虹电器有限公司
上海明昶霓虹器材有限公司
上海骏昌霓虹光管有限公司
上海金瀚灯光广告有限公司
上海越普霓虹电器有限公司
上海耀海霓虹灯有限公司
上海全彩霓虹电器有限公司
上海爱建广告公司
上海陶杨霓虹灯电器有限公司

天津

天津麦特新技术实业公司
天津开明恒美广告灯光工程有限公司
天津宏宇翔科技发展有限公司
天津市红桥区天虹霓虹灯厂
天津市宝享广告装饰有限公司
天津市其汇照明广告
天津德润辉煌照明工程有限公司

重庆

重庆亚光霓虹广告有限责任公司
重庆申光霓虹灯广告装饰有限公司
重庆大海灯饰广告有限公司
重庆中亚霓虹灯厂
重庆市华美霓虹灯装饰有限公司
重庆经济技术开发区艺雅霓虹灯制作部
重庆美景广告有限公司
重庆市罗氏霓虹广告有限公司

广东

广州市广告公司霓虹灯广告部
广州利豪现代电器有限公司
交通部广州救捞局电子设备厂
广州新广美霓虹灯广告公司
广州市花都区新华普生霓虹灯电子厂
广州芳村虹美霓虹器材厂
南海星光霓虹灯有限公司
南海环霸电子有限公司
深圳赛格电光实业有限公司
深圳华霓广告灯光装饰有限公司
珠海金波科创电子有限公司
广东珠海南宇星电子有限公司
潮州南电霓虹灯广告中心
汕头市大成广告有限公司

广西

梧洲白云霓虹广告公司

河北

石家庄市霓虹广告实业有限公司
沧州彩虹霓虹灯装饰服务有限公司
沧州狮城霓虹广告有限公司
沧州市长城装饰广告有限公司
邯郸市三木霓虹有限公司

河南

郑州市霓虹电器厂
郑州能达照明工程有限公司
郑州通力电子有限责任公司
洛阳市科神光电技术有限公司
新乡市金鸡霓虹灯装饰工程公司
河南墨缘霓虹灯光艺术有限公司
河南省丽光广告有限公司

山西

山西华龙霓虹广告装饰有限公司
太原市五色霓虹灯厂

陕西

西安虹美广告有限责任公司
汉中市霓虹灯厂

内蒙古

呼和浩特光达霓虹灯广告有限责任公司
鄂尔多斯市恒隆广告有限责任公司
包头市联成广告装饰有限公司

辽宁

沈阳虹源影视霓虹广告策划制作中心
沈阳华光泰信霓虹电器有限公司
沈阳市东陵区新世纪霓虹灯厂
大连建峰展示设计制作公司
大连美霓光环境科技发展有限公司
葫芦岛市霓虹装饰实业公司
鞍山市铁东区长江灯光艺术装饰中心
抚顺霓虹广告公司

吉林

吉林市长虹霓虹灯有限责任公司

黑龙江

哈尔滨市新光灯饰工程有限公司
哈尔滨市潜龙广告有限公司
哈尔滨市道里区亚光霓虹灯厂
哈尔滨市南岗区光联展示艺术行

山东

济南康利霓虹装饰总厂
济南新会友有限公司
山东北斗广告有限公司
济南瑞杰霓虹器材开发有限公司
青岛文必达霓虹灯有限公司
青岛三维霓虹电子有限公司
烟台新亚霓虹广告有限公司
临沂中天广告有限公司

江苏

南京中亚霓虹灯广告有限公司
南京东信广告公司
南京飞鸿装饰工程有限公司
南京恒美霓虹灯饰有限公司
南京方鑫广告有限公司
无锡市霓虹灯厂
徐州市广告公司
镇江市京口动感霓虹广告制作中心
扬州东方霓虹广告有限公司
扬州唐城广告霓虹有限公司
江阴华西霓虹广告装潢公司
苏州东方霓虹装潢电器厂
苏州市西飞霓虹灯装潢厂
扬州台谊科技电子有限公司
扬州红宝石霓虹广告有限公司
南通市广告美术有限公司
常熟市常盛霓虹广告有限公司
常熟市福星广告霓虹灯厂
常熟市光明霓虹灯装潢厂
昆山市开发区华亮霓虹灯装饰部
南京登峰广告装饰亮化有限责任公司

浙江

杭州勇进阻燃电器厂
金华市星光霓虹广告有限公司
金华运科数码光电有限公司
浙江桐乡市正泰广告公司
杭州蓝矾广告有限公司

安徽

合肥兴隆霓虹灯材料经销部
宿州市金马广告装潢有限公司
合肥霓彩灯艺有限公司

湖北

武汉光明广告有限公司

四川

成都市霓虹实业有限责任公司
自贡华霓霓虹灯厂
宜宾市彩光霓虹灯厂
四川工商制作广告有限公司
宜宾市星辉霓虹灯厂

贵州

贵州斯达广告有限公司

甘肃

兰州伟业霓虹灯饰有限公司
兰州飞亚霓虹灯厂

宁夏

宁夏华艺霓虹灯饰有限公司

青海

西宁霓虹工艺厂有限公司

新疆

乌鲁木齐多彩霓虹灯饰制作有限公司
乌鲁木齐红企实业有限公司
乌鲁木齐夕阳红霓虹灯厂

江西

诚德霓虹电器工程有限公司

云南

云南金龙霓虹灯广告工程有限责任公司

香港

比诚国际有限公司

中国广告协会铁路类会员名录

北京京铁广告艺术公司

地址：北京市前门铁路售票处三楼

董事长总经理：李杰锋

传真：010-67011993

天津市天龙广告公司

地址：天津市河北区新纬路1号

董事长总经理：唐杰

传真：022-24305193

大连铁广文化传媒有限公司

地址：大连市中山区七七街10号

董事长总经理：由胜日

传真：0411-2643289

福建铁路广告有限责任公司

地址：福州市五四路323号安华苑五楼

董事长总经理：陈漠武

传真：0591-7735618

长沙铁路广告装饰公司

地址：长沙市五一东路149号

董事长总经理：高凡

柳州铁路局广告公司

地址：柳州市柳南区南站路19号

董事长总经理：张万生

传真：0772-3614889

上海铁路局美术广告有限公司

地址：上海市天目东路220号

董事长总经理：陆永革

传真：021-63567450

河北冀铁广告有限公司

地址：石家庄市青年街23号

董事长总经理：赵建民

传真：0311-7027745

青岛铁路广告公司

地址：青岛市市南区栖霞路20号

董事长总经理：孙跃进

传真：0532-2616644

成都铁路广告公司

地址：成都市人民北路二段25号6楼

董事长总经理：廖明杰

传真：028-3173187

武汉铁路中力广告装饰有限公司

地址：武汉市武昌区中山路武南三村6号

董事长总经理：戴文军

传真：027-88041402

广州铁路集团文化广告总公司

地址：广州市东山共和西路8号2楼

董事长总经理：孙长松

传真：020-87770595

昆明铁路客运广告公司

地址：昆明市火车站西侧昆明铁路局旅服公司

董事长总经理：何国平

传真：0871-3512772

兰州铁路广告艺术总公司

地址：兰州市城关区火车站东街373号

董事长总经理：费绍红

传真：0931-8768516

中国广告协会公交类会员名录

北京公交广告有限责任公司

地址：北京市东城区大雅宝胡同1号

董事长总经理：张家骥

传真：010-64058505

北京通成推广公交广告有限公司

地址：北京市建国门外大街1号国贸大厦1座401室

董事长总经理：莫丽燕

传真：010-65057966

上海梅迪派勒广告有限公司

地址：上海市高安路8号

董事长总经理：张家骐

传真：021-64664821

石家庄市翼都公交广告有限公司

地址：石家庄建设南大街88号

董事长总经理：王喜才

传真：0311-6110366

北京地下铁道广告公司

地址：北京市东城区苏州胡同61号

董事长总经理：王凯

传真：010-65132199

上海市公共交通广告公司

地址：上海市威海路48号民生银行大厦8楼B座

董事长总经理：刘学坤

传真：021-63598846

天津市公交广告公司

地址：天津市河北区中山路290号万科中心大厦1901室

董事长总经理：詹和魁

电话：022-26269926

传真：022-26282828

长春市公交广告有限责任公司

地址：长春市朝阳区红旗街德昌路7号

董事长总经理：吴凤祥

传真：0431-5910999

哈尔滨市公共汽车广告公司

地址：哈尔滨市南岗区国民街93号

董事长总经理：司荣

传真：0451-53648344

济南公交广告公司

地址：济南市纬十二路10号

董事长总经理：宋溧婴

传真：0531-5962218

南京公共交通广告公司

地址：南京市新模范马路芦席营26号

董事长总经理：徐国伟

传真：025-83244192

南京梅迪派勒公交广告有限公司

地址：南京市汉中路89号金鹰国际商城23层

董事长总经理：杜碧珊

电话：025-84711070

传真：025-84711070

南京国广联华东公交广告有限公司

地址：南京市石鼓路98号阳光大厦23层A座

董事长总经理：康福林

传真：025-84707286

合肥市公交广告公司

地址：合肥市铜陵路286号

董事长总经理：胡军

传真：0551-4466168

广州市电车广告公司

地址：广州市广园中路48号电车总站综合楼5楼

董事长总经理：戴日炳

传真：020-86552442

杭州市公交广告公司

地址：杭州市中山北路571号

董事长总经理：李熙

传真：0571-85105982

长沙市公交广告公司

地址：长沙市车站路26号

董事长总经理：田长云

传真：0731-4110619

成都市公共交通公司广告装饰分公司

地址：成都市顺城街262号市青少年宫内

董事长总经理：孟荣光

传真：028-86780520

昆明市公交汽车公司广告部

地址：昆明市人民西路28号

董事长总经理：余庆荣

传真：0871-5314554

武汉市公汽广告装潢公司

地址：武汉市桥口区桥口路160号

董事长总经理：张铭

西安市振兴公交广告有限责任公司

地址：西安市莲湖路洒金桥91号

董事长总经理：谢荣均

传真：029-87342447

中国广告协会民航类会员名录

南京禄口国际机场广告有限公司

地址：南京市汉中路180号星汉大厦8楼D座

董事长总经理：史金燕

传真：025-86500791

湖北航空港广告有限责任公司

地址：武汉市汉口常青路46号

董事长总经理：陈鸿宾

传真：027-85780868

广州白云国际机场广告公司

地址：广州市白云国际机场行政楼二楼

董事长总经理：王卫

传真：020-86121119

深圳机场广告有限公司

地址：深圳市深南中路1099号商业银行大厦20楼

董事长总经理：夏良军

传真：0755-25879619

民航兰州蓝天广告中心

地址：兰州市雁滩工业城北一区二号楼

董事长总经理：余仙

传真：0931-4613298

中国广告协会户外类会员名录

北京歌华阳光广告有限公司

地址：北京市东城区贡院西街1号

董事长总经理：郑谊军

传真：010-65277728

北京大禹伟业广告有限公司

地址：北京市朝阳区建国路88号
SOHO现代城C座1710

董事长总经理：周昌文

传真：010-85804088

北京唐码国际广告有限公司

地址：北京市东城区东长安街1号东方广场东方经贸城
西三办公楼8层6室

董事长总经理：林炳深

传真：010-85181222

北京市伊人广告公司

地址：北京市朝阳区麦子店街37号盛福大厦2050室

董事长总经理：伊梦

传真：010-85275810

央视市场研究股份有限公司

地址：北京市西城区德外大街5号3层

董事长总经理：陈若愚

传真：010-62363655

上海东湖广告装饰有限公司

地址：上海市东湖路70号4号楼

董事长总经理：贾春林

传真：021-64156934

江苏大贺国际广告集团有限公司

地址：南京市王府大街139号

董事长总经理：贺超兵

传真：025-84205059

深圳市千庭广告发展有限公司

地址：深圳市福田区岗厦工业区126栋三楼

董事长总经理：曾香珍

传真：0755-82908671

昆明风驰传媒有限公司

地址：昆明市青年路鸿城大厦8楼

董事长总经理：李践

传真：0871-3142204

西安沙龙广告装饰有限公司

地址：西安市长安北路34号高尔夫花园6-9-2

董事长总经理：李大卫

电话：029-85262588

传真：029-85262281

宁波市友谊广告发展有限公司

地址：宁波市中山西路138号天宁大厦9楼

董事长总经理：陆有勇

传真：0574-87270618

厦门市路桥广告公司

地址：厦门市仙岳路456号海联中心11层

董事长总经理：杨允红

传真：0592-5116468

南京市广告公司

地址：南京市洪武北路116号

董事长总经理：潘祥生

传真：025-86641741

四川西南国际广告公司

地址：成都市太升北路58号江信大厦24层

董事长总经理：萧景勋

传真：028-86911588

江西方圆广告有限公司

地址：南昌市省府大院西二路监察大楼九楼

董事长总经理：杭云龙

传真：0791-6258289

中国广告协会电力类会员名录

北京市光环广告公司

地址：北京市西城区三里河南三区甲32号

董事长总经理：吴波

传真：010-62239290-4

北京国电广告有限公司

地址：北京市宣武区白广路二条一号

董事长总经理：沈凤仪

传真：010-63415432

上海电力广告有限公司

地址：上海市徐家汇路430号611室

董事长总经理：李维正

传真：021-64154303-21

天津市事达广告股份合作公司

地址：天津市河西区尖山路滦水道2号

董事长总经理：王志华

传真：022-23399988

沈阳路灯广告公司

地址：沈阳市铁西区北滑翔路6-7号

董事长总经理：郑军

传真：024-25898766

大连电业广告公司

地址：大连市中山区中山路102号

董事长总经理：宋运平

传真：0411-2613112

济南鲁源电力广告有限公司

地址：济南市泺源大街238号

董事长总经理：张树政

传真：0531-6042302

青岛恒源电力广告有限责任公司

地址：青岛市北区贮水山路2号

董事长总经理：辛伟

传真：0532-2710078

临沂桃源广告有限公司

地址：临沂市金雀山路24-2

董事长总经理：郭希军

传真：0539-8107357

南京苏源实业总公司电艺广告装饰工程分公司

地址：南京市北门桥路8号

董事长总经理：候永寿

传真：025-84716017

连云港市齐天广告装饰有限公司

地址：连云港市新浦民主中路157号

董事长总经理：马成钢

传真：0518-5415316

杭州电力广告公司

地址：杭州市解放路觉苑寺巷4-2号

董事长总经理：杨国昌

传真：0571-87025830

嘉兴市电通广告策划有限责任公司

地址：浙江嘉兴市禾兴路440号

董事长总经理：干昌祥

传真：0573-2095111

宁波电力广告装潢有限公司

地址：宁波市江东区四眼街15弄3号彩虹新钻B楼102

董事长总经理：徐光涛

传真：0574-87842361

慈溪市佳明电力广告装潢有限公司

地址：慈溪市浒山镇大发路168号

董事长总经理：周科达

传真：0574-63020889

宁海县雁苍山广告企划有限公司

地址：宁海县城关桃源中路86-88号

董事长总经理：李俊良

传真：0574-65580106

郑州祥和集团广告有限公司

地址：郑州市淮河路9号

董事长总经理：何迁

传真：0371-8807145

洛阳市电力广告有限公司

地址：洛阳市西工区健康西路5号

董事长总经理：高树平

传真：0379-3396577

湖北东方广告信息公司

地址：武汉市武昌区中北路156号长源大厦1515室

董事长总经理：欧阳明

传真：027-86564064

荆州电力局路灯管理分局广告部

地址：荆州市沙市区塔桥北路

董事长总经理：余克秀

传真：0716-8512999

兰州金英电力广告有限公司

地址：兰州市城关区庆阳路1号

董事长总经理：王强

传真：0931-461169

全国主要城市广告监督机构名录

北京市工商行政管理局广告监管处

地址：北京市海淀区倒座庙9号甲

电话：010-82691110

邮编：100080

青岛市工商行政管理局广告处

地址：青岛市福州南路85号

电话：0532-5730846

邮编：266071

天津市工商行政管理局广告处

地址：天津市河北区民主道38号

电话：022-24030232

邮编：300010

重庆市工商行政管理局广告处

地址：重庆市渝中区沧白路73号

电话：023-63711246

邮编：400011

上海市工商行政管理局广告处

地址：上海市肇嘉滨路301号1009室

电话：021-54236886

邮编：200032

杭州市工商行政管理局商广处

地址：杭州市江干区凤起东路109号市工商大楼

电话：0571-87916745

邮编：310003

南京市工商行政管理局广告处

地址：南京市解放路46号

电话：025-84599182

邮编：210016

沈阳市工商行政管理局广告处

地址：沈阳市沈河区南关路118号

电话：024-24011100

邮编：110001

济南市工商局商标广告处

地址：济南市经七纬一路305号

电话：0531-2051260

邮编：250001

宁波市工商行政管理局商广处

地址：宁波市长春路40号

电话：0574-87324525

邮编：315010

大连市工商行政管理局商广处

地址：大连市沙河口区中山路381号

电话：0411-4358507

邮编：116021

厦门市工商行政管理局广告处

地址：厦门市湖滨南路43号

电话：0592-2205923

邮编：361004

长春市工商行政管理局商标广告处

地址：长春市西安大路84号

电话：0431-85439106424

邮编：130061

哈尔滨市工商行政管理局广告处

地址：哈尔滨市道里区防洪胡同14号

电话：0451-84695394

邮编：150010

武汉市工商行政管理局广告处

地址：武汉市江汉区香港路259号

电话：027-85633092

邮编：430015

广州市工商行政管理局广告管理处

地址：广州市天河区112号

电话：020-85591878

邮编：510620

深圳市工商行政管理局广告处

地址：深圳市深南大道7068号工商物价大楼

电话：0755-83070135

邮编：518040

珠海市工商行政管理局广告科

地址：珠海市香洲区人民东路125号

电话：0756-2220487

邮编：519000

海口市工商行政管理局商标广告监督管理科

地址：海口市滨海新村495号

电话：0898-6775701

邮编：570105

西安市工商行政管理局广告监管处

地址：西安市友谊东路298号

电话：029-87823047

邮编：710054

成都市工商行政管理局广告监管处

地址：成都市鼓楼北三街1号

电话：028-85394272

邮编：610061

乌鲁木齐市工商行政管理局商标广告科

地址：乌鲁木齐市中山路122号

电话：0991-2817198

邮编：830002

苏州市工商行政管理局

地址：苏州市胥江路89号

电话：0512-68150007

邮编：215000

无锡市工商行政管理局

地址：无锡市健康路77号

电话：0510-2704738

邮编：214000

温州市工商行政管理局

地址：温州市水心十七中路13号

电话：0577-88524451

邮编：325028

常州市工商行政管理局

地址：江苏省常州市早科坊45号

电话：0519-6900533

邮编：213003

福州市工商行政管理局

地址：福建省福州市鼓林区古田安路53号

电话：0591-7114516

邮编：350005

佛山市工商行政管理局

地址：佛山市汾江南路166号

电话：0757-83355078

邮编：528000

东莞市工商行政管理局

地址：东莞市东城区东城中路

电话：0769-2221350

邮编：523129

石家庄市工商行政管理局

地址：河北省石家庄市桥东区东华路49号

电话：0311-6035136

邮编：050011

长沙市工商行政管理局

地址：长沙市南二环一段411号

电话：0731-2891692

邮编：410007

合肥市工商行政管理局

地址：长江中路216号

电话：0551-2657664

邮编：230001

南昌市工商行政管理局

地址：南昌市丁公路111号

电话：0791-6222437

邮编：330002

郑州市工商行政管理局

地址：郑州市大学路6号

电话：0371-6991238

邮编：450052

太原市工商行政管理局

地址：太原市新建南口75号

电话：0351-7228205

邮编：030002

呼和浩特市工商行政管理局

地址：呼和浩特市鄂尔多斯大街5号

电话：0471-5921246

邮编：010020

昆明市工商行政管理局

地址：中国云南省昆明市滇池路38号

电话：0871-4148873

邮编：650034

南宁市工商行政管理局

地址：南宁市金湖路65号

电话：0771-5518883

邮编：530028

贵阳市工商行政管理局

地址：贵阳市中山西路51号

电话：0851-5281284

邮编：550001

兰州市工商行政管理局

地址：永昌路135号

电话：0931-8435422

邮编：730000

中国一、二、三级广告企业名录

中国一级广告企业(51家)

盛世长城国际广告有限公司
北京电通广告有限公司
博达大桥国际广告传媒有限公司
精信广告有限公司
北京未来广告公司
北京歌华阳光广告有限公司
北京炎黄时代广告公司
北京太阳圣火广告有限公司
北京通成推广公交广告有限公司
北京公交广告有限责任公司
上海广告有限公司
上海美术设计公司
上海灵狮广告有限公司
上海西南广告有限公司
上海东湖广告装饰有限公司
上海旭通广告有限公司
上海大众广告公司
上海中视新思维传播有限公司
上海梅高创意咨询有限公司
天津市北岛广告发展有限公司
广东省广告有限公司
广东平成广告有限公司
广州市广告公司
广东广旭广告有限公司
广东天艺广告有限公司
广州市蓝色创意广告有限公司
广州交易会广告有限公司
广州白云国际广告有限公司
广东艺精广告装饰工程有限公司
杭州公交广告公司
宁波市友谊广告发展有限公司
山东省国际广告有限公司
山东博大航空广告有限公司
青岛五洲广告有限公司
青岛天马广告有限公司
南京梅迪派勒公交广告有限公司
南京市广告公司
江苏大贺国际广告集团有限公司
四川省巴蜀新形象广告传媒股份有限公司
四川西南国际广告有限公司
成都阿佩克思广告有限公司
昆明风驰传媒有限公司
哈尔滨海润国际广告传播(集团)有限公司
安徽省金鹏国际广告有限公司
安徽黑白广告有限责任公司
福建奥华广告有限公司
福建新恒基广告有限公司
武汉经济技术开发区新纪元广告装饰有限公司
西安沙龙广告装饰有限公司
新疆普拉纳广告有限公司
太原好运国际广告有限公司

中国二级广告企业(61家)

北京世纪华纳广告有限公司
上海解放广告有限公司
上海电力广告有限公司
上海市公共交通广告公司
上海航空传播有限公司
上海东亚广告装潢有限公司
上海东方航空传媒有限公司
上海智高广告有限公司
上海影城公关广告部
上海现代国际传播有限公司
上海国际机场股份有限公司广告分公司
上海邮政商函广告有限公司
上海豫园文化传播有限公司
上海大同广告有限公司
上海联想国际广告有限公司
诺贝广告有限公司
上海光明广告有限公司

重庆市场广告装潢有限公司
昆明市广告公司
云南玉溪深红壹佰广告装潢有限公司
云南玉溪粤港广告有限公司
宁波市顺通广告装潢公司
武汉新宇广告装饰有限公司
湖北荧丰电视艺术开发公司
湖北视星广告有限责任公司
湖北东方视博传播有限公司
武汉尊荣广告国际传播发展有限公司
武汉市方大商贸广告发展有限公司
武汉市波普广告有限责任公司
武汉华利广告有限公司
山西黄河广告有限公司
山西泰森装饰设计工程有限公司
山西新创装饰广告策划有限公司
山西同航公交广告有限公司
山西丹特森广告有限公司
延安华科广告有限公司
合肥新方舟广告有限责任公司
合肥嘉宝影视服务有限责任公司
合肥赛天使广告公司
合肥中策广告有限责任公司
合肥正业广告有限公司
合肥白马广告有限责任公司
合肥公交广告有限公司
合肥天戈广告有限责任公司
合肥瑶海广告有限责任公司
合肥明珠装饰广告有限责任公司
合肥信苑广告有限责任公司
合肥明亮广告有限公司
合肥新视野广告有限责任公司
合肥虹源广告有限责任公司
合肥大西洋广告有限责任公司
安徽宿州市天地广告公司
安徽鼎盛经济文化发展有限公司
芜湖市邮政广告中心
芜湖广泰广告有限公司
芜湖市泰鑫广告有限公司
滁州市公路广告有限公司
滁州市新奥广告装饰工程有限责任公司
安徽金太阳广告有限公司
池州市新光源有限公司
亳州市声屏广告有限责任公司

中国三级广告企业（32家）

上海雷鸟广告有限公司
上海信息广告有限公司
上海飞鹰广告有限公司
上海四维广告印务有限公司
上海新城霓虹广告有限公司
上海长信广告有限公司
上海正大广告实业有限公司
上海南方广告有限公司
上海协合广告装潢有限公司
上海明思广告有限公司
上海神行策划有限公司
上海得胜广告有限公司
上海三桥传播有限公司
上海工艺广告设计有限公司
上海祥灵广告有限公司
上海中岛影视广告有限公司
昆明瞬达广告有限责任公司
昆明西苑广告有限责任公司
云南玉溪信龙广告有限公司
云南红塔广告装潢有限公司
银川宏强广告有限公司
合肥市广告公司
合肥绿都广告有限责任公司
合肥市迪赛广告装饰有限公司
巢湖市野马广告装饰有限责任公司
宣城市汪健装饰广告有限公司
铜陵市创意广告装饰有限责任公司
安徽明都实业总公司明都广告分公司
滁州市新思路文化传媒广告有限公司
安徽省亚太广告有限责任公司
芜湖市阳光广告有限责任公司
马鞍山市三方广告有限责任公司

主要户外经营单位介绍

(排名不分先后)

媒体伯乐集团有限公司

大中华地区处于领先地位的户外多种媒体管理商，拥有以公交与轨道媒体为核心的多元化户外广告设施。2002年1月31日在香港联合交易所创业版成功上市（股份编号：8072）。

1990年3月，集团开始在香港从事户外广告业务。1994年起，将业务拓展至内地，并将总部设于上海。目前已在内地主要城市设立了八间合作公司及三间分别位于广州、武汉及北京的分公司或办事处。交通工具广告网络已遍布69个城市，可发布媒体总量超过55000个。

作为集团核心业务之一，集团公交媒体在国内拥有领先地位，在许多大中城市拥有垄断或超过50%以上的公交媒体资源。集团拥有国内最广泛的轨道交通媒体网络，涵盖北京、上海、广州、香港、南京等一线发达城市，与这些城市中的高端消费者保持最广泛、密切的接触。随着国内各城市轨道网络的不断发展，集团的轨道交通媒体网络亦将随之扩大。

集团是晨兴集团的一份子，为已上市的恒隆集团之陈氏家族拥有。在过去的12年中，凭借晨兴集团的坚强实力，巩固了媒体伯乐在香港户外广告市场的领先地位，在内地亦取得了令人瞩目的成绩。

地址：上海市高安路8号
电话：021-34014533
传真：021-64669516

上海飞帆广告有限公司
上海西南广告有限公司

公司集代理、策划、设计制作、发布于一体。创建十几年来，应曙光总经理以超前的市场预见、经营模式和科学的管理理念，带领全体员工共同努力使公司在创意、媒体发布、整合营销企划、品牌规划、CIS形象策划等领域均有出色的成绩。公司连续多年被列入全国广告营业收入前100位，综合实力全市50强内，并在2004年被授予首批中国一级广告企业资质。

公司在霓虹灯、灯箱、路牌、喷绘、立体造型等户外广告方面有着明显的优势。沪上的黄金地段均有大型户外媒体。迄今为止公司的户外媒体不但拥有量达到近30000平方米，而且媒体形式多样，布点合理，遍布于浦江两岸交通、文化中心和商业繁华市区。

公司非常注重人才的引进与培养，不断地注入新的国际化经营理念，同时与诸多大型广告公司、4A公司、新闻媒体、以及政府主管部门等建立了长期稳固、诚信的合作关系。连续多年被评为市级守合同重信用单位及全国广告行业文明单位称号。

地　址：上海市中山南二路777弄2号14楼
电　话：021-54252779
总经理：应曙光
传　真：021-54248300

上海东湖广告装饰有限公司

上海东湖广告装饰有限公司是一家综合性的专业广告公司，现为中国广告协会会员单位、中国一级广告企业。主要经营各类广告设计、制作、发布、代理、策划等业务。

公司拥有一批企业管理、广告策划、创意设计以及生产制作等专业人才，设备精良，竭诚为客户提供优质服务。公司以户外广告为主，在国内广告业享有一定知名度和影响力。

公司先后被评为“中国广告优势企业”、“全国广告行业文明单位”、“上海市重信誉、创优质服务先进单位”、“上海市重合同守信用单位”、“上海市A类纳税信用单位”。

负责人：宣勤
电　话：021-62912738 64737022
地　址：上海市东湖路70号东湖宾馆四号楼4楼
邮　编：200031
传　真：021-64156934
E-mail: donghuf@online.sh.cn

上海大众广告有限公司

大众广告成立于1993年1月11日，注册资本800万元。公司拥有优秀的创意设计人才和强大的户外流动媒体阵容，是国内首家开发出租车单向透视广告、顶灯广告、物流车广告等流动媒体广告的领跑者。1998年跻身上海广告业的“百强企业”之一；2004年获首批“中国一级广告企业”资质称号；公司总资产以超过1900万元。公司六名设计人员的商业和公益广告作品曾先后多次在上海和全国的广告优秀作品展评赛上获奖。在上海市政公交设施的实际招标中，大众广告设计的作品多次中标被录用。近年来，在成功开发了信息咨询类平面媒体《引领大众》期刊和涉足广告庆典会展业后，公司的整体规模和对外投资的经营水平大大提高。

负责人：乐晔
电　话：021-64285636
地　址：中国上海中山西路1515号7楼
邮　编：200235
传　真：021-64286890
E-mail: dzpta@sh163.net

上海新云广告有限公司

公司为媒体开发供应商，年营业额6000多万元。拥有区域性的强势自有媒体：上海各个重要路段户外媒体合计10000余㎡，贯穿浦东浦西2000多辆巴士车身媒体。

公司根据不同客户的不同需求，让服务准确到位，臻入佳境。主要客户有：百事可乐、水清木华、海狮油、同福易家丽、祥美漆、联洋中邦、上海滩花园、盛大金磐、九百家居、罗马瓷砖、三星电子、太太乐鸡精、永兴家具、易初莲花、中国光大银行、中国农业银行、仁恒滨江苑、红心电熨斗、维多利华庭、IBM、麦当劳、冠生园、北极绒内衣、联洋集团、证大家园、TCL、百家丽、鹏欣地产、嘉士多、天腾服饰、王开照相、夏普、绿波廊、绿洲千岛花园、名人苑、永达汽车、百安居、金爵别墅、香梅花园、建工集团、世茂滨江园、川崎、金海马家居等，我们致力于成为客户的品牌管家。

公司地址：上海浦东新区福山路450号新天国际大厦22楼A、D座

电　话：021-5058 8282
传　真：021-5058 6758
E-mail:xinyunad@citiz.net

上海顶胜文化传播有限公司

一家出色的本土广告公司，在上海地区社区媒体开发和操作方面处于领先地位。

公司2002年进入户外广告业，率先将商业的大型广告牌进驻社区，形成“群英汇”社区媒体品牌。努力在社区开拓和谐、完美的品牌展示平台。发展到今天，已经建成300多个社区，3000多块广告牌，近7000平方米。目标铺设近2500个社区，面积达30000平方米，帮助上海在建成“绿色健康城市”方面发挥重要作用。

公司目前服务的客户包括家用电器、日化用品、化妆品、食品、饮料、医药、啤酒、乳业、保健品、卖场等等。

公司能为客户提供的主要服务：形象服务-企业形象设计，创作服务-平面创意设计，策划服务-媒体销售策划，传播服务-户外媒体投放，传播服务-体育活动行销，传播服务-文化活动行销。

地　址：长宁区上海市幸福路50号2楼
电　话：021-62817410-608
传　真：021-62816123

江苏大贺国际广告集团有限公司

大贺集团拥有中国本土广告行业第一家上市公司（股票代码：HK8243），是跨地区（国际化）的户外媒体整合方案供应商，全国一级广告企业，中广协户外委主任单位。

大贺集团与中国广告业同步成长，十年来稳健发展，企业综合实力在中国广告业中排名第6位。

企业设计、制作、发布国内外各类广告，在全国26个城市拥有分支机构，近二十万平方米户外媒体。特别擅长户外广告整合方案、影视制作、电子显示媒体、数码印刷、广告工程等。

曾荣获“中国之星”金奖，“世界之星”提名奖，第十届广告节平面金奖。

负 责 人：贺超兵
地　　址：南京市新港开发区恒飞路8号
邮　　编：210038
电　　话：025-85801288
传　　真：025-85804848
E-mail：hcb4202212@vip.sina.com

南京市广告有限公司

南京市广告有限公司（原南京市广告公司），是省、市及全国广告业“重信誉、创优质服务先进单位”、“中国一级广告企业”、“江苏省第三产业200强”企业、“南京市十佳广告经营单位”、“南京市十强广告经营单位”。

公司经营机构设置：客户服务中心、城市户外中心、创意策划中心、市场媒介中心、禄口分公司、第一分公司、工程部、霓虹灯厂。

公司经营范围：承办、发布、代理国内外各类广告。公司在南京市中心、主干道及车站、机场高速公路等窗口地段还拥有路牌、霓虹灯、灯箱、看板、高杆立拄等各类户外媒体。

负责人：潘祥生
地址：南京市洪武北路116号
邮编：210018
电话：025-84419488
传真：025-86641741
E-mail：nac@adnac.com
网址：www.adnac.com

南京必尔得广告传播有限公司

一家专业的户外广告媒体运营、研发、管理及市场推广机构，2004年被评为“南京市十佳广告公司”。拥有十余年广告经营经验、专业的媒体分析、先进的服务理念、务实的经营思想和完整的市场操作体系。

2005年公司受南京市政府与市容管理局委托，独家开发运作南京市“环卫市场化户外媒体平台新革命”项目。现拥有由南京市区多条主干道线路构成的近二万个户外广告载体，成为南京市覆盖面最大、密度最高的户外媒体。

公司一直致力于为客户打造更佳、更合适、更有效的户外广告宣传平台，驾起一条信息传播沟通的桥梁。公司笃信户外媒体是展示广告创意和提升品牌形象的崭新舞台，也是众多商家展开市场策略、有效沟通目标受众的必选媒体。

电　　话：025-52311898　84274437
传　　真：025-52311801
网　　址：www.beat.com.cn
E-mail：beat88@sina.com

南京梅迪派勒公交广告有限公司

南京梅迪派勒公交广告有限公司（NJMPI），由南京公交广告公司和香港梅迪派勒广告有限公司于一九九九年合作组建。

NJMPI作为中国最大的户外广告媒体公司之一，一直致力于户外媒体的开发、创新与服务。现拥有南京百余条路线、4000余辆公交巴士广告经营权与多种户外广告展示形式，同时与国内各大城市的公交企业保持良好的合作关系，形成独具特色及规模优势的户外媒体网络，提供专业的媒体分析、完善的客户服务，并追求最佳的媒体投资回报。中广协发布的2002年全国广告公司百强排序中，NJMPI位列76位，营业收入排名第18位。

负 责 人：刘航军
地　　址：南京市汉中路金鹰国际商城22楼
邮　　编：210029
电　　话：025-84711070
传　　真：025-84711071
E-mail：Liuhangjun@mpil.com

苏州市凌云广告有限公司

公司成立于1996年，是一家以户外广告媒体发布为主，兼营灯箱制作、店招、媒体代理、礼仪服务、印务为一体的专业性广告公司。

公司坚持以“诚信”为理念，努力服务于社会，主要客户有中国太平洋保险公司苏州分公司、苏州南都建屋有限公司、苏州栖霞建设有限责任公司、苏州工业园区国信置业有限公司，苏州肯德基有限公司等，并凭借自身雄厚的专业实力，多次在行业评比中获得殊荣，是苏州市知名的广告公司。2004年营业额为376.54万元。

公司具有独特的媒体优势。独家代理苏州市主干道干将路全线7.3公里户外广告媒体的灯箱、站台、桥身、大型看板等的制作和发布，总发布面积为1500平方米左右，这些设施的位置均在苏州市最具商机、繁华的路段，东连苏州工业园区，西接苏州高新技术开发区，广告受众到达率效果明显，2004年公司将干将路全线户外媒体改造成古色古香的风格，成为苏州一道靓丽的风景线。

地　址：苏州市干将西路2号　董事长：陆鸿昇
电　话：0512-65215571
传　真：0512-65239034
网　址：www.lingyunggsz.com

姑苏广告传媒有限公司

公司创立于1991年，是苏州成立最早的一家综合性广告公司，主要从事户外媒体开发及推广、CIS企业形象策划、平面及包装设计、网站建设推广、室内外环境设计施工、展览展示及管理咨询服务等。

公司拥有以高立柱、大型路牌广告为主的各类媒体二十余座（面），其中在沪宁高速路段上拥有十余座大型高立柱广告塔，多处为黄金路段（点）：昆山花桥、沪宁高速和苏嘉杭高速交汇处、沪宁高速和绕城高速交汇处等等，位置涵盖整个苏州段。公司开发的广告媒体以科学的点位、良好的视角、最佳的照明，为广告主提供最佳的广告发布效果。公司也是苏州日报、姑苏日报、城市商报的一级代理商。

公司业务遍布全国各地，拥有可口可乐、沈阳中华汽车、米其林轮胎、山东玲珑轮胎、宝骊叉车、韩国黄金熊服饰、苏州孔雀电子、维德木业、杭州花王传化、苏州新加坡工业园区、苏州高新区、苏州相城经济开发区等一大批知名客户。

地　址：苏州新区滨河路1326号209室
电　话：0512—68091881
传　真：0512—68257134

常州市杰人企划品牌策划机构

成立于1995年，为企业全面提供从外部形象定位、开发塑造、传播推广、企业诊断、咨询、空间形象展示、影像、多媒体制作的全程服务。

崇尚实效行销原则，在国内率先致力于新概念行销试验领域，团聚专业策划公司、行销试验公司和经销公司共同组建新型品牌孵化公司。

公司拥有常州市炙手可热的户外广告媒体：市中心黄金干道的所有候车亭灯箱广告位，市中心楼顶广告位数块，市中心文化宫广场护栏灯箱广告位52块。

公司与报社、杂志社、电台、电视台以及其他拥有户外媒体的兄弟单位都是亲密无间的战略合作伙伴。

公司是江苏省广告协会常务理事成员单位，国家级广告资质三级单位（常州市共两家），先后获得第六届优秀广告作品评比三项优秀作品奖、江苏省第八届优秀广告作品评比二项优秀作品奖、常州首届广告节荣获四项大奖、2003‘龙城之韵’常州市优秀广告作品展优秀奖，是2004年‘中国国际卡通数码艺术周广告设计大赛’承办单位。

电话：0519-6631385
传真：0519-6615111
地址：江苏常州市怀德北路
　　　金色新城30栋丙单元601室

浙江金华天地广告有限公司

浙江金华地区从事户外广告媒体制作发布和代理的骨干公司，年营业额近1000万元。公司拥有单立柱高炮、屋顶广告牌、路牌、广告灯箱等多种户外媒体近1万平方米，遍布高速公路、省道、国道、市区、火车站等。2004年度公司被评为“中国广告业国家二级企业”，“金华市知名商号”，“浙江省AA级信用资质企业”。

公司拥有专业的户外广告制作发布队伍，在对客户的媒体推荐、媒体评估、广告发布与执行、广告宣传效果的分阶段测评、广告投入计划建议、广告发布的后期维护与服务等各个方面都确定了严格的服务标准与制度，公司先后为中国移动、中国建设银行、中国工商银行、中国电信、中国人保、胡庆余堂、惠普科技、安利企业、盾安空调、六宇挖掘机、金龙鱼、立邦漆等企业发布广告，深受客户好评。

电　话：0579-2383388　2398588　2384188
传　真：0579-2383488
联系人：孙黎明　郑丽琴
E-mail：jhtiandi@vip.sina.com

杭州公交广告公司

杭州公交广告公司成立于1984年，是一家专注于户外媒体的强势专业广告公司，拥有全市200多条公交线路，3000多辆公交车及候车亭、站牌、路牌等媒体的经营发布权。

我们以全方位的户外媒体选择，专业有效的组合方式，推陈出新的媒体资源，满足客户多元化需求；本着“食君之禄，分君之忧”的宗旨，致力于创造客户竞争优势；用诚信、务实的服务理念和态度，换取客户的信任与支持；凭借20年丰富的操作经验，为客户提供最有价值的专业全程服务。

负责人：李熙
地　址：杭州中山北路507号
邮　编：310003
电　话：0571-85107537
传　真：0571-85172558
E-mail：hzgjgg@vip.163.com

宁波友谊广告发展有限公司

友谊广告是一家集品牌整合、营销企划、创意设计、房产营销、喷绘制作、户外媒体发布及制作于一体的综合代理型广告公司。公司现为中国广告协会理事单位；中广协户外广告委员会常务理事副主任单位、中国广告俱乐部常务理事单位，并先后被评为中国广告优势企业，中国一级广告企业。2003年营业额列全国广告公司第49位。

“提升客户销售，成就友谊价值”是我们的口号，正是凭借自身强大实力和诚信务实的服务态度赢得了众多客户的信赖。我们不懈努力，向更高的目标进取。

负责人：陆有财
地　址：宁波市中山西路138号天宁大厦9楼
邮　编：315010
电　话：0574-87271618 0574-87345897
传　真：0574-87270618

温州市蓝天广告策划有限公司

专业从事户外广告、企业形象策划、品牌再提升计划、广告画册，报刊杂志、海报招贴、包装设计制作、媒体代理、POP广告、空间展示设计的股份公司。被授予“浙江省广告行业文明单位”，连续五年被评为“明星企业”，“首批百家诚信企业”。

公司自创办以来，为我市众多重点企业和明星企业制作和发布了大量的广告，如可口可乐公司、肯德基、中国电信、中国移动通讯公司、上海浦发银行、广东发展银行、温州交通银行、建设银行、商业银行、杭州卷烟厂、正泰集团、中国大自然房开公司、浙江金开利房产公司、红日房开、大金空调、报喜鸟集团、康奈集团、中国人民电器集团、大红鹰集团、温州康泉热水器、神力集团、华士西服、禾欣PU革、南光树脂、荣光集团等。

地　址：温州市新城大厦二十层
联系人：胡彩芳（董事长）
电　话：0577-88922188 88921186
传　真：0577-88921187
网　址：www.bluesky-ad.com

杭州天浩数码喷绘广告有限公司

公司成立于2001年3月，是集设计、写真、巨幅喷绘、制作和安装为一体的专业广告公司。现拥有三台大型喷绘机和三台进口高精度写真机等国际尖端输出设备。

公司成立三年多来，以喷绘和写真为主导，并兼设计和户外广告制作，形成从设计到户外广告制作的一条龙服务，年业务量以30%-50%的速度增长。

公司本着双赢的合作原则（即保证高品质画面输出的同时，又能更大程度让利客户），主要服务于广告策划、设计和制作等公司，以此来寻找更多的合作伙伴。

公司目前拥有职员二十八人，从设计输出到后期制作都是就业多年的专业广告制作人。未来三年公司的发展目标，是成为全杭州最大的户外广告喷绘公司之一。

公司地址：杭州市东新路岳帅桥15号-1三楼（易初莲花斜对面）

电　话：0571-85387872
0571-85387873
057-85387867
传　真：0571-85387872-806
联系人：张浩
手　机：13357109167

广州市白云国际广告有限公司

广州白云国际广告有限公司（简称“白云国际”），创立于一九九三年，中国一级广告企业，全国广告行业文明单位，ISO-9001质量体系认证企业。主要业务范围：经营管理广州白云国际机场全部广告资源，代理国内外各类广告业务。公司注册资本金3000万元人民币，其总部设在广州，在北京、上海设有分支机构。目前，公司业务已遍及全国三十多个城市，其核心业务为代理发布户外广告。

负 责 人：王卫
地　　址：广州市白云区机场路云霄街机场宾馆主楼南侧附楼二楼
邮　　编：510405
电　　话：020-86132222
传　　真：020-86121119

广州地铁广告有限公司

公司于2005年1月正式挂牌成立，是隶属广州地下铁道总公司的大型国有广告公司，是以经营、开发广州地铁媒体为主、整合行销传播并重的综合型广告公司。

公司坐拥广州地铁多条线路雄厚的媒体资源，04年营业额超过1.2亿元，随着户外人流逐渐从地面转向地下、地铁客流的进一步攀升、优越的传播环境与高消费群体，地铁媒体将成为不可或缺的主流户外媒体。

长久以来，我们秉承“以诚为本，以信为盟”的经营理念，本着“互惠互利，共同发展”原则，全力以赴打造专业的户外媒介运营商的形象，树立广州地铁广告品牌，致力于为广大客户提供优质超值的媒介投放服务。

我们深信：得天独厚的地铁媒体资源将是企业传播提速的飞箭；我们更加深信：有专业策划团队的服务，您和您的企业将全速前进。

地址：广州市中山五路193-215号百汇广场8楼
电话：020-83649333
传真：020-83649666

广州新艺龙广告有限公司

公司(前身为1992年成立的广州市海珠区新艺龙工程部)位于广州经济最发达的天河区，总面积超过500平方米，是中国广告协会广州市户外广告分会成员。

经过十多年的发展，拥有专业的策划，设计、制作及媒体销售人员；拥有户外广告媒体面积超过5000平方米；拥有丰富的大型庆典，活动、体育赛事策划经验；拥有大型广告招牌的制作厂房，能为客户提供从创意制作到广告发布的全方位服务。

公司自有户外广告媒体：广州市商业步行街户外电子显示屏及广告位，天河喜龙建材商业广场，中六电脑城，金海马家居博览中心

公司活动策划及氛围布置：华南理工大学建校五十周年庆典，第九届全国运动会游泳比赛主会场，三得利唯本杯都市活力2003沙滩排球赛

工程制作有：广东省第二人民医院大型招牌，天河喜龙建材商业广场外立面改造工程，上下九步行街中心舞台改造工程

地址：广州大道北138号南方通信集团大楼五楼
电话：020-38869871　38846601

深圳市高速广告有限公司

公司是深圳高速公路股份有限公司全资企业，以经营、发布高速公路广告为主业，依托集团公司强大的资源优势和资金实力，开发的户外广告资源以国际标准的公路立柱广告为主，以收费站站顶广告、收费站灯箱广告、墙体广告、跨线桥广告和收费站票卡广告为辅。

公司的核心竞争优势是独家拥有深圳市机荷高速公路、梅观高速公路、盐坝高速公路等多条公路广告媒体的经营发布权，并已形成完整的户外广告媒体网络，覆盖深圳市主要交通干道，不仅连接了深圳市的主要口岸、机场、港口和工业区，而且是港澳及内地信息传播的窗口，成为企业品牌形象传播及产品推广的极佳媒体平台。

伴随着集团立足深圳、面向珠三角、在全国经济发达地区投资收购优质高速公路的经营战略，本公司的媒体资源也将走出深圳，实现跨区域的飞跃。公司的发展目标是“深圳高速的路铺到哪里，我们的广告就扩展到哪里”。

地　　址：深圳市福田区关山月美术馆后座6楼
电　　话：0755-83196890 83196818
传　　真：0755-83196890
网　　址：www.highspeed-ad.com

海南新时空电子有限公司

公司始创于1993年，是国内较早从事户外多画面新媒体技术研发的实体企业。公司拥有雄厚的科研开发技术力量，主力开发以“多画面技术”为核心的户外广告媒体，在该领域具国际领先水平，拥有独立的自主知识产权，已荣获23项国家专利。

公司经过12年的不懈努力，研发成功的“现代城市形象产品（系列）”，广泛应用于电信、公交、市政、医疗、广告、展览、银行、移动通信等领域。现在许多城市使用的多功能电话亭、路名牌、广告机、候车亭、书报亭、阅报亭等产品，均系海南省名优产品推广委员会重点推广产品，并被海口市人民政府列为重点项目。公司已连续六年荣获“重合同、守信用企业”称号。

地　址：海南省海口市金盘工业区金星路6号
电　话：0898-66813077　66812077
传　真：0898-66813277
网　址：www. xsk. com. cn
E-mail: webmaster@xsk. com. cn

汕头中艺广告发展有限公司

公司始创于1993年，是一家集策划、制作、代理、发布于一体的粤东地区较大型户外广告公司。被汕头市有关部门评为2004年度“诚信企业”及“A级纳税人”，已获“中国二级广告企业”资质。

拥有粤东地区极具优势的户外黄金媒体，包括候车亭灯箱、龙门架、高立柱、路牌、大型灯箱等，总面积达10000平方米。

公司拥有一支训练有素、经验丰富的专业技术与广告人员，为国内众多知名企业提供卓有成效的服务，已为中国移动、中国联通、润讯传呼、网通、诺基亚、西门子、摩托罗拉、厦新、迪比特、中国银行、民生银行、松下、佳能、海尔、TCL、创维、天际电器、依立电器、梅花表、美标洁具、杉杉服装、劳工牌、广州日报、万事发、万宝路、健牌、555、红塔、红河、一品黄山、马爹利、轩尼诗、华夏千红、蓝妹、生力、朝日、海珠、统一、康师傅、瑞士糖、正露丸、康泰克、百服宁、泰诺、新奇士、金龙鱼、福临门等制作、发布各类户外广告。

地　址：汕头市金环路6号中环大厦东门五楼
电　话：0754-8521212　8308383
传　真：0754-8528262
E-mail:cnad@pub.shantou.gd.cn

福建省新网广告有限公司

公司成立于2000年，隶属于福建省电信实业集团，是一家集营销整合推广、市场调查、策划、创意、设计、制作、媒体代理为一体的综合型广告公司。

公司自有媒体包括十余座京福高速公路福建段大型高立柱户外广告牌；1000余座南平地区各市、县路名广告牌；福州市中心繁华地段护栏灯箱广告牌，媒体面积超过1万平方米。

新网广告公司服务的主要客户有：福建电信、福建联通等通信类客户；海尔、长富牛奶、实达电脑、雪津啤酒、富贵鸟鞋业、七匹狼等其它客户。公司的作品多次参加全国广告节及福建省“好产品、好广告”评选活动，均获得好评。2004年，新网广告在福建省广告协会资质认定中被评为 级单位。

公司十分注重员工专业素质和团队协作精神的培养，力争用三至五年左右的时间里跻身于福建省一流的广告公司之列。

联系电话：0591-87676597
单位地址：福州市东街7号省电信大楼西区14层

福建精彩广告公司

公司成立于1999年，为省一级广告公司，在省内各主要城市设有分公司、办事处，是福建地区较具规模的综合型广告公司。公司凭借精准的策略、娴熟的执行力与默契的团队合作，在全案广告代理、媒体投放、户外广告、综合广告实施、活动执行等方面均有精彩的表现。

公司在福建省内拥有数万平米自有户外广告媒体，拥有省内中心城区单立柱、大型看板、灯箱、三面翻、霓虹灯等多种形式的众多黄金路段广告位；拥有连排灯箱、路名牌灯箱、的士候车点灯箱、公交候车亭灯箱、出租车车体广告、车站广告位等独家成熟户外媒体网络；优势发布福建地区高速公路户外广告；在福建经济最发达的泉州市，中心城区户外广告位过半为我司所有。

公司与国内外著名品牌企业建立良好的长期合作关系，可为国内外著名品牌提供福建市场的销售宣传与媒介投放服务，为本地品牌提供本土乃至全国市场的媒体投放策略、户外媒体整合发布服务。

地　址：泉州市丰泽街建行大楼12层
电　话：0595-22284000
地　址：厦门市厦禾路帝豪大厦9层
电　话：0592-2962000

昆明风驰传媒有限公司

昆明风驰传媒有限公司是昆明风驰明星信息产业有限责任公司与香港李嘉诚和记黄埔联营机构TOM.COM成立的中外合资公司。

该公司致力于以“为客户有效提升销售”的理念创造一流品牌。成立至今，在3000份国际、国内客户反馈中，广告评估总有效率达95.4%。该公司是中国传媒界少数科技型创新企业之一。近几年来，在国际、国内广告创意竞赛中荣获近200项奖项。

2001年TOM.COM以风驰传媒为旗舰，建立了由全国12个城市公司组成的中国最大的户外媒体集团之一。实现了传统媒体与网络新媒体的整合发展，为中国民族品牌的崛起做出了贡献。风驰传媒的企业经济效益2002年在中国广告行业排名由上年11位上升到7位。2003年在全国排名第七位。

负责人：张燕萍
地　址：中国云南昆明市鸿城大厦8楼
邮　编：650021
电　话：0871-3142212
传　真：0871-3142204 3142205
E-mail：weihong@tomoutdoor.com
yubing@tomoutdoor.com

厦门市路桥广告公司

公司成立于1994年，是集设计、制作、媒介代理、品牌经营为一体的媒体型专业广告公司，致力于户外先导水平广告媒体的开发经营。

公司开辟了厦门大桥、海沧大桥、福厦漳高速公路等区域共计25000平方米的户外优质媒体，年营业额达一千多万元，设计作品多次获得国际、国家级大奖，并获得中国广告行业文明单位、中国广告协会户外委员会常委单位、福建省一级广告资质企业、厦门市广告协会副会长单位等荣誉称号。

公司人才济济，软硬件配套设施齐全，商业信誉良好，服务的客户包括中国电信、中国联通、富贵鸟、春兰重卡、柒牌服饰、东元集团、正新轮胎等近50家国内知名品牌企业。

公司未来三年将发展成为以设计、制作、发布户外广告为基础业务支撑，以为客户提供全方位的广告代理服务为核心的综合性广告公司，综合实力在福建省非媒体广告公司中保持领先，创“路桥广告”知名品牌。

地　址：厦门市海沧海虹路3号
电　话：0592-5828969
传　真：0592-5828948
网　址：http://www.lqgg.com.cn

昆明白宇广告公司

综合代理型广告公司，年营业额2568万元，国家二级广告企业、昆明一级广告企业。户外媒体类型大型户外看板、单立柱、大众媒体，媒体总面积29498平方米，分布于昆明市区及各分公司所在城市主要交通干道

代理或服务的主要客户：云南红河卷烟厂、云南澜沧江啤酒企业集团、云南恒昌房地产开发有限公司、云南鸣泉得胜家具制造有限公司。

广告作品多次获得省内及国内各种奖项；公司总经理倪文贵荣获2003“中国当代杰出广告人”称号，入选《广告人·中国》大型系列丛书。

公司员工90%为大专以上学历，其中大专19人，本科16人，硕士研究生3人。

信奉“脑子天下第一”的白宇，将以4A为目标，打造西南最具专业实力的广告团队，为社会奉献更多的经典和名牌。

地　址：昆明市建工大厦18层（市政府对面）
电　话：0871-3104286
传　真：0871-3193409
联系人：宋芸
E-mail：kmbeyond@163.com

厦门华盟广告有限公司

公司成立于1995年，为福建省一级广告公司，致力于户外媒体的发展，是福建省较具实力的主要户外传媒企业，年营业额千余万元。

公司拥有各种户外媒体近两万平方米，主要有高立柱、大型看板、灯箱群、多面翻转看板、霓虹灯、旗杆、跨街等多种广告形式，主要分布于厦门市各繁华路段及主要交通要道，并在福建省范围内建立了庞大的户外媒体网络，形成较强的区域优势。主要客户有两类：一是包括汽车、通信、房产、金融、食品等各行业的客户；二是包括4A公司、媒介购买公司、兄弟广告公司等专业广告企业。

公司拥有一支专业、精锐的广告从业队伍，在历次展览会、广告比稿中力拔头筹，屡获奖项。公司为客户的服务主要体现在两方面：一是户外媒体的优化组合，为广告的投放建立快速立体的传播，二是开发、制作、发布各类户外广告，提供良好的售后服务和区域市场调查。

公司地址：厦门市湖滨北路59号中信惠扬大厦商务楼九楼E、F座

法人代表：郭红
电　话：0592-5082585　5082582
传　真：0592-5082685
Email：hm@hamenad.com
网　址：www.hamenad.com

贵州高速广告公司

1994年成立，是以经营高等级公路户外媒体为主、集媒体开发、广告策划、旅游规划与策划、平面设计于一体的综合型广告公司。独家代理发布贵州全省高等级公路户外广告，公路户外媒体面积约30000平方米，年平均营业额达1000万元。

服务过的客户有：贵州省移动公司、贵州省联通公司、贵州省电信公司、贵州省建设银行、贵州省工商银行、贵州省农业银行、贵州茅台集团、贵州黄果树集团、海尔电器有限公司、中国人寿保险公司、中国太平洋保险公司、云南红河实业、中国重型汽车集团有限公司、中国石化、中国石油、中国邮政、中国普天、西洋肥业、中国农村信用联社、贵州铝厂、贵州万达客车等。

近年来，在国内、省内广告大赛、公益广告大赛；金牌形象大使电视大赛和中国国旅游纪念品设计大赛中屡获大奖。

公司地址：贵阳市富水中路28号天业大厦B座11楼
联系电话：0851-5816688　5821113
传　　真：0851-5818110

贵州嘉荣文化传播有限公司

贵州嘉荣文化传播有限公司是一家从事户外媒体运营并在此基础上开展综合服务的专业公司。

在贵阳共360余个社区设置社区公益设施广告位700余个，构成强大的社区终端广告宣传网络。该媒体前为供社区居民使用的休闲座椅，后为广告发布栏。在为社区居民提供便利的同时，充分发挥高到达率、无其它信息干扰的优势，为企业树立品牌及产品推广提供了行之有效的宣传途径。同时结合社区活动本身就是传播载体的特点，开展各种社区活动和DM直递业务，为传播以终端为导向，社区为起始点的新营销模式提供了平台。

专业化，知识型，高效率的年青团队。坚持在策略上为客户提供最佳的“问题解决”方案。在贵州地区为新华人寿、福临门、郑州三全食品等知名企业服务。

2005年，公司计划辐射全省，二年内户外广告面积由现在的一万平米增至三万平米，年营业额由600万增至1500万元。

地　　址：贵阳市南明区富水南路196号
全林国际广场C栋25楼1号
电　　话：0851-5809967　5809914
网　　址：http://www.jrwh.com.cn

国9户外旋转广告

户外传媒研发机构，研制投放市场的大型户外广告旋转机构和大型户外水平旋转三棱广告柱，填补了国际上大型户外广告不能旋转的空白。该机构有多项国家专利和自主知识产权，正确维护寿命可超100年。它能让18m×6m×3面×3层的擎天柱或6m×6m×3面×6层的三棱广告柱水平旋转，可自控运行。无论白天夜晚，无论道路方位，都可清晰完整看到原本看不见的全部画面。改写了擎天柱只能在一个方位看一个画面的历史。旋转机构在户外产生的强大冲击力使广告发布效果呈几何级数增长，展现了广告主的活力与实力，提升了户外传媒的价值与价格，双赢使利润倍增，新投1万即增收18万。

网　　址：//www.guo9hw.com
E-mail:zyliuguowei@zygz.cn

丽江日报广告公司

公司成立3年来，已成功代理了丽江机场户外广告及登机牌，机场至丽江高速公路两侧的所有高立柱广告业务，至目前止大中型户外广告已达10000m2以上。公司还独家代理了市内交通公共车身的所有广告业务,国内发达城市才有的三面翻户外广告业务已得以顺利拓展。

公司的大中型户外广告策划及代理业务,几乎涵盖了所有来丽投资的大中项目：如国大、花马街项目、束河茶马古镇项目、玉龙新县城建设项目等数十个投资上亿元的重点项目；公司还全面代理了七星街跨街霓虹灯桥户外广告业务，以及丽江大中型几乎所有上档次、高规格的各种庆典礼仪业务。

公司拥有一大批市内外、省内外庞大的大中客户网络，目前已成为综合代理型的广告企业，公司的年营业额已年均达到500万元，35年的奋斗目标是年均达到1000万元。

地　　址：云南省丽江市福绘路西段
联 系 人：刘志文
电　　话：0888-5157540
传　　真：0888-5138888
E-mail: lijiangribao@sohu.com

四川省巴蜀新形象广告传媒股份有限公司

四川省巴蜀新形象广告传媒股份有限公司，成立于1993年6月，2001年经四川省人民政府正式批准发起设立为公众型股份有限公司。它能够为国内外客户提供整合传播服务。涉及市场研究、营销策划、品牌推广、公关策划、广告创意、设计、制作；媒体代理发布；展览展示。长于对通信、房地产、酒类、烟草、旅游、医药业的服务。

公司已“本土营销，实效传播”为服务宗旨，立足西部市场，为品牌实现本土化提供专业的实效服务，深得客户信赖。

“巴蜀新形象”为四川省著名商标，连续五年为四川省“守合同重信用”企业。2004年4月公司被评定为中国一级广告企业，2003年度全国“守合同重信用”企业。

负 责 人：孟兴中
地　　址：成都市鼓楼南街117号世界贸易中心A座20F
邮　　编：610015
电　　话：028-86782266
传　　真：028-86758855
网　　址：www.tea-adv.com
E-mail：new@bsnia.com

四川蜀都大厦广告有限公司

公司1989年创立，经历创业、发展、提高、再发展的过程，利用户外广告牌成功地为海尔、康佳电子、五粮液、茅台、成都卷烟厂、剑南春、九寨沟、波导手机、中电手机、熊猫手机、格力空调、海信空调、东洋空调、华阳滨河花园、普罗旺斯低层住宅等众多知名企业提升企业形象作出了积极贡献。

公司利用蜀都大厦黄金位置先后发布了成都市户外面积最大的“康佳电子”和“九寨沟”户外广告，在其大厦主楼楼顶制作发布了成都市高度最高的“海尔”、“剑南春”、“五牛”霓虹灯广告。在提升客户企业形象的同时改善了城市景观，已成为蓉城不可缺少的亮丽风景线。

公司依托自身强势媒体，不断寻求新的广告媒体：市区广告牌、电子视屏广告、高速公路路牌广告、列车餐车广告、社区广告宣传栏、网吧连锁广告等。公司连年被评为成都市广告行业十强企业，推举为广告协会常务理事、广告委员会终身会员。

地址：成都署袜北三街20号蜀都大厦北6楼694号
电话：028—86518966　86518972　86518694
E-mail:sdgg2003@163.com

四川西南国际广告有限公司

四川西南国际广告公司创立于1992年，是中广协公司委员会常委，中广协户外广告委员会常委，四川省广协副秘书长单位。先后荣获中国优势广告企业、中国广告公司100强、全国广告行业文明单位等多项殊荣，具有良好的信誉度和行业影响力。2002年与香港“和记黄埔”旗下TOM户外传媒集团强强联合，组建西南户外传媒公司。2004年被评为中国一级广告企业。

公司恪守“以人为本、诚信经营、用心服务、共谋发展”的理念，以策划创意为主导、以户外传媒为主业，为国内外百余家知名品牌提供营销策划、创意设计、广告制作、媒介代理等全方位服务。以业界一流服务全力打造经典客户品牌。

负 责 人：萧景勋
地　　址：成都市太升北路58号江信大厦24层
邮　　编：610017
电　　话：028-86933636 028-86938686
传　　真：028-86911588
E-mail：xiaojingxun@tomoutdoor.com

重庆澳美广告有限公司

创建于1996年，2002年晋升为重庆市A级广告企业,户外广告位列重庆市第一位。

2002年公司出资买断了重庆鹅公岩大桥全线8公里16年广告经营权和广告设置权，其沿线设有14051平方米户外广告媒体；2003年12月出资包断2004年《重庆商报》汽车平面广告媒体的经营权；2004年投资买断渝澳大桥全线4公里多路段的广告经营权，其沿线设有710平方米户外媒体；2004年12月出资买断2005年《重庆晚报》汽车平面广告媒体的经营权；2005年投资买断成渝高速路陈桑段全线114.40公里的广告经营权，其沿线设有41604平方米户外媒体。公司在各主城区设有24711平方米的分散户外媒体，在市外设有432平方米的分散户外媒体，现公司户外广告媒体面积已达到8万多平方米。

公司将与时俱进，通过有效的资本运作，务实的管理创新，力争在3～5年内完成公司上市辅导期，进入中国主板证券市场。同时，我司期望能与国内外同行紧密合作，共创澳美辉煌事业。

地址：中国重庆市渝中区中山三路
139号希尔顿商务大厦22层
电话：023-89067999
传真：023-89067989

重庆汤姆传媒有限公司

公司前身为重庆最优秀的综合性广告公司之一的金朝广告公司，于2004年与TOM户外传媒集团正式合资成立。

公司以大力发展媒体优势为主要目标，全面整合优势媒体资源，力争成为重庆地区规模最大，影响范围最广的广告传媒专业机构。

公司深谙本土沟通之道，凭着独到的优势资源，致力于通过一个多元化的媒体平台，为客户提供更具价值的媒体资源。无论是在优势媒体的供应，还是品牌全程代理，都始终忠实于专业与创新，以专业团队间的紧密配合，去实现客户的利益最大化。公司现拥有的户外媒体总面积已近40000平方米。网络媒体、户外大牌、单立柱等形态多样，覆盖面广，遍布主城各区主要交通要道、商业中心及合川、永川等城市周边地区，为你整合户外优势资源，抢先供应强势媒体。

地　　址：重庆市高新区科园三路68号
金果园商务楼D1幢9楼
电　　话：023-890890663
传　　真：023-68631991

重庆新视力影视传媒有限公司
重庆心典广告有限公司

公司以向国内广告客户提供综合性专业广告服务而著称，是一家以户外广告发布、电视媒体专业经营为核心，以电视节目制作和电视广告制作为主导的专业性媒体公司。历年来，公司致力于整体品牌户外广告和媒体开发、电视房地产栏目的服务，已全程进行重庆电视台房地产专业栏目《新居时代》的制作与经营，客户遍布大江南北。

公司现拥有员工40多人，其中大专以上学历占有95%，取得广告行业从业资格员工占85%，半数以上具有户外工程广告和房地产行业从业经验，是一支年轻化、专业化、朝气蓬勃的团队。公司制作实力强大，曾服务于中国嘉陵集团、中国联通、中国网通、大红鹰集团、晋愉集团地产、华宇集团地产、融侨集团地产、南方集团地产、龙湖集团地产。

联系地址：重庆市渝中区临江支路九号城市传说13-5
电　　话：023-63715505　63715535　63715355
传　　真：023-63716931
E-mail：sundisk@vip.sina.com

重庆亚光霓虹广告有限公司

公司是以广告发布、设计、霓虹灯制作、维护为主的户外广告公司，年营业额达900万元。

公司拥有1000多平方米的现代办公设施和生产厂房，配有世界领先的二级高真空气体设备，具有安装、维护等一系列完美的队伍和雄厚的技术力量，采用世界各国的霓虹灯广告工艺和材料。先后为泸州老窖、重庆移动、重庆电力、中国网通、中国旅行社、重庆JW万豪酒店、西南证券、重庆港、三峡路桥等客户服务，其中泸州老窖、三峡路桥曾获全国霓虹灯评比设计制作二等奖。

公司拥有媒体8000平方米，主要集中在重庆市四个区域（以火车站为主，解放碑、两路口、江北商业中心、渝中区北滨路段），以霓虹灯、喷绘二种形式发布。所有媒体全在大楼屋顶，面积从200平方米至1400平方米，可供客户自由选择。

地　　址：重庆市渝中区枇杷山正街233号
电　　话：023－63531588　63505699
传　　真：023－63538362
网　　址：www.ygneon.com　www.cqneon.com
E-mail：a63506844@163.com

北京半山亭广告公司

公司成立于1998年，是一家以客户策略服务和媒体经营为核心的专业广告公司。公司拥有近1万平米的自有户外媒体，主要分布在北京国际机场、北京站、北京西站、高速路等黄金地段。公司拥有稳定的高端客户群。通过参照国际同业公司的服务标准，借助国际合作伙伴，致力于将行业内的国际先进技术整合运用于各项服务中，为客户提供专业、科学、有效的媒介策略服务。

公司在影视创意制作及户外媒体投放策略上具有很强的优势。影视创意制作方面的成功案例有：公司于2002-2003年成功拍摄了剑南春“圣旨篇”、“盛世篇”；2003-2004年拍摄了“完美篇”、“水滴篇”、“内涵篇”、“历史篇”，完成了剑南春品牌的重塑；2002-2003年拍摄了民生银行的“成长篇”、“翻绳篇”得到了客户及社会各界的一致好评。客户媒介策略服务及媒介执行的案例有：中国人寿、剑南春、白沙集团、三洋手机、中华轿车等。

地　　址：朝阳区朝外大街蓝筹名座A-2-301
邮　　编：100020
电　　话：010-65537777
传　　真：010-65537776

大禹伟业广告（集团）公司

综合代理型广告公司，2003年营业额38500万元，在中国广告协会2003年全国广告公司营业额、营业收入两项排名中均位居第十二位。

公司拥有立柱、楼顶大牌、天桥、龙门架等自有媒体共15万平方米，墙体、堡坎共500余万平方米，开发、发布的户外广告媒体遍布全国29个省市区省会级以上的大城市及大批中小城市、公路、铁路沿线、城乡结合部及广大农村。累计发布广告面积达1300余万平方米，创建“全国户外广告联盟”大型网络平台。

公司为TCL移动通信、TCL多媒体数码事业本部、TCLTV事业部、四川移动通信全球通品牌、中国电信、数码乐华彩电、山东菱花集团、澳的利饮料、江苏三笑、泸州老窖1573品牌、涪陵榨菜集团、智强集团、花花牛乳业、宗申集团等大企业进行着持续而卓有成效的全案代理或综合性服务。公司员工中大本以上学历者超过80%，拥有研究生和MBA、EMBA、教授、副教授、国际商务策划师等二十余名。

地　址：北京市朝阳区建国路88号现代城C17层
电　话：010-85801066
传　真：010-85804088
网　址：www.dayuweiye.com

北京歌华阳光广告有限公司

北京歌华阳光广告有限公司是由北京歌华文化发展集团和北京青年报共同投资组建而成。公司实行董事会领导下的总经理负责制。下设总经理办公室、人力资源部、财务部、客户服务部、创作部、媒介部、开发部、项目部及业务部。为客户提供包括企业识别系统导入、市场调查、整体策划、创意设计、媒介服务、公关实施等在内的各项广告业务。凭借雄厚的媒介资源、扎实的创作实力、周到全面的广告服务，不断为客户创造价值。

负责人：郑谊军
地　址：北京市东城区贡院西街1号
邮　编：100005
电　话：010-65277728
传　真：010-65277728
E-mail：officel@ghyg. com

北京公交广告有限责任公司

北京公交广告有限责任公司是北京地区独家经营公交广告媒体的大型广告公司。公司主要承办北京公交车身、候车亭灯箱、站牌等国内外广告业务，注册资金4000万元，固定资产2.6亿元，拥有1.6万余部公交车，6000多个候车亭灯箱，4.7万平方米户外雄厚的媒体资源，以及美国威特3360大型彩色喷绘机等先进的广告印刷设备。

多年来，公司为众多国内外知名企业提供持续、优质的广告服务，并与多家知名代理公司保持良好的合作关系。2001年公司与北京巴士股份有限公司在上海证券交易所成功上市，是中广协首批推荐49家优势广告企业之一，被中国广告协会认定为全国广告行业“一级企业”，被北京工商局、北京市广告协会评定北京市“守信企业”。

负 责 人：张家骥
地　址：北京市东城区交道口南大街16号
邮　编：100007
电　话：010-64060080
传　真：010-64007770
E-mail：bjgj@bigjad.com

北京盛世鼎业广告有限公司

公司是一家以户外媒体开发、制作、代理、发布、评估、监测及服务为一体的新型综合类户外媒体公司。2004年营业额3000万元。作为美国户外广告协会（OAAA）的会员单位，公司一直致力于户外媒体服务新价值体系的建立及运用。

公司业务范畴包括：①.制订户外媒体传播策略及户外媒体购买执行；②.自有媒体的销售发布及户外广告代理；③.提供全方位的户外媒体监测及数据服务；④.提供客观的户外媒体评估；⑤.提供北京户外媒体市场研究分析报告及户外广告效果调研测评；⑥.提供国内户外广告的最新动态和趋势分析；⑦.提供国际户外广告的最新理论和发展方向。

地　址：北京市朝阳区八里庄西里1号
远洋天地63号楼605室
电　话：010-85861551/1161/1181/1191
传　真：0610-85865565
E-mail：ssdy@vip.sian.com

北京通成推广公交广告有限公司

世界领先——率先投资中国公交媒体
卓越品牌——2002年在香港上市，获国际著名“卓越品牌”奖；2004年被中广协评为中国一级广告企业。
缔造辉煌——超过1000家的企业合作
精诚服务——高质量、专业的户外广告媒体服务
优质媒体：通成公交-16个网络城市
通成地铁-北京地铁、上海地铁2、3号线
通成动感视窗-独占高校网络的分众媒体
通成商亭-上海最大的书报亭媒体网络

网络城市：北京、上海、广州、武汉、成都、沈阳、青岛、杭州、天津、吉林、昆明、长沙、大连、福州、郑州、香港。

负 责 人：莫丽燕
地　　址：中国.北京市建国门外大街1号
国贸大厦1座401室
邮　　编：100004
电　　话：010-65081066
传　　真：10-65057966
E-mail：mo.ly@top-result.com.cn
网　　址：www.top-result.com.cn

北京世纪金文广告有限公司

公司是户外广告媒体制作、平面设计、广告发布、维修维护一条龙全面代理服务的专营性户外广告公司。公司从德国、日本进口了数种先进的广告制作设备，依托不断完善与提升的户外广告制作经验与技术优势，在激烈竞争苗壮成长为综合性户外广告公司。作品七彩变幻《魔方》获得了2003年中亚杯霓虹灯广告优秀作品二等奖。

公司服务不仅体现在对待客户的态度上，也落实在实实在在的服务技术层面上，深入理解客户所需，从各方面满足客户需求，与客户形成长期稳定的合作伙伴，实现双赢，共同发展。在长期的服务过程中，公司与金融、房地产、汽车、餐饮等用户携手共创未来，以诚信为本的经营理念赢得信赖，也被北京市工商局评为守信企业。

随着业务不断发展，公司管理方式也在进行变革，从早期人情化管理走向制度化管理。提供多项业务学习、积累市场经验的机会，进一步提高员工的凝聚力，形成企业核心竞争力。

地　　址：北京市朝阳区北苑路172号
欧陆大厦A座1005室
电　　话：010-84853399　84851510
传　　真：010-84853456
网　　址：WWW.SHINECENTURY.COM

北京新赛标牌制品有限公司

公司是美国国际标识协会会员，是国内最专业的槽型字、亚克力热成型灯箱、冷阴极灯和霓虹灯的制作厂商。公司的招牌产品遍布全国，服务对象包括中国石油、中国电信、中国联通、好利来、马兰拉面等。

2004年开始，公司将国际上最知名的霓虹灯灯管生产厂商意大利泰科霓虹灯集团的全系列产品引进中国，并代理下列产品：意大利泰科（TECNOLUX）霓虹灯集团的真空排气设备、铁芯变压器、彩色灯管、电极、可调光电子变压器。

意大利泰科（TECNOLUX）集团是目前全世界最著名的彩色灯管生产厂商，其真空排气设备综合了欧洲和美国设备的优点，非常紧凑，既能加工冷阴极灯管，也能加工普通的霓虹灯灯管，特别适合国内生产的需求。

地　　址：北京市朝阳区定福庄路黄渠
（二外北1公里路西）
电　　话：010-65793220　65470828
65471168　65471129
传　　真：010-65477939　手机：13801375741
EMAIL：chrisgao@sinsign.com.cn
网　　址：//www.sinsign.com.cn

北京威迈特广告公司

全面代理VMAT(威迈特)智能实效广告媒体，该媒体由北京新世界威迈特高新技术有限公司与中国工商银行等银行共同建设。

VMAT智能实效广告媒体基于国际先进的窄播（Narrow-Casting）理念诞生，依托银行业数量庞大的ATM（自动柜员机）显示屏幕和VMAT智能实效广告媒体网络，将动态多媒体广告信息高质量、高速率地传输到使用银行金融服务的受众面前，实现了定时、定点、定向。

VMAT智能实效广告媒体采用成熟的实用网络化新技术，突破性地实现了及时、准确的播放记录信息反馈，为广告效果的科学测评提供了切实可靠的数据，提供了真正意义上的实效广告投放解决方案。

经过一年多的发展，VMAT智能实效广告媒体已在北京建立了500多个播放点，并积极开发上海及广州、深圳市场。

公司已获得了NOKIA，P&G，北京移动等广大客户及实力、传立等知名4A广告公司的认可，开创了VMAT智能实效广告的新纪元。

地　　址：北京市海淀区上地7街1号汇众大厦807
电　　话：010-62988814
传　　真：62988476

北京炎黄时代广告有限公司

北京炎黄时代广告公司创立于1993年，是一家以户外广告为主的全面代理公司。炎黄广告在北京优良地段拥有两万多平方米的户外广告资源，同时拥有全国四十多个大中城市户外媒体网络。政府公关、户外资源、大型活动、广告设计是炎黄时代广告公司的四大特长，通过出色的策划以及合理的资源配置，可以为客户提供整合推广服务。

公司座落于北海西侧的国家图书馆分馆院内，现代化办公场所超过2000平米，硬件设施完善。公司现有员工60余人，凭借着有效的管理和全体员工的努力，炎黄时代广告公司发展神速，变成北京最具实力和发展潜力的户外广告公司之一。

负责人：赵松青
地　址：北京市西城区文津街7号国家图书馆分馆临琼楼二层
邮　编：100802
电　话：010-66533933
传　真：010-66170596
E-mail: yanhuangtimes@vip.163.com

河北众美广告有限责任公司

公司成立于1998年,是一家集广告发布、媒体运营、市场调研与策划、平面创意设计、影视制作和广告效果评估等多种服务于一体的大型广告公司。经过6年的发展，公司综合实力已跃居河北同行业之首。

公司构筑了规模宏大的以电视和户外媒体为主的优势媒体平台，独家买断经营河北电视台众多黄金栏目和公共频道晚间剧场；经营河北地市级电视广告和贴片广告发行；户外媒体总量突破三万平方米，拥有完善的华北和东北区域高速路媒体网。

公司为众多国际、国内知名企业和品牌提供了优质完善的广告服务，与实力媒体、传立媒体、星传媒体、麦肯·光明等国际4A公司建立了长期友好的合作关系。

公司把“全国性的优势媒体运营商”作为企业的长期发展目标，着力打造全国优势媒体运营平台，已在北京、上海、广州等城市建立了7家控股子公司，形成了辐射全国的媒体购买和客户服务网络。

地　址：石家庄东岗路75号世纪国际中心1207
联系人：王茜
电　话：0311-5895669
手　机：13785178797
E-mail:zhongmeihuwai@126.com

石家庄九鼎广告有限公司

公司是石家庄地区拥有户外媒体最多的公司之一，户外媒体拥有量占全市的30%以上，达12，000㎡。不但拥有市区主要繁华商业路段、广场、商业网点的高空广告，而且还在机场迎宾路、京石、京沪、石安、石太、石黄、津保等高速路段拥有河北地区最完善的高速媒体。

2005年投资建成的媒体有：商务楼媒体、加油站媒体、停车库媒体、医院媒体、药店媒体、超市媒体、专业市场媒体。

客户包括中国工商银行、农业银行、建设银行、交通银行、光大银行、中信实业银行，联想集团、AMD，中石油、中石化、中国海洋石油天然气，一汽奥迪、一汽马自达、一汽红旗、一汽解放、一汽红塔、上海大众、东风悦达起亚、东风雪铁龙，卓达集团、天山集团、河北置业，固特异轮胎、昆仑润滑油，海尔、海信、松下电器、喜力啤酒、冠军瓷砖、科勒卫浴、摩托罗拉、诺基亚，家世界、北人集团、怀特国际商城。

地　址：石家庄正东路33号东方文化宾馆719室
电　话：0311-6965238
传　真：0311-6965338
E-mall : ctsoutdoor@126.com

北京全时空传媒文化有限公司

公司是美国环球空间传媒有限公司在中国的全资公司，致力于中国户外媒体的开发与经营。2004年通过竞拍，独家取得大型单立柱广告牌及收费站广告经营权，成为中国极具价值的户外媒体整合供应商之一。

公司充分利用发达国家的技术优势和先进工艺，力求在位置和空间的组合运用中创造出丰富多彩的户外媒体新概念，为提升企业品牌、建造优质的传播平台做出了应有的努力。

京珠高速公路湖北段日通行车辆约4.5万辆，日均客流量约18万人次，并以10%的速度逐年递增。

全线112座单立柱，鄂南、鄂北大型收费站天棚，收费站广场大型看板10座，欢迎广告公司代理、合作开发。

公司地址：中国北京朝阳区西大望路34号
武汉分公司地址：武汉市汉口新华路186号福星国际商会大厦612室
联系人：肖先生
电　话：027-8535 0486　8535 0445
传　真：027-85350521
网　址：www.qskcm.com

山东通广传媒广告有限公司

公司成立于1997年，山东省最大的户外广告经营单位之一，高速公路媒体的开发经营方面在全省名列前茅。

公司经营的路段主要要：京福、京沪高速公路山东段、济南市顺河高架路、济南市东绕城高速公路、同三高速公路、日东高速公路、滨博高速公路、青银高速公路等。

在济南市经十路拓宽改造工程中，公司在竞争中脱颖而出，参与全线六座人行过街天桥的投资建设。目前，该人行过街天桥已全部建成交付使用，成为济南市区极具投资价值的户外广告媒体。

公司目前服务的客户主要有：中国移动通信、中国网通、嘉实多润滑油、兖矿集团、潍柴动力、鲁抗医药、莱钢集团、泰康人寿、徐州卷烟厂、金六福等。

近年来，通广传媒通过大规模开发户外媒体，积累了丰富的经验和稳定的客户资源，愿为国内外知名品牌开拓山东市场助一臂之力。

电　　话：0531-2956299转809
传　　真：0531-2957199
董事总经理：孙纯雪
地　　址：济南市丙山路146号2号楼
邮　　编：250014

山东省东营市金泰广告公司

东营市地处渤海之滨黄河入海口，是胜利油田所在地，180万人口，国内生产总值856亿元，销售总额过千亿元，人均收入、人均储蓄、人均消费等指标为山东省第一。

金泰广告公司成立于1995年，是一家以户外媒体广告发布为主、资产近千万的综合型广告公司，公司现有户外广告媒体130余处（块），分别有单立柱广告、楼顶广告、路牌广告、跨街广告。主要分布在市区主要街道或公路主干道，均为当地的黄金媒体，总面积近5000平方米。

公司兼营霓虹灯工程，园林绿化工程及装饰工程。

地　　址：山东省东营市淄博路七色花园F5
电　　话：0546-8239899
传　　真：0546-8239899
董事长/总经理：邢佑印

中天广告装饰有限公司

河北肃宁地处华北腹地，“京九”与“朔黄”铁路在这里交叉过境，形成了得天独厚的“黄金十字”。境内又有国内最大的细皮交易市场中国裘皮之都尚村。中天广告装饰有限公司成立于1996年，本着创新求发展的经营理念，经过8年的锐意进取，现已成为肃宁规模最大、设备最全、最具实力的广告公司。

公司集广告策划、设计、制作、发布于一体，拥有户外喷绘机、写真机、电脑雕刻机等先进设备。一流的创意设计、精湛的制作工艺为客户提供最优质的服务。

公司已买断城区路灯灯箱广告发布权，拥有七条主要街道376棵路灯杆广告位。并代理公交公司全部61辆中型公交车85辆小型公交车车身、15座候车亭等广告媒体。几年来自建大、中型塔牌7座，塔牌广告发布面积1392平方米。

地　　址：河北省肃宁县清园街
公司总经理：杨熙政
手　　机：13833999933
电　　话：0317-5028077
传　　真：0317-5020900
E-mail：YX29261@sohu.com

宁夏天唯广告有限公司

宁夏地区较有影响力的综合性广告公司，具有一流的市场开发人员，专业的设计队伍及良好的团队合作精神，曾多次服务于区内外众多的知名企业。

公司集户外强势媒体首府公交候车亭灯箱广告、站牌广告、报刊亭灯箱广告发布、优秀平面创意印刷、包装设计制作、企业形象CIS策划整合、广告礼品代理、环艺雕塑设计制作及庆典礼仪广告车于一体，并以大量的成功案例赢得广大客户的一致赞誉。

具体招商合作项目如下：银川市公交候车亭灯箱广告（275块），银川市公交站牌广告（365块），“银川晚报”报刊亭灯箱广告（20座），银川市出租车停靠点灯箱广告（65座），公园街“形象一条街”灯箱广告（16块），银川市出租车、中巴车坐垫套广告（5000辆），庆典礼仪广告车（专利号：200420042035.3）。

地　　址：银川市进宁北街梅园公寓13号9层902室
电　　话：0951-6199812　6199814　8299135
传　　真：0951-6199813
E-mail:twgg-1@163.com

新疆普拉纳广告有限公司

新疆普拉纳广告有限公司成立于一九九三年二月二十八日，是新疆和西北地区最具规模和实力的综合性广告公司，拥有普拉纳广告、普拉纳营销、普拉纳媒体、普拉纳唱片和普拉纳影视五个独立机构，全方位为客户提供策划创意、整合营销传播、媒介购买与代理、平面设计、户外广告制作与代理、影视制作等专业服务。本着“凝聚天地能量，创造奇迹人生”的经营理念，普拉纳以研究和实践中国本土广告业的发展之道为己任，立足西部，与国际接轨，与时代同步。

负 责 人：谷文通　刘峰
地　　址：乌鲁木齐市人民路139号附18号
　　　　　宏源证券大厦21楼
电　　话：0991-2320232　2309289　2308289
传　　真：0991-8623336
网　　址：www.prana.com.cn
E-mail：guwentong@vip.sina.com

安徽黑白广告有限责任公司

安徽黑白广告有限责任公司成立于1993年，是一家大型综合性广告公司。其中以经营户外广告为主，具有省内各主要城市亮化广告牌、灯箱46000多平方米，户外占有率居省内第一。黑白广告曾多次被中央精神文明指导委员会，国家工商总局，省委宣传部，省市工商局评为全国、省、市精神文明单位。2001年5月，公司撷取安徽省广告界最高资质“综合级广告企业”；7月，被省经贸委、省工商局等六家单位联合评定为“安徽省民营百强企业”，成为广告界唯一获此殊荣单位。2004年，黑白广告入选中国一级广告企业，总经理张建国先生当选为中广协户外广告委员会常务委员会委员。

黑白广告始终坚持客户至上的原则，凭借省内最优质的户外媒体资源，广泛的覆盖面，专业资深创意队伍，为每一位客户提供全面、细致、周到的服务。

负 责 人：张建国
地　　址：安徽合肥市阜南路168号富临大厦三楼
邮　　编：230061
电　　话：0551-2888888 2838888
传　　真：0551-2833666
E-mail：hb66@hb66.com

常德小瓶城市视觉艺术传达机构

国内首家户外广告创意产业机构，专为城市政府和城市管理职能部门及企事业单位进行户外广告整体环境艺术设置规划设计。

机构首席执行官王小平先生率先在全国倡导发起开展城市户外广告整体环境艺术设置规划设计，并首次为城市政府开展户外广告整体环艺设置规划设计，且付之实施。

机构专长于城市户外广告研发创新，创立城市家俬以人为本的人性化设计。在全国首创为城市政府规划设计了微型专利的士候车亭和城市动态环艺造型户外广告(此案例发表在2005年4月《国际广告》副刊《中国户外广告》)。

的士候车亭的广告位打破传统的灯箱式广告，创造了共聚聚酯立体广告，美化了城市美观，创造了新的视觉。

机构专业为城市政府服务，受委托办理城市户外广告物管理办法文案、广告物设置要点图解说明、户外广告整体环艺设置规划设计。

机构地址：湖南常德市政府大院内
首席执行官：王小平
手机：13973660354　13508468035

九江市安邦广告有限公司

公司1997年10月成立，是集策划、设计、制作、施工、发布为一体的综合性广告公司。

公司主营户外广告和房地产营销策划，并在庐山含鄱口经营“天合谷”景区。代理九江市长虹大道媒体，九江市内各大转盘媒体，进九江市区南、北大门高架媒体群，昌九高速公路通远至九江段、九景高速公路九江至都昌段高架媒体及全市（含县、区、山）其它户外媒体的广告发布。自有媒体总面积达10000平方米，包括三面高架、双面高架、霓虹灯、大型路牌等类型。

公司本着“帮你、帮我、共同兴邦”的良好愿望，拥有南昌卷烟、赣南卷烟、昌河汽车、中国移动、中国联通、康师傅、中国人寿保险、中国财产保险、建设摩托、珍珠啤酒、庐山啤酒、景德镇开门子、润田企业、庐山天沐温泉、格力空调、振兴房地产、远洲置业、雅戈尔服饰等一大批客户。

地　　址：江西省九江市浔阳路2号经贸大厦十四楼
董 事 长：卢邦社
总 经 理：江　波(013607926127)
电　　话：0792-8229289
传　　真：0792-8139880
网　　址：www.jjgg.nease.net
E-mail：anbang-01@163.com

九江市新世界广告装饰工程公司

公司以户外媒体为主业，营销传播为补充，在九江市内繁华商业街道拥有15座户外媒体和220个灯箱，其它媒体均匀分布于市内各区。

公司潜心本土市场，倡导团队精神，不断提升创意和执行力，以认真努力、勤奋专注的精神为您的品牌资产加分。

公司坚信“没有最好，只有更好”，期待着与业界同仁携手共创广告业的美好明天。

地　址：江西省九江市滨江大道五丰大厦411室
电　话：0792-8123388
传　真：0792-8127755
E-mail：CHICILON007@163.COM
总经理：程爱民

九江市正泰广告装饰有限公司

公司成立于1997年，注册资金1000万元，是一家以媒体广告经营为依托，集传媒代理、广告策略、营销推广、平面设计、市场调研及印刷和室内外装饰工程于一体的广告经营公司。公司经过多年经营，拥有丰富广告策划经验和累计价值400余万元的专业广告设备，并买断九江市最繁华地段大中大户外广告位。

公司立志成为江西最专业的媒介代理服务商，也是融建筑装饰工程设计、暖通空调工程设计与施工于一体的法定施工企业。

公司先后完成的装饰、空调工程有：九江市交警指挥中心、华联商厦外墙改造、欧迪大酒店、九江市百汇超市、九江船厂设计大厦、九江市建行、湖口县宾馆、九江市人民银行、九江市工行牡丹卡部、九江市工行庐山培训中心、九江市商业银行、九江市中国银行、九江市人民影剧院、九江市民生宾馆、九江市移动公司。

地　址：九江市浔阳路2号经贸大厦六楼
电　话：0792-8212999
传　真：0792-8212999
E-mail：jjzhengtai@sina.com

武汉昌隆广告发展有限公司

成立于1996年，是一家集广告设计、制作、发布、代理为一体的综合性专业广告公司。拥有由40多名专业人才组成的优秀团队，配备2,000余平方米的户外广告及终端展示制作生产车间。

公司立足于户外广告业务，在武汉市拥有户外广告位60余块,总面积达18,000余平方米，遍及市内黄金地段和各主干道，拥有在湖北省内荆州、宜昌、襄樊、十堰、荆门、孝感、黄石等十个地市的户外广告牌五十余块。

公司先后与中国移动、海尔、建设银行、交通银行、浦发银行、方正、创维、联想、乐百氏、忠旺、夏新、263等多家全国知名企业，建立了长期的合作关系。并于2001年荣膺“武汉市广告协会理事单位”，2003年荣膺“湖北省广告协会理事单位”。

地　址：武汉市南京路135号金宝大厦10楼
电　话：027-82802229 / 82792882
传　真：027-82802229转211
E-mail：changlong_123@vip.163.com
网　址：www.whcla.com

武汉市大唐广告有限责任公司

努力成为武汉户外广告门类最齐全的公司，坚持“专业的服务才是最好的服务”的理念，拥有武汉各种媒体的丰足低廉的资源优势，愿与您共享大唐十五年户外广告的完美经验。

拥有20000余平方米的户外广告资源，包括大型立柱、霓虹灯、楼顶广告、小立柱灯箱广告、路名牌……独家拥有近百个城市中心广告阵地。

地　址：武汉市江岸区云林街31号
中环大厦B座1703室
电　话：027-85775133　85775366
手　机：1390 7188 355　1333 9996 933
传　真：027-85775133
网　址：www.towerad.com.cn
E-Mail：webmaster@towerad.com.cn

武汉希格尔广告传媒有限公司

公司立足于市场，为品牌、企业提供媒介、创意、市场营销、公关促销等服务，是以本土化的战略运作理念和高效率的战略实施力为特色的综合型本土广告公司。

公司拥有近20000平方米独资优势户外资源，且年增5000平方米；独到的媒体开发、购买和整合理念；密切的政府合作关系；优秀的客户群体；良好的口碑和资金支持，为多个国际、国内知名品牌及区域知名企业提供着优质服务，借以强大的优势户外媒体资源，成为具有突破本土执行的特色户外传媒公司。

地　址：湖北省武汉市和平大道969号
电　话：027-86333333
传　真：027-86333495
地　址：湖北武汉和平大道969号
E-mail: Info@singular.cn

武汉尊荣广告国际传播发展有限公司

一家以大型户外广告和房地产整合营销传播为旗舰项目的综合性广告公司,自1995年成立以来,恪守“勤奋创造实力、实力创造荣耀”的信念,广纳市场、策划、创意、设计、媒介、制作等各类优秀人才，走专业化建设、品牌化服务的道路。

公司始终如一追求创作上的高度和服务上的完美；积极引鉴国际先进广告理念，结合本土优势，锐意精进。

伴着不竭热忱和不倦努力，积极参与中国经济的繁荣发展，公司事业蒸蒸日上，特别是与知名企业知名品牌的合作日益深入和持久，不断创造智慧与价值，令客户倍加赞赏。

地址: 武汉市中山大道 1166 号
金源世界中心 B 座 28 层
电话: 027-8282 2828　82778898　82791622
传真: 027- 8277 8898
Email: office@gloryad.com
AAA@gloryad.com

河南东方广告有限公司

一家以户外广告为主的综合性广告公司，1994年成立,河南户外媒体的优质供应商。以“倡导实效广告运作”为经营理念，多次被评为市级广告行业精神文明先进单位，2003年被评为河南省广告行业精神文明先进单位和省广告行业理事单位。2004年营业额突破1000万。

在河南高速境内，我们独家买断京珠高速安新段60余座广告塔经营权；独家买断107国道新乡－郑州段30余座跨线桥广告经营权；提供京珠高速、连霍高速广告塔一站式发布。优质户外媒体覆盖全省17地市，并在17地市市内拥有优质户外网络，媒体面积已超过2万平方米。成功为全国百余家客户代理发布广告。

公司总地址：新乡市豫北大厦11层
电　话：0373－2072222、2073333
传　真：0373－2829768
E-mail: dfggs@163.net
分部地址：郑州市未来大道未来花园E302
电　话：0371－5613029
总经理：尚军
手　机：013903738190

河南天运一品实业有限公司

1999年成立于河南郑州。2001年进入户外媒体运营领域，主要经营郑州市公交车候车亭媒体。

在积累了充足的媒体运作经验并具备了更深厚的资本后，2003年买断经营郑州市出租车后窗媒体和出租车停靠站媒体；2004年又开发、经营了出租车车身媒体，此举在省内乃至国内首开先河，受到广告主、社会和公众的瞩目。至此，公司业已拥有候车亭、出租车、停靠站三大核心户外媒体。

公司公交候车亭媒体定位于品牌形象塑造与维护，以点为单位进行发布。出租车停靠站媒体定位于区域性细分媒体，以整条街道为发布方式。出租车后窗及车身媒本定位于新推品推广首选媒体，以全面覆盖郑州，迅速建立全城知名度为目标。

地　址：河南省郑州市中原路220号
裕达国贸西塔29层
电　话：0371-67421111　67932777
67939111　68218088
传　真：0371-8218079
E-MAIL: henantop@vip.sina.com

西安咸阳国际机场广告有限公司

通过特许经营权方式，拥有对陕西省机场管理集团公司下辖咸阳、汉中、安康、延安、榆林、银川机场广告资源的独家开发和经营权，通过招投标方式拥有北京首都国际机场国际厅广告灯箱媒体的独家经营权。

公司2004年营业额3400万元，自有媒体总面积21000平方米，除路牌、单立柱、双面立柱、三面立柱和室内灯箱媒体外，还有异型媒体、龙门架、实物展位、商务展台、手推车、手机加油站、等离子、液晶电视、环彩LED、悬挂条幅、落地条幅、3M贴牌等18种。

服务过的客户有招商银行、中国银行、西部证券、太平洋保险、平安保险、中国电信、中国联通、摩托罗拉、波导、海尔电器、三星电子、联想电脑、惠普、方正电脑、高新地产、长安科技产业园、西飞铝型材、华鹏陶瓷、空中客车、上海大众、中华轿车、一汽奥迪、中国石油、金嗓子喉宝、三九集团、喜来登酒店、555、好猫集团、芙蓉王、可口可乐、宝钢股份、开米涤王等。

地　址：西安市莲湖区沣镐路2号（西关机场内）
邮　编：710082
电　话：029-88791328　88791316
传　真：029-88700681
E-mail：xian@xaad.com.cn

榆林市普达广告装饰有限责任公司

成立于1988年，年营业额500万元，以遍布12县、区的15000平方米的擎天柱、楼顶牌、灯箱等户外媒体为基础，以策划设计为核心,以广告工程制作、安装、发布、代理、包装、市场调研、会展礼仪、创意设计为产业链进行整合运作的科技型、智慧型、专业性强的广告服务企业。

10多年来为众多知名企业、政府及社团组织提供了优质的专业广告服务：正泰电气、德力西电器、榆神煤炭、文昌地产、草原水泥、包钢.卡布其水泥、天天向上童装、中国银行、农业银行、中国移动、中国电信、神华西服等，特别是全面策划代理神延铁路全线铺通祝捷大会和陕西省第五界农民运动会的广告活动。

公司董事长刘盛先生是陕西省资深广告人，榆林市政协委员、榆林市民营科技实业家协会会长。

地　址：陕西省榆林市长城中路2号
中国信合大楼附属3层
电　话：0912-3266115　8111555
传　真：0912-8111558
手　机：13309120058
网　址：www.pdgg.net
E-mail：ylpdgg@vip163.com

陕西省大秦金秀广告公司

公司独家买断“西安临潼秦始皇兵马俑”高速公路15年的广告经营权，主要发布单立柱，现已拥有自主开发媒体10000平方米，2005年底发展至15000平方米。

主要服务过的客户有电信小灵通、邮政物流、一汽大众（宝来）、红河集团、法士特齿轮、恒源祥、中国人寿保险、中保财险、兄弟标准、西安外事学院、西安交大思源学院、黑妹牙膏、山西晋祠等知名企业。

“西安临潼秦始皇兵马俑”高速公路是陕西与河南、河北、山西、北京等地连接的唯一交通主干道，被誉为“西北第一路”，沿途拥有世界第八大奇迹的“秦始皇兵马俑”及“秦始皇陵”、“华清池”、“华山”等名胜古迹，也被称之为“旅游之路”，每年接待近20位国家元首或领导人。据交通流量观测统计，以各类车辆平均载客6人计，每年通过该路段的人数达4200万人次。

地　址：西安市环城东路南段神州商务中心203室
邮　编：710001
电　话：029-82496580
029-82496535
联 系 人：张经理　王小姐
网　址：http://www.dqjx.com

长春赛博广告有限公司

公司成立于1996年，在长春陆续开发了以长春西解放立交桥三面立柱广告塔、卫星广场广告塔、工农大路广告塔、机场迎宾路广告塔、赛得大桥斜拉式广告塔、62路、25路公交车站候车亭、文化广场、人民广场广告牌为代表的多种户外媒体网络。

1999-2004年期间，公司在发展户外广告业务的同时，积极策划众多享誉国内外的大型展会，包括两届长春汽博会、农博会、教育展、房交会、西洽会等，获得长春国际会展中心唯一指定广告部、独家经营会展中心广告业务，并被市政府评为长春展览业协会成员单位、最佳商业信誉广告公司、吉林省三十强广告公司等。　公司业务范围：户外媒体发布、媒体整合代理、市场调研、整合营销、广告监测、广告评估、公关策划、展览展示工程、媒体代理等。

营销总监：李洪刚
地　址：长春市自由大路亚泰豪苑C栋316室
电　话：0431-6630689（24小时）
0431-5661181　5661182　5661183
传　真：0086-0431-5661183
网　址：www.saiboad.cn
E-mail：outdoor@saiboad.cn

大连国域无疆传媒有限公司

中国东北地区最具规模性与成长性的户外专业媒体公司，是最强劲的户外媒体品牌。以提供户外媒体整合行销见长，系《国际广告》理事会成员，公司注册资金1000万元，年营业额超过2000万人民币。

持续创新，是发展的源动力。从户外单立柱（专利产品）的规模性经营，到先锋网·候车亭媒体网络的区域性建设，公司为市场提供了从户外媒介咨询、策划、购买到设计、制作、监测与评估全方位的"一站式"服务体系。在市场经济下创新运营的5年，也是积累高端客户资源的5年，品牌客户超过30余家：中国网通、中国移动、中国联通、招商银行、冰山集团、韩国现代、北京现代、金蝶软件、新型集团、中外运敦豪快递、神牛乳业、吉百利史威士、康师傅……

公司将以"打造新城市家俬，繁荣户外媒体市场"为目标，以本土广告起步，携国际先进理念成长，创造"互动、互利、共享、共赢"的全新文化发展空间。

地址：大连市中山区人民路68号宏誉商业大厦八层
电话：0411-82734888
传真：0411-82650308
网址：www.gywjad.com

大连国域无疆·现代交通传媒有限公司

致力于现代交通传媒创新、开发与整合经营的专业媒体公司，拥有大连快轨三号线的独家广告经营权。

大连快轨三号线，是我国目前一次性建设并通车运行里程最长、速度最快的城市轨道交通线路，连接市内四区以及新市区开发区、国家旅游度假区金石滩的唯一一条快速轨道交通。日客流5万人次，年均高达1500万人次。

公司以"谦和、创新、永续"为经营宗旨，充分利用快轨三号线机车、站厅、站台及户外沿线的巨大空间，开发建设了包列、灯箱、三面翻、广播电视、单立柱、围档等广告形式，累计广告面积三千平米，年营业额上千万元。

公司累计服务客户上百家，与吉百利、康师傅、蓝天六必治、五粮液集团、中国移动、招商银行等知名品牌建立合作关系。

地　址：大连市中山区人民路68号
　　　　宏誉商业大厦八层
电　话：0411-82729168
传　真：0411-82713588
E-mail：qinggui@gywjad.com
网　址：www.lrtad.com

大连新瑞广告有限公司

自创办以来，以"追求卓越品质，为客户提供全方位优质服务"为目标，以科学规范的运作方式为客户提供广告计划、广告创意、平面设计、媒介策划、媒介购买、促销及公关活动策划等专业服务。

公司荟萃各类专业英才，高水平、科学合理的人才结构为实现广告公司作为企业外脑功能提供了强大的智力支持，使客户的投资准确并且高效。

曾为Canon、诺基亚、三星、阿迪达斯、欧莱雅、海信集团、欧米茄手表、松下电器、好利来食品、宋城集团、纤丝鸟内衣、联邦制药、太平洋百货、大连胜利广场发展有限公司等客户提供专业服务。

公司独家拥有青泥洼商圈的大型户外广告牌若干；独家拥有大连胜利广场周边和火车站的大型户外广告牌若干；独家代理大连奥林匹克购物广场店内灯箱广告；独家买断大连电视台多个广告时段、剧场挂角及栏目。

公司是辽宁省一级广告企业、《中国广告》杂志理事单位、大连广告协会主任理事单位。

地址：大连市中山区港湾先街7号辽宁时代1703室
电话：0411-2798558
传真：0411-2798568

辽宁亚美广告有限公司

成立于1995年4月8日，是具有广告策划、媒体代理、户外广告制作发布等综合业务能力的知名广告企业。

至今已成功办理羽西化妆品、IBM、高尔夫球俱乐部、摩托罗拉、欧莱雅化妆品、米其林轮胎、BMW、UPS、统一企业、OTIS等业务，分别在北站、太原街、中街、青年大街、三好街等市内重要干道设置醒目的广告牌；展示、展销、博览会等各类晚会会场设计；重庆奥妮百年润发沈阳发布上市推广；统一饮料华纳"闪亮之星"大学生歌手选拔赛；沈阳统一"亲近自然 彩绘大地"儿童妈妈写生大赛；"THALGO新世界店开业"；科龙空调夏日清凉；"MOTO五月天、波罗试驾一年"；沈阳电视台2002年"满汉全席"布景等。

公司通过投资、联合、收购等方式拥有了多处沈阳市内一级路段的户外广告发布权，有稳定、高素质的施工工厂与施工队伍，成为沈阳地区最具实力的户外广告运营商之一。

地　址：沈阳市青年大街380号
　　　　华阳国际大厦27层2769室
联系人：陈宏亮
手　机：13940286933
电　话：024-23180867
网　址：www.amadad.com

辽宁三奇广告有限公司

公司成立于1999年，一直致力于户外媒体的深入研究，并与国际接轨，不断探索和开辟新的户外领域、挖掘新型媒体形式，为客户提供最专业的全程媒体发布代理服务，创造最卓越的信息交流方式。在户外媒体方面，通过长期的实践，积累了丰富的经验，并参与策划许多大型的户外媒体活动和城市亮化工程，以出色的工作博得了客户的充分信赖，并与多家客户确立了长期合作关系，为公司日后的长足发展奠定了坚实的基础。

公司独家买断沈阳市一环路及沈阳主要市区街路户外媒体资源，并在沈阳路旗媒体市场占有主导地位，路旗广告以马路和路灯电杆为载体，通过形象的设计告之信息，进行良好广告宣传的同时，对于氛围渲染和声势营造都起到了无可比拟的作用。

业务范围：1、路旗＼沈阳市一环路、及市区主要干道路灯挂旗。
2、大牌\沈阳市主要交通枢纽广告牌、繁华街道楼体广告牌等。
3、大型亮化灯箱、沈阳主要交通枢纽大型桥体广告。

地　址：沈阳市东陵区万柳塘路109甲1号宏发大厦603室.
联系人：王娟
电　话：024-24564100
手　机：13066578639

上海新辰翰美广告传播公司

公司隶属于联合智业，注册资金2000万元。历经十年风雨兼程，赢得无数成功品牌共映辉煌。公司现有策划中心、设计中心、媒介中心、以及独立法人的宝山公司和南汇新韦顿公司两个分公司，杭州和宁波分公司的组建也正在有条不紊地进行中。业务范围涉及广告发布、房产策划、品牌包装以及创意设计等领域。

公司凭借雄厚实力，长期拥有上海市宝山区牡丹江路繁华街区、吴淞口大桥、逸仙路沿线、外环路宝山段等重要路段各类户外广告媒体阵地，总计8800平方米。2004年，公司与《人民日报》合作开发上海市各级医院阅报栏广告，备受市场瞩目。2005年，公司大力开拓上海及周边省市各类优质聚焦媒体，以构筑更强大之媒体网络。

公司以其专业服务能力，成功合作于上海移动、上海万科、东昌集团、中集申发、工商银行、农业银行等诸多客户，潜心努力赢得一致肯定。

地　址：上海市东体育会路1071号1207室
电　话：021-65442105
传　真：021-55511623

上海鼎一广告传播有限公司

2003年6月正式创业，以股份与合作的方式凝集了一批有志于服务中国广告业并帮助提升其运作水平的各方精英。创业初年即成功筹办了多期高端的“创意策划高级讲习班”、“中国地方媒体运营高级研修班”和传立媒体首届“媒体行销策划互动论坛”，随后将服务重心转入中国户外广告业。

2004年，公司发起并组办了首届“中国户外广告论坛”，组织“生存的依据、发展的规划”专题研讨会并发表了“中国户外广告产业上海宣言”，组织编写首部《中国户外广告年鉴》，策划组办“2005第二届中国户外广告大会”，真心诚意为各地同仁搭建各种交流与协作的平台。

2005年，公司将以服务中国户外广告业为核心业务，创新服务方式，扩大并加深与亚太地区先进户外广告业的接触与合作，密切和政府、协会、媒体的联系，以培训、论坛、调研、评选、出版发行、网络等方式，提供更加专业和有效的服务。

地　址：上海市黄浦区盛泽路8号宁东大厦12层
电　话：021－63745880　63285980
传　真：021－63111633
E-mail: cnadhuang@163.com
cnadoutdoor@sina.com

香港广告牌制作协会委员名录

雄明装饰有限公司

HOME MADE BUILDING &
DECORATION (HK) CO. LTD.
Mr. Lau Hong Nam
Unit 157.1F.,Hang Wai Industrial Centre
6 Kin Tai Street, Tune Mun, N.T.
Tel: 00852-2463 3209 Fax:00852-2463 3287
E-mail: nhgroup@hutchcity.com
Membership No.: 92014
20042006

3M香港有限公司

3M HONG KONG LIMITED
Mr. Samuel Fung
5/F, Victoria Centre, 15 Watson Road
North Point, Hong Kong.
Tel: 00852-2806 6293 Fax: 00852-2807 0976
E-mail: skfung@mmm.com
Membership No.: 92001
2004-2006

俊雅实业公司

SUPREME ENTERPRISES COMPANY
Mr. Andy Yip
7/F., Block B, ka Ming Court
690Castle Peak Road, Kowloon.
Tel: 00852-2745 6186 Fax: 00852-2786 2355
E-mail: info@suprent.com.hk
Membership No.: 92038
2004-2006

希仕廷律师行

HASTINGS & CO
Mr. Kim F. Yu
5/F.,Gloucester Tower,The Landmark
11 Pedder Street, Central, Hong Kong.
Tel:00852-2533 6760 Fax: 00852-2845 9266
E-mail: kimyu@hastings-hk.com
2004-2006

威特高香港有限公司

VERTIGO HONG KONG LIMITED
Mr. Arthur Lo
Unit A, 8/F., Block 1.
Wah Fung Industrial Centre,
33-39 Kwai Chung Crescent
Kwai Chung, N.T., Hong Kong.
Tel: 00852-2149 6999 Fax:00852-2149 6555
E-mail: Arthur@vertigoasia.com
Membership No.: 92057

权威物业广告有限公司

CONVEY ADVERTISING CO., LTD.
Mr. S. t. Mak
Suite 303 , Haiphong Mansion,
101 Nathan Road, Kowloon, Hong Kong
Tel: 00852-2739 3806 Fax: 00852-2739 3941
E-mail: stm@convey.com.hk
Membership No.: 92007

专业出版机构

PROFESSIONAL PUBLICATIONS CO,

Mr. S. K. Lau

Room 301 ,3/F, Cheong Tai Building

7-11 Mercer Street, Central, Hong Kong.

Tel : 00852-2851 8663 Fax : 00852-2851 9048

E-mail : sklauco@netcigator.com

综艺公司

CHUNG NGAI CO.

MR. K. Y. Wan

G/F., Kam Sing Building,

159 Jaffe Road, Wan Chai, H. K.

Tel :00852-2570 3443 Fax :00852-2887 9202

E-mail : wan@chungngaihk.com

Membership No.: 92006

亮燃有限公司

DELIGHT SOURCE LIMITED

Mr. K. C. Lau

Chung Tai Printing Group Building

5/F., Yip Cheong Street,On Lok Tsuen,

Fanling, N. T..

Tel : 00852-2669 6126 Fax :00852-2677 9675

E-mail : dsl@chungtaiprinting.com.hk

Membership No.: 92009

兴利丝印公司

HING LEE SCREEN PRINTING CO.

Mr. Connie Chan

Flat A, 8/F., Marvel Industrial Building, Block A,

25-31 Kwai Fung Crescent, Kwai Chung, N. T..

Tel : 00852-2423 9292 Fax : 00852-2480 4234

E-mail : hinglee8@hkstar.com

Membership No.: 92013

即亮有限公司

J-LONG LTD.

Mr. Danny Wong

Flat F,8/F.,Houston Industrial Building,

32-40 Wang Lung Street, Tsuen Wan, N.T..

Tel : 00852-2408 0301 Fax :00852-2409 0680

E-mail : danny@j-long.com

Membership No.: 92065

色码制作有限公司

SIGMARK PRODUCTION LTD.

Mr. Anson Lau

1/F., Yat Sang Industrial Building,

13 Tai Yip Street, Kwun Tong, Kowloon.

Tel : 00852-2758 3170 Fax : 00852-2798 6993

E-mail : sigmark@netvigator.com

Membership No.: 92072

高达户外国际(香港)有限公司

CODY OUTDOOR INT' L

(H.K.) LTD.

Mr. Lenna Chin

311 Gloucester, Causeway Bay, H. K..

Tel : 00852-2827 6298 Fax : 00852-2511 8610

E-mail : larry@cody.com.hk

Membership No.: 92050

辉煌广告公司

GLORY ADVERTISING &

PRODUCTION CO.

Mr. Lucas Lam

1-3/F., United Industrial Building,

50 Heung Yip Road, Wong Chuk Hang, H. K..

Tel : 00852-2553 9261 Fax : 00852-2553 3790

E-mail : glory448@netvigator.com

Membership No.:92056

晋兴科技国际有限公司

MRC TECHNOLOGY INTERNATIONAL LTD.

Mr. Simon Siu

Unit 810,8/F., Stanhope House,

738 King's Road, Quarry Bay, Hong Kong.

Tel:00852-2143 6789 Fax: 00852-2143 6900

E-mail: simon.siu@mrct.com.hk

Membership No.: 92022

南华霓虹灯电器厂有限公司

NAM WAH NEONLIGHT & ELECTRICAL MFY.,LTD.

Mr. Tam Ho Hon

Block C, 6/F.,Yam Hop Hing Industry Bldg.,

40-44,Kwai Wing Road, Kwai Chung, N.T.

Tel: 00852-2432 5181 Fax: 00852-2480 4483

E-mail: spencerchan@mpil.com.hk

Membership No.: 92024

霓虹灯片科技有限公司

NEONFILM TECHNOLOGY LTD.

Mr. Eric Li

Unit 2401A,24/f.,Park-in Commercial Center,

No.56 Dundas St., Mong Kok, Kln.,Hong Kong.

Tel: 00852-2434 3832 Fax: 00852-2433 4241

E-mail: info@neonfilm.com

Membership No.: 92067

诚丰工程香港有限公司

SUCCESSFUL ENGINEERING(HONG KONG) LTD.

Mr. Daniel Cheng

Room 601-2A, 6/F.,Well Fung Ind. Centre,

68 Ta Chuen Ping Street, Kwai Chung, N.T.

Tel:00852-2212 4105 Fax: 00852-2565 0035

E-mail: info@successfulsign.com

Membership No.: 92036

博立广告工程设计有限公司

POADESIGN COMPANY LIMITED

Ms. Lorraine Leung

Suite 2801,Sino Plaza,

255 Gloucester Road, Gauseway Bay,

Hong Kong.

Tel: 00852-2838 1005 Fax: 00852-2838 1105

E-mail: poadesign@poad.com.hk

Membership No.: 92026

千色压克力有限公司

QIANSE ACRYLIC CO.,LTD.

Mr. Zhu Dian An

Room 1611,16/F., Cable TV Tower,

9 Hoi Shing Road, Tsuen Wan, N.T.

Tel: 00852-2396 4430 Fax:00852- 2787 7976

E-mail: yingmei@yingmei.com

Membership No.: 92054

联茂商业国际有限公司

RAINBOW COMM.INT'L LTD.

Mr. Yau Man Chung

香港干诺道西186-191号

香港商业中心25楼2503-6室

Tel: 00852-2547 3775 Fax: 00852-2559 0757

E-mail: eric@rainbowcil.com.hk

Membership No.: 92030

赛天使香港有限公司

SCITEX VISION HONG KONG LTD.

Mr. Karen Kam

2808,28/F., MLC Millennia Plaza,

663 King's Road, North Point, Hong Kong

Tel: 00852-2187 2002 Fax: 00852-2187 2218

E-mail: Karen-kam@scitexvision.com

Membership No.: 92071

SMART SIGNAGE SYSTEM

AGENCY CO.
Mr. John Cheuk
1805 Wheelock House,
20 Pedder Street,Central,HongKong
Tel: 00852-22044021 Fax: 00852-22124622
E-mail: john@smart-signage.com
Membership No.: 92055

新威科技(香港)有限公司

NEWARE TECHNOLOGY(HONG KONG)LTD.
Mr. David Kwok
Rm.1108, 11/F.,Metro Centre II,
21 Lam Hing Street, Kowloon Bay,Hong Kong.
Tel: 00852-2759 8199 Fax: 00852-2331 8536
E-mail: sales@neware.com.hk
Membership No.: 92025

环霸电子有限公司

POWER LINK ELECTRONICS LIMITED
Mr. David Tam
Unit 4,20/F., Ho Lik Centre,
66A Sha Tsui Road, Tsuen Wan, N.T.
Tel: 00852-2330 6465 Fax: 00852-2330 4732
E-mail: powerlink@hongkong.com
Membership No.: 92027

展图制作有限公司

R & D PRODUCTION LIMITED
Mr. Patrick Leung
Flat B, 16/F.,Cheung Lee Ind. Bldg.,
9 Cheung Lee Street, Chai Wan, H.K.
Tel: 00852-2922 1123 Fax: 00852-2891 3638
E-mail: patrick@rdprod.com
Membership No.: 92029

益昕计算机喷画香港有限公司

RGB COMPUTER PAINT JET
HONG KONG CO. LIMITED
Mr. Vincent Colin Cheung
Unit 1701,Vanta Ind.Ctr.,
21-33 Tai Lin Pai Road, Kwai Chung, N.T.
Tel: 00852-2489 2998 Fax: 00852-2489 2982
E-mail: RGB-PAINTJET@yahoo.com.hk
Membership No.: 92031

中天广告工程(香港)有限公司

SINO-SKY SIGNS (HONG KONG)LIMITED
Mr. Donald Leung
Units 6&7,10/F., Metro Loft,
38 Kwai Hei Street,Kwai Chung, N.T.
Tel: 00852-2686 9999 Fax: 00852-2609 4138
E-mail: info@sinosky.com.hk
Membership No.: 92034

天树振镛(国际)有限公司

STARBRITE INTERNATIONAL LTD.
Mr. Edmond Fung
Unit E, 10/f.,CDW Building,
388 Castle Peak Road, Tsuen Wan, N.T.
Tel: 00852-2307 1322 Fax: 00852-2307 1477
E-mail: info@inkjet.com.hk
Membership No.: 92035

德伟科技(香港)有限公司

TECHWAY TECHNOLOGY (HK) LTD.
Mr. Kelvin Hung
Rm.302, 3/F., Sunbeam Centre,
27 Shing Yip Street, Kwun Tong,
Kowloon, Hong Kong.
Tel: 00852-2317 7270 Fax: 00852-2317 7227
Membership No.: 92039

大信国际供应有限公司

THE SUN INTERNATIONAL SUPPLIES LTD.
Mr. Huios Won
The Sun Building, 10 Yip Wo Street,
On Lok Tsuen, Fanling, N.T., Hong Kong.
Tel: 00852-2669 0868 Fax: 00852-2675 9768
E-mail: huioswon@thesun.com.hk
Membership No.: 92040

伟信塑胶广告公司

WAI SHUN PLASTIC ADVERTISING CO.
Mr. Chan Tin Chi
G/F., 101B, Wellington Street,
Central, HongKong
Tel: 00852-2542 1971 Fax: 00852-2545 8704
Membership No.: 92044

环亚光学纤维公司

UNIVERSAL ASIA FIBRE OPTICS CO.
Mr. Nikke Yue
Room 407,4/F., Conic Investment Building,
13 Hok Yuen Street, Hung Hom,
kowloon, Hong Kong
Tel: 00852-2362 8070 Fax: 00852-2764 6646
E-mail: uafo@hotmail.com
Membership No.: 92042

荣理(香港)有限公司

WING LI (HK) CO.LTD
Mr. Simon Wong
Unit D,2/F.,Kwai Shun Industrial Centre,
51-63Container Port Road, Kwai Chung, N.T.
Tel: 00852-2612 0772 Fax: 00852-2612 0911
E-mail: wingli@wingli.com.hk
Membership No.: 92046

旭辉广告实业有限公司

SUN POWER ADVERTISING LTD.
Mr. Sit Fai
Flat D, 9/f., Super Luck Ind.Ctr.,Phase I,
45-53 Sha Tsui Road, Tsuen Wan, N.T.
Tel: 00852-2490 6317 Fax: 00852-2498 9643
E-mail: yukfaihk@netvigator.com
Membership No.: 92037

添铭印材

TEMI TRADE GROUP O/B MILLION
SOURCES DEVELOPMENT LTD.
Mr. Collins Chan
Unit 1610,Eastern Harbour Centre,
28 Hoi Chak Street, Quarry Bay, Hong Kong.
Tel: 00852-2334 1000 Fax: 00852-2142 8041
E-mail: temi@milsources.com
Membership No.: 92041

卓登广告工程有限公司

UNIQUE ADVERTISING PRODUCTION LTD.
Mr. Eric Cheng
10AB,G/F., Blk.1,
San Po Kong Government Fty. Bldg.,
Kowloon, Hong Kong.
Tel: 00852-2540 2717 Fax: 00852-2406 1681
E-mail: unique-hk@onetelhk.net
Membership No.: 92041

华生广告装饰工程公司

WAH SANG ADVERTISING
DECORATION & ENGINEERING CO.
Mr. Ricky Hui
G/F.,213 Gloucester Road, Wanchai, Hong Kong
Tel: 00852-2836 5033 Fax: 00852-2834 8192
E-mail: rickyuicy@yahoo.com.hk
Membership No.: 92043

威龙广告装饰有限公司

WEI LUNG ADVERTISING &
DECORATION CO.LTD.
Mr. Kok Wai Luen
116-117 A&B, Wang Cheong Factory Estate,
781 Lai Chi Kok Road, Cheung Sha Wan,
Kowloon, Hong Kong.
Tel: 00852-2386 1239 Fax: 00852-2725 1252
E-mail: weilung@netvigator.com
Membership No.: 92045

胜领科技有限公司

WINLINK TECHNOLOGY LTD.
Mr. Fanky Tan
Room 3005-6 Trendy Centre,
682 Castle Peak Road, Lai Chi Kok,Kowloon.
Tel: 00852-2626 9985 Fax: 00852-2625 0293
E-mail: winlink@netvigator.com
Membership No.: 92051

永欣昌科技(香港)有限公司

YSC TECHNOLOGY (HONG KONG) LTD.
Mr. Mark Chen
Unit 1710,17/F., Olympia Plaza,
243-255 King's Road, Hong Kong.
Tel: 00852-2111 8211 Fax: 00852-2111 9100
Membership No.: 92047

光能有限公司

BRIGHT ENERGY LIMITED.
Mr. W. K. Man
15A, 3/F.,Un Chau Street,
Sham Shui Po, Kowloon, Hong Kong.
Tel: 00852-2729 0189 Fax: 00852-2729 0689
E-mail: wkman@brightenergy.biz
Membership No.: 92076

迅特亚洲有限公司

ZUND ASIA LTD.
Mr. Alex Cheung
Unit 11,9/F., Eastern Harbour Ctr.,
28 Hoi Chak St., Quarry Bay, Hong Kong.
Tel: 00852-2561 1912 Fax: 00852-2564 4417
E-mail: info@zundasia.com
Membership No.: 92048

比诚国际有限公司

BEST SUPPLY INTERNATIONAL LTD.
Mr. Patrick Lau
Room 1602,16/F., Kowloon Building,
555, Nathan Road, Kowloon, Hong Kong.
Tel: 00852-2520 0086 Fax:00852- 2520 0071
E-mail: sales@bestsupply.com.hk
Membership No.: 92077

第八部分编辑说明：

1、中国广告协会及其主要团体组成名录、会员名录主要来源《2004年中国广告年鉴》、有关专业广告委员会提供的资料。

2、香港、澳门行业组织和会员名录来自香港广告牌协会和澳门广告商会资料。

澳门广告商会第三届理监事成员名录

理事长
黄义满
灵达策划有限公司

副理事长
吴卫坚
坚毅策划制作有限公司

副理事长
张茜
美亚市场传达顾问有限公司

副理事长
卢德华
派意市场推广服务有限公司

副理事长
陈庆生
凌智广告设计有限公司

财政长
林中贤
广告天地有限公司

秘书长
毕志健
三巴广告设计公司

理事
李玢
利达通页有限公司

理事
潭泽明
大形广告有限公司

理事
蔡美宝
创狄设计

理事
孙保祺
易发信广告制作公司

理事
麦颖茵
意高设计公司

理事
林淑和
二度空间广告设计制作有限公司

监事长
汪尔达
达城广告有限公司

副监事长
胡锦汉
汉彩广告企划设计

副监事长
陈达廷
高意广告公司

监事
黄佩琳
寰宇宣传推广有限公司

监事
黎鹰
新印象广告

澳门广告商会会员名录

坚艺创意

BEART CREATIVE WORKSHOP
澳门水坑尾街117号美美大厦十二楼
Rua do Campo 117,12 Andar Edf,
Mei Mei, Macau
Tel: 00853-591188 374502 Fax: 00853-347070
E-mail: belart@macau.ctm.net

创狄意念

CONDE GROUP
澳门冼星海大马路珠光大厦5楼M座
Av. Xian Xing Hai, Ed, Zhu Kuan, 5/F-M, Macau
Tel: 00853-702218 Fax:00853-702198
香港中环港景街1号国际金融中心1期19楼
19F, I.F.C, 1 Harbour View Street, Central,
Hong Kong
Tel: 00852-2166 8210 Fax:00852-21668451
Website: www.conde-group.com
E-mail: enquiry@conde-group,com

广告天地有限公司

CREATION ADVERTISING CO., LTD.
澳门士多纽拜斯大马路63B-65A地下
Tel: 00853-976198 976199 Fax: 00853-976197
Website: www.creation.com.mo
E-mail: cad@macau.ctm.net

三巴广告设计公司

CYBER DESIGN ADVERTISING CO.
澳门新口岸宋玉生广场帝景苑494号地下
Alameda Dr. Carlos d'Assumpcao,Vista Magnifica
Court No.494 R/C, Macau
Tel: 00853-750923 Fax: 00853-751305
Website: www.cyber.com.mo
E-mail: info@cyber.com.mo

达域广告有限公司

DAVID'S MARKETING COMMUNICATIONS LTD.
澳门马济时总督大马路348号南岸花园AF座1楼
Av.do Governador, Jaime Silverio Marnifica No.
348,Jardim “Nam Ngon” R/C, Loja AF, Macau
Tel: 00853-701921 Fax: 00853-700593
E-mail: info@david.com.mo

精艺广告装饰公司

DE ART ADVERTISING & DECORATION CO.
澳门黑沙环第五街20-24号新美安大厦地下
Rua Cinco do Bairro da Areia Preta, No.
20-24 Edf “San Mei On” R/C Macau
Tel: 00853-388156 Fax: 00853-332521
E-mail: dearts@macau.ctm.net

数码色彩广告制作有限公司

DIGITAL COLOR ADVERTISING
& PRODUCTION COMPANY LIMITED
澳门渔翁街50-66号海洋工业中心第二期12楼E座
Rua dos Pescadores No.50-66, Indl.
Ocean Ctro. Blo2,12 andar “E”, Macau
Tel: 00853-329235 Fax: 00853- 322903
E-mail: dcp@macau.ctm.net

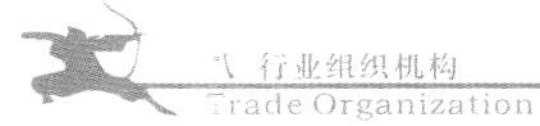

利达通黄页有限公司

DIRECTEL MACAU LISTAS TELEFONICAS,LDA.

澳门上海街175号中华总商会大厦8楼F座

Rua de Xangai No. 175 8/F Macau

Tel: 00853-517520 Fax: 00853-517523

Website: www.yp.com.mo

E-mail: info@yp.com.mo

易发信广告制作(澳门)有限公司

Efficient Productions (Macao) Co., Ltd

澳门新口岸北京街广发商业大厦十一楼B座

Rua Pequim Edif. Kuong Fat, 11B

Tel: 00853-721511Fax: 00853-521689

Website: www. efficient productions.com

E-mail: james@ efficient- productions.com

大形广告有限公司

FIRST IMAGE ADVERTISING CO.LTD

澳门慕拉士大马路激成工业中心第三期11R座

Av. De Ven. Morais, Keck Seng Ind.

Centre Fase 3,11/F-R, Macau

Tel:00853-482233 Fax: 00853-482500

E-mail: fstimage@macau.ctm.net

寰宇宣传推广

GLOBAL COMMUNICATIONS

ADVERTISING & MARKETING LTD.

澳门伦斯泰特大马路189号金苑大厦G铺地下

189R/C-G, Ave. Sir Andres Ljungstedt,

Kam Yune, Macau

Tel: 00853- 581405 Fax: 00853-581406

E-mail: info@global.com.mo

曦诺发展有限公司

Haylok Investment Co.Ltd.

澳门新口岸北京街广发商业大厦7楼B座

Rua Pequim Edif. Kuong Fat,7 B Macau

Tel: 00853-365234 Fax: 00853-366382

E-mail: hay-lok@yahoo.com.hk

汉彩广告企划设计

HON COLOR ADVERTISING & ARTS CO.

澳门南湾大马路665号志豪大厦20楼

Av. da Praia Crande No. 665 Edif.

“Great Will”, 20 andar ,Macau

Tel:00853-353180 Fax: 00853-257277

Website: www. honcolor. com. mo

E-mail: info @ honcolor. com. mo

雄生广告设计公司

EMP. HONG SANG PROJECTO DECORACAO

澳门飞能便度围16号E地下

No. 16 andar E , Patio Fernao Mendes

Pinto ,Macau

Tel: 00853-375341 Fax: 00853- 301462

云达策划有限公司

MERIDIAN CONCEPTS LTD.

澳门罗保博士街34-36号厂商会大厦九楼D座

Rua do Dr. Pedro Jose Lobo ,No 34-36,

90 andar D,Macau

Tel: 00853-713882 Fax: 00853-713331

Website: www. mcdemc. com

E-mail: meridian @ macau. ctm. Net

创意设计顾问有限公司

MINDDESIGN CONSUL TANT CO.LTD

澳门下环街带水围1号光明大厦1楼

Patio do Piloto No.1 Edif. Kwong Ming 1/F

Tel: 00853-969191 Fax: 00853-969292

E-mail: mddesign@macau.ctm.net

美亚户外广告

MEDIA MANAGEMENT& CONSUL TANCY
澳门新口岸冼星海大马路珠光大厦十五1座
15 th Floor , Block 1, Zhu Kuan Building,
Av.Xian Xing Hai ,NAPE, Macau
Tel: 00853-355397 Fax:00853-355507
Website: www. mm. com. mo
E-mail: patricia @ mm. com. Mo

美亚市场传达顾问有限公司

MM MARKETING COMMUNICATIONS CONSULTING LTD.
澳门新口岸冼星海大马路珠光大厦十五1座
15 th Floor , Block 1, Zhu Kuan Building,
Av.Xian Xing Hai ,NAPE, Macau
Tel: 00853-355397 Fax: 00853-355507
Website: www. mm. com. mo
E-mail: patricia @ mm. com. mo

微中市场发展顾问有限公司

MICROCHINA MARKETING & CONSULTANT CO.LTD.
澳门新口岸宋玉生广场帝景苑地下494号地下
Alameda Dr. Carlos d' Assumpcao, Vista Magnifica Court No.494 R/C, Macau
Tel: 00853-750858 Fax: 00853-751305
Website: www. microchina. com
E-mail: info @ microchina. com

新印象广告公司

NEW IMPRESSION ADVERTISING CO.
澳门慕拉士大马路富大工业大厦3楼D座
Av. De Ven. Morais, Sn. 3 andar D Edf. Fu Tai,Macau
Tel: 00853-719439 Fax: 00853-719173
E-mail: niad@ macau.ctm.net

新权兴广告有限公司

NEW KUEN HENG ADVERTISING CO.LTD.
澳门慕拉士大马路激成工业中心第三期二楼R/S座
Av. De Ven. Morais, Keck Seng Ind. Centre 3 Blook,2 andar R.S. Macau
Tel: 00853-482182 Fax: 00853-482178
E-mail: nkha@ macau.ctm.net

派意市场推广服务有限公司

PRIME MARKETING & PROMOTIONAL SERVICES CO.LTD.
澳门南湾大马路517号南通商业大厦16楼A1座
Av. Praia Grande No. 517 ,Edf.com. Nam Tung 16 A1,Macau
Tel: 00853-781898 Fax: 00853-781899
E-mail: info@primemps.com

凌智广告设计有限公司

TACTICAL DESIGN & PRODUCTION CO.LTD.
澳门板樟堂街20-22号龙昌商业大厦3楼A座
Rua de S. Domingos No. 20-22 Edf. Com.Lung Cheong 3 andar A, Macau
Tel: 00853-356789 Fax: 00853-356253
Website: www. tactical. com. mo
E-mail: tactical @ macau.ctm.net

二度空间广告设计制作有限公司

2 DIMENSIONAL ASSOCIATE LIMITED
澳门南湾大马路325号昌辉大厦地下B1铺
Av. da Praia Grande, No. 325 Floor GF, Flat B1.Edf. Cheong Fai Macau
Tel: 00853-700218 Fax: 00853-700213
E-mail: info@ twodi. com, mo

华风广告制作

WA FONG ADVERTISING PRODUCTION

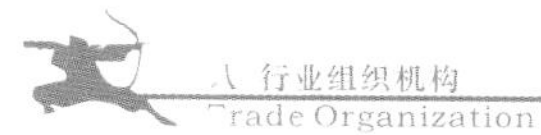

澳门连胜街8号地下
Rua Coelho do Amaral No.8,Macau
Tel: 00853-375828 Fax: 00853-347264
E-mail: wafo@ macau.Ctm.net

高意广告公司

TOP DESIGN ADVERTISING COMPANY
澳门马交石炮台马路昌龙工业大厦1楼D座
Est. D. Maria 11 Edf. Cheong Lung S/N
Mezanine D. Macau
Tel: 00853-721916 Fax: 00853-721830
E-mail: topdesig@macau.ctm.net

意高设计公司

EGO DESIGN
澳门新口岸科英布拉街金苑大厦M地下
Rua Cidade de Coimbra No.360 Edif Kam
Un R/C, Block'M'
Tel: 00853-706862 Fax: 00853-701393
Website:www. egodesign.com.mo
E-mail: info@egodesign. com. mo

韦仕广告公司

WAIS ADVERTISING CO.
澳门沙梨头海边街183号C佑威大厦地下
Rua da Rideita do Patane 183 C Edif.
Lao Vai R/C Macau
Tel: 00853-353745 Fax: 00853-353466
Website: www.wais353.com
E-mail: info@wais353. Com

爱快输出中心

AGFA OUTPUT CENTER
澳门美副将大马路11号怡富大厦地下G座
Av. Coronel Mesquita,11 R/C Flat G Ed.
Yee Fu Macau
Tel: 00853-527578 Fax: 00853-527578
E-mail: a527578@macau.ctm.net

MIRR楼宇置业广告设计有限公司

MIRR-REAL ESTATE, ADVERTISING
& DESIGN LTD.
澳门新口岸友谊大马路友谊大厦888号三楼D座
Av. da Amizade, Edf. “amizade”,
No.888,3 andar D,Z.A.P.E. Macau
Tel: 00853-524496 Fax: 00853-524498
Website: www.mirr-realestate.com
E-mail: mirr@macau.ctm.net

广星创意策划传播有限公司

KONG SENG CREATION, PRODUCTION
AND ROMOTION CO.LTD.
澳门荷兰园正街71号B地下
Avenida Conselheiro Ferreira Almeida
No.71B R/C, Macau
Tel: 00853-555555 Fax: 00853-559008
Website: www.kongseng.com.mo
E-mail: cs@kongseng.com.mo

华侨报

JORNAL VA KIO 澳门红窗门街69号
69,Rua de Alfandega, Macau
Tel: 00853-574261 Fax: 00853-513724
Website: www.jornalvakio.com
E-mail: vakio@macau.ctm.net

广之道(澳门)有限公司

AD AVENUE (MACAU) LIMITADA
澳门南湾大马路429号南湾商业中心大厦21楼
Edf. Centre Comercial da Praia Grande,Avenida
da Praia Grande,No.429,21o,Macau
Tel: 00853-331288 Fax: 00853-331323
Website: www.adavenue.net
E-mail: clara@adavenue.net

年鉴编辑部

地　址:上海市黄浦区盛泽路8号宁东大厦12楼

邮　编:200002

电　话:021-61113586　63285980

传　真:021-63111633

联系人:黄淘

E-mail:cnadhuang@163.com

yyh646@163.com

图书在版编目(CIP)数据

2004中国户外广告年鉴/《中国户外广告年鉴》编辑部编.
—上海：东方出版中心，2005. 4
ISBN 7-80186-305-4

Ⅰ. 2. . . Ⅱ. 中. . . Ⅲ. 广告－中国－2004－年鉴
Ⅳ. F713. 8-54

中国版本图书馆CIP数据核字 (2005) 第035492号

2004中国户外广告年鉴

出版发行：东方出版中心
地　　址：上海市仙霞路345号
电　　话：021-62417400
邮政编码：200336
印　　刷：上海新华印刷有限公司
开　　本：889×1194毫米 1/16
字　　数：750千字
印　　张：38
版　　次：2005年4月第一版第一次印刷
ISBN：7-80186-305-4
定　　价：380元

ISBN 7-80186-305-4